Stimmen zu *Praxisbuch Large Language Models*

Dieses Buch ist eine hervorragende Einführung in die Welt der Sprachmodelle und deren praktische Anwendungsmöglichkeiten. Die anschauliche Darstellung der Inhalte ermöglicht es, sich schnell mit LLMs vertraut zu machen. Anhand leicht nachvollziehbarer Beispiele wird vermittelt, wie Sprachmodelle zur Generierung, Repräsentation und Abfrage von Texten eingesetzt werden können. Sie lernen nicht nur, wie LLMs verwendet werden, sondern auch, wie sie an die eigenen Bedürfnisse angepasst werden können. Sehr empfehlenswert!

– Nils Reimers, Director of Machine Learning bei Cohere
Entwickler der sentence-transformers-Bibliothek

Auch in diesem Buch gelingt es Jay und Maarten wieder, komplexe Themen auf ansprechende Weise zu veranschaulichen und zu erläutern. Es ist eine hervorragende Grundlage für alle, die die wichtigsten Techniken zur Entwicklung großer Sprachmodelle verstehen möchten. Der enthaltene Programmcode kann dank der bereitgestellten Google-Colab-Notebooks problemlos selbst ausgeführt werden. Darüber hinaus enthält das Buch mehrere Übersichten, die dabei helfen, die verschiedenen Entwicklungen im Zeitverlauf nachzuvollziehen, sowie zahlreiche Literaturhinweise.

– Andrew Ng, Gründer von DeepLearning.AI

Dieses Buch ist genau das Richtige für alle, die erfahren möchten, wie Sprachmodelle funktionieren und wie sie entwickelt werden können. Jede einzelne Seite ist gespickt mit wichtigen Informationen, dank deren man bestens gerüstet ist, um mit den neuesten Entwicklungen auf diesem Gebiet Schritt zu halten.

– Josh Starmer, StatQuest

Wer sich in Sachen LLMs auf den neuesten Stand bringen möchte, liegt mit diesem Buch genau richtig! Die Autoren Jay und Maarten bieten einen umfassenden Überblick über die vergangenen und neuesten Entwicklungen im Bereich der Transformer-basierten LLMs. Damit werden Sie im Handumdrehen zum Experten auf diesem Gebiet. Zahlreiche anschauliche Beispiele aus der Praxis, leicht verständliche Erklärungen, aussagekräftige Abbildungen und nachvollziehbare Codebeispiele helfen Ihnen, die komplexen Zusammenhänge rund um Transformer-Modelle, Tokenizer, semantische Suche, RAG-Systeme und viele andere innovative Technologien zu verstehen. Ein Muss für alle, die sich für die neuesten KI-Technologien interessieren!

– Luis Serrano, PhD, Gründer und Geschäftsführer der Serrano Academy

Dieses Buch ist ein Muss für alle, die mehr über das sich rasant entwickelnde Gebiet der generativen KI erfahren möchten. Der Schwerpunkt liegt auf Modellen, mit denen sich sowohl Texte als auch Bilder in Embeddings umwandeln lassen, um ein breites Spektrum an Anwendungen zu realisieren. Die Mischung aus Darstellung der zugrunde liegenden Algorithmen, theoretischen Grundlagen und praktischen Anleitungen ist hervorragend. Unabhängig davon, ob Sie Student oder Forscherin oder in der Industrie tätig sind – in diesem Buch lernen Sie verschiedene Anwendungsfälle und Lösungen kennen und können so Ihre Kenntnisse im Bereich der generativen KI auf ein neues Niveau heben. Ausgezeichnet!

– Chris Fregly, Principal Solution Architect im Bereich Generative AI bei AWS

Inmitten der GenAI-Revolution bietet dieser unentbehrliche Leitfaden allen, die sich in der riesigen Landschaft der großen Sprachmodelle zurechtfinden müssen, ein gelungenes Gleichgewicht zwischen Theorie und Praxis. Er vermittelt das nötige Wissen, um sich in diesem Bereich auf Anhieb zurechtzufinden und einen wertvollen Beitrag zu leisten.

– Tarun Narayanan Venkatachalam, KI-Forscher, University of Washington

Das Buch liest sich wie im Flug und bietet eine praxisnahe Einführung in die Arbeit mit Sprachmodellen.

– Emir Muñoz, Genesys

Das Praxishandbuch Large Language Models bringt Licht ins Dunkel des KI-Hypes und wartet mit vielen anschaulichen Beispielen auf. Neben den leicht verständlichen Erklärungen bietet es eine Fülle großartiger Illustrationen. Durch die praktischen Codebeispiele wird greifbar, was in anderen Büchern oft abstrakt bleibt. Zu Beginn werden die Grundlagen vermittelt, und diese werden dann nach und nach vertieft. Wenn Sie das Buch durchgearbeitet haben, sind Sie in der Lage, Ihr eigenes Large Language Model zu erstellen und feinzutunen.

– Leland McInnes, Forscher am Tutte Institute for Mathematsics and Computing

Endlich gibt es ein Buch, in dem Large Language Models nicht nur oberflächlich behandelt, sondern auch ihre Hintergründe von Grund auf und verständlich erläutert werden. Den Autoren ist ein umfassender Leitfaden gelungen, der auch in Zukunft unverzichtbar sein wird – trotz der rasanten Fortschritte auf diesem Gebiet.

– Prof. Dr. Dr. Roman Egger, Geschäftsführer von Smartvisions.at und Professor an der Modul University Vienna

Praxisbuch Large Language Models

Praxisbuch Large Language Models

Sprache mit KI verarbeiten und generieren

Jay Alammar,
Maarten Grootendorst

Übersetzung von Marcus Fraaß

O'REILLY®

Wir hoffen, dass Sie Freude an diesem Buch haben und sich Ihre Erwartungen erfüllen. Falls Sie Anregungen, Wünsche und Kommentare haben, lassen Sie es uns wissen: **service@rheinwerk-verlag.de**.

Informationen zu unserem Verlag und Kontaktmöglichkeiten finden Sie auf unserer Verlagswebsite **www.dpunkt.de**. Dort können Sie sich auch umfassend über unser aktuelles Programm informieren und unsere Bücher und E-Books bestellen.

Autoren: Jay Alammar, Maarten Grootendorst
Übersetzung: Marcus Fraaß
Lektorat: Alexandra Follenius
Buchmanagement: Friederike Demmig, Julia Griebel
Copy-Editing: Sibylle Feldmann, *www.richtiger-text.de*
Satz: III-satz, *www.drei-satz.de*
Herstellung: Stefanie Weidner
Covergestaltung: Karen Montgomery, Michael Oréal, *www.oreal.de*
Druck: mediaprint solutions GmbH, 33100 Paderborn

PEFC-zertifiziert
Dieses Buch stammt aus nachhaltig bewirtschafteten Wäldern und kontrollierten Quellen
PEFC PEFC/04-31-0810 www.pefc.de

Dieses Buch wurde mit mineralölfreien Farben auf PEFC-zertifiziertem Papier aus nachhaltiger Waldwirtschaft gedruckt. Der Umwelt zuliebe verzichten wir zusätzlich auf die Einschweißfolie. Hergestellt in Deutschland.

Bibliografische Information der Deutschen Nationalbibliothek:
Die Deutsche Nationalbibliothek verzeichnet diese Publikation in der Deutschen Nationalbibliografie; detaillierte bibliografische Daten sind im Internet über *http://dnb.dnb.de* abrufbar.

ISBN Print: 978-3-96009-266-7
ISBN PDF: 978-3-96010-931-0
ISBN ePub: 978-3-96010-932-7

1. Auflage 2026
Authorized German translation of the English edition of *Hands-On Large Language Models: Language Understanding and Generation*, ISBN 978-1-098-15096-9 © 2024 Jay Alammar and Maarten Pieter Grootendorst.
This translation is published and sold by permission of O'Reilly Media, Inc., which owns or controls all rights to publish and sell the same.

Dieses Buch erscheint in Kooperation mit O'Reilly Media, Inc. unter dem Imprint »O'REILLY«.
O'REILLY ist ein Markenzeichen und eine eingetragene Marke von O'Reilly Media, Inc. und wird mit Einwilligung des Eigentümers verwendet.

Rheinwerk Verlag GmbH • Rheinwerkallee 4 • 53227 Bonn
service@rheinwerk-verlag.de

Inhalt

Vorwort **15**

Teil I: Die Funktionsweise von Sprachmodellen verstehen **25**

1 Einführung in Large Language Models **27**
Was ist Language AI? 28
Die jüngsten Entwicklungen im Bereich der Language AI 29
Darstellung von Sprache als ein Bag-of-Words 30
Verbesserte Vektordarstellungen mit Dense Vector Embeddings 32
Arten von Embeddings 34
Kontext mit Attention codieren und decodieren 35
Attention Is All You Need 38
Representation-Modelle – rein Encoder-basierte Modelle (»Encoder-only«) 41
Generative Modelle – rein Decoder-basierte Modelle (»Decoder-only«) 44
Das Jahr der generativen KI 46
Die sich wandelnde Definition von Large Language Models 48
Wie sich das Training von Large Language Models im Vergleich zu traditionellen Ansätzen unterscheidet 48
Anwendungsmöglichkeiten und Nutzen von Large Language Models 50
LLMs verantwortungsvoll entwickeln und nutzen 51
Limited Resources Are All You Need – LLMs auch ohne große Rechenressourcen trainieren und verwenden 52
Schnittstellen zur Nutzung von LLMs 53
Proprietäre, nicht frei zugängliche Modelle 53
Frei zugängliche Modelle 54
Open-Source-Frameworks 55
Ihren ersten Text mit einem LLM generieren 56
Zusammenfassung 59

2 **Tokens und Embeddings** **61**
Tokenisierung bei LLMs 62
Wie Tokenizer die Eingaben für das Sprachmodell aufbereiten 62
LLMs herunterladen und ausführen 63
Welche Faktoren sind bei der Tokenisierung entscheidend? 67
Tokenisierung auf Wort-, Wortteil-, Zeichen- und Byte-Ebene 68
Ein Vergleich verschiedener trainierter Tokenizer 70
Faktoren, die darüber entscheiden, wie sich ein Tokenizer verhält 78
Token-Embeddings 80
Sprachmodelle halten Embeddings für das Vokabular ihres Tokenizers vor 81
Kontextualisierte Word-Embeddings mit Sprachmodellen erstellen 82
Text-Embeddings (für Sätze oder ganze Dokumente) 85
Wie Word-Embeddings jenseits von LLMs genutzt werden können 86
Vortrainierte Word-Embeddings nutzen 86
Der Word2vec-Algorithmus und Training mittels Contrastive Learning 87
Empfehlungssysteme aufbauen, die auf Embeddings basieren 91
Songs mithilfe von Embeddings empfehlen 91
Embedding-Modelle zur Empfehlung von Songs trainieren 92
Zusammenfassung 94

3 **Ein Blick ins Innere von Large Language Models** **97**
Ein erster Überblick über Transformer-Modelle 98
Die Ein- und Ausgaben eines Transformer-basierten LLM 98
Die einzelnen Komponenten, die beim Forward-Pass durchlaufen werden 100
Auswahl eines einzelnen Tokens anhand einer Wahrscheinlichkeitsverteilung (Sampling/Decodierung) 103
Parallele Verarbeitung von Tokens und Kontextlänge 105
Schnellere Generierung durch Zwischenspeichern von Schlüsseln und Werten 107
Ein Blick ins Innere des Transformer-Blocks 109
Verbesserungen an der Transformer-Architektur 118
Effizienterer Attention-Mechanismus 118
Der Transformer-Block 122
Positional-Embeddings (RoPE) 124
Weitere Vorschläge und Verbesserungen im Hinblick auf die Architektur 127
Zusammenfassung 127

Teil II: Vortrainierte Sprachmodelle verwenden ... **129**

4 Textklassifikation ... **131**
Sentimentanalyse von Spielfilmrezensionen ... 132
Texte mit Representation-Modellen klassifizieren ... 133
Ein geeignetes Modell auswählen ... 135
Ein aufgabenspezifisches Modell verwenden ... 136
Texte mit Embedding-Modellen klassifizieren ... 140
Überwachte Klassifikation ... 141
Was aber, wenn Ihnen keine gelabelten Daten zur Verfügung stehen? ... 143
Texte mit generativen Modellen klassifizieren ... 147
Texte mit T5-(Text-to-Text-Transfer-Transformer-)Modellen klassifizieren ... 148
Texte mit ChatGPT klassifizieren ... 152
Zusammenfassung ... 155

5 Clustering von Texten und Topic Modeling ... **157**
ArXiv-Artikel aus dem Forschungsbereich Computation and Language ... 158
Die bewährte Pipeline beim Text-Clustering ... 159
Dokumente in Embeddings umwandeln ... 159
Die Dimensionierung der Embeddings verringern ... 160
Die dimensionsreduzierten Embeddings zu Clustern zusammenfassen ... 163
Die gebildeten Cluster inspizieren ... 164
Vom Clustern von Texten hin zum Topic Modeling ... 167
BERTopic: ein modulares Topic-Modeling-Framework ... 168
Der modulare Aufbau des BERTopic-Frameworks ... 172
Einen besonderen Baustein hinzufügen ... 176
Ein zusätzlicher Baustein zur Textgenerierung ... 181
Zusammenfassung ... 185

6 Prompt Engineering ... **187**
Textgenerierungsmodelle verwenden ... 187
Ein geeignetes Textgenerierungsmodell wählen ... 187
Textgenerierungsmodelle laden ... 188
Einfluss auf die Ausgabe eines Modells nehmen ... 190
Einführung in das Prompt Engineering ... 193
Die grundlegenden Elemente eines Prompts ... 194
Prompts formulieren, die Anweisungen enthalten (Instruction-based Prompting) ... 196

Fortgeschrittene Prompt-Engineering-Techniken ... 198
Prompts komplexer gestalten ... 198
In-Context Learning – Beispiele bereitstellen ... 201
Prompt Chaining – Aufgaben in mehrere Teilaspekte aufteilen ... 203
Logisches Schließen mit generativen Modellen (Reasoning) ... 205
Chain-of-Thought – erst nachdenken, dann antworten ... 206
Self-Consistency – Auswahl aus mehreren Antwortmöglichkeiten ... 209
Tree-of-Thought – über Zwischenschritte zur besten Antwort gelangen ... 210
Modellausgaben validieren ... 213
Beispiele bereitstellen ... 214
Vorgaben machen und Modellausgaben beschränken ... 216
Zusammenfassung ... 220

7 Fortgeschrittene Techniken und Tools im Bereich der Textgenerierung ... 221
Optimierungen hinsichtlich der Verwendung von Modellen – quantisierte Modelle mit dem LangChain-Framework laden ... 222
Chains – die Anwendungsmöglichkeiten von LLMs noch erweitern ... 225
Prompt-Templates mit einem LLM verketten ... 225
Mehrere Prompts miteinander verketten ... 228
Einen Speicher bereitstellen – LLMs ermöglichen, sich an Gespräche zu erinnern ... 231
Conversation Buffer – LLMs den gesamten Gesprächsverlauf bereitstellen ... 233
Windowed Conversation Buffer – LLMs einen Teil des Gesprächsverlaufs bereitstellen ... 235
Conversation Summary – LLMs eine Zusammenfassung des Gesprächsverlaufs bereitstellen ... 236
Agenten – ein aus mehreren LLMs bestehendes System entwickeln ... 240
Die treibende Kraft hinter Agenten – Schritt-für-Schritt-Reasoning ... 242
ReAct im LangChain-Framework verwenden ... 244
Zusammenfassung ... 247

8 Semantische Suche und Retrieval-Augmented Generation ... 249
Einführung in semantische Such- und RAG-Systeme ... 250
Semantische Suche auf Basis von LLMs ... 252
Dense-Retrieval-Systeme ... 252
Reranking-Systeme ... 264
Metriken zur Evaluierung von Retrieval-Systemen ... 268
Retrieval-Augmented Generation (RAG) ... 273
Suchsysteme zu RAG-Systemen erweitern ... 274
Ein Beispiel für eine auf Fakten basierende Generierung (Grounded Generation) mit einem gemanagten LLM ... 276

Ein Beispiel für ein RAG-System, bei dem das Modell lokal betrieben wird 276
Fortgeschrittene Techniken im Bereich der RAG-Systeme 279
RAG-Systeme evaluieren 281
Zusammenfassung 282

9 Multimodale Large Language Models 283
Vision Transformer 284
Multimodale Embedding-Modelle 287
CLIP – Modelle, die eine Verbindung zwischen Texten und Bildern herstellen können 289
Wie werden bei CLIP multimodale Embeddings generiert? 289
OpenCLIP 292
CLIP mit der sentence-transformers-Bibliothek laden 296
Multimodale Textgenerierungsmodelle erstellen 296
BLIP-2 – Modelle erstellen, die auf Basis von Texten und Bildern logische Schlüsse ziehen können 297
Multimodale Eingabedaten aufbereiten 301
1. Anwendungsfall: Bildbeschriftungen erstellen 304
2. Anwendungsfall: Chatmodelle erstellen, die multimodale Prompts unterstützen 306
Zusammenfassung 309

Teil III: Sprachmodelle trainieren und feintunen 311

10 Text-Embedding-Modelle erstellen 313
Embedding-Modelle 313
Was genau ist Contrastive Learning? 316
SBERT 318
Embedding-Modelle erstellen 320
Kontrastive Beispiele erstellen 321
Das Modell trainieren 322
Differenziertere Evaluierung 325
Verlustfunktionen 326
Embedding-Modelle feintunen 334
Embedding-Modelle mit gelabelten Datensätzen feintunen 335
Augmented SBERT 337
Embedding-Modelle mit ungelabelten Daten feintunen 342
Transformer-based Sequential Denoising Auto-Encoder (TSDAE) ... 342
TSDAE zur Domain Adaptation nutzen 346
Zusammenfassung 347

11 Representation-Modelle für die Klassifikation feintunen **349**
Klassifikation mit gelabelten Daten 349
Ein vortrainiertes BERT-Modell feintunen 351
Schichten eines Modells einfrieren 354
Few-Shot-Klassifikation 359
SetFit – Modelle mit nur wenigen Trainingsbeispielen auf effiziente Weise feintunen 359
Modelle für die Few-Shot-Klassifikation feintunen 363
Bereits vortrainierte Modelle mittels Masked Language Modeling weiter vortrainieren 366
Named-Entity Recognition 371
Daten für die Named-Entity Recognition aufbereiten 373
Modelle für die Named-Entity Recognition feintunen 378
Zusammenfassung 379

12 Generative Modelle feintunen **381**
Die drei Schritte beim Training von LLMs – Pretraining, Supervised Fine-Tuning und Preference Tuning 381
Supervised Fine-Tuning (SFT) 383
Vollständiges Feintuning (Full Fine-Tuning) 384
Parameter-efficient Fine-Tuning (PEFT) 385
Instruction Tuning mit dem QLoRA-Verfahren 393
Instruktionsdaten über ein Template bereitstellen 394
Modelle quantisieren 395
Die Konfiguration für das LoRA-Verfahren festlegen 396
Die Parameter für das Training festlegen 397
Das Modell trainieren 398
Gewichte des QLoRa-Modells mit denen des Basismodells zusammenführen 399
Generative Modelle evaluieren 400
Metriken auf Wortebene 400
Benchmarks 401
Leaderboards 402
Automatisierte Evaluierung 403
Evaluierung durch Menschen 403
Modelle darauf ausrichten, was Nutzer erwarten – Preference Tuning, Alignment und Reinforcement Learning from Human Feedback 405
Die Preference Evaluation mithilfe von Reward-Modellen automatisieren 407
Die Ein- und Ausgaben des Reward-Modells 407
Ein Reward-Modell trainieren 408
Preference Tuning ohne zusätzliches Training eines Reward-Modells 411

Preference Tuning mittels DPO ... 414
Templates für Präferenzdatensätze erstellen ... 414
Das Modell quantisieren ... 415
Parameter für das Training festlegen ... 416
Das Modell trainieren ... 416
Zusammenfassung ... 417

Schlussbemerkung ... **419**

Index ... **421**

Vorwort

Large Language Models (LLMs), auch als große Sprachmodelle bezeichnet, verändern die Welt grundlegend. Dank LLMs können Maschinen menschliche Sprache nicht nur besser verstehen, sondern auch selbst generieren. Dadurch eröffnen sich völlig neue Möglichkeiten im Bereich der künstlichen Intelligenz (KI), die bereits zahlreiche Branchen maßgeblich beeinflussen und auch in Zukunft weiter verändern werden.

Dieses Buch bietet Ihnen eine ebenso umfassende wie anschauliche Einführung in die Welt der LLMs – beginnend mit den theoretischen Grundlagen bis hin zu einer Vielzahl praktischer Anwendungen. Dabei lernen Sie wichtige Entwicklungen im Zusammenhang mit LLMs kennen, darunter einige, die dem Deep Learning vorausgingen, wie die Darstellung von Wörtern als Vektoren. Zudem erfahren Sie mehr über die Transformer-Architektur, die maßgeblich zum Erfolg von LLMs beigetragen hat. Sie erhalten außerdem einen Einblick in die Funktionsweise von LLMs und lernen die verschiedenen Architekturen sowie Techniken zum Trainieren und Feintunen kennen. Darüber hinaus gewinnen Sie einen umfassenden Überblick über die vielfältigen Anwendungsbereiche von LLMs, wie beispielsweise die Textklassifikation, das Clustering, das Topic Modeling, Chatbots, Suchmaschinen und vieles mehr.

Mit diesem Buch, das Ihnen durch zahlreiche praktische Anwendungen und Illustrationen einen leicht verständlichen Zugang zur Thematik bietet, möchten wir die ideale Grundlage für alle schaffen, die die aufregende Welt der LLMs erkunden möchten. Ganz gleich, ob Sie gerade erst in die Materie einsteigen oder bereits Experte sind: Tauchen Sie ein in die Welt der LLMs und lernen Sie, wie Sie diese selbst erstellen können.

Ein leicht verständlicher Zugang

Das Hauptziel dieses Buchs ist es, Ihnen einen *leicht verständlichen* Zugang zum Thema LLMs zu verschaffen. Da sich die Fortschritte im Bereich der Language AI – also KI-basierter Sprachanwendungen – in einem geradezu atemberaubenden Tempo vollziehen, kann es herausfordernd sein, mit den neuesten Entwicklungen Schritt zu halten. Aus diesem Grund liegt der Schwerpunkt dieses Buchs auf den Grundlagen von LLMs, um Ihnen einen unterhaltsamen und einfachen Lernprozess zu ermöglichen.

Um Ihnen das Thema *so nachvollziehbar wie möglich* zu vermitteln, begegnen Ihnen im Laufe des Buchs zahlreiche Illustrationen. Mithilfe dieser Illustrationen sollen Ihnen die wichtigsten Konzepte und Techniken im Zusammenhang mit LLMs auf anschauliche Weise nähergebracht und der Einstieg in dieses spannende und potenziell weltverändernde Gebiet erleichtert werden.[1]

Im gesamten Buch wird strikt zwischen sogenannten Representation-Modellen und generativen Sprachmodellen unterschieden. Bei Representation-Modellen handelt es sich um LLMs, die nicht dazu dienen, Text zu generieren, sondern vielmehr darauf ausgelegt sind, Texte bestmöglich abzubilden. Sie werden häufig für aufgabenspezifische Anwendungsfälle wie die Klassifikation verwendet. Generative Modelle sind hingegen LLMs, die Texte generieren, wie beispielsweise GPT-Modelle. Obwohl einem generative Modelle in der Regel als Erstes in den Sinn kommen, wenn man an LLMs denkt, bieten Representation-Modelle ebenfalls ein breites Spektrum an Anwendungsmöglichkeiten. Im weiteren Verlauf wird das Wort »Large« (groß) in *Large Language Models* relativ vage verwendet. Zum Teil werden sie auch einfach als Sprachmodelle bzw. Language Models bezeichnet, da Abgrenzungen hinsichtlich ihrer Größe oft willkürlich vorgenommen werden und nur bedingt Rückschlüsse auf die Leistungsfähigkeit von Modellen ermöglichen.

An wen sich dieses Buch richtet

In diesem Buch wird vorausgesetzt, dass Sie bereits über Programmiererfahrung in Python verfügen und sich mit den Grundlagen des maschinellen Lernens auskennen. Der Schwerpunkt liegt weniger auf der mathematischen Herleitung von Gleichungen als vielmehr auf der Vermittlung eines guten, intuitiven Verständnisses. Zu diesem Zweck werden in diesem Buch zahlreiche Abbildungen und viele praktische Beispiele angeführt, die die Lerninhalte veranschaulichen und verständlicher machen. Vorkenntnisse bezüglich gängiger Deep-Learning-Frameworks wie PyTorch oder TensorFlow oder im Bereich der Erstellung generativer Modelle sind für dieses Buch nicht erforderlich.

Sollten Sie noch keine Erfahrung im Umgang mit Python haben, empfehlen wir Ihnen als Einstieg die Onlinetutorials von Learn Python (*https://oreil.ly/arcIm*), die die wesentlichen Grundlagen der Programmiersprache vermitteln. Um Ihnen den Lernprozess so einfach wie möglich zu gestalten, steht Ihnen der gesamte Code auf Google Colab (*https://oreil.ly/kSucO*) zur Verfügung – einer Plattform, auf der sich der Code ausführen lässt, ohne dass eine lokale Installation erforderlich ist.

1 J. Alammar. »Machine learning research communication via illustrated and interactive web articles.« *Beyond Static Papers: Rethinking How We Share Scientific Understanding in ML*. ICLR 2021 Workshop (2021).

Aufbau des Buchs

Das Buch ist grundsätzlich in drei Hauptteile gegliedert. Abbildung 1 bietet Ihnen einen Gesamtüberblick über den Inhalt der einzelnen Kapitel. Diese können auch unabhängig voneinander gelesen werden. Daher können Sie die Kapitel, mit deren Inhalt Sie bereits vertraut sind, problemlos überfliegen.

Teil I: Die Funktionsweise von Sprachmodellen verstehen

In Teil I des Buchs wird die Funktionsweise kleiner und großer Sprachmodelle näher beleuchtet. Zunächst wird ein Überblick über das Fachgebiet und gängige Methoden vermittelt (siehe Kapitel 1). Anschließend werden zwei der wichtigsten Bausteine dieser Modelle, Tokenisierung und Embeddings, vorgestellt (siehe Kapitel 2). Abgerundet wird dieser Teil des Buchs durch eine aktualisierte und um weitere Inhalte ergänzte Fassung von Jays bekanntem Beitrag *The Illustrated Transformer* (*https://oreil.ly/UI4lN*), in der detailliert auf die Architektur dieser Modelle eingegangen wird (siehe Kapitel 3). Dabei werden zahlreiche Begriffe eingeführt und grundlegende Konzepte erläutert, die im weiteren Verlauf des Buchs immer wieder von Bedeutung sein werden.

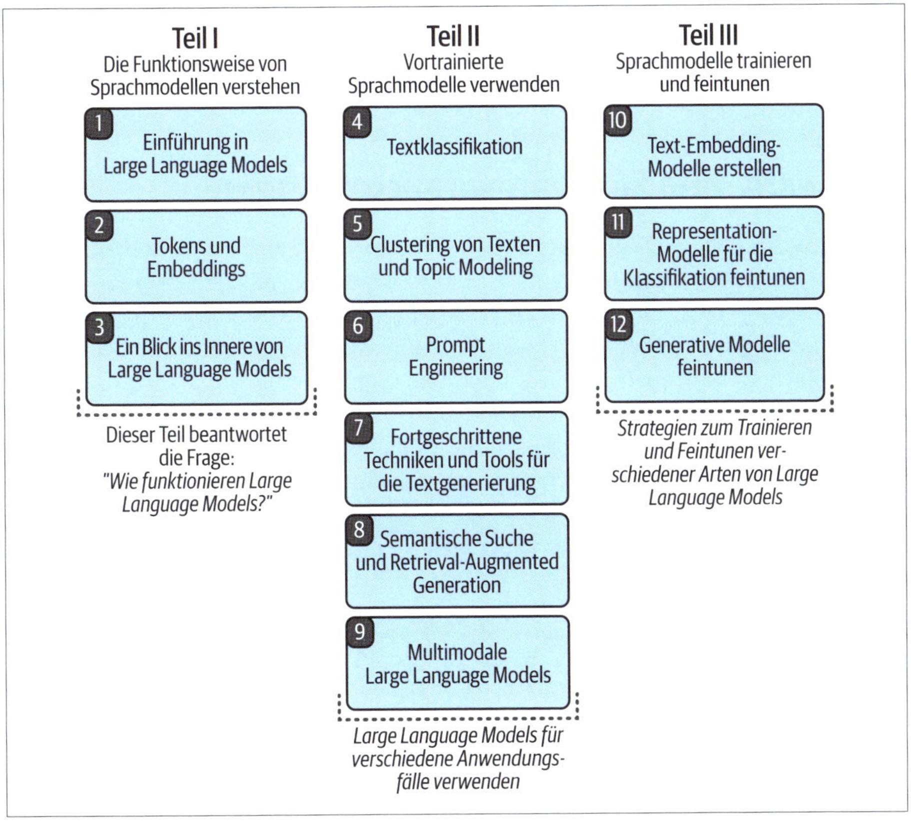

Abbildung 1: Übersicht über die einzelnen Teile und Kapitel des Buchs

Teil II: Vortrainierte Sprachmodelle verwenden

In Teil II werden anhand gängiger Anwendungsfälle verschiedene Einsatzmöglichkeiten von LLMs aufgezeigt. Dabei wird auf vortrainierte Modelle zurückgegriffen und gezeigt, wozu diese bereits ohne weiteres Feintuning imstande sind.

Sie erfahren, wie Sie Sprachmodelle zur überwachten Klassifikation (siehe Kapitel 4), zum Clustering von Texten und zum Topic Modeling (siehe Kapitel 5) verwenden können. Zudem erfahren Sie, wie Sie Texte generieren (siehe die Kapitel 6 und 7) und Embedding-Modelle für die semantische Suche nutzen können (siehe Kapitel 8). Abschließend können Sie sich ein Bild davon machen, wie sich die Möglichkeiten im Bereich der Textgenerierung auf Bilder übertragen lassen (siehe Kapitel 9).

Nachdem Sie sich mit diesen grundlegenden Anwendungsmöglichkeiten von Sprachmodellen vertraut gemacht haben, sind Sie in der Lage, eigenständig Problemstellungen verschiedenster Art zu lösen und zunehmend ausgefeiltere Systeme und Pipelines zu entwickeln.

Teil III: Sprachmodelle trainieren und feintunen

In Teil III des Buchs lernen Sie anspruchsvollere Ansätze kennen und erfahren, wie sich Sprachmodelle trainieren und feintunen lassen. Sie lernen, wie Sie ein Embedding-Modell erstellen und feintunen (siehe Kapitel 10), wie Sie ein BERT-Modell feintunen können, um eine Klassifikation durchzuführen (siehe Kapitel 11), und schließlich auch, wie Ihnen das Feintuning generativer Modelle gelingt (siehe Kapitel 12).

Hardware- und Softwarevoraussetzungen

Generative Modelle auszuführen, erfordert in der Regel eine hohe Rechenleistung und somit einen Computer mit einem leistungsstarken Grafikprozessor (engl. *Graphics Processing Unit*, GPU) bzw. einer leistungsstarken Grafikkarte. Da nicht alle Leserinnen und Leser über einen solchen Computer verfügen, sind alle Beispiele in diesem Buch so konzipiert, dass sie über eine online verfügbare Plattform namens Google Colaboratory (*https://oreil.ly/HQawv*) (Google Colab) ausgeführt werden können. Zum Zeitpunkt des Verfassens dieses Buchs können Sie auf dieser Plattform kostenfrei eine T4 von NVIDIA verwenden, um den Code auszuführen. Diese GPU verfügt über 16 GB Grafikspeicher (engl. *Video Random-Access Memory*, VRAM), was der mindestens erforderlichen Speichergröße für die meisten der im Buch enthaltenen Codebeispiele entspricht.

> Nicht für alle Kapitel ist ein Grafikspeicher von mindestens 16 GB erforderlich, da einige Beispiele, wie das Trainieren und Feintunen von Sprachmodellen, rechenintensiver sind als andere, etwa das Prompt Engineering. Die genauen Mindestvoraussetzungen hinsichtlich des Grafikspeichers für die einzelnen Kapitel können Sie dem Repository entnehmen.

Den gesamten Code, die erforderlichen Voraussetzungen und zusätzliche Tutorials finden Sie im Repository dieses Buchs (*https://github.com/HandsOnLLM/Hands-On-Large-Language-Models*). Wenn Sie die Beispiele lokal ausführen wollen, empfehlen wir Ihnen die Verwendung einer Grafikkarte von NVIDIA mit einem Grafikspeicher von mindestens 16 GB. Möchten Sie eine lokale Installation, beispielsweise mit `conda`, durchführen, empfehlen wir Ihnen, Ihre Umgebung wie folgt einzurichten:

```
conda create -n thellmbook python=3.10
conda activate thellmbook
```

Sie können alle erforderlichen Abhängigkeiten installieren, indem Sie das Repository forken oder klonen und dann Folgendes in Ihrer neu erstellten Python-3.10-Umgebung ausführen:

```
pip install -r requirements.txt
```

API-Schlüssel

In den Beispielen verwenden wir sowohl Open-Source- als auch proprietäre Modelle, um Ihnen die jeweiligen Vor- und Nachteile vor Augen zu führen. Um die in diesem Buch vorgestellten proprietären Modelle von OpenAI und Cohere zu verwenden, müssen Sie zunächst ein kostenloses Nutzerkonto erstellen:

OpenAI (https://oreil.ly/M4nAa)
: Klicken Sie auf der Website auf die Schaltfläche *Sign up*, um ein kostenloses Nutzerkonto zu erstellen. Mit diesem können Sie einen API-Schlüssel erzeugen, mit dem Sie später auf GPT-3.5 zugreifen können. Klicken Sie dann auf das Settings-Symbol und anschließend auf *API keys*, um einen geheimen Schlüssel zu erzeugen.

Cohere (https://oreil.ly/T63GA)
: Erstellen Sie zunächst ein kostenloses Nutzerkonto auf der Website. Klicken Sie dann auf die Schaltfläche *API keys*, um einen geheimen Schlüssel zu erzeugen.

Bei beiden Nutzerkonten gibt es allerdings Einschränkungen bezüglich der Anzahl der API-Aufrufe, das heißt, mit diesen kostenlosen API-Schlüsseln können Sie nur eine begrenzte Anzahl von Aufrufen pro Minute durchführen. Wir haben diesen Umstand bei allen Beispielen berücksichtigt und falls erforderlich entsprechende lokal ausführbare Alternativen bereitgestellt.

Zum Verwenden der Open-Source-Modelle müssen Sie kein Nutzerkonto erstellen. Eine Ausnahme bildet das in Kapitel 2 verwendete Llama-2-Modell, das Sie nur mit einem Hugging-Face-Nutzerkonto verwenden können:

Hugging Face (https://oreil.ly/_uV3A)
: Klicken Sie auf der Website von Hugging Face auf *Sign up*, um ein kostenloses Nutzerkonto zu erstellen. Wählen Sie anschließend im Menü *Settings* die Option *Access Tokens* aus und erstellen Sie ein Token, das Sie zum Herunterladen bestimmter LLMs verwenden können.

Anwendungsfälle mit deutschsprachigen Daten

Die in diesem Buch verwendeten Open-Source-Modelle wurden von den Autoren hinsichtlich ihrer Performance bei den vorgestellten englischsprachigen Codebeispielen ausgewählt (neben weiteren Aspekten wie beispielsweise den erforderlichen Rechenressourcen, um eine Ausführbarkeit über Google Colab zu gewährleisten). Wenn Sie die Codebeispiele mit deutschen Prompts durchspielen oder auch eigene Anwendungsfälle mit deutschsprachigen Daten umsetzen wollen, sollten Sie auf andere Modelle ausweichen, die für den jeweiligen Anwendungsfall besser geeignet sind. Die in den Codebeispielen verwendeten Modelle können Sie problemlos austauschen, indem Sie ein anderes Modell angeben. Je nach Aufgabengebiet kommen eine Vielzahl mehr- bzw. deutschsprachiger Modelle infrage, wie derzeit z.B. Qwen3 (*https://huggingface.co/models?search=qwen3*), Gemma 3 (*https://huggingface.co/models?search=gemma3*), XLM-RoBERTa (*https://huggingface.co/models?search=xlm-roberta*) oder auch EuroBERT (*https://huggingface.co/models?search=eurobert*). Die Suche nach einem geeigneten Modell können Sie am einfachsten über den Model Hub von Hugging Face unter *https://huggingface.co/models?language=de&sort=trending* durchführen. Dort können Sie auch weitere Attribute wie z.B. die von Ihnen verfolgte Aufgabe (unter »Tasks«) oder die Größe des Modells (»Parameters« unter »Main«) angeben.

In diesem Buch verwendete Konventionen

Die folgenden typografischen Konventionen werden in diesem Buch verwendet:

Kursiv
: Kennzeichnet neue Begriffe, URLs, E-Mail-Adressen, Dateinamen und Dateiendungen.

`Konstante Zeichenbreite`
: Wird für Programmlistings und für Programmelemente in Textabschnitten wie Namen von Variablen und Funktionen, Datenbanken, Datentypen, Umgebungsvariablen, Anweisungen und Schlüsselwörter verwendet.

`Konstante Zeichenbreite, fett`
: Kennzeichnet Befehle oder anderen Text, den die Nutzerin bzw. der Nutzer wörtlich eingeben sollte.

`Konstante Zeichenbreite, kursiv`
: Kennzeichnet Text, den die Nutzerin bzw. der Nutzer je nach Kontext durch entsprechende Werte ersetzen sollte.

Dieses Symbol steht für einen Tipp oder eine Empfehlung.

Dieses Symbol steht für einen allgemeinen Hinweis.

Verwenden von Codebeispielen

Zusätzliche Materialien (Codebeispiele, Übungen usw.) können Sie unter *https://github.com/HandsOnLLM/Hands-On-Large-Language-Models* herunterladen.

Auf der englischsprachigen Website für dieses Buch veröffentlichen wir Errata, Beispiele und zusätzliche Informationen. Sie können diese Seite unter *https://oreil.ly/hands_on_LLMs_1e* aufrufen.

Dieses Buch dient dazu, Ihnen bei der Erledigung Ihrer Arbeit zu helfen. Im Allgemeinen dürfen Sie die Codebeispiele aus diesem Buch in Ihren eigenen Programmen und der dazugehörigen Dokumentation verwenden. Sie müssen uns dazu nicht um Erlaubnis bitten, solange Sie nicht einen beträchtlichen Teil des Codes reproduzieren. Beispielsweise benötigen Sie keine Erlaubnis, um ein Programm zu schreiben, in dem mehrere Codefragmente aus diesem Buch vorkommen. Wollen Sie dagegen eine CD-ROM mit Beispielen aus Büchern von O'Reilly verkaufen oder verbreiten, benötigen Sie eine Erlaubnis. Eine Frage zu beantworten, indem Sie aus diesem Buch zitieren und ein Codebeispiel wiedergeben, benötigt keine Erlaubnis. Eine beträchtliche Menge Beispielcode aus diesem Buch in die Dokumentation Ihres Produkts aufzunehmen, bedarf hingegen unserer ausdrücklichen Zustimmung.

Wir freuen uns über Quellenangaben, verlangen sie aber nicht. Eine Quellenangabe enthält Titel, Autor, Verlag und ISBN. Beispiel: »*Praxisbuch Large Language Models: Sprache mit KI verarbeiten und generieren* von Jay Alammar und Maarten Grootendorst (O'Reilly). Copyright 2026 Rheinwerk Verlag GmbH, ISBN 978-3-96009-266-7.«

Wenn Sie glauben, dass Ihre Verwendung von Codebeispielen über die übliche Nutzung hinausgeht oder außerhalb der oben vorgestellten Nutzungsbedingungen liegt, kontaktieren Sie uns bitte unter *kommentar@oreilly.de*.

Danksagungen

Dieses Buch zu schreiben, war für uns ein unvergessliches Erlebnis. Wir haben hervorragend zusammengearbeitet und dabei jede Menge Spaß gehabt.

Im Bereich der (großen) Sprachmodelle vollziehen sich derzeit wohl die größten technologischen Fortschritte. In der Zeit, in der wir dieses Buch verfasst haben, konnten wir hautnah miterleben, wie sich die Technologie in diesem Bereich rasant weiterentwickelte. Trotz des rasanten Wandels sind die Grundprinzipien erstaunlich beständig geblieben, was den Schreibprozess umso spannender gemacht hat. Es war eine große Freude, dieses Thema während einer so bedeutenden Zeit eingehend erforschen zu dürfen.

Die Zusammenarbeit mit unserem O'Reilly-Team war unglaublich! Besonderer Dank gebührt Michele Cronin für ihr fantastisches Feedback, ihre Unterstützung und ihre Begeisterung für das Buch vom allerersten Tag an. Wir hätten uns keine bessere Lektorin wünschen können – du bist einfach großartig! Danke, Nicole Butterfield, die den Anstoß zu diesem Buch gegeben und uns geholfen hat, während des gesamten Schreibprozesses eine strukturierte Vorgehensweise beizubehalten. Wir möchten uns bei Karen Montgomery für die Gestaltung unseres wunderbaren Covers bedanken – wir sind begeistert von dem Känguru! Ein herzliches Dankeschön auch an Kate Dullea, die so viel Geduld mit uns hatte, als wir Hunderte von Abbildungen immer wieder durchgehen mussten. Die Vorabveröffentlichungen seitens Clare Laylock ermöglichten uns, die Fortschritte des Buchs bereits frühzeitig in Augenschein zu nehmen. Das hat unsere Motivation ungemein gesteigert – vielen Dank dafür. Ebenso bedanken wir uns bei Ashley Stussy und Charles Roumeliotis für die abschließende Bearbeitung des Buchs sowie bei allen anderen bei O'Reilly, die zum Gelingen beigetragen haben.

Vielen Dank auch an unsere hervorragenden technischen Gutachter. Die Rückmeldungen von Harm Buisman, Emir Muñoz, Luba Elliott, Guarav Chawla, Rafael V. Pierre, Luba Elliott, Tarun Narayanan, Nikhil Buduma und Patrick Harrison waren für uns äußerst hilfreich.

Jay

Ich möchte meiner Familie meinen tiefsten Dank für ihre unermüdliche Unterstützung und Inspiration aussprechen. Ein besonderer Dank gilt meinen Eltern, Abdullah und Mishael, sowie meinen Tanten Hussah und Aljoharah.

Ich bin meinen Freundinnen und Freunden, meinen Kolleginnen und Kollegen sowie meinen Mitarbeitenden dankbar, die mir dabei geholfen haben, die schwierigen Konzepte dieses Buchs zu verstehen und zu erklären. Ein besonderes Dankeschön geht an die Mitarbeiterinnen und Mitarbeiter von Cohere. Sie haben mir ein Umfeld ermöglicht, in dem ich dazulernen und mich austauschen konnte. Vielen Dank an Adrien Morisot, Aidan Gomez, Andy Toulis, Anfal Alatawi, Arash Ahmadian, Bharat Venkitesh, Edward Grefenstette, Ivan Zhang, Joao Araújo, Luis Serrano, Matthias Gallé, Meor Amer, Nick Frosst, Patrick Lewis, Phil Blunsom, Sara Hooker und Suhas Pai.

Dieses Projekt wäre ohne das außergewöhnliche Talent und den unermüdlichen Einsatz von Maarten, meinem Co-Autor, nicht annähernd so gut gelungen. Deine Fähigkeit, stets die technischen Details auf den Punkt zu bringen – von der Versionsverwaltung unzähliger Pakete bis hin zu den neuesten Entwicklungen im Bereich der Quantisierung von LLMs – und zugleich einige der weltweit besten und aussagekräftigsten Illustrationen zu gestalten, ist äußerst faszinierend.

Zu guter Letzt möchte ich mich bei der unglaublichen Coffeeshop-Szene in Riad, Saudi-Arabien, bedanken. Sie hat mich mit ausreichend Koffein versorgt und mir vom Tagesanbruch an bis tief in die Nacht hinein einen geeigneten Rückzugsort geboten, um ungestört zu arbeiten. Den Großteil der Artikel habe ich hier gelesen und dabei meine Kenntnisse vertieft (ich schaue in deine Richtung, Elixir Bunn).

Maarten

Zunächst möchte ich meinem Co-Autor Jay meinen aufrichtigen Dank aussprechen. Dank deiner Kenntnisse war die Arbeit an diesem Buch nicht nur möglich, sondern auch unglaublich bereichernd. Ich habe unsere gemeinsamen Erlebnisse sehr genossen, und es war mir eine große Freude, mit dir zusammenzuarbeiten.

Ich danke meinen wunderbaren Kolleginnen und Kollegen am IKNL für ihre fortwährende Unterstützung auf diesem Weg sehr herzlich. Ein besonderer Dank gilt Harm. Unsere gemeinsamen Kaffeepausen montagmorgens, in denen wir uns über dieses Buch austauschten, waren für mich immer sehr ermutigend.

Ich danke meiner Familie und meinen Freundinnen und Freunden für ihre unermüdliche Unterstützung, insbesondere meinen Eltern. Papa, ungeachtet der Herausforderungen, mit denen du zu kämpfen hattest, hast du immer einen Weg gefunden, für mich da zu sein, wenn ich es am dringendsten brauchte – danke! Danke auch dir, Mama. Die Gespräche, die wir als angehende Autoren geführt haben, waren unglaublich und haben mich weit mehr motiviert, als du dir je vorstellen kannst. Ich danke euch beiden für eure uneingeschränkte und endlose Unterstützung und Ermutigung!

Ich kann gar nicht in Worte fassen, wie dankbar ich meiner wunderbaren Frau Ilse bin. Liebling, dein grenzenloser Enthusiasmus und deine Geduld waren beispiellos – vor allem, wenn ich wieder einmal stundenlang über die neuesten Entwicklungen auf dem Gebiet der LLMs gefachsimpelt habe. Du bist mein größter Rückhalt. Ich muss mich bei meiner wunderbaren Tochter Sarah entschuldigen. Mit gerade einmal zwei Jahren hast du bereits mehr über große Sprachmodelle zu hören bekommen, als du in deinem ganzen Leben zu Ohren bekommen solltest! Ich verspreche dir, dass wir das in unzähligen gemeinsamen Stunden des Spielens und unzähligen gemeinsamen Abenteuern wieder wettmachen werden.

TEIL I

Die Funktionsweise von Sprachmodellen verstehen

KAPITEL 1

Einführung in Large Language Models

Die Menschheit steht an einem Wendepunkt. Seit 2012 haben sich die Fortschritte bei der Entwicklung von KI-Systemen (durch die Verwendung tiefer neuronaler Netze) zunehmend beschleunigt, was dazu führte, dass gegen Ende des Jahrzehnts das erste Softwaresystem entstand, das in der Lage war, Artikel zu verfassen, die sich nicht von denen eines Menschen unterscheiden ließen. Bei diesem System handelte es sich um ein KI-Modell namens *Generative Pre-trained Transformer 2*, kurz GPT-2. Im Jahr 2022 erschien ChatGPT, und es wurde deutlich, wie tiefgreifend diese Technologie die Art und Weise, wie wir mit Technologien und Informationen umgehen, revolutionieren würde. Innerhalb von fünf Tagen stieg die Zahl der aktiven Nutzer auf eine Million und innerhalb von zwei Monaten auf Hundert Millionen. Die neue Art von KI-Modellen nahm ihren Anfang als menschenähnliche Chatbots, sie führte jedoch schnell zu einem monumentalen Wandel in unserer Herangehensweise an alltägliche Aufgaben wie Übersetzung, Texterstellung und Inhaltszusammenfassung. Anwendungen wie diese sind für Softwareentwickler, Pädagogen und Forscher mittlerweile von unschätzbarem Wert.

Der Erfolg von ChatGPT war beispiellos und begünstigte die weitere Erforschung der zugrunde liegenden Technologie, der sogenannten großen Sprachmodelle (engl. *Large Language Models*, LLMs). Ständig wurden sowohl proprietäre als auch frei zugängliche Modelle auf den Markt gebracht, die der Leistungsfähigkeit von ChatGPT immer näherkamen und ihm letztlich ebenbürtig wurden. Es wäre keine Übertreibung, zu behaupten, dass sich fast die gesamte Aufmerksamkeit auf LLMs richtete.

Daher wird das Jahr 2023 immer als das Jahr in Erinnerung bleiben, das das Fachgebiet *Language Artificial Intelligence* (Language AI) drastisch verändert hat.

Allerdings gibt es LLMs bereits seit Längerem, und auch die kleineren Modelle sind heute noch relevant. Das Spektrum dieser Modelle beschränkt sich nicht auf ein einzelnes Modell. Auf dem Gebiet der Language AI gibt es zahlreiche verschiedene Methoden und Modelle, und es lohnt sich, sie näher zu beleuchten.

Dieses Buch soll Leserinnen und Lesern ein umfassendes Verständnis der Grundlagen von LLMs und Language AI im Allgemeinen vermitteln. Das vorliegende Kapitel bildet die Grundlage für den weiteren Inhalt des Buchs und führt Sie in die Konzepte und Begriffe ein, die in den folgenden Kapiteln behandelt werden.

In diesem Kapitel werden in erster Linie folgende Fragen beantwortet:

- Was ist Language AI?
- Was genau sind große Sprachmodelle (Large Language Models, LLMs)?
- Für welche Anwendungsfälle werden große Sprachmodelle in der Regel genutzt?
- Wie kann man große Sprachmodelle selbst nutzen?

Was ist Language AI?

Der Begriff der *künstlichen Intelligenz* (KI, im Englischen *Artificial Intelligence*, kurz AI) wird häufig verwendet, um Computersysteme zu bezeichnen, die imstande sind, Aufgaben auszuführen, für die eine dem Menschen ähnliche Intelligenz erforderlich ist. Beispiele hierfür sind die Spracherkennung (engl. *Speech Recognition*), die Übersetzung von Sprachen (engl. *Language Translation*) und die visuelle Wahrnehmung (engl. *Visual Perception*). Die Definition zielt also auf die Intelligenz von Software ab, nicht auf die von Menschen.

Eine etwas formellere Definition hat einer der Begründer des Fachgebiets »Künstliche Intelligenz« formuliert:

> [Künstliche Intelligenz ist] die Wissenschaft und Technik der Entwicklung intelligenter Maschinen, insbesondere intelligenter Computerprogramme. Sie steht in engem Zusammenhang mit der ähnlich gelagerten Aufgabe, mithilfe von Computern die menschliche Intelligenz zu verstehen. Allerdings ist KI nicht auf aus einer biologischen Sichtweise beobachtbare Methoden beschränkt.
>
> – *John McCarthy, 2007*[1]

Doch was als KI betrachtet wird, unterlag stets einem Wandel. Der Begriff wurde auch für eine Vielzahl von Systemen verwendet, die nicht unbedingt als intelligent anzusehen sind. So wurden beispielsweise Charaktere in Computerspielen (sogenannte Nicht-Spieler-Charaktere [engl. *Non-Playable Characters*, NPCs]) oft als KI bezeichnet, obwohl sich hinter vielen von ihnen nichts anderes als *Wenn-dann*-Anweisungen verbirgt.

Language AI ist ein Teilbereich der KI, der sich mit der Entwicklung von Technologien beschäftigt, die in der Lage sind, menschliche Sprache zu verstehen, zu verarbeiten und zu generieren. Der Begriff *Language AI* wird häufig synonym zu *Natural Language Processing* (NLP) verwendet, eine Disziplin, die im Deutschen auch als Computerlinguistik bezeichnet wird. Dies liegt daran, dass maschinelle Lernverfahren bei der Bewältigung von Problemstellungen im Bereich der Sprachverarbeitung zunehmend an Bedeutung gewonnen haben.

1 John McCarthy (2007). »What is artificial intelligence?« Zitat entnommen von *https://oreil.ly/C7sja* und *https://oreil.ly/n9X8O*.

In diesem Buch wird der Begriff *Language AI* für Technologien verwendet, die zwar rein technisch gesehen keine LLMs sind, aber dennoch einen bedeutenden Einfluss auf das Fachgebiet haben. Ein Beispiel hierfür sind Retrieval-Systeme, durch die sich das ohnehin schon breite Anwendungsspektrum von LLMs noch einmal beträchtlich erweitert (siehe Kapitel 8).

Der Schwerpunkt dieses Buchs liegt auf Modellen, die die Entwicklung im Bereich der Language AI maßgeblich beeinflusst haben. Es geht also nicht ausschließlich um LLMs. Das wirft jedoch die Frage auf: Was genau sind LLMs? Bevor Sie im weiteren Verlauf dieses Kapitels die Antwort auf diese Frage erhalten, lohnt es sich, zunächst einmal einen kurzen Blick auf die historische Entwicklung im Bereich Language AI zu werfen.

Die jüngsten Entwicklungen im Bereich der Language AI

Im Laufe der Jahre wurden im Bereich der Language AI zahlreiche Techniken und Modelle entwickelt, mit denen sich Sprache repräsentieren und generieren lässt (siehe Abbildung 1.1).

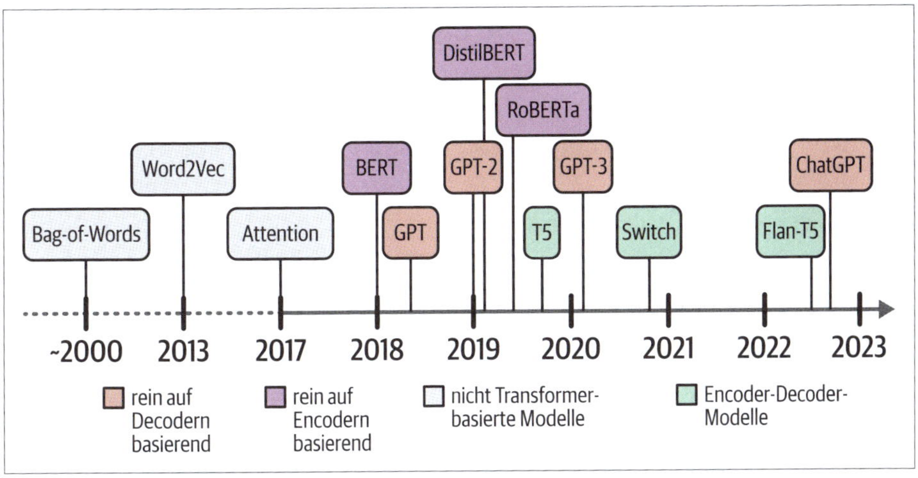

Abbildung 1.1: Ein Überblick über verschiedene Entwicklungen im Bereich der Language AI

Die Verarbeitung von Sprache durch Computer gestaltet sich allerdings nicht einfach. Denn Text ist naturgemäß unstrukturiert, und seine Bedeutung geht verloren, wenn er durch Nullen und Einsen, also einzelne Zeichen, dargestellt wird. Daher hat man sich im Laufe der Entwicklung der Language AI vor allem darauf konzentriert, Sprache in strukturierter Form darstellen zu können, sodass sie von Computern einfacher verarbeitet werden kann. Beispiele für typische Aufgaben, die in dem Bereich der Language AI verfolgt werden, finden Sie in Abbildung 1.2.

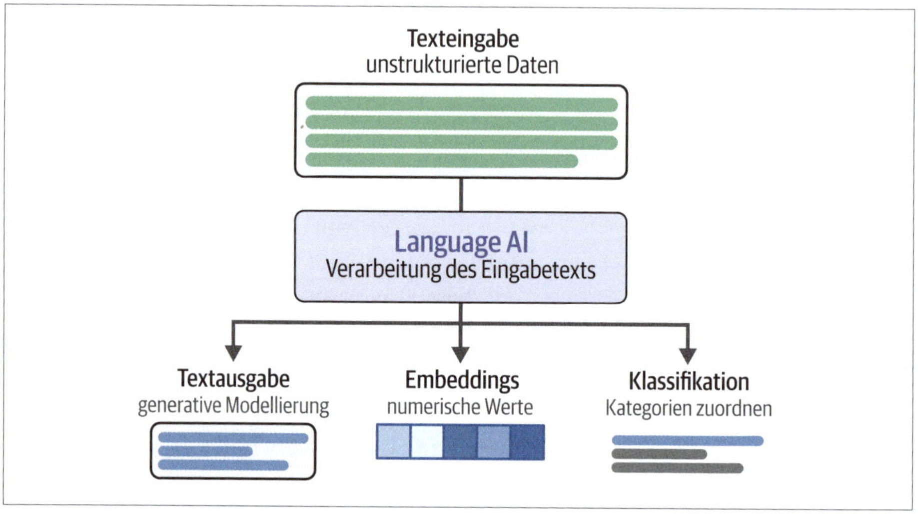

Abbildung 1.2: Der Bereich der Language AI umfasst eine Vielzahl von Aufgaben, die die Verarbeitung von Texteingaben beinhalten.

Darstellung von Sprache als ein Bag-of-Words

Die Entwicklung des Bereichs der Language AI nahm mit einer Technik namens Bag-of-Words ihren Anfang. Dabei handelt es sich um eine Methode, mit der sich unstrukturierter Text repräsentieren lässt.[2] Obwohl sie bereits in den 1950er-Jahren erstmals beschrieben wurde, wurde sie erst in den 2000er-Jahren populär.

Der Ansatz bei der Bag-of-Words-Methode ist folgender: Angenommen, Sie hätten zwei Sätze, für die Sie numerische Darstellungen erstellen möchten. Der erste Schritt des Bag-of-Words-Modells ist die *Tokenisierung* (engl. *Tokenization*), also die Zerlegung der Sätze in einzelne Wörter bzw. Teile von Wörtern (sogenannte *Tokens*), wie in Abbildung 1.3 dargestellt.

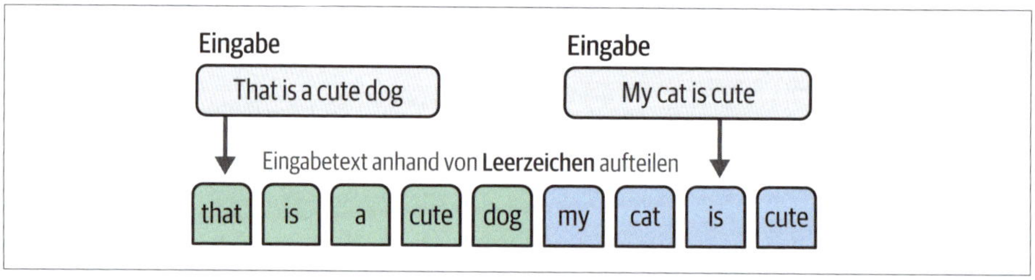

Abbildung 1.3: Jeder Satz wird in Wörter (Tokens) aufgeteilt, indem diese anhand der Leerzeichen voneinander getrennt werden.

Die am häufigsten verwendete Methode zur Tokenisierung ist die Aufteilung einzelner Wörter anhand von Leerzeichen. Das hat jedoch seine Nachteile, da sich in eini-

2 Fabrizio Sebastiani. »Machine learning in automated text categorization.« *ACM Computing Surveys (CSUR)* 34.1 (2002): 1–47.

gen Sprachen wie etwa Mandarin keine Leerzeichen zwischen den Wörtern befinden. Im nächsten Kapitel werden wir uns eingehend mit der Tokenisierung und deren Auswirkungen auf Sprachmodelle beschäftigen. Nach der Tokenisierung werden – wie in Abbildung 1.4 veranschaulicht – alle Wörter aus den einzelnen Sätzen kombiniert, um ein Vokabular zu erstellen, mit dessen Hilfe die Sätze anschließend in numerischer Form abgebildet werden können.

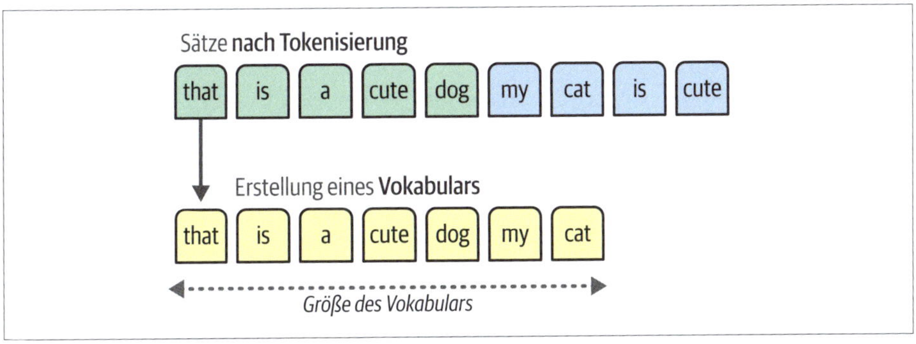

Abbildung 1.4: Es wird ein Vokabular erstellt, indem alle unterschiedlichen Wörter, die in beiden Sätzen enthalten sind, berücksichtigt werden.

Bei der Bag-of-Words-Methode wird schlicht ermittelt, wie oft die im Vokabular enthaltenen Wörter in den jeweiligen Sätzen vorkommen. Dadurch entsteht buchstäblich ein »Bag of Words«. Das Ziel besteht darin, für jeden Satz eine numerische Textdarstellung, also einen Vektor bzw. eine Vektordarstellung, zu erstellen (siehe Abbildung 1.5). Im weiteren Verlauf des Buchs wird diese Art von Modellen als *Representation-Modell* bezeichnet.

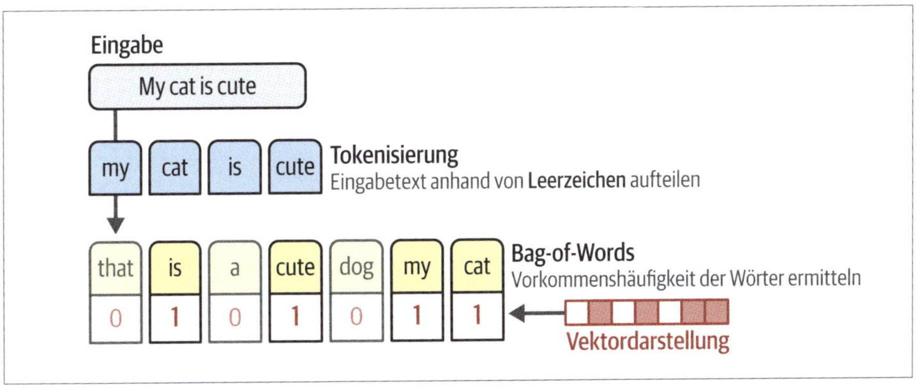

Abbildung 1.5: Bei der Bag-of-Words-Methode wird für jeden Satz die Vorkommenshäufigkeit aller im Vokabular enthaltenen Wörter ermittelt. Dabei handelt es sich um Vektordarstellungen.

Obwohl die Bag-of-Words-Methode eine relativ alte Methode ist, ist sie keineswegs obsolet. In Kapitel 5 werden Sie noch erfahren, wie sie in Kombination mit neueren Sprachmodellen eingesetzt werden kann.

Verbesserte Vektordarstellungen mit Dense Vector Embeddings

Der Ansatz der Bag-of-Words-Methode mag zwar recht elegant sein, allerdings hat er eine eklatante Schwäche. Sprache wird dabei als »willkürliche Aneinanderreihung« von Wörtern betrachtet, wodurch die semantische Natur bzw. die Bedeutung eines Texts außer Acht gelassen wird.

Der im Jahr 2013 veröffentlichte Word2Vec-Algorithmus war einer der ersten erfolgreichen Versuche, die inhaltliche Bedeutung von Text in *Einbettungen* bzw. *Embeddings* zu erfassen.[3] Bei Embeddings handelt es sich um Vektordarstellungen, mit denen die Bedeutung der zugrunde liegenden Daten erfasst werden soll. Zu diesem Zweck werden beim Word2Vec-Algorithmus semantische Vektordarstellungen von Wörtern gelernt, wobei derartige Modelle mit riesigen Mengen an Textdaten, etwa dem gesamten Inhalt von Wikipedia, trainiert werden.

Diese semantischen Vektordarstellungen werden beim Word2Vec-Algorithmus mithilfe *neuronaler Netze* (engl. *Neural Networks*) erstellt. Die neuronalen Netze bestehen aus mehreren miteinander verbundenen Schichten (engl. *Layers*) von Knoten (engl. *Nodes*), die die Informationen verarbeiten. Neuronale Netze können zahlreiche solcher Schichten umfassen, wobei jede Verbindung in Abhängigkeit von den Eingabedaten ein bestimmtes Gewicht hat (siehe Abbildung 1.6). Diese Gewichte werden häufig auch als *Modellparameter* bezeichnet.

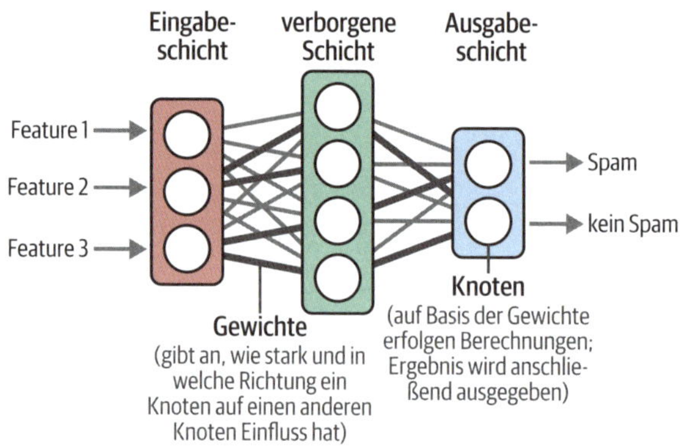

Abbildung 1.6: Ein neuronales Netz besteht aus miteinander verbundenen Schichten von Knoten. Jede Verbindung entspricht dabei einer linearen Gleichung.

Mithilfe dieser neuronalen Netze werden bei Word2Vec Worteinbettungen bzw. Word-Embeddings generiert. Diese basieren darauf, ob ein Wort typischerweise zusammen mit anderen Wörtern in einem Satz vorkommt. Zunächst wird jedem Wort im Vokabular ein Embedding (d.h. eine Vektoreinbettung) mit beispielsweise 50 Werten zugewiesen, wobei die Werte zunächst zufällig initialisiert werden. Anschließend werden, wie in Abbildung 1.7 dargestellt, in jedem Trainingsschritt Wortpaare aus den Trainingsdaten entnommen. Das Modell nimmt dann eine Vorhersage dazu

3 Tomas Mikolov et al. »Efficient estimation of word representations in vector space.« *arXiv Preprint arXiv:1301.3781* (2013).

vor, ob sich die Wörter mit hoher Wahrscheinlichkeit in einem Satz nebeneinander befinden (oder auch nicht).

Während des Trainings werden bei Word2Vec die Beziehungen zwischen Wörtern gelernt, und diese Informationen werden in dem Embedding »verdichtet«. Wenn zwei Wörter dazu neigen, die gleichen angrenzenden Wörter zu haben, liegen ihre Embeddings näher beieinander – und umgekehrt. In Kapitel 2 erfahren Sie noch mehr über das genaue Vorgehen beim Training des Word2Vec-Algorithmus.

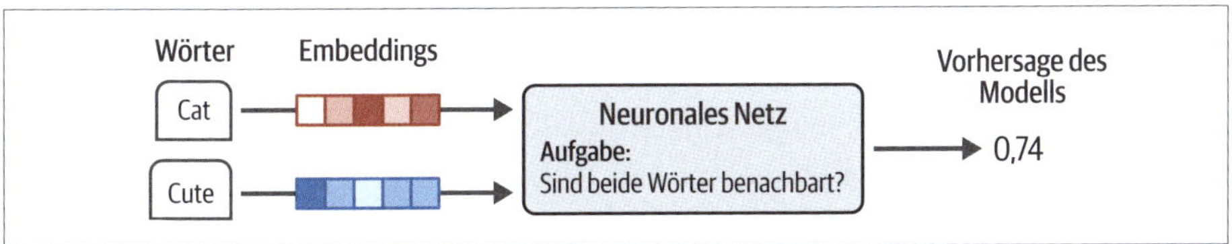

Abbildung 1.7: Ein neuronales Netzwerk wird darauf trainiert, vorherzusagen, ob zwei Wörter in Texten nebeneinander vorkommen. Während des Trainings werden die Embeddings aktualisiert, um die zugrunde liegenden Daten (»Ground Truth«) bestmöglich abzubilden.

Die daraus resultierenden Embeddings spiegeln die Bedeutung von Wörtern wider. Doch was genau bedeutet das? Zur Veranschaulichung dieses Konzepts können Sie sich vorstellen, dass Ihnen Embeddings verschiedener Wörter vorliegen, beispielsweise »Apfel« und »Baby«. Mithilfe von Embeddings wird versucht, die Bedeutung von Wörtern durch die Darstellung ihrer Eigenschaften zu erfassen. So könnte das Wort »Baby« in Bezug auf die Eigenschaften der Begriffe »Neugeborenes« und »Mensch« einen hohen Wert aufweisen, während das Wort »Apfel« in Bezug auf diese Eigenschaften einen niedrigen Wert hat.

Embeddings können, wie in Abbildung 1.8 dargestellt, viele verschiedene Ausprägungen besitzen, um die Bedeutung eines Worts darzustellen. Da die Größe der Embeddings fest vorgegeben ist, werden ihre Ausprägungen so gewählt, dass sie eine Art »gedankliche Darstellung« des Worts bilden.

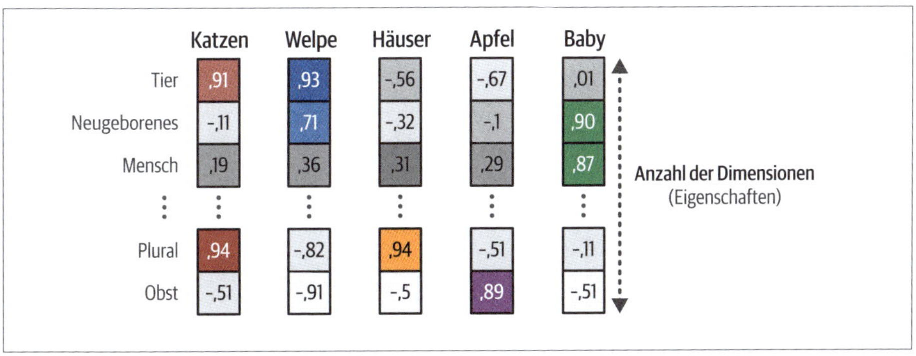

Abbildung 1.8: Die Werte der Embeddings können viele verschiedene Ausprägungen annehmen, mit denen die Eigenschaften von Wörtern abgebildet werden sollen. Vereinfacht kann man davon ausgehen, dass es sich bei den Dimensionen um verschiedene Konzepte handelt (dies ist zwar nicht wirklich der Fall, bringt aber die Grundidee zum Ausdruck).

Genau genommen sind diese Eigenschaften recht undurchsichtig und beziehen sich selten auf eine einzelne Entität oder ein für Menschen verständliches Konzept. In ihrer Gesamtheit ergeben sie für einen Computer jedoch einen Sinn und eignen sich gut dazu, natürliche Sprache in Maschinensprache zu übersetzen.

Embeddings sind äußerst nützlich, da sich mit ihrer Hilfe die semantische Ähnlichkeit zwischen zwei Wörtern quantifizieren lässt. Dazu wird ein Distanzmaß verwendet, das angibt, wie ähnlich sich zwei Wörter sind, d.h., wie nah sie beieinanderliegen. Werden die Embeddings in eine zweidimensionale Darstellung überführt, lässt sich in der resultierenden Darstellung sehr gut erkennen, dass Wörter mit ähnlicher Bedeutung näher beieinanderliegen (siehe Abbildung 1.9). In Kapitel 5 erfahren Sie, wie sich Embeddings aus einem *n*-dimensionalen Vektorraum in eine niederdimensionale Darstellung verdichten lassen.

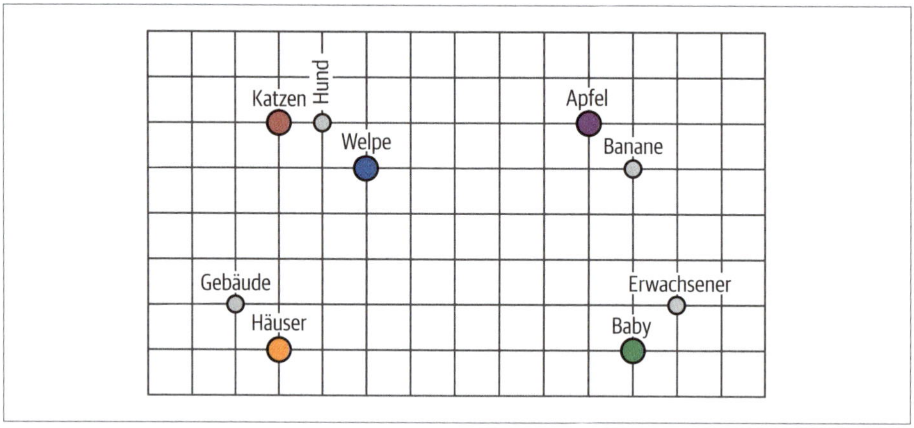

Abbildung 1.9: Die Embeddings von Wörtern, die sich ähnlich sind, liegen im (mehrdimensionalen) Vektorraum nah beieinander.

Arten von Embeddings

Es gibt viele Arten von Embeddings, wie z.B. Einbettungen auf Wort- (Word-Embeddings) und Satzebene (Sentence-Embeddings), die dazu dienen, verschiedene Abstraktionsebenen (auf Wort- oder Satzebene) abzubilden (siehe Abbildung 1.10).

Bei der Bag-of-Words-Methode werden beispielsweise Embeddings auf Ebene von Dokumenten erstellt, da das gesamte Dokument abgebildet wird. Im Gegensatz dazu werden beim Word2Vec-Algorithmus Embeddings erzeugt, die ausschließlich Wörter abbilden.

Embeddings spielen im gesamten Buch eine zentrale Rolle, da sie in vielen Anwendungsfällen zum Einsatz kommen, beispielsweise bei der Klassifikation (siehe Kapitel 4), beim Clustering (siehe Kapitel 5) sowie bei der semantischen Suche und bei der Retrieval-Augmented Generation (siehe Kapitel 8). In Kapitel 2 werden wir uns erstmals eingehend mit Token-basierten Embeddings befassen.

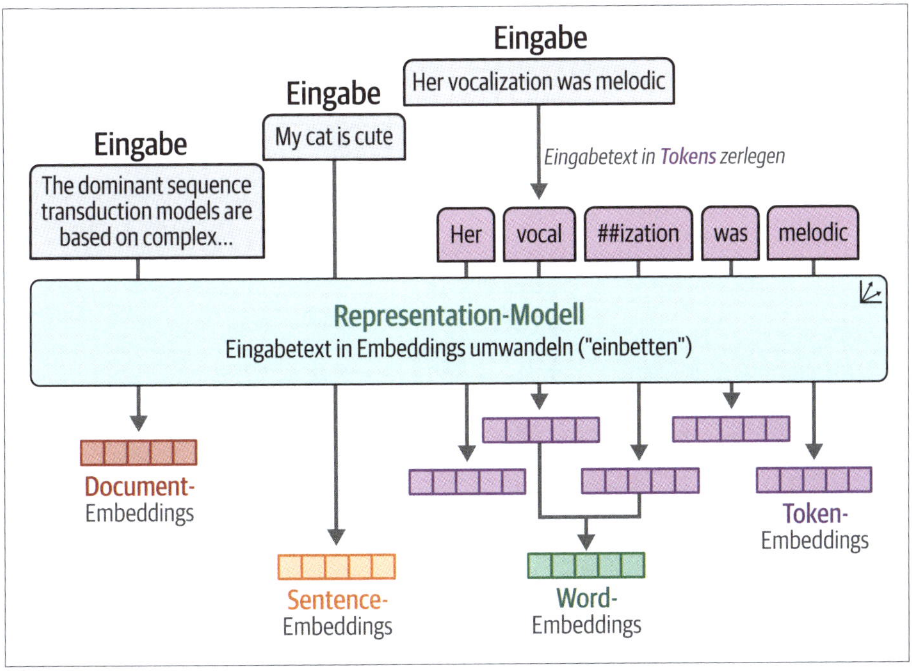

Abbildung 1.10: Je nach Abstraktionsebene können die Embeddings für die Eingabedaten unterschiedlich erstellt werden.

Kontext mit Attention codieren und decodieren

Im Rahmen des Word2Vec-Algorithmus werden beim Training statische, herunterladbare Vektordarstellungen von Wörtern erstellt. Das Wort »Bank« hat beispielsweise immer das gleiche Embedding, unabhängig vom Kontext, in dem es verwendet wird. Allerdings kann sich das Wort »Bank« sowohl auf ein Finanzinstitut als auch auf eine Sitzgelegenheit beziehen. Da die Bedeutung des Worts je nach Kontext verschieden ist, sollte also auch das Embedding unterschiedlich sein.

Ein Fortschritt beim Codieren von Texten wurde durch *Recurrent Neural Networks* (RNNs), die im Deutschen als rekurrente bzw. rückgekoppelte neuronale Netze bezeichnet werden, erreicht. Dabei handelt es sich um Varianten neuronaler Netze, die Sequenzen als Eingabe verarbeiten und somit die Reihenfolge berücksichtigen können.

Zu diesem Zweck werden diese RNNs für zwei Aufgaben verwendet: zum *Codieren* (engl. *Encoding*) bzw. zur Repräsentation eines Eingabesatzes und zum *Decodieren* (engl. *Decoding*) bzw. zur Generierung eines Ausgabesatzes. Abbildung 1.11 veranschaulicht die Funktionsweise dieses Ansatzes anhand der Übersetzung des englischen Satzes »I love llamas« ins Niederländische: »Ik hou van lama's«.

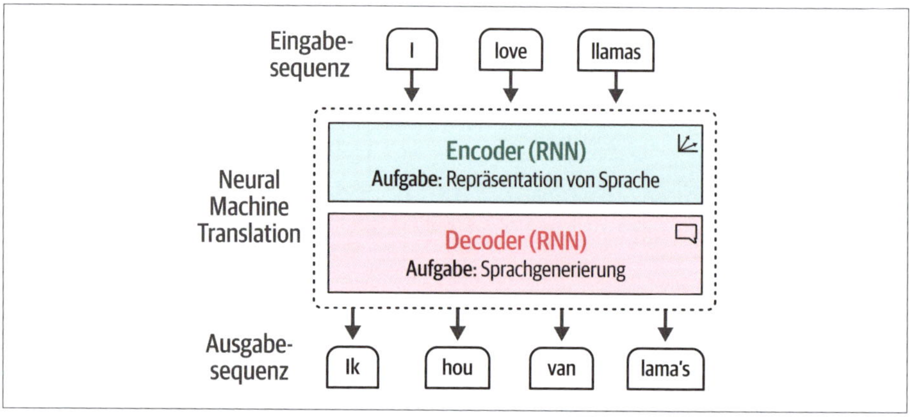

Abbildung 1.11: Um eine Eingabesequenz vom Englischen ins Niederländische zu übersetzen, werden zwei rekurrente neuronale Netze verwendet: eines als Decoder und eines als Encoder.

Bei dieser Art von Architektur erfolgt jeder Schritt *autoregressiv*, was bedeutet, dass – wie in Abbildung 1.12 dargestellt – zur Generierung des nächsten Worts alle zuvor generierten Wörter berücksichtigt werden.

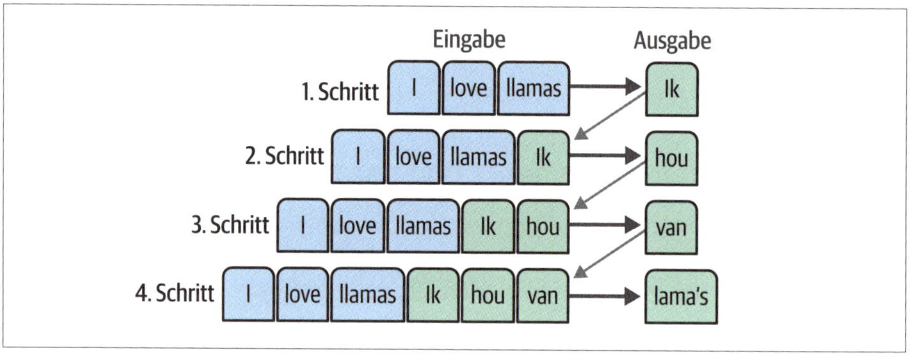

Abbildung 1.12: Im Rahmen der Generierung des nächsten Tokens werden alle zuvor ausgegebenen Tokens als Eingabe verwendet.

Der Schritt des Codierens zielt darauf ab, die eingegebenen Daten und den entsprechenden Kontext so gut wie möglich abzubilden (wobei ein Embedding erzeugt wird, das als Eingabe für den Decoder dient). Um diese Vektordarstellung zu erzeugen, werden Embeddings auf der Ebene von Wörtern als Eingabe verwendet, was bedeutet, dass Word2Vec-Embeddings als initiale Vektordarstellungen genutzt werden können. Abbildung 1.13 veranschaulicht den Ablauf. Dabei ist zu beachten, dass sowohl die eingegebenen als auch die generierten Tokens sequenziell, also nacheinander, verarbeitet bzw. generiert werden.

Allerdings erschwert diese kontextualisierte Einbettung die Verarbeitung längerer Sätze, da es sich lediglich um ein einziges Embedding handelt, das den gesamten Eingabetext abbildet.

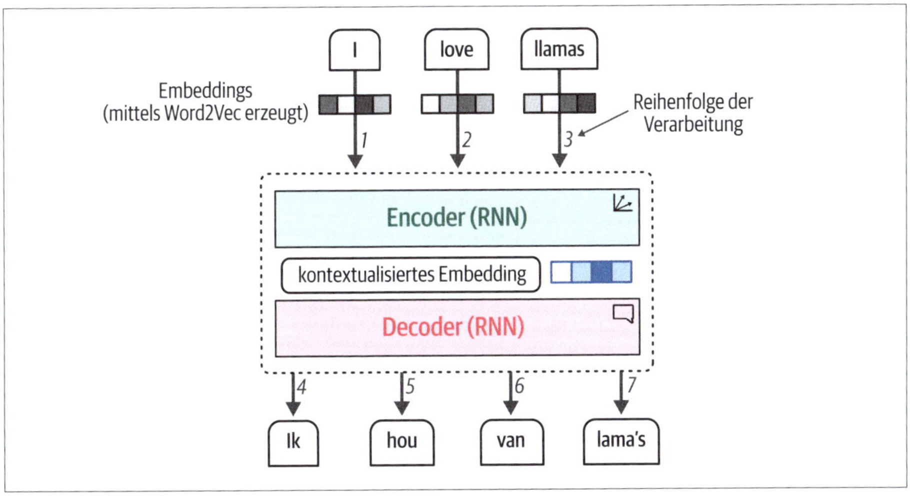

Abbildung 1.13: Mithilfe von Word2Vec-Embeddings wird ein kontextualisiertes Embedding generiert, das die gesamte Sequenz abbildet.

Im Jahr 2014 wurde mit Attention (*https://oreil.ly/SIDnM*) eine Lösung vorgestellt, die zu einer erheblichen Verbesserung der ursprünglichen Architektur führte.[4] Mit Attention kann sich ein Modell auf die Teile einer Eingabesequenz konzentrieren, die zueinander in Beziehung stehen (und sozusagen die »Aufmerksamkeit« aufeinander richten), und ihr Signal verstärken (siehe Abbildung 1.14). Mithilfe des Attention-Mechanismus bestimmt das Modell also gezielt, welche Wörter in einem bestimmten Satz am wichtigsten sind.

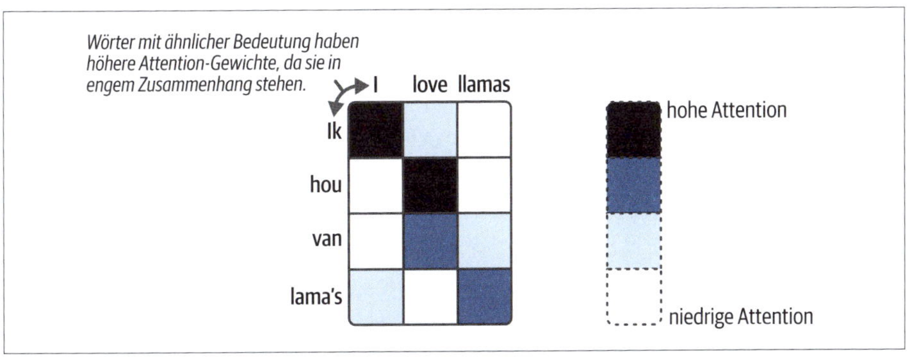

Abbildung 1.14: Mithilfe des Attention-Mechanismus kann ein Modell bestimmten Teilen von Sequenzen entsprechend ihrer Beziehung zueinander mehr oder weniger »Beachtung« schenken.

Zum Beispiel ist das ausgegebene Wort »Lama's« der niederländische Begriff für das englische Wort »llamas«, weshalb die Attention zwischen beiden hoch ist. Ähnlich verhält es sich mit den Wörtern »Lama's« und »I«, die einen weniger engen Bezug

4 Dzmitry Bahdanau, Kyunghyun Cho und Yoshua Bengio. »Neural machine translation by jointly learning to align and translate.« *arXiv Preprint arXiv:1409.0473* (2014).

zueinander haben und daher eine geringere Attention aufweisen. In Kapitel 3 werden Sie sich noch eingehender mit dem Attention-Mechanismus befassen.

Durch Hinzufügen dieser Attention-Mechanismen zum Decoder-Schritt kann das RNN für jedes Wort in der Eingabesequenz hinsichtlich eines potenziellen Ausgabeworts Signale erzeugen. Anstatt nur ein kontextualisiertes Embedding an den Decoder weiterzuleiten, werden die verborgenen Zustände (engl. *Hidden States*) aller eingegebenen Wörter weitergeleitet. Die Funktionsweise dieses Prozesses wird in Abbildung 1.15 veranschaulicht.

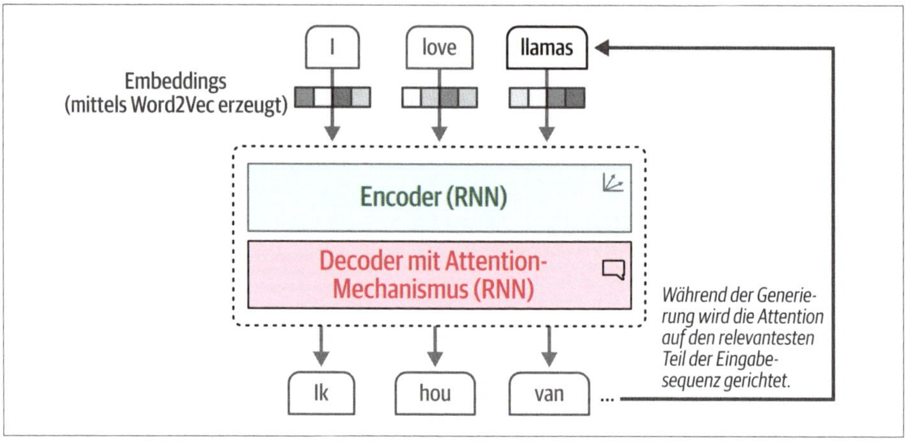

Abbildung 1.15: Nachdem die Wörter »Ik«, »hou« und »van« generiert wurden, ermöglicht der Attention-Mechanismus des Decoders die Fokussierung auf das englische Eingabewort »llamas«, bevor die niederländische Übersetzung (»lama's«) generiert wird.

Daher merkt sich das RNN während der Generierung von »Ik hou van lama's« die Wörter, auf die es beim Übersetzen am meisten »Aufmerksamkeit« gerichtet hat. Im Vergleich zum Word2Vec-Ansatz ermöglicht diese Architektur die Repräsentation der sequenziellen Natur von Text und des Kontexts, in dem er erscheint, da der vollständige Satz berücksichtigt wird (also die »Aufmerksamkeit« darauf gerichtet werden kann). Dieser sequenzielle Charakter der Verarbeitung hat jedoch den Nachteil, dass im Rahmen des Modelltrainings keine Parallelisierung vorgenommen werden kann.

Attention Is All You Need

In dem bekannten Artikel »Attention is all you need« (*https://oreil.ly/KGvIj*), veröffentlicht im Jahr 2017, wurde eine neue Modellarchitektur für neuronale Netze namens *Transformer* vorgestellt.[5] Erst durch diese Architektur kommt die Stärke des Attention-Mechanismus voll zum Tragen, und sie legt den Grundstein für die erstaunlichen Fähigkeiten großer Sprachmodelle. Der Transformer basiert ausschließlich auf dem Attention-Mechanismus, ohne dass ein rekurrentes Netz zum Einsatz

5 Ashish Vaswani et al. »Attention is all you need.« *Advances in Neural Information Processing Systems* 30 (2017).

kommt. Im Vergleich zu rekurrenten Netzen können Transformer in parallelen Prozessen trainiert werden, wodurch sich die Trainingsdauer erheblich verkürzt.

Im Transformer werden, wie in Abbildung 1.16 dargestellt, mehrere Encoder- und Decoder-Komponenten jeweils hintereinandergeschaltet. Die Architektur ist ebenfalls autoregressiv, d.h., dass jedes generierte Wort erst verarbeitet werden muss, bevor ein neues Wort generiert wird.

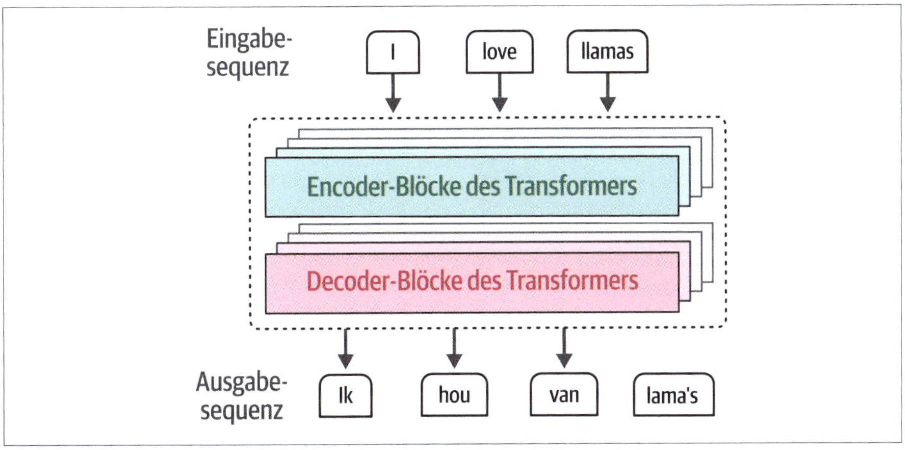

Abbildung 1.16: Der Transformer besteht aus mehreren aneinandergereihten Encoder- und Decoder-Blöcken. Die Eingabe wird durch jeden dieser Blöcke geleitet.

Sowohl der Encoder als auch der Decoder des Transformers basieren auf dem Attention-Mechanismus (hierbei kommt jedoch kein RNN mit Attention-Mechanismus zum Einsatz). Der Encoder-Block im Transformer besteht aus zwei Elementen: *Self-Attention* und einem *Feedforward Neural Network*, also einem vorwärts gerichteten neuronalen Netz (siehe Abbildung 1.17).

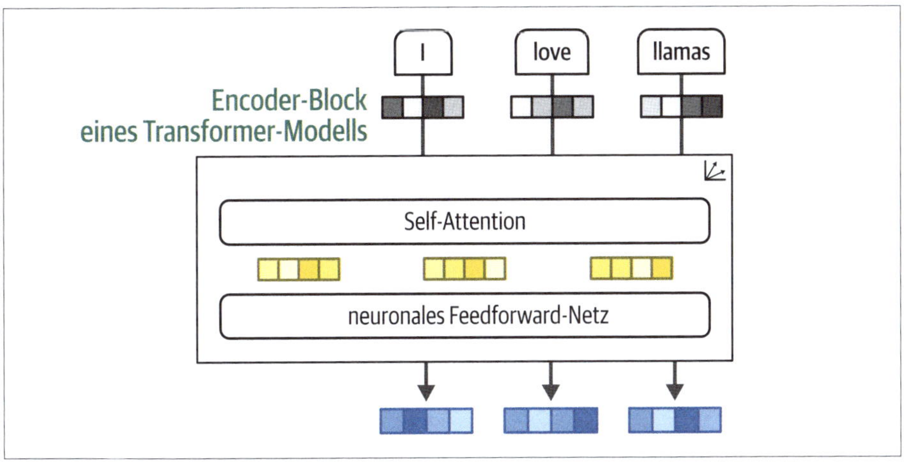

Abbildung 1.17: In einem Encoder-Block werden mittels Self-Attention vorläufige Vektordarstellungen generiert.

Im Vergleich zu früheren Arten von Attention kann die Attention bei der Self-Attention auf verschiedene Positionen bzw. Stellen einer Sequenz gerichtet werden. Dadurch lässt sich die Eingabesequenz einfacher und genauer darstellen (siehe Abbildung 1.18). Anstatt die einzelnen Tokens nacheinander zu verarbeiten, kann die gesamte Sequenz auf einmal verarbeitet werden.

Abbildung 1.18: Bei der Self-Attention kann die Attention auf alle Teile der Eingabesequenz gerichtet werden. Dadurch kann das Modell sowohl vorwärts als auch rückwärts »blicken«.

Im Gegensatz zum Encoder verfügt der Decoder zusätzlich über eine Attention-Schicht, in der die Ausgabe des Encoders mittels Attention berücksichtigt wird (um die relevanten Tokens der Eingabesequenz ausfindig zu machen). Dies ist, wie in Abbildung 1.19 gezeigt, ähnlich wie beim zuvor vorgestellten RNN mit Attention-Mechanismus, das im Decoder zum Einsatz kam.

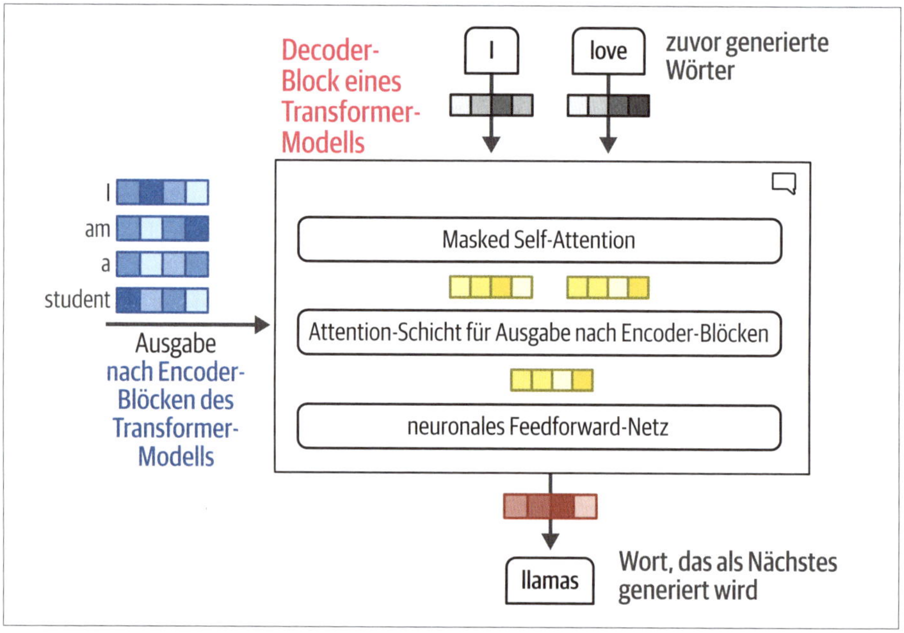

Abbildung 1.19: Der Decoder verfügt über eine zusätzliche Attention-Schicht, in der die Ausgabe des Encoders mittels Attention verarbeitet wird.

In der Self-Attention-Schicht im Decoder werden die nachfolgenden Tokens in der Sequenz maskiert, sodass sich das Modell nur auf vorangegangene Tokens konzentriert (siehe Abbildung 1.20). Dadurch wird verhindert, dass bei der Generierung der Ausgabe Informationen verarbeitet werden, die gar nicht verarbeitet werden sollten (*Information Leakage*).

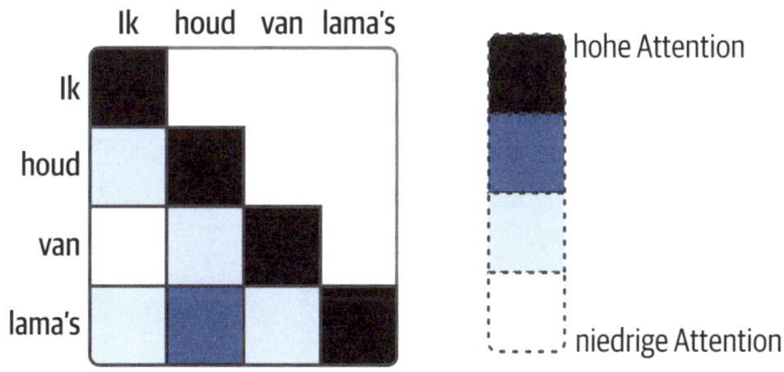

Abbildung 1.20: Die Attention wird nur auf die vorangegangenen Tokens gerichtet, um zu verhindern, dass »in die Zukunft geblickt« wird.

Diese Bausteine bilden in Kombination die Transformer-Architektur, die im Bereich Language AI die Grundlage vieler wirkungsvoller Modelle wie BERT und GPT-1 bildet, auf die in diesem Kapitel noch näher eingegangen wird. Die meisten der in diesem Buch vorgestellten Modelle basieren auf der Transformer-Architektur.

In der Transformer-Architektur kommen zahlreiche weitere Bausteine zum Einsatz. In den Kapiteln Kapitel 2 und Kapitel 3 werden Sie die wesentlichen Gründe dafür kennenlernen, warum Transformer-basierte Modelle derart leistungsfähig sind. Dazu zählen Multi-Head-Attention, Positional-Embeddings (positionsabhängige Einbettungen) und Layer Normalization (Normalisierung der Schichten).

Representation-Modelle – rein Encoder-basierte Modelle (»Encoder-only«)

Das ursprüngliche Transformer-Modell basiert auf einer Encoder-Decoder-Architektur. Diese eignet sich zwar gut für Übersetzungen, kann aber nicht ohne Weiteres für andere Aufgaben, wie etwa die Textklassifikation, eingesetzt werden.

Im Jahr 2018 wurde mit *Bidirectional Encoder Representations from Transformers* (BERT) eine neue Architektur vorgestellt, die sich für eine Vielzahl von Aufgaben nutzen lässt und in den darauffolgenden Jahren die Grundlage vieler KI-basierter Sprachanwendungen bilden sollte.[6] BERT ist eine *Encoder-only-Architektur*, deren Schwerpunkt auf der Repräsentation von Sprache liegt (siehe Abbildung 1.21). Dabei kommt ausschließlich der Encoder zum Einsatz, nicht jedoch der Decoder.

6 Jacob Devlin et al. »BERT: Pre-training of deep bidirectional transformers for language understanding.« *arXiv Preprint arXiv:1810.04805* (2018).

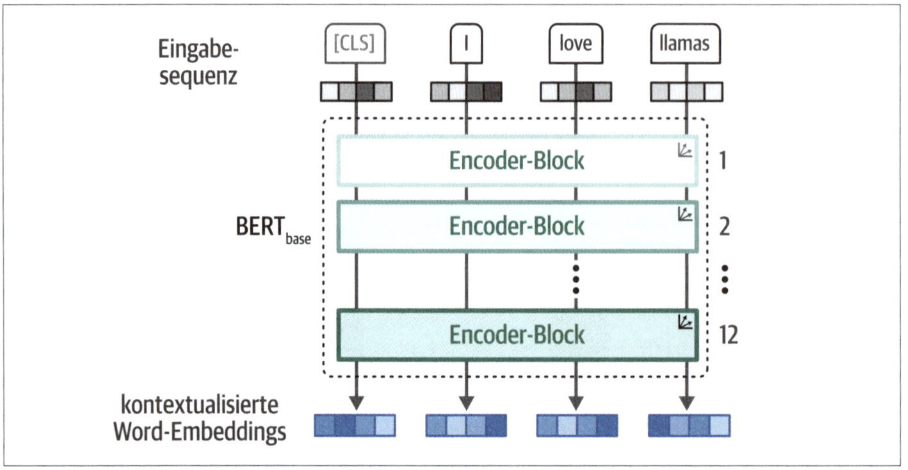

Abbildung 1.21: Die Architektur des Basismodells »BERT Base« umfasst zwölf Encoder.

Die Encoder-Blöcke von BERT sind genauso aufgebaut wie die, die Sie bereits kennen: Sie bestehen aus einem Self-Attention-Block, auf den mehrere neuronale Feedforward-Netze folgen. In der Eingabe wird ein zusätzliches Token berücksichtigt – das `[CLS]`-Token bzw. Classification Token –, das der Repräsentation der entsprechenden Eingabe dient. Häufig wird dieses `[CLS]`-Token (als Input-Embedding) beim Feintuning eines Modells für bestimmte Aufgaben, etwa die Klassifikation, verwendet.

Da es relativ schwierig ist, die Encoder-Blöcke zu trainieren, kommt bei BERT eine Technik namens *Masked Language Modeling* zum Einsatz (siehe Kapitel Kapitel 2 und Kapitel 11). Bei dieser Methode wird ein Teil des eingegebenen Texts maskiert bzw. verdeckt, sodass dieser vom Modell vorhergesagt werden muss (siehe Abbildung 1.22). Diese Aufgabe ist zwar anspruchsvoll, führt bei BERT jedoch zu akkurateren (vorläufigen) Vektordarstellungen der Eingabe.

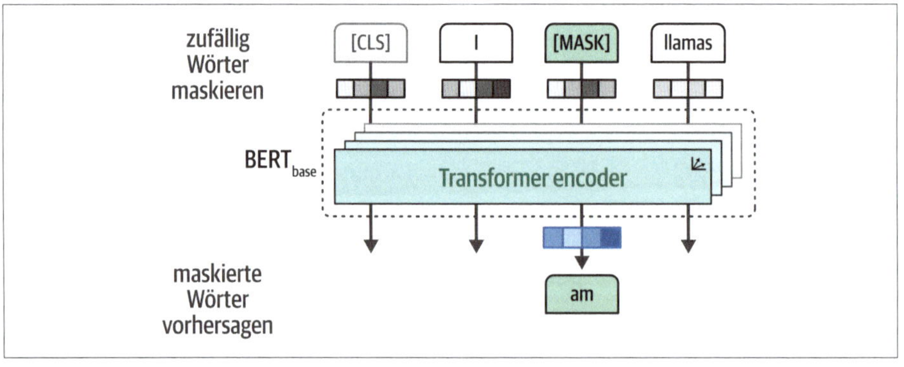

Abbildung 1.22: BERT-Modelle werden mittels Masked Language Modeling trainiert.

Dank dieser Architektur und dieser Vorgehensweise im Rahmen des Trainings sind BERT und verwandte Architekturen hervorragend dazu geeignet, Sprache unter Berücksichtigung des Kontexts abzubilden. Modelle wie BERT werden häufig im Rahmen des *Transfer Learning* genutzt. Dabei erfolgt zunächst ein Pretraining zum Zwecke des Language Modeling und anschließend ein Feintuning im Hinblick auf eine bestimmte Aufgabe. Wenn BERT beispielsweise mit dem gesamten Inhalt von Wikipedia trainiert wird, lernt es, den semantischen und kontextuellen Charakter der zugrunde liegenden Texte zu verstehen. Anschließend lässt sich dieses *vortrainierte* Modell für eine bestimmte Aufgabe wie die Textklassifikation *feintunen* (siehe Abbildung 1.23).

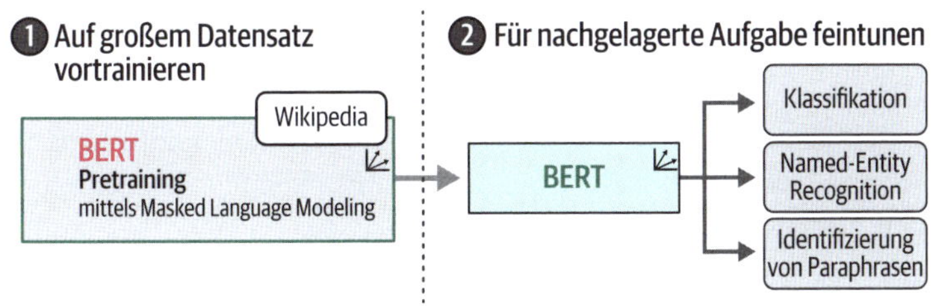

Abbildung 1.23: Nachdem BERT mittels Masked Language Modeling vortrainiert wurde, kann es für eine bestimmte Aufgabe feingetunt werden.

Ein entscheidender Vorteil vortrainierter Modelle ist, dass der Großteil des Trainings bereits durchgeführt wurde. Das Feintuning für spezifische Aufgaben ist in der Regel weniger rechenintensiv und erfordert weitaus weniger Daten. Darüber hinaus werden bei Modellen wie BERT in fast jedem Schritt der Architektur Embeddings erzeugt. Dadurch können sie als Systeme zur Merkmalsextraktion (engl. *Feature Extraction*) eingesetzt werden, ohne dass sie speziell für eine bestimmte Aufgabe feingetunt werden müssen.

In diesem Buch wird mehrfach auf rein Encoder-basierte Modelle (*Encoder-only*) wie BERT zurückgegriffen. Diese werden seit Jahren erfolgreich im Rahmen gängiger Aufgaben eingesetzt, beispielsweise bei der Klassifikation (siehe Kapitel 4) und dem Clustering von Texten (siehe Kapitel 5) sowie bei der semantischen Suche (siehe Kapitel 8).

Im gesamten Buch werden rein Encoder-basierte Modelle (*Encoder-only*) als *Representation-Modelle* bezeichnet, um sie von Modellen, die ausschließlich Decoder verwenden, zu unterscheiden. Letztere werden im Folgenden *generative Modelle* genannt. Der Hauptunterschied liegt weder in der zugrunde liegenden Architektur noch in der Funktionsweise dieser Modelle. Representation-Modelle sind hauptsächlich auf die Repräsentation von Sprache ausgelegt, z.B. durch die Erstellung von Embeddings, und werden in der Regel nicht zur Textgenerierung verwendet. Generative Modelle hingegen sind in erster Linie auf die Textgenerierung ausgelegt und üblicherweise nicht darauf trainiert, Embeddings zu erzeugen.

In den meisten Abbildungen dieses Buchs wird darauf hingewiesen, ob es sich um ein Representation-Modell oder ein generatives Modell (bzw. dessen Komponenten) handelt. Representation-Modelle erkennen Sie an der blaugrünen Darstellung mit einem kleinen Vektorsymbol, das ihren Fokus auf Vektoren und Embeddings verdeutlicht. Generative Modelle sind rosa dargestellt und haben ein kleines Chatsymbol, das auf ihre generativen Fähigkeiten hinweist.

Generative Modelle – rein Decoder-basierte Modelle (»Decoder-only«)

Parallel zur nur aus Encodern bestehenden Architektur von BERT wurde im Jahr 2018 eine Architektur vorgeschlagen, die nur aus Decodern besteht und speziell auf generative Aufgaben ausgerichtet ist.[7] Aufgrund ihrer generativen Fähigkeiten wurde diese Architektur als *Generative Pre-trained Transformer* (GPT) bezeichnet (mittlerweile als GPT-1, um sie von den nachfolgenden Versionen abzugrenzen). Abbildung 1.24 zeigt, dass dabei mehrere Decoder-Blöcke aneinandergereiht werden – ähnlich wie bei der Architektur von BERT, bei der mehrere Encoder-Blöcke aneinandergereiht werden bzw. hintereinandergeschaltet sind.

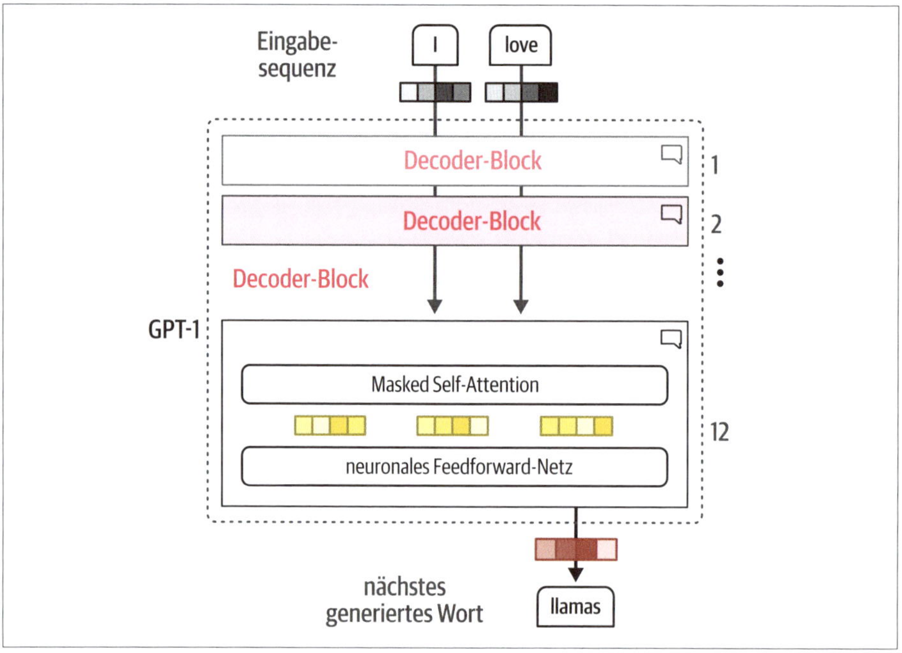

Abbildung 1.24: Die Architektur von GPT-1 ist rein Decoder-basiert. Encoder-Attention-Blöcke kommen nicht zum Einsatz.

GPT-1 wurde trainiert mit einem Korpus von 7.000 Büchern sowie mit Common Crawl, einem großen Datensatz, der die Inhalte einer Vielzahl von Websites umfasst. Das daraus resultierende Modell bestand aus 117 Millionen *Parametern*. Alle

7 Alec Radford et al. »Improving language understanding by generative pre-training« (*https://oreil.ly/8ry5b*) (2018).

diese Parameter haben einen bestimmten numerischen Wert und sind letztlich alle für das Sprachverständnis des Modells maßgeblich.

Sofern es zu keinem grundlegenden Wandel kommt, ist davon auszugehen, dass auch in Zukunft eine zunehmende Anzahl von Parametern dazu führen wird, dass Sprachmodelle über ein immer größeres Spektrum an Fähigkeiten verfügen und immer leistungsfähiger werden. Aus diesem Grund werden auch immer größere Modelle in regelmäßigen Abständen veröffentlicht (siehe Abbildung 1.25). So wurde GPT-1 beispielsweise relativ schnell von noch größeren Modellen abgelöst. Zunächst folgte GPT-2 mit 1,5 Milliarden Parametern,[8] dann GPT-3 mit 175 Milliarden Parametern.[9]

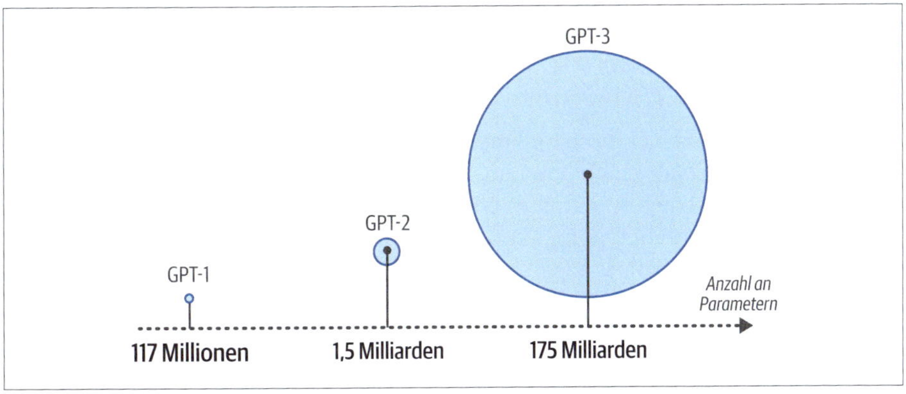

Abbildung 1.25: Mit jeder neuen Version nahmen die GPT-Modelle rapide an Größe zu.

Diese generativen Modelle, die ausschließlich auf Decodern basieren, werden allgemein als *Large Language Models* (LLMs) bezeichnet, insbesondere die »größeren« Modelle. Im weiteren Verlauf dieses Kapitels werden Sie feststellen, dass der Begriff LLM nicht nur für generative Modelle (*Decoder-only*), sondern auch für Representation-Modelle (*Encoder-only*) genutzt wird.

Generative LLMs sind »Sequence-to-Sequence«-Systeme, die beliebige Texte erfassen und automatisch vervollständigen können. Das ist zwar eine nützliche Fähigkeit, doch erst, wenn sie als Chatbot trainiert werden, entfalten sie ihr volles Potenzial. Dann können sie nämlich nicht nur Texte vervollständigen, sondern auch auf Fragen antworten. Mittels Feintuning lassen sich Modelle entwickeln, die *Anweisungen* (engl. *Instructions*) befolgen oder Gespräche (*Chats*) führen können und dabei bestimmten Vorgaben folgen.

Derartige Modelle sind dazu in der Lage, einen *Prompt*, also die Frage eines Nutzers, entgegenzunehmen und eine Antwort auszugeben, die am ehesten passen könnte (siehe Abbildung 1.26). Aus diesem Grund werden generative Modelle oftmals auch als *Completion-Modelle* bezeichnet.

8 Alec Radford et al. »Language models are unsupervised multitask learners.« *OpenAI Blog* 1.8 (2019): 9.

9 Tom Brown et al. »Language models are few-shot learners.« *Advances in Neural Information Processing Systems* 33 (2020): 1877–1901.

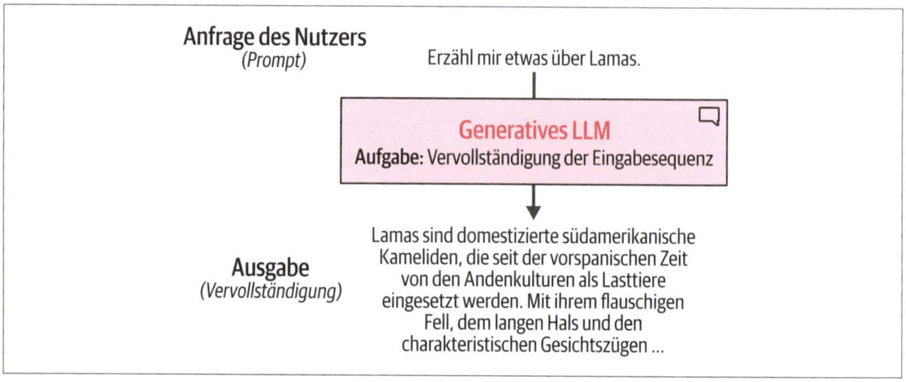

Abbildung 1.26: Generative LLMs nehmen eine bestimmte Eingabe entgegen und vervollständigen sie. Bei Instruktionsmodellen (engl. Instruction Models) geht es hingegen um mehr als nur die automatische Vervollständigung: Sie können auch Fragen beantworten.

Ein wichtiger Aspekt bei diesen Completion-Modellen ist die sogenannte *Context Length* bzw. das *Context Window*, im Deutschen als Kontextlänge bzw. Kontextfenster bezeichnet. Die Kontextlänge entspricht der maximalen Anzahl von Tokens, die das Modell verarbeiten kann (siehe Abbildung 1.27). Wenn das Kontextfenster sehr groß ist, ist es möglich, sogar ganze Dokumente in das LLM einzuspeisen. Da diese Modelle autoregressiv sind, wird das jeweilige Kontextfenster bzw. die jeweils aktuelle Kontextlänge mit zunehmender Anzahl neu generierter Tokens größer.

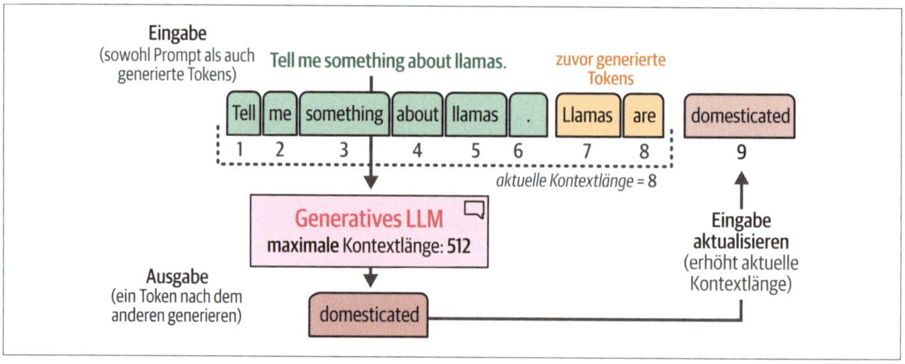

Abbildung 1.27: Die Kontextlänge entspricht der maximalen Anzahl von Tokens, die das Modell verarbeiten kann.

Das Jahr der generativen KI

LLMs hatten einen enormen Einfluss auf das Fachgebiet. Einige bezeichnen das Jahr 2023, in dem ChatGPT (GPT-3.5) veröffentlicht, eingeführt und in den Medien präsentiert wurde, daher als *das Jahr der generativen KI*. Dabei ist, wenn von ChatGPT die Rede ist, eigentlich das Produkt und nicht das zugrunde liegende Modell gemeint. Als es erstmals veröffentlicht wurde, basierte es auf dem LLM GPT-3.5. Seitdem wurde es durch verschiedene leistungsfähigere Varianten ersetzt, z.B. GPT-4.[10]

10 OpenAI, »Gpt-4 technical report.« *arXiv Preprint arXiv:2303.08774* (2023).

GPT-3.5 war jedoch nicht das einzige Modell, das im Jahr der generativen KI für Furore sorgte. Sowohl Open-Source- als auch proprietäre LLMs haben in einem unglaublichen Tempo Einzug in den Alltag der Menschen gehalten (siehe Abbildung 1.28). Diese Open-Source-Basismodelle werden oft als *Foundation-Modelle* bezeichnet. Sie können für bestimmte Aufgaben, beispielsweise das Befolgen von Anweisungen, feingetunt werden.

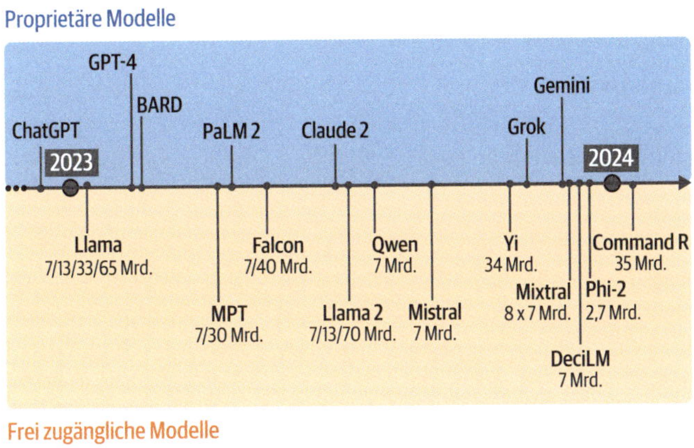

Abbildung 1.28: Ein Überblick über die Entwicklungen im Jahr der generativen KI. Dabei sind jedoch bei Weitem nicht alle Modelle aufgeführt!

Inzwischen gibt es neben der häufig genutzten Transformer-Architektur auch neue vielversprechende Architekturen wie Mamba[11,12] und RWKV[13]. Das Ziel dieser neuartigen Architekturen besteht darin, eine ähnliche Leistungsfähigkeit wie bei Transformer-basierten Modellen zu bieten und gleichzeitig einige zusätzliche Vorteile, wie beispielsweise ein größeres Kontextfenster oder eine schnellere Inferenz, zu ermöglichen.

Dies sind nur einige Beispiele für die rasante Entwicklung auf diesem Gebiet – 2023 war ein wirklich ereignisreiches Jahr für die KI. Es war nicht einfach, mit den vielen Entwicklungen Schritt zu halten und dabei den Überblick zu behalten, ganz gleich, ob sie im Zusammenhang mit KI-basierten Sprachanwendungen standen oder nicht.

Daher werden in diesem Buch nicht nur die neuesten LLMs vorgestellt, sondern es wird auch der Frage nachgegangen, wie andere Modelle – z. B. Embedding-Modelle, rein Encoder-basierte Modelle und sogar der Bag-of-Words-Ansatz – dazu verwendet werden können, die Leistungsfähigkeit von LLMs zu verbessern.

11 Albert Gu und Tri Dao. »Mamba: Linear-time sequence modeling with selective state spaces.« *arXiv Preprint arXiv:2312.00752* (2023).

12 Eine anschauliche und leicht verständliche Einführung der Mamba-Architektur als Alternative zur Transformer-Architektur finden Sie im Artikel »A Visual Guide to Mamba and State Space Models« (*https://oreil.ly/ikVmy*).

13 Bo Peng et al. »RWKV: Reinventing RNNs for the transformer era.« *arXiv Preprint arXiv:2305.13048* (2023).

Die sich wandelnde Definition von Large Language Models

Wie Sie im Zusammenhang mit den jüngsten Entwicklungen im Bereich der Language AI erfahren haben, wurden im Allgemeinen vor allem generative, rein auf Decodern basierende Modelle (Transformer-Modelle) als *Large Language Models* bezeichnet – insbesondere dann, wenn sie als »groß« eingestuft wurden. In der Praxis erweist sich diese Einordnung allerdings oft als zu restriktiv!

Was wäre beispielsweise, wenn man ein Modell mit den gleichen Fähigkeiten wie GPT-3 entwickelte, dessen Größe jedoch nur ein Zehntel davon betragen würde? Würde ein solches Modell dann nicht ebenfalls in die Kategorie »großer« Sprachmodelle fallen?

Oder was wäre, wenn ein Modell ähnlich groß wie GPT-4 und äußerst gut darin wäre, Texte zu klassifizieren, aber keine generativen Fähigkeiten besäße? Würde es dann ebenfalls als großes »Sprachmodell« bezeichnet werden können, auch wenn die Generierung von Texten nicht seine primäre Funktion ist, es jedoch zur Repräsentation von Texten geeignet ist?

Das Problem bei solchen Definitionen ist, dass bestimmte Modelle, die durchaus in der Lage sind, bestimmte Aufgaben zu erfüllen, unberücksichtigt bleiben. Letztlich ist es unerheblich, wie ein Modell bezeichnet wird, denn dies ändert nichts an seinen Eigenschaften.

Da sich die Definition des Begriffs *Large Language Model* mit der Veröffentlichung neuer Modelle fortlaufend zu verändern scheint, möchten wir an dieser Stelle explizit darauf eingehen, was damit in diesem Buch gemeint ist. Die Bezeichnung »Large« ist willkürlich, denn was heutzutage als großes Modell angesehen wird, könnte schon bald nur noch als kleines Modell gelten. Gegenwärtig gibt es viele verschiedene Bezeichnungen für ein und dieselbe Sache. Für uns sind Large Language Models auch Modelle, die keine Texte generieren und auf handelsüblicher Hardware ausgeführt werden können.

In diesem Buch werden daher neben generativen Modellen auch Modelle mit weniger als einer Milliarde Parametern behandelt, die sich nicht für die Textgenerierung eignen. Dazu zählen unter anderem Embedding- und Representation-Modelle sowie das Bag-of-Words-Modell, das dazu beitragen kann, dass LLMs noch leistungsfähiger werden.

Wie sich das Training von Large Language Models im Vergleich zu traditionellen Ansätzen unterscheidet

Beim traditionellen Machine Learning wird ein Modell in der Regel für eine bestimmte Aufgabe, wie beispielsweise die Klassifikation, trainiert. Das umfasst in der Regel nur einen einzigen Schritt (siehe Abbildung 1.29).

Abbildung 1.29: Beim traditionellen Machine Learning wird ein Modell in einem einstufigen Prozess für eine bestimmte spezifische Aufgabe (»Target Task«) wie beispielsweise eine Klassifikation oder Regression trainiert.

Die Entwicklung von LLMs erfolgt dagegen in der Regel in mindestens zwei Schritten:

Language Modeling

Der erste Schritt, das sogenannte *Pretraining*, ist der rechen- und zeitintensivste Teil des Trainings. Dabei wird ein LLM mit einer großen Menge an Texten aus dem Internet trainiert, damit es Grammatik, Zusammenhänge und Sprachmuster erlernen kann. Bei diesem umfassenden Training ist das Modell noch nicht auf bestimmte Aufgaben oder Anwendungen ausgerichtet, die über die Vorhersage des nächsten Worts hinausgehen. Das daraus resultierende Modell wird oft als *Foundation Model* oder *Base Model* (im Folgenden Basismodell) bezeichnet. Solche Modelle können im Allgemeinen keine Anweisungen befolgen.

Feintuning

Der zweite Schritt wird als *Feintuning* oder manchmal auch *Post-Training* bezeichnet. Dabei wird das zuvor trainierte Modell für eine spezifischere Aufgabe weitertrainiert. Dadurch kann das LLM auf ganz bestimmte Aufgaben ausgerichtet werden, sodass es das gewünschte Verhalten zeigt. Beispielsweise könnte man ein Basismodell feintunen, um es für eine Klassifikationsaufgabe oder zur Befolgung von Anweisungen zu optimieren. Auf diese Weise können sehr viele Ressourcen eingespart werden, da das Pretraining relativ kostspielig ist und in der Regel Daten- und Rechenressourcen erfordert, die für die meisten Personen und Unternehmen nicht erschwinglich sind. So wurde das Llama-2-Modell beispielsweise mit einem Datensatz trainiert, der zwei Billionen Tokens umfasst.[14] Sie können sich ausmalen, wie viel Rechenleistung erforderlich ist, um dieses Modell zu entwickeln! In Kapitel 12 werden Sie verschiedene Methoden kennenlernen, mit denen Sie Basismodelle auf Ihrem Datensatz feintunen können.

Jedes Modell, bei dem der erste Schritt, das Pretraining, durchgeführt wurde, ist ein *vortrainiertes Modell*. Darunter fallen also auch Modelle, die anschließend noch einem Feintuning unterzogen wurden. Diesen zweistufige Trainingsansatz skizziert Abbildung 1.30.

14 Hugo Touvron et al. »Llama 2: Open foundation and fine-tuned chat models.« *arXiv Preprint arXiv:2307.09288* (2023).

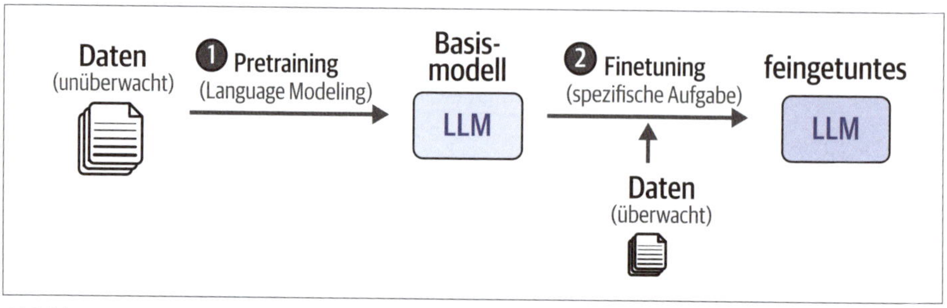

Abbildung 1.30: Im Vergleich zum traditionellen Machine-Learning-Ansatz wird beim Training von LLMs ein mehrstufiger Ansatz verfolgt.

Im Rahmen des Feintunings können – wie Sie in Kapitel 12 erfahren werden – noch weitere Schritte durchgeführt werden, mit denen Sie das Modell besser auf Ihre Bedürfnisse zuschneiden können.

Anwendungsmöglichkeiten und Nutzen von Large Language Models

Für LLMs gibt es eine Vielzahl von Anwendungsmöglichkeiten. Vor allem im Bereich der Textgenerierung und des Promptings sind der Fantasie kaum Grenzen gesetzt. Im Folgenden erhalten Sie einen Überblick über einige gängige Anwendungen und Techniken:

Bestimmung, ob eine Bewertung eines Kunden positiv oder negativ ist
: Dies stellt eine überwachte Klassifikation dar, die sowohl mit rein Encoder- als auch mit rein Decoder-basierten Modellen durchgeführt werden kann. Hierbei kann entweder direkt mit vortrainierten Modellen gearbeitet werden (siehe Kapitel 4), oder diese können noch für diese Aufgabe feingetunt werden (siehe Kapitel 11).

Entwicklung eines Systems zur Ermittlung ähnlich gelagerter Probleme im Zusammenhang mit dem Verkauf von Eintrittskarten
: Hierbei handelt es sich um eine unüberwachte Klassifikation, da die zugrunde liegenden Daten nicht mit Labels versehen sind. Für die Klassifikation selbst können Encoder-basierte Modelle eingesetzt werden, für die Erstellung von Beschreibungen der Probleme bzw. Themen hingegen rein Decoder-basierte Modelle (siehe Kapitel 5).

Aufbau eines Systems zur Abfrage und Einsicht relevanter Dokumente
: LLMs kommen besonders zur Geltung, wenn sie in Systeme integriert sind, die auf externe Informationsquellen zugreifen. Mithilfe von LLMs können semantische Suchsysteme erstellt werden, die Informationen leicht auffindbar machen und einen einfachen Zugriff darauf ermöglichen (siehe Kapitel 8). Solche Systeme lassen sich durch die Erstellung oder das Feintuning eines eigenen Embedding-Modells optimieren (siehe Kapitel 12).

Entwicklung eines Chatbots, der auf einem LLM basiert und externe Ressourcen – wie Tools und Dokumente – nutzen kann

Erst durch den Einsatz zusätzlicher Komponenten kann das volle Potenzial von LLMs ausgeschöpft werden. Methoden wie Prompt Engineering (siehe Kapitel 6), Retrieval-Augmented Generation (siehe Kapitel 8) oder auch das Feintuning eines LLM (siehe Kapitel 12) sind allesamt vielversprechende Ansätze in diesem Bereich.

Aufbau eines LLM, das anhand eines Fotos der Produkte in Ihrem Kühlschrank Rezepte vorschlagen kann

Dabei handelt es sich um eine multimodale Aufgabe, bei der das LLM zunächst ein Foto erhält und anschließend auswertet, was darauf zu sehen ist (siehe Kapitel 9). Da LLMs auch auf andere Modalitäten wie Bilder ausgerichtet werden können, eröffnen sie eine Vielzahl interessanter Anwendungsmöglichkeiten.

Die Erstellung von LLM-basierten Anwendungen macht unglaublich viel Freude, da den Möglichkeiten – zumindest bis zu einem gewissen Grad – nur durch die eigene Vorstellungskraft Grenzen gesetzt sind. Je besser diese Modelle werden, desto mehr Spaß macht es, sie in der Praxis für kreative Anwendungsfälle wie Rollenspiele oder das Verfassen von Kinderbüchern einzusetzen.

LLMs verantwortungsvoll entwickeln und nutzen

Aufgrund ihrer zunehmenden Verbreitung werden LLMs auch in Zukunft großen Einfluss auf verschiedenste Bereiche des Lebens haben. Angesichts ihrer enormen Möglichkeiten sollte man sich dennoch stets der sozialen und ethischen Auswirkungen bewusst sein. In diesem Zusammenhang sind einige wichtige Aspekte zu berücksichtigen:

Vorurteile und Fairness

LLMs werden auf der Grundlage großer Datenmengen trainiert, in denen möglicherweise Vorurteile (engl. *Biases*) zum Ausdruck kommen. Diese könnten sich die Vorurteile aneignen, sie reproduzieren und dadurch potenziell verstärken. Da die Daten, mit denen LLMs trainiert werden, jedoch selten offengelegt werden, ist es kaum möglich, das Vorhandensein solcher Vorurteile zu erkennen, es sei denn, man unterzieht sie entsprechenden Tests.

Transparenz und Verantwortlichkeit

Angesichts der enormen Fähigkeiten von LLMs ist es nicht immer eindeutig, ob man mit einem Menschen oder einem LLM kommuniziert. Daher kann der Einsatz von LLMs bei der Interaktion mit Menschen unerwünschte Auswirkungen haben – insbesondere dann, wenn kein Mensch in den Prozess eingebunden ist. So unterliegen LLM-basierte Anwendungen im medizinischen Bereich beispielsweise unter Umständen den regulatorischen Anforderungen für Medizinprodukte, da sie das Wohlbefinden von Patienten beeinträchtigen könnten.

Erstellung gefährlicher Inhalte
: LLMs generieren nicht immer wahrheitsgetreue Inhalte und können durchaus auch Texte mit falschen Informationen ausgeben. Darüber hinaus können sie zur Erstellung von Fake News, fiktiven Beiträgen oder irreführenden Informationen genutzt werden.

Rechte am geistigen Eigentum
: Ist die Ausgabe eines LLM geistiges Eigentum des Nutzers oder des Entwicklers des LLM? Wenn die Ausgabe einem Satz in den Trainingsdaten ähnelt, gehört das geistige Eigentum dann dem Autor dieses Satzes? Solange kein Zugriff auf die Trainingsdaten besteht, bleibt unklar, ob urheberrechtlich geschützte Inhalte vom LLM verwendet werden.

Regulierung
: Angesichts der weitreichenden Auswirkungen von LLMs haben Regierungen inzwischen damit begonnen, kommerzielle Anwendungen zu regulieren. Ein Beispiel hierfür ist das EU-Gesetz zur künstlichen Intelligenz (AI Act) (*https://oreil.ly/nYgi5*), das die Entwicklung und den Einsatz von Foundation-Modellen – und damit auch von LLMs – reguliert.

Wir möchten Sie im Zusammenhang mit der Entwicklung und Nutzung von LLMs dazu anhalten, ethische Überlegungen anzustellen und sich eingehender mit der sicheren und verantwortungsvollen Nutzung von LLMs und KI-Systemen im Allgemeinen zu befassen.

Limited Resources Are All You Need – LLMs auch ohne große Rechenressourcen trainieren und verwenden

Wir haben bereits mehrfach darauf hingewiesen, dass die Ihnen zur Verfügung stehenden Rechenressourcen in der Regel von der bzw. den auf Ihrem Rechner vorhandenen Grafikkarten abhängen. Mit einem leistungsstarken Grafikprozessor (GPU) bzw. einer leistungsstarken Grafikkarte können Sie LLMs wesentlich effizienter und schneller trainieren und verwenden.

Bei der Auswahl einer Grafikkarte ist die Größe des Grafikspeichers (*Video Random Access Memory*, VRAM) einer der entscheidenden Faktoren. Grundsätzlich gilt: Je größer der Grafikspeicher, desto besser. Denn einige Modelle können schlichtweg nicht verwendet werden, wenn nicht ausreichend Grafikspeicher zur Verfügung steht.

Da das Training und Feintuning von LLMs im Hinblick auf die GPU ein kostspieliger Prozess sein kann, werden diejenigen, die nicht über eine leistungsstarke GPU verfügen, oft als »GPU-poor« bezeichnet. Dieser Begriff verdeutlicht, in welchem Maße das Training dieser riesigen Modelle Rechenressourcen erfordert, um konkurrenzfähig zu sein. Zur Entwicklung der Llama-2-Modellfamilie verwendete Meta beispielsweise GPUs vom Typ A100, die über 80 GB VRAM verfügen. Geht man davon aus, dass Meta pro Stunde 1,50 US-Dollar für die Nutzung einer solchen GPU zahlen musste, beliefen sich die Gesamtkosten für die Entwicklung dieser Modelle auf über 5.000.000 US-Dollar![15]

Leider gibt es keine pauschale Faustregel, mit der sich genau bestimmen lässt, wie viel VRAM für ein bestimmtes Modell erforderlich ist. Dies hängt von verschiedenen Faktoren ab, unter anderem von der Architektur und der Größe des Modells, der verwendeten Komprimierungstechnik, der Kontextlänge sowie dem Backend für dessen Ausführung.

Dieses Buch richtet sich an alle, die nicht über eine leistungsstarke GPU verfügen! Die vorgestellten Modelle können auch ohne kostspielige GPUs bzw. ohne ein entsprechend hohes Budget ausgeführt werden. Zu diesem Zweck stellen wir den gesamten Code über Google-Colab-Instanzen zur Verfügung. Derzeit können Sie mit einer kostenlosen Instanz von Google Colab auf eine GPU vom Typ T4 mit 16 GB VRAM zugreifen, was dem mindestens erforderlichen VRAM zur Ausführung der meisten Beispiele entspricht.

Schnittstellen zur Nutzung von LLMs

Die Interaktion mit LLMs über entsprechende Schnittstellen ist nicht nur für deren Nutzung unerlässlich, sondern auch hilfreich, um ihre Funktionsweise zu verstehen. Angesichts der zahlreichen Innovationen auf diesem Gebiet gibt es inzwischen unzählige Techniken, Methoden und Pakete, mit denen man mit LLMs kommunizieren bzw. interagieren kann. Das vorliegende Buch soll Ihnen dabei helfen, sich mit den gängigsten dieser Techniken vertraut zu machen – sowohl mit proprietären als auch mit quelloffenen Modellen, die öffentlich zugänglich sind.

Proprietäre, nicht frei zugängliche Modelle

Bei Closed-Source-LLMs werden die Gewichtung und die Architektur der Modelle nicht der Öffentlichkeit zugänglich gemacht. Sie werden von einzelnen Anbietern entwickelt, wobei der zugrunde liegende Code nicht offengelegt wird. Beispiele für solche Modelle sind GPT-4 von OpenAI und Claude von Anthropic. Diese proprietären Modelle zeichnen sich in der Regel dadurch aus, dass sie von einem kommerziellen Anbieter gefördert, entwickelt und in dessen Dienste integriert werden.

Sie können über eine Programmierschnittstelle, eine sogenannte API (*Application Programming Interface*), auf diese Modelle zugreifen und über diese mit dem LLM kommunizieren (siehe Abbildung 1.31). Wenn Sie beispielsweise ChatGPT in Python verwenden möchten, können Sie das entsprechende Paket von OpenAI (*https://oreil.ly/Vx1m3*) nutzen. Dieses bietet eine Schnittstelle zu dem Dienst, sodass Sie nicht direkt den Dienst selbst nutzen müssen.

15 Die Modelle mussten 3.311.616 »GPU-Stunden« lang trainiert werden (*https://oreil.ly/PSbVT*). Diese Zahl ergibt sich aus der für das Training der Modelle benötigten Zeit, multipliziert mit der Anzahl der dafür verwendeten GPUs.

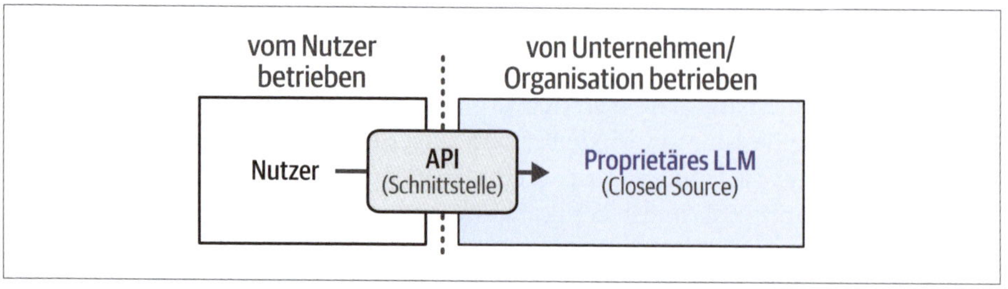

Abbildung 1.31: Auf Closed-Source-LLMs kann über eine Programmierschnittstelle (API) zugegriffen werden. Dabei werden keine Details über das LLM selbst, wie etwa der Quellcode oder die Architektur des Systems, an den Nutzer weitergegeben.

Einer der großen Vorteile proprietärer Modelle besteht darin, dass Nutzerinnen und Nutzer keine leistungsfähige GPU benötigen, um das LLM verwenden zu können. Der Anbieter hostet und betreibt das Modell und verfügt in der Regel über größere Rechenkapazitäten. Dementsprechend ist es nicht erforderlich, dass sich der Nutzer mit dem Hosting und der Verwendung des Modells auskennt, wodurch der Einstieg wesentlich einfacher ist. Darüber hinaus sind diese Modelle aufgrund der hohen Investitionen der Anbieter in der Regel leistungsfähiger als ihre Open-Source-Pendants.

Allerdings hat dies auch eine Kehrseite: Solch ein Service kann sehr kostspielig sein. Da der Anbieter alle damit verbundenen Risiken sowie die Kosten für das Hosting des LLM trägt, fallen in der Regel Kosten an. Außerdem ist es nicht möglich, das Modell selbst einem Feintuning zu unterziehen, da kein direkter Zugriff darauf möglich ist. Darüber hinaus werden Ihre Daten an den Anbieter weitergegeben, was oft nicht akzeptabel ist, beispielsweise bei der Weitergabe von Patientendaten.

Frei zugängliche Modelle

Frei zugängliche Modelle (auch Open LLMs oder Open-Source-Modelle genannt) sind Modelle, deren Gewichtungen und Architektur der Öffentlichkeit zur Nutzung bereitgestellt werden. Diese Modelle werden ebenfalls von einzelnen Anbietern entwickelt. Teilweise wird auch der Code freigegeben, sodass das Modell lokal ausgeführt bzw. weiterentwickelt werden kann. Dabei kommen unterschiedliche Arten von Lizenzen zum Einsatz, die eine kommerzielle Nutzung des Modells erlauben oder untersagen. Zu den Beispielen für solch offene Modelle gehören Command R von Cohere, die Modelle von Mistral, Phi von Microsoft und Llama von Meta.

Die Frage, wodurch sich ein Open-Source-Modell genau auszeichnet, ist nach wie vor umstritten. Einige öffentlich zugängliche Modelle verfügen über eine Lizenz, die die Nutzung zu kommerziellen Zwecken einschränkt oder gar untersagt. In den Augen vieler entspricht dies nicht der eigentlichen Definition von Open Source, nach der diese Modelle ohne Einschränkungen genutzt werden sollten. Ähnlich verhält es sich mit den Daten, mit denen ein Modell trainiert wird, sowie mit dem Quellcode – beides wird nur selten freigegeben.

Sofern Sie über eine entsprechend leistungsstarke GPU verfügen, mit der sich diese Art von Modellen verarbeiten lässt, können Sie sie herunterladen und auf Ihrem Gerät verwenden (siehe Abbildung 1.32).

Abbildung 1.32: Open-Source-LLMs stehen kostenlos zu Nutzung zur Verfügung. Dabei werden mitunter auch Details zum LLM selbst, wie Code und Architektur, mit den Nutzerinnen und Nutzern geteilt.

Einer der Hauptvorteile lokaler Modelle besteht darin, dass Sie als Nutzer die vollständige Kontrolle darüber haben. Sie können das Modell ohne Abhängigkeit von Programmierschnittstellen verwenden, ein Feintuning vornehmen und sensible Daten einspeisen. Sie sind nicht von einem Dienst abhängig und haben volle Transparenz bei den Prozessen, die zur Ausgabe des Modells führen. Diese Vorteile werden durch große Communitys wie Hugging Face (*https://oreil.ly/-G52Z*) noch gestärkt. Solche Communitys zeigen eindrucksvoll, welche Möglichkeiten sich durch Zusammenarbeit ergeben.

Für diese Modelle benötigen Sie allerdings eine ausreichend leistungsstarke Hardware, insbesondere für das Training und das Feintuning. Zudem sind für die Einrichtung und Verwendung dieser Modelle spezifische Kenntnisse erforderlich (auf die im Folgenden noch näher eingegangen wird).

In diesem Buch wird grundsätzlich die Verwendung von Open-Source-Modellen bevorzugt, soweit dies möglich ist. Der Nutzen für Sie ist größer als bei proprietären LLMs, da Sie mit verschiedenen Optionen experimentieren, die Funktionsweise der Modelle erkunden und diese lokal verwenden können.

Open-Source-Frameworks

Anders als bei Closed-Source-LLMs müssen Sie beim Einsatz von Open-Source-LLMs auf speziell dafür vorgesehene Pakete zurückgreifen. Im Jahr 2023 wurden zahlreiche verschiedene Pakete und Frameworks veröffentlicht, von denen jedes auf seine eigene Weise mit LLMs interagiert und diese nutzt. Sich mühsam durch unzählige potenziell nützliche Frameworks zu arbeiten, ist jedoch alles andere als ein Vergnügen.

Es kann also durchaus sein, dass Sie Ihr bevorzugtes Framework in diesem Buch nicht wiederfinden!

Das Ziel dieses Buchs besteht darin, Ihnen eine solide Grundlage für die Nutzung von LLMs zu vermitteln, anstatt zu versuchen, jedes existierende LLM-Framework abzudecken (es gibt schlichtweg zu viele, und es kommen ständig neue hinzu). Der Grundgedanke ist, dass Sie nach dem Lesen dieses Buchs die meisten anderen Frameworks leicht nachvollziehen können, da sie alle auf sehr ähnliche Weise funktionieren.

Hierbei spielt die Intuition eine wesentliche Rolle. Wer nicht nur ein intuitives Verständnis von LLMs hat, sondern sie auch praktisch im Rahmen gängiger Frameworks anwenden kann, dem sollte es leichtfallen, sich anderen Themen zuzuwenden.

In diesem Buch liegt der Schwerpunkt auf Backend-Paketen. Diese haben keine grafische Benutzeroberfläche (engl. *Graphical User Interface*, GUI) und sind dafür ausgelegt, beliebige LLMs effizient auf Ihrem Gerät zu laden und auszuführen. Beispiele hierfür sind llama.cpp (*https://oreil.ly/g2QVa*), LangChain (*https://oreil.ly/fE7P3*) und die Transformers-Bibliothek von Hugging Face (*https://oreil.ly/uvKQD*), auf der viele Frameworks basieren.

> Es werden hauptsächlich Frameworks behandelt, die die Interaktion mit großen Sprachmodellen mittels Code ermöglichen. Es ist zwar äußerst hilfreich, die Grundlagen dieser Frameworks zu erlernen, aber manchmal möchte man einfach nur eine mit ChatGPT vergleichbare Schnittstelle für ein lokales LLM verwenden. Erfreulicherweise gibt es eine Vielzahl großartiger Frameworks, die diese Möglichkeit bieten. Dazu gehören beispielsweise text-generation-webui (*https://oreil.ly/hYb_C*), KoboldCpp (*https://oreil.ly/x08L2*) und LM Studio (*https://oreil.ly/dLJXI*).

Ihren ersten Text mit einem LLM generieren

Wenn Sie Sprachmodelle verwenden möchten, müssen Sie zunächst einmal ein geeignetes Modell für Ihre Zwecke auswählen. Der Hugging Face Hub (*https://oreil.ly/tQobb*) ist die beste Anlaufstelle, um passende LLMs zu finden und herunterzuladen. Hugging Face ist verantwortlich für die bekannte `transformers`-Bibliothek (*https://oreil.ly/AV-gJ*), die seit Jahren maßgeblich zur allgemeinen Entwicklung von Sprachmodellen beiträgt und bereits in Abschnitt »Die jüngsten Entwicklungen im Bereich der Language AI« auf Seite 29 erwähnt wurde.

Auf der Plattform von Hugging Face sind derzeit mehr als 800.000 Modelle für zahlreiche verschiedene Anwendungszwecke zu finden, darunter LLMs, Computer-Vision-Modelle und Modelle zur Verarbeitung von Audio- und tabellarischen Daten. Auf dieser Plattform sind nahezu alle Open-Source-LLMs verfügbar.

In diesem Buch werden zahlreiche verschiedene Modelle vorgestellt. Für Ihre ersten Codezeilen verwenden Sie das generative Modell Phi-3-mini, das für die meisten Beispiele im Zusammenhang mit generativen Modellen in diesem Buch genutzt wird. Es ist mit 3,8 Milliarden Parametern relativ klein, aber durchaus leistungsfähig.[16]

16 Marah Abdin et al. »Phi-3 technical report: A highly capable language model locally on your phone.« *arXiv Preprint arXiv:2404.14219* (2024).

Dank seiner geringen Größe kann das Modell auch auf Rechnern mit weniger als 8 GB VRAM ausgeführt werden. Durch eine Quantisierung (ein Komprimierungsverfahren, das in den Kapiteln Kapitel 7 und Kapitel 12 noch erläutert wird) können Sie sogar Rechner mit weniger als 6 GB VRAM verwenden. Darüber hinaus unterliegt das Modell der sogenannten MIT-Lizenz, die eine Nutzung zu kommerziellen Zwecken ohne jegliche Einschränkungen erlaubt!

Es werden regelmäßig neue LLMs veröffentlicht, die besser als ihre Vorgänger sind. Damit das Buch nicht an Aktualität verliert, sind die meisten Beispiele so konzipiert, dass Sie sie auch mit einem anderen LLM umsetzen können. Zudem werden wir im Repository des Buchs verschiedene weitere Modelle zeigen, die Sie ausprobieren können.

Los geht's! Wenn Sie ein LLM verwenden, werden zwei Modelle geladen:

- das generative Modell selbst und
- dessen zugrunde liegender Tokenizer.

Der Tokenizer ist dafür zuständig, den eingegebenen Text in Tokens zu zerlegen, bevor dieser in das generative Modell eingespeist wird. Sowohl den Tokenizer als auch das Modell finden Sie auf der Website von Hugging Face (*https://oreil.ly/lkdG-*). Sie müssen nur die entsprechenden Kennungen übergeben. Im vorliegenden Fall wird `"microsoft/Phi-3-mini-4k-instruct"` zur Angabe des Hauptpfads für das Modell verwendet.

Zum Laden des Tokenizers und des Modells können Sie die `transformers`-Bibliothek verwenden. In diesem Beispiel wird davon ausgegangen, dass Sie über eine GPU von NVIDIA verfügen (`device_map="cuda"`). Sie können stattdessen aber auch eine andere Art von GPU vorgeben bzw. verwenden. Falls Sie keinen Zugriff auf eine GPU haben, können Sie die Google-Colab-Notebooks kostenfrei verwenden. Diese stehen Ihnen im Repository dieses Buchs zur Verfügung:

```
from transformers import AutoModelForCausalLM, AutoTokenizer

# Modell und Tokenizer laden
model = AutoModelForCausalLM.from_pretrained(
    "microsoft/Phi-3-mini-4k-instruct",
    device_map="cuda",
    torch_dtype="auto",
    trust_remote_code=False,
)
tokenizer = AutoTokenizer.from_pretrained("microsoft/Phi-3-mini-4k-instruct")
```

Wenn Sie den Code ausführen, wird das Modell heruntergeladen, was je nach Geschwindigkeit Ihrer Internetverbindung einige Minuten in Anspruch nehmen kann.

Der bisherige Code reicht zwar aus, um mit der Generierung eines Texts zu beginnen, doch es gibt einen praktischen Trick in der `transformers`-Bibliothek, durch den sich das Ganze vereinfachen lässt: die Funktion `transformers.pipeline`. Damit lassen sich das Modell, der Tokenizer und der Textgenerierungsprozess in einer Funktion zusammenfassen:

```
from transformers import pipeline

# Erstellen einer Pipeline
generator = pipeline(
    "text-generation",
    model=model,
    tokenizer=tokenizer,
    return_full_text=False,
    max_new_tokens=500,
    do_sample=False
)
```

Hierbei sind folgende Parameter erwähnenswert:

`return_full_text`
: Wenn Sie diesen Parameter auf `False`setzen, wird nur die Ausgabe des Modells zurückgegeben, nicht jedoch der Prompt.

`max_new_tokens`
: Dieser gibt die maximale Anzahl an Tokens an, die das Modell generieren darf. Durch die Festlegung einer Obergrenze verhindern Sie, dass die Ausgabe zu umfangreich und unhandlich wird. Manche Modelle generieren nämlich so lange einen Text, bis sie die Länge ihres Kontextfensters erreicht haben.

`do_sample`
: Mit diesem Parameter wird angegeben, ob das Modell bei der Auswahl des nächsten Tokens eine bestimmte Sampling-Strategie verwenden soll. Wenn Sie ihn auf `False` setzen, entscheidet sich das Modell stets für das Token mit der höchsten Wahrscheinlichkeit. In Kapitel 6 werden Sie mehrere Parameter für die zu verfolgende Sampling-Strategie kennenlernen, mit denen Sie Einfluss auf die Kreativität der Ausgabe eines Modells nehmen können.

Geben Sie dem Modell nun die Anweisung, einen Witz über Hühner zu erzählen, um Ihren ersten Text zu generieren. Dazu muss der Prompt so gestaltet werden, dass er aus einer Liste mit Dictionaries besteht, wobei jedes Dictionary mit einer bestimmten Entität innerhalb der Konversation assoziiert ist. Dabei nehmen Sie die Rolle des `"user"` ein. Der Prompt wird über den Schlüssel `"content"` angegeben:

```
# Prompt (Eingabe/Abfrage des Nutzers) bereitstellen
messages = [
    {"role": "user", "content": "Create a funny joke about chickens."}
]

# Ausgabe generieren
output = generator(messages)
print(output[0]["generated_text"])
```

```
Why don't chickens like to go to the gym? Because they can't crack the egg-sistence
of it!
```

Das war relativ einfach, oder? Ihr erster generierter Text war ein recht passabler Witz über Hühner.

Zusammenfassung

In dem ersten Kapitel dieses Buchs haben Sie erfahren, welch bahnbrechende Auswirkungen LLMs auf den Bereich der Language AI hatten. Sie führten zu einer grundlegenden Änderung der Herangehensweise an Aufgaben wie Übersetzung, Klassifikation und Zusammenfassung von Texten sowie vielen weiteren. Sie haben sich auch mit den jüngsten Entwicklungen im Bereich Language AI befasst und die Grundlagen verschiedener Arten von LLMs kennengelernt – von der einfachen Bag-of-Words-Darstellung bis hin zu komplexeren Vektordarstellungen unter Verwendung neuronaler Netze.

Dabei wurde der Attention-Mechanismus als Möglichkeit vorgestellt, den Kontext innerhalb von Texten in Modellen zu codieren. Er trägt entscheidend zur Leistungsfähigkeit von LLMs bei. Außerdem wurden zwei Hauptkategorien von Modellen erläutert, die auf dem Mechanismus basieren: Representation-Modelle (rein Encoder-basierte Modelle) wie BERT und generative Modelle (rein Decoder-basierte Modelle) wie die verschiedenen GPT-Modelle. In diesem Buch werden beide Modellkategorien als Large Language Models aufgefasst.

In diesem Kapitel haben Sie einen Überblick über verschiedene Aspekte von Language AI erhalten, insbesondere über die Anwendungsmöglichkeiten, die gesellschaftlichen und ethischen Implikationen sowie die für die Ausführung solcher Modelle erforderlichen Ressourcen. Zum Abschluss des Kapitels haben Sie Ihren ersten Text mithilfe des Modells Phi-3 erstellt, das im weiteren Verlauf des Buchs immer wieder zum Einsatz kommen wird.

In den nächsten beiden Kapiteln erfahren Sie mehr über die zugrunde liegenden Verfahren. Zunächst befassen Sie sich in Kapitel 2 mit der Tokenisierung und mit Embeddings – zwei oft zu wenig beachtete, aber dennoch unverzichtbare Komponenten des Bereichs Language AI. Im Anschluss erhalten Sie in Kapitel 3 einen detaillierten Einblick in die Funktionsweise von Sprachmodellen und erfahren mehr über die konkreten Methoden zur Textgenerierung.

KAPITEL 2

Tokens und Embeddings

Tokens und Embeddings (also Einbettungen) sind zwei der wichtigsten Konzepte, die *Large Language Models* (LLMs) zugrunde liegen. Wie Sie bereits im ersten Kapitel erfahren haben, spielten sie nicht nur im Hinblick auf die vergangenen Entwicklungen im Bereich der Language AI eine große Rolle, sondern sie geben auch Aufschluss darüber, wie LLMs funktionieren, wie sie aufgebaut sind und worauf ihre zukünftige Entwicklung ausgerichtet sein wird (siehe Abbildung 2.1).

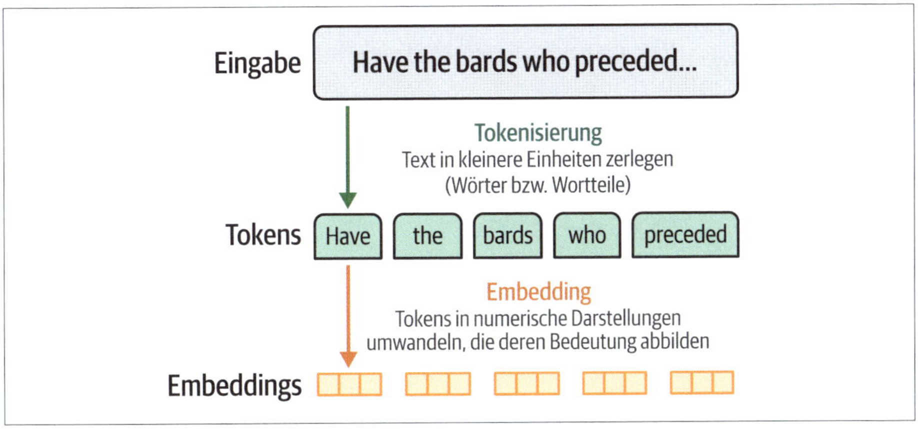

Abbildung 2.1: In Sprachmodellen wird Text in Form kleiner Einheiten, sogenannter Tokens, verarbeitet. Damit das Sprachmodell Berechnungen durchführen kann, müssen diese Tokens in numerische Darstellungen, sogenannte Embeddings, überführt werden.

In diesem Kapitel werden wir uns näher damit befassen, wie Texte in Tokens zerlegt werden und welche Tokenisierungsverfahren bei LLMs zum Einsatz kommen. Anschließend widmen wir uns der bekannten Word2Vec-Einbettungsmethode, die bereits vor dem Aufkommen moderner LLMs entwickelt wurde. Dabei gehen wir der Frage nach, wie sich Einbettungen von Tokens (Token-Embeddings) für den Aufbau kommerzieller Empfehlungssysteme – wie sie in zahlreichen Apps zum Einsatz kommen – nutzen lassen. Abschließend befassen wir uns mit Einbettungen von *Sätzen* (*Sentence-Embeddings*) oder *Texten* (*Text-Embeddings*), bei denen jeweils ein ganzer

Satz bzw. ein ganzes Dokument durch einen einzigen Vektor dargestellt werden kann. Dies bildet die Grundlage für Anwendungsbereiche wie die semantische Suche und das Topic Modeling, die in Teil II dieses Buchs näher behandelt werden.

Tokenisierung bei LLMs

Derzeit nutzen die meisten Menschen Sprachmodelle über eine Art »Spielwiese« im Internet – sie interagieren über ein Chat-Interface mit dem Sprachmodell. Vielleicht ist Ihnen dabei schon einmal aufgefallen, dass ein Modell seine Ausgabe nicht auf einmal generiert, sondern eigentlich Token für Token.

Tokens fungieren jedoch nicht nur als Ausgabe eines Modells, sondern auch als Eingabe. Zunächst wird der an das Modell übermittelte Eingabetext (Prompt) in Tokens zerlegt. Wie das genau funktioniert, erfahren Sie im Folgenden.

Wie Tokenizer die Eingaben für das Sprachmodell aufbereiten

Rein äußerlich betrachtet, nehmen generative LLMs einen eingegebenen Prompt entgegen und generieren daraufhin eine Antwort (siehe Abbildung 2.2).

Abbildung 2.2: Der Blick von oben auf ein Sprachmodell und seinen Input-Prompt

Bevor das Sprachmodell den eingegebenen Prompt erhält, muss dieser jedoch zunächst durch einen Tokenizer verarbeitet werden, der ihn in kleinere Einheiten zerlegt. Wenn Sie beispielsweise nachvollziehen möchten, wie der Tokenizer von GPT-4 eingegebene Texte verarbeitet, können Sie die OpenAI Platform (*https://oreil.ly/ovUWO*) aufrufen. Geben Sie dort einen Prompt ein, wird Ihnen die entsprechende Ausgabe angezeigt, wobei – wie in Abbildung 2.3 zu sehen ist – jedes Token in einer anderen Farbe dargestellt wird.

Kommen wir nun zu einem Codebeispiel, anhand dessen Sie nachvollziehen können, wie eingegebene Texte zunächst tokenisiert werden, bevor sie verarbeitet werden können. Hierzu müssen Sie zunächst ein LLM herunterladen.

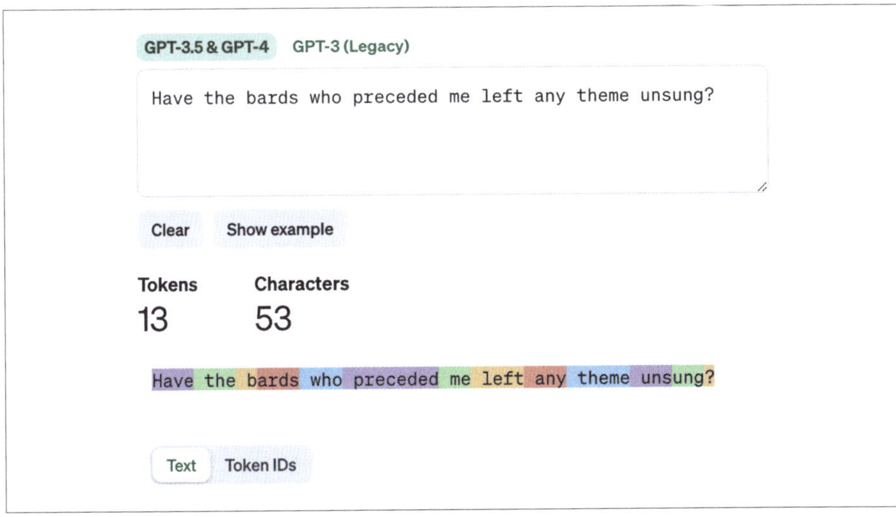

Abbildung 2.3: Bevor ein Text von einem Modell verarbeitet wird, wird er mithilfe eines Tokenizers in Wörter bzw. Wortteile unterteilt. Dabei kommen eine bestimmte Methode und ein Trainingsverfahren zur Anwendung (entnommen von https://oreil.ly/ovUWO).

LLMs herunterladen und ausführen

Laden Sie zunächst das Modell und den entsprechenden Tokenizer herunter (wie bereits zuvor in Kapitel 1):

```
from transformers import AutoModelForCausalLM, AutoTokenizer

# Modell und Tokenizer laden
model = AutoModelForCausalLM.from_pretrained(
    "microsoft/Phi-3-mini-4k-instruct",
    device_map="cuda",
    torch_dtype="auto",
    trust_remote_code=False,
)
tokenizer = AutoTokenizer.from_pretrained("microsoft/Phi-3-mini-4k-instruct")
```

Anschließend können Sie mit der Generierung des Texts fortfahren. Zunächst definieren Sie Ihren Prompt. Dieser wird dann tokenisiert und an das Modell übergeben. Daraufhin generiert das Modell eine Ausgabe. Im vorliegenden Fall wird das Modell angewiesen, nur 20 neue Tokens zu generieren:

```
prompt = "Write an email apologizing to Sarah for the tragic gardening mishap.
Explain how it happened.<|assistant|>"

# Eingegebenen Prompt tokenisieren
input_ids = tokenizer(prompt, return_tensors="pt").input_ids.to("cuda")

# Text generieren
generation_output = model.generate(
  input_ids=input_ids,
  max_new_tokens=20
)
```

```
# Ausgabe anzeigen lassen
print(tokenizer.decode(generation_output[0]))
```

Ausgabe:

```
<s> Write an email apologizing to Sarah for the tragic gardening mishap. Explain
how it happened.<|assistant|> Subject: My Sincere Apologies for the Gardening
Mishap

Dear
```

Der fett gedruckte Text entspricht den 20 Tokens, die vom Modell generiert wurden.

Aus dem Code geht hervor, dass das Modell den Prompt nicht so erhält, wie er eingegeben wurde. Stattdessen wurde der Prompt vom Tokenizer verarbeitet, und die vom Modell benötigten Informationen wurden über die Variable `input_ids` übermittelt, die das Modell als Eingabe verwendet hat.

Wenn man sich die Variable `input_ids` ausgeben lässt, kann man nachvollziehen, welche Informationen darin hinterlegt sind:

```
tensor([[ 1, 14350, 385, 4876, 27746, 5281, 304, 19235, 363, 278, 25305, 293,
16423, 292, 286, 728, 481, 29889, 12027, 7420, 920, 372, 9559, 29889, 32001]],
device='cuda:0')
```

Diese Ausgabe verdeutlicht anschaulich, wie LLMs eingegebene Daten verarbeiten. Bei der Ausgabe handelt es sich, wie in Abbildung 2.4 dargestellt, um eine Reihe von Ganzzahlen. Jede dieser Zahlen steht für die individuelle Kennung (ID) eines bestimmten Tokens (also eines Zeichens, eines Worts oder eines Teils eines Worts). Diese Kennungen werden in einer Tabelle im Tokenizer referenziert, in der alle dem Tokenizer bekannten Tokens aufgeführt sind.

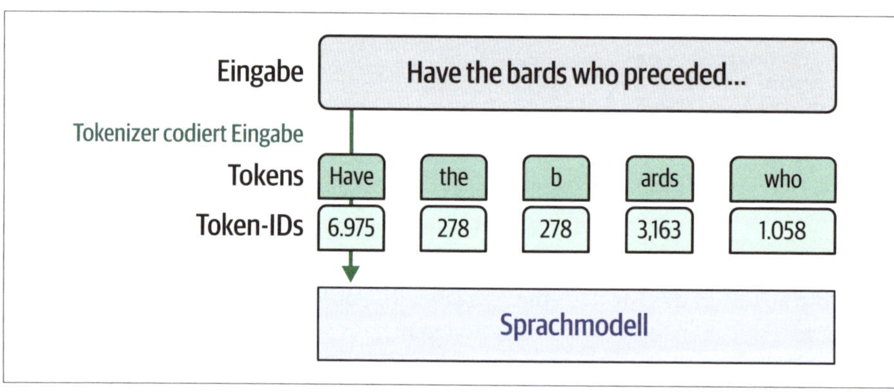

Abbildung 2.4: Ein Tokenizer verarbeitet den eingegebenen Prompt und liefert dem Sprachmodell anschließend die eigentliche Eingabe in Form einer Liste von Kennungen für die jeweiligen Tokens (Token-IDs). Die in der Abbildung aufgeführten Token-IDs sind lediglich Beispiele.

Mithilfe der decode-Methode des Tokenizers können die IDs wieder in die entsprechenden Wörter bzw. Tokens umgewandelt werden. So können Sie nachvollziehen, wofür die jeweiligen IDs stehen.

```
for id in input_ids[0]:
    print(tokenizer.decode(id))
```

Als Ausgabe erhalten Sie (jedes Token wird in einer separaten Zeile ausgegeben):

```
<s>

Write

an

email

apolog

izing

to

Sarah

for

the

trag

ic

garden

ing

m

ish

ap

.

Exp

lain

how

it

happened

.

<|assistant|>
```

Sie haben nun gesehen, wie der Tokenizer den eingegebenen Prompt verarbeitet hat. In diesem Zusammenhang sind folgende Details zum Vorschein gekommen:

- Das erste Token mit der ID 1 (<s>) ist ein Sondertoken (*Special Token*), mit dem der Beginn eines Texts gekennzeichnet wird.
- Bei einigen Tokens handelt es sich um vollständige Wörter (z.B. *Write*, *an*, *email*).
- Es gibt auch Tokens, die nur einen Teil eines Worts darstellen (z.B. *apolog*, *izing*, *trag*, *ic*).
- Satzzeichen werden als separate Tokens behandelt.

Das Leerzeichen hat hingegen kein eigenes Token. Tokens, die nur aus Teilen eines Worts bestehen (wie *izing* und *ic*), haben ein spezielles, nicht sichtbares Zeichen am Anfang. Dieses signalisiert, dass sie mit dem Token verbunden sind, der sich im Text davor befindet. Bei Tokens, die dieses spezielle Zeichen nicht aufweisen, wird davon ausgegangen, dass sich vor ihnen ein Leerzeichen befindet.

Sie können auch die vom Modell generierten Tokens inspizieren, indem Sie sich die Variable `generation_output` ausgeben lassen. Dabei werden sowohl die eingegebenen als auch die ausgegebenen Tokens angezeigt (hier werden zur Verdeutlichung die vom Modell generierten bzw. neuen Tokens fett hervorgehoben):

```
tensor([[ 1, 14350, 385, 4876, 27746, 5281, 304, 19235, 363, 278,

25305, 293, 16423, 292, 286, 728, 481, 29889, 12027, 7420,

920, 372, 9559, 29889, 32001, 3323, 622, 29901, 1619, 317,

3742, 406, 6225, 11763, 363, 278, 19906, 292, 341, 728,

481, 13, 13, 29928, 799]], device='cuda:0')
```

In diesem Beispiel hat das Modell zuerst das Token 3323 (`'Sub'`) und anschließend das Token 622 (`'ject'`) generiert. Zusammen bilden sie das Wort `'Subject'`. Danach wurde das Token 29901 generiert, das dem Doppelpunkt `':'` entspricht, und so weiter. Genau so, wie Sie nachvollziehen konnten, in welche Tokens der eingegebene Text zerlegt wurde, so können Sie auch hier über den Tokenizer die jeweiligen Token-IDs in den eigentlichen Text überführen und dessen `decode`-Methode verwenden. Sie können entweder einzelne Token-IDs oder eine Liste mit mehreren Token-IDs übergeben:

```
print(tokenizer.decode(3323))
print(tokenizer.decode(622))
print(tokenizer.decode([3323, 622]))
print(tokenizer.decode(29901))
```

Als Ausgabe erhalten Sie:

```
Sub

ject

Subject

:
```

Welche Faktoren sind bei der Tokenisierung entscheidend?

Es gibt drei Hauptfaktoren, die darüber entscheiden, wie ein eingegebener Prompt vom Tokenizer tokenisiert wird.

Erstens muss sich der Entwickler bei der Entwicklung eines Modells für eine Tokenisierungsmethode entscheiden. Zu den gängigen Methoden gehören die *Byte-Pair-Encoding-Methode* (BPE), die meistens bei GPT-Modellen zum Einsatz kommt, und die *WordPiece-Methode* (die bei BERT genutzt wird). Diese Methoden ähneln sich insofern, als dass sie darauf abzielen, die Darstellung eines Textdatensatzes so zu optimieren, dass möglichst wenige Tokens verwendet werden. Allerdings wird dieses Ziel auf unterschiedliche Weise erreicht.

Zweitens muss nach Auswahl der Tokenisierungsmethode auch eine Reihe von Entscheidungen zur Gestaltung des Tokenizers getroffen werden. Beispielsweise muss festgelegt werden, wie groß das Vokabular sein soll und welche Sondertokens verwendet werden sollen. Hierzu werden Sie noch mehr in Abschnitt »Ein Vergleich verschiedener trainierter Tokenizer« auf Seite 70 erfahren.

Drittens muss der Tokenizer auf einem bestimmten Datensatz trainiert werden, um das für dessen Darstellung am besten geeignete Vokabular zu ermitteln. Selbst bei Verwendung derselben Methoden und Parameter unterscheidet sich ein Tokenizer, der auf einem englischen Textdatensatz trainiert wurde, von einem Tokenizer, der auf einem Datensatz mit Programmcode oder einem mehrsprachigen Textdatensatz trainiert wurde.

Tokenizer dienen nicht nur dazu, Eingabetexte so zu verarbeiten, dass sie in ein Sprachmodell eingespeist werden können, sie wandeln auch die vom Sprachmodell generierten Token-IDs in die entsprechenden auszugebenden Wörter bzw. Tokens um (siehe Abbildung 2.5).

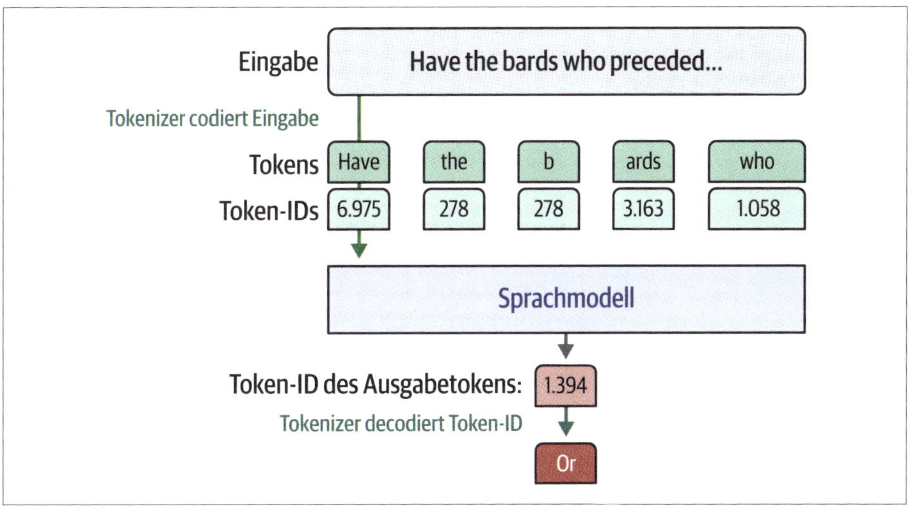

Abbildung 2.5: Tokenizer bereiten auch die Ausgabe des Modells auf. Dabei wandeln sie die vom Modell generierten Token-IDs in die entsprechenden Wörter bzw. Tokens um.

Tokenisierung auf Wort-, Wortteil-, Zeichen- und Byte-Ebene

Das bisher dargestellte Tokenisierungsverfahren wird als *Subword Tokenization* bezeichnet. Es ist zwar das am häufigsten verwendete Tokenisierungsverfahren, aber nicht das einzige. Die vier wichtigsten Tokenisierungsverfahren werden in Abbildung 2.6 dargestellt. Sehen wir sie uns einmal im Einzelnen an:

Tokenisierung auf Wortebene

Dieser Ansatz war bei älteren Methoden wie Word2Vec üblich, wird im Bereich des *Natural Language Processing* (NLP) jedoch immer seltener verwendet. Da er sich aber als nützlich erwiesen hat, kommt er auch außerhalb des NLP bei Anwendungsfällen wie Empfehlungssystemen zum Einsatz, wie Sie an späterer Stelle in diesem Kapitel noch sehen werden.

Eine Herausforderung bei der Tokenisierung auf Wortebene besteht darin, dass der Tokenizer möglicherweise nicht mit neuen Wörtern umgehen kann, die nach dem Training des Tokenizers in den Daten vorkommen. Außerdem führt diese Methode zu einem Vokabular, das viele Tokens mit nur geringfügigen Unterschieden enthält (z.B. apology, apologize, apologetic, apologist). Dieser Problematik lässt sich durch eine Tokenisierung auf Wortteilebene (engl. *Subwords*) begegnen. Dabei würden diese Wörter beispielsweise in das Token *apolog* und verschiedene Suffixtokens (*-y*, *-ize*, *-etic*, *-ist*) zerlegt werden, die auch bei vielen anderen Wörtern auftreten. Dadurch entsteht ein Vokabular, das mehr Ausdrucksmöglichkeiten bietet.

Tokenisierung auf Wortteilebene

Bei diesem Ansatz werden ganze Wörter und Wortteile verwendet. Neben der bereits erwähnten größeren Vielseitigkeit des Vokabulars besteht ein weiterer Vorteil darin, dass auch dem Tokenizer unbekannte Wörter dargestellt werden können, indem sie in kleinere Einheiten zerlegt werden, die in der Regel Teil des Vokabulars sind.

Tokenisierung auf Zeichenebene

Auch bei diesem Verfahren können neue Wörter erfolgreich verarbeitet werden, da die einzelnen Buchstaben als Tokens verwendet werden können. Dies erleichtert zwar die Codierung des Eingabetexts, führt jedoch auch dazu, dass dem Modell die Modellierung schwerer fällt. Während ein Modell mit Tokenisierung auf Wortteilebene das Wort »play« als ein Token darstellen kann, muss ein Modell, bei dem die Tokenisierung auf Zeichenebene (engl. *character-level*) vorgenommen wird, die Informationen so modellieren, dass »p-l-a-y« als einzelne Tokens dargestellt wird, und zusätzlich den Rest der Sequenz modellieren.

Die Tokenisierung auf Wortteilebene hat gegenüber der Tokenisierung auf Zeichenebene den Vorteil, dass sich bei einer gegebenen Kontextlänge eines Transformer-Modells mehr Text einspeisen lässt. So lässt sich bei einem Modell mit einer Kontextlänge von 1.024 Tokens etwa das Dreifache an Text einspeisen, wenn die Tokenisierung auf Wortteilebene statt auf Zeichenebene erfolgt (Tokens auf Wortteilebene bestehen im Durchschnitt aus drei Zeichen).

Tokenisierung auf Byte-Ebene

Es gibt noch ein weiteres Tokenisierungsverfahren, bei dem Tokens aus einzelnen Bytes bestehen, die unter anderem zur Codierung von Unicode-Zeichen genutzt werden. Derartige Verfahren – die mitunter auch als *Tokenization-free Encoding* bezeichnet werden – werden beispielsweise in dem Artikel »CANINE: Pre-training an efficient tokenization-free encoder for language representation« (*https://oreil.ly/eP-wq*) beschrieben. Der Artikel »ByT5: Towards a token-free future with pre-trained byte-to-byte models« (*https://oreil.ly/a-pqF*) zeigt etwa, dass dieser Ansatz – insbesondere bei mehrsprachigen Modellen – durchaus als gleichwertige Alternative zu anderen Ansätzen infrage kommt.

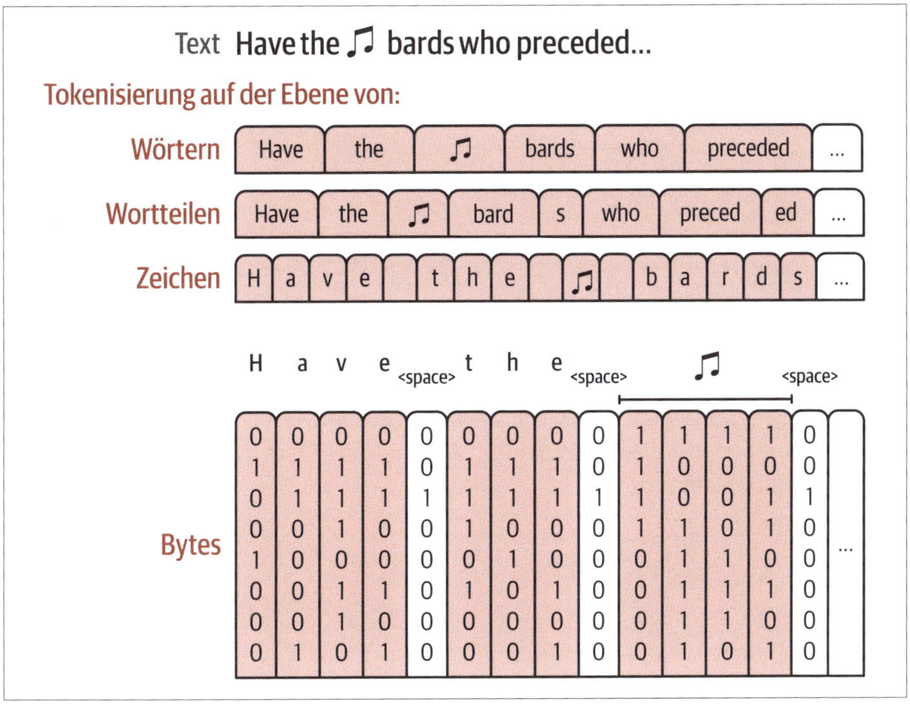

Abbildung 2.6: Es gibt verschiedene Tokenisierungsverfahren, bei denen der Text in unterschiedlich große Einheiten (Wörter, Wortteile, Zeichen oder Bytes) unterteilt wird.

In diesem Zusammenhang ist eine Besonderheit erwähnenswert: Einige Tokenizer, die auf Wortteilebene arbeiten, nehmen in Ausnahmefällen auch Bytes als Tokens in ihr Vokabular auf – sozusagen als letzten Ausweg für Zeichen, die sie sonst nicht codieren könnten. Hierzu zählen beispielsweise die Tokenizer der Modelle GPT-2 und RoBERTa. Das macht sie jedoch nicht zu »Tokenization-free-Byte-Level-Tokenizern«, da sie diese Bytes nicht zur Codierung aller Zeichen verwenden, sondern, wie Sie im nächsten Abschnitt erfahren werden, nur für eine Teilmenge.

Wenn Sie sich noch eingehender mit der Funktionsweise von Tokenizern befassen möchten, finden Sie in dem Buch *Designing Large Language Model Applications* (*https://oreil.ly/y0iu6*) weitergehende Informationen.

Ein Vergleich verschiedener trainierter Tokenizer

Sie haben bereits die drei Hauptfaktoren kennengelernt, die darüber entscheiden, wie Texte von einem Tokenizer codiert werden: das Tokenisierungsverfahren, die zur Initialisierung des Tokenizers verwendeten Parameter und Sondertokens sowie der Datensatz, auf dem der Tokenizer trainiert wird. Durch den Vergleich verschiedener trainierter Tokenizer lässt sich ableiten, inwiefern sich ihr Verhalten durch eine unterschiedliche Ausgestaltung dieser Faktoren unterscheidet. Bei dieser Gegenüberstellung werden Sie feststellen, dass sich die Leistungsfähigkeit der Modelle durch die Verwendung neuerer Tokenizer verbessert hat. Außerdem werden Sie erfahren, warum spezialisierte Modelle (z. B. zur Codegenerierung) häufig auch spezialisierte Tokenizer erfordern.

Zum Vergleich wird der folgende Text jeweils mit den verschiedenen Tokenizern codiert:

```
text = """

English and CAPITALIZATION

♪鸟
show_tokens False None elif == >= else: two tabs:" " Three tabs: "   "

12.0*50=600

"""
```

Anhand dieses Texts können Sie sich ein genaueres Bild davon machen, wie die einzelnen Tokenizer verschiedene Zeichen codieren und sich in Bezug auf die folgenden Aspekte unterscheiden:

- Großschreibung.
- Andere Sprachen als Englisch.
- Emojis.
- Programmiercode mit Schlüsselwörtern und Leerzeichen, die häufig für Einrückungen verwendet werden (wie z. B. in Programmiersprachen wie Python).
- Zahlen und Ziffern.
- Sondertokens (engl. *Special Tokens*). Dabei handelt es sich um eine Art Sonderzeichen, die eine andere Funktion haben, als Text zu codieren. Hierzu gehören Tokens, die den Anfang oder das Ende des Texts kennzeichnen (und dem System somit signalisieren, dass der Text vollständig generiert wurde). Andere Sondertokens erfüllen andere Zwecke, wie Sie noch im weiteren Verlauf erfahren werden.

Betrachten wir nun einige ältere und neuere Tokenizer, um einen Eindruck davon zu gewinnen, wie sie den vorgegebenen Text tokenisieren und inwiefern sich daraus Rückschlüsse auf das Sprachmodell ziehen lassen. Dazu nutzen wir die folgende Funktion. Mit dieser tokenisieren wir zunächst den Text, lassen uns die jeweiligen Tokens ausgeben und unterlegen sie dabei mit unterschiedlichen Farben:

```
colors_list = [
    '102;194;165', '252;141;98', '141;160;203',
    '231;138;195', '166;216;84', '255;217;47'
]

def show_tokens(sentence, tokenizer_name):
    tokenizer = AutoTokenizer.from_pretrained(tokenizer_name)
    token_ids = tokenizer(sentence).input_ids
    for idx, t in enumerate(token_ids):
        print(
            f'\x1b[0;30;48;2;{colors_list[idx % len(colors_list)]}m' +
            tokenizer.decode(t) +
            '\x1b[0m',
            end=' '
        )
```

BERT-Base-Modell (uncased) (2018)

Link zum Modell auf dem Model Hub von Hugging Face (*https://oreil.ly/gQK_N*)

Tokenisierungsverfahren: WordPiece, das erstmals im Artikel »Japanese and Korean voice search« (*https://oreil.ly/4nE6b*) vorgestellt wurde.

Größe des Vokabulars: 30.522 Tokens

Sondertokens:

`unk_token [UNK]`
: Dieser steht für ein dem Tokenizer unbekanntes Token, für das er keine spezifische Codierung hat.

`sep_token [SEP]`
: Hierbei handelt es sich um ein Trennzeichen, mit dem bestimmte Aufgaben ermöglicht werden, bei denen dem Modell zwei Texte übergeben werden (in diesen Fällen wird das Modell als Cross-Encoder bezeichnet). Ein Beispiel hierfür ist das Reranking (wie Sie noch in Kapitel 8 erfahren werden).

`pad_token [PAD]`
: Dieses Token ist ein Füllzeichen (engl. *Padding Token*), mit dem ungenutzte Stellen in den Eingabesequenzen für das Modell aufgefüllt werden. Dies ist notwendig, da das Modell eine bestimmte Anzahl von Zeichen bzw. Tokens für den eingegebenen Text erwartet (seine Kontextlänge).

`cls_token [CLS]`
: Ein Sondertoken, das kennzeichnet, dass es sich um eine Klassifikation handelt (siehe Kapitel 4).

`mask_token [MASK]`
: Dabei handelt es sich um ein sogenanntes *Masking Token*, das dazu dient, Tokens während des Trainings zu verbergen bzw. zu maskieren.

Tokenisierter Text:

```
[CLS] english and capital ##ization [UNK] [UNK] show _ token ##s false none
eli ##f = = > = else : two tab ##s : " " three tab ##s : " " 12 . 0 * 50 = 600 [SEP]
```

Das BERT-Modell wurde in zwei Hauptvarianten veröffentlicht: *cased* (Großschreibung wird beibehalten) und *uncased* (alle Großbuchstaben werden zunächst in Kleinbuchstaben umgewandelt). Beim Tokenizer für das BERT-*uncased*-Modell (das beliebter ist) fällt Folgendes auf:

- Es gibt keine Zeilenumbrüche mehr. Dadurch ist das Modell nicht mehr in der Lage, Informationen zu erkennen, die sich durch die Nutzung von Zeilenumbrüchen ergeben, beispielsweise bei einem Chatprotokoll, bei dem die einzelnen Beiträge jeweils in einer neuen Zeile stehen.
- Der gesamte Text besteht aus Kleinbuchstaben.
- Das Wort »capitalization« wird als zwei Teiltokens (engl. *Sub Tokens*) codiert: `capital` und `##ization`. Die Zeichen `##` dienen dazu, dem Modell mitzuteilen, dass dieses Token Teil eines weiteren Tokens ist und mit dem vorangehenden Token zusammenhängt. Auf diese Weise wird dem Modell auch kenntlich gemacht, an welchen Stellen sich Leerzeichen befinden, da davon ausgegangen wird, dass jedem Token ohne vorangestelltes `##` ein Leerzeichen vorausgeht.
- Die Emojis und die chinesischen Schriftzeichen wurden entfernt und durch das Sondertoken `[UNK]` ersetzt, mit dem ein *unknown Token*, also ein unbekanntes Token, gekennzeichnet wird.

BERT-Base-Modell (cased) (2018)

Link zum Modell auf dem Model Hub von Hugging Face (*https://oreil.ly/nvFOZ*)

Tokenisierungsverfahren: WordPiece

Größe des Vokabulars: 28.996 Tokens

Sondertokens: dieselben wie bei der *uncased*-Version

Tokenisierter Text:

```
[CLS] English and CA ##PI ##TA ##L ##I ##Z ##AT ##ION [UNK] [UNK] show _ token
##s F ##als ##e None el ##if = = > = else : two ta ##bs : " " Three ta ##bs : " "
12 . 0 * 50 = 600 [SEP]
```

Die *cased*-Version des BERT-Tokenizers unterscheidet sich vor allem dadurch, dass sie auch Tokens mit Großbuchstaben vorsieht.

- Wie Sie sehen, wird »CAPITALIZATION« hier mit acht Tokens codiert: `CA ##PI ##TA ##L ##I ##Z ##AT ##ION`.
- Bei beiden Varianten wird der Eingabetext von zwei verschiedenen Tokens umschlossen. Mit dem `[CLS]`-Token wird der Anfang angezeigt und mit dem `[SEP]`-Token das Ende. Beide Tokens haben noch einen zusätzlichen Zweck. Das `[CLS]`-Token (CLS steht für *Classification*) wird mitunter im Rahmen der Klassifikation von Sätzen verwendet. Das `[SEP]`-Token (SEP steht für *Separator*, also Trennzeichen) kommt in Anwendungsfällen zum Einsatz, bei denen zwei Sätze voneinander getrennt werden müssen, bevor sie in das Modell eingespeist werden (z.B. wird in Kapitel 8 das `[SEP]`-Token verwendet, um den Text einer Suchanfrage und den eines infrage kommenden Suchergebnisses voneinander zu trennen.)

GPT-2 (2019)

Link zum Modell auf dem Model Hub von Hugging Face (*https://oreil.ly/hhJ-I*)

Tokenisierungsverfahren: *Byte Pair Encoding* (BPE), das in dem Artikel »Neural machine translation of rare words with subword units« (*https://oreil.ly/qCxr4*) erstmals vorgestellt wurde.

Größe des Vokabulars: 50.257 Tokens

Sondertokens: `<|endoftext|>`

Tokenisierter Text:

```
English and CAP ITAL IZ ATION
� � � � � �
show _ t ok ens False None el if == >= else : two tabs :" " Three tabs : " "
12 . 0 * 50 = 600
```

Beim GPT-2-Tokenizer fällt Folgendes auf:

- Die Zeilenumbrüche werden vom Tokenizer codiert.
- Die Großschreibung wird beibehalten, und das Wort »CAPITALIZATION« wird in vier Tokens zerlegt.
- Die Zeichen ♪ 鸟 werden jeweils durch mehrere Tokens dargestellt. Obwohl diese Tokens in Form von �-Zeichen angezeigt werden, stellen sie in Wirklichkeit verschiedene Tokens dar. Beispielsweise wird das Emoji-Zeichen ♪ in die Tokens mit den Token-IDs 8582, 236 und 113 umgewandelt. Der Tokenizer ist imstande, wieder die ursprünglichen Zeichen aus diesen Tokens zu rekonstruieren. Wenn man `tokenizer.decode([8582, 236, 113])` ausführt, wird das Zeichen ♪ ausgegeben.
- Die beiden Tabulatoren werden als drei Leerzeichentokens (Token-ID 220 in diesem Vokabular) dargestellt. Dabei ist noch ein zusätzliches Leerzeichen Teil des Tokens für das schließende Anführungszeichen. Die drei Tabulatoren werden als sechs Leerzeichentokens (Token-ID 220) dargestellt. Auch hier ist ein zusätzliches Leerzeichen Teil des Tokens, das das schließende Anführungszeichen darstellt.

> Was hat es mit den Tokens auf sich, die Leerzeichen darstellen? Sie sind wichtig, damit Modelle Code verstehen bzw. generieren können. Ein Modell, das beispielsweise nur ein einzelnes Token verwendet, um vier aufeinanderfolgende Leerzeichen darzustellen, ist besser auf Datensätze zugeschnitten, die Python-Code enthalten. Zwar kommen die Modelle auch damit zurecht, wenn diese Leerzeichen als vier verschiedene Tokens codiert werden, aber dadurch wird die Modellierung erschwert. Das Modell muss dann zusätzlich lernen, wie es die Einrückungsebene berücksichtigen kann. Dies führt jedoch häufig zu einer Beeinträchtigung seiner Leistungsfähigkeit. An diesem Beispiel wird deutlich, wie die Tokenisierung dazu beitragen kann, dass ein Modell bestimmte Aufgaben besser bewältigt.

Flan-T5 (2022)

Tokenisierungsverfahren: Flan-T5 (*https://oreil.ly/cmWPA*) verwendet eine als SentencePiece bezeichnete Tokenizer-Implementierung, die in dem Artikel »SentencePiece: A simple and language independent subword tokenizer and detokenizer for neural text processing« (*https://oreil.ly/2aNI5*) vorgestellt wurde, und unterstützt BPE sowie das *Unigram-Sprachmodell* (siehe »Subword regularization: Improving neural network translation models with multiple subword candidates« (*https://oreil.ly/B4WiL*)).

Größe des Vokabulars: 32.100 Tokens

Sondertokens:

- `unk_token <unk>`
- `pad_token <pad>`

Tokenisierter Text:

```
English and CA PI TAL IZ ATION <unk> <unk> show _ to ken s Fal s e None e l if = = >
= else : two tab s : " " Three tab s : " " 12. 0 * 50 = 600 </s>
```

Bei der Flan-T5-Modellreihe wird die SentencePiece-Methode verwendet. Folgendes lässt sich festhalten:

- Keine Tokens für Zeilenumbrüche oder Leerzeichen, da es sonst für das Modell schwierig wäre, Code zu verarbeiten.
- Sowohl das Emoji als auch die chinesischen Schriftzeichen werden durch das Token `<unk>` ersetzt. Dadurch ist es dem Modell nicht möglich, sie als solche zu erkennen.

GPT-4 (2023)

Tokenisierungsverfahren: BPE

Größe des Vokabulars: etwas mehr als 100.000 Tokens

Sondertokens:

- `<|endoftext|>`
- Zusätzlich werden noch drei sogenannte »Fill-in-the-Middle-Tokens« genutzt. Diese ermöglichen dem LLM, bei der Vervollständigung von Texten nicht nur den Text davor, sondern auch den Text danach zu berücksichtigen (was beispielsweise bei der Vervollständigung von Code sehr wichtig ist). Weitere Details würden den Rahmen dieses Buchs sprengen. Eine ausführlichere Erläuterung dieser Methode finden Sie im Beitrag »Efficient training of language models to fill in the middle« (*https://oreil.ly/7S7ZZ*). Diese Sondertokens sind:
  - `<|fim_prefix|>`
  - `<|fim_middle|>`
  - `<|fim_suffix|>`

Tokenisierter Text:

```
English and CAPITAL IZATION
� � � � � �
show _tokens False None elif == >= else : two tabs :"   " Three tabs : "   "
12 . 0 * 50 = 600
```

Der GPT-4-Tokenizer funktioniert ähnlich wie sein Vorgänger, der GPT-2-Tokenizer. Es gibt jedoch einige Unterschiede:

- Der GPT-4-Tokenizer verwendet für die vier Leerzeichen ein einziges Token. Es gibt sogar jeweils ein Sondertoken für jede mögliche Abfolge von Leerzeichen bis zu einer maximalen Anzahl von 83 aufeinanderfolgenden Leerzeichen.
- Das in Python verwendete Schlüsselwort elif hat in GPT-4 ein eigenes Token. Dieses und der vorherige Punkt sind darauf zurückzuführen, dass das Modell nicht nur darauf ausgelegt ist, natürliche Sprache zu verarbeiten bzw. zu generieren, sondern auch Code.
- Der GPT-4-Tokenizer benötigt in der Regel weniger Tokens, um ein Wort darzustellen. So werden für »CAPITALIZATION« beispielsweise zwei statt vier und für »tokens« nur eines statt drei Tokens verwendet.
- Die Zeichen 🎵 鸟 werden genauso wie beim GPT-2-Tokenizer behandelt.

StarCoder2 (2024)

StarCoder2 (*https://oreil.ly/hBZ9V*) ist ein Modell mit 15 Milliarden Parametern, das auf die Generierung von Code ausgerichtet ist. Es ist der Nachfolger des ursprünglichen Modells StarCoder (siehe »StarCoder: May the source be with you!« (*https://oreil.ly/RJmCn*)) und wird in dem Artikel »StarCoder 2 and the stack v2: The next generation« (*https://oreil.ly/k4b-T*) beschrieben.

Tokenisierungsverfahren: Byte Pair Encoding (BPE)

Größe des Vokabulars: 49.152 Tokens

Beispiele für Sondertokens:

- <|endoftext|>
- Fill-in-the-Middle-Tokens:
  - <fim_prefix>
  - <fim_middle>
  - <fim_suffix>
  - <fim_pad>
- Wenn ein Modell zur Generierung von Code ausgelegt sein soll, ist es wichtig, die Zusammenhänge innerhalb der Codebasis zu berücksichtigen. So kann beispielsweise in einer Datei ein Funktionsaufruf einer Funktion erfolgen, die in einer anderen Datei definiert ist. Das Modell muss also die Möglichkeit vorsehen, Code zu identifizieren, der sich in verschiedenen Dateien im selben Code-

Repository befindet, und ihn gleichzeitig von Code unterscheiden können, der sich in anderen Repositories befindet. Aus diesem Grund verwendet StarCoder2 Sondertokens für die Namen der Repositories und Dateien.

- `<filename>`
- `<reponame>`
- `<gh_stars>`

Tokenisierter Text:

```
English and CAPITAL IZATION

� � � � �

show _ tokens False None elif == >= else : two tabs :" " Three tabs : " "
1 2 . 0 * 5 0 = 6 0 0
```

Bei diesem Modell handelt es sich um ein Encoder-basiertes Modell, das speziell darauf ausgelegt ist, Code zu generieren:

- Wie beim GPT-4-Modell werden mehrere Leerzeichen jeweils als ein einzelnes Token codiert.
- Ein wesentlicher Unterschied zu den bisher vorgestellten Tokenizern besteht darin, dass jeder Ziffer ein eigenes Token zugeordnet wird (z.B. wird die Zahl 600 als `6 0 0` codiert). Dahinter steht die Überlegung, dass dies zu einer besseren Codierung von Zahlen und mathematischen Ausdrücken beitragen würde. In GPT-2 wird die Zahl 870 beispielsweise als ein einziges Token codiert. Die Zahl 871 wird hingegen als zwei Tokens codiert (mit `8` und `71`). Dies kann das Modell bei der Verarbeitung von Zahlen verwirren.

Galactica

Das in dem Beitrag »Galactica: A large language model for science« (*https://oreil.ly/gWRzV*) beschriebene Galactica-Modell (*https://oreil.ly/I6IXt*) ist auf wissenschaftliche Fachkenntnisse ausgerichtet und wurde auf der Grundlage zahlreicher wissenschaftlicher Publikationen, Nachschlagewerke und Wissensdatenbanken trainiert. Dabei wurde ein besonderes Augenmerk auf die Tokenisierung gelegt, wodurch der Tokenizer bei der Codierung von Datensätzen sensibler für bestimmte Nuancen ist. Beispielsweise werden Sondertokens für Zitate, gedankliche Zwischenschritte (*Reasoning*), mathematische Formeln sowie Aminosäure- und DNS-Sequenzen verwendet.

Tokenisierungsverfahren: Byte Pair Encoding (BPE)

Größe des Vokabulars: 50.000 Tokens

Sondertokens:

- `<s>`
- `<pad>`
- `</s>`

- <unk>
- Literaturangaben: Quellenangaben werden von zwei Sondertokens umschlossen:
  - [START_REF]
  - [END_REF]
  - In dem Beitrag wird das folgende Beispiel für eine Quellenangabe genannt: `Recurrent neural networks, long short-term memory [START_REF]Long Short-Term Memory, Hochreiter[END_REF]`
- Step-by-Step-Reasoning (d. h. logisches Schließen, das in mehreren Schritten erfolgt):
  - Erwähnenswert ist auch das Sondertoken <work>, das vom Modell für das logische Schließen in Form einer Gedankenkette (engl. *Chain-of-Thought Reasoning*) verwendet wird.

Tokenisierter Text:

```
English and CAP ITAL IZATION
� � � � � � �
show _ tokens False None elif == > = else : two t abs : " " Three t abs : " "
1 2 . 0 * 5 0 = 6 0 0
```

Der Tokenizer des Galactica-Modells verhält sich ähnlich wie der des StarCoder2-Modells, da er ebenfalls auf Code ausgelegt ist. Leerzeichen werden auf dieselbe Weise codiert – unterschiedlich langen Abfolgen von Leerzeichen wird jeweils ein einzelnes Token zugewiesen. Im Gegensatz zum Tokenizer des StarCoder2-Modells werden jedoch auch Tabulatoren auf diese Weise codiert. Von allen bisher vorgestellten Tokenizern ist dieser der einzige, bei dem einer aus zwei Tabulatoren bestehenden Zeichenkette ('\t\t') ein einzelnes Token zugeordnet wird.

Phi-3 (und Llama 2)

Bei dem in diesem Buch verwendeten Phi-3-Modell (*https://oreil.ly/GI-xn*) wird auf den Tokenizer des Llama-2-Modells (*https://oreil.ly/fezbc*) zurückgegriffen. Zusätzlich kommt jedoch noch eine Reihe weiterer Sondertokens zum Einsatz.

Tokenisierungsverfahren: Byte Pair Encoding (BPE)

Größe des Vokabulars: 32.000 Tokens

Sondertokens:

- <|endoftext|>
- Tokens für Chats: Als LLMs, mit denen man chatten kann, im Jahr 2023 immer beliebter wurden, wurde der dialogorientierte Ansatz zunehmend zu einem der wichtigsten Anwendungsfälle. Um dieser Entwicklung Rechnung zu tragen, wurden Tokenizer um Tokens ergänzt, mit denen sich die einzelnen Gesprächsbeiträge und die Rollen der Gesprächspartner kennzeichnen lassen. Beispiele für diese Art von Sondertokens sind:

– <|user|>
– <|assistant|>
– <|system|>

Zum Abschluss sollten Sie sich noch einmal kurz die Zeit nehmen, die folgende tabellarische Gegenüberstellung aller vorgestellten Tokenizer durchzugehen und die Unterschiede hinsichtlich des tokenisierten Texts zu vergleichen:

BERT-Base-Modell (uncased)	[CLS] english and capital ##ization [UNK] [UNK] show _ token ##s false none eli ##f = = > = else : two tab ##s : " " three tab ##s : " " 12 . 0 * 50 = 600 [SEP]
BERT-Base-Modell (cased)	[CLS] English and CA ##PI ##TA ##L ##I ##Z ##AT ##ION [UNK] [UNK] show _ token ##s F ##als ##e None el ##if = = > = else : two ta ##bs : " " Three ta ##bs : " " 12 . 0 * 50 = 600 [SEP]
GPT-2	English and CAP ITAL IZ ATION � � � � � � show _ t ok ens False None el if == >= else : two tabs :" " Three tabs : " " 12 . 0 * 50 = 600
Flan-T5	English and CA PI TAL IZ ATION <unk> <unk> show _ to ken s Fal s e None e l if = = > = else : two tab s : " " Three tab s : " " 12. 0 * 50 = 600 </s>
GPT-4	English and CAPITAL IZATION � � � � � � show _tokens False None elif == >= else : two tabs :" " Three tabs : " " 12 . 0 * 50 = 600
StarCoder2	English and CAPITAL IZATION � � � � � show _ tokens False None elif == >= else : two tabs :" " Three tabs : " " 1 2 . 0 * 5 0 = 6 0 0
Galactica	English and CAP ITAL IZATION � � � � � � � show _ tokens False None elif == > = else : two t abs :" " Three t abs : " " 1 2 . 0 * 5 0 = 6 0 0
Phi-3 und Llama 2	<s> English and C AP IT AL IZ ATION � � � � � � � show _ to kens False None elif == >= else : two tabs :" " Three tabs : " " 1 2 . 0 * 5 0 = 6 0 0

Faktoren, die darüber entscheiden, wie sich ein Tokenizer verhält

Die vorangegangene Gegenüberstellung verschiedener trainierter Tokenizer hat gezeigt, dass sie sich durchaus voneinander unterscheiden. Doch welche Faktoren beeinflussen letztendlich, wie sich ein Tokenizer verhält? Wie bereits erwähnt, hängt das Verhalten eines Tokenizers im Wesentlichen von drei Faktoren ab, die im Rahmen der Entwicklung festgelegt werden: das Tokenisierungsverfahren, die bei der Initialisierung verwendeten Parameter und die Art (bzw. Domäne) der Daten, für die der Tokenizer vorgesehen ist.

Tokenisierungsverfahren

Wie Sie bereits erfahren haben, gibt es eine Reihe verschiedener Tokenisierungsverfahren, wobei *Byte Pair Encoding* (BPE) das beliebteste ist. Jedem dieser Verfahren liegt ein Algorithmus zugrunde, der vorgibt, auf welche Weise die Tokens ausgewählt werden, mit denen ein Datensatz am besten repräsentiert werden kann. Eine hervorragende Übersicht über all diese Verfahren finden Sie auf der Website von Hugging Face, auf der die verschiedenen Tokenisierungsverfahren kurz skizziert werden (*https://oreil.ly/-vbn0*).

Wahl der Parameter, mit denen ein Tokenizer initialisiert wird

Nachdem das Tokenisierungsverfahren festgelegt wurde, muss der Entwickler eines LLM noch einige Entscheidungen bezüglich der Parameter des Tokenizers treffen. Dazu gehören:

Größe des Vokabulars
: Wie viele Tokens sollte der Tokenizer in sein Vokabular aufnehmen? Üblicherweise wird ein Vokabular mit 30.000 bis 50.000 Tokens verwendet. Doch inzwischen wird auch zunehmend ein umfangreicheres Vokabular in der Größenordnung von 100.000 Tokens gewählt.

Sondertokens
: Welche Sondertokens soll das Modell berücksichtigen? Es können beliebig viele dieser Tokens aufgenommen werden, insbesondere dann, wenn ein LLM auf spezielle Anwendungsfälle zugeschnitten sein soll. Folgende Tokens sind unter anderem üblich:

  - Beginning-of-Text-Tokens (z.B. `<s>`)
  - End-of-Text-Tokens
  - Padding-Tokens
  - Unknown-Tokens
  - CLS-Tokens
  - Masking-Tokens

  Abgesehen von diesen kann der Entwickler des LLM Tokens hinzufügen, die dazu dienen, die Domäne der Problemstellung, auf die der Fokus gerichtet sein soll, besser zu modellieren. Ein Beispiel hierfür sind die beim Galactica-Modell genutzten Tokens `<work>` und `[START_REF]`.

Großschreibung
: Wie soll bei Sprachen wie Englisch mit der Großschreibung verfahren werden? Soll der gesamte Text in Kleinbuchstaben umgewandelt werden? Die Großschreibung von Eigennamen liefert oft nützliche Informationen. Aber ist es bei-

spielsweise sinnvoll, für ausschließlich in Großbuchstaben geschriebene Wörter (wie es bei Majuskel- bzw. Versalschrift der Fall ist) wertvollen Platz im Vokabular zu verschwenden?

Die Datendomäne

Selbst bei Verwendung desselben Verfahrens und derselben Parameter wird sich das Verhalten des Tokenizers in Abhängigkeit davon unterscheiden, auf welchem Datensatz er trainiert wurde (bevor überhaupt das eigentliche Training des Modells erfolgt). Die zuvor genannten Tokenisierungsverfahren sorgen dafür, dass das Vokabular so optimiert wird, dass es einen bestimmten Datensatz bestmöglich repräsentiert. Im Rahmen der Gegenüberstellung der verschiedenen Tokenizer konnten Sie sich bereits ein Bild davon machen, welche Auswirkungen es auf die Tokenizer hat, wenn diese auf Datensätzen trainiert wurden, die Code oder mehrsprachige Texte enthalten.

In Bezug auf Code konnten Sie beispielsweise feststellen, dass ein Tokenizer, der in erster Linie auf Texte ausgerichtet ist, Leerzeichen, die zur Einrückung von Code dienen, unter Umständen wie folgt tokenisiert (zur besseren Veranschaulichung werden hier bestimmte Tokens farbig hervorgehoben):

```
def add_numbers(a, b):
...."""Add the two numbers `a` and `b`."""
....return a + b
```

Dies kann für ein auf Code ausgerichtetes Modell ungünstig sein. Meist lässt sich die Leistungsfähigkeit solcher Modelle steigern, indem die Tokenisierung auf eine andere Weise erfolgt:

```
def add_numbers(a, b):
...."""Add the two numbers `a` and `b`."""
....return a + b
```

Durch diese Art der Tokenisierung kann das Modell seine Aufgabe besser bewältigen und somit höchstwahrscheinlich bessere Ergebnisse erzielen.

Nähere Informationen zum Training von Tokenizern finden Sie in dem Abschnitt zu Tokenizern des Onlinekurses von Hugging Face (*https://oreil.ly/4Gfbi*) und im Buch Natural Language Processing mit Transformern (*https://oreil.ly/opgXu*).

Token-Embeddings

Nachdem Sie nun wissen, wie Texte tokenisiert werden und worauf es bei der Tokenisierung ankommt, sind Sie einen großen Schritt näher an der Lösung des Problems, Sprache mithilfe eines Sprachmodells adäquat abzubilden bzw. zu codieren. So gesehen ist Sprache nichts anderes als eine Abfolge von Tokens. Wenn ein Modell mit einer ausreichend großen Menge an Tokens trainiert wird, lernt es, die in dem Trainingsdatensatz vorhandenen komplexen Muster zu erfassen.

- Enthalten die Trainingsdaten viele englische Texte, manifestieren sich diese Muster in einem Modell. Dadurch vermag es, die englische Sprache abzubilden und Texte in dieser Sprache zu generieren.
- Wenn ein Modell mit Daten trainiert wird, die faktische Informationen enthalten (z. B. aus Wikipedia), wird es entsprechende auf Fakten basierende Informationen generieren können (siehe folgenden Hinweis).

Der nächste Schritt besteht darin, die für das Modell am besten geeignete numerische Darstellung für diese Tokens zu finden. Mithilfe dieser Darstellung kann das Modell die im Text vorhandenen Muster errechnen und korrekt modellieren. Solche Muster treten für uns beispielsweise in Form von Kohärenz hinsichtlich einer bestimmten Sprache, der Fähigkeit, Code zu schreiben, oder einer der zahlreichen anderen Fähigkeiten zutage, die man mittlerweile von einem Sprachmodell erwartet.

Embeddings (bzw. Einbettungen) sind, wie Sie in Kapitel 1 erfahren haben, genau das: numerische Vektordarstellungen, die dazu dienen, semantische Bedeutungen und Muster in einer Sprache zu erfassen.

> Was dabei allerdings nicht unerwähnt bleiben darf: Sobald die Textkohärenz ein bestimmtes Niveau erreicht und die Fähigkeit, Fakten zu generieren, sich als überdurchschnittlich gut erweist, wirft dies wiederum ein neues Problem auf. Denn manche Personen fingen an, der Fähigkeit der Modelle, Fakten zu generieren, zu stark zu vertrauen (z. B. wurden Anfang 2023 einige Sprachmodelle als »Google-Killer« (*https://oreil.ly/U8QvX*) bezeichnet). Nutzer, die mit der Materie vertraut sind, erkannten jedoch schnell, dass generative Modelle allein keine zuverlässigen Suchmaschinen sind. Daraufhin kam es zur Entwicklung der Retrieval-Augmented Generation (RAG), bei der ein Suchsystem mit einem LLM kombiniert wird. In Kapitel 8 werden Sie mehr über RAG-Systeme erfahren.

Sprachmodelle halten Embeddings für das Vokabular ihres Tokenizers vor

Sobald ein Tokenizer initialisiert und trainiert ist, wird er im Rahmen des Trainings des zugehörigen Sprachmodells verwendet. Ein vortrainiertes Sprachmodell ist deshalb an seinen Tokenizer gebunden, und kein anderer Tokenizer kann für das Sprachmodell verwendet werden, ohne dass dieser entsprechend trainiert wurde.

Ein Sprachmodell hält für jedes im Vokabular des Tokenizers enthaltene Token einen entsprechenden Embedding-Vektor vor (siehe Abbildung 2.7). Wenn man ein vortrainiertes Sprachmodell herunterlädt, dann besteht ein Teil des Modells aus dieser sogenannten Einbettungsmatrix (Embedding-Matrix), in der alle diese Vektoren enthalten sind.

Wie die Modellgewichte werden auch diese Vektoren zu Beginn des Trainings zufällig initialisiert. Im Rahmen des Trainings werden anschließend die Werte ermittelt, mit denen das Modell das gewünschte Verhalten zeigt.

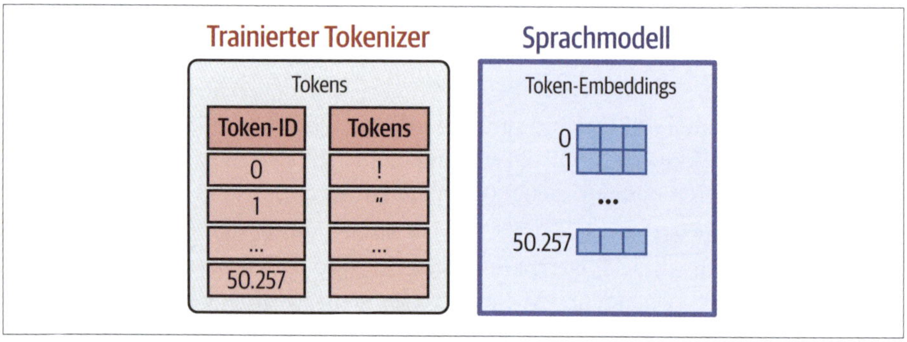

Abbildung 2.7: Für jedes Token, das im Vokabular seines Tokenizers enthalten ist, wird von einem Sprachmodell ein zugehöriger Embedding-Vektor vorgehalten.

Kontextualisierte Word-Embeddings mit Sprachmodellen erstellen

Nachdem Sie nun wissen, wie Token-Embeddings als Eingabe für ein Sprachmodell fungieren, muss jetzt der Frage nachgegangen werden, wie sich mit Sprachmodellen noch bessere Token-Embeddings *erstellen* lassen. Dadurch werden Sprachmodelle, die in der Lage sind, Text zu repräsentieren, erst richtig wertvoll – und Anwendungen wie die *Named-Entity Recognition* oder die *extractive Text Summarization* (bei der ein langer Text durch Hervorhebung der wichtigsten Textteile zusammengefasst wird, statt einen neuen Text als Zusammenfassung zu generieren) ermöglicht.

Anstatt jedes Token oder jedes Wort mit einem statischen Vektor abzubilden, ist es möglich, mit Sprachmodellen kontextualisierte (engl. *contextualized*) Word-Embeddings zu erstellen (siehe Abbildung 2.8), bei denen Wörter je nach Kontext durch ein anderes Embedding dargestellt werden. Diese Vektoren eignen sich für eine Vielzahl von Anwendungsfällen. Neben den im vorherigen Absatz erwähnten Anwendungsfällen kommen kontextualisierte Vektoren beispielsweise in KI-gestützten Bildgenerierungssystemen wie DALL·E, Midjourney und Stable Diffusion zum Einsatz.

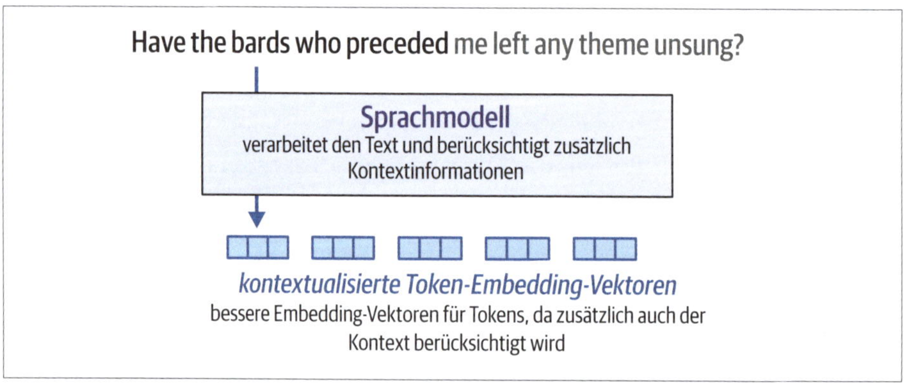

Abbildung 2.8: Sprachmodelle erzeugen kontextualisierte Token-Embeddings. Mit diesen können bessere Ergebnisse erzielt werden als mit rein statischen Token-Embeddings.

Im Folgenden erfahren Sie nun, wie Sie mit Sprachmodellen kontextualisierte Word-Embeddings erzeugen können. Der Großteil dieses Codes dürfte Ihnen inzwischen vertraut sein:

```
from transformers import AutoModel, AutoTokenizer

# Tokenizer laden
tokenizer = AutoTokenizer.from_pretrained("microsoft/deberta-base-v3-base")

# Sprachmodell laden
model = AutoModel.from_pretrained("microsoft/deberta-v3-xsmall")

# Satz tokenisieren
tokens = tokenizer('Hello world', return_tensors='pt')

# Token verarbeiten
output = model(**tokens)[0]
```

Zum Zeitpunkt des Verfassens dieses Buchs ist das hier verwendete Modell DeBERTa v3 eines der leistungsfähigsten Sprachmodelle für die Erstellung von Token-Embeddings und gleichzeitig relativ klein sowie äußerst effizient. Näheres zu diesem Modell erfahren Sie im Beitrag »DeBERTaV3: Improving DeBERTa using ELECTRA-style pre-training gradient-disentangled embedding sharing« (*https://oreil.ly/3Piya*).

Mit diesem Code werden ein vortrainierter Tokenizer sowie ein Modell geladen, und die Zeichenkette »Hello world« wird verarbeitet. Die Ausgabe des Modells wird dann in der Ausgabevariablen (`output`) gespeichert. Lassen Sie sich nun zunächst den Shape dieser Variablen ausgeben, um sich ein Bild von ihrer Dimensionierung zu machen (erwartungsgemäß handelt es sich um ein mehrdimensionales Array):

```
output.shape
```

Als Ausgabe erhalten Sie:

```
torch.Size([1, 4, 384])
```

Die erste Dimension ist vorerst nicht von Bedeutung. Der Shape des Tensors lässt auf vier Tokens schließen, für die jeweils ein Embedding-Vektor mit 384 Werten vorliegt. Die erste Dimension ist die Batch-Dimension, die erst dann von Bedeutung ist, wenn – wie beim Training – mehrere Sätze gleichzeitig als Eingabe an das Modell übergeben werden sollen (diese werden gleichzeitig verarbeitet, wodurch der Prozess beschleunigt wird).

Doch wie genau sehen diese vier Vektoren aus? Hat der Tokenizer die beiden Wörter in vier Tokens zerlegt, oder geschieht hier etwas anderes? Um dies zu überprüfen, können Sie erneut die `decode()`-Funktion des Tokenizers verwenden, die Sie bereits kennengelernt haben:

```
for token in tokens['input_ids'][0]:
    print(tokenizer.decode(token))
```

Wenn Sie diesen Code ausführen, erhalten Sie:

```
[CLS]
Hello
world
[SEP]
```

Bei diesem Tokenizer bzw. Modell werden jeweils am Anfang und Ende einer Zeichenkette die Tokens `[CLS]` und `[SEP]` hinzugefügt.

Das Sprachmodell hat nun also die Texteingabe verarbeitet. Die Ausgabe des Modells (`output`) sieht wie folgt aus:

```
tensor([[
[-3.3060, -0.0507, -0.1098, ..., -0.1704, -0.1618, 0.6932],
[ 0.8918, 0.0740, -0.1583, ..., 0.1869, 1.4760, 0.0751],
[ 0.0871, 0.6364, -0.3050, ..., 0.4729, -0.1829, 1.0157],
[-3.1624, -0.1436, -0.0941, ..., -0.0290, -0.1265, 0.7954]
]], grad_fn=<NativeLayerNormBackward0>)
```

Hierbei handelt es sich um die Rohausgabe des Sprachmodells. Die Anwendungen von LLMs bauen genau auf solchen Ausgaben auf.

Abbildung 2.9 gibt Ihnen noch einmal zusammenfassend einen Überblick darüber, wie die Eingaben zunächst tokenisiert werden und wie daraus letztlich die Ausgaben eines Sprachmodells resultieren. Technisch gesehen, stellt der Übergang von den Token-IDs zu »rohen« Embeddings den ersten Schritt innerhalb eines Sprachmodells dar.

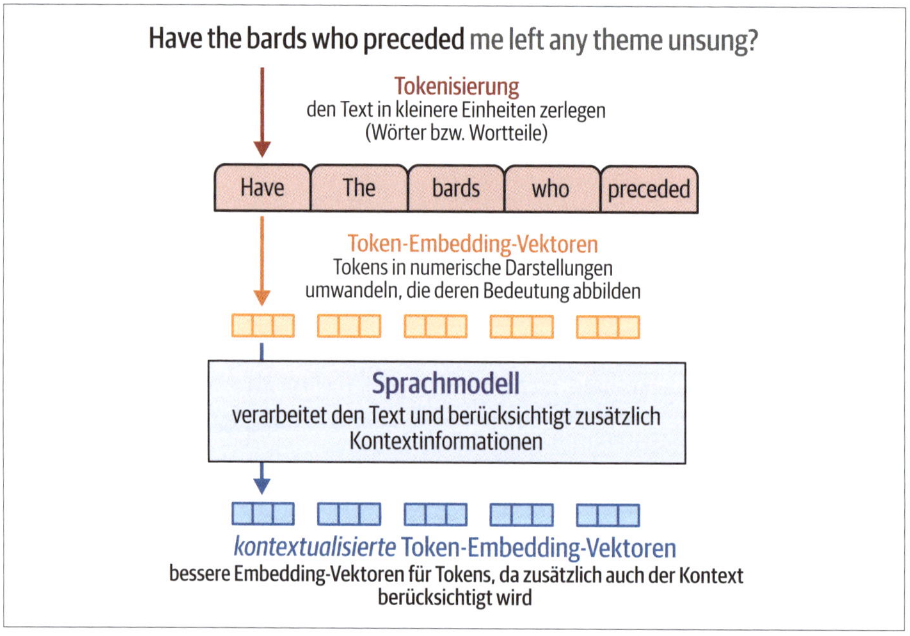

Abbildung 2.9: Sprachmodelle verarbeiten »rohe«, statische Embeddings als Eingabe und erzeugen darauf basierend kontextualisierte Text-Embeddings.

Diese Abbildung bietet Ihnen eine wichtige Grundlage für das nächste Kapitel, in dem Sie einen Einblick in die Funktionsweise von Transformer-basierten LLMs erhalten.

Text-Embeddings (für Sätze oder ganze Dokumente)

Zwar sind Token-Embeddings für die Funktionsweise von LLMs von entscheidender Bedeutung, doch viele Anwendungsfälle, in denen LLMs zum Einsatz kommen, erfordern die Verarbeitung ganzer Sätze, Absätze oder sogar Textdokumente. Aus diesem Grund wurden spezielle Sprachmodelle entwickelt, die sogenannte *Text-Embeddings* erzeugen. Dabei handelt es sich um Vektoren, die nicht nur einzelne Tokens, sondern ganze Texte abbilden.

Text-Embedding-Modelle sind so konzipiert, dass ein Text bzw. Textabschnitt eingespeist und daraufhin ein Vektor erstellt wird, der den Text abbildet und seine semantische Bedeutung in geeigneter Form wiedergibt (siehe Abbildung 2.10).

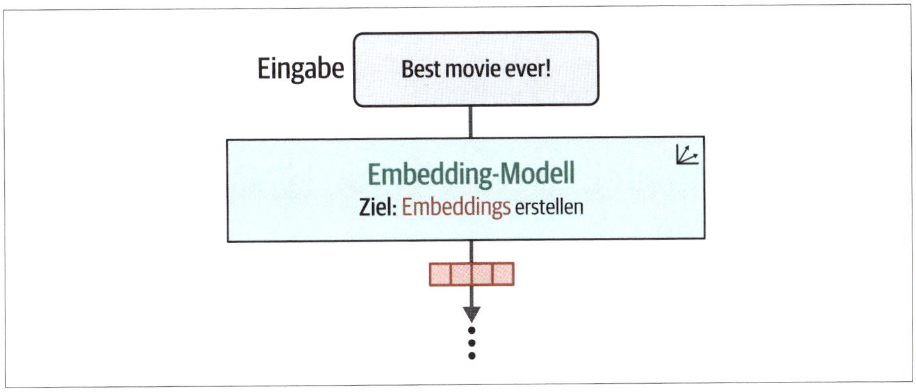

Abbildung 2.10: Im ersten Schritt extrahiert das Embedding-Modell die Merkmale (engl. Features) und wandelt den Eingabetext in Embeddings um.

Es gibt mehrere Möglichkeiten, einen Text-Embedding-Vektor zu erstellen. Eine der gängigsten Methoden besteht darin, den Durchschnitt der Werte aller vom Modell erstellten *Token-Embeddings* zu bilden. Um qualitativ hochwertige Text-Embeddings zu erstellen, werden Text-Embedding-Modelle in der Regel dagegen speziell für die jeweilige Aufgabe trainiert.

Text-Embeddings können mithilfe des sehr beliebten `sentence-transformers` (*https://oreil.ly/Tlt3e*)-Pakets erstellt werden.[1] Dieses hält eine Vielzahl von vortrainierten Embedding-Modellen bereit. Die frei verfügbaren Modelle können genauso wie die im vorherigen Kapitel vorgestellte `transformers`-Bibliothek geladen und verwendet werden. Im Folgenden können Sie anhand des Modells all-mpnet-base-v2 (*https://oreil.ly/EwDyX*) beispielhaft nachvollziehen, wie sich Embeddings mit dem Paket

1 Nils Reimers und Iryna Gurevych. »Sentence-BERT: Sentence embeddings using Siamese BERT-networks.« *arXiv Preprint arXiv:1908.10084* (2019).

erstellen lassen. In Kapitel 4 werden Sie noch erfahren, wie Sie ein für Ihre Aufgabe geeignetes Embedding-Modell ausfindig machen können.

```
from sentence_transformers import SentenceTransformer

# Modell laden
model = SentenceTransformer("sentence-transformers/all-mpnet-base-v2")

# Text in Text-Embeddings umwandeln
vector = model.encode("Best movie ever!")
```

Die Anzahl der Werte (oder die Dimensionen) des resultierenden Embedding-Vektors hängt vom zugrunde liegenden Embedding-Modell ab. Beim vorliegenden Modell sieht es wie folgt aus:

```
vector.shape
```

```
(768,)
```

Der vorgegebene Satz ist nun in einem einzelnen Vektor codiert, der aus 768 numerischen Werten besteht (die Anzahl der Dimensionen des Vektors). In Teil II dieses Buchs werden Sie noch erfahren, dass sich diese Text-Embedding-Vektoren in einer Vielzahl von Anwendungsfällen als äußerst nützlich erweisen, sei es für die Klassifikation, die semantische Suche oder im Rahmen von RAG-Systemen.

Wie Word-Embeddings jenseits von LLMs genutzt werden können

Embeddings sind nicht nur bei der Verarbeitung von Sprache und der Textgenerierung von Nutzen. Die Möglichkeit, Objekten aussagekräftige Vektordarstellungen zuzuweisen, erweist sich in vielen Bereichen als praktisch, insbesondere bei Empfehlungssystemen und in der Robotik. In diesem Abschnitt erfahren Sie, wie Sie vortrainierte Word2Vec-Embeddings nutzen können und wie bei dieser Methode Word-Embeddings erstellt werden. Wenn Sie die Funktionsweise von Word2Vec nachvollzogen haben, verfügen Sie über eine gute Grundlage, um in Kapitel 10 mehr über das Training solcher Modelle mittels Contrastive Learning zu erfahren. Im nächsten Abschnitt erfahren Sie, wie diese Art von Embeddings für Empfehlungssysteme verwendet werden kann.

Vortrainierte Word-Embeddings nutzen

Werfen wir erst mal einen Blick darauf, wie Sie vortrainierte Word-Embeddings bzw. Worteinbettungen (wie Word2Vec oder GloVe) über die Gensim-Bibliothek (*https://oreil.ly/M8wi8*) herunterladen können:

```
import gensim.downloader as api

# Embeddings herunterladen (66 MB, Glove, trainiert mit Daten von Wikipedia,
# Wortvektoren bestehen jeweils aus 50 Werten)
# Außerdem gibt es u. a. noch "word2vec-google-news-300"
```

```
# Weitere Optionen unter https://github.com/RaRe-Technologies/gensim-data
model = api.load("glove-wiki-gigaword-50")
```

Nachdem Sie diese Codezeile ausgeführt haben, werden die Embeddings einer großen Anzahl von Wörtern heruntergeladen. Das zugrunde liegende GloVe-Modell wurde mithilfe von Wikipedia-Daten trainiert. Erkunden Sie nun den Einbettungsraum (engl. *Embedding Space*), indem Sie sich die nächsten Nachbarn (engl. *Nearest Neighbors*) eines bestimmten Worts, beispielsweise »king«, ausgeben lassen:

```
model.most_similar([model['king']], topn=11)
```

Als Ausgabe erhalten Sie:

```
[('king', 1.0000001192092896),
('prince', 0.8236179351806641),
('queen', 0.7839043140411377),
('ii', 0.7746230363845825),
('emperor', 0.7736247777938843),
('son', 0.766719400882721),
('uncle', 0.7627150416374207),
('kingdom', 0.7542161345481873),
('throne', 0.7539914846420288),
('brother', 0.7492411136627197),
('ruler', 0.7434253692626953)]
```

Der Word2vec-Algorithmus und Training mittels Contrastive Learning

Der in dem Artikel »Efficient estimation of word representations in vector space« (*https://oreil.ly/nLDeS*) beschriebene Word2Vec-Algorithmus wird in dem Onlinebeitrag »The Illustrated Word2vec« (*https://oreil.ly/ybd-K*) detailliert beschrieben. Im Folgenden werden die grundlegenden Ideen zusammengefasst, auf die im nächsten Abschnitt bei der Erörterung einer Methode zur Erstellung von Embeddings für Empfehlungsmaschinen Bezug genommen wird.

So wie bei LLMs werden auch beim Word2Vec-Algorithmus zunächst Textbeispiele generiert, anhand deren das Modell trainiert wird. Betrachten Sie beispielsweise den Text »Thou shalt not make a machine in the likeness of a human mind« (zu Deutsch etwa: »Du sollst keine Maschine nach dem Abbild des menschlichen Geistes erschaffen«) aus der *Dune*-Romanreihe von Frank Herbert (siehe Abbildung 2.11). Zur Generierung der Trainingsbeispiele wird bei dem Algorithmus ein sogenanntes Sliding Window, also ein Schiebefenster, verwendet. Wird beispielsweise eine Fenstergröße von 2 gewählt, werden jeweils die zwei Wörter vor und nach einem bestimmten Wort berücksichtigt. Mit dem in Abbildung 2.11 gezeigten Sliding Window können beispielsweise vier Trainingsbeispiele generiert werden.

Die Embeddings werden im Rahmen einer Klassifikationsaufgabe erzeugt. Dabei wird ein neuronales Netz darauf trainiert, vorherzusagen, ob Wörter häufig im selben Kontext erscheinen oder nicht (*Kontext* bedeutet in diesem Zusammenhang, dass die Wörter in vielen Sätzen des Trainingsdatensatzes, der zur Modellierung herangezogen wird, gemeinsam vorkommen). Das neuronale Netz nimmt jeweils zwei Wörter entgegen und gibt den Wert 1 aus, wenn die Wörter häufig im selben Kontext erscheinen. Erscheinen die Wörter dagegen nicht bzw. nur sehr selten im selben Kontext, gibt das neuronale Netz den Wert 0 aus.

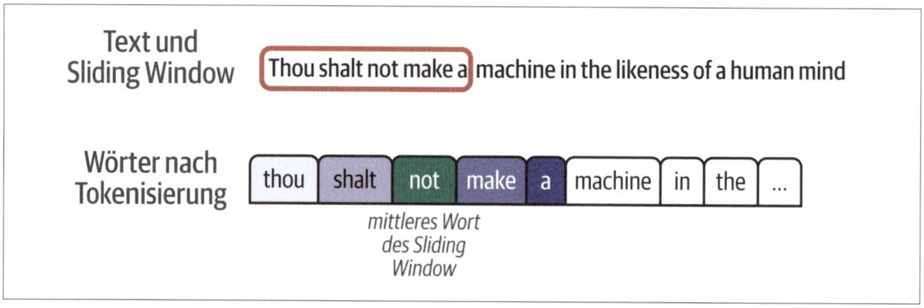

Abbildung 2.11: Beim Word2Vec-Algorithmus werden die Trainingsbeispiele mithilfe eines Sliding Window generiert. Auf der Grundlage dieser Beispiele wird anschließend vorhergesagt, ob zwei Wörter häufig im selben Kontext erscheinen, also zusammen verwendet werden.

Bei jedem der generierten Trainingsbeispiele wird das Wort in der Mitte als einer der Eingabewerte verwendet. Die angrenzenden Wörter sind jeweils ein separater zweiter Eingabewert des jeweiligen Trainingsbeispiels. Das Ziel ist, dass das trainierte Modell anschließend in der Lage ist, diese angrenzende Beziehung als solche zu klassifizieren und den Wert 1 auszugeben, wenn die beiden eingegebenen Wörter tatsächlich benachbart sind. Die aus dem in Abbildung 2.11 gezeigten Sliding Window resultierenden Trainingsbeispiele sind in Abbildung 2.12 dargestellt.

Trainingsbeispiele

Wort 1	Wort 2	Target
Not	thou	1
Not	shalt	1
Not	make	1
Not	a	1

Abbildung 2.12: Bei jedem generierten Trainingsbeispiel handelt es sich um ein Paar benachbarter Wörter, also Wörter, die zusammen im selben Kontext genutzt werden.

Enthält der Trainingsdatensatz jedoch nur Beispiele mit einem einzigen vorherzusagenden Wert (engl. *Target Value*) mit dem Wert 1, könnte das Modell »betrügen« und immer nur den Wert 1 ausgeben. Um dies zu verhindern, muss der Trainingsdatensatz auch Beispiele mit Wörtern enthalten, die normalerweise nicht benachbart sind. Solche Beispiele werden als Negativbeispiele bezeichnet (siehe Abbildung 2.13).

Wort 1	Wort 2	Target
not	thou	1
not	shalt	1
not	make	1
not	a	1
thou	apothecary	0
not	sublime	0
make	def	0
a	playback	0

Positiv-beispiele

Negativ-beispiele

Abbildung 2.13: Dem Modell sollten auch Negativbeispiele vorgelegt werden, d.h. Wörter, die normalerweise nicht benachbart sind. Modelle, die zwischen Positiv- und Negativbeispielen unterscheiden können, erzielen in der Regel bessere Ergebnisse.

Es hat sich gezeigt, dass bei der Auswahl der Negativbeispiele kein allzu wissenschaftlicher Ansatz erforderlich ist. Vielen der Modelle, die sich als nützlich erwiesen haben, fällt es relativ leicht, aus zufälligen Beispielen bzw. Wortpaaren diejenigen zu ermitteln, die zusammen im selben Kontext genutzt werden und somit benachbart sind (Positivbeispiele). Dieser Ansatz beruht auf einem wichtigen Konzept namens *Noise-contrastive Estimation*, das in dem Beitrag »Noise-contrastive estimation: A new estimation principle for unnormalized statistical models« (*https://oreil.ly/BkBVt*) beschrieben wird. Beim Word2Vec-Algorithmus können Negativbeispiele also ganz einfach durch eine zufällige Auswahl an Wortpaaren aus dem vorhandenen Trainingsdatensatz generiert werden. Diese werden dem Datensatz anschließend hinzugefügt. Dabei wird angegeben, dass es sich nicht um benachbarte Wörter handelt (und das Modell daher den Wert 0 ausgeben sollte, wenn es diese Wörter erhält).

Sie haben nun zwei der grundlegenden Konzepte des Word2Vec-Algorithmus (siehe Abbildung 2.14) kennengelernt: *Skip-Gram*, die Methode, die zur Auswahl der benachbarten Wörter verwendet wird, und *Negative Sampling*, bei dem jeweils zwei Wörter als Negativbeispiele zufällig aus dem Datensatz ausgewählt und diesem zusätzlich hinzugefügt werden.

Skip-Gram

shalt	not	make	a	machine

Eingabe	Ausgabe
make	shalt
make	not
make	a
make	machine

Negative Sampling

Eingabewort	Ausgabewort	Target
make	shalt	1
make	aaron	0
make	taco	0

Abbildung 2.14: Skip-Gram und Negative Sampling gehören zu den wichtigsten Elementen des Word2Vec-Algorithmus. Sie sind auch bei vielen anderen ähnlichen Problemstellungen nützlich (bei sogenannten Token Sequence Problems).

Mit diesem Ansatz lassen sich Millionen, ja sogar Milliarden von Trainingsbeispielen auf der Grundlage von Fließtext generieren. Bevor jedoch ein neuronales Netz anhand dieses Datensatzes trainiert werden kann, müssen einige Entscheidungen bezüglich der Tokenisierung getroffen werden. Wie bei den für LLMs verwendeten Tokenizern muss unter anderem festgelegt werden, wie mit Großschreibung und Interpunktion verfahren werden soll und wie viele Tokens in das Vokabular aufgenommen werden sollen.

Anschließend werden für alle Tokens Embedding-Vektoren erzeugt und diese zufällig initialisiert (siehe Abbildung 2.15). Genau genommen handelt es sich hierbei um eine Matrix der Dimension `vocab_size x embedding_dimensions`.

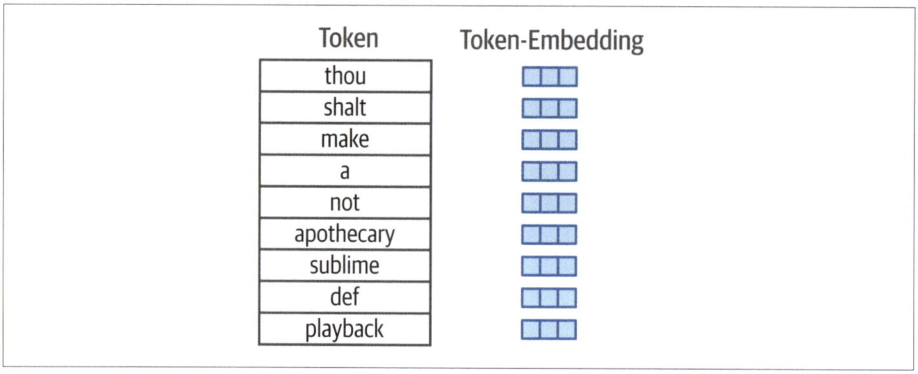

Abbildung 2.15: Ein aus Wörtern bestehendes Vokabular und ihren zugehörigen zufälligen Embedding-Vektoren (bevor sie initialisiert werden).

Dann wird das Modell anhand aller Trainingsbeispiele trainiert. Dabei erhält es jeweils zwei Embedding-Vektoren und muss vorhersagen, ob diese miteinander in Zusammenhang stehen oder nicht (siehe Abbildung 2.16).

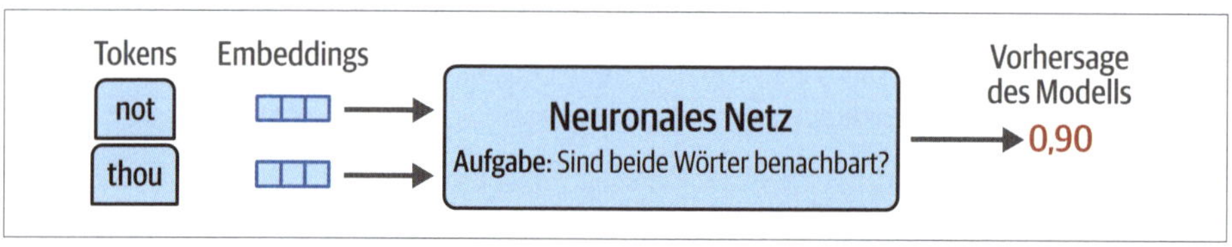

Abbildung 2.16: Ein neuronales Netz wird so trainiert, dass es vorhersagen kann, ob zwei Wörter in Zusammenhang stehen bzw. benachbart sind. Im Rahmen des Trainings werden die Embeddings aktualisiert, bis die endgültigen Embeddings vorliegen.

Während des Trainings werden die Werte der Embedding-Vektoren – je nachdem, ob die Vorhersage korrekt war oder nicht – aktualisiert. Dadurch erhöht sich die Wahrscheinlichkeit einer korrekten Vorhersage, wenn das Modell die beiden Vektoren erneut erhält. Nach Abschluss des Trainings sind die Embeddings für alle im Vokabular enthaltenen Tokens optimiert.

Der Ansatz, einem Modell zwei Vektoren vorzugeben und vorhersagen zu lassen, ob diese in einer bestimmten Beziehung zueinander stehen, ist einer der wirkungsvollsten im Bereich des Machine Learning. Insbesondere bei Sprachmodellen hat er sich bereits mehrfach bewährt. In den Kapiteln Kapitel 8 und Kapitel 10 wird dieser Ansatz erneut aufgegriffen, um Sprachmodelle für bestimmte Aufgaben zu optimieren, etwa für die Optimierung von Sentence-Embeddings oder die Abfrage von Informationen.

Gleiches gilt, wie Sie noch in Kapitel 9 im Zusammenhang mit multimodalen Modellen erfahren werden, für die Verknüpfung von Modalitäten wie Text und Bildern – ein entscheidender Faktor für KI-gestützte Bildgenerierungsmodelle. Dabei werden einem Modell ein Bild und eine Bildbeschriftung vorgelegt, und es soll vorhersagen, ob die Beschriftung das Bild zutreffend beschreibt.

Empfehlungssysteme aufbauen, die auf Embeddings basieren

Wie bereits erwähnt, sind Embeddings auch in vielen anderen Bereichen nützlich. In der Industrie kommen sie beispielsweise häufig in Empfehlungssystemen zum Einsatz.

Songs mithilfe von Embeddings empfehlen

In diesem Abschnitt erfahren Sie, wie Sie mithilfe des Word2Vec-Algorithmus Embeddings für Songs aus den Wiedergabelisten von verschiedenen Radiosendern erstellen können. Dabei wird jeder Song wie ein Wort bzw. Token und jede Wiedergabeliste wie ein Satz behandelt. Auf der Grundlage dieser Embeddings können anschließend Empfehlungen für ähnliche Songs gegeben werden, die häufig gemeinsam in Wiedergabelisten vorkommen.

Der Datensatz (*https://oreil.ly/A-AK6*), den Sie verwenden werden, wurde von Shuo Chen von der Cornell University zusammengestellt. Er enthält Wiedergabelisten von Hunderten Radiosendern aus den gesamten Vereinigten Staaten von Amerika. Abbildung 2.17 vermittelt Ihnen einen Eindruck von diesem Datensatz.

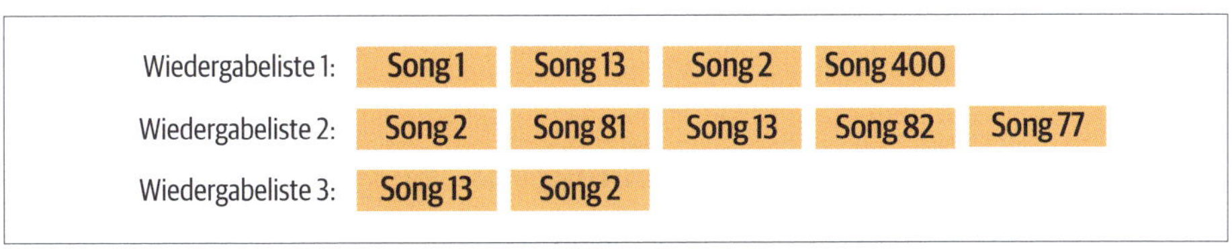

Abbildung 2.17: Zur Erstellung von Embeddings, mit denen die Ähnlichkeit von Songs erfasst wird, wird ein Datensatz verwendet, der aus einer Reihe von Wiedergabelisten mit jeweils mehreren Songs besteht.

Bevor wir uns damit beschäftigen, wie ein solches Empfehlungssystem aufgebaut wird, sollten Sie zunächst einen Eindruck davon gewinnen, wie es letztlich funktionieren soll. Starten wir also mit ein paar Songs und schauen wir, welche Empfehlungen das System auf Lager hat.

Geben wir dem System zunächst Michael Jacksons Song »Billie Jean« vor, dessen ID 3822 lautet:

```
# Diese Funktion wird im Folgenden noch ausführlich erläutert.
print_recommendations(3822)
```

id	Titel	Kuenstler
4181	Kiss	Prince & The Revolution
12749	Wanna Be Startin' Somethin'	Michael Jackson
1506	The Way You Make Me Feel	Michael Jackson
3396	Holiday	Madonna
500	Don't Stop 'Til You Get Enough	Michael Jackson

Die Auswahl der Songs erscheint plausibel. Madonna, Prince und andere Songs von Michael Jackson sind demnach die nächsten Nachbarn.

Kommen wir vom Pop zum Rap und sehen wir uns die nächsten Nachbarn von 2Pacs Song »California Love« an:

```
print_recommendations(842)
```

id	Titel	Kuenstler
413	If I Ruled the World (Imagine That) (w\/ Lauryn Hill)	Nas
196	I'll Be Missing You	Puff Daddy & The Family
330	Hate It or Love It (w\/ 50 Cent)	The Game
211	Hypnotize	The Notorious B.I.G.
5788	Drop It Like It's Hot (w\/ Pharrell)	Snoop Dogg

Auch diese Auswahl ist einleuchtend! Das System funktioniert also. Mal sehen, wie sich ein solches System aufbauen lässt.

Embedding-Modelle zur Empfehlung von Songs trainieren

Laden Sie nun zunächst den Datensatz mit den Wiedergabelisten sowie den Metadaten der einzelnen Songs, einschließlich Titel und Künstler, herunter:

```
import pandas as pd
from urllib import request

# Datei mit den Wiedergabelisten herunterladen
data = request.urlopen('https://storage.googleapis.com/maps-premium/dataset/yes_
complete/train.txt')
```

```
# Datei mit den Wiedergabelisten einlesen. Die ersten beiden Zeilen werden
# ausgelassen, da sie lediglich Metadaten enthalten.
lines = data.read().decode("utf-8").split('\n')[2:]

# Wiedergabelisten, die nur einen Titel enthalten, entfernen
playlists = [s.rstrip().split() for s in lines if len(s.split()) > 1]

# Metadaten der Songs laden
songs_file = request.urlopen('https://storage.googleapis.com/maps-premium/dataset/
yes_complete/song_hash.txt')
songs_file = songs_file.read().decode("utf-8").split('\n')
songs = [s.rstrip().split('\t') for s in songs_file]
songs_df = pd.DataFrame(data=songs, columns = ['id', 'Titel', 'Kuenstler'])
songs_df = songs_df.set_index('id')
```

Nachdem Sie sie gespeichert haben, können Sie die Wiedergabenlisten (`playlists`) inspizieren. Jedes Element darin ist eine Wiedergabeliste, die sich aus einer Liste von Song-IDs zusammensetzt:

```
print( 'Wiedergabeliste #1:\n ', playlists[0], '\n')
print( 'Wiedergabeliste #2:\n ', playlists[1])
```

```
Wiedergabeliste #1: ['0', '1', '2', '3', '4', '5', ..., '43']
Wiedergabeliste #2: ['78', '79', '80', '3', '62', ..., '210']
```

Nun können Sie das Modell trainieren:

```
from gensim.models import Word2Vec

# Word2Vec-Modell trainieren
model = Word2Vec(
    playlists, vector_size=32, window=20, negative=50, min_count=1, workers=4
)
```

Das Training sollte nach ein bis zwei Minuten abgeschlossen sein. Für jeden Song wurde das entsprechende Embedding erstellt. Diese Embeddings können Sie nun verwenden, um ähnliche Songs zu finden – genau so, wie Sie es zuvor bei der Suche nach ähnlichen Wörtern getan haben:

```
song_id = 2172

# Modell ähnliche Songs wie Song #2172 ausgeben lassen
model.wv.most_similar(positive=str(song_id))
```

Als Ergebnis erhalten Sie:

```
[('2976', 0.9977465271949768),
 ('3167', 0.9977430701255798),
 ('3094', 0.9975950717926025),
 ('2640', 0.9966474175453186),
 ('2849', 0.9963167905807495)]
```

Dabei handelt es sich um die Songs, deren Embedding dem von Song 2172 am ähnlichsten ist.

Song 2172 ist der folgende:

```
print(songs_df.iloc[2172])
```

```
Titel Fade To Black
Kuenstler Metallica
Name: 2172 , dtype: object
```

Die empfohlenen Songs gehören alle dem Genre Heavy Metal/Hard Rock an:

```
import numpy as np

def print_recommendations(song_id):
    similar_songs = np.array(
        model.wv.most_similar(positive=str(song_id),topn=5)
    )[:,0]
    return  songs_df.iloc[similar_songs]

# Empfehlungen ausgeben lassen
print_recommendations(2172)
```

id	Titel	Kuenstler
11473	Little Guitars	Van Halen
3167	Unchained	Van Halen
5586	The Last in Line	Dio
5634	Mr. Brownstone	Guns N' Roses
3094	Breaking the Law	Judas Priest

Zusammenfassung

In diesem Kapitel haben Sie gelernt, wie LLMs Texte mithilfe von Tokenizern in Tokens zerlegen und anschließend in Embeddings umwandeln. Auf dieser Grundlage können Sie sich im nächsten Kapitel noch eingehender mit Sprachmodellen befassen.

Dabei haben Sie erfahren, dass Tokenizer bei der Verarbeitung eingehender Daten eines LLM den ersten Schritt darstellen. In diesem Schritt werden die eingegebenen Textdaten in Token-IDs umgewandelt. Dabei wird der Text in Tokens zerlegt, die je nach Tokenisierungsverfahren und den spezifischen Anforderungen des jeweiligen Anwendungsfalls aus Wörtern, Wortteilen, Zeichen oder Bytes bestehen.

Ein Vergleich vortrainierter in der Praxis verwendeter Tokenizer (von BERT bis GPT-2, GPT-4 und anderen Modellen) hat gezeigt, warum manche Tokenizer für bestimmte Anwendungsfälle besser geeignet sind als andere (z.B. was die Beibehaltung von Informationen wie Großschreibung, Zeilenumbrüchen oder Zeichen betrifft, die nur in bestimmten Sprachen verwendet werden) und inwiefern sie sich grundlegend unterscheiden (beispielsweise in Bezug darauf, wie sie bestimmte Wörter zerlegen).

Bei der Gestaltung von Tokenizern sind drei Aspekte von entscheidender Bedeutung: der verwendete Algorithmus (z. B. BPE, WordPiece oder SentencePiece), die für die Tokenisierung verwendeten Parameter (z. B. die Größe des Vokabulars, Sondertokens, die Behandlung von Großschreibung und der Umgang mit verschiedenen Sprachen) sowie der Datensatz, auf dem der Tokenizer trainiert wird.

Mithilfe von Sprachmodellen lassen sich hochwertige, kontextualisierte Token-Embeddings erstellen, die deutlich besser sind als rein statische Embeddings. Sie eignen sich für Aufgaben wie die Named-Entity Recognition (NER), die extractive Text Summarization oder die Klassifikation von Texten. Neben Sprachmodellen, die Token-Embeddings erstellen, gibt es auch solche, die Text-Embeddings generieren und ganze Sätze oder sogar Dokumente in Form von Embeddings codieren. Dadurch eröffnen sich zahlreiche Anwendungsmöglichkeiten, die in Teil II dieses Buchs vorgestellt werden.

Bevor es LLMs gab, waren Word-Embedding-Modelle wie Word2Vec, GloVe und fastText sehr beliebt. Im Natural Language Processing wurden diese jedoch weitgehend durch kontextualisierte Word-Embeddings ersetzt, die von Sprachmodellen erzeugt werden. Der Word2Vec-Algorithmus basiert auf zwei wesentlichen Konzepten: Skip-Gram und Negative Sampling. Darüber hinaus kommt ein sogenanntes Contrastive Training zum Einsatz, über das Sie in Kapitel 10 noch mehr erfahren werden.

Wie das von Ihnen entwickelte Musikempfehlungssystem auf Basis von Wiedergabelisten gezeigt hat, eignen sich Embeddings auch für Anwendungsbereiche, die nicht mit LLMs im Zusammenhang stehen, wie etwa die Erstellung und Optimierung von Empfehlungssystemen.

Im nächsten Kapitel werden alle Schritte, die der Tokenisierung folgen, ausführlich erläutert. Sie erfahren, wie ein LLM Tokens verarbeitet und wie es Text generiert. Dabei lernen Sie die wesentlichen Grundlagen der Funktionsweise von LLMs kennen, die auf der Transformer-Architektur basieren.

KAPITEL 3

Ein Blick ins Innere von Large Language Models

Nachdem Sie nun eine Vorstellung davon haben, worum es bei der Tokenisierung geht und was Embeddings sind, ist es an der Zeit, einen Einblick in das Innenleben von Sprachmodellen zu gewinnen und die wichtigsten Grundprinzipien ihrer Funktionsweise kennenzulernen. Der Schwerpunkt liegt hierbei auf Textgenerierungsmodellen, sodass Sie vor allem die Funktionsweise generativer LLMs besser verstehen werden. Dabei werden sowohl die zugrunde liegenden Konzepte als auch einige Codebeispiele, die diese veranschaulichen, behandelt.

Laden Sie nun zunächst ein Sprachmodell herunter und richten Sie es mithilfe einer speziell auf die Textgenerierung ausgerichteten Pipeline ein. Sie können die Codebeispiele zunächst auch überspringen und sich erst einmal mit den Konzepten vertraut machen – um sich dann anschließend den Codebeispielen zu widmen und die Konzepte praktisch umzusetzen.

```
import torch
from transformers import AutoModelForCausalLM, AutoTokenizer, pipeline

# Modell und Tokenizer herunterladen
tokenizer = AutoTokenizer.from_pretrained("microsoft/Phi-3-mini-4k-instruct")

model = AutoModelForCausalLM.from_pretrained(
    "microsoft/Phi-3-mini-4k-instruct",
    device_map="cuda",
    torch_dtype="auto",
    trust_remote_code=False,
)

# Pipeline erstellen
generator = pipeline(
    "text-generation",
    model=model,
    tokenizer=tokenizer,
    return_full_text=False,
    max_new_tokens=50,
    do_sample=False,
)
```

Ein erster Überblick über Transformer-Modelle

Zunächst erhalten Sie einen Überblick über das Transformer-Modell und erfahren, wie es seit seiner Einführung im Jahr 2017 durch zahlreiche Weiterentwicklungen verbessert wurde.

Die Ein- und Ausgaben eines Transformer-basierten LLM

Die Funktionsweise von Transformer-basierten LLMs lässt sich am besten nachvollziehen, wenn man sie sich als Softwareprogramme vorstellt, die auf Grundlage eines eingegebenen Texts einen neuen Text generieren (»Text-in-Text-out-Modell«). Solche Modelle sind – sofern sie auf einem großen und qualitativ hochwertigen Datensatz trainiert wurden und hinreichend groß sind – in der Lage, beeindruckende und nützliche Inhalte zu generieren. Abbildung 3.1 veranschaulicht beispielhaft ein solches Modell, das zum Verfassen einer E-Mail verwendet wird.

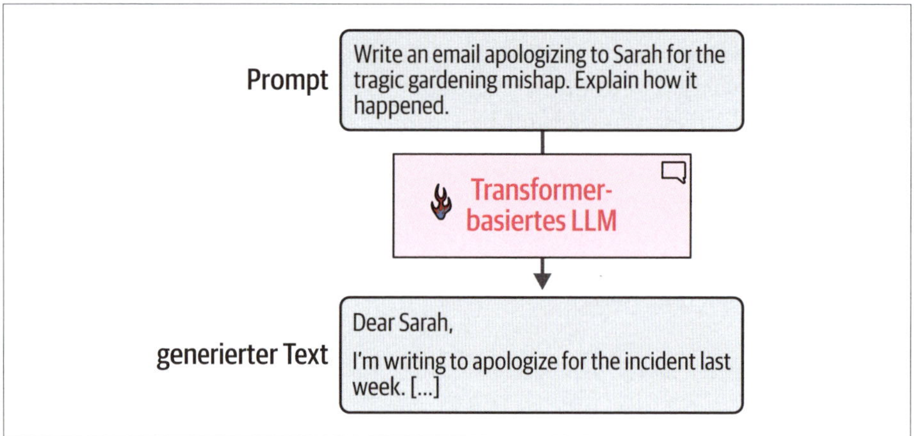

Abbildung 3.1: Transformer-basierte LLMs nehmen – ganz allgemein betrachtet – eine Eingabe in Form eines Texts (Prompt) entgegen und geben einen generierten Text aus.

Dabei wird der Text nicht in einem einzigen Vorgang generiert, sondern schrittweise, also Token für Token. Abbildung 3.2 skizziert beispielhaft vier Schritte bei der Generierung von Tokens infolge eines Prompts. Bei jedem Schritt erfolgt ein sogenannter Forward-Pass durch das Modell. Im Machine-Learning-Jargon bezieht sich dieser Begriff darauf, dass die eingegebenen Daten das neuronale Netz durchlaufen und dabei alle Berechnungen erfolgen, die zur Ermittlung der Ausgabe am anderen Ende des Berechnungsgraphen erforderlich sind.

Nachdem ein Token generiert wurde, wird der Input-Prompt für den nächsten Generierungsschritt aktualisiert, indem das generierte Token an dessen Ende angefügt wird (siehe Abbildung 3.3).

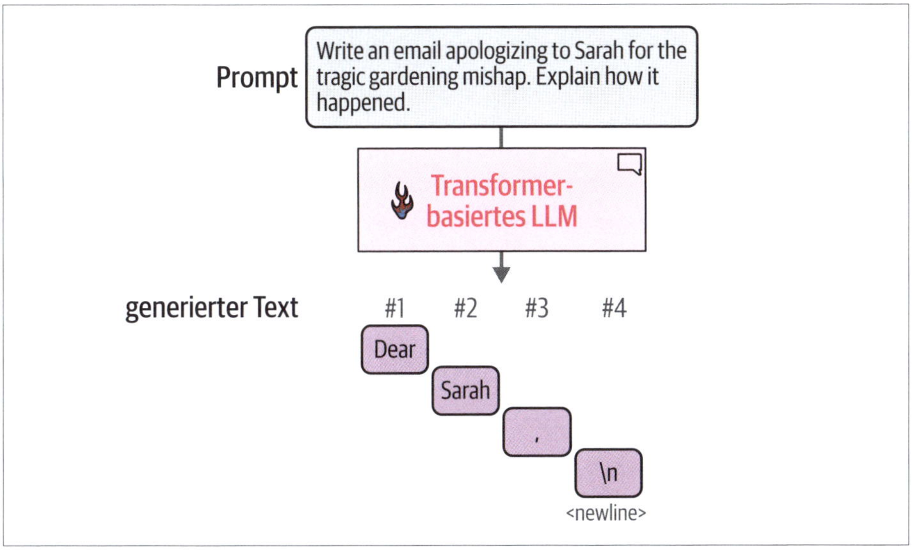

Abbildung 3.2: Transformer-basierte LLMs generieren jeweils ein Token nach dem anderen und nicht den gesamten Text auf einmal.

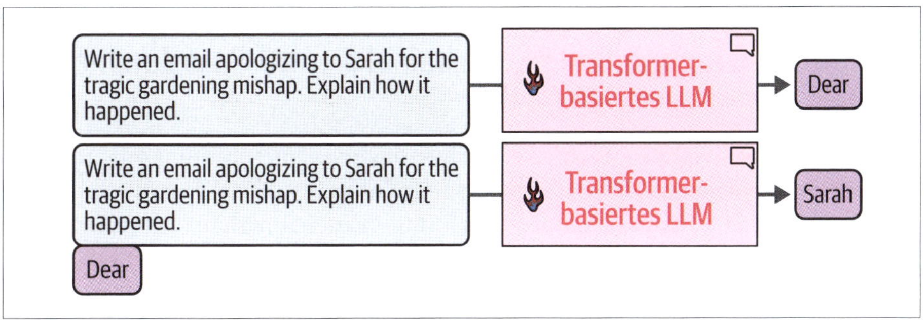

Abbildung 3.3: Das generierte Token (d.h. die Ausgabe des ersten Generierungsschritts) wird am Ende des Prompts hinzugefügt. Anschließend wird der aktualisierte Prompt im Rahmen eines weiteren Forward-Pass erneut in das Modell eingespeist, das daraufhin das nächste Token generiert.

Letztlich geht es also darum, auf der Grundlage des (aktualisierten) Input-Prompts immer das nächste Token vorherzusagen. Das auf dem neuronalen Netz basierende Softwareprogramm läuft im Grunde genommen in einer Schleife, sodass der generierte Text nach und nach vervollständigt wird.

Modelle, die ihre vorherigen Vorhersagen für nachfolgende Vorhersagen nutzen (z.B. wird das erste generierte Token des Modells im Rahmen der Generierung des zweiten Tokens verwendet), werden im Bereich des Machine Learning als *autoregressiv* bezeichnet. Entsprechend werden generative LLMs ebenfalls als autoregressiv bezeichnet. Dies dient häufig auch zur Unterscheidung von Textgenerierungsmodellen gegenüber Modellen, die der Repräsentation von Texten dienen (Text-Representation-Modelle), wie etwa BERT, die nicht autoregressiv sind.

Wenn man einen Text von einem LLM generieren lässt, wird dieser autoregressiv generiert, d.h. ein Token nach dem anderen:

```
prompt = "Write an email apologizing to Sarah for the tragic gardening mishap.
Explain how it happened."

output = generator(prompt)

print(output[0]['generated_text'])
```

Nach Ausführung dieses Codes wird der folgende Text generiert:

```
Solution 1:

Subject: My Sincere Apologies for the Gardening Mishap

Dear Sarah,

I hope this message finds you well. I am writing to express my deep
```

Das Modell fängt an, die E-Mail zu verfassen, beginnend mit dem Betreff. Es bricht jedoch abrupt ab, da die vorgegebene maximale Anzahl an Tokens erreicht wurde (`max_new_tokens` wurde auf 50 Tokens gesetzt). Würden Sie diesen Wert entsprechend erhöhen, würde das Modell die E-Mail vollständig verfassen.

Die einzelnen Komponenten, die beim Forward-Pass durchlaufen werden

Neben der Schleife gibt es noch zwei weitere wichtige interne Komponenten: den Tokenizer und den sogenannten *Language-Modeling-Head* (LM-Head). Abbildung 3.4 veranschaulicht die Anordnung dieser Komponenten innerhalb des Systems. Die Funktionsweise von Tokenizern, die Text in eine Folge von Token-IDs umwandeln, die dann als Eingabe für das Modell dienen, haben Sie bereits im vorherigen Kapitel kennengelernt.

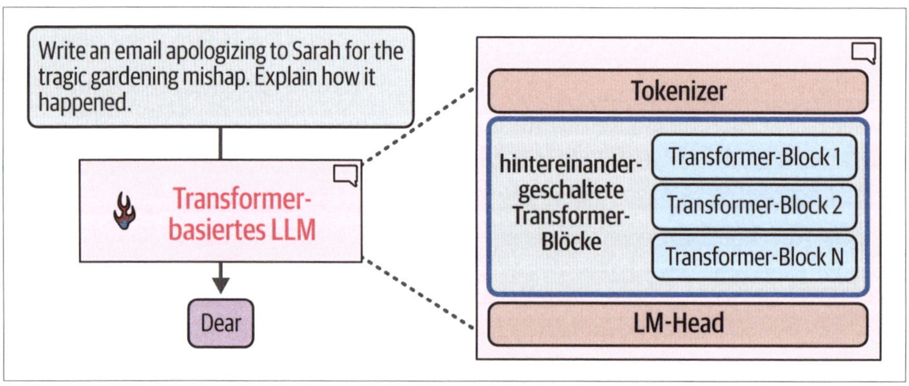

Abbildung 3.4: Ein Transformer-basiertes LLM setzt sich aus einem Tokenizer, einer Reihe von Transformer-Blöcken sowie einem Language-Modeling-Head zusammen.

Hinter dem Tokenizer befindet sich das neuronale Netz, das aus einer Reihe von Transformer-Blöcken besteht und für die eigentliche Verarbeitung zuständig ist. Im Anschluss folgt der LM-Head, der die Ausgabe der Transformer-Blöcke in Wahrscheinlichkeitswerte überführt. Das heißt, er ermittelt, welches Token mit der höchsten Wahrscheinlichkeit als Nächstes folgt.

Wie bereits in Kapitel 2 erwähnt, hält der Tokenizer eine Referenztabelle aller ihm bekannten Tokens bereit – das sogenannte *Vokabular* des Tokenizers. Für jedes dieser Tokens im Vokabular steht dem Modell eine Vektordarstellung (Token-Embedding) zur Verfügung. Abbildung 3.5 zeigt sowohl das Vokabular als auch die dazugehörigen Token-Embeddings eines Modells mit einem Vokabular von 50.000 Tokens.

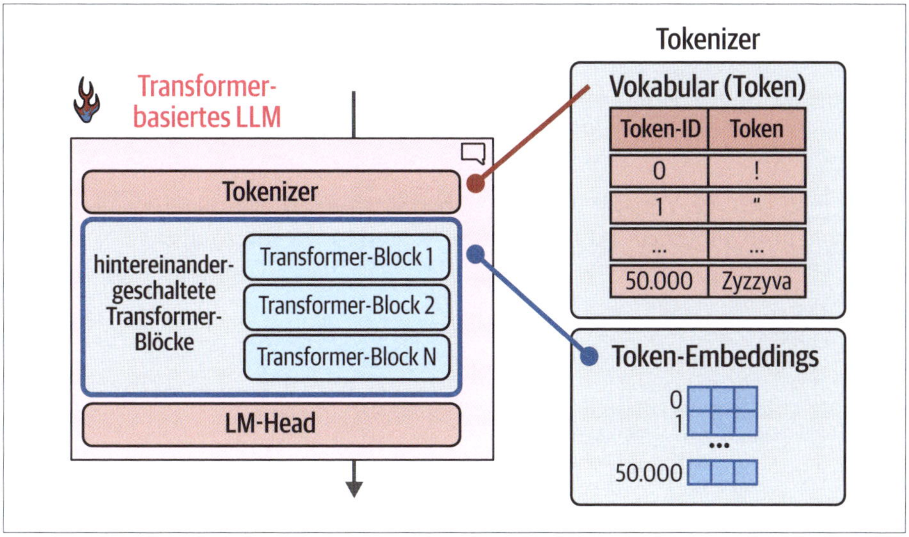

Abbildung 3.5: Der Tokenizer hat 50.000 Tokens in seinem Vokabular. Das Modell umfasst eine Embedding-Matrix, in der die mit den Tokens verknüpften Token-Embeddings hinterlegt sind.

Die Berechnung erfolgt – wie durch den Pfeil angezeigt – von oben nach unten. Bei der Generierung eines Tokens durchlaufen die Eingabedaten nacheinander die einzelnen Transformer-Blöcke und anschließend den LM-Head. Dieser gibt schließlich eine Wahrscheinlichkeitsverteilung für das nächste Token aus (siehe Abbildung 3.6).

Der LM-Head stellt lediglich eine einfache Schicht (engl. *Layer*) des neuronalen Netzes dar. Er ist eine von mehreren möglichen Arten von *Heads* (»Köpfen«), die im Anschluss an die hintereinandergeschalteten Transformer-Blöcke (den *Stack*) hinzugefügt werden können, wodurch sich verschiedene Arten von Systemen erstellen lassen. Zu den anderen Arten von Heads für Transformer-Modelle zählen Sequence-Classification-Heads und Token-Classification-Heads.

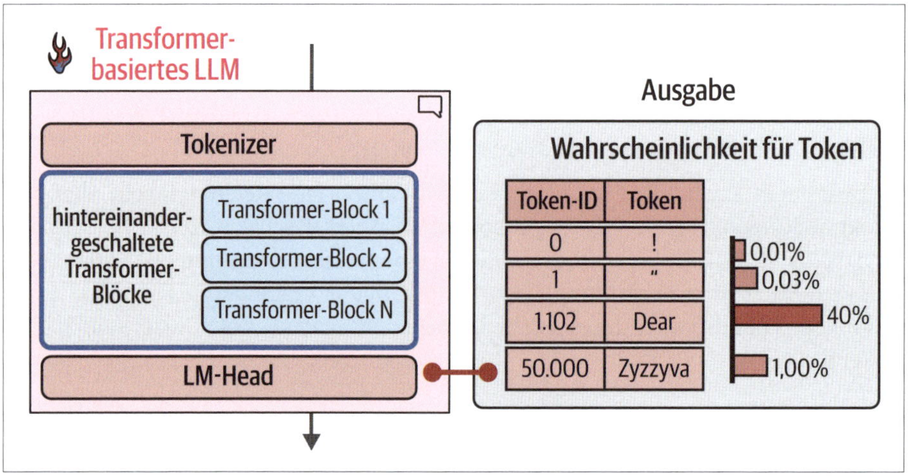

Abbildung 3.6: Nach Abschluss eines Forward-Pass hat das Modell für jedes Token im Vokabular eine Vorhersage darüber getroffen, wie wahrscheinlich es ist, dass dieses Token an nächster Stelle steht.

Wenn man sich die Variable `model` ausgeben lässt, kann man die Reihenfolge der Schichten nachvollziehen. Das vorliegende Modell ist wie folgt aufgebaut:

```
Phi3ForCausalLM(
  (model): Phi3Model(
    (embed_tokens): Embedding(32064, 3072, padding_idx=32000)
    (embed_dropout): Dropout(p=0.0, inplace=False)
    (layers): ModuleList(
      (0-31): 32 x Phi3DecoderLayer(
        (self_attn): Phi3Attention(
          (o_proj): Linear(in_features=3072, out_features=3072, bias=False)
          (qkv_proj): Linear(in_features=3072, out_features=9216, bias=False)
          (rotary_emb): Phi3RotaryEmbedding()
        )
        (mlp): Phi3MLP(
          (gate_up_proj): Linear(in_features=3072, out_features=16384, bias=False)
          (down_proj): Linear(in_features=8192, out_features=3072, bias=False)
          (activation_fn): SiLU()
        )
        (input_layernorm): Phi3RMSNorm()
        (resid_attn_dropout): Dropout(p=0.0, inplace=False)
        (resid_mlp_dropout): Dropout(p=0.0, inplace=False)
        (post_attention_layernorm): Phi3RMSNorm()
      )
    )
    (norm): Phi3RMSNorm()
  )
  (lm_head): Linear(in_features=3072, out_features=32064, bias=False)
)
```

Bei dieser Architektur stechen folgende Aspekte besonders hervor:

- Die verschiedenen Schichten des Modells sind ziemlich verschachtelt. Grundsätzlich werden alle Schichten des Modells außer der letzten mit `model` bezeichnet, die letzte Schicht hingegen mit `lm_head`.

- Innerhalb des Modellblocks `Phi3Model` ist die Embedding-Matrix (`embed_tokens`) samt ihrer Dimensionierung aufgeführt. Diese umfasst 32.064 Tokens, für die jeweils Vektoren mit 3.072 Werten vorliegen.
- Wenn man den Dropout-Layer zunächst außer Acht lässt, kann man feststellen, dass die nächste Hauptkomponente aus mehreren hintereinandergeschalteten Transformer-Decoder-Schichten besteht. Darin sind 32 Blöcke des `Phi3DecoderLayer` enthalten.
- Jeder dieser Transformer-Blöcke umfasst eine Attention-Schicht und ein neuronales Feedforward-Netz (auch bekannt als `mlp` bzw. Multi-Layer Perceptron). Diese werden im weiteren Verlauf des Kapitels noch näher erläutert.
- Zu guter Letzt nimmt die `lm_head`-Schicht einen Vektor der Größe 3.072 an und gibt einen Vektor aus, dessen Größe der Anzahl der dem Modell bekannten Tokens entspricht. Bei dieser Ausgabe handelt es sich um die Wahrscheinlichkeitsverteilung für alle Tokens, anhand deren das auszugebende Token ausgewählt wird.

Auswahl eines einzelnen Tokens anhand einer Wahrscheinlichkeitsverteilung (Sampling/Decodierung)

Wenn die Verarbeitung der Eingabedaten abgeschlossen ist, gibt das Modell für jedes Token im Vokabular – wie Sie bereits in Abbildung 3.6 erfahren haben – einen Wert aus, der angibt, wie wahrscheinlich es ist, dass dieses Token als Nächstes erscheint. Die Methode, ein einzelnes Token anhand einer Wahrscheinlichkeitsverteilung auszuwählen, wird als *Decodierungsstrategie* (engl. *Decoding Strategy*) bezeichnet. In Abbildung 3.7 wird beispielhaft gezeigt, wie dies zur Auswahl des Tokens »Dear« führt.

Die einfachste Decodierungsstrategie bestünde darin, stets das Token mit der höchsten Wahrscheinlichkeit auszuwählen. Allerdings führt dieser Ansatz in den meisten Anwendungsfällen nicht zwangsläufig zum besten Ergebnis. Es hat sich stattdessen bewährt, einen Ansatz zu verfolgen, bei dem eine gewisse Zufälligkeit hinzugefügt wird und hin und wieder das Token mit der zweithöchsten oder dritthöchsten Wahrscheinlichkeit ausgewählt wird. Dahinter steht die Idee, dass man Tokens im Grunde genommen auf Basis ihrer Wahrscheinlichkeitsverteilung *stichprobenartig* (also über ein Sampling-Verfahren) zieht bzw. auswählt (wie Statistiker es ausdrücken würden).

Für das in Abbildung 3.7 dargestellte Beispiel bedeutet dies, dass das Token »Dear«, wenn es eine Wahrscheinlichkeit von 40 % aufweist, das nächste Token zu sein, eine Auswahlwahrscheinlichkeit von 40 % hat (im Gegensatz zur Greedy-Search-Methode, bei der es direkt ausgewählt werden würde, da es die höchste Wahrscheinlichkeit aufweist). Bei dieser Methode entspricht die Auswahlwahrscheinlichkeit eines jeden Tokens also seiner ermittelten Wahrscheinlichkeit, das nächste Token zu sein.

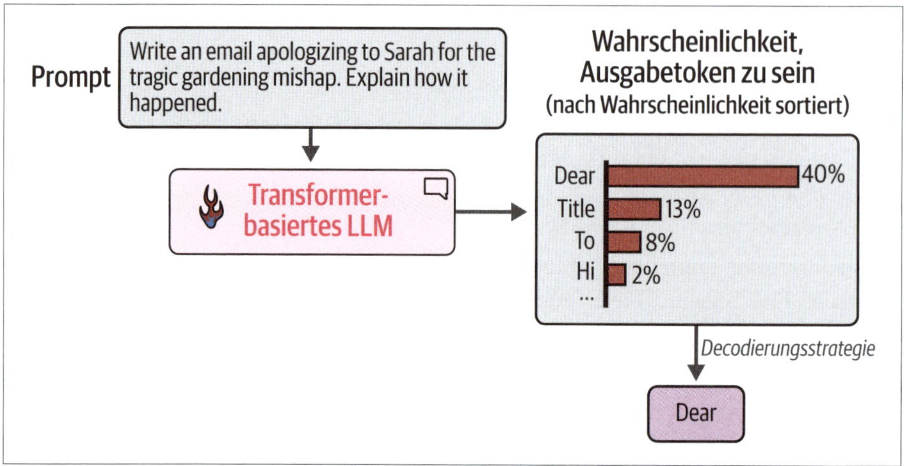

Abbildung 3.7: Die Tokens, die nach dem Forward-Pass des Modells die höchste Wahrscheinlichkeit aufweisen, das nächste Token zu sein. Welches Token letztlich ausgegeben wird, bestimmt die Decodierungsstrategie. Das heißt, die Auswahl erfolgt auf der Grundlage eines Sampling-Verfahrens, das auf den vom Modell ermittelten Wahrscheinlichkeiten basiert, das nächste Token zu sein.

Wenn jedes Mal das Token mit der höchsten Wahrscheinlichkeit ausgewählt wird, handelt es sich um ein *Greedy Decoding*. Diese Strategie wird verfolgt, wenn der `temperature`-Parameter eines LLM auf null gesetzt wird. In Kapitel 6 erfahren Sie noch mehr über die Funktionsweise dieses Parameters.

Werfen wir nun einen genaueren Blick auf ein Codebeispiel, anhand dessen Sie diesen Auswahlprozess besser nachvollziehen können. Im folgenden Code werden die eingegebenen Tokens zunächst durch das Modell und abschließend durch den `lm_head` geleitet:

```
prompt = "The capital of France is"

# Eingegebenen Prompt tokenisieren
input_ids = tokenizer(prompt, return_tensors="pt").input_ids

# Tensor mit Token-IDs auf GPU platzieren
input_ids = input_ids.to("cuda")

# Ausgabe des Modells speichern (vor lm_head)
model_output = model.model(input_ids)

# Ausgabe des lm_head speichern
lm_head_output = model.lm_head(model_output[0])
```

Im vorliegenden Beispiel hat der Tensor `lm_head_output` den Shape (bzw. die Form) [1, 5, 32064]. Mit `lm_head_output[0,-1]` können Sie auf die Wahrscheinlichkeiten der zuletzt generierten Tokens zugreifen. Dabei wird der erste Indexwert 0 im Hinblick auf die Batch-Dimension angewandt, und durch den zweiten Indexwert –1 erhalten Sie das letzte Token in der Sequenz. Daraufhin erhalten Sie eine Liste mit den

Wahrscheinlichkeiten aller 32.064 Tokens. Anschließend können Sie die Token-ID des Tokens mit der höchsten Wahrscheinlichkeit abrufen und diese decodieren, um den Text des generierten Ausgabetokens zu erhalten:

```
token_id = lm_head_output[0,-1].argmax(-1)
tokenizer.decode(token_id)
```

Infolge des Prompts »The capital of France is« hat das LLM also das folgende Token generiert:

```
Paris
```

Parallele Verarbeitung von Tokens und Kontextlänge

Transformer-Modelle zeichnen sich vor allem dadurch aus, dass sie sich besser für parallele Berechnungen eignen als frühere neuronale Netzwerkarchitekturen, die im Bereich des Natural Language Processing verwendet wurden. Eine erste Vorstellung davon erhält man, wenn man sich anschaut, wie die einzelnen Tokens im Rahmen der Textgenerierung verarbeitet werden. Wie Sie bereits aus dem vorherigen Kapitel wissen, zerlegen Tokenizer Texte in einzelne Tokens. Jedes dieser Eingabetokens durchläuft dann seinen eigenen Berechnungspfad (dies ist zumindest für den Anfang eine nützliche erste Vorstellung). Abbildung 3.8 vermittelt Ihnen eine grobe Vorstellung davon, wie diese einzelnen Verarbeitungsprozesse bzw. -ströme ablaufen.

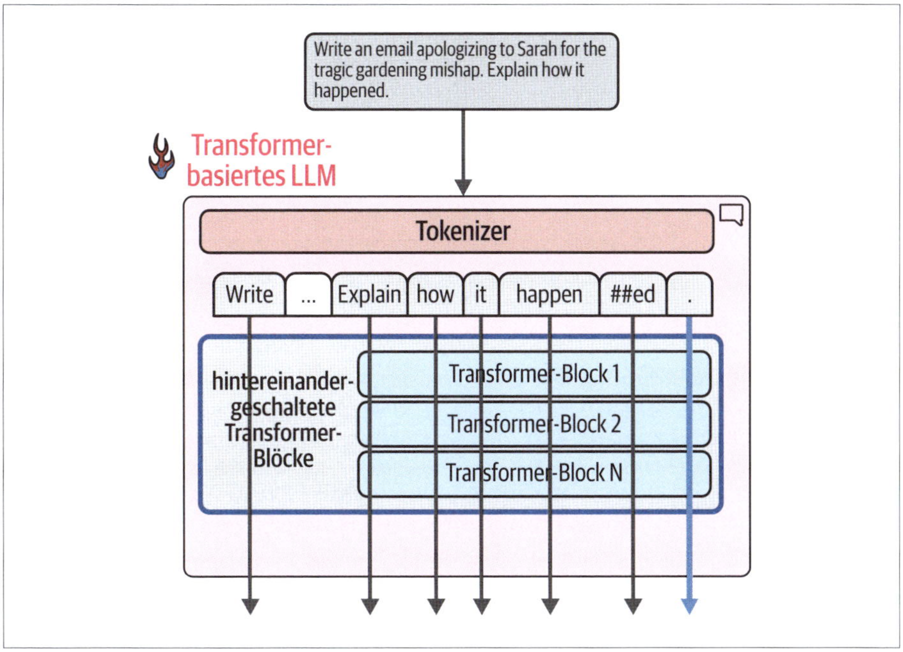

Abbildung 3.8: Jedes Token wird im Rahmen eines eigenen Berechnungsgraphen verarbeitet (wobei es in den Schritten, in denen Attention angewandt wird, zu einer gewissen Interaktion zwischen ihnen kommt, wie Sie später feststellen werden).

Bei Transformer-Modellen gibt es derzeit eine Obergrenze für die Anzahl der Tokens, die sie gleichzeitig verarbeiten können. Diese Obergrenze wird als Kontextlänge (engl. *Context Length*) des Modells bezeichnet. Ein Modell mit einer Kontextlänge von 4.000 Tokens kann beispielsweise nur 4.000 Tokens gleichzeitig verarbeiten und verfügt dementsprechend über 4.000 Berechnungsgraphen bzw. -vorgänge.

Am Anfang jedes dieser Token-spezifischen Berechnungsvorgänge steht ein Eingabevektor (der aus dem Embedding-Vektor und Informationen zur Position der Tokens besteht – auf sogenannte Positional-Embeddings wird später in diesem Kapitel eingegangen). Am Ende des Berechnungsvorgangs wird das Ergebnis der Verarbeitung des Modells ebenfalls als Vektor ausgegeben (siehe Abbildung 3.9).

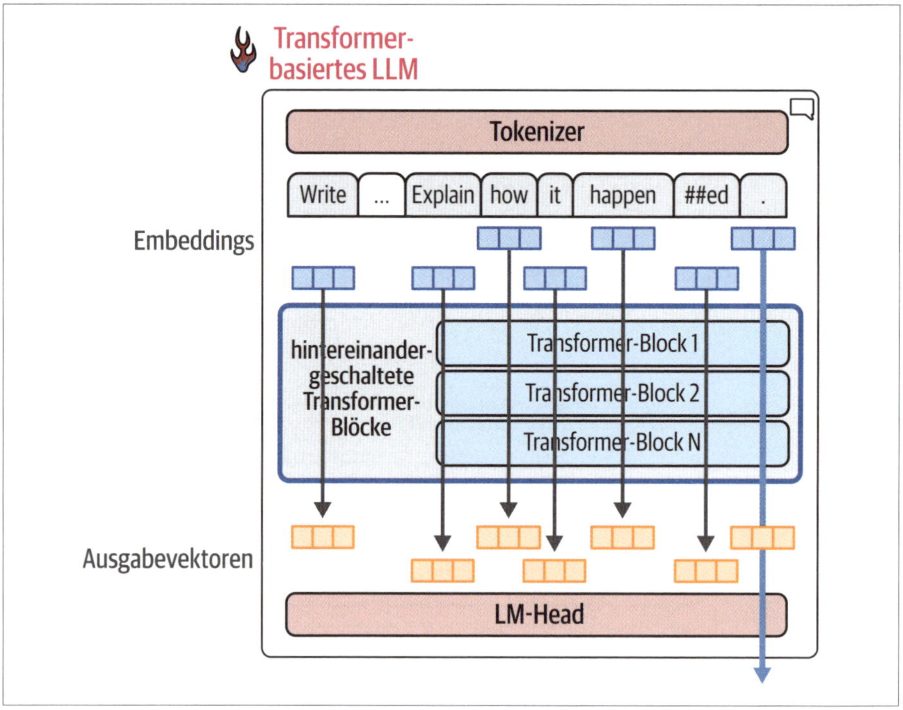

Abbildung 3.9: Bei jedem einzelnen Berechnungsvorgang wird ein Vektor als Eingabe verwendet, und ein finaler Ergebnisvektor derselben Größe – die oft als Modelldimension bezeichnet wird – wird erzeugt.

Im Rahmen der Textgenerierung wird nur die Ausgabe des letzten Berechnungsvorgangs verwendet, um das nächsten Token vorherzusagen. Dieser Ausgabevektor stellt die einzige Eingabe für den LM-Head dar. Der berechnet dann die Wahrscheinlichkeiten für alle Tokens, an nächster Stelle zu stehen.

Vielleicht fragen Sie sich, warum man sich die Mühe macht, für alle Tokens Berechnungen durchzuführen, wenn bis auf die des letzten Tokens alle Ausgaben unberücksichtigt bleiben. Die Antwort ist, dass die vorherigen Berechnungen in die Berechnung des letzten Tokens einfließen. Zwar wird nicht deren finaler Ausgabevektor verwendet, dafür aber vorherige Ausgaben im Rahmen des Attention-Mechanismus aller Transformer-Blöcke.

Wenn Sie die Codebeispiele nachvollziehen, sollten Sie Folgendes im Hinterkopf behalten: Der Ausgabetensor `lm_head` war ein Tensor vom Typ [1, 5, 32064]. Das lag daran, dass der Eingabetensor den Shape [1, 5, 3072] hatte. Das entspricht einem Batch bestehend aus einer eingegebenen Zeichenkette (bzw. einem Input-String) mit sechs Tokens. Jedes Token wird durch einen Vektor der Größe 3072 dargestellt. Dies entspricht wiederum der Größe der Ausgabevektoren, die jeweils nach den Transformer-Blöcken weitergeleitet werden.

Sie können auf diese Tensoren (bzw. Matrizen, da nur ein Batch vorliegt) zugreifen und sich deren Dimensionierung anzeigen lassen:

```
model_output[0].shape
```

Daraufhin wird Ihnen Folgendes angezeigt:

```
torch.Size([1, 6, 3072])
```

Ebenso können Sie sich den Shape des Ausgabetensors des LM-Heads anzeigen lassen:

```
lm_head_output.shape
```

Dadurch erhalten Sie:

```
torch.Size([1, 6, 32064])
```

Schnellere Generierung durch Zwischenspeichern von Schlüsseln und Werten

Wie Sie bereits erfahren haben, wird im Rahmen der Generierung des zweiten Tokens das erste generierte Token einfach an das letzten Token des Input-Prompts angefügt und anschließend ein weiterer Forward-Pass durchgeführt. Wenn dem Modell die Möglichkeit gegeben wird, die Ergebnisse der vorherigen Berechnung zwischenzuspeichern – insbesondere einen Teil der Vektoren im Rahmen des Attention-Mechanismus –, müssen die Berechnungen, die im Rahmen der vorherigen Berechnungsvorgänge vorgenommen wurden, nicht erneut durchgeführt werden. In diesem Fall sind nur noch die Berechnungen des letzten Vorgangs erforderlich. Hierbei handelt es sich um eine Optimierungstechnik, die als Keys-and-Values-Cache (KV-Cache) (*https://oreil.ly/1q45J*) bezeichnet wird. Dabei werden die im Attention-Mechanismus verwendeten *Keys* (Schlüssel) und *Values* (Werte) zwischengespeichert, sodass der Generierungsprozess erheblich beschleunigt wird. Im weiteren Verlauf dieses Kapitels werden Sie noch erfahren, dass Keys und Values zu den zentralen Komponenten des Attention-Mechanismus gehören.

Abbildung 3.10 verdeutlicht, dass beim Generieren des zweiten Tokens nur ein Berechnungsvorgang erforderlich ist, da die Ergebnisse der vorherigen Berechnungsvorgänge zwischengespeichert werden.

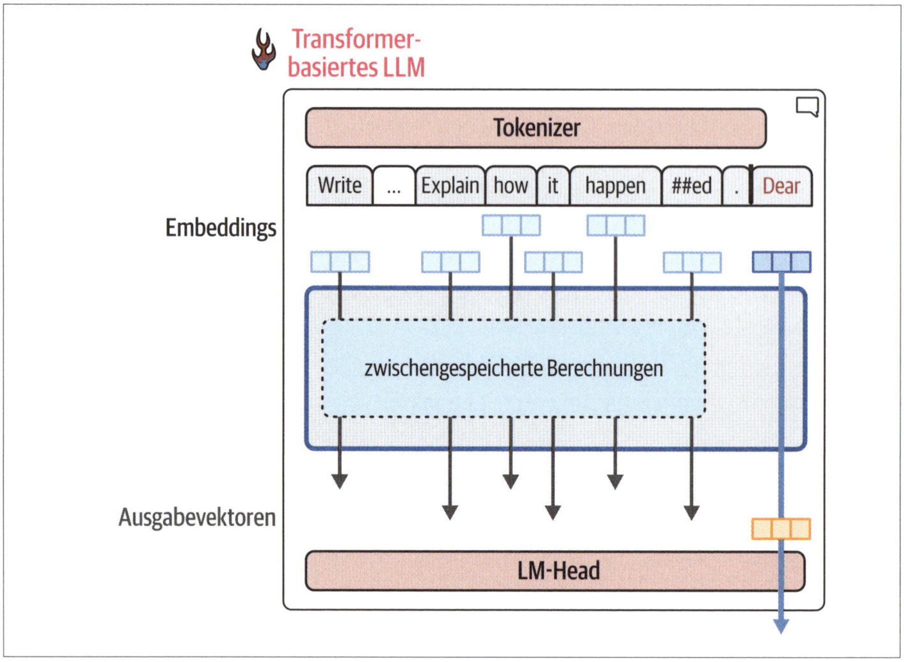

Abbildung 3.10: Das Zwischenspeichern der Berechnungsergebnisse für die vorherigen Tokens ist im Rahmen der Textgenerierung deshalb von großer Bedeutung, da so verhindert wird, dass dieselbe Berechnung immer wieder erneut durchgeführt werden muss.

In der `transformers`-Bibliothek von Hugging Face ist die Nutzung des Caching standardmäßig aktiviert. Diese Einstellung kann deaktiviert werden, indem der Parameter `use_cache` auf `False` gesetzt wird. Um ein Gefühl dafür zu bekommen, wie viel schneller die Generierung mit Caching vonstattengeht, können Sie sich nun einen längeren Text generieren lassen und die dafür benötigte Zeit mit und ohne Caching ermitteln:

```
prompt = "Write a very long email apologizing to Sarah for the tragic gardening
mishap. Explain how it happened."
# Eingegebenen Prompt tokenisieren
input_ids = tokenizer(prompt, return_tensors="pt").input_ids
input_ids = input_ids.to("cuda")
```

Nun können Sie ermitteln, wie lange es dauert, 100 Tokens mit Caching zu generieren. Dafür können Sie den Befehl `%%timeit` (ein sogenanntes *Magic Command*) in Jupyter oder Google Colab verwenden. Der Befehl wird dadurch mehrmals ausgeführt, und anschließend wird die durchschnittliche Ausführungszeit ermittelt:

```
%%timeit -n 1
# Den Text generieren lassen
generation_output = model.generate(
  input_ids=input_ids,
  max_new_tokens=100,
  use_cache=True
)
```

In einem Colab-Notebook mit einer GPU vom Typ T4 dauert es 4,5 Sekunden, bis der Text vollständig generiert ist. Wie lange würde es hingegen dauern, wenn Sie den Cache deaktivierten?

```
%%timeit -n 1
# Den Text generieren lassen
generation_output = model.generate(
  input_ids=input_ids,
  max_new_tokens=100,
  use_cache=False
)
```

Mit 21,8 Sekunden dauert es nun erheblich länger. Selbst die vier Sekunden, die das Modell für die Generierung benötigt, sind für Nutzer, die auf einen Bildschirm starren und auf die Ausgabe des Modells warten, eine ziemlich lange Zeit. Aus diesem Grund übermitteln die APIs der LLM-Plattformen die bereits generierten Tokens bereits während der Generierung des Modells, anstatt mit der Ausgabe zu warten, bis die gesamte Generierung abgeschlossen ist.

Ein Blick ins Innere des Transformer-Blocks

Kommen wir nun zu jener Komponente, in der der Großteil der Verarbeitung stattfindet: den Transformer-Blöcken. Wie in Abbildung 3.11 ersichtlich, bestehen Transformer-basierte LLMs aus einer Reihe solcher Blöcke (im ursprünglichen Transformer-Artikel waren es in der Regel sechs, in vielen großen LLMs sind es über 100). Jeder Block verarbeitet seine Eingaben und gibt die Ergebnisse an den nächsten Block weiter.

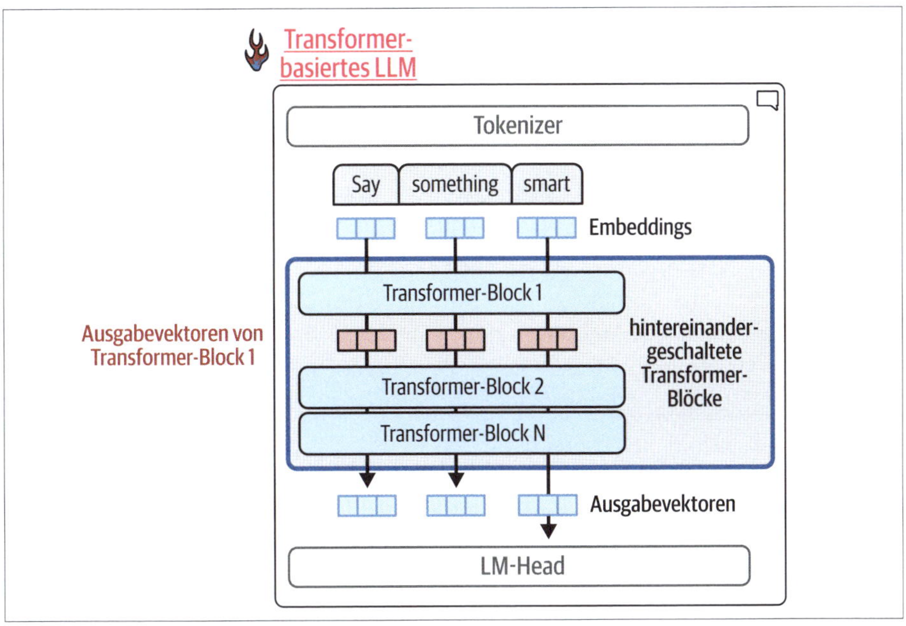

Abbildung 3.11: Der Großteil der Verarbeitung eines Transformer-basierten LLM findet in mehreren hintereinandergeschalteten Transformer-Blöcken statt. Dabei dient jeweils das Ergebnis der Verarbeitung eines Blocks als Eingabe für den nachfolgenden Block.

Ein Transformer-Block (siehe Abbildung 3.12) besteht aus zwei aufeinanderfolgenden Komponenten:

1. Der *Attention-Schicht*. Ihre Hauptfunktion besteht darin, relevante Informationen aus anderen Input-Tokens bzw. aus anderen Positionen der Eingabesequenz zu integrieren.
2. Der *Feedforward-Schicht*. Der überwiegende Teil aller Verarbeitungsprozesse des Modells findet hier statt.

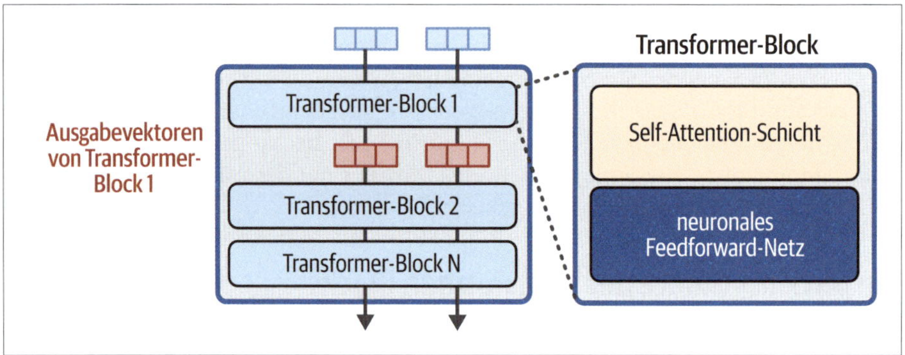

Abbildung 3.12: Ein Transformer-Block besteht aus einer Self-Attention-Schicht und einem neuronalen Feedforward-Netz.

Das Wichtigste zum neuronalen Feedforward-Netz im Überblick

Um sich die Funktionsweise eines neuronalen Feedforward-Netzes klarzumachen, kann man sich das folgende einfache Beispiel vorstellen: Angenommen, Sie übergeben einem Sprachmodell die simple Eingabe »The Shawshank« und erwarten, dass es daraufhin »Redemption« als nächstes Wort generiert, da dies das wahrscheinlichste Wort ist (in Anlehnung an den im Jahr 1994 erschienenen Spielfilm, der im deutschsprachigen Raum unter dem Titel »Die Verurteilten« veröffentlicht wurde; die wortwörtliche Übersetzung wäre »Die Shawshank-Erlösung«).

Das neuronale Feedforward-Netz (in allen Modellschichten) dient als Quelle dieser Informationen (siehe Abbildung 3.13). Im Zuge des Trainings auf der Grundlage eines umfangreichen Textarchivs, in dem »The Shawshank Redemption« mehrfach erwähnt wurde, lernte das Modell die zur Bewältigung dieser Aufgabe erforderlichen Informationen (und Verhaltensweisen) und speicherte sie ab.

Damit ein LLM erfolgreich trainiert werden kann, muss es zahlreiche Informationen speichern bzw. memorieren. Dabei handelt es sich jedoch nicht bloß um eine große Datenbank. Die Memorierung von Informationen ist nur ein Aspekt des Erfolgsrezepts für die Generierung beeindruckender Texte. Das Modell ist in der Lage, mithilfe derselben Mechanismen zwischen Datenpunkten und komplexeren Mustern zu interpolieren, um zu verallgemeinern. Das heißt, es erzielt auch bei Eingabedaten gute Ergebnisse, die es zuvor noch nicht gesehen hat und die nicht in seinem Trainingsdatensatz enthalten waren.

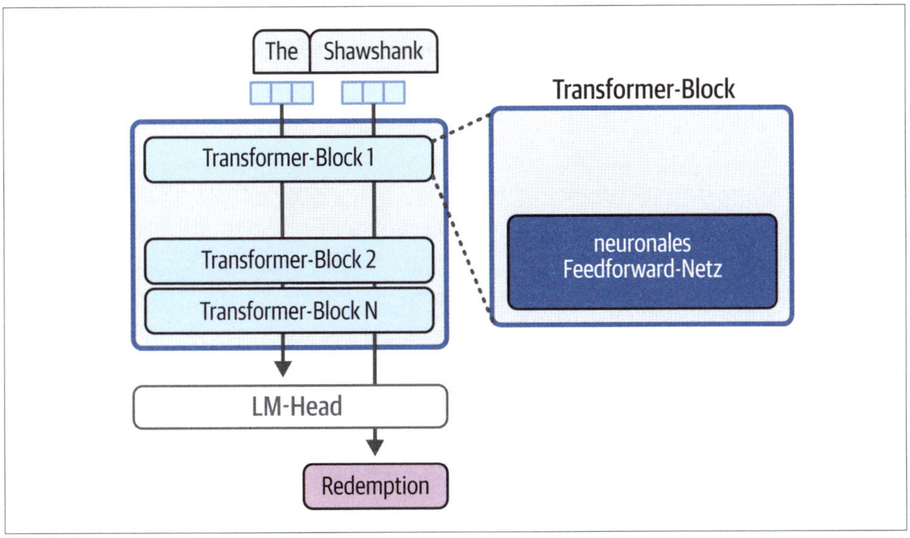

Abbildung 3.13: In der Regel ist das neuronale Feedforward-Netz eines Transformer-Blocks für den Großteil der Memorierungs- und Interpolationsfähigkeiten des Modells verantwortlich.

Wenn Sie ein modernes kommerzielles LLM verwenden, sind die Ausgaben, die Sie erhalten, nicht mit den Ausgaben vergleichbar, von denen zuvor im engeren Sinne eines »Sprachmodells« die Rede war. Geben Sie »The Shawshank« in ein chatbasiertes LLM wie GPT-4 ein, erhalten Sie folgende Ausgabe:

```
"The Shawshank Redemption" is a 1994 film directed by Frank
Darabont and is based on the novella "Rita Hayworth and
Shawshank Redemption" written by Stephen King. ...etc.
```

Der Grund dafür ist, dass es für Menschen schwierig ist, reine Sprachmodelle (wie GPT-3) richtig zu nutzen. Deshalb wird das Sprachmodell anschließend mittels Instruction Tuning und Preference Tuning with Human Feedback feingetunt, damit die Ausgabe letztlich den Erwartungen der Nutzer entspricht (siehe Kapitel 12).

Das Wichtigste zur Attention-Schicht im Überblick

Beim Modellieren von Sprache ist der jeweilige Kontext, in dem ein Wort, eine Phrase oder ein Satz verwendet wird, von entscheidender Bedeutung. Auf der Grundlage des vorherigen Tokens allein zu memorieren und zu interpolieren, führt nur in begrenztem Umfang zum Ziel. Dies wird insbesondere an den Schwächen der Ansätze deutlich, die vor der Verwendung neuronaler Netze bei der Erstellung von Sprachmodellen führend waren (siehe dazu Kapitel 3, »N-gram Language Models«, im Buch *Speech and Language Processing* (*https://oreil.ly/9onN8*) von Daniel Jurafsky und James H. Martin).

Mithilfe des Attention-Mechanismus kann das Modell bei der Verarbeitung eines bestimmten Tokens den Kontext berücksichtigen. Angenommen, Sie verwenden den folgenden Prompt:

»The dog chased the squirrel because **it**«

Damit das Modell vorhersagen kann, was nach »it« kommt, muss es wissen, worauf sich »it« bezieht. Bezieht es sich auf den Hund (engl. *Dog*) oder das Eichhörnchen (engl. *Squirrel*)?

Diese Entscheidung wird bei einem Transformer-basierten LLM durch den Attention-Mechanismus getroffen. Der ergänzt die Vektordarstellung des »it«-Tokens um zusätzliche Kontextinformationen. Abbildung 3.14 zeigt eine vereinfachte Darstellung dieses Vorgangs.

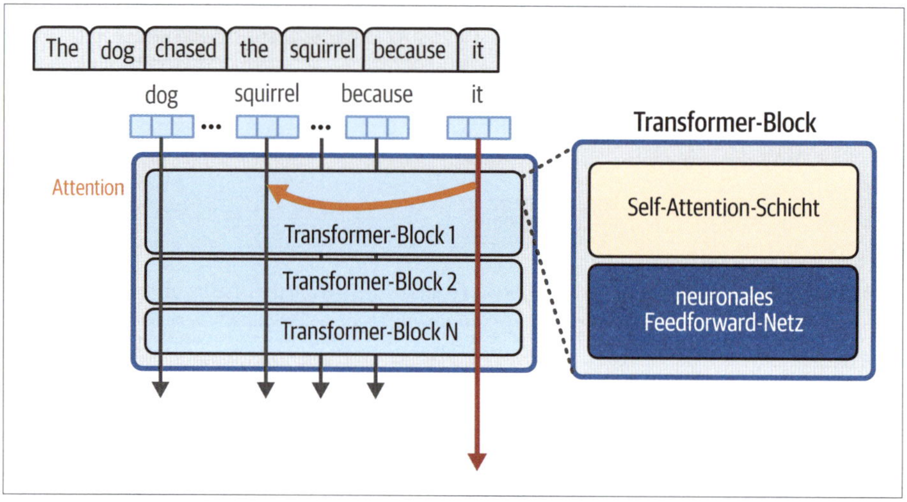

Abbildung 3.14: Die Self-Attention-Schicht berücksichtigt bei der Verarbeitung des aktuellen Tokens relevante Informationen vorangegangener Tokens bzw. Positionen im Text.

Das Modell stützt sich dabei auf die Muster, die es im Trainingsdatensatz erkannt und gelernt hat. Möglicherweise geben auch vorangegangene Sätze weitere Hinweise. Beispielsweise könnte aus der Bezeichnung des Hunds mit dem Pronomen »she« geschlossen werden, dass mit »it« das Eichhörnchen gemeint ist.

Attention is all you need

Es lohnt sich, den Attention-Mechanismus genauer unter die Lupe zu nehmen. Die einfachste Form dieses Mechanismus zeigt Abbildung 3.15. In der Abbildung sind die verschiedenen Tokens (d.h. deren Stelle bzw. Position) zu sehen, die in der Attention-Schicht berücksichtigt werden. Aktuell wird das letzte Token verarbeitet (siehe pinkfarbener Pfeil). An dieser Position wird der Eingabevektor durch den Attention-Mechanismus modifiziert. Er integriert relevante aus dem Kontext stammende Informationen in den Vektor, den er als Ausgabe für diese Position erzeugt.

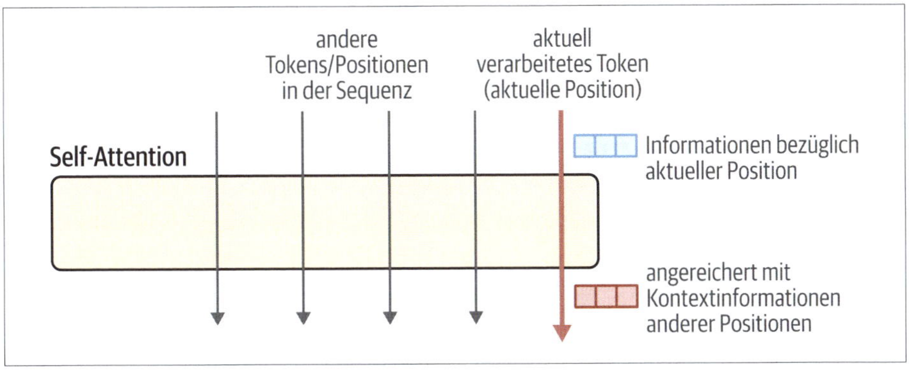

Abbildung 3.15: Eine vereinfachte Darstellung des Attention-Mechanismus: Eine Eingabesequenz, bei der vor allem das Token (bzw. die Position in der Sequenz), das aktuell verarbeitet wird, von Bedeutung ist. In der Abbildung sind daher lediglich die mit dieser Position verbundenen Eingabe- und Ausgabevektoren dargestellt. In dem Ausgabevektor wurden die mittels des Attention-Mechanismus aus den vorangegangenen Tokens der Sequenz gewonnenen Informationen berücksichtigt.

Beim Attention-Mechanismus sind im Wesentlichen die folgenden beiden Verarbeitungsschritte maßgeblich:

1. Es wird bewertet, inwieweit die vorherigen Input-Tokens für den aktuell verarbeiteten Tokens (beim pinkfarbenen Pfeil) relevant sind.
2. Mithilfe dieser Relevanzbewertungen werden die Informationen aus den verschiedenen Stellen bzw. Positionen in einem einzelnen Ausgabevektor gebündelt.

Abbildung 3.16 veranschaulicht die beiden Schritte.

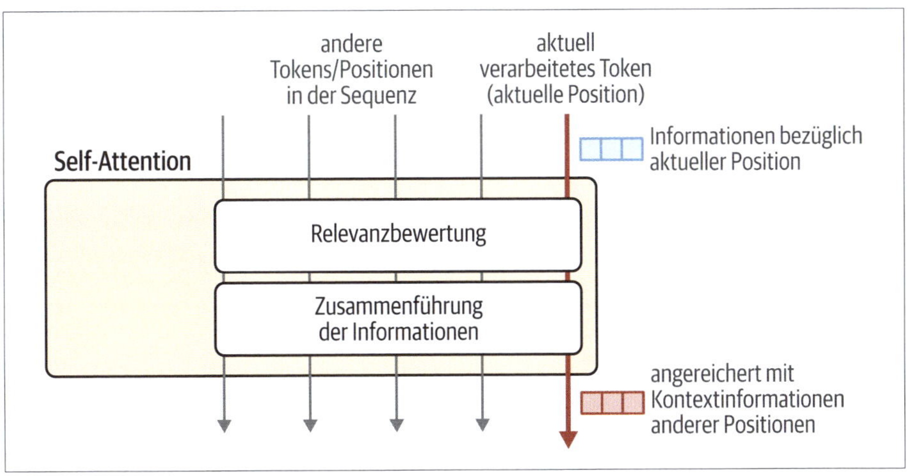

Abbildung 3.16: Der Attention-Mechanismus besteht aus zwei grundlegenden Schritten: Zunächst wird bewertet, wie relevant vorherige Tokens im Zusammenhang mit dem aktuellen Token sind. Anschließend werden diese Informationen auf der Grundlage der ermittelten Bewertungen zusammengeführt.

Zur Optimierung des Attention-Mechanismus im Transformer-Modell wird dieser gleichzeitig mehrfach angewandt, sodass mehrere Prozesse parallel ablaufen. Dabei werden die einzelnen parallelen Prozesse des Attention-Mechanismus jeweils in einen Attention-Head geleitet. Dadurch verbessert sich die Fähigkeit des Modells, komplexe Muster in der Eingabesequenz zu modellieren, bei denen gleichzeitig mehrere unterschiedliche Muster berücksichtigt werden müssen.

Abbildung 3.17 zeigt schematisch, wie die einzelnen Attention-Heads parallel arbeiten: Zunächst werden die Informationen aufgeteilt, und anschließend werden die Ergebnisse aller Attention-Heads zusammengeführt.

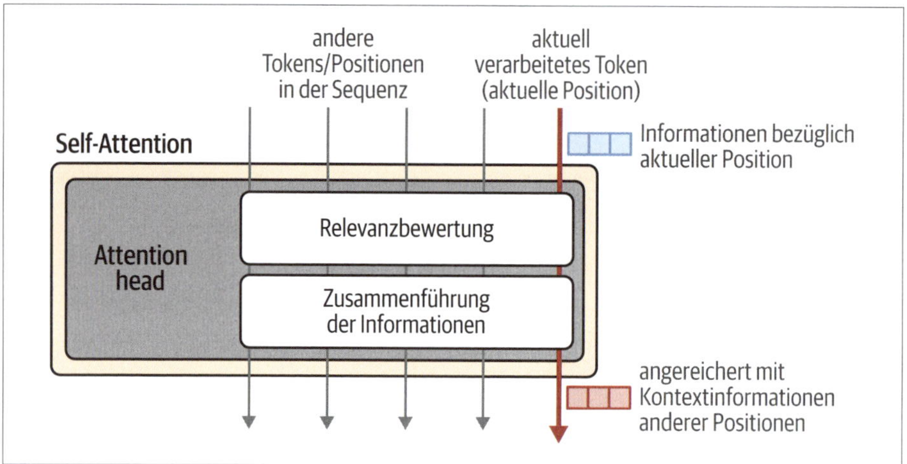

Abbildung 3.17: Die Performance von LLMs lässt sich verbessern, indem der Attention-Mechanismus in mehreren parallelen Prozessen ausgeführt wird. Dadurch wird die Fähigkeit des Modells erhöht, verschiedene Arten von Informationen zu verarbeiten.

Wie Attention berechnet wird

Gehen wir nun der Frage nach, wie Attention innerhalb eines einzelnen Attention-Heads berechnet wird. Bevor wir uns der Berechnung widmen, sollten Sie zunächst die Ausgangsposition betrachten. Sie sieht wie folgt aus:

- In der Attention-Schicht eines generativen LLM wird die Attention für ein einzelnes Token bzw. eine einzelne Position in der Eingabesequenz ausgewertet.
- Folgende Eingabedaten fließen in die Schicht ein:
  - die Vektordarstellung des aktuellen Tokens und
  - die Vektordarstellungen der vorherigen Tokens.
- Das Ziel besteht darin, eine neue Vektordarstellung für das aktuelle Token bzw. die aktuelle Position zu erzeugen, die alle relevanten Informationen, die sich aus den vorherigen Tokens ableiten lassen, enthält:
  - Wenn sich beispielsweise in dem Satz »Sarah fed the cat because it« das letzte Token »it« auf die Katze bezieht, wird mithilfe des Attention-Mecha-

nismus aus dem Token »cat« die Information abgeleitet, dass es sich bei dem Token »it« um eine Katze handelt.

- Aus dem Trainingsprozess gehen drei Projektionsmatrizen hervor. Anhand dieser Matrizen werden die einzelnen Komponenten, die in die Berechnung einfließen, ermittelt:
  - eine Query-Projektionsmatrix
  - eine Key-Projektionsmatrix
  - eine Value-Projektionsmatrix

In Abbildung 3.18 wird die Ausgangssituation der einzelnen Komponenten dargestellt, bevor die Berechnungen im Rahmen des Attention-Mechanismus erfolgen. Der Einfachheit halber wird hier nur ein Attention-Head gezeigt – die Berechnungen für die anderen Heads sind identisch, sie haben lediglich jeweils eigene Projektionsmatrizen.

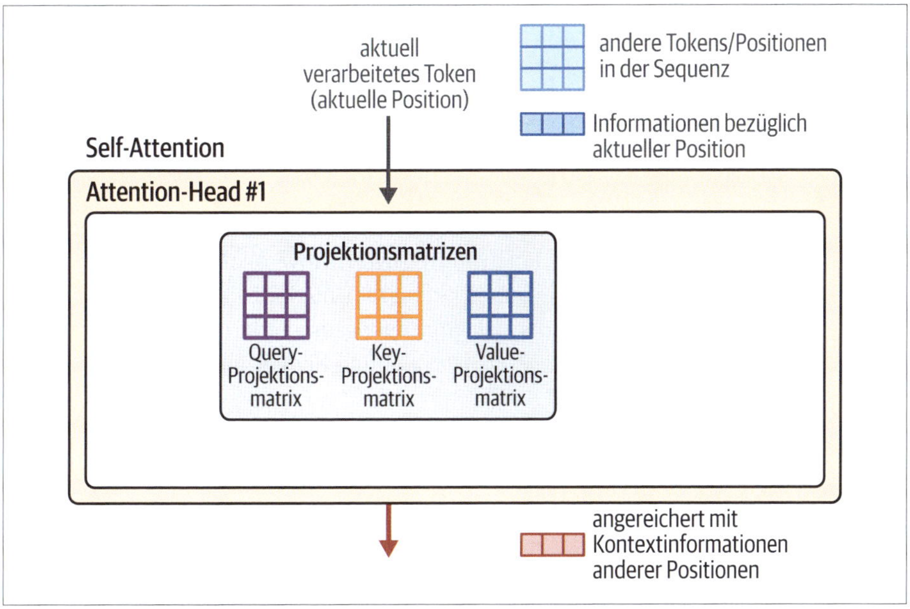

Abbildung 3.18: Bevor die Berechnung der Self-Attention erfolgt, liegen die Eingabedaten für die Attention-Schicht sowie die Query-, Key- und Value-Projektionsmatrizen vor.

Beim Attention-Mechanismus werden die Eingabedaten zunächst mit den Projektionsmatrizen multipliziert, wodurch drei neue Matrizen erzeugt werden. Diese werden als Query-, Key- und Value-Matrizen bezeichnet. Die Informationen der Input-Tokens sind in diesen Matrizen enthalten und auf drei verschiedene Räume projiziert. Diese Projektionen sind für die folgenden beiden Schritte des Attention-Verfahrens entscheidend:

1. Bewertung der Relevanz der einzelnen Tokens
2. Zusammenführung der Informationen

Abbildung 3.19 veranschaulicht diese drei neuen Matrizen und zeigt, wie die letzten Zeilen der drei Matrizen mit der aktuellen Position bzw. dem aktuellen Token assoziiert sind und die vorherigen Zeilen mit den vorherigen Positionen bzw. Tokens.

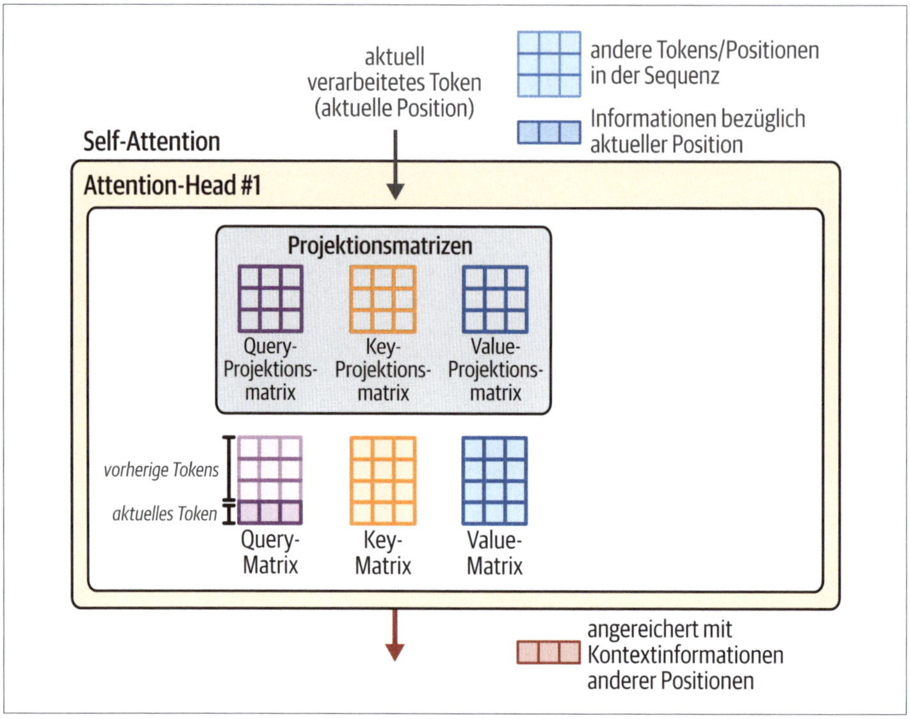

Abbildung 3.19: Attention basiert auf der Interaktion der Query-, Key- und Value-Matrizen. Diese werden durch Multiplikation der Eingabedaten der Attention-Schicht mit den entsprechenden Projektionsmatrizen erzeugt.

Self-Attention: Bewertung der Relevanz

Bei einem generativen Transformer-Modell wird immer nur ein Token nach dem anderen generiert, d.h., es wird immer nur eine Position nach der anderen verarbeitet. Der Attention-Mechanismus befasst sich also lediglich mit dieser einen Position bzw. diesem einen Token und der Frage, wie Informationen aus den anderen Positionen einbezogen werden können, die für diese Position relevant sind.

Zur Bewertung der Relevanz wird der Query-Vektor der aktuellen Position mit der Key-Matrix multipliziert. Hierdurch ergibt sich eine Bewertung, die angibt, wie relevant die einzelnen vorherigen Tokens sind. Durch die anschließende Anwendung einer Softmax-Operation werden diese Bewertungen normiert, sodass sie in der Summe eins ergeben. In Abbildung 3.20 ist die aus dieser Berechnung resultierende Relevanzbewertung dargestellt.

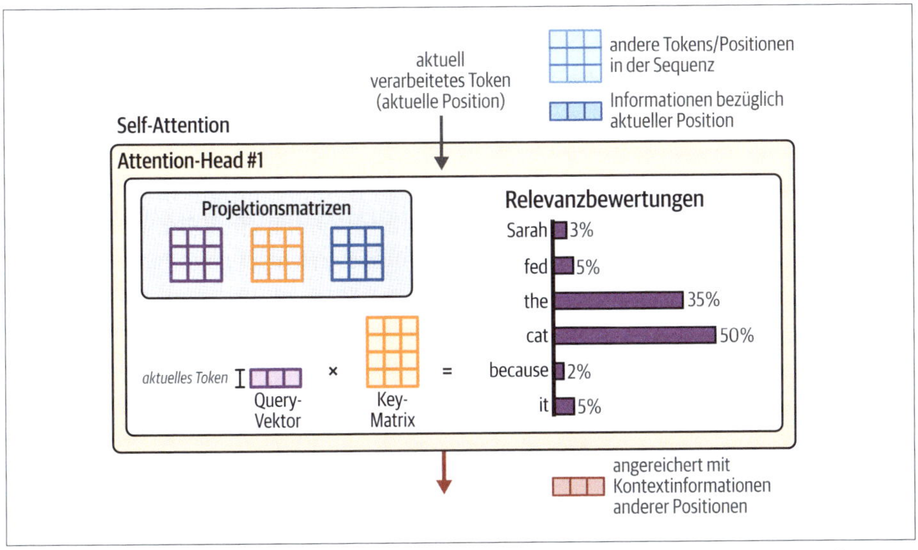

Abbildung 3.20: Die Relevanz der vorherigen Tokens wird durch Multiplikation des mit der aktuellen Position korrespondierenden Query-Vektors mit der Key-Matrix berechnet.

Self-Attention: Zusammenführung der Informationen

Nachdem die jeweiligen Relevanzbewertungen ermittelt wurden, wird der mit jedem Token korrespondierende Value-Vektor mit der Relevanzbewertung des jeweiligen Tokens multipliziert. Die resultierenden Vektoren werden anschließend summiert. In diesem Attention-Schritt wird also eine gewichtete Summe gebildet (siehe Abbildung 3.21).

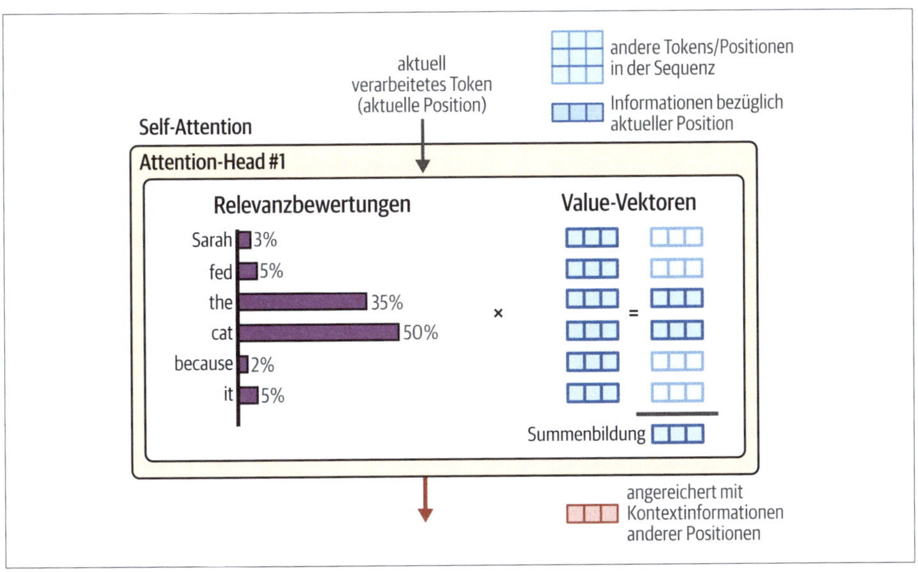

Abbildung 3.21: Im Rahmen des Attention-Mechanismus werden die relevanten Informationen der vorherigen Stellen zusammengeführt, indem die entsprechenden Relevanzbewertungen mit den jeweiligen Value-Vektoren multipliziert werden.

Verbesserungen an der Transformer-Architektur

Seit ihrer Einführung wurde die Transformer-Architektur kontinuierlich verbessert, und die darauf basierenden Modelle wurden optimiert. So wurde unter anderem das Training auf noch größeren Datensätzen durchgeführt, und der Trainingsprozess sowie die verwendeten Lernraten wurden optimiert. Doch auch die Architektur selbst wurde weiterentwickelt. Zum Zeitpunkt des Verfassens dieses Buchs ist der Großteil der im ursprünglichen Transformer umgesetzten Ansätze unverändert geblieben. Allerdings haben sich auch einige neue Ansätze als nützlich erwiesen, sodass neuere Transformer-Modelle wie Llama 2 noch leistungsfähiger sind. In diesem letzten Abschnitt des Kapitels erfahren Sie, welchen bedeutsamen Entwicklungen die Transformer-Architektur in jüngster Zeit unterlag.

Effizienterer Attention-Mechanismus

Der Fokus der Forschung liegt vor allem auf der Attention-Schicht des Transformers. Der Grund dafür ist, dass die in diesem Zusammenhang erforderlichen Berechnungen den größten Teil der Rechenleistung beanspruchen.

Local- und Sparse-Attention

Aufgrund der zunehmenden Größe von Transformern wurden neue Ansätze wie Sparse-Attention (»Generating long sequences with sparse transformers« (*https://oreil.ly/V1xqH*)) und Sliding-Window-Attention (»Longformer: The long-document transformer« (*https://oreil.ly/uUKtU*)) entwickelt, mit denen sich die Effizienz der mit Attention verbundenen Berechnungen verbessern lässt. Mit Sparse-Attention lässt sich beispielsweise der vom Attention-Mechanismus berücksichtigte Kontext vorangegangener Tokens einschränken (siehe Abbildung 3.22).

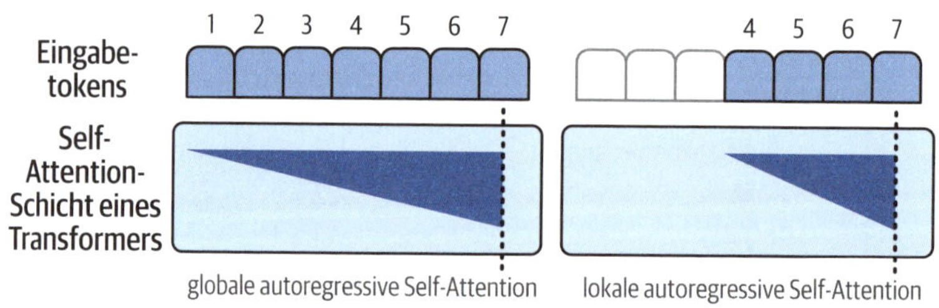

Abbildung 3.22: Die Berechnungen konnten durch Local-Attention beschleunigt werden, da bei dieser Art von Attention-Mechanismus nur eine geringere Anzahl vorangegangener Tokens berücksichtigt wird.

Ein Modell, in dem diese Art von Attention-Mechanismus zum Einsatz kommt, ist GPT-3. Allerdings wird dieser nicht für alle Transformer-Blöcke verwendet, da sich die Qualität der generierten Texte erheblich verschlechtern würde, wenn das Modell nur eine geringe Anzahl vorangegangener Tokens berücksichtigen könnte. In der Architektur von GPT-3 wurden Full-Attention- und Efficient-Attention-Transformer-

Blöcke kombiniert, sodass in den Transformer-Blöcken abwechselnd Full-Attention (z.B. beim ersten und dritten Block) und Sparse-Attention (z.B. beim zweiten und vierten Block) zum Einsatz kommt.

In Abbildung 3.23 können Sie die Funktionsweise verschiedener Arten von Attention-Mechanismen nachvollziehen. Die Abbildung zeigt jeweils, welche vorangegangenen Tokens (hellblau) bei der Verarbeitung des aktuellen Tokens (dunkelblau) berücksichtigt werden können bzw. auf welche »Aufmerksamkeit« gerichtet werden kann.

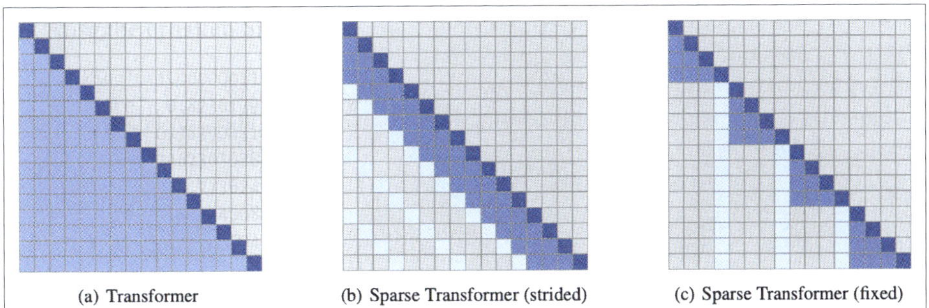

Abbildung 3.23: Full-Attention im Vergleich zu Sparse-Attention. Die Farbgebung wird in Abbildung 3.24 erklärt (Quelle: »Generating long sequences with sparse transformers« (https://oreil.ly/0ap7A)).

Jede Zeile steht in Verbindung mit einem aktuell verarbeiteten Token. Die unterschiedlichen Farben geben an, welche Tokens das Modell bei der Verarbeitung des aktuellen Tokens (dunkelblaue Zelle) mittels des Attention-Mechanismus berücksichtigen kann (die unterschiedliche Farbgebung wird in Abbildung 3.24 noch einmal anschaulich erläutert).

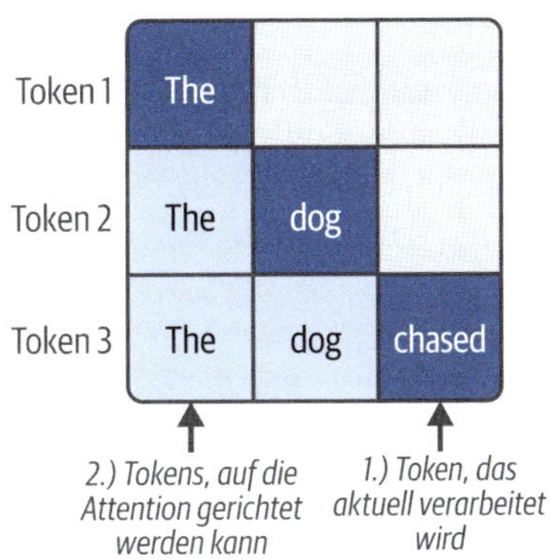

Abbildung 3.24: Die Abbildung verdeutlicht, welche der Tokens in Abbildung 3.23 jeweils aktuell verarbeitet werden und welche vorangegangenen Tokens im Rahmen des Attention-Mechanismus jeweils berücksichtigt werden können (bzw. auf welche Tokens die »Aufmerksamkeit« gerichtet werden kann).

In dieser Abbildung wird auch der autoregressive Charakter von Decoder-basierten Transformer-Blöcken (aus denen die meisten Textgenerierungsmodelle bestehen) deutlich. Diese können nur die vorangegangenen Tokens berücksichtigen. Im Gegensatz dazu können Modelle wie BERT Tokens in beide Richtungen – also auch nachfolgende Tokens – berücksichtigen (wie das B in BERT, das im Englischen für *Bidirectional* steht, auch zum Ausdruck bringt).

Multi-Query- und Grouped-Query-Attention

Eine neuere, effiziente Optimierung des in Transformern verwendeten Attention-Mechanismus ist die Grouped-Query-Attention (»GQA: Training generalized multi-query transformer models from multi-head checkpoints« (*https://oreil.ly/gY2oF*)), die in Modellen wie Llama 2 und Llama 3 zum Einsatz kommt. In Abbildung 3.25 ist eine Gegenüberstellung verschiedener Arten neuerer Attention-Mechanismen zu sehen, auf die im nächsten Abschnitt noch näher eingegangen wird.

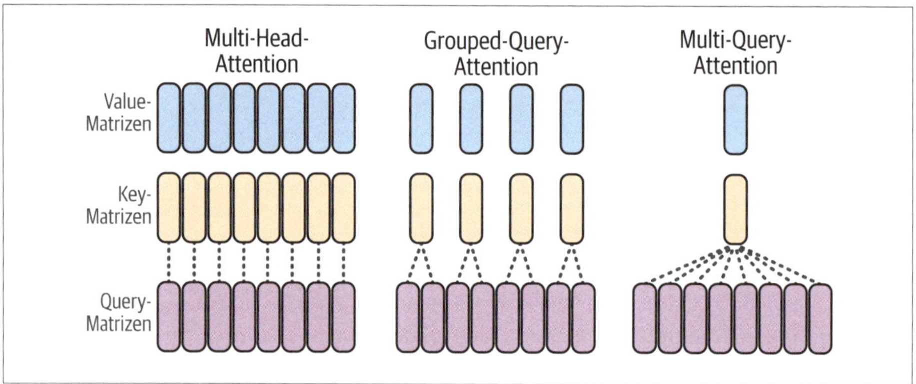

Abbildung 3.25: Vergleich verschiedener Arten von Attention-Mechanismen: die ursprüngliche Multi-Head-Attention, die Grouped-Query-Attention und die Multi-Query-Attention (Quelle: »Fast transformer decoding: One write-head is all you need« (https://oreil.ly/2mTiE))

Die Grouped-Query-Attention baut auf der Multi-Query-Attention (»Fast transformer decoding: One write-head is all you need« (*https://oreil.ly/jrZeM*)) auf. Mithilfe dieser Varianten lässt sich die Skalierbarkeit im Rahmen der Inferenz bei großen Modellen verbessern. Der Grund dafür ist, dass sich dadurch die Größe der entsprechenden Matrizen verringert.

Optimierung des Attention-Mechanismus – von der Multi-Head- über die Multi-Query- bis hin zur Grouped-Query-Attention

In diesem Kapitel wurde bereits erläutert, wie die im ursprünglichen Transformer-Artikel vorgestellte Multi-Head-Attention grundlegend funktioniert. Der Onlinebeitrag The Illustrated Transformer (*https://oreil.ly/5dOd8*) beschreibt noch detaillierter, welche Rolle die Query-, Key- und Value-Matrizen bei der Durchführung der Attention-Operation einnehmen. Abbildung 3.26 veranschaulicht, dass jeder Attention-Head über eigene Query-, Key- und Value-Matrizen verfügt, die für eine gegebene Eingabesequenz berechnet werden.

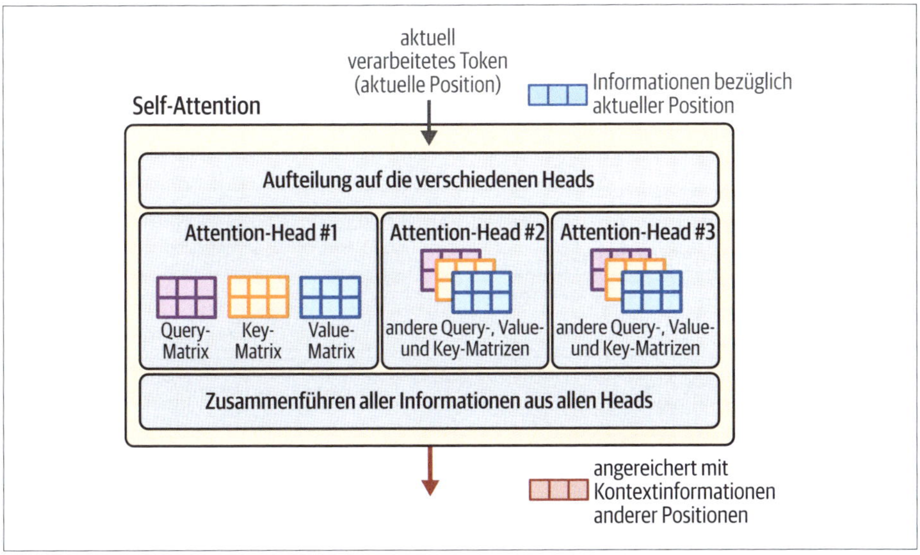

Abbildung 3.26: Der Attention-Mechanismus basiert auf Query-, Key- und Value-Matrizen. Bei der Multi-Head-Attention sind diese Matrizen für jeden Head unterschiedlich.

Bei der Multi-Query-Attention wird der Mechanismus dahin gehend optimiert, dass sowohl die Key- als auch die Value-Matrix von allen Heads gemeinsam genutzt werden. Nur die Query-Matrix ist von Head zu Head unterschiedlich (siehe Abbildung 3.27).

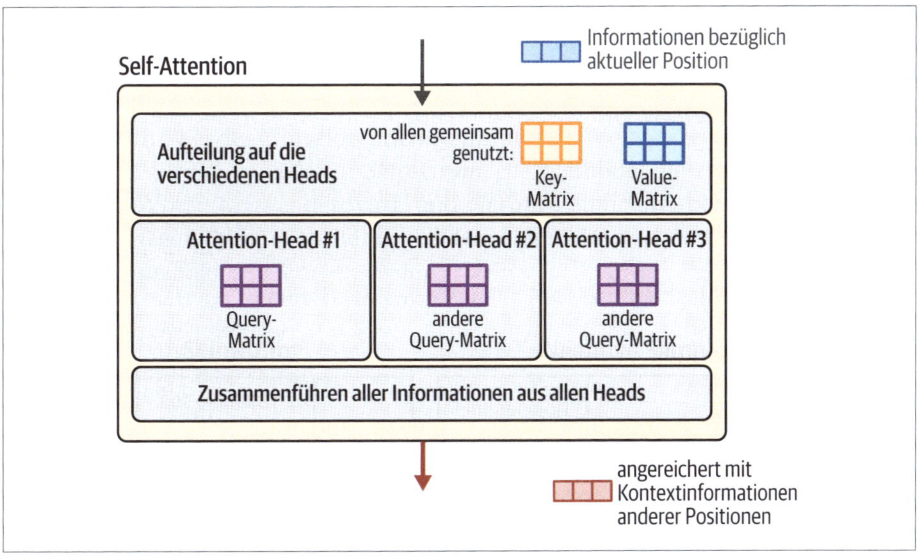

Abbildung 3.27: Multi-Query-Attention stellt einen effizienteren Attention-Mechanismus dar, da die Key- und die Value-Matrix von allen Heads gemeinsam genutzt werden.

Mit zunehmender Größe eines Modells kann diese Optimierung dessen Qualität jedoch zu stark beeinträchtigen. Daher ist es sinnvoll, mehr Speicherbedarf in Kauf zu nehmen, um die Qualität des Modells zu verbessern bzw. dieser Beeinträchtigung entgegenzuwirken. Genau hier setzt Grouped-Query-Attention an. Anstatt nur eine Key- und eine Value-Matrix zu verwenden, können mehrere eingesetzt werden (allerdings dennoch weniger als die Anzahl der verwendeten Heads). Abbildung 3.28 veranschaulicht, wie dabei mehrere Heads zu Gruppen zusammengefasst werden, die jeweils eine gemeinsame Key- und Value-Matrix nutzen.

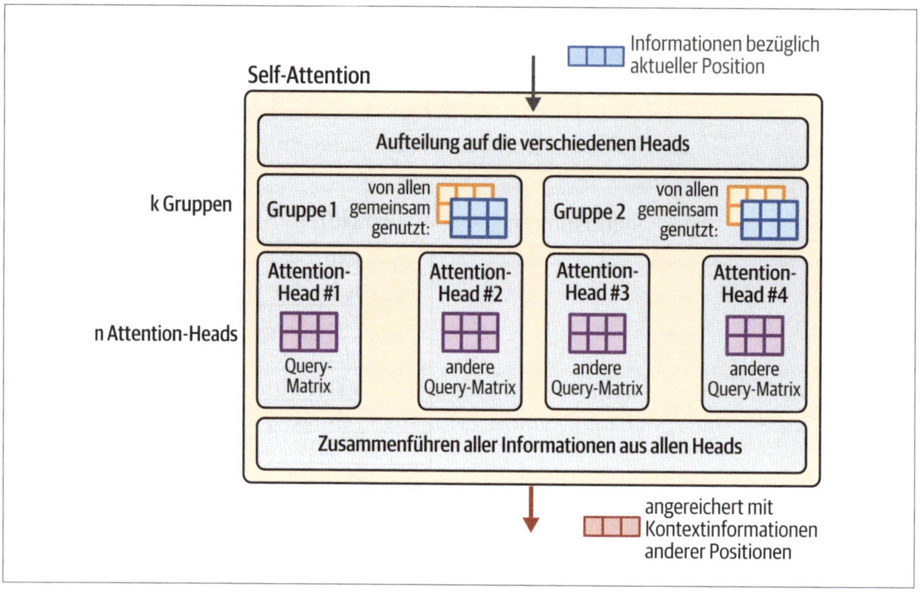

Abbildung 3.28: Bei der Grouped-Query-Attention wird zugunsten einer deutlichen Qualitätsverbesserung ein gewisses Maß an Effizienzverlust im Vergleich zur Multi-Query-Attention hingenommen. Dabei werden mehrere Gruppen von Heads gebildet, die sich jeweils eine Key- und eine Value-Matrix teilen.

Flash-Attention

Eine beliebte Methode und Implementierung, mit der sich sowohl das Training als auch die Inferenz von Transformer-basierten LLMs auf GPUs erheblich beschleunigen lassen, ist die Flash-Attention. Dabei werden die Berechnungen im Rahmen des Attention-Mechanismus beschleunigt, indem die Werte optimiert werden, die zwischen dem gemeinsam genutzten Speicher (*Shared Memory*, SRAM) und dem Speicher mit hoher Bandbreite (*High Bandwidth Memory*, HBM) einer GPU geladen und verschoben werden. Nähere Informationen hierzu finden Sie in dem Artikel »FlashAttention: Fast and memory-efficient exact attention with IO-awareness« (*https://oreil.ly/r98GH*) und in der Folgepublikation mit dem Titel »FlashAttention-2: Faster attention with better parallelism and work partitioning« (*https://oreil.ly/PkGg1*).

Der Transformer-Block

Sie erinnern sich sicherlich daran, dass ein Transformer-Block aus zwei Hauptkomponenten besteht: einer Attention-Schicht und einem neuronalen Feedforward-Netz. Wenn Sie den in Abbildung 3.29 dargestellten Transformer-Block ein wenig genauer betrachten, werden Sie feststellen, dass er allerdings auch Residual-Verbindungen und Operationen zur Normalisierung von Schichten (engl. *Layer Normalization*) umfasst.

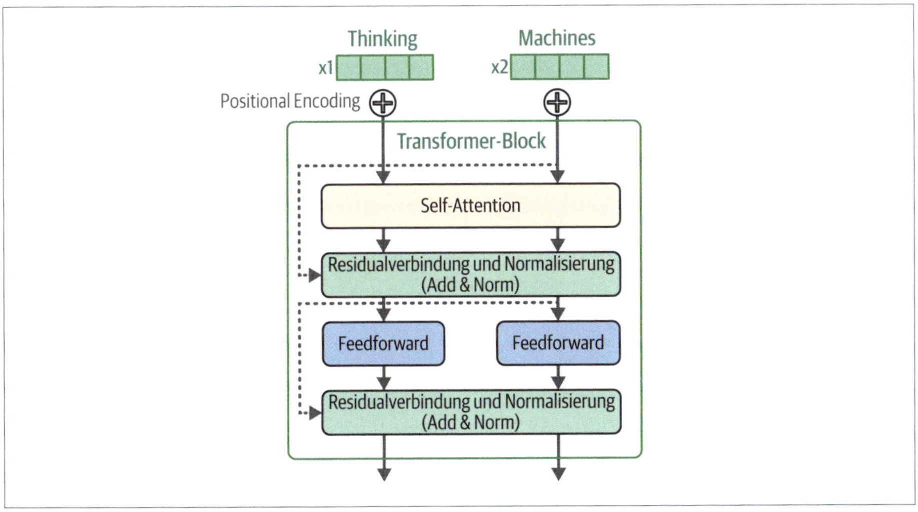

Abbildung 3.29: Der Transformer-Block, wie er im ursprünglichen Transformer-Artikel beschrieben wurde

Die neueren Transformer-Modelle verfügen zwar noch über die gleichen Hauptkomponenten, weisen aber einige Verbesserungen auf. Diese können Sie in Abbildung 3.30 sehen.

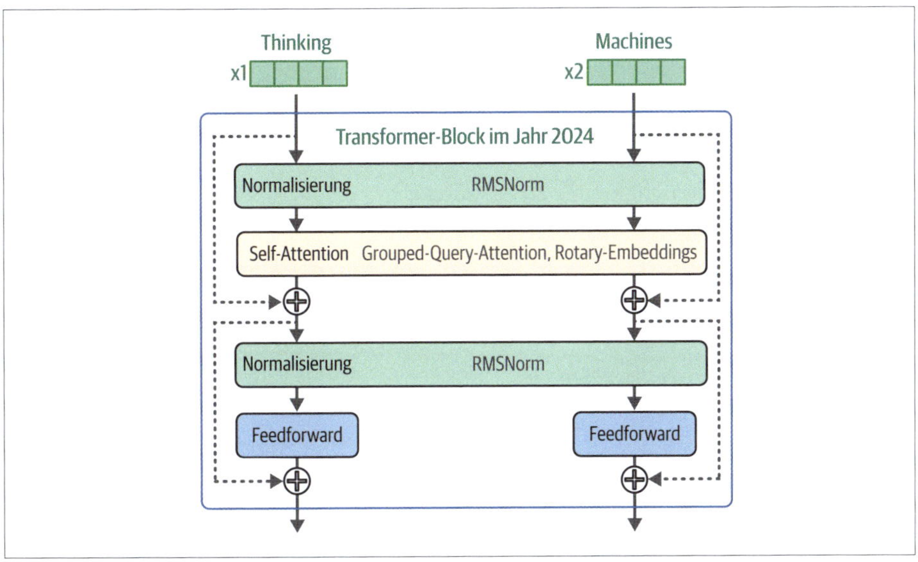

Abbildung 3.30: Der Transformer-Block des im Jahr 2024 veröffentlichten Transformer-Modells Llama 3 weist einige Optimierungen auf, darunter eine bereits zu einem früheren Zeitpunkt angewandte Normalisierung, ein mittels Grouped-Query-Attention optimierter Attention-Mechanismus sowie Rotary-Embeddings.

Ein Unterschied dieser Version des Transformer-Blocks gegenüber den älteren Modellen ist, dass die Normalisierung bereits vor der Attention- und der Feedforward-Schicht stattfindet. Dies soll Berichten zufolge zu einer Verkürzung der erforderlichen Trainingszeit beitragen (siehe »On layer normalization in the Transformer architecture« (*https://oreil.ly/uYkft*)). Im Rahmen der Normalisierung wurde außerdem die Verwendung von RMSNorm-Schichten eingeführt. Diese sind einfacher und effizienter als die ursprünglich verwendeten LayerNorm-Schichten (siehe »Root mean square layer normalization« (*https://oreil.ly/GHLSM*)). Zudem wird anstelle der ursprünglich beim Transformer eingesetzten ReLU-Aktivierungsfunktion inzwischen vermehrt auf neuere Varianten wie SwiGLU (beschrieben in »GLU Variants Improve Transformer« (*https://oreil.ly/ikugL*)) zurückgegriffen.

Positional-Embeddings (RoPE)

Positional-Embeddings sind bereits seit der ursprünglichen Transformer-Version eine Schlüsselkomponente. Sie ermöglichen dem Modell, die Reihenfolge der Tokens bzw. Wörter in einer Sequenz bzw. einem Satz nachzuverfolgen. Diese Information ist beim Verarbeiten von Sprache unverzichtbar. Unter den vielen in den letzten Jahren vorgeschlagenen Verfahren zur positionsbezogenen Codierung (engl. *Positional Encoding*) sind insbesondere die *Rotary-Positional-Embeddings* (kurz RoPE, erstmals beschrieben in »RoFormer: Enhanced Transformer with rotary position embedding« (*https://oreil.ly/A5cEn*)) hervorzuheben.

Im ursprünglichen Transformer-Artikel sowie in einigen der ersten Varianten gab es sogenannte Absolute-Positional-Embeddings. Dabei wurde im Wesentlichen das erste Token als erste Stelle bzw. erste Position, das zweite als zweite Position usw. gekennzeichnet. Hier kamen entweder statische Methoden zum Einsatz, bei denen die positionsbezogenen Vektoren mithilfe geometrischer Funktionen generiert werden, oder Lernverfahren, bei denen ihnen während des Modelltrainings Werte zugewiesen werden. Mit zunehmender Größe eines Modells bringen solche Methoden allerdings einige Herausforderungen mit sich. Daher wurde nach Möglichkeiten gesucht, diese Methoden effizienter zu gestalten.

Eine Herausforderung besteht beispielsweise darin, Modelle mit einem vergleichsweise großen Kontextfenster auf effiziente Weise zu trainieren, da viele Dokumente eines Trainingssatzes deutlich kürzer sind. In diesem Fall wäre es ineffizient, einem kurzen Satz mit lediglich zehn Wörtern das gesamte Kontextfenster von beispielsweise 4.000 Tokens zuzuweisen. Aus diesem Grund hat es sich als nützlich erwiesen, die Dokumente im Rahmen des Modelltrainings innerhalb des gegebenen Kontextfensters bzw. der gegebenen Kontextlänge aneinanderzureihen und zu einem Batch zusammenzufassen, was als Packing bezeichnet wird (siehe Abbildung 3.31).

Wenn Sie mehr über Packing erfahren möchten, sollten Sie die Artikel »Efficient sequence packing without cross-contamination: Accelerating large language models without impacting performance« (*https://oreil.ly/Zgiy0*) und »Introducing packed BERT for 2X training speed-up in natural language processing« (*https://oreil.ly/xMbZr*) lesen.

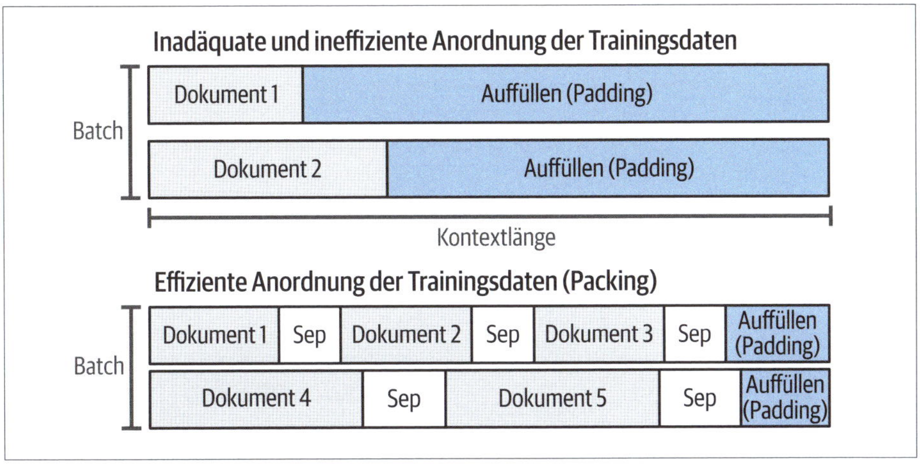

Abbildung 3.31: Beim Packing werden kurze Trainingsdokumente innerhalb eines gegebenen Kontextfensters möglichst effizient angeordnet. Dazu werden mehrere Dokumente zusammengeführt bzw. aneinandergereiht, bis das vorgegebene Kontextfenster bestmöglich ausgenutzt ist. Auf diese Weise müssen am Ende des Kontextfensters möglichst wenige Padding-Tokens zum Auffüllen verwendet werden.

Die Methoden zur Erstellung der Positional-Embeddings müssen auf diese und weitere relevante Aspekte abgestimmt werden. Wenn das Dokument beispielsweise an der 50. Position beginnt, wäre es eine Fehlinformation für das Modell, ihm mitzuteilen, dass das erste Token die Nummer 50 ist. Dies hätte negative Auswirkungen auf die Performance, da das Modell davon ausgehen würde, dass es einen vorherigen Kontext gibt, während die vorangegangenen Tokens in Wirklichkeit zu einem anderen, nicht in diesem Zusammenhang stehenden Dokument gehören, das das Modell ignorieren sollte.

Anstelle der statischen, an absoluten Werten orientierten Embeddings, die zu Beginn des Forward Pass hinzugefügt werden, sind Rotary-Embeddings eine Methode, um Positionsinformationen so zu codieren, dass sowohl absolute als auch relative Positionsinformationen der Tokens festgehalten werden. Sie basieren auf der Idee, Vektoren in ihrem Embedding Space bzw. Einbettungsraum zu drehen bzw. zu rotieren. Im Forward Pass werden sie, wie in Abbildung 3.32 dargestellt, erst im Rahmen des Attention-Mechanismus berücksichtigt.

Im Rahmen des Attention-Mechanismus werden die Positionsinformationen vor der für die Relevanzbewertung erforderlichen Multiplikation der Query- und Key-Matrix durch eine Drehung der jeweiligen Query- und Key-Vektoren berücksichtigt (siehe Abbildung 3.33).

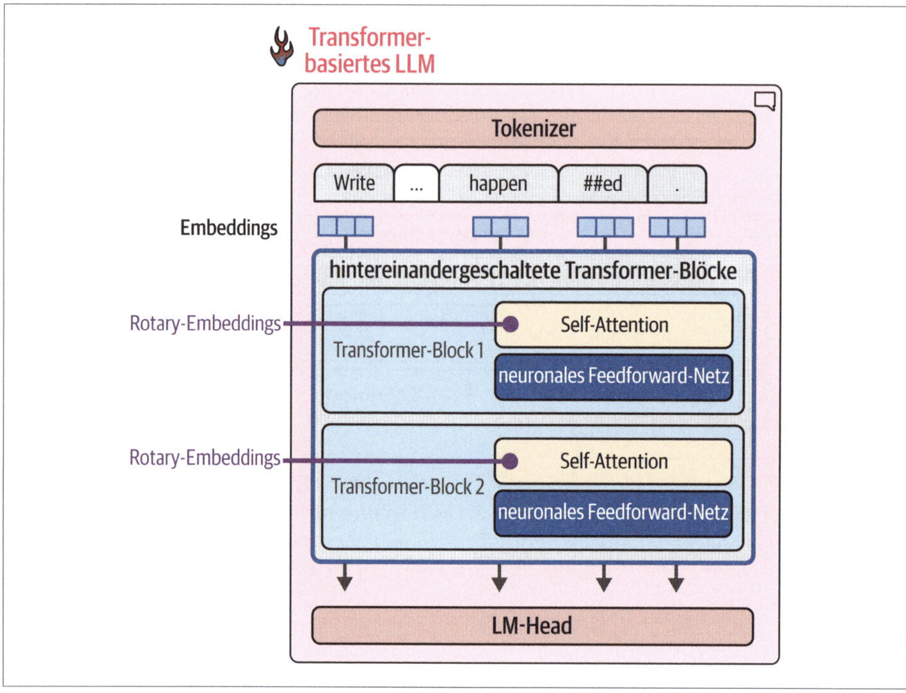

Abbildung 3.32: Rotary-Embeddings werden während des Attention-Mechanismus und nicht zu Beginn des Forward Pass angewandt.

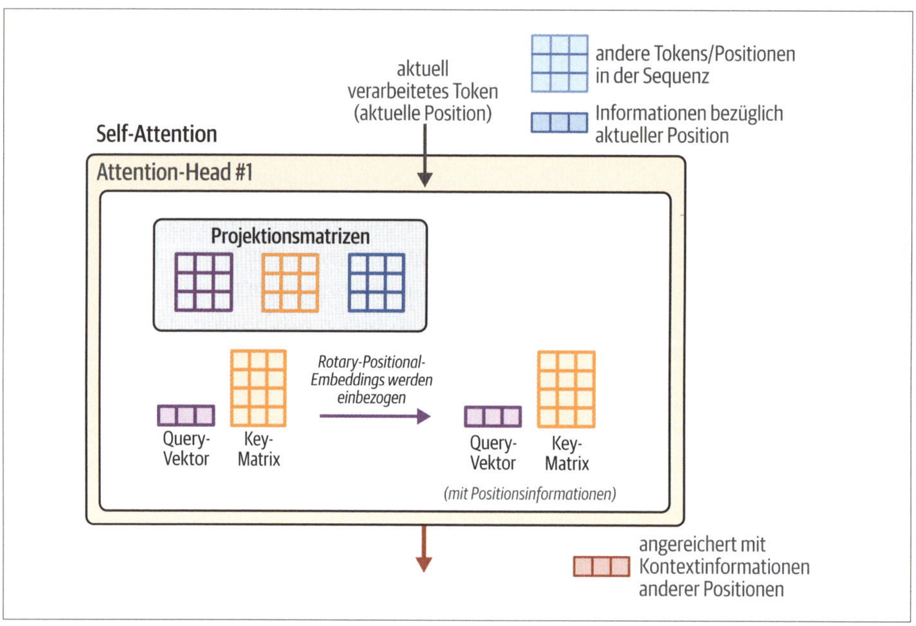

Abbildung 3.33: Bei den Vektordarstellungen werden die Rotary-Positional-Embeddings unmittelbar vor dem Schritt der Relevanzbewertung bei der Ermittlung der Self-Attention der Tokens berücksichtigt.

Weitere Vorschläge und Verbesserungen im Hinblick auf die Architektur

Es werden fortlaufend zahlreiche Optimierungen der Transformer-Architektur vorgeschlagen und erforscht. Im Artikel »A Survey of Transformers« (*https://oreil.ly/3SrG4*) wird eine Reihe relevanter Forschungsschwerpunkte beleuchtet. Darüber hinaus werden Transformer-Architekturen ständig auch in Anwendungsbereichen adaptiert, die über die Sprachverarbeitung hinausgehen. Ein Bereich, in dem derzeit intensiv an der Transformer-Architektur geforscht wird, ist die Computer Vision (siehe »Transformers in vision: A survey« (*https://oreil.ly/35CES*) und »A survey on vision transformer« (*https://oreil.ly/0zEbq*)). Weitere Bereiche bilden die Robotik (siehe »Open X-Embodiment: Robotic learning datasets and RT-X models« (*https://oreil.ly/SXAuB*)) und die Zeitreihenanalyse (siehe »Transformers in time series: A survey« (*https://oreil.ly/p9duV*)).

Zusammenfassung

In diesem Kapitel haben Sie die wichtigsten Grundideen kennengelernt, die dem Transformer-Modell zugrunde liegen, und einen Einblick in die neuesten Entwicklungen gewonnen, auf denen aktuelle Transformer-basierte LLMs aufbauen. Dabei wurde eine Vielzahl neuer Konzepte behandelt. Die wichtigsten davon sind:

- Bei Transformer-basierten LLMs wird immer *ein Token nach dem anderen* generiert.
- Anschließend wird das jeweils neu generierte Token dem Prompt *hinzugefügt* und der aktualisierte Prompt erneut dem Modell übergeben, um im Rahmen des nächsten Forward Pass das nächste Token zu generieren.
- Zu den *drei Hauptkomponenten* eines Transformer-basierten LLM gehören ein Tokenizer, mehrere hintereinandergeschaltete Transformer-Blöcke und ein Language Modeling Head.
- Der Tokenizer verfügt über ein *Vokabular von Tokens* für das Modell. In das Modell werden *Token-Embeddings*, die diesen Tokens zugeordnet sind, eingespeist. Der erste Schritt bei der Generierung von Tokens besteht also darin, den Text in Tokens zu zerlegen und anschließend die Embeddings dieser Tokens als Grundlage zu verwenden.
- Im Rahmen des Forward Pass durchlaufen die Eingabedaten *nacheinander* alle Komponenten des Modells.
- Der Language-Modeling-Head bewertet schließlich, welches Token mit der höchsten Wahrscheinlichkeit an nächster Stelle steht. Welches Token im jeweiligen Generierungsschritt ausgewählt wird, hängt von der verwendeten Decodierungsstrategie ab (es kann sich dabei um das Token mit der höchsten Wahrscheinlichkeit handeln, dies ist jedoch nicht zwangsläufig der Fall).

- Ein Grund, warum sich Transformer-Modelle so gut eignen, ist ihre Fähigkeit, Tokens parallel zu verarbeiten. Die einzelnen Input-Tokens durchlaufen jeweils *separate Verarbeitungsprozesse*bzw.*-ströme*. Die Anzahl dieser Prozesse entspricht der Kontextlänge des Modells, d.h. der maximal möglichen Anzahl an Tokens, die das Modell verarbeiten kann.
- Da Transformer-basierte LLMs die einzelnen Tokens eines Texts nacheinander generieren und dabei wiederholt eine Schleife durchlaufen, ist es sinnvoll, die Verarbeitungsergebnisse jedes Schritts zwischenzuspeichern. So wird vermieden, dass ein und derselbe Verarbeitungsschritt mehrfach ausgeführt wird. Diese Ergebnisse werden in Form mehrerer unterschiedlicher Matrizen in den einzelnen Attention-Schichten zwischengespeichert.
- Der Großteil der Verarbeitung findet in den *Transformer-Blöcken* statt. Diese bestehen aus zwei grundlegenden Komponenten. Eine davon ist das *neuronale Feedforward-Netz*, das Informationen speichern und auf der Grundlage der Daten, mit denen es trainiert wurde, Vorhersagen treffen und interpolieren kann.
- Die andere Hauptkomponente eines Transformer-Blocks ist die *Attention*-Schicht. Mithilfe des Attention-Mechanismus kann das Modell im Kontext enthaltene Informationen besser erfassen und somit sprachliche Nuancen erkennen.
- Der Attention-Mechanismus verläuft in zwei Schritten: erstens der Bewertung der Relevanz und zweitens der Zusammenführung von Informationen.
- In einer Attention-Schicht eines Transformers werden mehrere Attention-Operationen parallel in jeweils einem *Attention-Head* ausgeführt. Die Ergebnisse dieser Operationen werden zusammengeführt und bilden das Ergebnis der Attention-Schicht.
- Der Attention-Mechanismus lässt sich beschleunigen, indem die Key- und Value-Matrizen entweder von allen Heads oder von einzelnen Gruppen von Heads gemeinsam genutzt werden (*Grouped-Query-Attention*).
- Methoden wie *Flash-Attention* ermöglichen eine schnellere Berechnung der Attention, indem die Ausführung der Operation hinsichtlich der verschiedenen Speicher einer GPU optimiert wird.

Im Zusammenhang mit Transformer-Modellen gibt es immer wieder neue Entwicklungen und Verbesserungsvorschläge – sowohl bei Sprachmodellen als auch in anderen Anwendungsbereichen.

In Teil II des Buchs werden einige dieser praktischen Anwendungsmöglichkeiten von LLMs detailliert behandelt. In Kapitel 4 werden Sie mehr über die Klassifikation von Texten erfahren, die im Bereich der Language AI häufig eingesetzt wird. Das Kapitel dient dazu, Sie in die Anwendung generativer Modelle und Representation-Modelle einzuführen.

TEIL II

Vortrainierte Sprachmodelle verwenden

KAPITEL 4

Textklassifikation

Die Klassifikation ist eine der gängigsten Anwendungen im Bereich des Natural Language Processing. Dabei wird ein Modell so trainiert, dass es einen vorgegebenen Text einer Kategorie bzw. Klasse zuordnen kann (siehe Abbildung 4.1). Die Textklassifikation kommt in einer Vielzahl von Anwendungsbereichen zum Einsatz, von der Sentimentanalyse und der Intentionserkennung (engl. *Intent Detection*) bis hin zur Eigennamenerkennung (engl. *Named-Entity Recognition*, NER) und Spracherkennung. Die Art und Weise, wie Texte heutzutage klassifiziert werden, wurde maßgeblich sowohl von Representation-Modellen als auch von generativen Sprachmodellen beeinflusst.

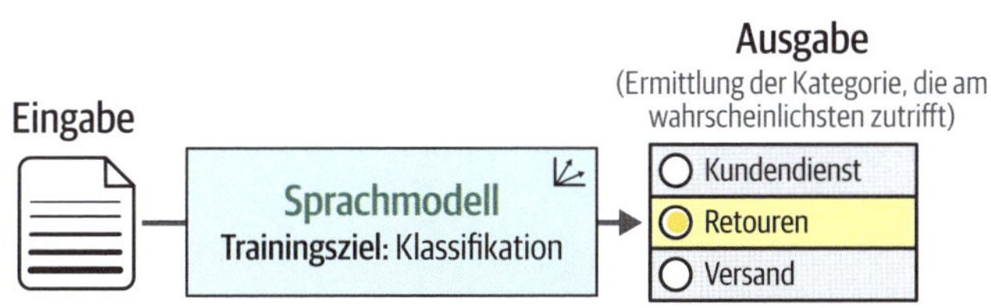

Abbildung 4.1: Sprachmodelle können auch zur Klassifizierung von Texten verwendet werden.

In diesem Kapitel werden Sie mit den verschiedenen Möglichkeiten vertraut gemacht, wie Sprachmodelle zur Klassifizierung von Texten eingesetzt werden können. Dabei sammeln Sie erste Erfahrungen im Umgang mit bereits vortrainierten Sprachmodellen. Da es auf dem Gebiet der Textklassifikation ein breites Spektrum an Möglichkeiten gibt, werden Ihnen zunächst die verschiedenen Methoden vorgestellt. Anschließend können Sie sich anhand dieser Methoden mit den Möglichkeiten vertraut machen, die sich im Zusammenhang mit Sprachmodellen bieten.

- In Abschnitt »Texte mit Representation-Modellen klassifizieren« auf Seite 133 erfahren Sie zunächst, wie flexibel nicht generative Modelle für die Klassifikation genutzt werden können. Dabei werden sowohl aufgabenspezifische Modelle als auch Embedding-Modelle behandelt.
- In Abschnitt »Texte mit generativen Modellen klassifizieren« auf Seite 147 erhalten Sie eine Einführung in generative Sprachmodelle, von denen die meisten zur Klassifikation herangezogen werden können. In diesem Zusammenhang werden sowohl Open-Source- als auch Closed-Source-Sprachmodelle beleuchtet.

In diesem Kapitel geht es in erster Linie darum, wie vortrainierte Sprachmodelle genutzt werden können – also Modelle, die bereits auf der Grundlage großer Datenmengen trainiert wurden und direkt zur Klassifizierung von Texten eingesetzt werden können. Dabei werden Sie sowohl Representation-Modelle als auch generative Sprachmodelle verwenden und deren Unterschiede kennenlernen (siehe Abbildung 4.2).

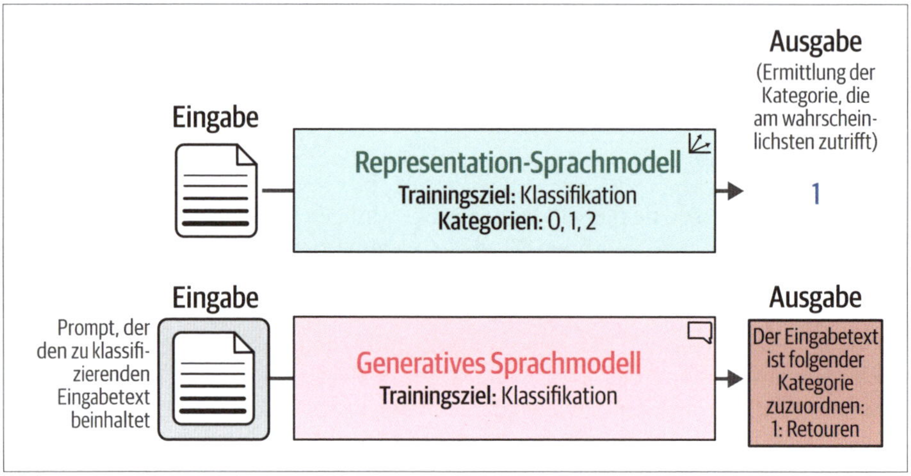

Abbildung 4.2: Sowohl Representation- als auch generative Modelle eignen sich für die Klassifikation. Allerdings unterscheiden sich beide Ansätze voneinander.

Im Folgenden lernen Sie verschiedene generative und nicht generative Sprachmodelle sowie die gängigsten Pakete kennen, mit denen sich diese Modelle laden und verwenden lassen.

Zwar liegt der thematische Schwerpunkt dieses Buchs auf LLMs, dennoch sollten Sie die vorgestellten Beispiele unbedingt mit traditionellen, gleichwohl effektiven Methoden vergleichen. Beispielsweise könnten Sie eine Vektordarstellung für den entsprechenden Text mittels TF-IDF erstellen und darauf aufbauend einen Klassifikator trainieren, der auf der logistischen Regression basiert.

Sentimentanalyse von Spielfilmrezensionen

Alle Daten, die zur Veranschaulichung der verschiedenen Verfahren zur Textklassifikation verwendet werden, finden Sie auf dem Hugging Face Hub. Dies ist eine Plattform, auf der sowohl Modelle als auch Daten (*https://oreil.ly/ndroe*) gehostet werden. Zum Trainieren und Evaluieren der Modelle wird der bekannte `"rotten_tomatoes"`-Datensatz (*https://oreil.ly/44-1y*) verwendet.[1] Dieser enthält 5.331 positive und 5.331 negative Filmrezensionen von der Website *Rotten Tomatoes*.

1 Bo Pang und Lillian Lee. »Seeing stars: Exploiting class relationships for sentiment categorization with respect to rating scales.« *arXiv Preprint cs/0506075* (2005).

Zum Laden der Daten können Sie das datasets-Paket verwenden, das im gesamten Buch zum Einsatz kommt:

```
from datasets import load_dataset

# Datensatz laden
data = load_dataset("rotten_tomatoes")
data
```

```
DatasetDict({
    train: Dataset({
        features: ['text', 'label'],
        num_rows: 8530
    })
    validation: Dataset({
        features: ['text', 'label'],
        num_rows: 1066
    })
    test: Dataset({
        features: ['text', 'label'],
        num_rows: 1066
    })
})
```

Der Datensatz ist in einen Trainings- (*train*), einen Test- (*test*) und einen Validierungsdatensatz (*validation*) unterteilt. In diesem Kapitel verwenden Sie den Trainingsdatensatz, um die Modelle zu trainieren, und den Testdatensatz, um die Ergebnisse zu validieren. Der zusätzliche Validierungsdatensatz dient dazu, im Rahmen der Optimierung der Hyperparameter (Hyperparameter-Tuning) die Generalisierungsfähigkeit eines Modells zu validieren.

Sehen Sie sich nun zunächst ein Beispiel aus dem Trainingsdatensatz an:

```
data["train"][0, -1]
```

```
{'text': ['the rock is destined to be the 21st century\'s new " conan " and that
he\'s going to make a splash even greater than arnold schwarzenegger , jean-claude
van damme or steven segal .',
  'things really get weird , though not particularly scary : the movie is all
portent and no content .'],
 'label': [1, 0]}
```

Diese kurz gefassten Rezensionen sind entweder mit dem Label »positiv« (1) oder »negativ« (0) gekennzeichnet. Es handelt sich somit um eine binäre Klassifikation des Sentiments bzw. des zum Ausdruck gebrachten Stimmungsbilds.

Texte mit Representation-Modellen klassifizieren

Die Klassifikation mit vortrainierten Representation-Modellen erfolgt im Allgemeinen auf zwei Arten: entweder mit einem aufgabenspezifischen (engl. *Task-specific*) Modell oder einem Embedding-Modell. Bei diesen Modellen handelt es sich, wie bereits im vorherigen Kapitel erläutert, um Modelle, die durch das Feintuning eines Basismodells (bzw. Foundation-Modells) wie BERT für eine bestimmte nachgelagerte Aufgabe konzipiert sind (siehe Abbildung 4.3).

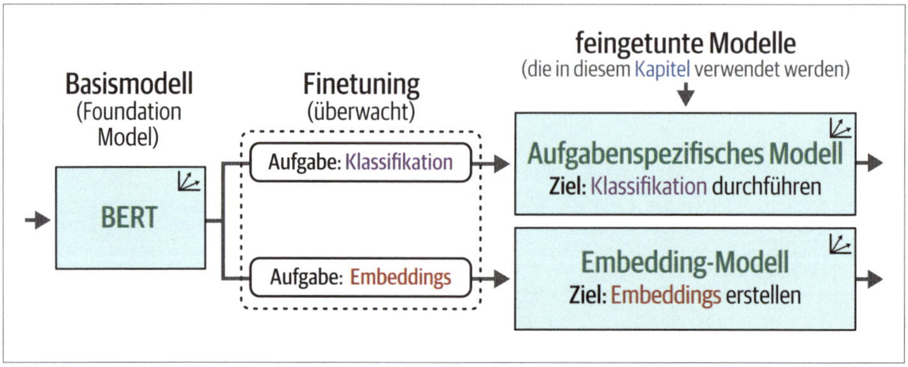

Abbildung 4.3: Ein Foundation-Modell wird für bestimmte Aufgaben feingetunt, beispielsweise für die Klassifikation oder die Generierung von Embeddings, die für verschiedenste Zwecke genutzt werden können.

Ein aufgabenspezifisches Modell ist ein Representation-Modell (wie BERT), das gezielt für eine bestimmte Aufgabe – beispielsweise die Sentimentanalyse – trainiert wurde. Bei einem Embedding-Modell werden, wie Sie in Kapitel 1 erfahren haben, universell einsetzbare Embeddings generiert. Diese können für eine Vielzahl von Aufgaben verwendet werden, also nicht nur für die Klassifikation, sondern auch für andere Aufgaben wie etwa die semantische Suche (siehe Kapitel 8).

In Kapitel 11 erfahren Sie, wie Modelle wie BERT so feingetunt werden können, dass sie sich zur Klassifizierung von Texten eignen. In Kapitel 10 lernen Sie, wie Sie ein eigenes Embedding-Modell erstellen. In diesem Kapitel bleiben beide Modelle *eingefroren* (engl. *frozen*), d.h., sie sind nicht trainierbar, und es wird nur ihre Ausgabe verwendet (siehe Abbildung 4.4).

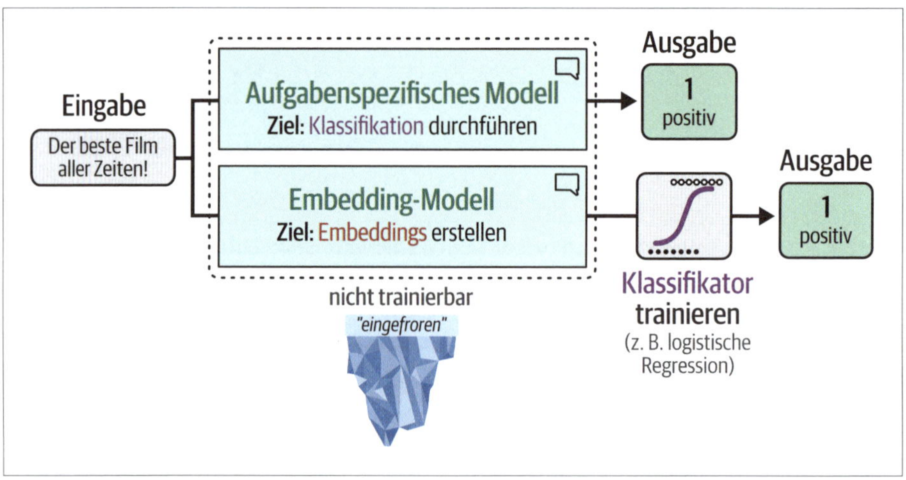

Abbildung 4.4: Eine Klassifikation kann entweder direkt mit einem aufgabenspezifischen Modell oder indirekt mit universell einsetzbaren Embeddings vorgenommen werden.

Zur Klassifizierung der vorliegenden Filmrezensionen greifen Sie nun auf vortrainierte Modelle zurück, die andere bereits für Sie feingetunt haben.

Ein geeignetes Modell auswählen

Angesichts von über 60.000 Modellen auf dem Hugging Face Hub, die sich für die Textklassifikation eignen, (*https://oreil.ly/IPWTY*) und mehr als 8.000 Modellen, die derzeit Embeddings generieren (*https://oreil.ly/yviVH*), ist die Auswahl des richtigen Modells nicht so einfach, wie man vielleicht denken mag. Wichtig ist, dass Sie sich für ein Modell entscheiden, das für Ihren Anwendungsfall geeignet ist. Achten Sie bei der Auswahl darauf, dass es mit der von Ihnen genutzten Sprache kompatibel ist und die entsprechende Architektur, Größe und Leistungsfähigkeit aufweist.

Betrachten wir zunächst die zugrunde liegende Architektur. In Kapitel 1 haben Sie bereits erfahren, dass BERT – eine bekannte, rein auf Encodern basierende Architektur – eine beliebte Wahl ist, wenn es um die Erstellung aufgabenspezifischer Modelle oder Embedding-Modelle geht. Generative Modelle wie die GPT-Modellfamilie mögen zwar beeindruckend sein, doch rein auf Encodern basierende Modelle eignen sich ebenfalls hervorragend für aufgabenspezifische Anwendungsfälle und sind in der Regel deutlich kleiner.

Im Laufe der Jahre wurden etliche Varianten des BERT-Modells entwickelt, wie z. B. RoBERTa[2], DistilBERT[3], ALBERT[4] und DeBERTa[5]. Diese wurden jeweils unter unterschiedlichen Gesichtspunkten trainiert. Abbildung 4.5 hilft Ihnen, sich einen chronologischen Überblick über einige beliebte Varianten des BERT-Modells zu verschaffen.

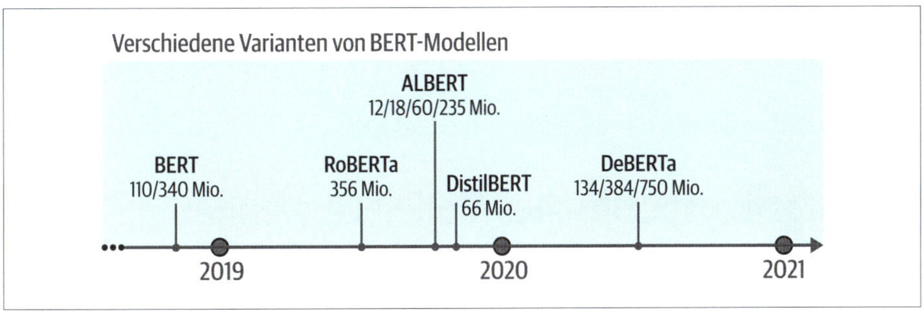

Abbildung 4.5: Eine chronologische Übersicht über bekannte Varianten des BERT-Modells. Hierbei handelt es sich um Basis- bzw. Foundation-Modelle, die hauptsächlich dafür gedacht sind, für eine nachgelagerte Aufgabe feingetunt zu werden.

Das richtige Modell für die jeweilige Aufgabe auszuwählen, kann an sich schon eine Herausforderung sein. Es ist nicht möglich, die vielen Tausend vortrainierten Modelle zu testen, die auf dem Hub von Hugging Face zu finden sind. Daher ist es wich-

2 Yinhan Liuet et al. »RoBERTa: A robustly optimized BERT pretraining approach.« *arXiv Preprint arXiv:1907.11692* (2019).

3 Victor Sanh et al. »DistilBERT, a distilled version of BERT: smaller, faster, cheaper and lighter.« *arXiv Preprint arXiv:1910.01108* (2019).

4 Zhenzhong Lan et al. »ALBERT: A lite BERT for self-supervised learning of language representations.« *arXiv Preprint arXiv:1909.11942* (2019).

5 Pengcheng He et al. »DeBERTa: Decoding-enhanced BERT with disentangled attention.« *arXiv Preprint arXiv:2006.03654* (2020).

tig, mit den Modellen, die man auswählt, möglichst zielführend vorzugehen. Es gibt allerdings mehrere Modelle, die sich hervorragend als Ausgangspunkt eignen und Ihnen einen Eindruck von der grundlegenden Leistungsfähigkeit dieser Art von Modellen vermitteln. Sie sollten sie also als eine solide Ausgangsbasis betrachten:

- BERT-Base-Modell (uncased) (*https://oreil.ly/nq_GM*)
- RoBERTa-Base-Modell (*https://oreil.ly/rz4dQ*)
- DistilBERT-Base-Modell (uncased) (*https://oreil.ly/ieLs3*)
- DeBERTa-Base-Modell (*https://oreil.ly/wN8yl*)
- bert-tiny (*https://oreil.ly/HLRPn*)
- ALBERT-Base-Modell v2 (*https://oreil.ly/Mw93z*)

Im vorliegenden Fall dient das aufgabenspezifische Modell »Twitter-RoBERTa-base for Sentiment Analysis« (*https://oreil.ly/HmvFk*) als Grundlage. Dabei handelt es sich um ein RoBERTa-Modell, das für die Sentimentanalyse von Tweets feingetunt wurde. Zwar wurde das Modell nicht speziell auf Filmrezensionen trainiert, doch es ist durchaus interessant, herauszufinden, wie gut es generalisieren kann.

Wenn Sie auf der Suche nach geeigneten Modellen zur Erzeugung von Embeddings sind, ist das MTEB-Leaderboard (*https://oreil.ly/mUVXD*) ein guter Ausgangspunkt. Dort sind verschiedene Open- und Closed-Source-Modelle aufgeführt, die hinsichtlich mehrerer Aufgaben bewertet wurden. Bei der Auswahl sollten Sie allerdings nicht nur die Leistungsfähigkeit berücksichtigen. Im Hinblick auf die Praxistauglichkeit ist insbesondere die Geschwindigkeit bei der Inferenz ein entscheidender Faktor. Daher wird in diesem Abschnitt »sentence-transformers/all-mpnet-base-v2« (*https://oreil.ly/3pozB*) als Embedding-Modell verwendet. Es handelt sich dabei um ein kleines, aber dennoch recht performantes Modell.

Ein aufgabenspezifisches Modell verwenden

Nachdem Sie sich für ein aufgabenspezifisches Representation-Modell entschieden haben, müssen Sie dieses zunächst vom Hub herunterladen und dann mithilfe einer Pipeline laden:

```
from transformers import pipeline

# Pfad zum Hugging-Face-Modell
model_path = "cardiffnlp/twitter-roberta-base-sentiment-latest"

# Modell in Pipeline laden
pipe = pipeline(
    model=model_path,
    tokenizer=model_path,
    return_all_scores=True,
    device="cuda:0"
)
```

Wenn Sie das Modell laden, wird auch der zugehörige *Tokenizer* geladen, der für die Zerlegung des eingegebenen Texts in einzelne Tokens verantwortlich ist (siehe Abbildung 4.6). Der entsprechende Parameter muss nicht explizit angegeben werden, da der Tokenizer automatisch geladen wird – er dient hier lediglich der Veranschaulichung dessen, was im Hintergrund geschieht.

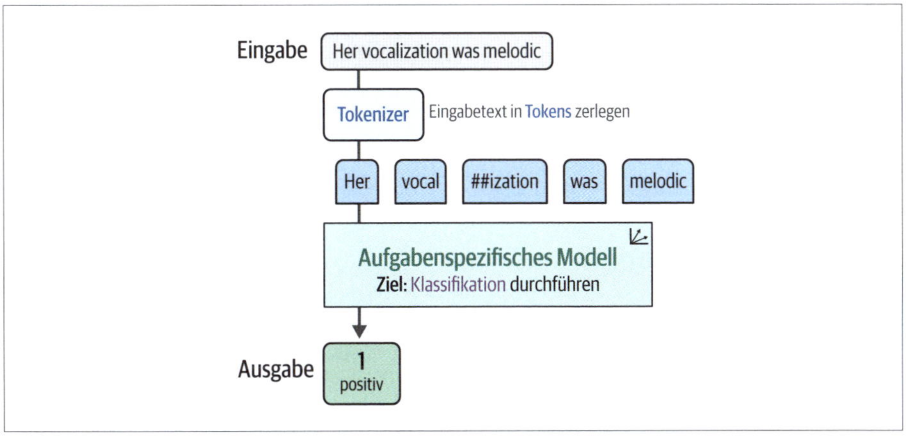

Abbildung 4.6: Bevor ein eingegebener Satz vom aufgabenspezifischen Modell verarbeitet werden kann, wird er zunächst an den Tokenizer geleitet.

Tokens sind – wie bereits in Kapitel 2 ausführlich erläutert – ein integraler Bestandteil der meisten Sprachmodelle. Ein großer Vorteil der Tokenisierung besteht darin, dass Tokens miteinander kombiniert werden können und dass die entsprechenden Vektordarstellungen auch dann erzeugt werden können, wenn die eingegebenen Wörter nicht in den Trainingsdaten enthalten waren (siehe Abbildung 4.7).

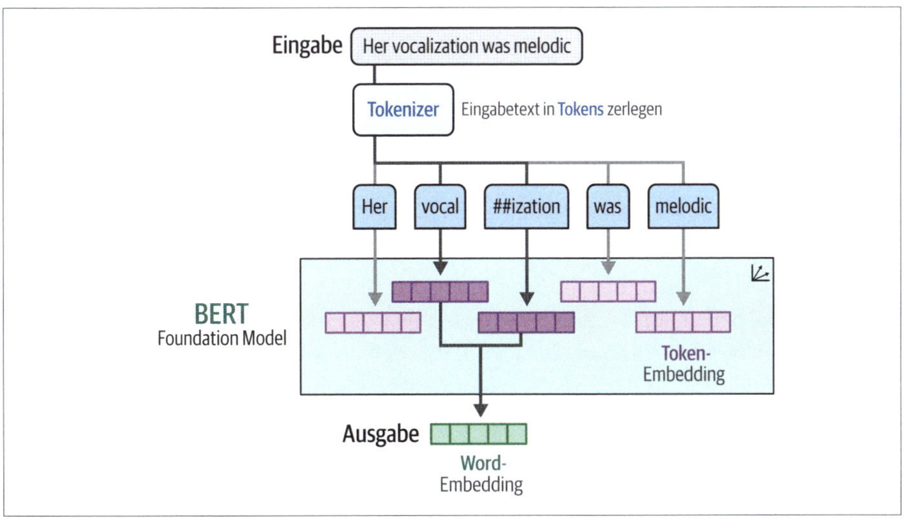

Abbildung 4.7: Selbst wenn ein Wort unbekannt ist bzw. nicht in den Trainingsdaten enthalten war, können in der Regel dennoch entsprechende Word-Embeddings generiert werden, da das Wort zunächst in Tokens zerlegt wird.

Alle erforderlichen Komponenten sind nun eingerichtet. Probieren Sie das Modell doch gleich auf dem Testdatensatz aus:

```
import numpy as np
from tqdm import tqdm
from transformers.pipelines.pt_utils import KeyDataset

# Vorhersagen treffen (Inferenz)
y_pred = []
for output in tqdm(pipe(KeyDataset(data["test"], "text")), total=len(data[
"test"])):
    negative_score = output[0]["score"]
    positive_score = output[2]["score"]
    assignment = np.argmax([negative_score, positive_score])
    y_pred.append(assignment)
```

Liegen Ihnen die Vorhersagen des Modells vor, steht noch deren Evaluierung aus. Hierzu können Sie die folgende Funktion verwenden, die in diesem Kapitel immer wieder zum Einsatz kommen wird:

```
from sklearn.metrics import classification_report

def evaluate_performance(y_true, y_pred):
    """Klassifikationsbericht erstellen und anzeigen lassen"""
    performance = classification_report(
        y_true, y_pred,
        target_names=["Negative Review", "Positive Review"]
    )
    print(performance)
```

Mit dieser Funktion können Sie sich einen Bericht erstellen lassen, anhand dessen Sie beurteilen können, wie gut die Klassifikation des Modells gelungen ist:

```
evaluate_performance(data["test"]["label"], y_pred)

                precision    recall  f1-score   support

Negative Review      0.76      0.88      0.81       533
Positive Review      0.86      0.72      0.78       533

       accuracy                          0.80      1066
      macro avg      0.81      0.80      0.80      1066
   weighted avg      0.81      0.80      0.80      1066
```

Um die im Bericht aufgeführten Ergebnisse der binären Klassifikation richtig interpretieren und beurteilen zu können, muss zunächst geklärt werden, wie Vorhersagen eingeteilt werden können. Je nachdem, welche Kategorie vorhergesagt wurde (positiv oder negativ) und welche Kategorie tatsächlich zutrifft, gibt es vier mögliche Kombinationen. Wenn es sich um ein Beispiel handelt, das als positiv klassifiziert wurde, kann die Vorhersage entweder korrekt (richtig positiv, engl. *True Positive* – TP) oder falsch (falsch positiv, engl. *False Positive* – FP) sein. Entsprechend kann die Vorhersage im Fall eines Beispiels, das als negativ klassifiziert wurde, ebenfalls entweder korrekt (richtig negativ, engl. *True Negative* – TN) oder falsch (falsch negativ, engl. *False Negative* – FN) sein. Diese Kombinationen können als Matrix dargestellt werden, die im Allgemeinen als Wahrheitsmatrix, teils auch als Konfusionsmatrix (engl. *Confusion Matrix*) bezeichnet wird (siehe Abbildung 4.8).

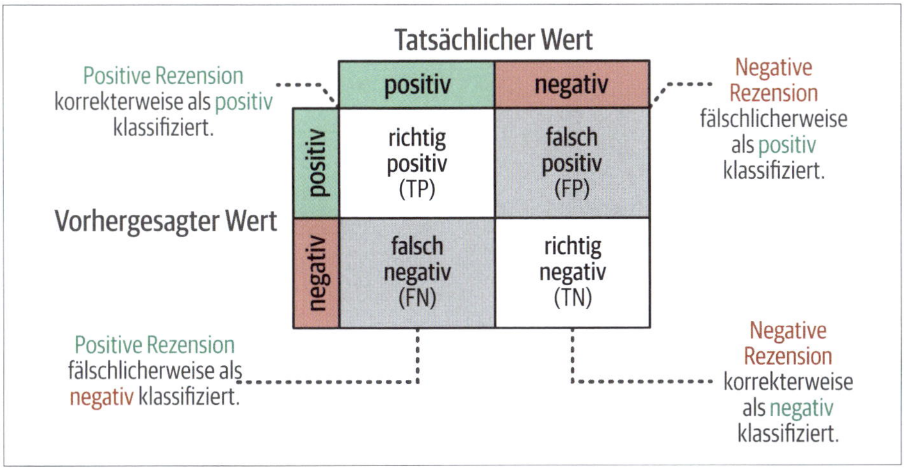

Abbildung 4.8: Die vier verschiedenen Arten von Vorhersagen lassen sich aus der Wahrheitsmatrix ablesen.

Auf der Grundlage der Wahrheitsmatrix können nun mehrere Maße zur Beurteilung der Qualität bzw. Güte des Modells abgeleitet werden. Im zuvor erstellten Klassifikationsbericht werden vier dieser Maße aufgeführt: die *Relevanz*, auch Genauigkeit genannt (engl. *Precision*), die *Trefferquote* bzw. Sensitivität (engl. *Recall*), die *Treffergenauigkeit*, die auch als Korrektklassifikationsrate (engl. *Accuracy*) bezeichnet wird, und das *F1-Maß* (engl. *F1-Score*). (Da in Python die Ergebnisse auf Englisch ausgegeben werden, werden in der folgenden Liste auch die englischen Begriffe für die Maße verwendet, um eine bessere Nachvollziehbarkeit zu gewährleisten.)

- Die *Precision* (bzw. Relevanz) gibt an, wie viele der als relevant (d.h. positiv) klassifizierten Beispiele korrekt klassifiziert wurden, und spiegelt somit die Treffergenauigkeit hinsichtlich der relevanten bzw. positiven Beispiele wider.
- Der *Recall* (bzw. die Trefferquote) gibt an, wie viele der tatsächlich relevanten (d.h. positiven) Beispiele korrekt klassifiziert wurden, und dient somit als Indikator für die Fähigkeit, alle relevanten bzw. positiven Beispiele zu identifizieren.
- *Accuracy* (bzw. Treffergenauigkeit) bezieht sich darauf, wie viele Vorhersagen das Modell in Bezug auf alle Vorhersagen korrekt getroffen hat, und dient dementsprechend als Indikator davon, wie viele Vorhersagen des Modells insgesamt korrekt getroffen wurden.
- Beim *F1-Score* (bzw. F1-Maß) werden sowohl die Precision als auch der Recall (in Form eines gewichteten harmonischen Mittels) berücksichtigt, womit sich beurteilen lässt, wie gut ein Modell insgesamt abschneidet.

In Abbildung 4.9 werden die vier Maße anhand des von Ihnen zuvor erstellten Klassifikationsberichts veranschaulicht.

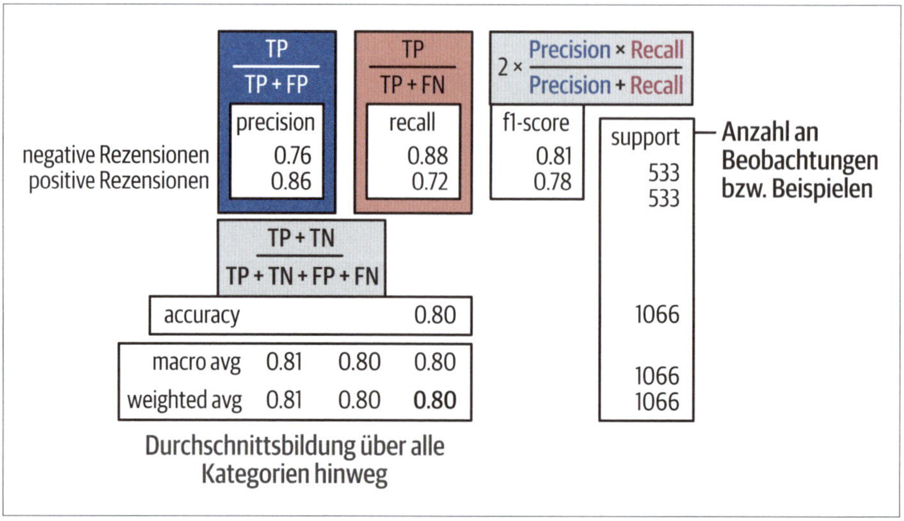

Abbildung 4.9: Der Klassifikationsbericht umfasst mehrere Maße, anhand deren sich die Performance eines Modells bewerten lässt.

In diesem Buch wird bei allen Beispielen eine Form der gewichteten Mittelwertbildung (engl. *Weighted Average*) für das F1-Maß zugrunde gelegt. Dadurch wird sichergestellt, dass alle Kategorien gleichermaßen ins Gewicht fallen (was vor allem bei Datensätzen von Bedeutung ist, bei denen die Kategorien nicht gleichmäßig vertreten sind). Das vortrainierte BERT-Modell liefert einen Wert von 0,80 für das F1-Maß (dieser Wert wird aufgeführt in der Zeile *weighted avg* der Spalte *f1-score*). Angesichts der Tatsache, dass das Modell nicht gezielt im Hinblick auf Daten dieser Domäne trainiert wurde, ist dies ein hervorragendes Ergebnis!

Es gibt eine Reihe von Möglichkeiten, das Modell noch weiter zu verbessern. Sie könnten beispielsweise ein Modell auswählen, das auf Basis von Daten aus der entsprechenden Domäne trainiert wurde – im vorliegenden Fall also auf Basis von Filmrezensionen. Hierfür könnten Sie etwa das Modell DistilBERT base uncased finetuned SST-2 (*https://oreil.ly/7-zVj*) verwenden. Sie könnten sich aber auch auf eine andere Art von Representation-Modell stützen, nämlich auf Embedding-Modelle.

Texte mit Embedding-Modellen klassifizieren

Im vorangegangenen Beispiel haben Sie ein vortrainiertes, aufgabenspezifisches Modell eingesetzt, das speziell für die Sentimentanalyse ausgelegt ist. Was aber, wenn Sie kein solches Modell finden? Müssen Sie dann selbst ein Feintuning eines Representation-Modells vornehmen? Die Antwort lautet: Nein!

Wenn Sie über die entsprechenden Rechenkapazitäten verfügen, haben Sie auch die Möglichkeit, das Modell selbst feinzutunen (siehe Kapitel 11). Allerdings hat nicht jeder Zugang zu derart umfangreichen Rechenkapazitäten. Glücklicherweise gibt es in solchen Situationen einen Ansatz, der Abhilfe schafft: universell einsetzbare (*general-purpose*) Embedding-Modelle.

Überwachte Klassifikation

Anstatt direkt ein Representation-Modell für die Klassifikation zu verwenden (wie im vorangegangenen Beispiel), kann auch ein traditionellerer Ansatz gewählt werden, bei dem ein Teil des Trainings selbst durchgeführt wird. Dazu verwenden Sie nun anstelle des Representation-Modells ein Embedding-Modell, mit dessen Hilfe Sie Merkmale (*Features*) extrahieren bzw. generieren. Diese können Sie dann in einen Klassifikator einspeisen und so einen zweistufigen Ansatz verfolgen (siehe Abbildung 4.10).

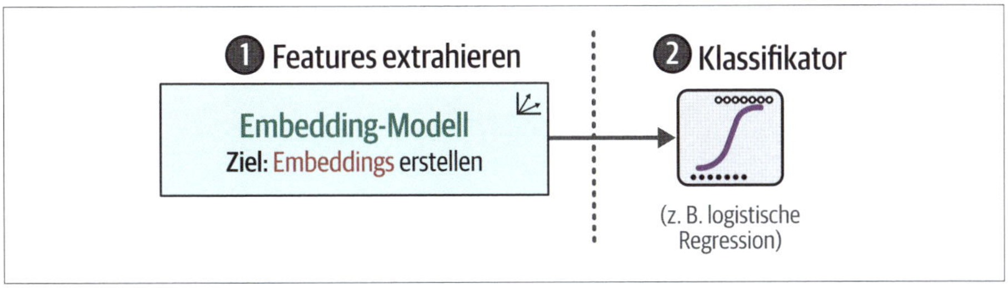

Abbildung 4.10: Die Feature Extraction (erster Schritt) und die Klassifikation (zweiter Schritt) erfolgen separat.

Einer der Hauptvorteile dieses zweistufigen Ansatzes besteht darin, dass kein aufwendiges Feintuning des Embedding-Modells notwendig ist. Stattdessen kann ein Klassifikator, beispielsweise auf Basis einer logistischen Regression, problemlos auf dem Hauptprozessor (CPU) trainiert werden.

Im ersten Schritt wandeln Sie die Texteingabe mithilfe des Embedding-Modells in Embeddings um (siehe Abbildung 4.11). Auch in diesem Beispiel wird das Modell *eingefroren* und während des Trainings nicht aktualisiert.

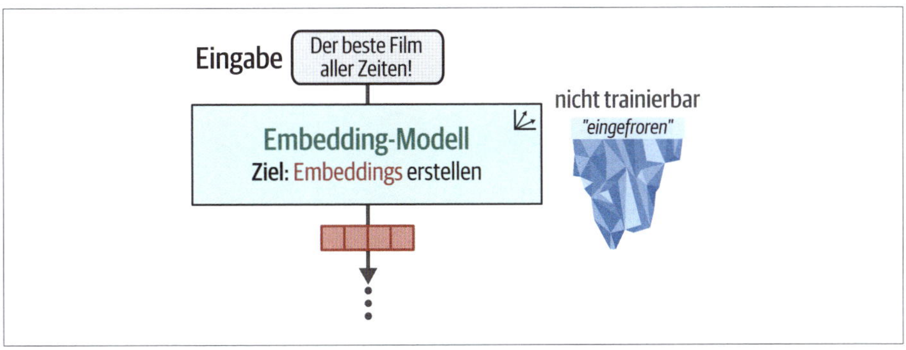

Abbildung 4.11: Im ersten Schritt wird das Embedding-Modell verwendet, um Features zu extrahieren und den Eingabetext in Embeddings umzuwandeln.

Dieser Schritt kann mit dem `sentence-transformers`-Paket durchgeführt werden, das häufig zur Nutzung vortrainierter Embedding-Modelle herangezogen wird.[6] Die Erstellung der Embeddings ist relativ simpel:

6 Nils Reimers und Iryna Gurevych. »Sentence-BERT: Sentence embeddings using Siamese BERT-networks.« *arXiv Preprint arXiv:1908.10084* (2019).

```
from sentence_transformers import SentenceTransformer

# Modell laden
model = SentenceTransformer("sentence-transformers/all-mpnet-base-v2")

# Text in Embeddings umwandeln
train_embeddings = model.encode(data["train"]["text"], show_progress_bar=True)
test_embeddings = model.encode(data["test"]["text"], show_progress_bar=True)
```

Diese Embeddings sind, wie bereits in Kapitel 1 erwähnt, Vektordarstellungen des Eingabetexts. Die Anzahl der Werte bzw. die Anzahl der Dimensionen der Embeddings hängt vom zugrunde liegenden Embedding-Modell ab. Beim vorliegenden Modell sehen diese wie folgt aus:

```
train_embeddings.shape
```

```
(8530, 768)
```

Jedes der 8.530 Eingabedokumente entspricht einem 768-dimensionalen Embedding-Vektor, d.h., ein Embedding umfasst jeweils 768 numerische Werte.

Im zweiten Schritt dienen diese Embeddings als Input-Features für den Klassifikator (siehe Abbildung 4.12). Dieser ist trainierbar und muss nicht zwangsläufig auf Basis einer logistischen Regression trainiert werden. Grundsätzlich ist jede Form eines Klassifikators denkbar, er muss lediglich für eine Klassifikation geeignet sein.

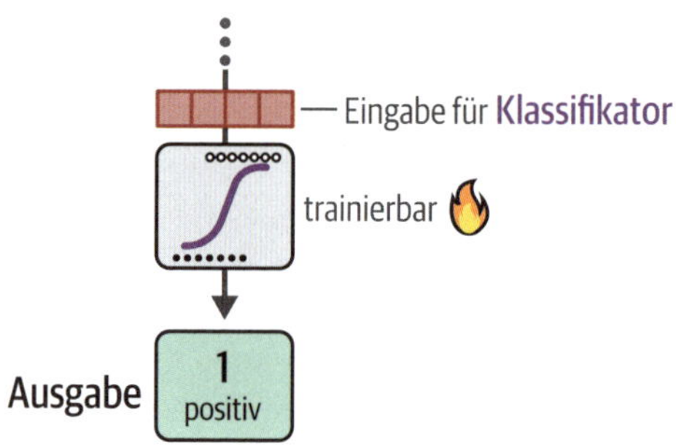

Abbildung 4.12: Auf Basis der als Input-Features verwendeten Embeddings wird ein logistisches Regressionsmodell auf den Trainingsdaten trainiert.

Um diesen Schritt jedoch möglichst einfach zu halten, wird hier als Klassifikator die logistische Regression verwendet. Zum Trainieren des Klassifikators benötigen Sie jetzt lediglich die generierten Embeddings und die entsprechenden Labels:

```
from sklearn.linear_model import LogisticRegression

# Logistisches Regressionsmodell auf Basis der Embeddings,
# die mit den Trainingsdaten erstellt wurden
clf = LogisticRegression(random_state=42)
clf.fit(train_embeddings, data["train"]["label"])
```

Im Anschluss müssen Sie das Modell nur noch evaluieren:

```
# Vorhersagen für den (dem Modell unbekannten) Testdatensatz treffen
y_pred = clf.predict(test_embeddings)
evaluate_performance(data["test"]["label"], y_pred)

                 precision    recall  f1-score   support

Negative Review       0.85      0.86      0.85       533
Positive Review       0.86      0.85      0.85       533

       accuracy                           0.85      1066
      macro avg       0.85      0.85      0.85      1066
   weighted avg       0.85      0.85      0.85      1066
```

Indem Sie einen Klassifikator auf der Grundlage der zuvor erstellten Embeddings trainiert haben, konnten Sie einen Wert für das F1-Maß von 0,85 erzielen. Das zeigt, welche guten Ergebnisse man mit einem relativ simplen Klassifikationsmodell erzielen kann, ohne das zugrunde liegende Embedding-Modell verändern zu müssen bzw. ein weiteres Training vorzunehmen.

> Im vorliegenden Beispiel haben Sie zur Extraktion der Embeddings das `sentence-transformers`-Paket verwendet, bei dem die Inferenz auf einer GPU erfolgt und somit wesentlich beschleunigt wird. Sollten Sie keine GPU nutzen können, haben Sie auch die Möglichkeit, eine externe API zur Erstellung der Embeddings zu verwenden. Beispielsweise bieten sowohl Cohere als auch OpenAI Lösungen an, mit denen sich die Pipeline zur Erstellung der Embeddings vollständig auf der CPU ausführen lässt.

Was aber, wenn Ihnen keine gelabelten Daten zur Verfügung stehen?

Im vorangegangenen Beispiel lagen Ihnen bereits gelabelte Daten vor, die Sie für die Klassifikation nutzen konnten. In der Praxis ist dies jedoch nicht immer der Fall. Die Erstellung von gelabelten Daten ist mit einem hohen Aufwand verbunden und erfordert in der Regel viele personelle Ressourcen. Darüber hinaus sollte stets hinterfragt werden, ob die Erstellung dieser Labels auch wirklich erforderlich ist.

Um herauszufinden, ob es sich überhaupt lohnt, Labels zu erstellen, können Sie zunächst eine Zero-Shot-Klassifikation durchführen, also eine Klassifikation ohne gelabelte Daten. Dabei wissen Sie zwar, wie die Labels lauten sollten (ihre Namen), verfügen jedoch nicht über entsprechend gelabelte Daten. Bei der Zero-Shot-Klassifikation wird das Ziel verfolgt, die Labels von Eingabetexten vorherzusagen, ohne dass das System zuvor darauf trainiert wurde (siehe Abbildung 4.13).

Um eine Zero-Shot-Klassifikation auf der Grundlage von Embeddings durchzuführen, bietet sich ein einfacher Trick an: Beschreiben Sie Ihre Labels einfach so, dass bestmöglich wiedergegeben wird, was sie zum Ausdruck bringen sollen. Ein negatives Label für die Rezension eines Spielfilms kann beispielsweise als »Das ist eine Filmrezension, die eine negative Bewertung zum Ausdruck bringt« beschrieben werden. Diese Beschreibungen müssen anschließend in Embeddings umgewandelt werden.

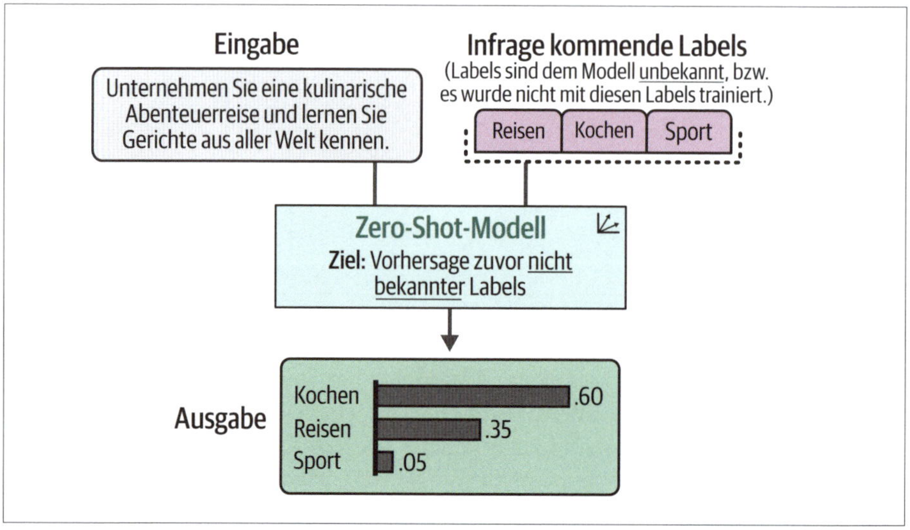

Abbildung 4.13: Bei der Zero-Shot-Klassifikation liegen keine gelabelten Daten vor. Es ist lediglich bekannt, welche Labels bzw. Kategorien in die Klassifikation einbezogen werden sollen. Das Zero-Shot-Modell beurteilt, welchem der infrage kommenden Labels die eingegebenen Daten jeweils zugeordnet werden können.

Zusammen mit den Embeddings der Eingabedokumente können sie dann als Datensatz für die Zero-Shot-Klassifikation genutzt werden. So können Sie Ihre eigenen Target-Labels – also die Labels, die dann zur Klassifikation genutzt werden können – generieren, ohne selbst über gelabelte Daten zu verfügen (siehe Abbildung 4.14).

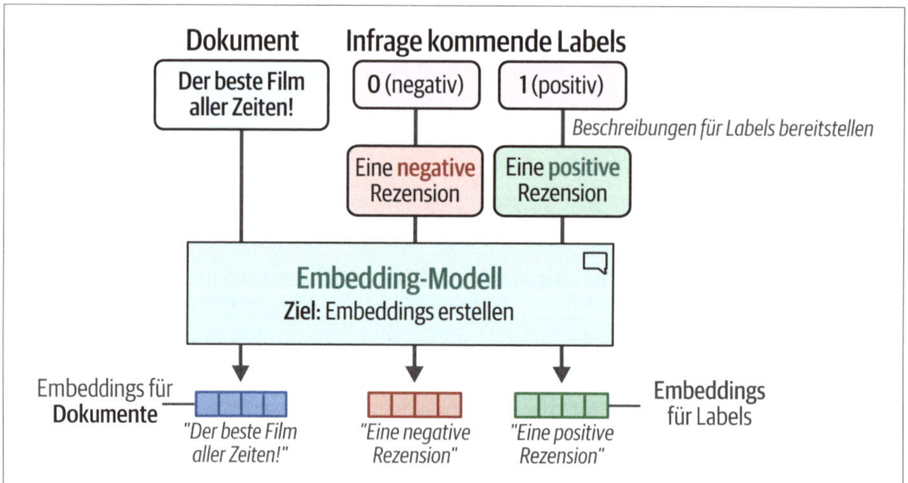

Abbildung 4.14: Um Embeddings für die Labels zu erstellen, ist es zunächst notwendig, deren Bedeutung zu beschreiben, beispielsweise durch Formulierungen wie »Eine negative Rezension« oder »Das ist eine Filmrezension, die eine negative Bewertung zum Ausdruck bringt« (bzw. auf Englisch, wenn die Beispiele des Datensatzes auf Englisch sind). Mithilfe des sentence-transformers-Pakets kann diese Beschreibung dann in ein Embedding umgewandelt werden.

Die Embeddings der Labels erstellen Sie – wie zuvor – mithilfe der Funktion `.encode`:

```
# Embeddings für die Labels erstellen
label_embeddings = model.encode(["A negative review", "A positive review"])
```

Die Labels können nun mithilfe der Kosinus-Ähnlichkeit (engl. *Cosine Similarity*) den Dokumenten zugeordnet werden. Die Kosinus-Ähnlichkeit zweier Vektoren entspricht dem Kosinus des zwischen ihnen eingeschlossenen Winkels. Zur Berechnung wird zunächst das Skalarprodukt beider Embeddings ermittelt, und dieses wird durch das Produkt ihrer euklidischen Normen (d.h. Längen) dividiert, wie Abbildung 4.15 veranschaulicht.

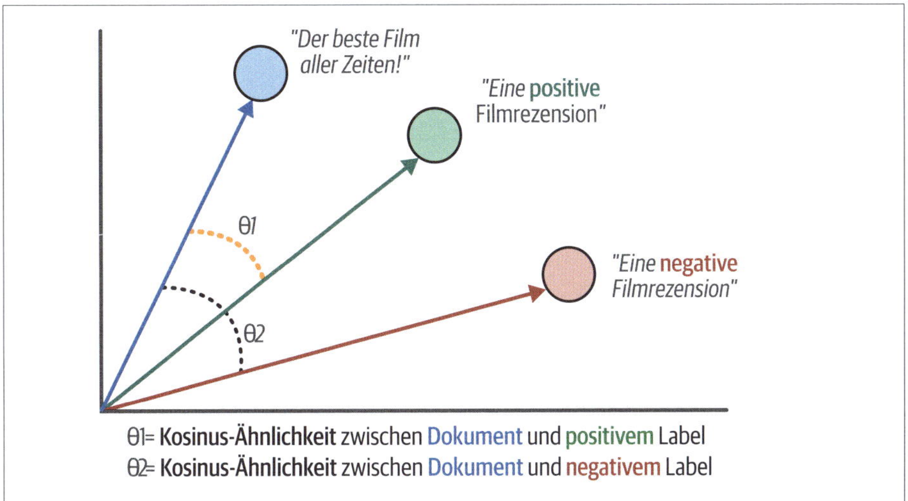

Abbildung 4.15: Die Kosinus-Ähnlichkeit entspricht dem Winkel zwischen zwei Vektoren bzw. Embeddings. Im vorliegenden Beispiel wird jeweils die Ähnlichkeit zwischen einem Dokument und den beiden infrage kommenden Labels (positiv und negativ) ermittelt.

Die Kosinus-Ähnlichkeit gibt Aufschluss darüber, wie ähnlich ein bestimmtes Dokument den Beschreibungen der infrage kommenden Labels ist. Das Label, dessen Beschreibung die größte Ähnlichkeit mit dem Dokument aufweist, wird als Label ausgewählt (siehe Abbildung 4.16).

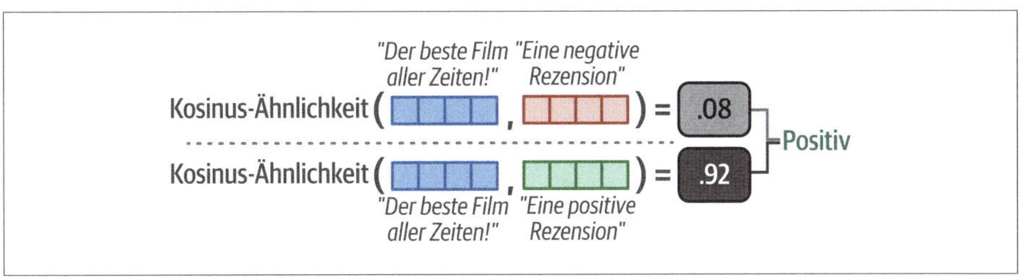

Abbildung 4.16: Nachdem Sie die Embeddings für die Beschreibungen der Labels und die Dokumente erstellt haben, können Sie die Kosinus-Ähnlichkeit zwischen den Labels und den Dokumenten berechnen.

Um nun die Labels zuzuordnen, müssen Sie lediglich die Embeddings der Dokumente mit den Embeddings der Labels auf Basis der Kosinus-Ähnlichkeit vergleichen und ermitteln, welches der Labels die größte Ähnlichkeit mit dem jeweiligen Dokument aufweist:

```
from sklearn.metrics.pairwise import cosine_similarity

# Das Label mit der größten Ähnlichkeit mit dem jeweiligen Dokument ermitteln
sim_matrix = cosine_similarity(test_embeddings, label_embeddings)
y_pred = np.argmax(sim_matrix, axis=1)
```

Das war es bereits! Um die Klassifikation vornehmen zu können, war es im Grunde nur nötig, den Labels eine Bezeichnung zu geben. Mal sehen, wie gut der Ansatz funktioniert:

```
evaluate_performance(data["test"]["label"], y_pred)

                 precision    recall  f1-score   support

Negative Review       0.78      0.77      0.78       533
Positive Review       0.77      0.79      0.78       533

       accuracy                           0.78      1066
      macro avg       0.78      0.78      0.78      1066
   weighted avg       0.78      0.78      0.78      1066
```

Wenn Sie sich bereits mit der Zero-Shot-Klassifikation (*https://oreil.ly/jpayB*) mit Transformer-basierten Modellen auskennen, fragen Sie sich möglicherweise, warum in diesem Buch ein anderer Ansatz, nämlich der mit Embeddings, vorgestellt wird. Zwar eignen sich Natural-Language-Inference-Modelle hervorragend für die Zero-Shot-Klassifikation, doch dieses Beispiel verdeutlicht, wie flexibel einsetzbar Embeddings sind und warum sie für eine Vielzahl unterschiedlichster Aufgaben infrage kommen können. Im weiteren Verlauf des Buchs werden Sie feststellen, dass Embeddings in den meisten Anwendungsfällen im Bereich Language AI zum Einsatz kommen können und eine oftmals unterschätzte, aber ungemein wichtige Rolle spielen.

Wenn man bedenkt, dass überhaupt keine gelabelten Daten vorlagen, ist ein Wert für das F1-Maß von 0,78 ziemlich beeindruckend! Hier zeigt sich, wie vielseitig und nützlich Embeddings sind – vor allem, wenn man bei ihrer Verwendung ein wenig kreativ ist.

Stellen wir Ihre Kreativität mal auf die Probe! Wir haben uns für »A negative/positive review« als Bezeichnung für unsere Labels entschieden, was aber noch Verbesserungspotenzial bietet. Wie wäre es stattdessen mit einer konkreteren und spezifischeren Bezeichnung, die sich stärker auf den vorliegenden Datensatz bezieht, z. B. »A very negative/positive movie review«? So wird im Embedding berücksichtigt, dass es sich um eine Rezension eines Spielfilms handelt. Bei beiden Labels wird der Fokus außerdem etwas stärker auf extreme Ausprägungen gelegt. Probieren Sie diesen Ansatz doch einfach mal aus und finden Sie heraus, wie sich dies auf die Ergebnisse auswirkt!

Texte mit generativen Modellen klassifizieren

Die Klassifikation mit generativen Sprachmodellen – wie den GPT-Modellen von OpenAI – unterscheidet sich von den bisherigen Ansätzen. In diese Modelle wird ein Text (d.h. eine Sequenz) als Eingabe eingespeist, und sie generieren daraufhin ebenfalls einen Text (d.h. eine Sequenz), deshalb werden sie auch als Sequence-to-Sequence-Modelle bezeichnet. Dieser Ansatz unterscheidet sich deutlich von dem des zuvor verwendeten aufgabenspezifischen Modells, bei dem kein Text, sondern eine Kategorie bzw. Klasse in Form eines numerischen Werts ausgegeben wird (siehe Abbildung 4.17).

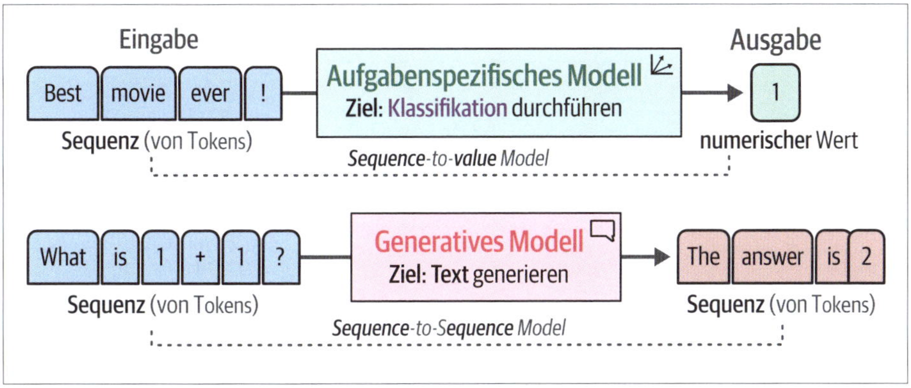

Abbildung 4.17: Ein aufgabenspezifisches Modell gibt infolge einer vorgegebenen Sequenz von Tokens einen numerischen Wert aus (»Sequence-to-Value«-Modell). Ein generatives Modell generiert hingegen infolge einer vorgegebenen Sequenz von Tokens eine weitere Sequenz von Tokens (»Sequence-to-Sequence«-Modell).

Generative Modelle werden in der Regel für ein breites Spektrum an Aufgaben trainiert. In den meisten Fällen deckt dies Ihren Anwendungsfall jedoch nicht von vornherein ab. Wenn man einem solchen Modell beispielsweise eine Rezension zu einem Spielfilm vorgibt, ohne dabei näher auf den Kontext einzugehen, weiß es nicht, was es damit anfangen soll.

Daher ist es notwendig, dem Modell den Kontext zu vermitteln und ihm Hinweise dazu zu geben, welche Art von Antworten erwartet wird. Dies lässt sich am besten in Form von Anweisungen (engl. *Instructions*) bzw. *Prompts* umsetzen, die dem Modell vorgegeben werden (siehe Abbildung 4.18).

Um dem gewünschten Ergebnis nach und nach näherzukommen, müssen die Prompts schrittweise verbessert werden. Das wird als Prompt Engineering bezeichnet.

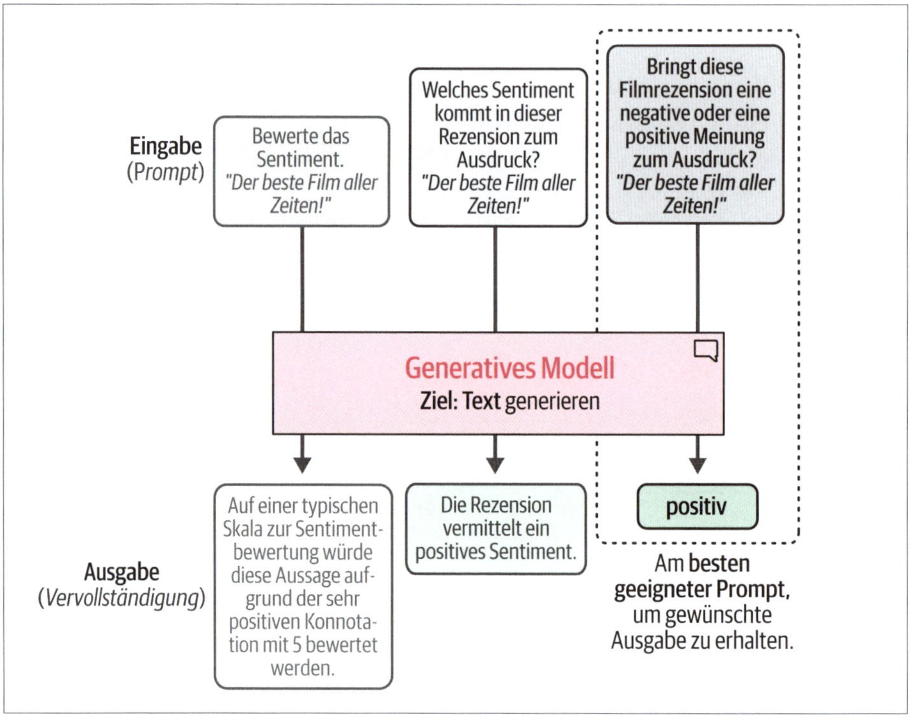

Abbildung 4.18: Im Rahmen des sogenannten Prompt Engineering wird der Prompt nach und nach angepasst, um die vom Modell generierte Ausgabe zu optimieren.

Im folgenden Abschnitt erfahren Sie, wie Sie mithilfe verschiedener Arten generativer Modelle eine Klassifikation vornehmen können – ohne dabei auf den Rotten-Tomatoes-Datensatz als Grundlage zurückzugreifen.

Texte mit T5-(Text-to-Text-Transfer-Transformer-)Modellen klassifizieren

Im gesamten Buch werden hauptsächlich rein auf Encodern basierende Modelle (Representation-Modelle) wie BERT und rein auf Decodern basierende Modelle (generative Modelle) wie ChatGPT verwendet. Bei der ursprünglichen Transformer-Architektur handelt es sich allerdings, wie in Kapitel 1 erläutert, eigentlich um eine Encoder-Decoder-Architektur. Diese Encoder-Decoder-Modelle sind wie die nur aus Decodern bestehenden Modelle ebenfalls Sequence-to-Sequence-Modelle und lassen sich grundsätzlich auch als generative Modelle einordnen.

Eine interessante Modellfamilie, bei der diese Architektur zum Einsatz kommt, basiert auf dem *Text-to-Text Transfer Transformer* – kurz T5. Die Architektur entspricht im Grunde der des ursprünglichen Transformers, bei dem zwölf Decoder und zwölf Encoder hintereinandergeschaltet sind (siehe Abbildung 4.19).[7]

7 Colin Raffel et al. »Exploring the limits of transfer learning with a unified text-to-text transformer.« *The Journal of Machine Learning Research* 21.1 (2020): 5485–5551.

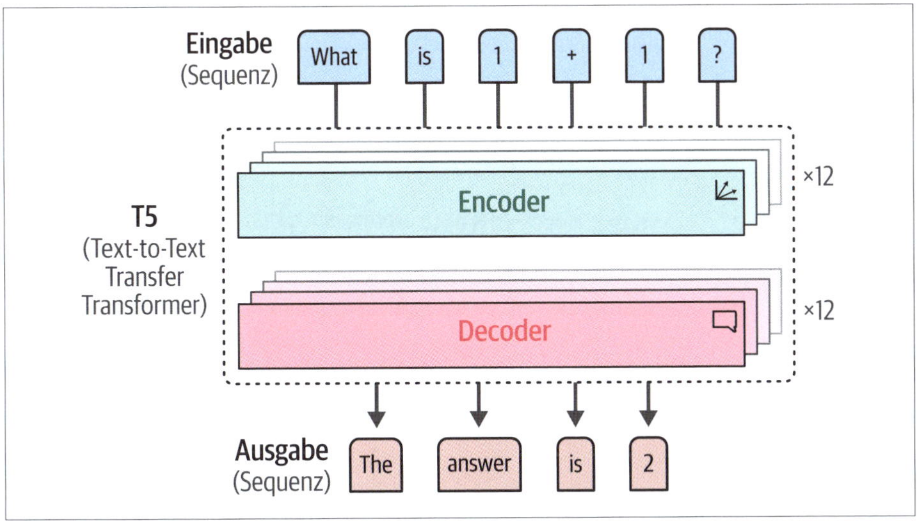

Abbildung 4.19: Die Architektur von T5-Modellen entspricht im Prinzip der des ursprünglichen Transformer-Modells, also einer Decoder-Encoder-Architektur.

Modelle, die auf dieser Architektur basieren, wurden zunächst mithilfe von Masked Language Modeling vortrainiert. Im ersten Schritt des Trainings, der in Abbildung 4.20 illustriert wird, wurden während des Pretrainings nicht einzelne Tokens, sondern mehrere Tokens (engl. *Sets of Tokens* bzw. *Token Spans*) maskiert bzw. verdeckt.

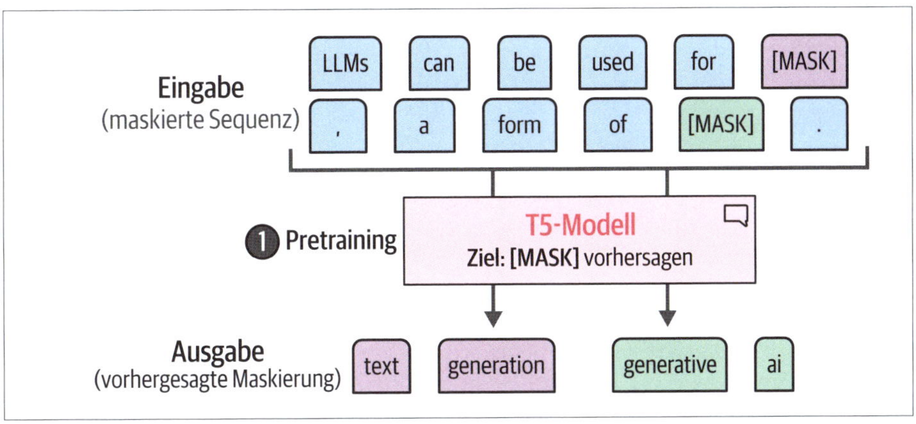

Abbildung 4.20: Im ersten Trainingsschritt, dem Pretraining, muss das T5-Modell maskierte Stellen vorhersagen, an denen sich potenziell mehrere Tokens befinden können.

Im zweiten Trainingsschritt, dem Feintuning des Basismodells, geschieht die eigentliche »Magie«. Anstatt das Modell für eine bestimmte Aufgabe feinzutunen, wird jede Aufgabe in eine Sequence-to-Sequence-Aufgabe umformuliert (d.h. so modifiziert, dass auf eine Eingabe, die eine Sequenz darstellt, eine Ausgabe folgt, die ebenfalls eine Sequenz darstellt). Das Modell wird dann für diese Aufgaben gleichzeitig trainiert, sodass es für viele Aufgaben eingesetzt werden kann (siehe Abbildung 4.21).

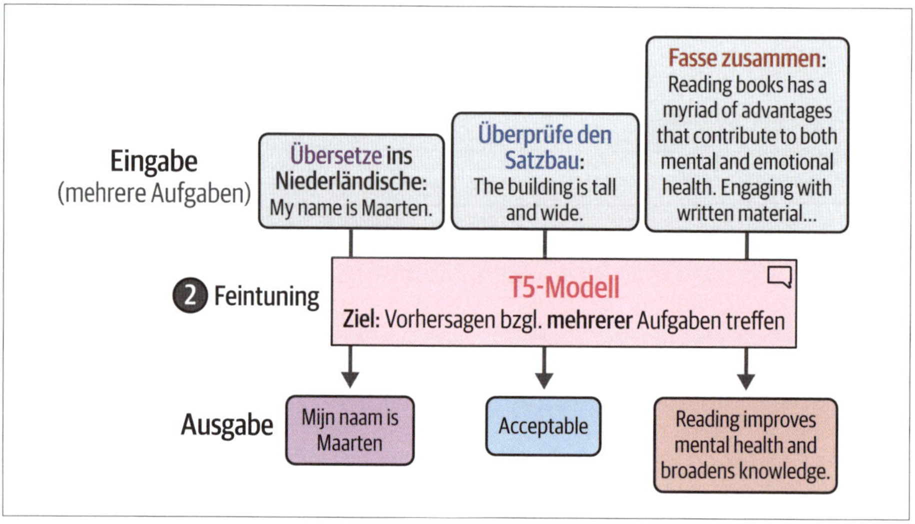

Abbildung 4.21: Da die einzelnen Aufgaben in Anweisungen (in Textform) übertragen werden, kann das T5-Modell während des Feintunings für eine Vielzahl von Aufgaben trainiert werden.

Dieser Ansatz des Feintunings wurde in dem Forschungsartikel »Scaling instruction-finetuned language models« (*https://oreil.ly/yl9Et*) noch weiterentwickelt. Dabei wurden mehr als 1.000 Aufgaben für das Feintuning eingeführt, für die Anweisungen entwickelt wurden, wie man sie von GPT-Modellen kennt.[8] Hieraus ging die Modellreihe Flan-T5 hervor, deren Modelle sich für ein breites Spektrum an Aufgaben eignen.

Wenn Sie dieses vortrainierte Flan-T5-Modell für die Klassifikation verwenden möchten, sollten Sie es zunächst unter Angabe der Aufgabe `"text2text-generation"` laden. Diese ist prinzipiell für derartige Encoder-Decoder-Modelle vorgesehen:

```
# Unser Modell laden
pipe = pipeline(
    "text2text-generation",
    model="google/flan-t5-small",
    device="cuda:0"
)
```

Das Flan-T5-Modell steht in verschiedenen Größen zur Verfügung (`flan-t5-small/base/large/xl/xxl`). Der Einfachheit halber wird im vorliegenden Beispiel das kleinste Modell verwendet. Sie können es aber auch gern mit den größeren Modellen ausprobieren und testen, ob Sie damit noch bessere Ergebnisse erzielen.

8 Hyung Won Chung et al. »Scaling instruction-finetuned language models.« *arXiv Preprint arXiv:2210.11416* (2022).

Anders als beim aufgabenspezifischen Modell können Sie dem Modell nicht einfach einen beliebigen Text vorgeben und hoffen, dass es das zum Ausdruck gebrachte Stimmungsbild (bzw. das Sentiment) erkennt. Stattdessen ist es erforderlich, das Modell entsprechend anzuweisen.

Hierzu bietet es sich an, jedes Dokument mit der Frage »Is the following sentence positive or negative?« zu versehen:

```
# Daten vorbereiten
prompt = "Is the following sentence positive or negative? "
data = data.map(lambda example: {"t5": prompt + example['text']})
data

DatasetDict({
    train: Dataset({
        features: ['text', 'label', 't5'],
        num_rows: 8530
    })
    validation: Dataset({
        features: ['text', 'label', 't5'],
        num_rows: 1066
    })
    test: Dataset({
        features: ['text', 'label', 't5'],
        num_rows: 1066
    })
})
```

Nachdem Sie die Daten entsprechend angepasst haben, können Sie die Pipeline ausführen. Das Vorgehen ist ähnlich wie im Beispiel mit dem aufgabenspezifischen Modell:

```
# Vorhersagen treffen (Inferenz)
y_pred = []
for output in tqdm(pipe(KeyDataset(data["test"], "t5")), total=len(data["test"])):
    text = output[0]["generated_text"]
    y_pred.append(0 if text == "negative" else 1)
```

Da dieses Modell Text generiert, war es zusätzlich notwendig, die Textausgabe in numerische Werte umzuwandeln. Dem Wort »negativ« wurde der Wert 0 und dem Wort »positiv« der Wert 1 zugeordnet.

Da Ihnen nun numerische Werte vorliegen, können Sie die Qualität des Modells auf die gleiche Weise wie zuvor beurteilen:

```
evaluate_performance(data["test"]["label"], y_pred)

                 precision    recall  f1-score   support

Negative Review       0.83      0.85      0.84       533
Positive Review       0.85      0.83      0.84       533

       accuracy                           0.84      1066
      macro avg       0.84      0.84      0.84      1066
   weighted avg       0.84      0.84      0.84      1066
```

Angesichts eines Werts des F1-Maßes von 0,84 haben Sie nun also bereits einen sehr guten Eindruck davon gewinnen können, zu welch erstaunlichen Fähigkeiten generative Modelle wie das Flan-T5-Modell imstande sind.

Texte mit ChatGPT klassifizieren

Obwohl der Schwerpunkt des Buchs auf Open-Source-Modellen liegt, sind Closed-Source-Modelle wie ChatGPT ebenfalls von großer Bedeutung im Bereich der Language AI.

Zwar wurde die zugrunde liegende Architektur des Ursprungsmodells von ChatGPT (GPT-3.5) nicht offengelegt, doch der Name des Modells lässt darauf schließen, dass es sich um eine rein auf Decodern basierende Architektur handelt, wie Sie sie bereits von den zuvor vorgestellten GPT-Modellen kennen.

OpenAI hat jedoch erfreulicherweise einen Überblick über das zugrunde liegende Trainingsverfahren (*https://oreil.ly/-yf84*) veröffentlicht und dabei einen wichtigen Ansatz offengelegt, der als Preference Tuning bezeichnet wird. Bei diesem Verfahren wurden zunächst manuell Daten erstellt, aus denen hervorgeht, welche Ausgaben für bestimmte Input-Prompts erwartet werden (sogenannte Instruktionsdaten). Diese Daten dienten dann als Grundlage für die Erstellung einer ersten Modellvariante (siehe Abbildung 4.22).

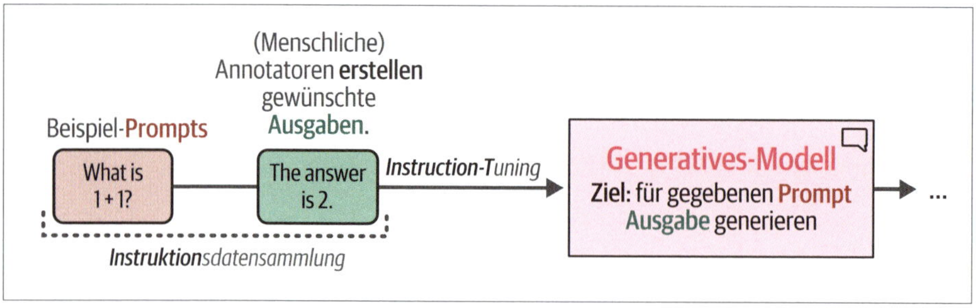

Abbildung 4.22: Für das Feintuning (Instruction Tuning) wurden manuell gelabelte Daten verwendet. Diese bestehen jeweils aus einer Anweisung (Prompt) und der entsprechenden gewünschten Ausgabe.

Mit dem resultierenden Modell wurden daraufhin jeweils mehrere Ausgaben generiert, die anschließend manuell in Form einer Rangfolge bewertet wurden. Aus dieser geht hervor, welche Ausgabe jeweils am besten und welche am schlechtesten angesehen wurde. Die Rangfolge gab somit Aufschluss darüber, welche Ausgaben jeweils präferiert wurden (siehe Abbildung 4.23). Auf Basis dieser Präferenzdaten wurde schließlich das endgültige Modell – ChatGPT – erstellt.

Im Vergleich zu Instruktionsdaten haben Präferenzdaten den großen Vorteil, dass sie dem Modell ein differenzierteres Bild vermitteln. Da das generative Modell lernt, was eine gute und was eine noch bessere Ausgabe ausmacht, ist es in der Lage, Texte zu generieren, die eher den Erwartungen von Menschen entsprechen. In Kapitel 12 erfahren Sie noch genauer, wie solche Feintuning- und Preference-Tuning-Methoden funktionieren und wie Sie diese selbst anwenden können.

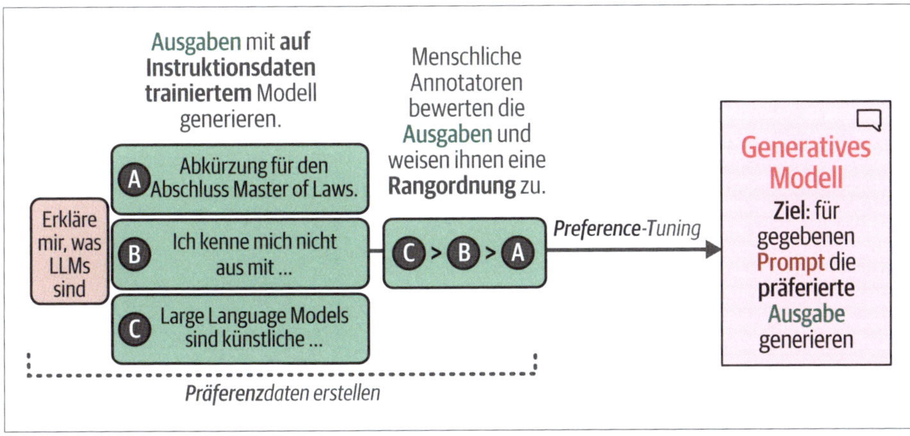

Abbildung 4.23: Zur Erstellung des endgültigen ChatGPT-Modells wurden Präferenzdaten verwendet, also von Menschen bewertete Daten, aus denen hervorging, welche Ausgaben jeweils bevorzugt wurden.

Der Einsatz eines Closed-Source-Modells unterscheidet sich deutlich von den bisher vorgestellten Open-Source-Beispielen. Hier wird das Modell nicht geladen, sondern über die Programmierschnittstelle (API) von OpenAI aufgerufen.

Bevor Sie sich dem Klassifikationsbeispiel zuwenden können, müssen Sie zunächst ein kostenloses Nutzerkonto erstellen (*https://oreil.ly/AEXvA*) und einen API-Schlüssel generieren (*https://oreil.ly/lrTXl*). Anschließend können Sie Ihre API zur Kommunikation mit den Servern von OpenAI nutzen.

Mit dem API-Schlüssel legen Sie anschließend einen Client an:

```
import openai

# Client anlegen
client = openai.OpenAI(api_key="YOUR_KEY_HERE")
```

Sie können nun mithilfe dieses Clients eine Funktion namens `chatgpt_generation` erstellen. Mit dieser Funktion generieren Sie einen Text, indem Sie einen Prompt, ein Eingabedokument und das ausgewählte Modell (wobei `gpt-3.5-turbo-0125` vorausgewählt ist) angeben:

```
def chatgpt_generation(prompt, document, model="gpt-3.5-turbo-0125"):
    """Basierend auf einem Prompt und einem Eingabedokument eine Ausgabe
      generieren."""
    messages=[
        {
            "role": "system",
            "content": "You are a helpful assistant."
            },
        {
            "role": "user",
            "content":   prompt.replace("[DOCUMENT]", document)
```

```
        }
    ]
    chat_completion = client.chat.completions.create(
      messages=messages,
      model=model,
      temperature=0
    )
    return chat_completion.choices[0].message.content
```

Als Nächstes müssen Sie ein sogenanntes Prompt-Template (also eine Vorlage) erstellen, in dem Sie das Modell dazu auffordern, eine Klassifikation vorzunehmen:

```
# Prompt-Template als Ausgangsbasis anlegen
prompt = """Predict whether the following document is a positive or negative movie
review:

[DOCUMENT]

If it is positive return 1 and if it is negative return 0. Do not give any other
answers.
"""

# Vorhersage mit GPT treffen
document = "unpretentious , charming , quirky , original"
chatgpt_generation(prompt, document)
```

Dieses Template dient lediglich als Beispiel und kann von Ihnen nach Belieben geändert werden. Zur Veranschaulichung der Verwendung eines solchen Templates wurde es vorerst so einfach wie möglich gehalten.

Sie sollten sich jedoch zunächst immer ein Bild davon machen, in welchem Umfang die API von Ihnen in Anspruch genommen wird, und sie nicht gleich bedenkenlos für umfangreiche Datensätze nutzen. Der Einsatz externer APIs wie der von OpenAI kann sich nämlich mit zunehmender Anzahl an Anfragen als ziemlich kostspielig erweisen. Derzeit fallen für die Auswertung unseres Testdatensatzes mit dem Modell `gpt-3.5-turbo-0125` Kosten in Höhe von 3 US-Cent an. Diese sind allerdings im Rahmen des kostenfreien Nutzerkontos abgedeckt. Es ist jedoch möglich, dass sich diesbezüglich in Zukunft Änderungen ergeben.

Wenn Sie externe APIs verwenden, können sich Fehler im Zusammenhang mit der Begrenzung der Nutzungsrate (sogenannte *Rate Limit Errors*) ergeben. Diese treten auf, wenn Sie die API innerhalb einer bestimmten Zeit zu oft aufrufen, da bei einigen APIs die Anzahl möglicher Aufrufe, die pro Minute bzw. pro Stunde getätigt werden können, begrenzt ist.

Es gibt mehrere Methoden, um eine solche Fehlermeldung zu verhindern und die Anfrage erneut zu stellen. Eine davon ist das sogenannte *Exponential Backoff*. Dabei wird das Programm jedes Mal, wenn aufgrund einer Ratenbegrenzung ein Fehler auftritt, kurz pausiert, und die fehlgeschlagene Anfrage wird dann erneut gesendet. Schlägt die Anfrage erneut fehl, wird die Pause verlängert, bis die Anfrage erfolgreich ist oder die maximale Anzahl an Wiederholungen erreicht ist.

Es gibt eine sehr gute Anleitung (*https://oreil.ly/ZH4Uo*), die Ihnen den Einstieg in die Nutzung der API von OpenAI erleichtert.

Als Nächstes können Sie die Funktion für alle Spielfilmrezensionen im Testdatensatz ausführen und erhalten so die entsprechenden Vorhersagen. Wenn Sie sich Ihre (kostenfreien) Credits lieber für andere Aufgaben aufsparen möchten, können Sie diesen Schritt auch einfach überspringen.

```
# Sie können diesen Schritt überspringen, wenn Sie sich Ihre (kostenfreien)
# Credits aufsparen möchten.
predictions = [
    chatgpt_generation(prompt, doc) for doc in tqdm(data["test"]["text"])
]
```

Wie im vorherigen Beispiel müssen Sie auch hier die ausgegebenen Zeichenketten in Ganzzahlen konvertieren, bevor Sie die Performance des Modells evaluieren können:

```
# Vorhersagen extrahieren
y_pred = [int(pred) for pred in predictions]

# Performance des Modells evaluieren
evaluate_performance(data["test"]["label"], y_pred)

                 precision    recall  f1-score   support

Negative Review       0.87      0.97      0.92       533
Positive Review       0.96      0.86      0.91       533

       accuracy                           0.91      1066
      macro avg       0.92      0.91      0.91      1066
   weighted avg       0.92      0.91      0.91      1066
```

Ein F1-Maß-Wert von 0,91 für das Modell zeigt, welch leistungsfähige Modelle durch generative KI der breiten Masse zugänglich gemacht wurden. Diese Art von Qualitätsmaßen ist jedoch mit Vorsicht zu genießen, da sich nicht nachvollziehen lässt, mit welchen Daten das Modell trainiert wurde. Es ist durchaus denkbar, dass das Modell mit dem vorliegenden Datensatz trainiert wurde!

In Kapitel 12 erfahren Sie, wie Sie sowohl Open-Source- als auch Closed-Source-Modelle hinsichtlich ihrer Eignung für allgemeinere Aufgaben evaluieren können.

Zusammenfassung

In diesem Kapitel haben Sie verschiedene Ansätze für die Klassifikation kennengelernt – vom Feintuning Ihres gesamten Modells bis hin zum kompletten Verzicht darauf. Die Klassifikation von Textdaten ist nicht so einfach, wie man vielleicht meinen könnte, und erfordert ein gewisses Maß an Kreativität.

In diesem Kapitel wurden sowohl generative als auch Representation-Modelle zur Klassifizierung von Texten herangezogen. Das Ziel bestand darin, dem Eingabetext ein Label bzw. eine Kategorie zuzuweisen und somit das Stimmungsbild bzw. das Sentiment von Rezensionen zu Spielfilmen zu klassifizieren.

Dazu wurden zwei Arten von Representation-Modellen verwendet: ein aufgabenspezifisches Modell und ein Embedding-Modell. Das aufgabenspezifische Modell wurde speziell für die Sentimentanalyse auf einem großen Datensatz vortrainiert. Dies verdeutlichte, dass sich vortrainierte Modelle hervorragend zur Klassifizierung von Dokumenten eignen. Das Embedding-Modell wurde zur Generierung universell einsetzbarer Embeddings genutzt, die wiederum als Eingabedaten im Rahmen des Trainings eines Klassifikators dienten.

Zudem haben Sie zwei Arten von generativen Modellen ausprobiert: ein Open-Source-Modell mit einer Encoder-Decoder-Architektur (Flan-T5) und ein Closed-Source-Modell mit einer rein auf Decodern basierenden Architektur (GPT-3.5). Beide generativen Modelle wurden zur Klassifizierung von Texten verwendet, ohne dass ein spezifisches (d. h. zusätzliches) Training anhand von Daten aus der entsprechenden Domäne oder gelabelten Datensätzen erforderlich war.

Im nächsten Kapitel befassen wir uns weiterhin mit der Textklassifikation, widmen uns nun jedoch der unüberwachten Klassifikation. Welche Möglichkeiten gibt es, wenn Textdaten vorliegen, die nicht mit Labels versehen sind? Welche Informationen können daraus gewonnen werden? Dabei stehen vor allem Verfahren zum Clustering von Textdaten und zur Bezeichnung von Clustern mithilfe des Topic Modeling (Themenmodellierung) im Vordergrund.

KAPITEL 5

Clustering von Texten und Topic Modeling

Trotz der Tatsache, dass überwachte (engl. *supervised*) Lernverfahren wie die Klassifikation in den letzten Jahren in der KI-Branche im Vordergrund standen, sollte das Potenzial von unüberwachten (engl. *unsupervised*) Lernverfahren wie dem Text-Clustering nicht unterschätzt werden.

Text-Clustering zielt darauf ab, ähnliche Texte auf der Grundlage ihres Inhalts, ihrer Bedeutung und des zwischen ihnen bestehenden Zusammenhangs zu gruppieren. Die Bildung von Clustern aus semantisch ähnlichen Dokumenten ermöglicht es nicht nur, große Mengen an unstrukturierten Texten effizient zu kategorisieren, sondern auch, eine schnelle explorative Analyse der Daten durchzuführen (siehe Abbildung 5.1).

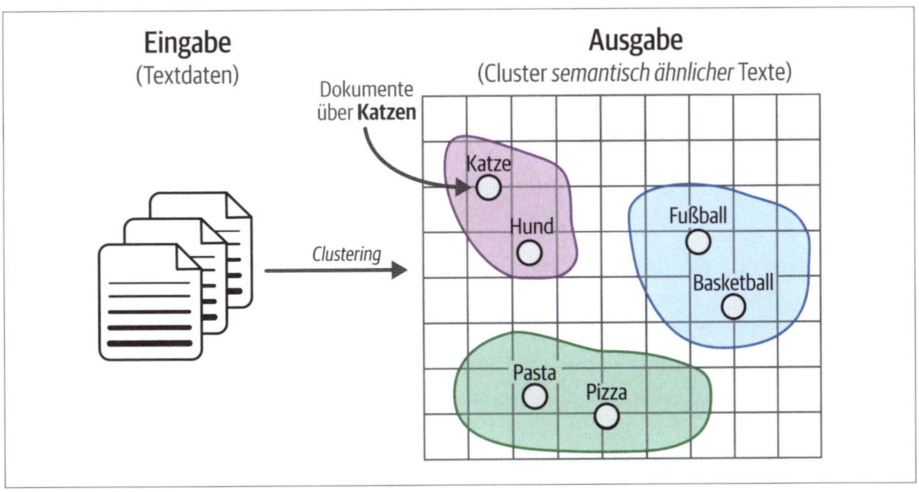

Abbildung 5.1: Beim Text-Clustering werden unstrukturierte Textdaten zu Clustern zusammengefasst.

Durch die Entwicklung von Sprachmodellen, mit denen Texte unter Berücksichtigung von Kontext und Semantik repräsentiert werden können, ist es nun möglich, Texte noch effizienter zu gruppieren bzw. zu Clustern zusammenzufassen. Sprache ist mehr als eine willkürliche Aneinanderreihung von Wörtern, und die neuesten

Sprachmodelle sind durchaus in der Lage, dieser Tatsache Rechnung zu tragen. Da es sich beim Text-Clustering nicht um eine überwachte Lernaufgabe handelt, lassen sich kreative Lösungsansätze und vielfältige Anwendungen realisieren – wie z.B. Ausreißer zu identifizieren, Daten noch schneller zu labeln oder falsch gelabelte Daten zu erkennen.

Text-Clustering wird ebenfalls im Bereich des Topic Modeling (auch Themenmodellierung genannt) eingesetzt. Dabei geht es darum, in großen Textdatensätzen nicht konkret vorgegebene Themen aufzuspüren. In der Regel wird ein Thema durch bestimmte Schlagwörter bzw. Begriffe beschrieben und im Idealfall mit einem einzigen übergreifenden Label versehen (siehe Abbildung 5.2).

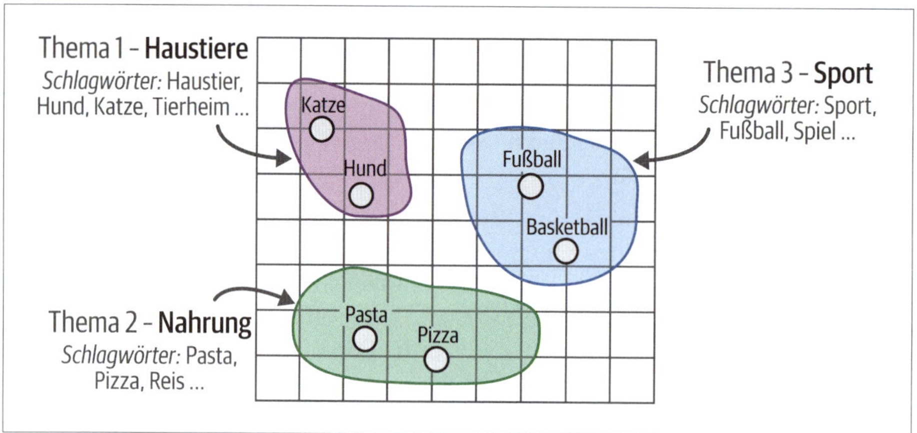

Abbildung 5.2: Die inhaltliche Bedeutung von Clustern von Textdokumenten kann mithilfe des Topic Modeling bestimmt werden.

In diesem Kapitel werden wir zunächst untersuchen, wie Texte mit Embedding-Modellen zu Clustern zusammengefasst werden können, um dann zu einer auf Text-Clustering basierenden Methode des Topic Modeling überzugehen, nämlich BERTopic.

Mit etwas Kreativität können Text-Clustering und Topic Modeling mit verschiedenen Sprachmodellen kombiniert werden, was zu überraschenden und neuartigen Ansätzen und Pipelines führen kann. Im weiteren Verlauf dieses Kapitels werden Sie lernen, wie diese Methoden mit rein auf Encoder basierenden Modellen (Embeddings), mit rein auf Decoder basierenden (d.h. generativen) Modellen und sogar mit traditionellen Methoden (Bag-of-Words) kombiniert werden können.

ArXiv-Artikel aus dem Forschungsbereich Computation and Language

In diesem Kapitel werten wir ArXiv-Artikel mithilfe von Clustering- und Topic-Modeling-Algorithmen aus. ArXiv (*https://oreil.ly/ece40*) ist eine Open-Access-Plattform für wissenschaftliche Artikel, die größtenteils aus den Forschungsbereichen Informatik, Mathematik und Physik stammen. Passend zum Thema dieses Buchs werden wir Artikel aus dem Forschungsbereich »Computation and Language« untersuchen. Der Datensatz (*https://oreil.ly/Lz2dq*) enthält 44.949 prägnante Zusammenfassungen von Artikeln, sogenannte Abstracts, die im Zeitraum von 1991 bis 2024 in der ArXiv-Kategorie cs.CL (*https://oreil.ly/-xlSS*) (*Computation and Language*) veröffentlicht wurden.

Laden Sie nun zunächst die Daten und erstellen Sie anschließend drei Variablen, eine für die Abstracts, eine für die jeweiligen Titel und eine für das jeweilige Jahr der Veröffentlichung der Artikel:

```
# Daten von Hugging Face laden
from datasets import load_dataset
dataset = load_dataset("maartengr/arxiv_nlp")["train"]

# Metadaten extrahieren
abstracts = dataset["Abstracts"]
titles = dataset["Titles"]
```

Die bewährte Pipeline beim Text-Clustering

Text-Clustering ermöglicht das Erkennen von Mustern in Daten, ohne dass eine vorherige Vorstellung von diesen Mustern erforderlich ist. Es eignet sich hervorragend, um sich schnell einen Eindruck von einer vorliegenden Aufgabenstellung, z. B. einer Klassifikation, und deren Komplexität zu verschaffen, und kann daher für weit mehr als nur die schnelle Durchführung einer explorativen Datenanalyse nützlich sein.

Obgleich es viele Methoden für das Text-Clustering gibt, von graphbasierten neuronalen Netzen bis hin zu Zentroid-basierten Clustering-Methoden, hat sich mittlerweile eine einheitliche Pipeline etabliert, die typischerweise aus den folgenden drei Schritten bzw. Algorithmen besteht:

1. Die Eingabedokumente mit einem *Embedding-Modell* in Embeddings umwandeln.
2. Die Dimensionierung der Embeddings mit einem *Modell zur Dimensionsreduktion* verringern.
3. Alle Dokumente, die sich inhaltlich ähneln, mithilfe eines *Clustermodells* gruppieren.

Dokumente in Embeddings umwandeln

Der erste Schritt besteht darin, die Textdaten in Embeddings umzuwandeln (siehe Abbildung 5.3). Wie Sie bereits aus den vorangegangenen Kapiteln wissen, sind Embeddings numerische Vektordarstellungen von Textdaten, mit denen versucht wird, deren Bedeutung zu erfassen.

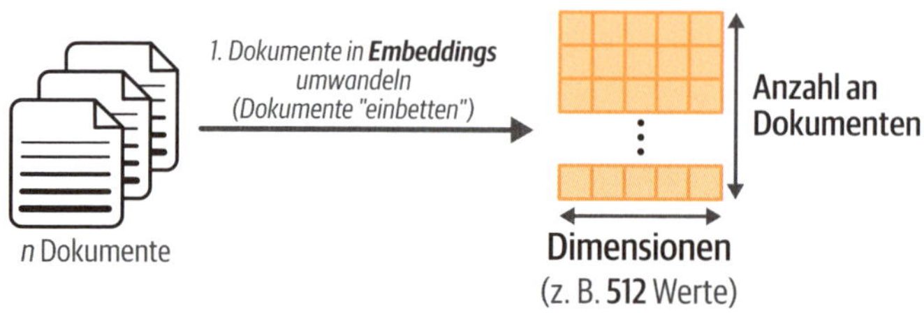

Abbildung 5.3: Erster Schritt: Mithilfe eines Embedding-Modells werden Dokumente in Embeddings umgewandelt.

Beim Clustering ist es besonders wichtig, Embedding-Modelle zu verwenden, die für Aufgaben optimiert sind, die auf semantischer Ähnlichkeit basieren, da es darum geht, inhaltlich ähnliche Dokumente zu gruppieren. Glücklicherweise zielen die meisten Embedding-Modelle derzeit genau auf diese semantische Ähnlichkeit ab.

Wie im vorherigen Kapitel können Sie sich auch hier am MTEB-Leaderboard (*https://oreil.ly/XFrbO*) orientieren, um das für Ihre Zwecke am besten geeignete Embedding-Modell zu finden. Sie benötigen ein Embedding-Modell, das bei Clustering-Aufgaben gut abschneidet, aber klein genug ist, um schnell ausgeführt werden zu können. Aus diesem Grund sollten Sie nun auf das Modell »thenlper/gte-small« (*https://oreil.ly/h-Gkg*) anstelle des Modells »sentence-transformers/all-mpnet-base-v2« (das im vorherigen Kapitel verwendet wurde) zurückgreifen, da es moderner ist, das zuvor verwendete Modell in Bezug auf Clustering-Aufgaben übertrifft und aufgrund seiner geringen Größe noch schneller bei der Inferenz ist. Probieren Sie gern auch neuere Modelle aus, die inzwischen veröffentlicht wurden!

```
from sentence_transformers import SentenceTransformer

# Für jedes Abstract ein Embedding erstellen
embedding_model = SentenceTransformer("thenlper/gte-small")
embeddings = embedding_model.encode(abstracts, show_progress_bar=True)
```

Mal sehen, wie viele Werte die Embeddings der Dokumente jeweils enthalten:

```
# Dimensionierung der resultierenden Embeddings überprüfen
embeddings.shape
```

```
(44949, 384)
```

Jedes Embedding hat 384 Werte, die zusammen die semantische Repräsentation eines Dokuments bilden. Die Embeddings können Sie quasi als Features betrachten, die zu Clustern zusammengefasst bzw. gruppiert werden sollen.

Die Dimensionierung der Embeddings verringern

Bevor Sie die Embeddings zu Clustern zusammenfassen, müssen Sie zunächst ihre hohe Dimensionalität berücksichtigen. Denn mit zunehmender Anzahl an Dimensionen steigt auch die Anzahl möglicher Werte exponentiell an. Dementsprechend wird es zunehmend schwieriger, alle Unterräume innerhalb der einzelnen Dimensionen zu bestimmen.

Bei vielen Clusterverfahren ist es problematisch, wenn die Daten eine zu hohe Dimensionalität aufweisen, da es dadurch schwieriger wird, aussagekräftige Cluster zu identifizieren. Abhilfe kann hier die Dimensionsreduktion (engl. *Dimensionality Reduction*) schaffen. Mithilfe dieses Verfahrens lässt sich die Größe des dimensionalen Raums verringern, und dieselben Daten können mit weniger Dimensionen dargestellt werden (siehe Abbildung 5.4). Verfahren zur Dimensionsreduktion zielen darauf ab, die grundlegende Struktur hochdimensionaler Daten beizubehalten, indem Abbildungen in Teilräumen niedrigerer Dimensionalität ermittelt werden.

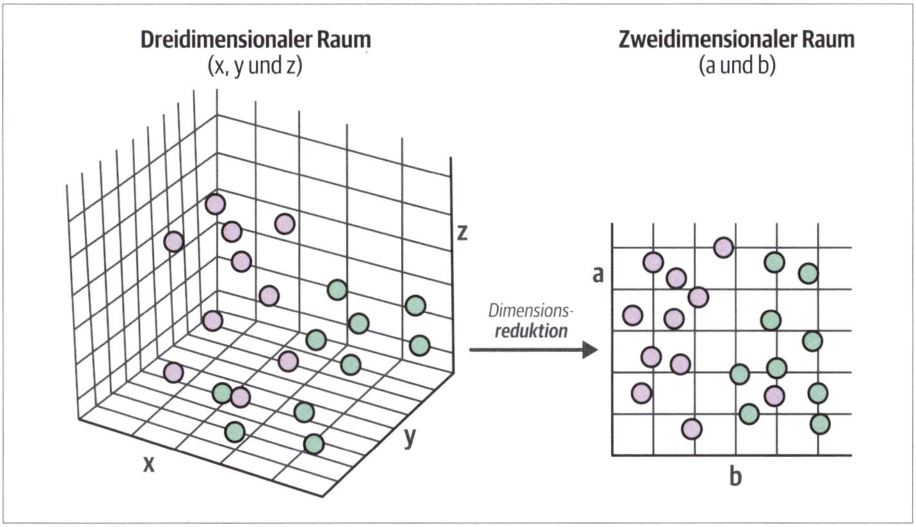

Abbildung 5.4: Die Dimensionsreduktion ermöglicht es, Daten aus einem hochdimensionalen Raum auf einen Teilraum niedrigerer Dimensionalität abzubilden (und sie sozusagen zu komprimieren).

Es handelt sich hierbei um ein Komprimierungsverfahren, bei dem der zugrunde liegende Algorithmus nicht einfach willkürlich Dimensionen entfernt. Im zweiten Schritt wird die Dimensionalität verringert, damit das Clustermodell aussagekräftige Cluster bilden kann (siehe Abbildung 5.5).

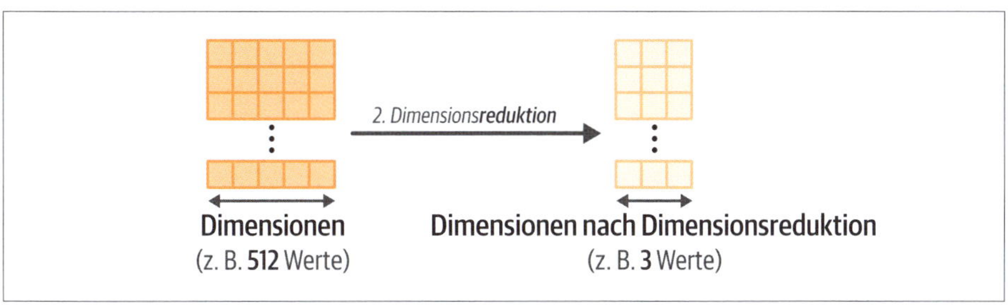

Abbildung 5.5: Zweiter Schritt: Die Embeddings werden mithilfe der Dimensionsreduktion auf einen Raum niedrigerer Dimensionalität abgebildet.

Zwei der bekanntesten Verfahren zur Dimensionsreduktion sind die Hauptkomponentenanalyse (engl. *Principal Component Analysis*, PCA)[1] und die *Uniform Manifold Approximation and Projection* (UMAP)[2]. Im Rahmen des vorliegenden Beispiels verwenden wir UMAP, da bei diesem Verfahren nicht lineare Beziehungen und Strukturen tendenziell etwas besser berücksichtigt werden als bei der Hauptkomponentenanalyse.

> Verfahren zur Dimensionsreduktion sind keineswegs perfekt. Sie sind nicht in der Lage, die hochdimensionalen Daten bei der Projektion auf eine Abbildung geringerer Dimensionalität vollständig zu erfassen. Bei diesen Verfahren gehen also immer Informationen verloren. Daher ist abzuwägen, inwieweit eine Dimensionsreduktion vorgenommen werden kann, ohne dass zu viele Informationen verloren gehen.

Zur Durchführung der Dimensionsreduktion müssen Sie eine Instanz der UMAP-Klasse anlegen und die zuvor erstellten Embeddings an diese übergeben:

```
from umap import UMAP

# Die Anzahl der Dimensionen der Input-Embeddings von 384 auf 5 verringern
umap_model = UMAP(
    n_components=5, min_dist=0.0, metric='cosine', random_state=42
)
reduced_embeddings = umap_model.fit_transform(embeddings)
```

Mithilfe des Parameters `n_components` lässt sich die Dimensionalität des niederdimensionalen Raums festlegen, im vorliegenden Fall 5 Dimensionen. Im Allgemeinen eignen sich Werte zwischen 5 und 10 gut, um die grundlegende Struktur hochdimensionaler Daten hinreichend zu erfassen.

Mit dem Parameter `min_dist` wird der Mindestabstand zwischen den eingebetteten Punkten festgelegt. Im vorliegenden Fall wird dieser Wert auf 0 gesetzt, da das im Allgemeinen zu kompakteren Clustern führt. Der Parameter `metric` wird auf `'cosine'` gesetzt, da Verfahren, die auf dem euklidischen Abstand basieren, bei hochdimensionalen Daten Schwierigkeiten haben.

Sie sollten sich zudem der Tatsache bewusst sein, dass sich durch das Festlegen eines `random_state` (d. h. eines Pseudo-Zufallszahlengenerators) in UMAP zwar die Ergebnisse über mehrere Sitzungen hinweg reproduzieren lassen, jedoch ist dadurch keine parallele Verarbeitung mehr möglich, und das Training wird folglich verlangsamt.

1 Harold Hotelling. »Analysis of a complex of statistical variables into principal components.« *Journal of Educational Psychology* 24.6 (1933): 417.

2 Leland McInnes, John Healy und James Melville. »UMAP: Uniform Manifold Approximation and Projection for dimension reduction.« *arXiv Preprint arXiv:1802.03426* (2018).

Die dimensionsreduzierten Embeddings zu Clustern zusammenfassen

Der dritte Schritt besteht darin, die dimensionsreduzierten Embeddings zu Clustern zusammenzufassen bzw. zu gruppieren (siehe Abbildung 5.6).

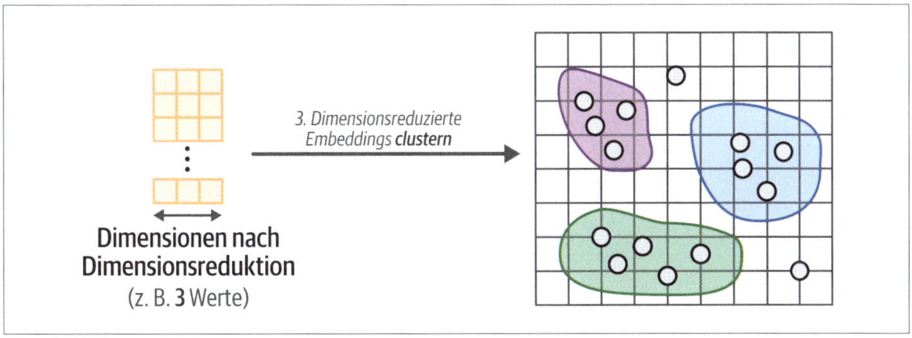

Abbildung 5.6: Dritter Schritt: Die Dokumente werden auf Basis der dimensionsreduzierten Embeddings zu Clustern zusammengefasst.

Häufig wird ein Zentroid-basierter (engl. *Centroid-based*) Algorithmus wie der k-Means-Algorithmus verwendet, bei dem die Anzahl an Clustern, die gebildet werden sollen, im Voraus festgelegt werden muss. Im vorliegenden Fall wissen Sie jedoch nicht, wie viele Cluster sich als optimal erweisen. Deshalb bietet es sich an, einen dichtebasierten (engl. *Density-based*) – d. h. auf einer Dichtefunktion basierenden – Algorithmus zu verwenden, bei dem die Anzahl der Cluster während der Berechnung ermittelt wird und nicht zwangsläufig alle Datenpunkte einem der Cluster zugeordnet werden müssen (siehe Abbildung 5.7).

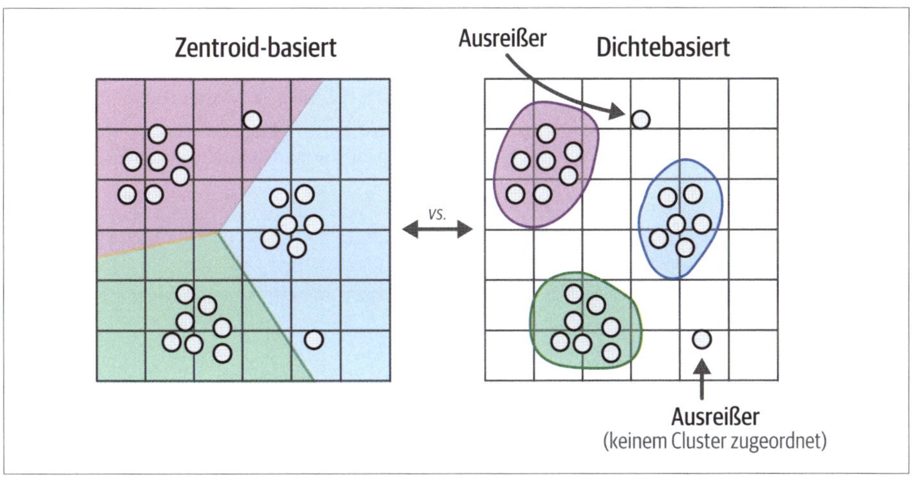

Abbildung 5.7: Der zur Clusterbildung verwendete Algorithmus hat nicht nur Einfluss darauf, wie Cluster gebildet werden, sondern auch darauf, was als Cluster angesehen wird.

Ein gängiges dichtebasiertes Modell ist *Hierarchical Density-based Spatial Clustering of Applications with Noise* (HDBSCAN).[3] HDBSCAN ist eine hierarchische Form des Clusteralgorithmus DBSCAN, mit dem man kompakte (Mikro-)Cluster finden kann, ohne die Anzahl der Cluster explizit angeben zu müssen.[4] Da es sich um eine dichtebasierte Methode handelt, kann HDBSCAN auch *Ausreißer* in den Daten erkennen, d.h. Datenpunkte, die überhaupt keinem Cluster angehören. Diese Ausreißer werden keinem Cluster zugeordnet, bzw. es wird keine Clusterzugehörigkeit erzwungen. Mit anderen Worten, sie werden ignoriert. Da ArXiv mitunter Artikel aus sehr speziellen Fachgebieten enthält, kann es durchaus sinnvoll sein, ein Modell zu verwenden, das Ausreißer identifiziert.

Die Verwendung des Pakets für HDBSCAN ist ähnlich unkompliziert, wie das bei den zuvor genutzten Paketen der Fall war. Sie müssen lediglich eine Instanz des Modells anlegen und die dimensionsreduzierten Embeddings an diese übergeben:

```
from hdbscan import HDBSCAN

# Modellanpassung vornehmen und Cluster extrahieren
hdbscan_model = HDBSCAN(
    min_cluster_size=50, metric="euclidean", cluster_selection_method="eom"
).fit(reduced_embeddings)
clusters = hdbscan_model.labels_

# Wie viele Cluster wurden gebildet?
len(set(clusters))

156
```

Der HDBSCAN-Algorithmus hat 156 Cluster im Datensatz identifiziert. Wenn mehr Cluster gebildet werden sollen, muss ein niedrigerer Wert für den `min_cluster_size`-Parameter gewählt werden, da dieser die Mindestgröße eines Clusters vorgibt.

Die gebildeten Cluster inspizieren

Nachdem Sie nun die Cluster erstellt haben, können Sie sich diese einzelnen Cluster anschauen und herausfinden, welche Dokumente ihnen zugeordnet sind, um sich ein Bild von deren Inhalt zu machen. Sehen Sie sich beispielsweise einige Dokumente aus Cluster 0 an:

```
import numpy as np

# Die ersten drei Dokumente aus Cluster 0 ausgeben lassen
cluster = 0
for index in np.where(clusters==cluster)[0][:3]:
    print(abstracts[index][:300] + "... \n")

This works aims to design a statistical machine translation from English text
to American Sign Language (ASL). The system is based on Moses tool with some
```

3 Leland McInnes, John Healy und Steve Astels. »hdbscan: Hierarchical density based clustering.« *J. Open Source Softw.* 2.11 (2017): 205.

4 Martin Ester et al. »A density-based algorithm for discovering clusters in large spatial databases with noise.« *KDD'96*, Aug. 1996: 226–231.

```
modifications and the results are synthesized through a 3D avatar for
interpretation. First, we translate the input text to gloss, a written fo...

Researches on signed languages still strongly dissociate lin- guistic issues
related on phonological and phonetic aspects, and gesture studies for
recognition and synthesis purposes. This paper focuses on the imbrication of
motion and meaning for the analysis, synthesis and evaluation of sign lang...

Modern computational linguistic software cannot produce important aspects of
sign language translation. Using some researches we deduce that the majority of
automatic sign language translation systems ignore many aspects when they
generate animation; therefore the interpretation lost the truth inf...
```

Es scheint, als enthielte dieses Cluster Dokumente, die sich hauptsächlich mit der Übersetzung von der bzw. in die Gebärdensprache befassen. Interessant!

Noch besser ist es jedoch, sich die Ergebnisse in Form einer Visualisierung anzeigen zu lassen und nicht mühsam alle Dokumente einzeln durchzugehen. Dazu ist es jedoch notwendig, die Anzahl der Dimensionen der Embeddings der Dokumente auf zwei zu reduzieren, sodass die Dokumente in einem zweidimensionalen Raum (mit einer x- und einer y-Achse) dargestellt werden können.

```
import pandas as pd

# Zwecks übersichtlicherer Darstellung Anzahl der Dimensionen der
# 384-dimensionalen Embeddings auf zwei verringern
reduced_embeddings = UMAP(
    n_components=2, min_dist=0.0, metric="cosine", random_state=42
).fit_transform(embeddings)

# Dataframe erstellen
df = pd.DataFrame(reduced_embeddings, columns=["x", "y"])
df["title"] = titles
df["cluster"] = [str(c) for c in clusters]

# Ausreißer von restlichen Datenpunkten (Clustern) trennen
clusters_df = df.loc[df.cluster != "-1", :]
outliers_df = df.loc[df.cluster == "-1", :]
```

Da das Hauptaugenmerk auf den Clustern liegt und diese entsprechend farblich hervorgehoben werden sollen, wurden zwei Dataframes erstellt, einen Dataframe mit den Datenpunkten, die einem Cluster zugeordnet wurden (`clusters_df`), und einen für die Datenpunkte, die als Ausreißer identifiziert wurden (`outliers_df`).

> Die Verwendung eines Verfahrens zur Dimensionsreduktion zum Zwecke der Visualisierung führt zwangsläufig zu Informationsverlusten. Es handelt sich lediglich um eine Approximation der ursprünglichen Embeddings. Sie ist zwar informativ, kann aber dazu führen, dass die Cluster näher beieinander oder weiter voneinander entfernt liegen, als dies tatsächlich der Fall ist. Aus diesem Grund ist beim Clustern von Texten eine Beurteilung der Cluster durch Menschen unabdingbar – d.h., die Cluster müssen noch von Ihnen selbst inspiziert werden!

Mithilfe der `matplotlib`-Bibliothek, die sich hervorragend zur Erstellung von Visualisierungen eignet, können Sie nun ein Diagramm erstellen, in dem die Cluster zu sehen sind:

```
import matplotlib.pyplot as plt

# Ausreißer und restliche Datenpunkte unterschiedlich visualisieren
plt.scatter(outliers_df.x, outliers_df.y, alpha=0.05, s=2, c="grey")
plt.scatter(
    clusters_df.x, clusters_df.y, c=clusters_df.cluster.astype(int),
    alpha=0.6, s=2, cmap="tab20b"
)
plt.axis("off")
```

Das resultierende Diagramm ist in Abbildung 5.8 dargestellt, und wie zu erkennen ist, werden die wesentlichen Cluster recht gut erfasst. Die unterschiedliche Einfärbung der Cluster zeigt an, welche Datenpunkte vom HDBSCAN-Algorithmus jeweils zu einem Cluster zusammengefasst wurden. Aufgrund der großen Anzahl an Clustern werden allerdings die Farben der Cluster seitens der verwendeten Bibliothek teilweise mehrfach genutzt. Sie sollten also nicht davon ausgehen, dass beispielsweise alle grünen Punkte ein und demselben Cluster angehören.

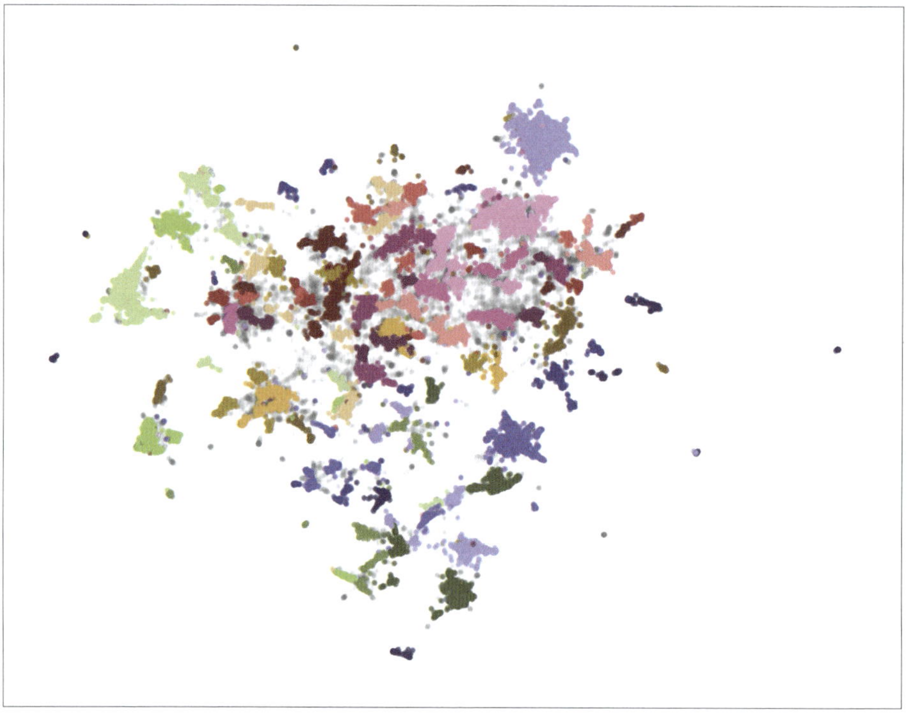

Abbildung 5.8: Die gebildeten Cluster (farbig) und Ausreißer (grau) in zweidimensionaler Darstellung

Das Diagramm ist zwar optisch ansprechend, lässt aber keine Rückschlüsse darauf zu, was sich inhaltlich hinter den einzelnen Clustern verbirgt. Um Rückschlüsse auf die Inhalte der Cluster ziehen zu können, ist es notwendig, die Abbildung zu erweitern und vom reinen Text-Clustering zum Topic Modeling überzugehen.

Vom Clustern von Texten hin zum Topic Modeling

Mithilfe von Clustering können Strukturen in großen Dokumentensammlungen sehr gut aufgedeckt werden. Im vorangegangenen Beispiel könnte man jedes Cluster einzeln betrachten und anhand der darin enthaltenen Dokumente herausfinden, worum es inhaltlich geht. Beispielsweise haben wir uns ein Cluster angesehen, das Dokumente über Gebärdensprache enthält. Man könnte also festhalten, dass das *Thema* (engl. *Topic*) dieses Clusters »Gebärdensprache« ist.

Die Identifizierung von Themen bzw. latenten Themen in einer Textdatensammlung wird allgemein als *Topic Modeling* (Themenmodellierung) bezeichnet. Das Ziel besteht darin, eine Reihe von Schlagwörtern bzw. Begriffen zu finden, die ein Thema am besten wiedergeben und dessen inhaltliche Bedeutung widerspiegeln (siehe Abbildung 5.9).

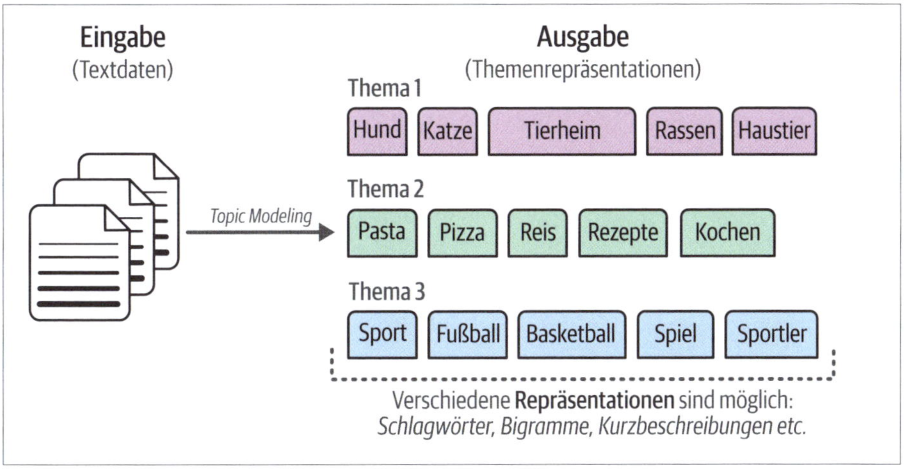

Abbildung 5.9: In der Regel werden die Themen durch eine Reihe von Schlagwörtern dargestellt. Es gibt aber auch andere Darstellungsformen.

Dabei werden keine Labels bzw. Begriffe wie z. B. »Gebärdensprache« verwendet, sondern Schlagwörter wie »Zeichen«, »Sprache« und »Übersetzung«. Ein Thema wird also nicht mit einem einzelnen Label versehen – vielmehr muss man sich dessen inhaltliche Bedeutung anhand dieser Schlagwörter erschließen.

Bei traditionellen Ansätzen wie der Latent Dirichlet Allocation wird die Annahme zugrunde gelegt, dass die Themen jeweils durch die Wahrscheinlichkeitsverteilung der Wörter im Vokabular des entsprechenden Korpus charakterisiert sind.[5] Abbil-

5 David M. Blei, Andrew Y. Ng und Michael I. Jordan. »Latent Dirichlet allocation.« *Journal of Machine Learning Research* 3. Jan (2003): 993–1022.

dung 5.10 veranschaulicht, wie die in einem Vokabular enthaltenen Wörter entsprechend ihrer Relevanz im Hinblick auf die einzelnen Themen bewertet werden.

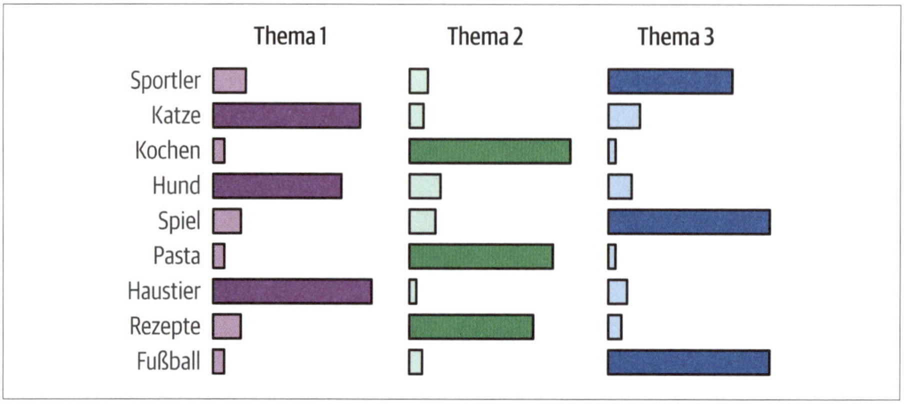

Abbildung 5.10: Die Extraktion der Schlagwörter für die verschiedenen Themen erfolgt jeweils auf der Grundlage ihrer Häufigkeitsverteilung.

Bei diesen Ansätzen werden die grundlegenden Merkmale bzw. Features der Textdaten mithilfe des Bag-of-Words-Ansatzes extrahiert, der weder den Kontext noch die Bedeutung der Wörter bzw. Formulierungen berücksichtigt. Im Gegensatz dazu werden im vorliegenden Text-Clustering-Beispiel sowohl der Kontext als auch die Bedeutung berücksichtigt, da der Ansatz auf Transformer-basierten Embeddings basiert, die mittels des Attention-Mechanismus im Hinblick auf die semantische Ähnlichkeit und die sich aus dem Kontext ergebende Bedeutung optimiert wurden.

Im folgenden Abschnitt gehen wir nun vom reinen Text-Clustering zum Topic Modeling über und greifen hierfür auf das hochgradig modulare Text-Clustering- und Topic-Modeling-Framework BERTopic zurück.

BERTopic: ein modulares Topic-Modeling-Framework

BERTopic ist eine Technik für das Topic Modeling, bei der Cluster semantisch ähnlicher Texte genutzt werden, um verschiedene Arten von Darstellungen bzw. Repräsentationen von Themen zu extrahieren.[6] Der zugrunde liegende Algorithmus besteht aus zwei grundlegenden Schritten.

Im ersten Schritt wird, wie in Abbildung 5.11 gezeigt, genauso vorgegangen wie zuvor im Text-Clustering-Beispiel. Zunächst werden die Dokumente in Embeddings umgewandelt, und dann wird deren Dimensionalität verringert. Die Embeddings werden anschließend zu Clustern zusammengefasst, um semantisch ähnliche Dokumente zu gruppieren.

6 Maarten Grootendorst. »BERTopic: Neural topic modeling with a class-based TF-IDF procedure.« *arXiv Preprint arXiv:2203.05794* (2022).

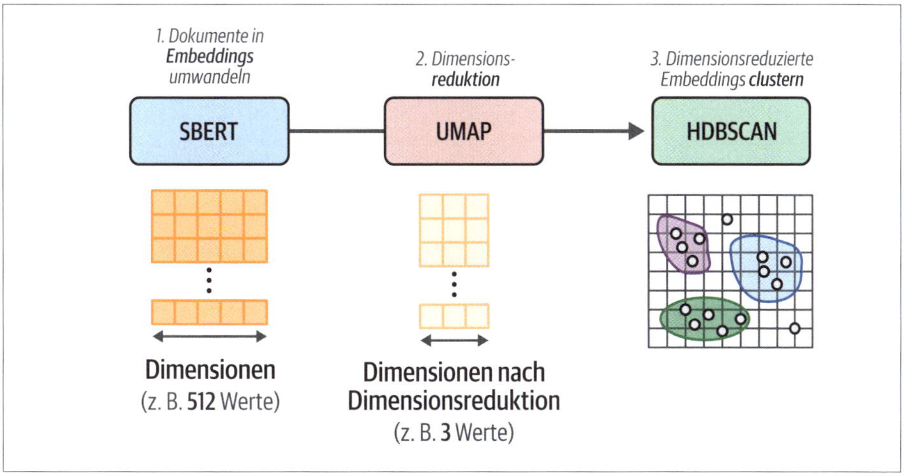

Abbildung 5.11: Der erste Schritt in der BERTopic-Pipeline besteht darin, semantisch ähnliche Dokumente zu Clustern zu gruppieren.

In einem zweiten Schritt wird dann mithilfe einer traditionellen Methode (Bag-of-Words) ein Modell erstellt, das die Häufigkeitsverteilung der im Vokabular des Textkorpus enthaltenen Wörter abbildet. Beim Bag-of-Words-Ansatz, dessen Funktionsweise bereits in Kapitel 1 erläutert wurde und in Abbildung 5.12 noch einmal anschaulich dargestellt wird, wird gezählt, wie oft jedes Wort in einem Dokument vorkommt. Die daraus resultierende Darstellungsform könnte dann beispielsweise dazu verwendet werden, die Wörter eines Dokuments zu extrahieren, die am häufigsten darin vorkommen.

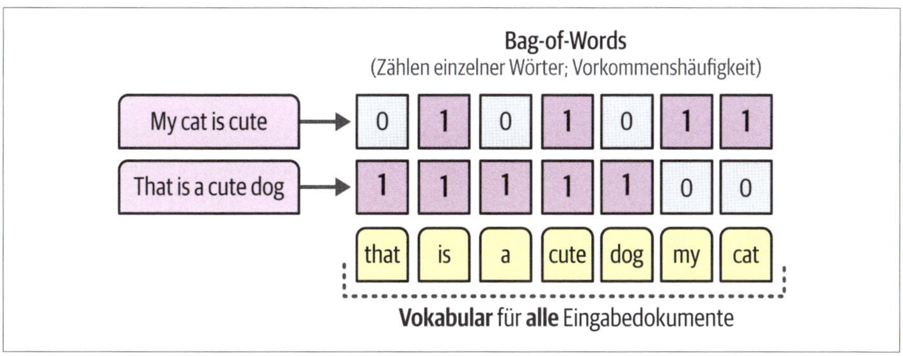

Abbildung 5.12: Beim Bag-of-Words-Ansatz wird ermittelt, wie oft jedes Wort in einem Dokument vorkommt.

Mit diesem Ansatz sind jedoch zwei Einschränkungen verbunden. Erstens handelt es sich dabei lediglich um eine Darstellung auf Dokumentebene. Im vorliegenden Fall sind wir jedoch an einer Darstellung auf Clusterebene interessiert. Aus diesem Grund sollte die Worthäufigkeit bezogen auf die jeweiligen Cluster und nicht auf das jeweilige Dokument ermittelt werden (siehe Abbildung 5.13).

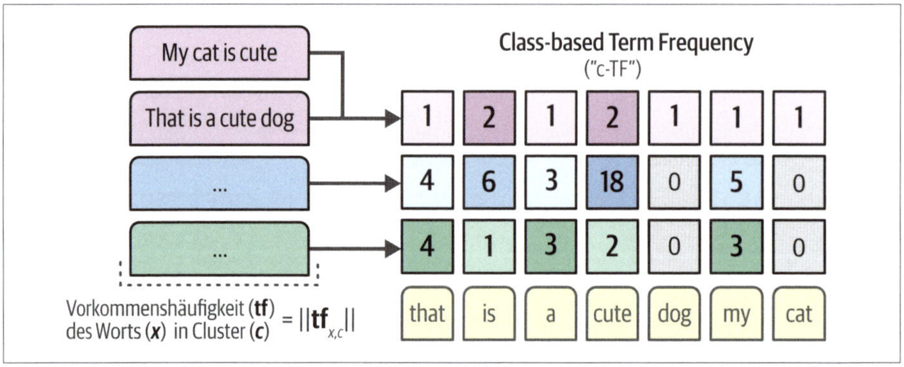

Abbildung 5.13: Bei der class-based Term Frequency (c-TF) wird die Vorkommenshäufigkeit eines Worts nicht für jedes Dokument, sondern für jedes Cluster ermittelt.

Zweitens kommen in Dokumenten meist sogenannte Stoppwörter (engl. *Stop Words*) wie »der« oder »ich« vor, denen in Bezug auf den eigentlichen Inhalt eines Dokuments nur eine geringe Bedeutung zukommt. Bei BERTopic wird eine auf Klassen bzw. Cluster ausgerichtete (engl. *class-based*) Variante der sogenannten Term-Frequency-Inverse-Document-Frequency-Methode (c-TF-IDF) verwendet, um Wörtern, die für ein Cluster von größerer Bedeutung sind, mehr Gewicht zu verleihen und Wörtern, die in allen Clustern vorkommen, weniger.

Dabei wird für alle Wörter, die im Vokabular des clusterbasierten Bag-of-Words-Verfahrens enthalten sind, die Vorkommenshäufigkeit in den jeweiligen Clustern ermittelt (das ist der »c-TF«-Teil von c-TF-IDF) und mit dem IDF-Wert des jeweiligen Worts multipliziert. Zur Berechnung des IDF-Werts wird die durchschnittliche Anzahl an Wörtern in den jeweiligen Clustern durch die Vorkommenshäufigkeit des jeweiligen Worts dividiert, und anschließend wird der Logarithmus gebildet (siehe Abbildung 5.14).

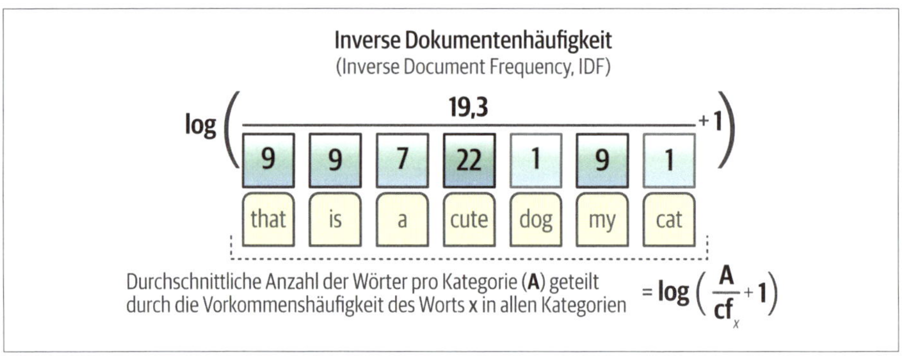

Abbildung 5.14: Bei der c-TF-IDF-Methode wird eine Gewichtung vorgenommen.

Dabei wird für jedes Wort ein Gewichtungsfaktor (*IDF*) berechnet, der mit der clusterspezifischen Vorkommenshäufigkeit (*c-TF*) multipliziert wird, sodass man im Endeffekt gewichtete Häufigkeitswerte (*c-TF-IDF*) erhält.

Dieser zweite Teil der Methode, der in Abbildung 5.15 dargestellt ist, ermöglicht die Berechnung einer Häufigkeitsverteilung der Wörter (wie beschrieben). Sie können die `CountVectorizer`-Klasse aus dem scikit-learn-Paket verwenden, um eine Vektordarstellung in Form eines Bag-of-Words (bzw. Vorkommenshäufigkeit der Terme, engl. *Term Frequency*) zu erstellen. Im vorliegenden Fall wird jedes Cluster als ein Thema betrachtet, für das eine bestimmte Rangfolge des Vokabulars des Korpus gilt.

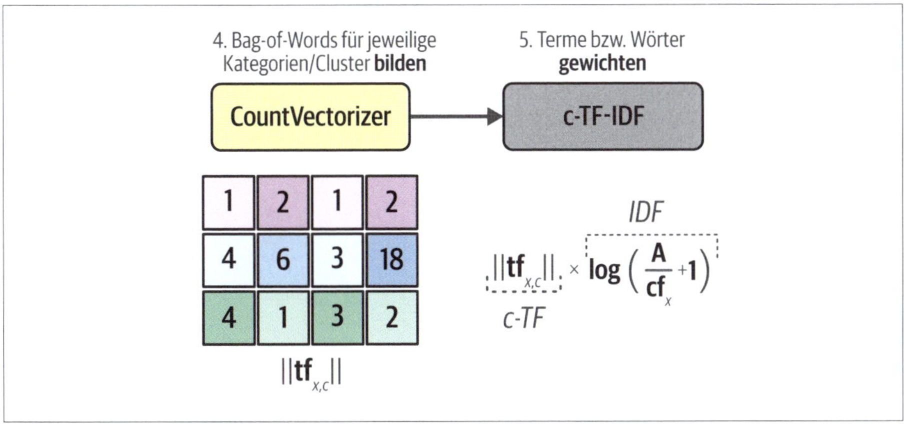

Abbildung 5.15: Der zweite Teil der BERTopic-Pipeline dient der Erstellung von Repräsentationen für die Themen. Dazu wird die Gewichtung des Terms x in einer Kategorie bzw. einem Cluster c berechnet.

Fasst man nun die beiden Schritte, das Clustering und die Erstellung von Repräsentationen für die Themen, zusammen, ergibt sich die vollständige BERTopic-Pipeline (siehe Abbildung 5.16). Mit dieser Pipeline lassen sich semantisch ähnliche Dokumente zu Clustern zusammenfassen und aus den Clustern wiederum Themen erschließen, die in Form mehrerer Schlagwörter wiedergegeben werden. Je höher die Gewichtung eines Worts in einem Thema, desto repräsentativer ist es für dieses Thema.

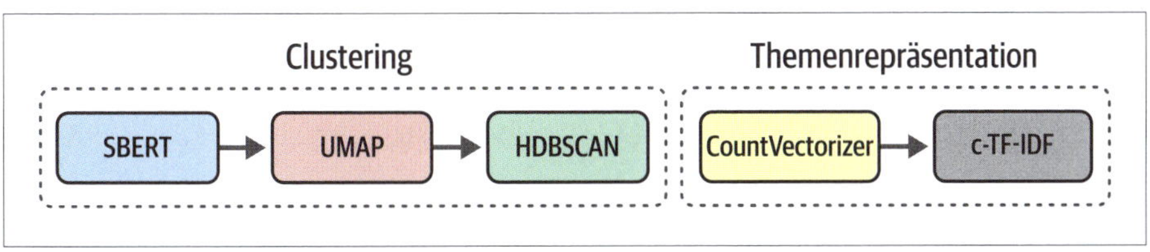

Abbildung 5.16: Die vollständige BERTopic-Pipeline besteht im Wesentlichen aus zwei Schritten: der Bildung von Clustern und der Erstellung von Repräsentationen für die Themen.

Ein großer Vorteil dieser Pipeline besteht darin, dass beide Schritte – die Clusterbildung und die Erstellung von Themenrepräsentationen – weitgehend unabhängig voneinander erfolgen. Beispielsweise ist die c-TF-IDF-Methode nicht von den für das Dokument-Clustering verwendeten Modellen abhängig. Dadurch können alle Komponenten der Pipeline stark modularisiert werden. Dieser modulare Aufbau bietet sich, wie Sie im weiteren Verlauf dieses Kapitels noch sehen werden, hervorragend dafür an, noch ein Feintuning der Themenrepräsentationen vorzunehmen.

Beispielsweise wird standardmäßig ein Embedding-Modell aus dem `sentence-transformers`-Paket verwendet. Es ist jedoch problemlos möglich, dieses durch ein beliebiges anderes Embedding-Modell zu ersetzen (siehe Abbildung 5.17). Ebenso verhält es sich mit allen anderen Schritten. Wenn man nicht daran interessiert ist, dass im Rahmen der Clusterbildung mit einem Algorithmus wie HDBSCAN zusätzlich Ausreißer identifiziert werden, könnte man stattdessen z.B. auf k-Means-Clustering zurückgreifen.

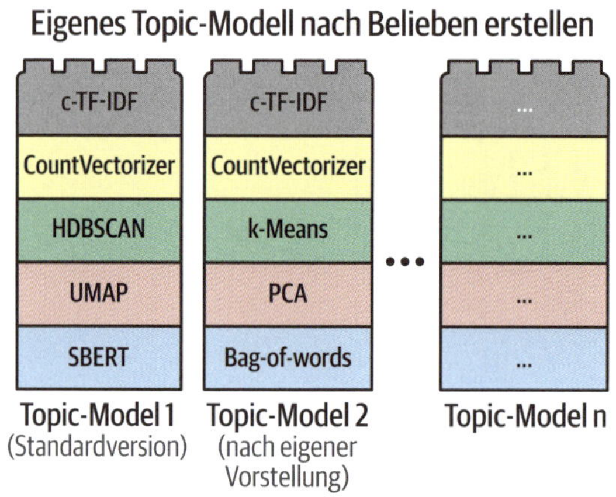

Abbildung 5.17: Dank der vielfältigen Kombinationsmöglichkeiten, die der modulare Aufbau des BERTopic-Frameworks bietet, können Sie Ihr eigenes Topic-Modell nach Belieben zusammenstellen.

Dank des modularen Aufbaus kann die Pipeline nach dem Baukastenprinzip erstellt werden: Jeder Teil der Pipeline kann durch einen beliebigen anderen, ähnlichen Algorithmus ersetzt werden. Dementsprechend können auch neu veröffentlichte Modelle problemlos in die Architektur integriert werden. Je mehr sich der Bereich der Language AI weiterentwickelt, desto umfangreicher und vielfältiger wird auch das BERTopic-Framework!

Der modulare Aufbau des BERTopic-Frameworks

Der modulare Aufbau des BERTopic-Frameworks bietet einen weiteren Vorteil: Auf der Grundlage desselben Basismodells lassen sich damit verschiedene Anwendungsfälle abdecken, bzw. das Modell kann an diese angepasst werden. Beispielsweise unterstützt BERTopic eine Vielzahl unterschiedlicher Varianten von Algorithmen:

- Guided Topic Modeling
- (Semi-)Supervised Topic Modeling
- Hierarchical Topic Modeling
- Dynamic Topic Modeling
- Multimodal Topic Modeling

- Multi-Aspect Topic Modeling
- Online and Incremental Topic Modeling
- Zero-Shot Topic Modeling
- etc.

Mit dem modularen Aufbau und der großen Flexibilität in Bezug auf die Nutzung verschiedener Algorithmen verfolgt der Autor des BERTopic-Frameworks das Ziel, es zur zentralen Anlaufstelle (»One-Stop-Shop«) im Bereich des Topic Modeling zu machen. Einen vollständigen Überblick über die Funktionen des Frameworks finden Sie in der entsprechenden Dokumentation (*https://oreil.ly/XKxJE*) sowie im entsprechenden GitHub-Repository (*https://oreil.ly/-iPzP*).

Verwenden Sie nun das BERTopic-Framework, um den ArXiv-Datensatz zu analysieren. Als Grundlage können Sie die zuvor erstellten Modelle und Embeddings heranziehen (müssen es aber nicht):

```
from bertopic import BERTopic

# Modell mit den zuvor erstellten Modellen trainieren
topic_model = BERTopic(
    embedding_model=embedding_model,
    umap_model=umap_model,
    hdbscan_model=hdbscan_model,
    verbose=True
).fit(abstracts, embeddings)
```

Nun können Sie zunächst einen Blick darauf werfen, welche Themen vom Modell identifiziert wurden. Mithilfe der Methode `get_topic_info()` können Sie sich eine kurze Beschreibung der jeweiligen Themen ausgeben lassen:

```
topic_model.get_topic_info()
```

Thema	Anzahl	Name	Repräsentation
-1	14520	-1_the_of_and_to	[the, of, and, to, in, we, that, language, for ...
0	2290	0_speech_asr_recognition_end	[speech, asr, recognition, end, acoustic, spe...
1	1403	1_medical_clinical_biomedical_patient	[medical, clinical, biomedical, patient, healt...
2	1156	2_sentiment_aspect_analysis_reviews	[sentiment, aspect, analysis, reviews, opinion...
3	986	3_translation_nmt_machine_neural	[translation, nmt, machine, neural, bleu, engl...
...	...	...	...
150	54	150_coherence_discourse_paragraph_text	[coherence, discourse, paragraph, text, cohesi...
151	54	151_prompt_prompts_optimization_prompting	[prompt, prompts, optimization, prompting, llm...
152	53	152_sentence_sts_embeddings_similarity	[sentence, sts, embeddings, similarity, embedd...
153	53	153_counseling_mental_health_therapy	[counseling, mental, health, therapy, psychoth...
154	50	154_backdoor_attacks_attack_triggers	[backdoor, attacks, attack, triggers, poisoned...

Jedes dieser Themen wird durch mehrere Schlagwörter charakterisiert. Diese sind in der Spalte *Name*aufgeführt (und jeweils durch einen Unterstrich voneinander getrennt). Anhand dieser Spalte kann man sich relativ schnell einen Überblick über den Inhalt des jeweiligen Themas verschaffen, da darin jeweils die vier Schlagwörter enthalten sind, die es am treffendsten beschreiben.

> Sie haben wahrscheinlich schon bemerkt, dass das allererste Thema den Wert –1 als Label hat. Diese Kategorie enthält alle Dokumente, die keinem Thema zugeordnet werden konnten und somit als Ausreißer klassifiziert wurden. Dies liegt an dem verwendeten Clusteralgorithmus HDBSCAN, bei dem im Gegensatz zu anderen Algorithmen nicht zwangsläufig alle Datenpunkte einem Cluster zugeordnet werden müssen. Sie können auch verhindern, dass Ausreißer ausgewiesen werden, indem Sie einen Algorithmus wie k-Means (bei dem keine Ausreißer identifiziert werden) oder die Funktion `reduce_outliers()` des BERTopic-Frameworks verwenden (die sicherstellt, dass Datenpunkte, die als Ausreißer klassifiziert wurden, einem der Themen zugeordnet werden).

Lassen Sie sich die einzelnen Themen mit der Funktion `get_topic` anzeigen und finden Sie so heraus, welche Schlagwörter sie jeweils am besten charakterisieren. Zum Beispiel wird das Thema 0 mit den folgenden Schlagwörtern beschrieben:

```
topic_model.get_topic(0)
```

```
[('speech', 0.028177697715245358),
 ('asr', 0.018971184497453525),
 ('recognition', 0.013457745472471012),
 ('end', 0.00980445092749381),
 ('acoustic', 0.009452082794507863),
 ('speaker', 0.0068822647060204885),
 ('audio', 0.006807649923681604),
 ('the', 0.0063343444687017645),
 ('error', 0.006320144717019838),
 ('automatic', 0.006290216996043161)]
```

Für das Thema 0 wurden als wichtigste Schlagwörter »speech«, »asr« und »recognition« ermittelt. Demnach scheint es bei diesem Thema um automatische Spracherkennung (engl. *Automatic Speech Recognition*, ASR) zu gehen.

Über die Funktion `find_topics()` ist es möglich, anhand eines Suchbegriffs nach bestimmten Themen zu suchen. Mal sehen, was man bekommt, wenn man »topic modeling« als Suchbegriff eingibt:

```
topic_model.find_topics("topic modeling")
```

```
([22, -1, 1, 47, 32],
 [0.95456535, 0.91173744, 0.9074769, 0.9067007, 0.90510106])
```

Demnach weist das Thema 22 eine relativ hohe Ähnlichkeit (0,95) mit dem eingegebenen Suchbegriff auf. Bei näherer Betrachtung des Themas wird deutlich, dass es sich tatsächlich um das Thema Topic Modeling handelt:

```
topic_model.get_topic(22)
```

```
[('topic', 0.06634619076655907),
 ('topics', 0.035308535091932707),
 ('lda', 0.016386314730705634),
 ('latent', 0.013372311924864435),
 ('document', 0.012973600191120576),
 ('documents', 0.012383715497143821),
 ('modeling', 0.011978375291037142),
 ('dirichlet', 0.010078277589545706),
 ('word', 0.008505619415413312),
 ('allocation', 0.007930890698168108)]
```

Sie wissen nun also, dass es bei diesem Thema um das Topic Modeling geht. Mal sehen, ob das Abstract vom BERTopic-Forschungsbeitrag ebenfalls diesem Thema zugeordnet wurde:

```
topic_model.topics_[titles.index("BERTopic: Neural topic modeling with a class-
based TF-IDF procedure")]
```

```
22
```

Ja, in der Tat! Dank dieser Funktionen ist es möglich, rasch auf die Themen zuzugreifen, die einen interessieren.

> Der modulare Aufbau von BERTopic bietet einem eine Vielzahl von Möglichkeiten, die in mancher Hinsicht auch überfordern können. Zu diesem Zweck hat der Autor einen Leitfaden (*https://oreil.ly/IsP1k*) erstellt, in dem Best Practices zur Beschleunigung des Trainings und zur Optimierung der Repräsentationen (sowie viele weitere Möglichkeiten) aufgezeigt werden.

Für eine einfachere Erkundung der Themen lohnt sich ein Blick auf das vorangegangene Beispiel, bei dem Sie die Texte in verschiedene Cluster gruppiert haben. Im Rahmen dieses Beispiels haben Sie eine (statische) Visualisierung erstellt, mit der es relativ einfach war, einen ersten Überblick über die angelegten Themen zu bekommen. Mit dem BERTopic-Framework ist es möglich, eine interaktive Visualisierung zu erstellen, mit der man sich schnell einen Überblick über die vorhandenen Themen und die darin enthaltenen Dokumente verschaffen kann.

Hierfür müssen Sie die zweidimensionalen Embeddings (`reduced_embeddings`) verwenden, die Sie zuvor mit dem UMAP-Algorithmus erstellt haben. Wenn man mit der Maus über die Dokumente navigiert, wird anstelle des Abstracts der Titel angezeigt, sodass man schnell einen Überblick über die Dokumente zu einem Thema erhält:

```
# Themen und Dokumente visualisieren
fig = topic_model.visualize_documents(
    titles,
    reduced_embeddings=reduced_embeddings,
    width=1200,
    hide_annotations=True
)

# In Legende verwendete Schriftart zwecks besserer Visualisierung anpassen
fig.update_layout(font=dict(size=16))
```

Durch diese interaktive Visualisierung bekommt man schnell einen Einblick darin, welche Themen angelegt wurden (siehe Abbildung 5.18). Wenn man in die Ansicht hineinzoomt, kann man sich die einzelnen Dokumente ansehen. Zusätzlich ist es möglich, eines der Themen, die auf der rechten Seite der Visualisierung aufgelistet sind, mit einem Doppelklick auszuwählen und nur dieses Thema zu betrachten.

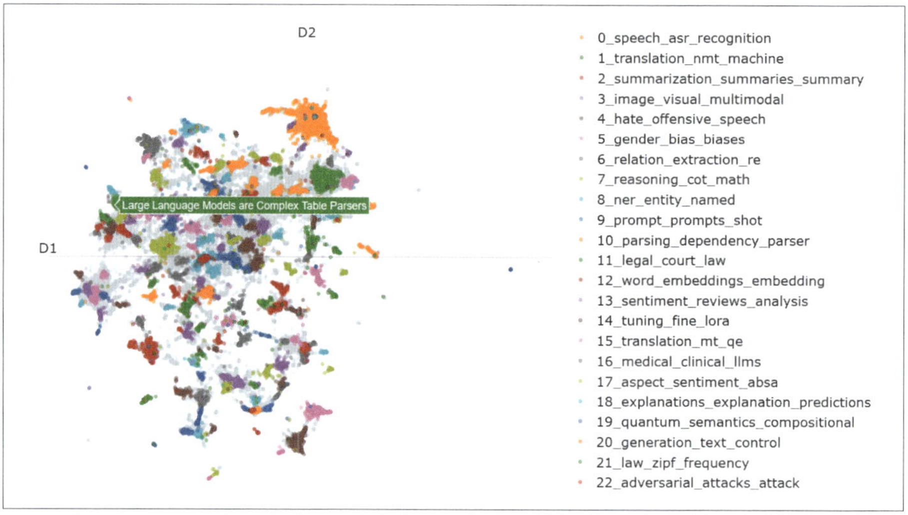

Abbildung 5.18: Interaktive Visualisierung der Dokumente und Themen

Im BERTopic-Framework gibt es eine Vielzahl von Möglichkeiten, wie Themen bzw. Dokumente visualisiert werden können. Die folgenden drei sind insbesondere dann hilfreich, wenn man sich einen Überblick über die Beziehungen zwischen den Themen verschaffen will:

```
# Balkendiagramm mit nach Rangfolge geordneten Schlagwörtern anzeigen lassen
topic_model.visualize_barchart()

# Beziehungen zwischen Themen visualisieren
topic_model.visualize_heatmap(n_clusters=30)

# Mögliche hierarchische Struktur der Themen visualisieren
topic_model.visualize_hierarchy()
```

Einen besonderen Baustein hinzufügen

Die bislang beschriebene Pipeline des BERTopic-Frameworks lässt sich sehr schnell ausführen und kann dank ihres modularen Aufbaus äußerst flexibel gestaltet werden. Dennoch hat sie eine wesentliche Limitation: Die Repräsentation der Themen basiert auf dem Bag-of-Words-Modell, bei dem die semantischen Beziehungen zwischen den Wörtern bzw. Dokumenten unberücksichtigt bleiben.

Diesem Problem kann jedoch begegnet werden, indem man sich die Stärke des Bag-of-Words-Modells zunutze macht (d. h., man erhält relativ schnell eine aussagekräftige Repräsentation) und es als erste, anfängliche Repräsentation verwendet, die dann mit leistungsfähigeren, aber langsameren Techniken wie z. B. Embedding-Modellen optimiert wird. Dieser Ansatz ermöglicht es, die anfängliche Reihenfolge der Wörter nachträglich anzupassen und eine bessere Repräsentation zu erhalten (siehe Abbildung 5.19). Die Grundidee der nachträglichen Anpassung einer anfänglichen Ergebnisrangfolge (*Reranking*) ist ein wesentlicher Aspekt im Bereich der neuronalen Suche, auf die noch in Kapitel 8 näher eingegangen wird.

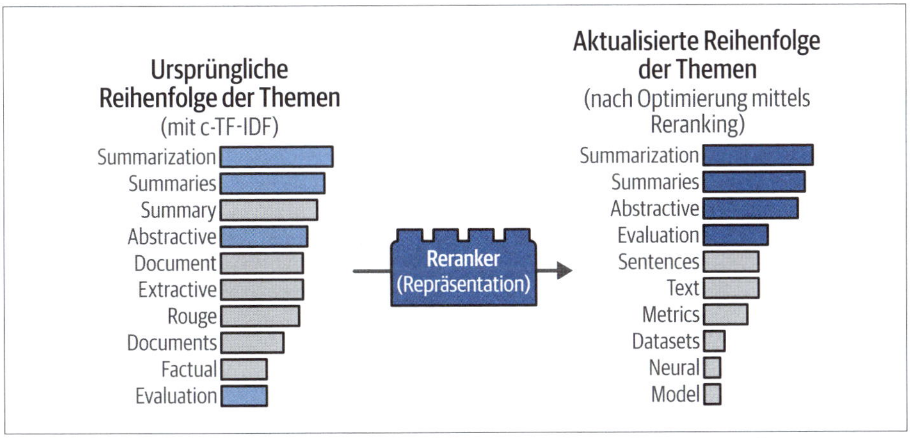

Abbildung 5.19: Optimierung der Themenrepräsentationen durch nachträgliche Änderung der ursprünglich auf Basis des c-TF-IDF-Verfahrens ermittelten Reihen- bzw. Rangfolge (»Reranking«)

Dieser Ansatz lässt sich als zusätzlicher »Baustein« in die Pipeline integrieren, sodass die ursprünglichen Themenrepräsentationen noch nachträglich optimiert werden (siehe Abbildung 5.20).

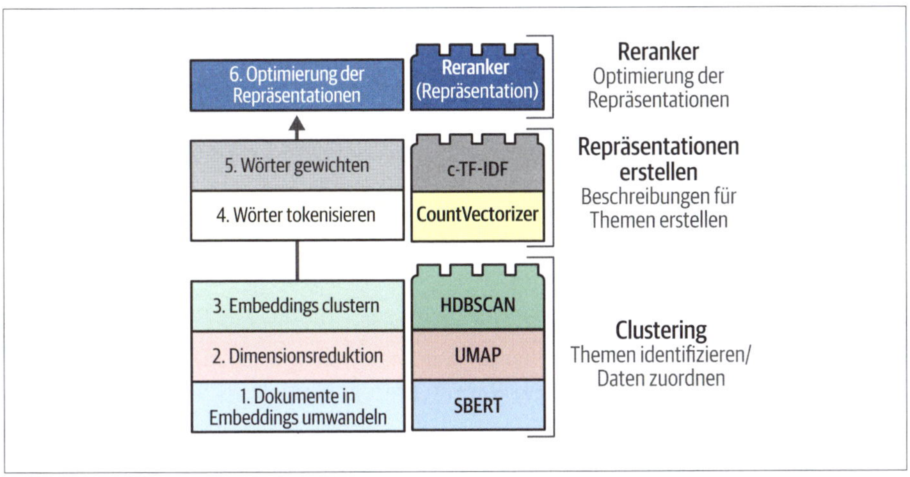

Abbildung 5.20: Der Reranker- bzw. Representation-Block befindet sich in der Pipeline hinter dem Teil, in dem die Repräsentationen auf Basis des c-TF-IDF-Verfahrens erzeugt werden.

Solche Reranking-Modelle werden im BERTopic-Framework als *Representation-Modelle* bezeichnet. Ein großer Vorteil dieses Ansatzes besteht darin, dass die Optimierung der Themenrepräsentationen nur so oft durchgeführt werden muss, wie es die Anzahl an Themen erfordert. Hat man z. B. Millionen von Dokumenten und 100 Themen, muss der Teil der Pipeline, in dem die Repräsentationen optimiert werden (Representation-Block), nur einmal für jedes Thema – und nicht für jedes Dokument – durchgeführt werden.

Im BERTopic-Framework steht Ihnen eine Vielzahl solcher Representation-Blöcke zur Verfügung, mit denen Sie die Repräsentationen optimieren können (siehe Abbildung 5.21). Es ist sogar möglich, mehrere Representation-Blöcke aneinanderzureihen und so die Repräsentationen mittels verschiedener Methoden zu optimieren.

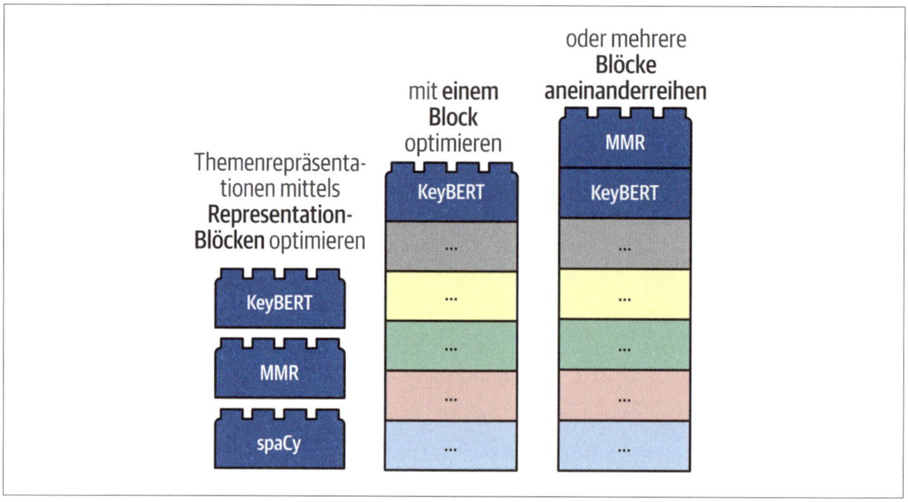

Abbildung 5.21: Nachdem die Wörter mit dem c-TF-IDF-Verfahren gewichtet wurden, können die Themenrepräsentationen durch eine Vielzahl verschiedener Representation-Modelle – einschließlich LLMs – optimiert werden.

Bevor wir uns der Frage zuwenden, wie diese Representation-Blöcke genutzt werden können, müssen Sie noch zwei Dinge tun. Zuerst müssen Sie die ursprünglichen Themenrepräsentationen speichern, damit Sie sie später mit den optimierten Repräsentationen vergleichen können:

```
# Ursprüngliche Repräsentationen abspeichern
from copy import deepcopy
original_topics = deepcopy(topic_model.topic_representations_)
```

Außerdem müssen Sie noch einen Wrapper erstellen, mit dem Sie sich schnell einen Überblick darüber verschaffen können, wie sich die Schlagwörter der einzelnen Themen nach der Optimierung mit dem Representation-Modell im Vergleich zur Ausgangssituation verändert haben:

```
def topic_differences(model, original_topics, nr_topics=5):
    """Unterschiede in der Repräsentation der Themen zwischen zwei Modellen
       aufzeigen"""
    df = pd.DataFrame(columns=["Topic", "Original", "Updated"])
    for topic in range(nr_topics):

        # Die 5 relevantesten Wörter pro Thema und Modell extrahieren
        og_words = " | ".join(list(zip(*original_topics[topic]))[0][:5])
```

```
        new_words = " | ".join(list(zip(*model.get_topic(topic)))[0][:5])
        df.loc[len(df)] = [topic, og_words, new_words]

    return df
```

KeyBERTInspired

Der erste Representation-Block, den wir näher betrachten, ist KeyBERTInspired. Dabei handelt es sich, wie Sie vielleicht bereits erahnen, um eine Methode, die auf einem Paket zur Extraktion von Schlagwörtern (engl. *Keywords*), KeyBERT (*https://oreil.ly/_SZU7*), basiert.[7] Mit dem KeyBERT-Paket lassen sich Schlagwörter aus Texten extrahieren, die durch einen Vergleich der Embeddings der Wörter und Dokumente auf Basis der Kosinus-Ähnlichkeit ermittelt werden.

Beim BERTopic-Framework wird ein ähnlicher Ansatz verfolgt. Bei KeyBERTInspired wird das c-TF-IDF-Verfahren verwendet, um die für die jeweiligen Themen repräsentativsten Dokumente zu extrahieren. Dazu wird die Ähnlichkeit zwischen den c-TF-IDF-Werten eines Dokuments und denen des entsprechenden Themas berechnet. Hierbei wird, wie in Abbildung 5.22 gezeigt, pro Thema ein Embedding gebildet, indem der Durchschnitt aller Embeddings des jeweiligen Themas berechnet wird. Dieser wird dann mit den Embeddings der infrage kommenden Schlagwörter verglichen, um die Rang- bzw. Reihenfolge der Schlagwörter neu zu bestimmen.

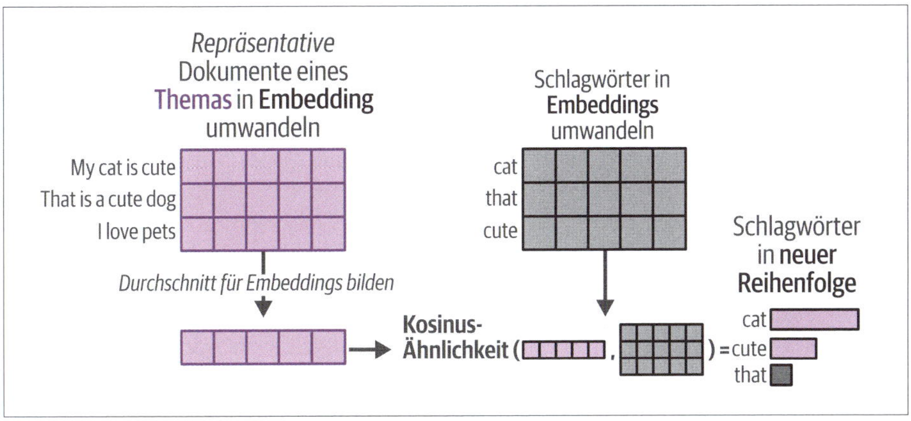

Abbildung 5.22: Das Vorgehen im Rahmen von Representation-Modellen bei KeyBERTInspired

Dank des modularen Aufbaus von BERTopic ist es möglich, die anfänglichen Themenrepräsentationen mithilfe von KeyBERTInspired anzupassen, ohne die Schritte der Dimensionsreduktion und des Clusterings erneut durchführen zu müssen:

```
from bertopic.representation import KeyBERTInspired

# Themenrepräsentationen mittels KeyBERTInspired anpassen
representation_model = KeyBERTInspired()
topic_model.update_topics(abstracts, representation_model=representation_model)

# Unterschiede bei den für die Themen ermittelten Schlagwörtern aufzeigen
topic_differences(topic_model, original_topics)
```

7 Maarten Grootendorst. »KeyBERT: Minimal keyword extraction with BERT.« (2020)

Thema	Ursprünglich	Aktualisiert
0	speech | asr | recognition | end | acoustic	speech | encoder | phonetic | language | trans...
1	medical | clinical | biomedical | patient | he...	nlp | ehr | clinical | biomedical | language
2	sentiment | aspect | analysis | reviews | opinion	aspect | sentiment | aspects | sentiments | cl...
3	translation | nmt | machine | neural | bleu	translation | translating | translate | transl...
4	summarization | summaries | summary | abstract...	summarization | summarizers | summaries | summ...

Im Vergleich zum ursprünglichen Modell ist es in der aktualisierten Version nun einfacher, die Inhalte der Themen zu erfassen. Einige Wörter, die in der ursprünglichen Version noch enthalten waren (wie z. B. *nmt* bei Thema 3, das für Neural Machine Translation steht), sind nun nicht mehr enthalten, da das Modell nicht in der Lage ist, den ursprünglich verwendeten Begriff adäquat abzubilden. Insbesondere für Experten sind solche Abkürzungen jedoch durchaus aufschlussreich.

Maximal Marginal Relevance

Sowohl mit dem c-TF-IDF-Verfahren als auch mit den KeyBERTInspired zugrunde liegenden Techniken weisen die resultierenden Themenrepräsentationen eine erhebliche Redundanz auf. In der Repräsentation von Thema 4 entsteht diese beispielsweise durch die Verwendung der sehr ähnlichen Wörter »summaries« (Zusammenfassungen) and »summary« (Zusammenfassung).

Eine Möglichkeit, die Vielfalt der in den Themenrepräsentationen enthaltenen Wörter bzw. Begriffe zu erhöhen, ist die Verwendung eines Algorithmus namens *Maximum Marginal Relevance* (MMR). Dieser Algorithmus versucht, eine Reihe von Schlagwörtern zu finden, die sich voneinander unterscheiden, aber dennoch einen ausreichenden Bezug zu den Dokumenten aufweisen, auf die sie sich beziehen. Hierfür werden mehrere infrage kommende Schlagwörter mithilfe eines Embedding-Verfahrens eingebettet, und dann wird schrittweise ermittelt, welches Schlagwort jeweils am besten geeignet ist, um als Nächstes hinzugefügt zu werden. Dabei muss ein Diversitätsparameter festgelegt werden, mit dem vorgegeben wird, wie unterschiedlich die Schlagwörter ausfallen sollen.

Mithilfe von MMR können Sie im BERTopic-Framework aus einer Reihe von anfänglichen Schlagwörtern, z. B. 30, eine kleinere Anzahl von Schlagwörtern generieren, die aber eine größere Vielfalt aufweisen, z. B. 10. Auf diese Weise werden überflüssige Wörter herausgefiltert, und es bleiben nur die Wörter übrig, die etwas Neues zur Themenrepräsentation beitragen.

Der Algorithmus kann relativ einfach implementiert werden:

```
from bertopic.representation import MaximalMarginalRelevance

# Themenrepräsentationen mittels Maximal Marginal Relevance anpassen
representation_model = MaximalMarginalRelevance(diversity=0.2)
topic_model.update_topics(abstracts, representation_model=representation_model)

# Unterschiede bei den für die Themen ermittelten Schlagwörtern aufzeigen
topic_differences(topic_model, original_topics)
```

Thema	Ursprünglich	Aktualisiert
0	speech | asr | recognition | end | acoustic	speech | asr | error | model | training
1	medical | clinical | biomedical | patient | he...	clinical | biomedical | patient | healthcare |...
2	sentiment | aspect | analysis | reviews | opinion	sentiment | analysis | reviews | absa | polarity
3	translation | nmt | machine | neural | bleu	translation | nmt | bleu | parallel | multilin...
4	summarization | summaries | summary | abstract...	summarization | document | extractive | rouge ...

Die in den Themenrepräsentationen enthaltenen Wörter sind nun vielfältiger. Zum Beispiel enthält Thema 4 nur noch ein Wort, das dem Begriff »summary« ähnelt, dafür aber andere Wörter, die gegebenenfalls dazu beitragen, dass das Thema besser beschrieben wird.

Sowohl KeyBERTInspired als auch MMR eignen sich hervorragend zur Verbesserung der anfänglichen Themenrepräsentationen. Insbesondere KeyBERTInspired filtert fast alle Stoppwörter heraus, da bei diesem Verfahren die semantischen Beziehungen zwischen den Wörtern und Dokumenten im Vordergrund stehen.

Ein zusätzlicher Baustein zur Textgenerierung

Im vorherigen Beispiel diente der Representation-Block in BERTopic dazu, eine neue Reihenfolge der Schlagwörter festzulegen (*Reranking*). Generative Modelle eignen sich jedoch, wie im vorherigen Kapitel erläutert, ebenfalls für ein breites Spektrum von Anwendungsfällen.

Generative Modelle lassen sich im BERTopic-Framework sehr effizient nutzen, indem man sich an einem Teil des Reranking-Verfahrens orientiert. Anstatt mithilfe eines generativen Modells das jeweilige Thema aller Dokumente – unter Umständen sind es Millionen – zu identifizieren, können diese Modelle zur Generierung einer Kurzbeschreibung verwendet werden, die das jeweilige Thema charakterisiert. Statt lediglich Schlagwörter zu generieren bzw. deren Reihenfolge neu zu bestimmen, kann ein Modell auch dazu verwendet werden, eine prägnante und aussagekräftige Kurzbeschreibung zu generieren. Dazu stellt man dem Modell ein paar zuvor generierte Schlagwörter sowie eine kleine Auswahl repräsentativer Dokumente bereit (siehe Abbildung 5.23).

Für den in der Abbildung dargestellten Prompt sind zwei Komponenten erforderlich. Zum einen die Dokumente, die über das Tag `[DOCUMENTS]` in das Modell eingespeist werden: Dabei handelt es sich um eine kleine Auswahl an Dokumenten – in der Regel vier –, die für das jeweilige Thema am repräsentativsten sind. Es werden die Dokumente herangezogen, deren c-TF-IDF-Werte die höchste Kosinus-Ähnlichkeit mit denen des entsprechenden Themas aufweisen. Die andere Komponente sind die Schlagwörter, mit denen die Themen jeweils versehen sind. Diese werden ebenfalls im Rahmen des Prompts über das Tag `[KEYWORDS]` an das Modell übergeben. Die Schlagwörter können zuvor mittels des c-TF-IDF-Verfahrens oder einer der anderen bereits vorgestellten Ansätze generiert werden.

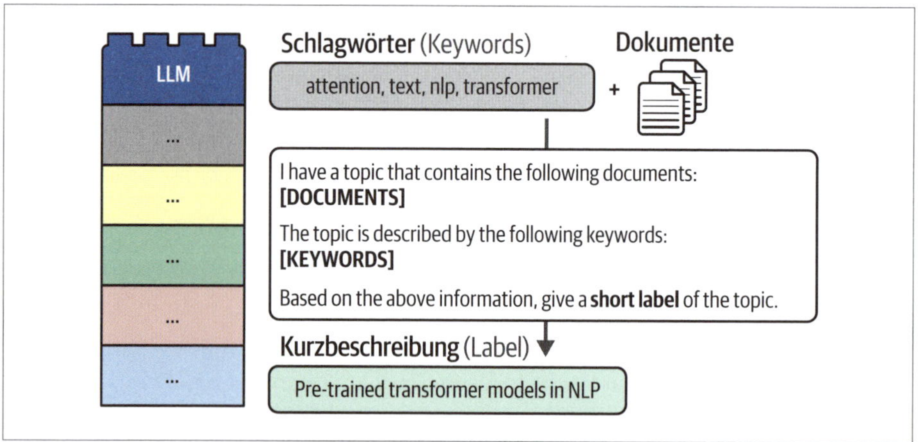

Abbildung 5.23: Mithilfe generativer LLMs und Prompt Engineering können Themen auch anhand von Kurzbeschreibungen beschrieben werden. Diese werden auf der Grundlage von Schlagwörtern und Dokumenten zum jeweiligen Thema generiert.

Auf diese Weise muss das generative Modell lediglich einmal für jedes Thema aufgerufen werden (von denen es möglicherweise Hunderte gibt) und nicht für jedes Dokument (von denen es bedeutend mehr gibt, möglicherweise Millionen). Dabei stehen zahlreiche generative Modelle zur Auswahl, sowohl Open-Source- als auch Closed-Source-Modelle. Beginnen wir mit einem Modell, auf das bereits im vorherigen Kapitel zurückgegriffen wurde – dem Flan-T5-Modell.

Zunächst muss ein für das Modell geeigneter Prompt erstellt werden. Anschließend wird das eingerichtete Modell in der entsprechenden Funktion des BERTopic-Frameworks über den Parameter `representation_model` angegeben:

```
from transformers import pipeline
from bertopic.representation import TextGeneration

prompt = """I have a topic that contains the following documents:
[DOCUMENTS]

The topic is described by the following keywords: '[KEYWORDS]'.

Based on the documents and keywords, what is this topic about?"""

# Themenrepräsentationen mittels Flan-T5 anpassen
generator = pipeline("text2text-generation", model="google/flan-t5-small")
representation_model = TextGeneration(
    generator, prompt=prompt, doc_length=50, tokenizer="whitespace"
)
topic_model.update_topics(abstracts, representation_model=representation_model)

# Unterschiede für Themen aufzeigen
topic_differences(topic_model, original_topics)
```

Thema	Ursprünglich	Aktualisiert
0	speech | asr | recognition | end | acoustic	Speech-to-description
1	medical | clinical | biomedical | patient | he...	Science/Tech

<table>
<tr><th>Thema</th><th>Ursprünglich</th><th>Aktualisiert</th></tr>
<tr><td>2</td><td>sentiment | aspect | analysis | reviews | opinion</td><td>Review</td></tr>
<tr><td>3</td><td>translation | nmt | machine | neural | bleu</td><td>Attention-based neural machine translation</td></tr>
<tr><td>4</td><td>summarization | summaries | summary | abstract...</td><td>Summarization</td></tr>
</table>

Einige dieser Kurzbeschreibungen, wie »Summarization« (Zusammenfassung), sind angesichts der ursprünglichen Repräsentationen naheliegend. Andere, wie »Science/Tech« (Wissenschaft/Technik), sind dagegen sehr weit gefasst und treffen das eigentliche Thema nur unzureichend. Mal sehen, wie sich GPT-3.5 von OpenAI schlägt – das Modell ist nicht nur größer, sondern soll auch über bessere linguistische Fähigkeiten verfügen:

```
import openai
from bertopic.representation import OpenAI

prompt = """
I have a topic that contains the following documents:
[DOCUMENTS]

The topic is described by the following keywords: [KEYWORDS]

Based on the information above, extract a short topic label in the following
format:
topic: <short topic label>
"""

# Themenrepräsentationen mittels GPT-3.5 aktualisieren
client = openai.OpenAI(api_key="YOUR_KEY_HERE")
representation_model = OpenAI(
    client, model="gpt-3.5-turbo", exponential_backoff=True, chat=True,
            prompt=prompt
)
topic_model.update_topics(abstracts, representation_model=representation_model)

# Unterschiede für Themen aufzeigen
topic_differences(topic_model, original_topics)
```

<table>
<tr><th>Thema</th><th>Ursprünglich</th><th>Aktualisiert</th></tr>
<tr><td>0</td><td>speech | asr | recognition | end | acoustic</td><td>Leveraging External Data for Improving Low-Res...</td></tr>
<tr><td>1</td><td>medical | clinical | biomedical | patient | he...</td><td>Improved Representation Learning for Biomedica...</td></tr>
<tr><td>2</td><td>sentiment | aspect | analysis | reviews | opinion</td><td>Advancements in Aspect-Based Sentiment Analys...</td></tr>
<tr><td>3</td><td>translation | nmt | machine | neural | bleu</td><td>Neural Machine Translation Enhancements</td></tr>
<tr><td>4</td><td>summarization | summaries | summary | abstract...</td><td>Document Summarization Techniques</td></tr>
</table>

Die generierten Kurzbeschreibungen sind wirklich beeindruckend! Und das, obwohl nicht einmal GPT-4 als Modell verwendet wurde! Die generierten Kurzbeschreibungen scheinen sogar informativer zu sein als im vorherigen Beispiel. An dieser Stelle sei angemerkt, dass das BERTopic-Framework nicht nur auf das Angebot von OpenAI beschränkt ist, sondern auch lokale Backends unterstützt.

> Zwar mag es den Anschein haben, als wären die Schlagwörter nicht mehr von Nutzen, aber sie sind immer noch repräsentativ für die Eingabedokumente. Kein Modell ist perfekt, und es empfiehlt sich generell, mehrere Repräsentationen für die Themen zu erstellen. Mit dem BERTopic-Framework ist es möglich, die Themen jeweils mit verschiedenen Repräsentationen abzubilden (*https://oreil.ly/oTzdY*). Sie könnten beispielsweise mehrere Ansätze gleichzeitig verfolgen – KeyBERT-Inspired, MMR und GPT-3.5 – und diese miteinander vergleichen. Auf diese Weise beleuchten Sie die Themen aus verschiedenen Blickwinkeln.

Mit den vom GPT-3.5-Modell generierten Kurzbeschreibungen lassen sich anschließend mithilfe des `datamapplot`-Pakets (*https://oreil.ly/LolfZ*) eindrucksvolle Visualisierungen erstellen (siehe Abbildung 5.24):

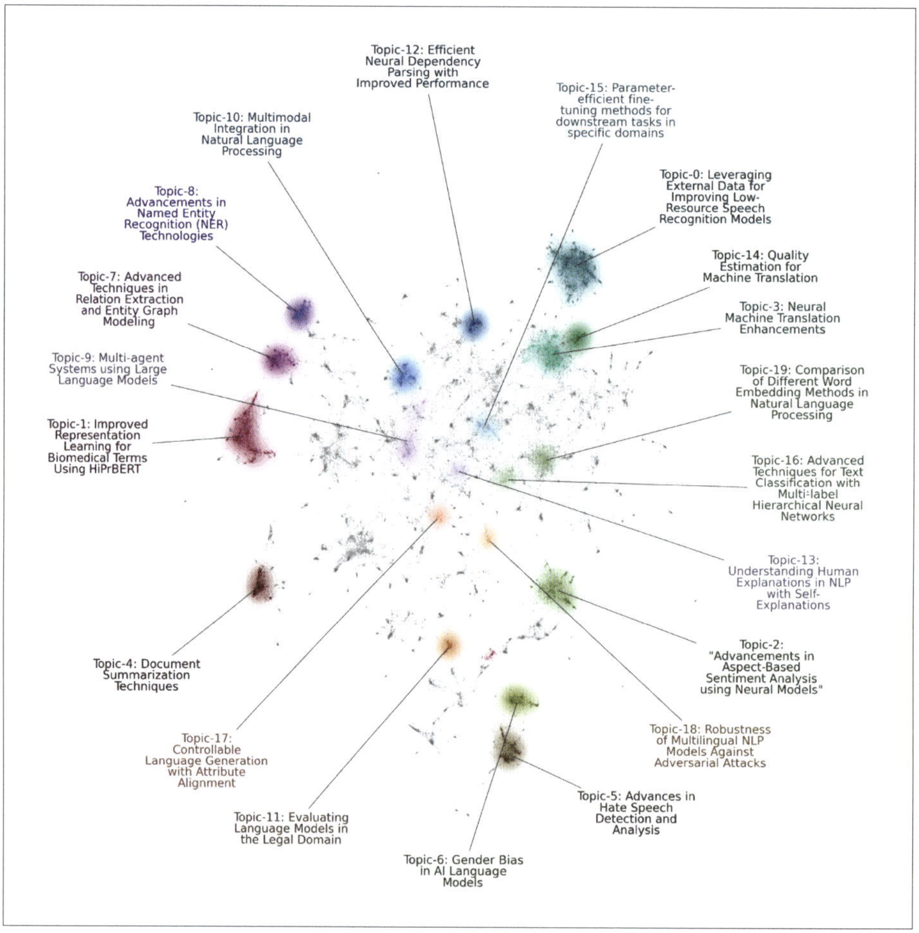

Abbildung 5.24: Visualisierung der ersten 20 Themen

```
# Themen und Dokumente visualisieren
fig = topic_model.visualize_document_datamap(
    titles,
    topics=list(range(20)),
    reduced_embeddings=reduced_embeddings,
    width=1200,
    label_font_size=11,
    label_wrap_width=20,
    use_medoids=True,
)
```

Zusammenfassung

In diesem Kapitel haben Sie erfahren, wie LLMs – und zwar sowohl generative Modelle als auch Representation-Modelle – im Rahmen des unüberwachten Lernens (*Unsupervised Learning*) eingesetzt werden können. Obwohl in der Vergangenheit überwachte Lernverfahren wie die Klassifikation dominiert haben, können auch unüberwachte Ansätze wie das Text-Clustering sehr vielversprechend sein, da sie die Möglichkeit bieten, Texte nach ihrer semantischen Ähnlichkeit zu gruppieren, ohne sie vorher mit Labels versehen zu müssen.

Dabei haben Sie eine bewährte Pipeline für das Clustering von Textdokumenten verwendet, bei der die Eingabetexte zunächst in numerische Darstellungen, also Embeddings, umgewandelt werden. Für diese Embeddings haben Sie dann eine Dimensionsreduktion durchgeführt, wodurch die hochdimensionalen Daten so vereinfacht wurden, dass beim Clustering möglichst aufschlussreiche Ergebnisse erzielt werden konnten. Im letzten Schritt wurde schließlich ein Clustering-Algorithmus auf die dimensionsreduzierten Embeddings angewandt, um die Eingabetexte zu Clustern zusammenzufassen. Anschließend konnten Sie die gebildeten Cluster manuell inspizieren und sich einen Überblick über die jeweils enthaltenen Dokumente und deren Inhalte verschaffen.

Im Anschluss wurde gezeigt, wie die Text-Clustering-Pipeline des BERTopic-Frameworks so erweitert werden kann, dass die Cluster automatisch ausgewertet werden – und nicht manuell analysiert werden müssen. Dieser Ansatz wird üblicherweise als Topic Modeling bezeichnet und zielt darauf ab, die in einer großen Anzahl von Dokumenten enthaltenen Themen zu identifizieren. Beim BERTopic-Framework erfolgt die Generierung dieser Themenrepräsentationen über einen Bag-of-Words-Ansatz, der durch ein Verfahren namens c-TF-IDF ergänzt wird, sodass die Wörter entsprechend ihrer Relevanz und Häufigkeit in Bezug auf alle Cluster gewichtet werden.

Ein großer Vorteil des BERTopic-Frameworks ist sein modularer Aufbau. Dadurch ist es möglich, die Pipeline nach Belieben zu gestalten und verschiedene Modelle zu verwenden, um auf einfache Weise mehrere Themenrepräsentationen zu erstellen, die unterschiedliche Sichtweisen auf die jeweiligen Themen bieten. Dabei haben Sie die Methoden der Maximum Marginal Relevance sowie KeyBERTInspired kennengelernt, mit denen die auf Basis des c-TF-IDF-Verfahrens generierten Themenrepräsentationen weiter optimiert werden können. Darüber hinaus haben Sie die gleichen generativen LLMs (Flan-T5 und GPT-3.5) wie im vorherigen Kapitel verwendet, um Kurzbeschreibungen für die Themen zu erstellen. Dadurch konnten Sie einen noch umfassenderen Einblick in deren Inhalte gewinnen.

Im nächsten Kapitel erfahren Sie noch mehr über das Prompt Engineering, das sich als beliebte Methode zur Verbesserung der Ergebnisse generativer Modelle etabliert hat.

KAPITEL 6

Prompt Engineering

In den ersten Kapiteln dieses Buchs haben Sie bereits tiefe Einblicke in die Funktionsweise von Large Language Models (LLMs) gewonnen und sich mit verschiedenen Anwendungsmöglichkeiten wie der überwachten und unüberwachten Klassifikation befasst. Dabei haben Sie Modelle verwendet, die im Wesentlichen zur Repräsentation von Textdaten dienen, darunter BERT und seine Weiterentwicklungen.

Zudem haben Sie bereits Erfahrungen mit Modellen gesammelt, die vor allem darauf trainiert wurden, Texte zu generieren. Diese Modelle werden üblicherweise als *Generative Pre-trained Transformers* (GPT) bezeichnet. Sie sind in der Lage, auf einen *Prompt* eines Nutzers oder einer Nutzerin hin einen Text zu generieren. Mithilfe von *Prompt Engineering* können diese Prompts so optimiert werden, dass sich die Qualität der vom Modell generierten Texte verbessert.

In diesem Kapitel werden Sie diese generativen Modelle noch eingehender kennenlernen und in die Welt des Prompt Engineering eintauchen. Dabei erfahren Sie, wie man generative Modelle dazu veranlassen kann, Reasoning anzuwenden – also logisch zu schließen –, und wie ihre Antworten validiert werden können.

Textgenerierungsmodelle verwenden

Bevor wir mit den Grundlagen des Prompt Engineering beginnen, ist es wichtig, sich zunächst einmal damit vertraut zu machen, was für den Einsatz eines Textgenerierungsmodells erforderlich ist. Nach welchen Kriterien wählt man das zu nutzende Modell aus? Soll ein proprietäres oder ein Open-Source-Modell verwendet werden? Wie kann man beeinflussen, was das Modell ausgibt? All diese Fragen sind im Zusammenhang mit dem Einsatz von Textgenerierungsmodellen von entscheidender Bedeutung.

Ein geeignetes Textgenerierungsmodell wählen

Bei der Suche nach einem geeigneten Textgenerierungsmodell müssen Sie zunächst entscheiden, ob Sie ein proprietäres oder ein Open-Source-Modell verwenden möchten. Obwohl proprietäre Modelle in der Regel leistungsfähiger sind, liegt der

Schwerpunkt in diesem Buch auf Open-Source-Modellen, da sie in der Regel flexibler sind und kostenlos genutzt werden können.

In Abbildung 6.1 sehen Sie verschiedene Foundation-Modelle (d.h. Basismodelle), die allesamt einen nennenswerten Einfluss auf das Fachgebiet hatten. Solche LLMs werden auf der Grundlage riesiger Mengen von Textdaten vortrainiert und anschließend – üblicherweise mittels Feintuning – noch für bestimmte Anwendungszwecke optimiert.

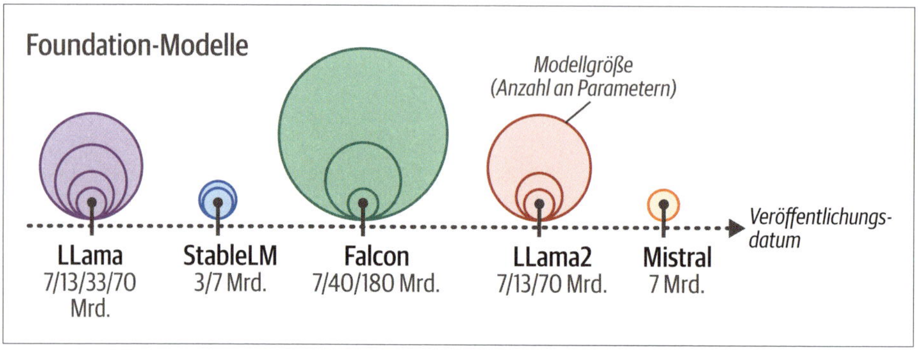

Abbildung 6.1: Foundation-Modelle werden meist in unterschiedlich großen Modellversionen veröffentlicht.

Von diesen Foundation-Modellen wurden Hunderte, wenn nicht gar Tausende feingetunter Modelle abgeleitet, die jeweils im Hinblick auf eine ganz bestimmte Aufgabe optimiert wurden und deshalb für diese Aufgabe besser geeignet sind als andere Modelle. Dementsprechend schwierig kann es sein, das am besten geeignete Modell zu finden!

Im Allgemeinen empfiehlt es sich, zunächst mit einem kleinen Foundation-Modell zu beginnen. Aus diesem Grund verwenden wir im Folgenden weiterhin das 3,8 Milliarden Parameter umfassende Modell Phi-3-mini (*https://oreil.ly/G3CQr*), dessen Ausführung lediglich einen Computer mit einer GPU von mindestens 8 GB VRAM erfordert. In der Regel ist es einfacher, von einem kleinen zu einem größeren Modell zu wechseln als umgekehrt. Kleinere Modelle erleichtern den Einstieg und bieten eine solide Grundlage, bevor man zu einem größeren Modell übergeht.

Textgenerierungsmodelle laden

Der einfachste Weg, Textgenerierungsmodelle zu laden, führt über die `transformers`-Bibliothek (wie bereits in den vorangegangenen Kapiteln beschrieben):

```
import torch
from transformers import AutoModelForCausalLM, AutoTokenizer, pipeline

# Modell und Tokenizer laden
model = AutoModelForCausalLM.from_pretrained(
    "microsoft/Phi-3-mini-4k-instruct",
    device_map="cuda",
    torch_dtype="auto",
```

```
    trust_remote_code=False,
)
tokenizer = AutoTokenizer.from_pretrained("microsoft/Phi-3-mini-4k-instruct")

# Pipeline erstellen
pipe = pipeline(
    "text-generation",
    model=model,
    tokenizer=tokenizer,
    return_full_text=False,
    max_new_tokens=500,
    do_sample=False,
)
```

In diesem Kapitel liegt der Fokus zunächst darauf, wie man ein Prompt-Template (d.h. eine Vorlage, mit der der Prompt dem Modell bereitgestellt wird) erstellt und verwendet.

Nehmen wir zur Veranschaulichung noch einmal das Beispiel aus Kapitel 1, bei dem wir das LLM dazu aufgefordert hatten, einen Witz über Hühner zu machen:

```
# Prompt
messages = [
    {"role": "user", "content": "Create a funny joke about chickens."}
]

# Text generieren
output = pipe(messages)
print(output[0]["generated_text"])
```

```
Why don't chickens like to go to the gym? Because they can't crack the egg-sistence
of it!
```

Im Hintergrund wird der Prompt zunächst durch die Pipeline (`transformers.pipeline`) in ein spezifisches Prompt-Template überführt. Was dabei im Einzelnen geschieht, lässt sich am besten über den zugrunde liegenden Tokenizer nachvollziehen:

```
# Prompt-Template anwenden
prompt = pipe.tokenizer.apply_chat_template(messages, tokenize=False)
print(prompt)
```

```
<s><|user|>
Create a funny joke about chickens.<|end|>
<|assistant|>
```

Wahrscheinlich sind Ihnen gleich die Sondertokens <|user|> und <|assistant|> ins Auge gefallen, die in Kapitel 2 vorgestellt wurden. Mit diesem Prompt-Template, dessen Aufbau in Abbildung 6.2 erläutert wird, wurde das Modell trainiert. Es liefert nicht nur Informationen darüber, von wem welche Aussage stammt, sondern gibt auch an, wann das Modell damit aufhören soll, Text zu generieren (dazu dient das Token <|end|>). In dieser Form wird der Prompt direkt an das LLM übergeben und verarbeitet.

Im nächsten Kapitel werden wir selbst Anpassungen an bestimmten Teilen dieses Templates vornehmen, in diesem Kapitel jedoch belassen wir das Template unverändert und überlassen die Verarbeitung des Templates der Pipeline (`transformers.pipeline`). Als Nächstes werden Sie nun erfahren, wie man Einfluss darauf nehmen kann, was das Modell ausgibt.

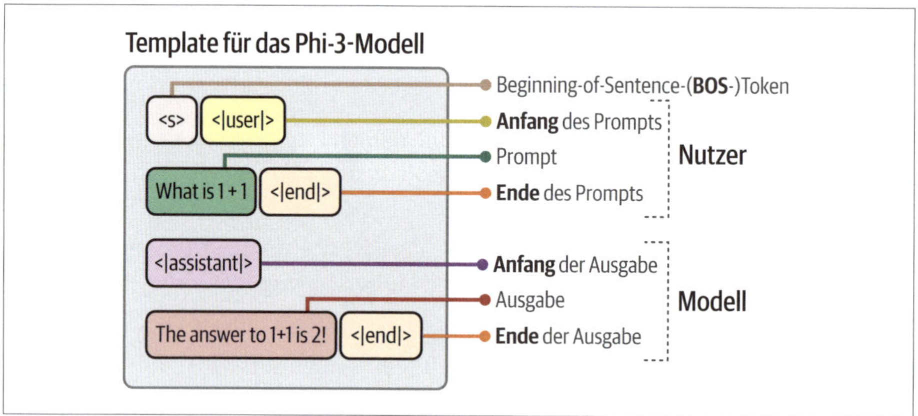

Abbildung 6.2: Der Aufbau des Templates für das Phi-3-Modell, das zur Interaktion mit dem Modell verwendet wird

Einfluss auf die Ausgabe eines Modells nehmen

Es ist nicht nur möglich, Optimierungen am Prompt selbst vorzunehmen (d.h. Prompt Engineering zu betreiben), sondern man kann auch darauf Einfluss nehmen, welche Art von Ausgabe ein LLM als Antwort gibt. Hierzu können Sie, wie Sie im Laufe dieses Abschnitts noch genauer erfahren werden, bestimmte Parameter in der `pipe`-Funktion anpassen, insbesondere die Parameter `temperature` und `top_p`.

Mithilfe dieser Parameter lässt sich festlegen, wie stark die Ausgabe durch Zufall beeinflusst sein soll. Einer der Gründe, warum die LLM-Technologie so aufregend ist, besteht darin, dass LLMs infolge ein und desselben eingegebenen Prompts unterschiedliche Antworten generieren können. Wann immer ein LLM ein Token generiert, wird jedem infrage kommenden Token eine bestimmte Wahrscheinlichkeit zugewiesen, dass es an nächster Stelle steht.

Beispielsweise ist, wie in Abbildung 6.3 dargestellt, die Wahrscheinlichkeit, dass der Satz »I am driving a ...« (Ich fahre ein ...) mit Wörtern bzw. Tokens wie »car« (Auto) oder »truck« (Lkw) vervollständigt wird, im Allgemeinen höher als die Wahrscheinlichkeit, dass er mit anderen Wörtern wie z.B. »elephant« (Elefant) vervollständigt wird. Dennoch besteht eine wenn auch deutlich geringere Wahrscheinlichkeit, dass das Wort »Elefant« generiert wird.

Beim Laden des Modells haben wir bewusst `do_sample=False` festgelegt, um sicherzustellen, dass die Ausgabe einigermaßen konsistent ist. Dadurch wird kein Sampling durchgeführt, d.h., es wird kein Stichprobenverfahren zur Auswahl des nächsten Tokens verwendet, und die Auswahl wird nicht durch Zufall beeinflusst. Stattdessen wird immer das Token als Nächstes ausgewählt, das die höchste Wahrscheinlichkeit aufweist. Möchte man mit den Parametern `temperature` und `top_p` Einfluss auf die Ausgabe nehmen, muss man zunächst `do_sample=True` vorgeben.

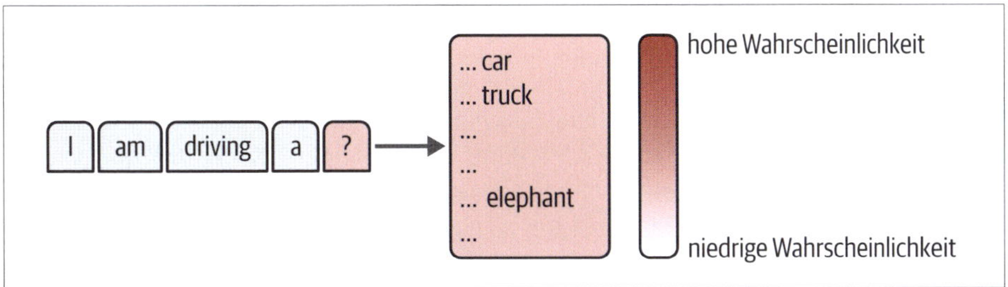

Abbildung 6.3: Die Auswahl des Modells, welches Token als Nächstes generiert wird, erfolgt auf der Grundlage von Wahrscheinlichkeiten.

Temperature-Parameter

Mit dem `temperature`-Parameter kann festgelegt werden, wie zufällig bzw. kreativ der generierte Text sein soll. Hierdurch lässt sich die Wahrscheinlichkeit beeinflussen, mit der weniger wahrscheinliche Tokens ausgewählt werden. Steht der Wert des `temperature`-Parameters auf 0, wird jedes Mal dieselbe Antwort generiert, da immer das Wort mit der höchsten Wahrscheinlichkeit ausgewählt wird. Je höher der vorgegebene Wert ist, desto eher werden also auch Wörter generiert, die eigentlich eine geringere Wahrscheinlichkeit aufweisen (siehe Abbildung 6.4).

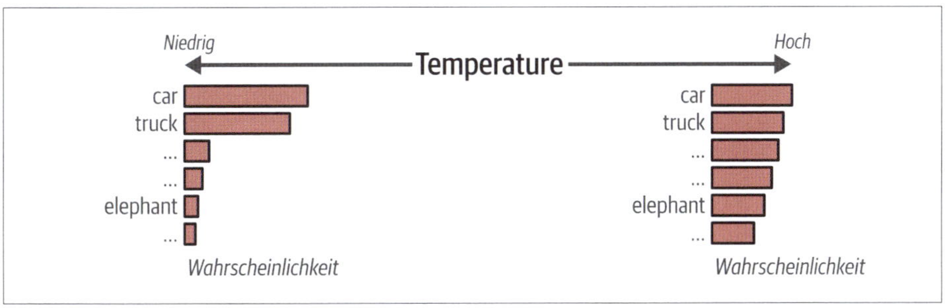

Abbildung 6.4: Je höher der Wert des »temperature«-Parameters, desto höher ist die Wahrscheinlichkeit, dass weniger wahrscheinliche Tokens generiert werden – und umgekehrt.

Ein hoher Wert für den `temperature`-Parameter (z.B. 0,8) führt in der Regel zu einer Ausgabe, die sich sprachlich durch eine größere Vielfalt auszeichnet. Ein niedriger Wert (z.B. 0,2) resultiert in einer Ausgabe, die stärker deterministisch ist.

Den für die Pipeline verwendeten `temperature`-Parameter können Sie wie folgt anpassen:

```
# Einen hohen Wert für den temperature-Parameter verwenden
output = pipe(messages, do_sample=True, temperature=1)
print(output[0]["generated_text"])
```

```
Why don't chickens like to go on a rollercoaster? Because they're afraid they might
suddenly become chicken-soup!
```

Mit diesem Wert werden Sie jedes Mal, wenn Sie den Code erneut ausführen, eine andere Ausgabe erhalten! Durch den temperature-Parameter zeigt das Modell ein stochastisches Verhalten, da nun die Auswahl der Tokens zum Teil auf Zufall basiert.

top_p-Parameter

top_p-Sampling, das auch als *Nucleus Sampling* bezeichnet wird, ist ein Sampling-Verfahren, mit dem beeinflusst werden kann, wie viele der insgesamt zur Auswahl stehenden Tokens (sozusagen der Nucleus bzw. Kern) vom LLM berücksichtigt werden sollen. Bei diesem Verfahren werden so lange weitere Tokens berücksichtigt, bis die kumulative Wahrscheinlichkeit aller zur Auswahl stehenden Tokens einen gewissen Wert erreicht hat. Setzt man den top_p-Parameter beispielsweise auf 0,1, werden so lange weitere Tokens berücksichtigt, bis sich die Wahrscheinlichkeiten aller einbezogenen Tokens zu diesem Wert aufaddieren. Wird der top_p-Parameter auf 1 gesetzt, werden alle infrage kommenden Tokens bei der Auswahl berücksichtigt.

Je niedrigerer der Wert gewählt wird, desto weniger Tokens werden bei der Auswahl berücksichtigt, und der generierte Text wird für gewöhnlich weniger »kreativ« ausfallen. Ein höherer Wert hat hingegen zur Folge, dass das LLM aus einer größeren Anzahl an Tokens auswählen kann (siehe Abbildung 6.5).

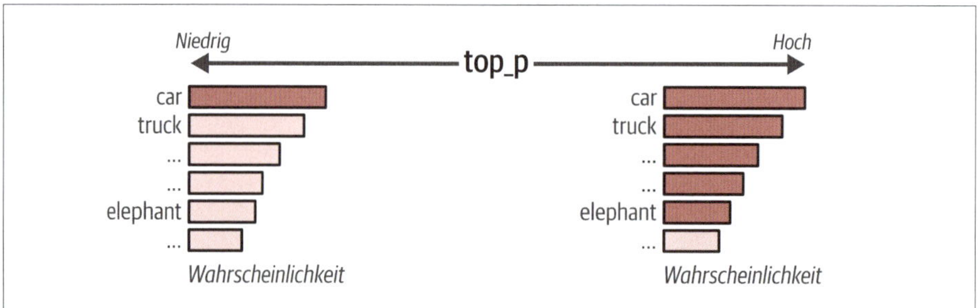

Abbildung 6.5: Je höher der Wert des »top_p«-Parameters gesetzt wird, desto mehr zur Auswahl stehende Tokens können vom LLM bei der Generierung des Texts berücksichtigt werden – und umgekehrt.

In ähnlicher Weise kann mithilfe des Parameters top_k auch konkret vorgegeben werden, wie viele Tokens das LLM bei der Auswahl berücksichtigen soll. Wird der Wert z.B. auf 100 gesetzt, werden nur die 100 wahrscheinlichsten Tokens vom LLM berücksichtigt.

Der top_p-Parameter kann in der Pipeline wie folgt angepasst werden:

```
# Einen hohen Wert für top_p vorgeben
output = pipe(messages, do_sample=True, top_p=1)
print(output[0]["generated_text"])
```

```
Why don't chickens make good comedians? Because their 'jokes' always 'feather' the truth!
```

Durch die Kombination beider Parameter können Sie den Stil des vom LLM generierten Texts innerhalb einer gewissen Bandbreite beeinflussen – zum einen können Sie Texte generieren lassen, die sehr kreativ verfasst sind (hohe Werte für die Parameter `temperature` und `top_p`), und zum anderen Texte, die vorhersehbar sind (niedrige Werte für `temperature` und `top_p`). Für dazwischenliegende Schreibstile können Sie die Parameter entsprechend variieren (siehe Tabelle 6.1).

Tabelle 6.1: Anwendungsbeispiele für verschiedene Werte der Parameter »temperature« und »top_p«

Beispiel für Anwendungsfall	`temperature`	`top_p`	Beschreibung
Austausch zur Ideenfindung	Hoch	Hoch	Stark vom Zufall geprägt und eine große Auswahl an möglichen Tokens. Die Ausgaben fallen sehr unterschiedlich aus und sind häufig ausgesprochen einfallsreich und überraschend.
Verfassen von E-Mails	Niedrig	Niedrig	Deterministische Ausgabe, d. h., die Tokens werden generiert, die auch sehr wahrscheinlich sind. Die Ausgaben sind vorhersehbar, auf das Wesentliche beschränkt und im Allgemeinen zurückhaltend formuliert.
Kreatives Schreiben	Hoch	Niedrig	Stark vom Zufall geprägt und nur eine geringe Anzahl zur Auswahl stehender Tokens. Diese Kombination führt zu Ausgaben, die kreativ und dennoch in sich schlüssig sind.
Übersetzung	Niedrig	Hoch	Deterministische Ausgabe, d. h., die Tokens werden generiert, die auch sehr wahrscheinlich sind. Liefert in sich schlüssige Ausgaben, die einen relativ großen Wortschatz umfassen und somit sprachlich eine größere Vielfalt aufweisen.

Einführung in das Prompt Engineering

Das Prompt Engineering ist ein wichtiger Aspekt bei der Arbeit mit Text generierenden LLMs. Durchdacht gestaltete Prompts können ein LLM dazu bringen, Antworten zu generieren, die den eigenen Vorstellungen entsprechen. Unabhängig davon, ob es sich bei einem Prompt um eine Frage, eine Aussage oder eine Anweisung handelt, besteht das Hauptziel des Prompt Engineering darin, eine nützliche Antwort vom Modell zu erhalten.

Die Erstellung effektiver Prompts ist nur ein Teilaspekt des Prompt Engineering. Es dient auch dazu, Modellausgaben zu validieren und zu verhindern, dass sie unerwünschte oder kritische Inhalte enthalten. Beim Prompt Engineering probiert man nach und nach verschiedene Varianten von Prompts aus und optimiert diese. Es gibt nicht die eine perfekte Formulierung für einen Prompt, die immer verwendet werden kann – und es wird sie wahrscheinlich auch in Zukunft nicht geben.

In diesem Abschnitt werden Sie gängige Methoden des Prompt Engineering sowie ein paar Tipps und Tricks kennenlernen und anschließend in der Lage sein, zu beurteilen, wie sich die Verwendung bestimmter Prompts auf die Ausgabe eines Modells auswirkt. Zudem werden Sie die Möglichkeiten, die LLMs bieten, besser einschätzen können und die erforderlichen Grundlagen für die Arbeit mit diesen Modellen beherrschen.

Widmen wir uns zunächst der Frage, welche Elemente ein Prompt grundsätzlich enthalten sollte.

Die grundlegenden Elemente eines Prompts

Ein LLM ist im Grunde nichts anderes als eine Maschine, die Vorhersagen trifft. Auf der Grundlage einer bestimmten Eingabe, eines Prompts, versucht es, die Wörter vorherzusagen, mit denen die Eingabe höchstwahrscheinlich fortgeführt wird. Im Prinzip genügen bereits wenige Wörter, damit das LLM in der Lage ist, eine Antwort zu geben (siehe Abbildung 6.6).

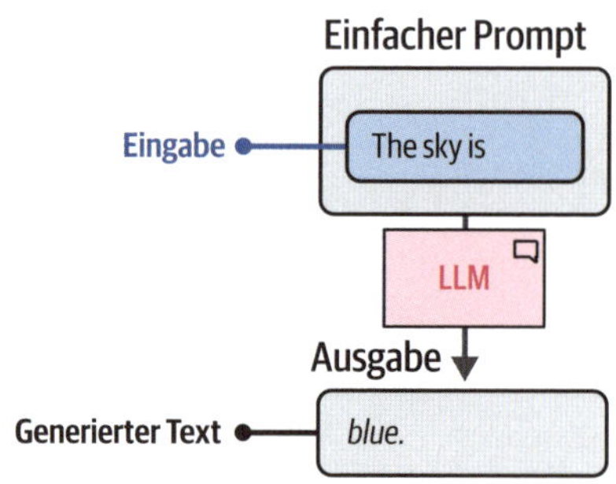

Abbildung 6.6: Ein einfaches Beispiel für einen Prompt: In diesem Fall wird keine Anweisung gegeben, sodass das LLM schlichtweg versucht, den Satz zu vervollständigen.

Die Abbildung dient lediglich als vereinfachendes Beispiel – es wird dabei keine konkrete Aufgabe verfolgt. Im Grunde genommen geht es beim Prompt Engineering allerdings darum, dem LLM eine bestimmte Frage zu stellen bzw. ihm eine Aufgabe zu geben, die es erfüllen soll. Damit die Antwort, die man erhält, so ausfällt, wie man es sich vorstellt, bedarf es in der Regel eines Prompts, dessen Aufbau einer gewissen Systematik folgt.

Zum Beispiel könnte man, wie in Abbildung 6.7 gezeigt, das LLM bitten, einen Satz entweder als positiv oder negativ konnotiert zu klassifizieren. In diesem Fall bestünde der Prompt aus zwei Elementen: aus einer Anweisung (engl. *Instruction*) und aus den Daten, auf die die Anweisung abzielt.

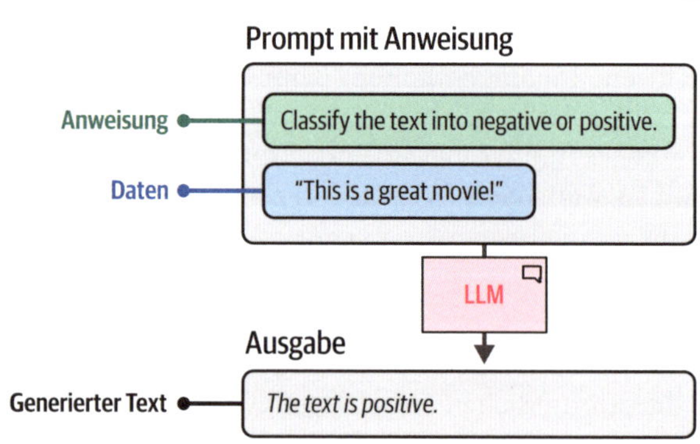

Abbildung 6.7: Ein Prompt mit einer Anweisung enthält generell zwei Elemente: die Anweisung selbst und die Daten, auf die die Anweisung abzielt.

Bei komplexeren Anwendungsfällen ist es möglicherweise erforderlich, dass ein Prompt noch weitere Elemente umfasst. Möchte man beispielsweise sicherstellen, dass das Modell als Ausgabe nur die Worte »negativ« oder »positiv« ausgibt, dann könnte man dem Modell einen Hinweis (bzw. Indikator) bezüglich der gewünschten Form der Ausgabe geben, an dem es sich orientieren kann. In Abbildung 6.8 wird beispielsweise dem zu klassifizierenden Satz das Präfix »Text:« vorangestellt und anschließend noch das Wort »Sentiment:« hinzugefügt, um dafür zu sorgen, dass das Modell als Ausgabe keinen vollständigen Satz generiert, sondern aufgrund der vorgegebenen Struktur erkennt, dass es entweder »negativ« oder »positiv« ausgeben soll. Auch wenn das Modell mit diesen zusätzlichen Elementen nicht direkt trainiert wurde, wird es im Rahmen der Anweisung ausreichend instruiert, sodass es die gewünschte Struktur ableiten kann.

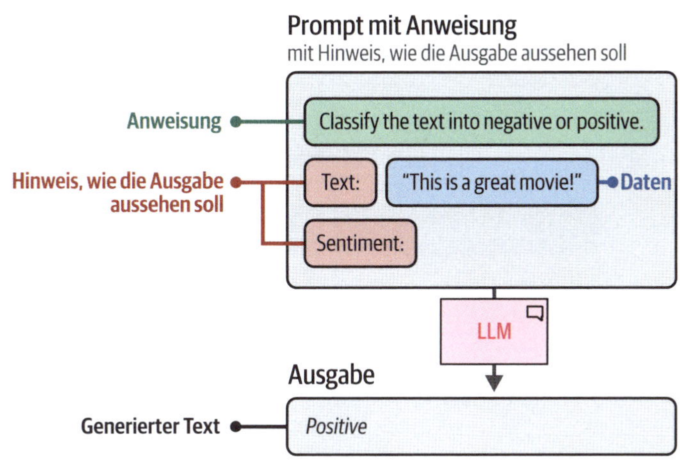

Abbildung 6.8: Ein Prompt kann mit einem Hinweis versehen werden, der angibt, wie die gewünschte Ausgabe aussehen soll.

Man kann einem Prompt so lange zusätzliche Elemente hinzufügen bzw. vorhandene Elemente anpassen, bis man die gewünschte Antwort erhält. Beispielsweise könnte man weitere Beispiele hinzufügen, eine detailliertere Beschreibung des Anwendungsfalls geben, zusätzliche Hintergrundinformationen bereitstellen usw. Die genannten Elemente sind lediglich Beispiele und stellen bei Weitem nicht alle Möglichkeiten dar. Damit die Elemente den gewünschten Effekt erzielen, ist bei ihrer Ausgestaltung häufig ein hohes Maß an Kreativität erforderlich.

Obwohl ein Prompt nichts anderes ist als ein Stück Text, ist es sehr hilfreich, ihn sich als Teil eines größeren Puzzles vorzustellen: Bin ich ausführlich genug auf den Kontext meiner Frage eingegangen? Enthält der Prompt ein Beispiel dafür, wie die Ausgabe auszusehen hat?

Prompts formulieren, die Anweisungen enthalten (Instruction-based Prompting)

Wenngleich verschiedene Formen von Prompts infrage kommen – sei es ein philosophisches Gespräch mit dem LLM oder ein Rollenspiel mit dem Lieblingssuperhelden –, werden Prompts in der Regel dazu verwendet, dem LLM eine bestimmte Frage zu stellen bzw. sich von ihm eine bestimmte Aufgabe lösen zu lassen. In diesem Zusammenhang spricht man von *Instruction-based Prompting*.

In Abbildung 6.9 finden Sie eine Reihe von Anwendungsfällen, in denen das Instruction-based Prompting eine wichtige Rolle spielt. Im vorherigen Beispiel wurde bereits einer dieser Anwendungsfälle behandelt, nämlich die überwachte Klassifikation.

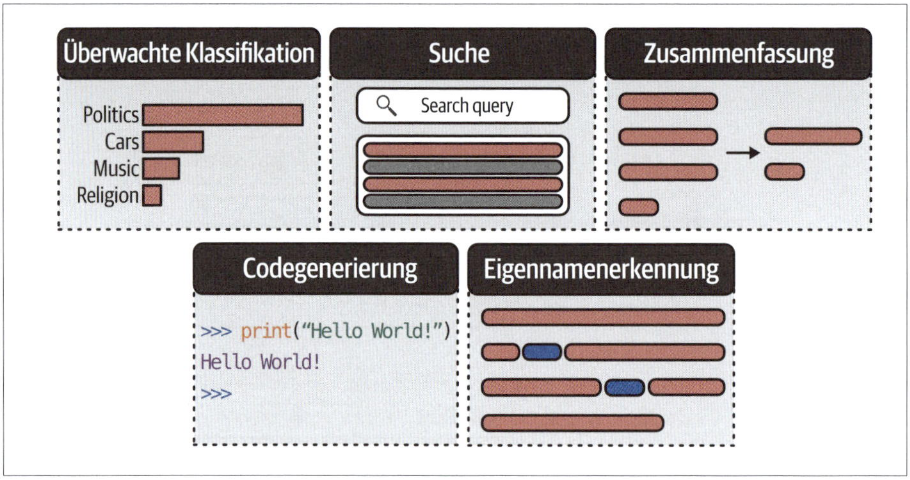

Abbildung 6.9: Beispiele für Anwendungsfälle im Zusammenhang mit dem Instruction-based Prompting

Je nachdem, welche Aufgabe verfolgt wird, muss der Prompt bzw. die Frage an das LLM anders gestaltet werden. Wenn Sie das LLM beispielsweise bitten, einen Text zusammenzufassen, wird es keine Klassifikation vornehmen. In Abbildung 6.10 finden Sie eine Reihe von Beispielen für Prompts zu einigen dieser Anwendungsfälle.

Obwohl diese Aufgaben unterschiedliche Anweisungen erfordern, gibt es beim Prompting zahlreiche Gemeinsamkeiten hinsichtlich der Techniken, die zur Verbesserung der Qualität des Ausgabetexts beitragen. Dazu gehören unter anderem:

Spezifität
: Beschreiben Sie möglichst präzise, was Sie letztlich erwarten. Es ist z.B. besser, dem LLM mitzuteilen: »Verfasse eine Produktbeschreibung in weniger als zwei Sätzen und verwende dabei einen formellen Schreibstil.«, als lediglich die Anweisung zu geben: »Verfasse eine Produktbeschreibung.«

Halluzinationen
: LLMs können Informationen generieren, die nicht der Wahrheit entsprechen, was als Halluzination bezeichnet wird. Als Gegenmaßnahme könnte man dem

LLM die Anweisung geben, nur dann eine Antwort zu generieren, wenn es die Antwort auf die Frage auch wirklich weiß. Sollte es die Antwort nicht wissen, kann es mit »Ich weiß es nicht« antworten.

Aufbau
: Beginnen oder beenden Sie Ihren Prompt mit der Anweisung. Vor allem bei relativ umfangreichen Prompts werden Informationen, die nicht am Anfang oder am Ende stehen, oft ignoriert bzw. »vergessen«.[1] LLMs neigen dazu, sich auf die Informationen zu konzentrieren, die entweder am Anfang (Primacy-Effekt) oder am Ende (Recency-Effekt) eines Prompts stehen.

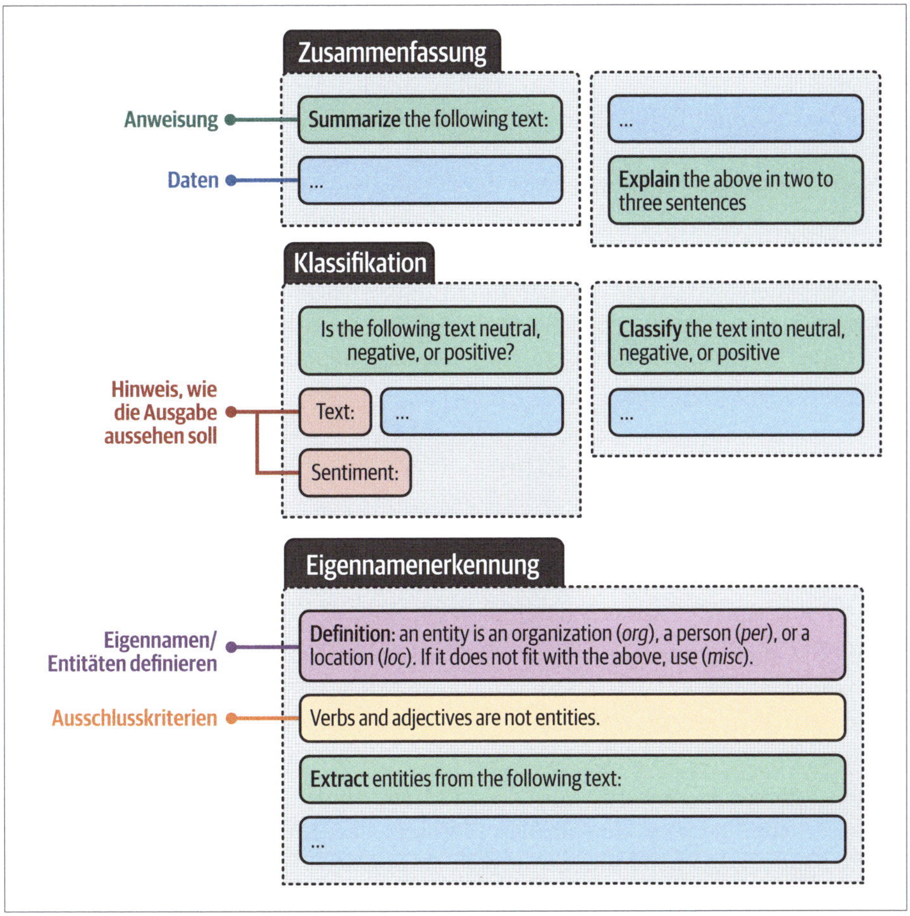

Abbildung 6.10: Beispiele für Prompts im Rahmen gängiger Anwendungsfälle. Je nach Anwendungsfall kann es sinnvoll sein, den Aufbau der Anweisung sowie die Stelle, an der sie steht, anzupassen.

1 Nelson F. Liu et al. »Lost in the middle: How language models use long contexts.« *arXiv Preprint arXiv:2307.03172* (2023).

Die Spezifität ist dabei wohl der wichtigste Aspekt. Dadurch, dass man das, was das Modell generieren soll, genau eingrenzt und präzisiert, verringert sich die Wahrscheinlichkeit, dass es etwas generiert, das nicht zu Ihrem Anwendungsfall passt. Wenn Sie beispielsweise die Anweisung »in zwei bis drei Sätzen« weglassen, könnte das Modell möglicherweise auch ganze Absätze generieren. Letztendlich ist es vergleichbar mit einem Gespräch zwischen zwei Menschen: Ohne konkrete Anweisungen oder zusätzlichen Kontext ist es für die Gesprächspartnerin bzw. den Gesprächspartner schwierig, zu verstehen, um welche Aufgabe es sich eigentlich handelt.

Fortgeschrittene Prompt-Engineering-Techniken

Einen guten Prompt zu verfassen, mag auf den ersten Blick einfach erscheinen. Man muss lediglich eine spezifische Frage stellen, möglichst präzise sein und einige Beispiele hinzufügen – fertig! Prompts können jedoch sehr schnell komplex werden. Insbesondere wenn es darum geht, das Potenzial von LLMs voll auszuschöpfen, wird ihre Komplexität häufig unterschätzt.

Im Folgenden werden Ihnen verschiedene fortgeschrittene Techniken zum Aufbau Ihrer Prompts vorgestellt. Sie erfahren beispielsweise, wie Sie Schritt für Schritt die Komplexität eines Prompts erhöhen oder LLMs nacheinander verwenden können, um noch bessere Ergebnisse zu erzielen. Abschließend lernen Sie fortgeschrittene Techniken kennen, mit denen Sie ein LLM dazu veranlassen können, logisch zu schlussfolgern (Reasoning).

Prompts komplexer gestalten

Ein Prompt besteht – wie Sie bereits wissen – aus mehreren Elementen. Im ersten Beispiel bestand der Prompt aus einer Anweisung, den damit im Zusammenhang stehenden Daten sowie Hinweisen, wie die Ausgabe auszusehen hat. Doch wie bereits erwähnt, sind Prompts nicht auf diese drei Elemente beschränkt und können je nach Bedarf auch wesentlich komplexer gestaltet werden.

Durch diese weiteren Elemente kann ein Prompt recht schnell sehr komplex werden. Folgende Elemente kommen üblicherweise zum Einsatz:

Persona
: Beschreiben Sie, welche Rolle das LLM einnehmen soll. Wenn Sie beispielsweise eine Frage im Bereich Astrophysik stellen, könnte Ihre Anweisung den Satz »Sie sind Experte für Astrophysik« beinhalten.

Anweisung
: Die Aufgabe selbst. Achten Sie darauf, dass diese möglichst präzise formuliert ist und wenig Interpretationsspielraum lässt.

Kontext
: Zusätzliche Informationen, die die Problemstellung bzw. Aufgabe in einen Kontext setzen. Damit werden beispielsweise Fragen beantwortet wie: »Aus welchem Grund wird die Anweisung gegeben?«

Formatierung
: Die Formatierung, die das LLM für die Ausgabe des generierten Texts verwenden soll. Ohne diese Angabe wird das LLM selbst eine Formatierung vornehmen, was sich bei automatisierten Systemen als problematisch erweist.

Zielgruppe
: Die Zielgruppe (engl. *Audience*), für die der Text generiert wird. Hierdurch wird auch festgelegt, wie anspruchsvoll die generierte Ausgabe sein soll. Aus didaktischen Gründen ist es oftmals hilfreich, auf die Abkürzung ELI5 zurückzugreifen (kurz für *Explain it like I'm 5*, also: »Erkläre es mir so, als wäre ich fünf Jahre alt«).

Schreibstil
: Der Schreibstil bzw. die Ausdrucksweise (engl. *Tone*), die das LLM für den zu generierenden Text verwenden sollte. Wenn Sie z.B. eine förmliche E-Mail an Ihren Chef richten, sollte kein umgangssprachlicher Stil verwendet werden.

Daten
: Die wichtigsten mit der Aufgabe verbundenen Daten.

Zur Veranschaulichung erweitern wir nun den zuvor skizzierten Prompt zur Klassifikation und beziehen alle genannten Elemente ein (siehe Abbildung 6.11).

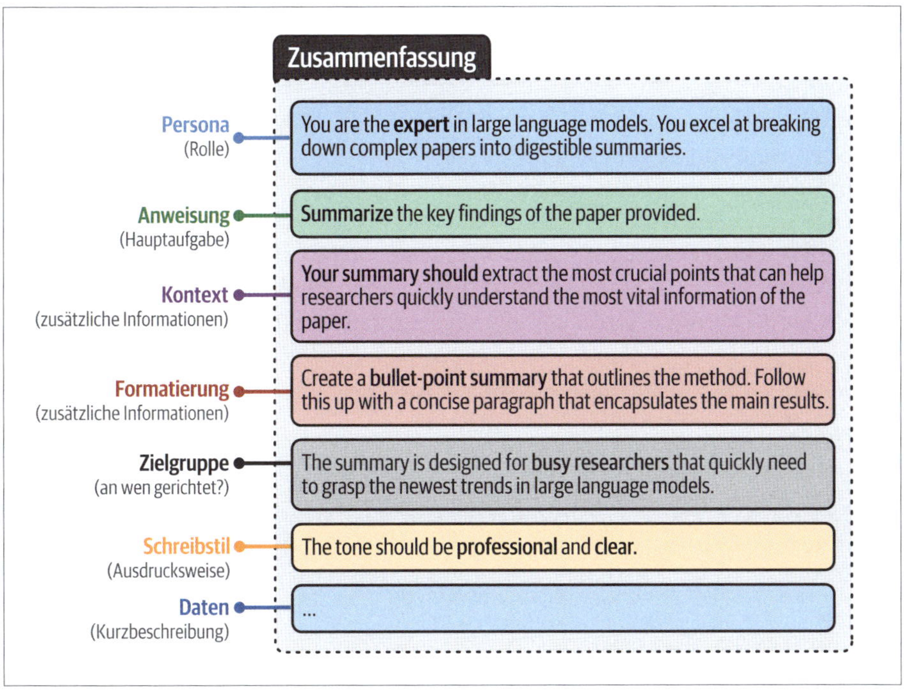

Abbildung 6.11: Beispiel für einen komplexen Prompt, der aus zahlreichen Elementen besteht

An diesem komplexen Prompt lässt sich gut nachvollziehen, wie bausteinartig Prompts zusammengesetzt sein können. Man kann die einzelnen Elemente beliebig hinzufügen oder entfernen und jeweils beurteilen, wie sich dies auf die Ausgabe auswirkt. Sie können also, wie in Abbildung 6.12 dargestellt, Ihren Prompt schrittweise ausarbeiten und ausloten, wie sich die jeweiligen Änderungen auswirken.

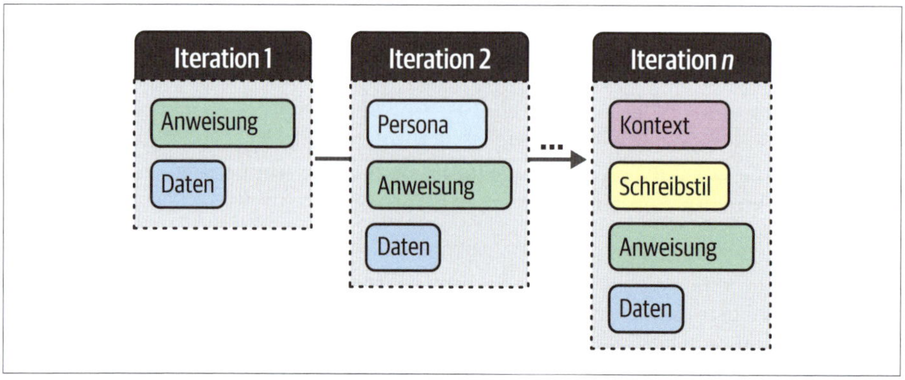

Abbildung 6.12: Beim Prompt Engineering versucht man, nach und nach eine optimale Lösung zu finden, indem man verschiedene Elemente – quasi nach dem Baukastenprinzip – miteinander kombiniert.

Die einzelnen Elemente können nicht nur hinzugefügt oder entfernt werden. Wie Sie bereits im Zusammenhang mit dem Recency- und dem Primacy-Effekt erfahren haben, kann auch die Reihenfolge der Elemente einen Einfluss auf die Qualität der Ausgabe des LLM haben. Mit anderen Worten: Um den besten Prompt für Ihren Anwendungsfall zu finden, müssen Sie nach und nach verschiedene Varianten ausprobieren.

Probieren Sie es nun am besten selbst aus! Passen Sie den komplexen Prompt an, indem Sie bestimmte Elemente hinzufügen und/oder entfernen, und achten Sie darauf, wie sich dies auf die vom LLM generierte Ausgabe auswirkt. Auf diese Weise werden Sie schnell feststellen, welche Elemente Sie beibehalten sollten und welche nicht. Wenn Sie Ihre eigenen Daten verwenden möchten, müssen Sie lediglich die Variable `data` bzw. den Platzhalter für den Text entsprechend anpassen:

```
# Elemente des Prompts
persona = "You are an expert in Large Language models. You excel at breaking down
complex papers into digestible summaries.\n"
instruction = "Summarize the key findings of the paper provided.\n"
context = "Your summary should extract the most crucial points that can help
researchers quickly understand the most vital information of the paper.\n"
data_format = "Create a bullet-point summary that outlines the method. Follow this
up with a concise paragraph that encapsulates the main results.\n"
audience = "The summary is designed for busy researchers that quickly need to grasp
the newest trends in Large Language Models.\n"
tone = "The tone should be professional and clear.\n"
text = "MY TEXT TO SUMMARIZE"
data = f"Text to summarize: {text}"

# Vollständiger Prompt - entfernen bzw. fügen Sie Elemente hinzu,
# um zu sehen, wie sich das auf die generierte Ausgabe auswirkt.
query = persona + instruction + context + data_format + audience + tone + data
```

Sie können alle erdenklichen Elemente hinzufügen und auch kreative Elemente, wie etwa emotionale Aspekte, einbringen (z. B. »Das ist sehr wichtig für meine Karriere.«[2]). Prompt Engineering macht auch deshalb so viel Spaß, weil Sie Ihrer Kreativität freien Lauf lassen können, bis Sie die für Ihren Anwendungsfall am besten geeignete Kombination von Elementen gefunden haben. Es gibt nur wenige Einschränkungen, wenn es darum geht, einen auf Ihre Bedürfnisse zugeschnittenen Ansatz zu entwickeln.

In gewisser Weise ist dieses Vorgehen eine Art Reverse Engineering, das darauf abzielt, herauszufinden, was das Modell gelernt hat und wie es auf bestimmte Prompts reagiert. Allerdings funktionieren manche Prompts bei bestimmten Modellen besser als bei anderen, da sich die Modelle hinsichtlich ihrer zugrunde liegenden Trainingsdaten unterscheiden können oder mit unterschiedlichen Zielsetzungen trainiert wurden.

In-Context Learning – Beispiele bereitstellen

In den vorangegangenen Abschnitten ging es darum, möglichst präzise zu beschreiben, was das LLM machen soll. Präzise und spezifische Beschreibungen erleichtern dem LLM, den Anwendungsfall zu verstehen. In diesem Zusammenhang kann man jedoch noch einen Schritt weitergehen. Warum nicht gleich aufzeigen, wie die Aufgabe gelöst werden kann, statt sie nur zu beschreiben?

Man kann dem LLM geeignete Beispiele bereitstellen, anhand deren deutlich wird, welches Ergebnis man anstrebt.[3] Dieser Ansatz wird als *In-Context Learning* bezeichnet.

Je nachdem, wie viele Beispiele dem LLM vorgegeben werden, unterscheidet man beim In-Context Learning zwischen verschiedenen Formen (siehe Abbildung 6.13). Beim Zero-Shot-Prompting wird dem LLM kein Beispiel zur Verfügung gestellt, beim One-Shot-Prompting nur ein einzelnes Beispiel und beim Few-Shot-Prompting zwei oder mehr Beispiele.

Um in diesem Zusammenhang ein Motto in abgewandelter Form zu bemühen: »Ein Beispiel sagt mehr als tausend Worte.« Die bereitgestellten Beispiele zeigen dem LLM direkt, welches Ziel es verfolgen soll und wie es dieses erreichen kann.

Der Ansatz lässt sich am besten anhand eines einfachen Beispiels veranschaulichen, das in dem Fachartikel beschrieben wurde, in dem der Ansatz veröffentlicht wurde.[4] Durch den Prompt soll das generative Modell dazu gebracht werden, einen Satz zu generieren, der ein Wort enthält, das frei erfunden wurde. Um eine möglichst hohe Qualität des generierten Satzes herbeizuführen, kann dem Modell ein Beispielsatz vorgelegt werden, der zeigt, wie das frei erfundene Wort auf sinnvolle Weise verwendet werden kann.

---

2 Cheng Li et al. »EmotionPrompt: Leveraging psychology for large language models enhancement via emotional stimulus.« *arXiv Preprint arXiv:2307.11760* (2023).

3 Tom Brown et al. »Language models are few-shot learners.« *Advances in Neural Information Processing Systems* 33 (2020): 1877–1901.

4 Ebd.

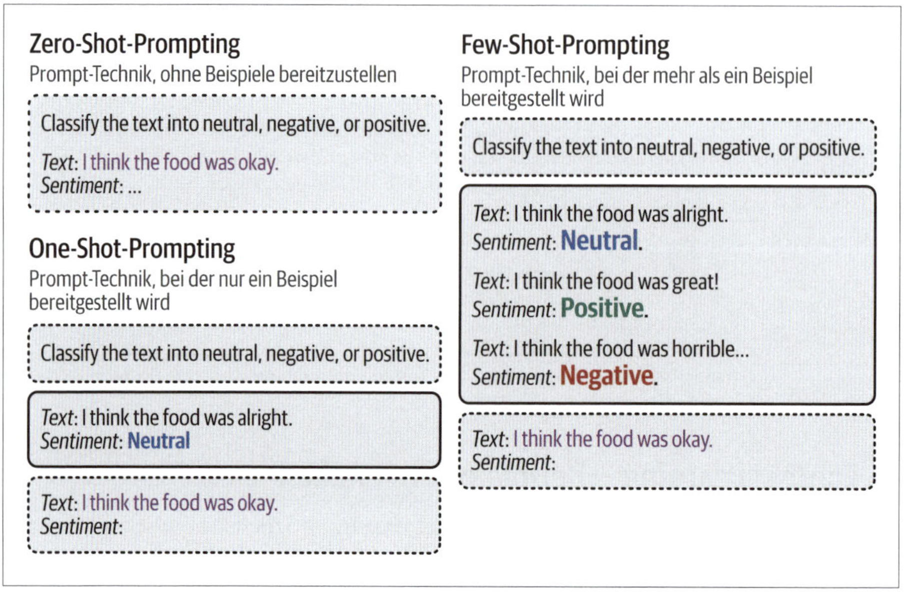

Abbildung 6.13: Gegenüberstellung verschiedener Prompt-Techniken, die beim In-Context Learning zum Einsatz kommen

Zu diesem Zweck ist es notwendig, zwischen der vom Nutzer gestellten Frage (user) und den Antworten, die vom Modell (assistant) erwidert werden, zu unterscheiden. Im Folgenden können Sie zudem nachvollziehen, wie die beispielhafte Interaktion in das vom Modell verwendete Template überführt und vom Modell verarbeitet wird:

```
# Einzelne Beispiele für die Verwendung eines erfundenen Worts in einem Satz
one_shot_prompt = [
    {
        "role": "user",
        "content": "A 'Gigamuru' is a type of Japanese musical instrument. An
                    example of a sentence that uses the word Gigamuru is:"
    },
    {
        "role": "assistant",
        "content": "I have a Gigamuru that my uncle gave me as a gift. I love to
                    play it at home."
    },
    {
        "role": "user",
        "content": "To 'screeg' something is to swing a sword at it. An example of
                    a sentence that uses the word screeg is:"
    }
]
print(tokenizer.apply_chat_template(one_shot_prompt, tokenize=False))
```

```
<s><|user|>
A 'Gigamuru' is a type of Japanese musical instrument. An example of a sentence
that uses the word Gigamuru is:<|end|>
<|assistant|>
I have a Gigamuru that my uncle gave me as a gift. I love to play it at
home.<|end|>
```

```
<|user|>
To 'screeg' something is to swing a sword at it. An example of a sentence that uses
the word screeg is:<|end|>
<|assistant|>
```

Der Prompt macht deutlich, warum es notwendig ist, zwischen dem Nutzer und dem Sprachassistenten bzw. dem Modell zu unterscheiden. Andernfalls würde es so wirken, als spräche man mit sich selbst. Nachdem dem Modell die beispielhafte Interaktion vorgelegt wurde, ist es in der Lage, die folgende Ausgabe zu generieren:

```
# Ausgabe generieren
outputs = pipe(one_shot_prompt)
print(outputs[0]["generated_text"])
```

```
During the intense duel, the knight skillfully screeged his opponent's shield,
forcing him to defend himself.
```

Das Modell hat eine Antwort generiert, in der das frei erfundene Wort »screeg« (was in etwa bedeutet, ein Schwert in Richtung eines Objekts zu schwingen) auf sinnvolle Weise verwendet wird!

Wie alle anderen denkbaren Elemente eines Prompts sind auch das One-Shot- und das Few-Shot-Prompting für sich allein genommen kein Patentrezept beim Prompt Engineering. Vielmehr sollte man sie als eines von vielen Puzzleteilen auffassen, mit dem sich die Beschreibungen, die dem Modell zur Verfügung gestellt werden, weiter optimieren lassen. Zudem kann es passieren, dass das Modell durch die zufällige Auswahl von Tokens (*Random Sampling*) die Anweisungen ignoriert.

Prompt Chaining – Aufgaben in mehrere Teilaspekte aufteilen

In den vorangegangenen Beispielen wurde erörtert, wie Prompts als eine Zusammenstellung mehrerer Elemente bzw. Bausteine aufgefasst werden können, mit deren Hilfe sich die Performance eines LLM optimieren lässt. Dieser Ansatz ist zwar für viele Anwendungsfälle geeignet, stößt aber bei hochkomplexen Prompts bzw. Anwendungsfällen an seine Grenzen.

Anstatt eine Aufgabe mithilfe eines einzelnen Prompts lösen zu lassen, ist es auch möglich, dafür mehrere aufeinanderfolgende Prompts zu verwenden. Dabei wird die Ausgabe eines Prompts als Eingabe für den nächsten verwendet, sodass ein kontinuierlicher Interaktionsprozess entsteht, mit dem sich die Aufgabe lösen lässt.

Angenommen, Sie möchten mithilfe eines LLM einen Produktnamen, einen entsprechenden Werbeslogan und einen Sales Pitch (d.h. eine Verkaufspräsentation bzw. eine Verkaufstaktik) entwickeln, die auf einer Reihe bestimmter Produktmerkmale basieren. Sie könnten das LLM bitten, all diese Aufgaben auf einmal zu erledigen. Ebenso könnten Sie Ihr Anliegen aber auch in mehrere Teilaufgaben splitten.

Auf diese Weise entsteht eine Art sequenzielle Pipeline: Zunächst wird der Produktname bestimmt, der dann zusammen mit den Produkteigenschaften als Grundlage für die Bestimmung des Werbeslogans dient. Anschließend werden die Produkteigenschaften, der Produktname und der Werbeslogan für die Ausarbeitung des Sales Pitchs verwendet (siehe Abbildung 6.14).

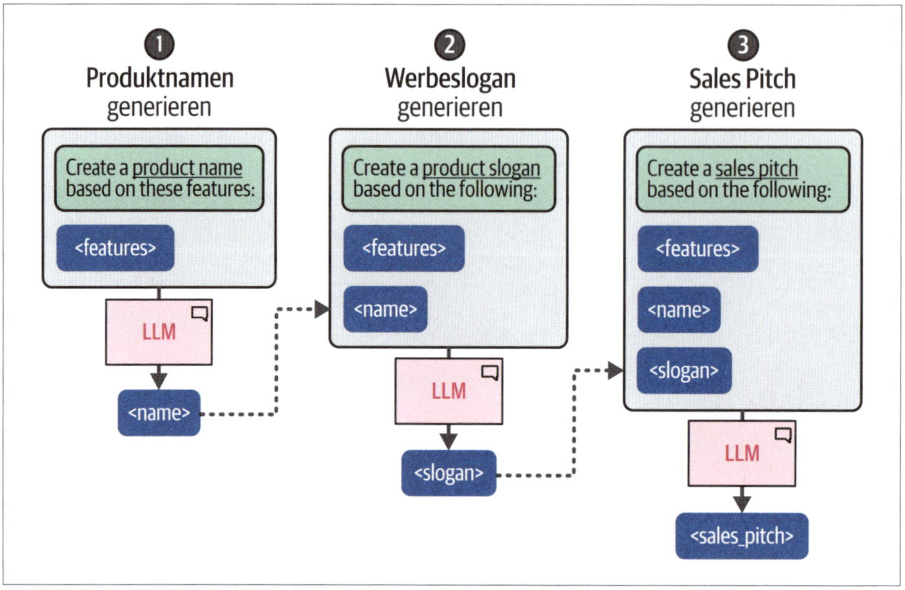

Abbildung 6.14: Ausgehend von einer Beschreibung der Produkteigenschaften können nacheinander verschiedene Prompts eingegeben werden, um einen passenden Namen, einen Werbeslogan und einen Sales Pitch für das Produkt zu erstellen.

Mithilfe dieser Technik der Verkettung von Prompts (*Prompt Chaining*) kann sich das LLM mehr Zeit für die jeweiligen Fragen nehmen und muss nicht die gesamte Aufgabe auf einmal angehen. Gehen Sie das Beispiel nun doch einmal praktisch durch! Fordern Sie das LLM zunächst dazu auf, Ihnen einen Namen und einen Slogan für einen Chatbot zu erstellen:

```
# Namen und Slogan für ein Produkt erfinden
product_prompt = [
    {"role": "user", "content": "Create a name and slogan for a chatbot that
                                 leverages LLMs."}
]
outputs = pipe(product_prompt)
product_description = outputs[0]["generated_text"]
print(product_description)
```

```
Name: 'MindMeld Messenger'

Slogan: 'Unleashing Intelligent Conversations, One Response at a Time'
```

Im nächsten Schritt können Sie die generierte Ausgabe wiederum als Eingabe für das LLM nutzen, um den Sales Pitch erstellen zu lassen:

```
# Auf der Grundlage von Produktname und Slogan einen Sales Pitch erstellen
sales_prompt = [
    {"role": "user", "content": f"Generate a very short sales pitch for the
                                following product: '{product_description}'"}
]
outputs = pipe(sales_prompt)
sales_pitch = outputs[0]["generated_text"]
print(sales_pitch)
```

```
Introducing MindMeld Messenger - your ultimate communication partner! Unleash
intelligent conversations with our innovative AI-powered messaging platform. With
MindMeld Messenger, every response is thoughtful, personalized, and timely. Say
goodbye to generic replies and hello to meaningful interactions. Elevate your
communication game with MindMeld Messenger - where every message is a step toward
smarter conversations. Try it now and experience the future of messaging!
```

Zwar muss das Modell zweimal aufgerufen werden, dafür können aber bei jedem Aufruf jeweils andere Parameter verwendet werden. So war beispielsweise die Anzahl der generierten Tokens, die für den Namen und den Slogan benötigt wurden, relativ gering, während der Text des Sales Pitchs weitaus umfangreicher sein kann.

Der Ansatz kann für eine Vielzahl von Anwendungsfällen herangezogen werden, unter anderem:

Validierung von Antworten
: Sie können das LLM darum bitten, zuvor generierte Ausgaben noch einmal zu überprüfen.

Mehrere Prompts gleichzeitig verwenden
: Erstellen Sie mehrere Prompts auf einmal und führen Sie die Antworten in einem letzten Durchgang zusammen. Beispielsweise könnten Sie mehrere LLMs gleichzeitig dazu auffordern, eine Reihe von Rezepten zu erstellen und diese dann zur Erstellung einer Einkaufsliste zusammenzuführen.

Geschichten verfassen
: Sie können mithilfe eines LLM Bücher oder Geschichten verfassen und die Aufgabe in mehrere Teilaufgaben aufteilen. Beispielsweise könnten Sie sich erst eine Zusammenfassung schreiben lassen, dann die verschiedenen Charaktere ausarbeiten lassen, die einzelnen Handlungsstränge der Geschichte entwerfen lassen und sich im Anschluss Dialoge verfassen lassen.

Im nächsten Kapitel werden Sie erfahren, wie sich dieser Ansatz automatisieren lässt. Sie werden außerdem lernen, wie man LLMs nicht nur miteinander verknüpft, sondern ihnen auch technische Elemente wie einen Speicher bereitstellt oder den Zugriff auf Hilfsmittel ermöglicht. In den folgenden Abschnitten wird zunächst jedoch noch näher auf die Idee des Prompt Chaining eingegangen, und es werden komplexere Prompt-Chaining-Methoden wie Self-Consistency, Chain-of-Thought und Tree-of-Thought beschrieben.

Logisches Schließen mit generativen Modellen (Reasoning)

In den vorangegangenen Abschnitten ging es hauptsächlich darum, wie sich Prompts aus einzelnen Elementen – quasi nach dem Baukastenprinzip – aufbauen und Schritt für Schritt optimieren lassen. Diese fortgeschrittenen Ansätze des Prompt Engineering, wie etwa das Prompt Chaining, sind ein erster Schritt in Richtung der Entwicklung generativer Modelle, die komplexe logische Schlussfolgerungen ziehen (im Englischen als Reasoning bezeichnet) können.

Die Fähigkeit, logisch denken und schlussfolgern zu können, ist ein Kernbestandteil menschlicher Intelligenz. In gewisser Hinsicht ähnelt das Verhalten von LLMs dieser Fähigkeit. Das Wort »ähnelt« ist in diesem Zusammenhang bewusst gewählt, da sich diese Modelle derzeit dadurch auszeichnen, dass sie ihre Trainingsdaten auswendig lernen und erlernte Muster abgleichen.

Allerdings können die von ihnen generierten Antworten durchaus komplexe Verhaltensweisen erkennen lassen. Obwohl es sich dabei nicht um »echtes« logisches Denken handelt, bezeichnet man diese Fähigkeit als Denkvermögen (*Reasoning*). Mit anderen Worten: Mithilfe von Prompt Engineering arbeitet man mit dem LLM zusammen und ahmt Denkprozesse nach, um die von ihm generierten Ausgaben zu verbessern.

Vor dem Hintergrund dieses Denkvermögens ist es an der Zeit, einen Schritt zurückzutreten und sich bewusst zu machen, was die menschliche Denkfähigkeit eigentlich charakterisiert. Die Denkweise von Menschen lässt sich – vereinfacht – in zwei verschiedene Systeme bzw. Kategorien unterteilen.

Beim Denken nach System 1 handelt es sich um einen automatischen, intuitiven und nahezu unmittelbar ablaufenden Prozess. Es weist Ähnlichkeiten mit generativen Modellen auf, die Tokens automatisch und ohne Selbstreflexion generieren. Demgegenüber ist das Denken nach System 2 ein bewusster, langsamer und logischer Prozess, der dem Ideenfindungsprozess (Brainstorming) und der Selbstreflexion ähnelt.[5]

Wenn man einem generativen Modell die Fähigkeit verleihen könnte, eine Form der Selbstreflexion nachzuahmen, würde man im Grunde das Denken nach System 2 imitieren, das tendenziell zu besser durchdachten Antworten führt als das Denken nach System 1. In diesem Abschnitt befassen wir uns mit verschiedenen Techniken, mit denen versucht wird, diese Art menschlicher Denkprozesse nachzuahmen, um die Ausgaben des Modells zu optimieren.

Chain-of-Thought – erst nachdenken, dann antworten

Der erste und wichtigste Schritt, generativen Modellen die Fähigkeit zu verleihen, komplexe logische Schlussfolgerungen zu ziehen, wurde durch eine Methode namens *Chain-of-Thought* (Gedankenkette) erreicht. Chain-of-Thought zielt darauf ab, dass das generative Modell zuerst »nachdenkt«, anstatt die Frage direkt und ohne nachzudenken zu beantworten.[6]

In dem in Abbildung 6.15 dargestellten Prompt werden dem Modell Beispiele vorgegeben, die die Gedankengänge aufzeigen, an denen sich das Modell vor der Generierung seiner Antwort orientieren soll. Diese Gedankengänge werden als Thoughts (Gedanken) bezeichnet. Diese Vorgehensweise erweist sich besonders bei sehr komplexen Aufgaben, wie beispielsweise mathematischen Fragestellungen, als sehr nütz-

5 Daniel Kahneman. *Schnelles Denken, langsames Denken* (englischer Originaltitel: Thinking, Fast and Slow). Die englischsprachige Originalausgabe erschien ursprünglich bei Macmillan (2011), die deutsche Übersetzung erstmals beim Siedler Verlag (2012).

6 Jason Wei et al. »Chain-of-thought prompting elicits reasoning in large language models.« *Advances in Neural Information Processing Systems* 35 (2022): 24824–24837.

lich. Durch den zusätzlichen Schritt beim Chain-of-Thought-Prompting kann das Modell dem Reasoning-Prozess einen größeren Teil der Rechenleistung widmen. Im Gegensatz zur Berechnung der Gesamtlösung auf der Grundlage nur weniger Tokens (wie beim One-Shot-Prompting) ermöglicht dieser Ansatz aufgrund der Verwendung weiterer Tokens im Rahmen des Reasoning-Prozesses, dass sich das LLM hinsichtlich seiner Antwort sicherer wird.

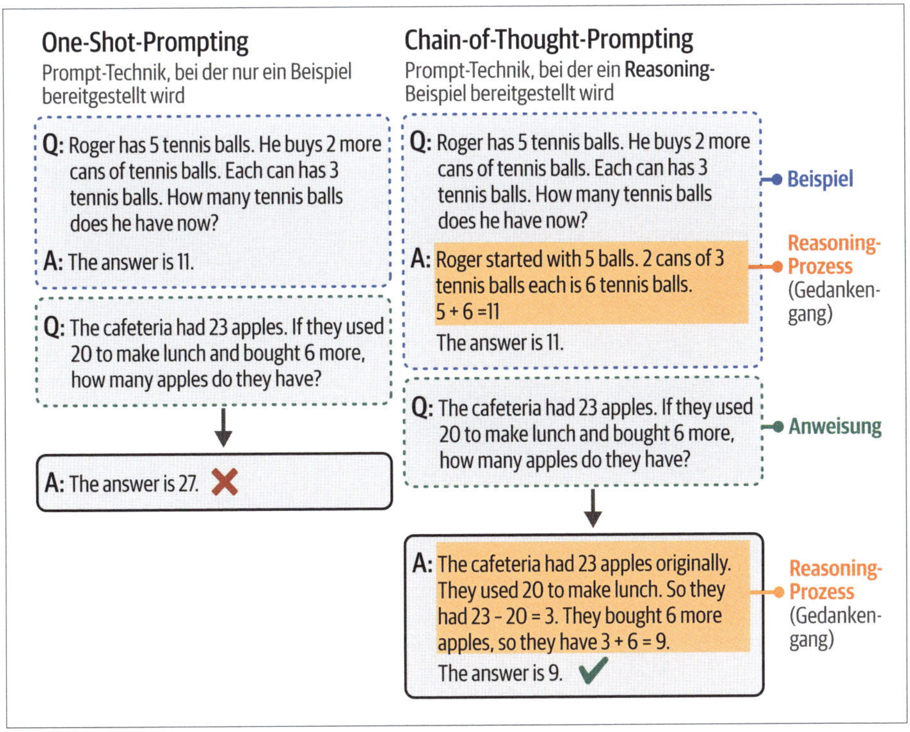

Abbildung 6.15: Beim Chain-of-Thought-Prompting werden Beispiele für logische Schlussfolgerungen angeführt, um das generative Modell dazu zu bringen, auch in seiner Antwort logisch zu argumentieren (d.h. Reasoning zu betreiben).

Die Autoren haben dieses Phänomen in ihrem Forschungsbeitrag anhand des folgenden Beispiels veranschaulicht:

```
# Beantwortung mit Chain-of-Thought-Methode
cot_prompt = [
    {"role": "user", "content": "Roger has 5 tennis balls. He buys 2 more cans of
tennis balls. Each can has 3 tennis balls. How many tennis balls does he have now?
"},
    {"role": "assistant", "content": "Roger started with 5 balls. 2 cans of 3
tennis balls each is 6 tennis balls. 5 + 6 = 11. The answer is 11."},
    {"role": "user", "content": "The cafeteria had 23 apples. If they used 20 to
make lunch and bought 6 more, how many apples do they have?"}
]

# Ausgabe generieren
outputs = pipe(cot_prompt)
print(outputs[0]["generated_text"])
```

```
The cafeteria started with 23 apples. They used 20 apples, so they had 23 - 20 = 3
apples left. Then they bought 6 more apples, so they now have 3 + 6 = 9 apples. The
answer is 9.
```

Das Modell generiert nicht nur die Antwort, sondern liefert auch eine entsprechende Erklärung dazu. Dadurch kann es die zuvor generierten Erkenntnisse zur Berechnung der endgültigen Antwort nutzen.

Chain-of-Thought-Prompting eignet sich zwar hervorragend dafür, die Antworten eines generativen Modells zu verbessern, erfordert jedoch, dass der Prompt ein oder mehrere Argumentationsbeispiele enthält, die der Nutzer möglicherweise nicht parat hat. Alternativ könnte man das generative Modell auch einfach bitten, von sich aus den Gedankengang abzubilden (Zero-Shot-Chain-of-Thought). Es gibt mehrere verschiedene Ansätze, die funktionieren. Ein häufig genutztes und effektives Mittel ist die Verwendung der Formulierung »Let's think step-by-step« (zu Deutsch: »Löse die Aufgabe Schritt für Schritt«), siehe Abbildung 6.16.[7]

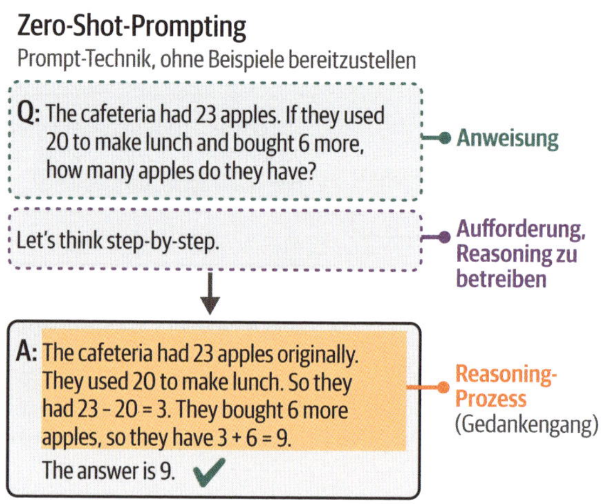

Abbildung 6.16: Chain-of-Thought-Prompting, ohne selbst Beispiele anzuführen. Stattdessen wird der Satz »Let's think step-by-step« verwendet, sodass die Antwort begründet wird.

Bei dem zuvor verwendeten Beispiel könnte man diesen Satz einfach an den Prompt anhängen, um das Modell dazu zu bringen, dass es im Rahmen der Beantwortung eine Begründung anführt (*Chain-of-Thought-like Reasoning*):

```
# Zero-Shot-Chain-of-Thought
zeroshot_cot_prompt = [
    {"role": "user", "content": "The cafeteria had 23 apples. If they used 20 to
make lunch and bought 6 more, how many apples do they have? Let's think step-by-
step."}
]
```

7 Takeshi Kojima et al. »Large language models are zero-shot reasoners.« *Advances in Neural Information Processing Systems* 35 (2022): 22199–22213.

```
# Ausgabe generieren
outputs = pipe(zeroshot_cot_prompt)
print(outputs[0]["generated_text"])
```

```
Step 1: Start with the initial number of apples, which is 23.
Step 2: Subtract the number of apples used to make lunch, which is 20. So, 23 - 20
= 3 apples remaining.
Step 3: Add the number of apples bought, which is 6. So, 3 + 6 = 9 apples.

The cafeteria now has 9 apples.
```

Obwohl keine Beispiele angeführt wurden, hat das LLM wieder dasselbe Argumentationsverhalten (Reasoning) gezeigt. Genau aus diesem Grund ist es wichtig, beim Rechnen seine »Rechenwege nachvollziehbar darzustellen«. Dadurch, dass das LLM darlegt, welchen Gedankengang es dabei verfolgt hat, kann es diese zuvor generierten Informationen als Leitfaden für die Generierung der endgültigen Antwort verwenden.

> Es steht Ihnen frei, auch andere Prompts als »Let's think step-by-step« zu verwenden. Mit Formulierungen wie z. B. »Take a deep breath and think step-by-step« (»Atme tief durch und löse die Aufgabe Schritt für Schritt«) oder »Let's work through this problem step-by-step« (»Gehe dieses Problem Schritt für Schritt an«) lassen sich ebenfalls bessere Resultate erzielen.[8]

Self-Consistency – Auswahl aus mehreren Antwortmöglichkeiten

Wenn Sie denselben Prompt mehrmals verwenden und durch Parameter wie `temperature` und `top_p` ein gewisses Maß an Kreativität zulassen, kann dies zu unterschiedlichen Antworten führen. Je nachdem, welche Tokens konkret (durch Zufall) ausgewählt werden, kann sich die Qualität der Ausgabe entsprechend verbessern oder verschlechtern. Es ist also letztlich reine Glückssache, wie es sich auswirkt!

Um diesem Grad an Zufälligkeit entgegenzuwirken und die Performance generativer Modelle zu verbessern, wurde das Konzept der *Self-Consistency*, also der Selbstkonsistenz, eingeführt. Bei dieser Methode wird das generative Modell mehrmals mit demselben Prompt abgefragt und die Antwort als endgültige Antwort verwendet, die am häufigsten gegeben wurde (*Majority Vote*).[9] Hierbei können die einzelnen Antworten jeweils mit unterschiedlichen Werten für die Parameter `temperature` und `top_p` generiert werden, um die Vielfalt der Antworten infolge der zufälligen Auswahl der Tokens (Sampling) zu erhöhen.

Die Methode lässt sich, wie in Abbildung 6.17 dargestellt, weiter optimieren, indem man zusätzlich Chain-of-Thought-Prompting einsetzt, sodass das Modell jeweils noch bessere Begründungen liefert, wobei zur Auswahl der endgültigen Antwort nur die jeweiligen Antworten berücksichtigt werden.

8 Chengrun Yang et al. »Large language models as optimizers.« *arXiv Preprint arXiv:2309.03409* (2023).

9 Xuezhi Wang et al. »Self-consistency improves chain of thought reasoning in language models.« *arXiv Preprint arXiv:2203.11171* (2022).

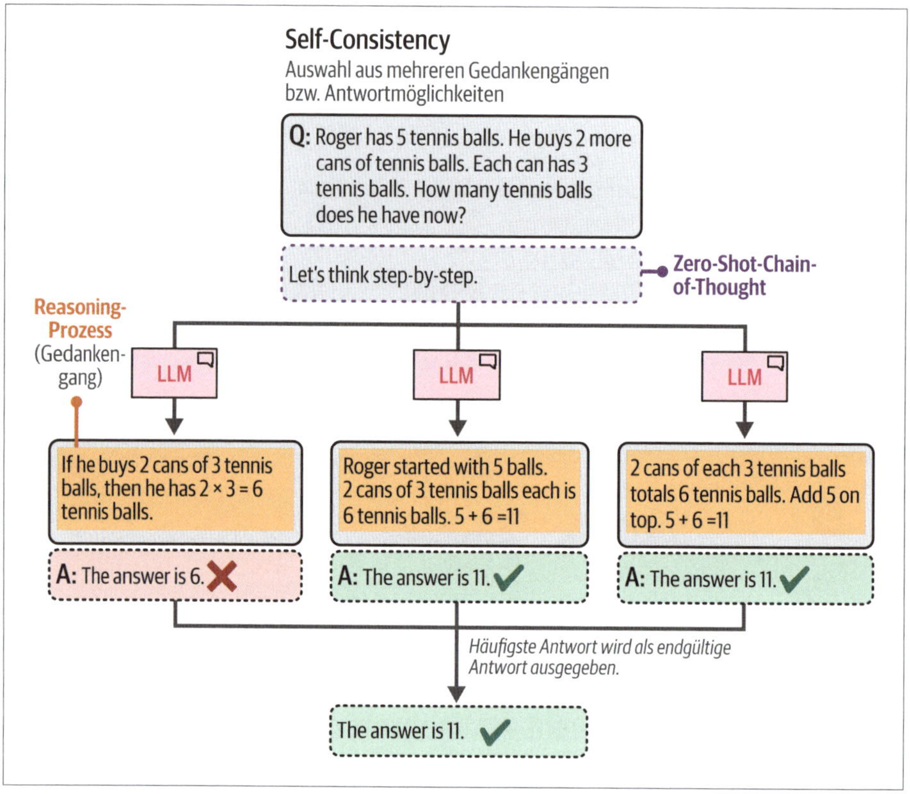

Abbildung 6.17: Indem man das LLM dazu bringt, mehrere Antwortmöglichkeiten zu generieren und diese jeweils zu begründen, kann die endgültige Antwort dadurch ermittelt werden, dass als endgültige Antwort diejenige ausgewählt wird, die am häufigsten gegeben wurde.

Bei diesem Ansatz muss die jeweilige Frage jedoch mehrmals gestellt werden, bevor man die endgültige Antwort erhält. Dies kann zwar zu einer Verbesserung der Qualität der Antwort führen, verlangsamt die Beantwortung der Frage jedoch um das *n*-fache im Vergleich zur direkten Beantwortung, wobei *n* der Anzahl der generierten Antworten entspricht, die zur Ermittlung der endgültigen Antwort herangezogen werden.

Tree-of-Thought – über Zwischenschritte zur besten Antwort gelangen

Mit den Methoden Chain-of-Thought und Self-Consistency wird die Absicht verfolgt, das LLM dazu zu bringen, komplexe Schlussfolgerungen bei seiner Beantwortung anzustellen. Die vom Modell generierten Antworten sollen dadurch verbessert werden, dass sie auf Basis mehrerer »Gedankengänge« ermittelt werden, wodurch sie besser durchdacht sind.

Die genannten Methoden decken nur einen kleinen Teil der derzeitigen Forschung zur Nachahmung komplexer Denkprozesse ab. Eine Methode, mit der sich diese

Ansätze noch verbessern lassen, wird als *Tree-of-Thought* bezeichnet. Sie ermöglicht es, dass das Modell mehrere Ideen verfolgt und einbezieht.

Die Methode funktioniert wie folgt: Wenn man mit einer Aufgabe bzw. einer Problemstellung konfrontiert ist, die mehrere gedankliche Schritte erfordert, ist es oft hilfreich, sie in mehrere kleinere Teilaufgaben aufzuteilen. Bei jedem Schritt wird das generative Modell dazu angehalten, verschiedene Lösungen für die jeweils vorliegende Aufgabe auszuarbeiten. Anschließend trifft es auf Basis einer bestimmten Bewertungsgrundlage eine Entscheidung darüber, welche Lösung die beste ist, und fährt mit dem nächsten Schritt fort (siehe Abbildung 6.18).[10]

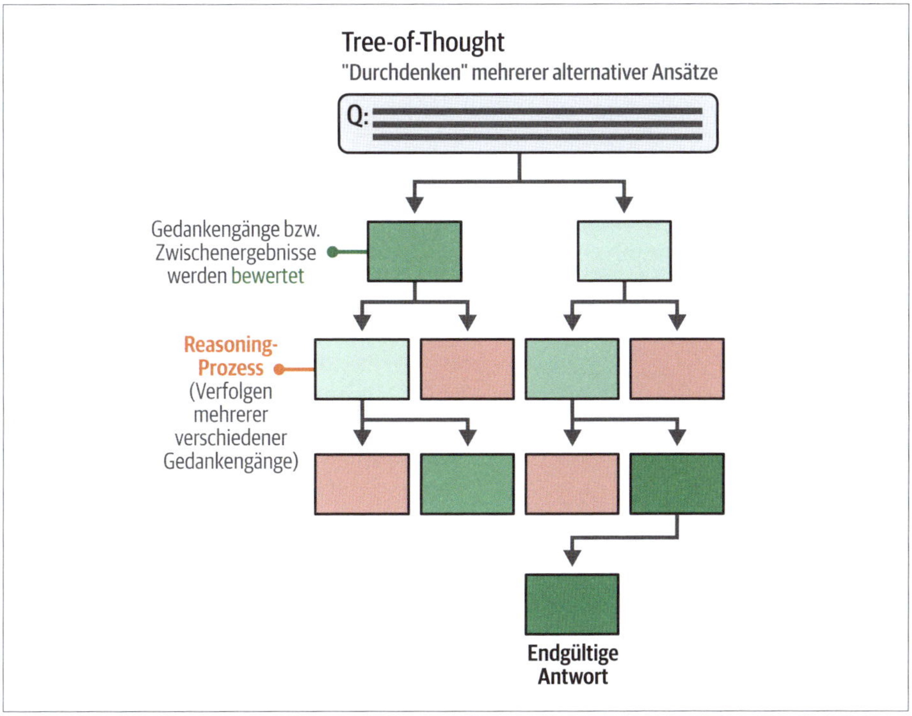

Abbildung 6.18: Generative Modelle können bei der Beantwortung von Fragen mehrere Gedankengänge verfolgen und Zwischenergebnisse generieren, die jeweils miteinander verglichen werden. Dabei werden – ähnlich wie bei einem Entscheidungsbaum – nur die vielversprechendsten Gedankengänge beibehalten, während die weniger vielversprechenden verworfen werden.

Diese Methode kann insbesondere dann sehr hilfreich sein, wenn verschiedene Ansätze in Betracht gezogen werden sollten, wie z. B. im Rahmen des Verfassens einer Geschichte oder beim Entwickeln kreativer Ideen. Ein Nachteil dieser Methode besteht darin, dass das generative Modell sehr häufig abgefragt werden muss, was erhebliche Verzögerungen bei der Anwendung mit sich bringt. Mittlerweile ist es jedoch bereits gelungen, den Tree-of-Thought-Ansatz in eine einfache Prompt-Technik zu überführen.[11]

10 Shunyu Yao et al. »Tree of thoughts: Deliberate problem solving with large language models.« *arXiv Preprint arXiv:2305.10601* (2023).

Statt das generative Modell mehrmals aufzurufen, wird das Modell gebeten, dieses Verhalten nachzuahmen, indem es ein Gespräch zwischen mehreren Experten simuliert. In diesem Gespräch stellen sich die Experten gegenseitig Fragen, bis sie einen Konsens erzielen. Ein Tree-of-Thought-Prompt könnte beispielsweise wie folgt aussehen:

```
# Zero-Shot-Tree-of-Thought
zeroshot_tot_prompt = [
    {"role": "user", "content": "Imagine three different experts are answering this
question. All experts will write down 1 step of their thinking, then share it with
the group. Then all experts will go on to the next step, etc. If any expert
realizes they're wrong at any point then they leave. The question is 'The cafeteria
had 23 apples. If they used 20 to make lunch and bought 6 more, how many apples do
they have?' Make sure to discuss the results."}
]

"""
Auf Deutsch:
Stell dir vor, drei verschiedene Experten beantworten diese Frage. Alle Experten
notieren sich jeweils ihren Gedankenschritt und teilen ihn dann der Gruppe mit.
Dann gehen alle Experten zum nächsten Schritt über usw. Wenn ein Experte an
irgendeinem Punkt feststellt, dass ihm ein Fehler unterlaufen ist, scheidet er aus.
Die Frage lautet: »Die Cafeteria hatte 23 Äpfel vorrätig. Wenn davon 20 beim
Mittagessen verzehrt und 6 weitere verkauft wurden, wie viele Äpfel sind dann noch
übrig?«. Die Ergebnisse sollten unbedingt gemeinsam erörtert werden.
"""
```

Anhand dieses Tree-of-Thought-Prompts lässt sich beispielhaft nachvollziehen, wie ein LLM eine komplexe Frage beantworten würde:

```
# Ausgabe generieren
outputs = pipe(zeroshot_tot_prompt)
print(outputs[0]["generated_text"])
```

```
Expert 1: Step 1 - Start with the initial number of apples: 23 apples.

Expert 2: Step 1 - Subtract the apples used for lunch: 23 - 20 = 3 apples
remaining.

Expert 3: Step 1 - Add the newly bought apples: 3 + 6 = 9 apples.


Expert 1: Step 2 - Confirm the final count: The cafeteria has 9 apples.

Expert 2: Step 2 - Review the calculations: 23 - 20 = 3, then 3 + 6 = 9. The
calculations are correct.

Expert 3: Step 2 - Agree with the result: The cafeteria indeed has 9 apples.


All experts agree on the final count: The cafeteria has 9 apples.

"""
```

11 »Using tree-of-thought prompting to boost ChatGPT's reasoning.« Abrufbar unter *https://oreil.ly/a_Nos*.

```
Auf Deutsch:
Experte 1: Schritt 1 - Beginne mit der ursprünglichen Anzahl an Äpfeln: 23 Äpfel.

Experte 2: Schritt 1 - Ziehe die beim Mittagessen verzehrten Äpfel ab: 23 - 20 = 3
Äpfel bleiben übrig.

Experte 3: Schritt 1 - Addiere die neu gekauften Äpfel hinzu: 3 + 6 = 9 Äpfel.


Experte 1: Schritt 2 - Bestätige die endgültige Anzahl: Die Cafeteria hat 9 Äpfel
vorrätig.

Experte 2: Schritt 2 - Prüfe, ob die Berechnungen stimmen: 23 - 20 = 3, dann 3 + 6
= 9. Die Berechnungen sind korrekt.

Experte 3: Schritt 2 - Stimme dem Ergebnis zu: Die Cafeteria hat definitiv 9 Äpfel
vorrätig.


Alle Experten sind sich hinsichtlich der endgültigen Anzahl einig: Die Cafeteria
hat 9 Äpfel vorrätig.
"""
```

Auch mit diesem Ansatz erhalten wir die richtige Antwort, die diesmal jedoch durch eine »Diskussion zwischen Experten« ermittelt wurde. Beeindruckend, welch kreative Lösungen mithilfe von Prompt Engineering erzielt werden können!

Modellausgaben validieren

Systeme und Anwendungen, die auf der Grundlage generativer Modelle erstellt wurden, werden gegebenenfalls auch in der Produktion eingesetzt. Dann ist es wichtig, die Ausgaben des Modells zu überprüfen und zu überwachen, um sicherzustellen, dass die Anwendung ordnungsgemäß und zuverlässig funktioniert.

Mögliche Gründe, warum die Ausgaben eines Modells validiert werden sollten, sind:

Formatierung der Ausgabe
: Normalerweise generieren generative Modelle Texte als Freitext, ohne sich an bestimmte Strukturen zu halten, mit Ausnahme derer, die durch die natürliche Sprache selbst vorgegeben sind. Es gibt jedoch Anwendungsfälle, bei denen die Ausgabe strukturiert und in bestimmten Formaten wie JSON vorliegen muss.

Gültigkeit der Ausgabe
: Auch wenn das Modell eine strukturierte Ausgabe generiert, kann der Inhalt dieser Ausgabe beliebig sein. Soll das Modell beispielsweise eine von zwei Optionen ausgeben, darf es keine dritte generieren.

Ethische Aspekte
: Bei einigen generativen Open-Source-Modellen gibt es hinsichtlich sicherheitsrelevanter oder ethischer Aspekte keinerlei Schutzvorkehrungen. Oft ist es beispielsweise erforderlich, dass die Ausgabe weder Schimpfwörter noch personenbezogene Daten, Vorurteile oder kulturelle Stereotype enthält.

Faktische Korrektheit
: In vielen Anwendungsfällen muss die Qualität der Ausgabe bestimmten Standards entsprechen bzw. die Performance des Modells einem bestimmten Niveau gerecht werden. Die generierten Informationen sollten daher sorgfältig geprüft werden, um sicherzustellen, dass sie faktisch korrekt, in sich schlüssig und frei von Halluzinationen sind.

Die Ausgabe generativer Modelle mittels Parametern wie `top_p` und `temperature` gezielt zu steuern, ist nicht einfach. Damit diese Modelle konsistente Ergebnisse liefern, die bestimmten Richtlinien entsprechen, sind zusätzliche Maßnahmen erforderlich.

Im Allgemeinen gibt es drei Möglichkeiten, die Ausgabe eines generativen Modells zu steuern:

Beispiele
: Es können Beispiele angeführt werden, die dem Modell vermitteln, wie die Ausgabe aussehen soll.

Modellausgaben beschränken
: Es kann darauf Einfluss genommen werden, wie die Auswahl der Tokens erfolgt bzw. welche Tokens ausgewählt werden können.

Feintuning
: Das Modell kann mit Daten feingetunt werden, die die erwarteten Ergebnisse enthalten.

Im Folgenden beschäftigen wir uns mit den ersten beiden Methoden. Die dritte, das Feintuning eines Modells, wird in Kapitel 12 aufgegriffen, in dem wir uns eingehend mit verschiedenen Methoden des Feintunings befassen.

Beispiele bereitstellen

Eine simple und leicht umzusetzende Methode zur Sicherstellung einer bestimmten Ausgabe besteht darin, dem generativen Modell Beispiele bereitzustellen, aus denen hervorgeht, wie sie aussehen sollte. Mittels des zuvor beschriebenen Ansatzes des Few-Shot-Prompting ist es möglich, dem generativen Modell vorzugeben, was als Antwort erwartet wird. Dieser Ansatz kann auch dazu verwendet werden, dem Modell mitzuteilen, wie die Ausgabe strukturiert sein soll.

Angenommen, Sie wollten mithilfe eines generativen Modells ein Profil für einen Charakter in einem Computer-Rollenspiel kreieren. Zunächst geben Sie dem Modell kein Beispiel vor:

```
# Zero-Shot-Prompting: keine Beispiele bereitstellen
zeroshot_prompt = [
    {"role": "user", "content": "Create a character profile for an RPG game in JSON
                                 format."}
]
```

```
# Ausgabe generieren
outputs = pipe(zeroshot_prompt)
print(outputs[0]["generated_text"])
```

```
```json
{
  "characterProfile": {
    "name": "Eldrin Stormbringer",
    "class": "Warlock",
    "race": "Half-Elf",
    "age": 27,
   "gender": "Male",
    "alignment": "Chaotic Good",
    "background": "Rogue",
    …
    },
    "attributes": {
      "strength": 10,
      "dexterity": 17,
      "constitution": 12,
      "intelligence": 12,
      "wisdom": 10,
      "charisma
```

Die generierte Ausgabe entspricht nicht dem gültigen JSON-Format, da das Modell bereits vor Beginn des Attributs `charisma`aufgehört hat, weitere Tokens zu generieren. Darüber hinaus sind bestimmte Attribute möglicherweise gar nicht erwünscht. Sie können dem Modell stattdessen eine Reihe von Beispielen bereitstellen, die ihm als Vorlage dafür dienen, wie die Formatierung der generierten Ausgabe auszusehen hat.

```
# One-Shot-Prompting: Beispiel geben, wie die Ausgabe strukturiert sein soll
one_shot_template = """Create a short character profile for an RPG game. Make sure
to only use this format:

{
  "description": "A SHORT DESCRIPTION",
  "name": "THE CHARACTER'S NAME",
  "armor": "ONE PIECE OF ARMOR",
  "weapon": "ONE OR MORE WEAPONS"
}
"""
one_shot_prompt = [
    {"role": "user", "content": one_shot_template}
]

# Ausgabe generieren
outputs = pipe(one_shot_prompt)
print(outputs[0]["generated_text"])
```

```
{
  "description": "A cunning rogue with a mysterious past, skilled in stealth and
                  deception.",
  "name": "Lysandra Shadowstep",
  "armor": "Leather Cloak of the Night",
  "weapon": "Dagger of Whispers, Throwing Knives"
}
```
```

Das Modell hat sich exakt an das vorgegebene Beispiel gehalten, sodass nun ein konsistenteres Verhalten des Modells sichergestellt ist. Hier zeigt sich auch deutlich, dass Few-Shot-Prompting nicht nur dazu beitragen kann, die inhaltliche Qualität der Ausgaben zu verbessern, es kann auch deren Struktur gewährleisten.

Allerdings hängt es immer noch vom jeweiligen Model ab, ob es sich an die vorgegebene Formatierung hält. Manche Modelle folgen Anweisungen zuverlässiger als andere.

Vorgaben machen und Modellausgaben beschränken

Beim Few-Shot-Prompting gibt es jedoch einen großen Nachteil: Es ist nicht möglich, gezielt zu verhindern, dass bestimmte Ausgaben generiert werden. Selbst wenn man ein Modell anleitet und ihm Anweisungen gibt, kann es sein, dass es diesen nicht vollumfänglich folgt.

Daher wurden Pakete wie Guidance (*https://oreil.ly/8TiD0*), Guardrails (*https://oreil.ly/6kTQ3*) und LMQL (*https://oreil.ly/oMM-L*) entwickelt, um die Ausgaben generativer Modelle einzuschränken und zu validieren. Zum Teil validieren die verwendeten generativen Modelle ihre Ausgaben dabei selbst (siehe Abbildung 6.19). Hierzu erhalten die Modelle ihre Ausgabe erneut als Prompt, den sie anhand einer Reihe vordefinierter Richtlinien validieren.

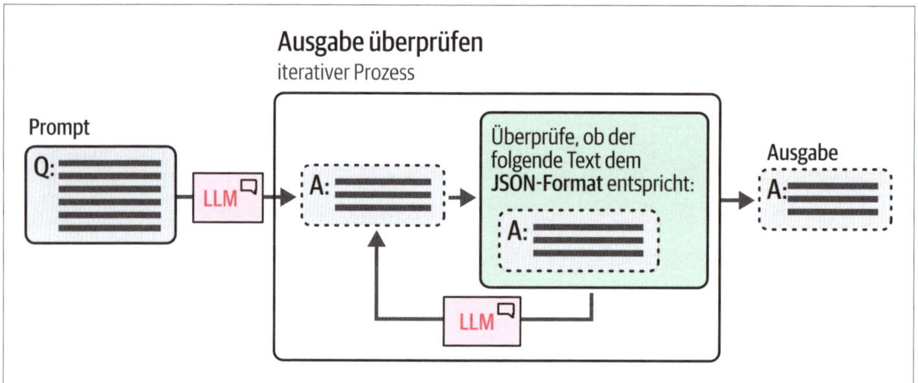

Abbildung 6.19: LLMs können auch dafür genutzt werden, zu überprüfen, ob eine Ausgabe den vorgegebenen Richtlinien entspricht.

Mithilfe dieses Validierungsprozesses kann ebenfalls spezifiziert werden, wie die Ausgabe formatiert sein soll. Dazu können, wie in Abbildung 6.20 zu sehen, bestimmte Formatierungselemente vorgegeben werden.

Dieser Ansatz lässt sich noch weiter ausbauen. Anstatt die Ausgabe zu validieren, kann die Validierung bereits während des Sampling- bzw. Auswahlprozesses der Tokens erfolgen. Im Rahmen der Auswahl der Tokens besteht die Möglichkeit, eine Reihe von Regeln bzw. Vorgaben festzulegen, die das LLM bei der Auswahl des nächsten Tokens einhalten sollte. Wenn das Modell bei der Sentimentanalyse beispielsweise als Kategorie entweder »positiv«, »negativ« oder »neutral« zurückgeben soll, besteht dennoch die Möglichkeit, dass es einen anderen Wert zurückgibt. Durch die Einschränkung der Auswahl der Tokens bzw. Wörter kann man sicherstellen, dass das LLM nur das ausgibt, was gewünscht ist (siehe Abbildung 6.21). Allerdings wirken sich Parameter wie `top_p` und `temperature` auch weiterhin auf den Auswahlprozess und somit auf die Ausgabe des LLM aus.

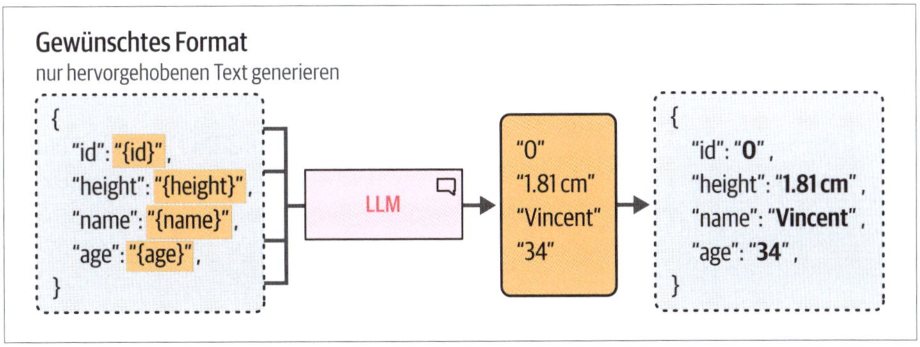

Abbildung 6.20: Das LLM soll nur die Informationen generieren, die man ihm vorgibt.

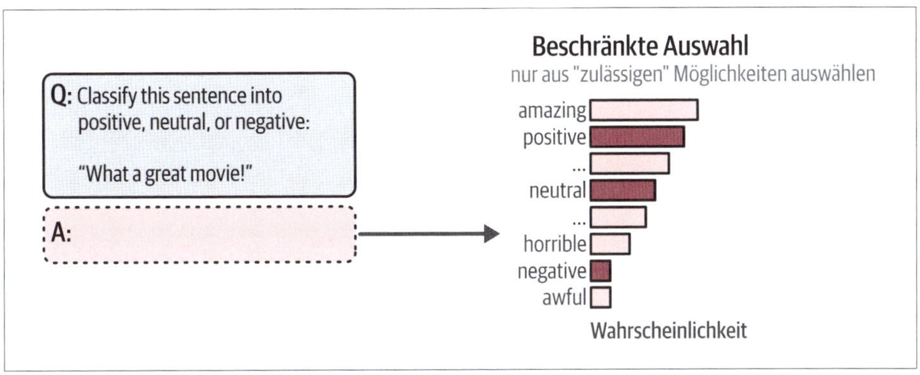

Abbildung 6.21: Die Auswahl der Tokens ist auf drei verschiedene Tokens beschränkt: »positiv«, »neutral« und »negativ«.

Veranschaulichen wir diesen Ansatz nun mit `llama-cpp-python` (*https://oreil.ly/WX-MkK*), einer Bibliothek, die der `transformers`-Bibliothek ähnelt und die zum Laden eines Sprachmodells eingesetzt werden kann. Sie wird im Allgemeinen zum effizienten Laden und Verwenden komprimierter Modelle (mittels Quantisierung – siehe Kapitel 12) genutzt, aber sie kann auch dazu verwendet werden, ein bestimmtes JSON-Format anzuwenden.

Laden Sie zunächst dasselbe Modell, das bisher in diesem Kapitel verwendet wurde, diesmal jedoch im GGUF-Format. In der `llama-cpp-python`-Bibliothek wird dieses Format insbesondere für komprimierte (quantisierte) Modelle vorausgesetzt.

Da es sich um ein neues Modell handelt, empfiehlt es sich, das Notebook neu zu starten, bevor Sie den Code ausführen, mit dem das Modell geladen wird (in Google Colab wählen Sie dazu die Option *Restart Session* im Register *Runtime*). Dadurch werden alle vorherigen Modelle aus dem Speicher gelöscht, und der virtuelle Arbeitsspeicher (VRAM) wird geleert. Alternativ können Sie auch den folgenden Code ausführen, um den virtuellen Arbeitsspeicher zu leeren:

```
import gc
import torch
del model, tokenizer, pipe

# Speicher leeren
gc.collect()
torch.cuda.empty_cache()
```

Nachdem Sie den Speicher geleert haben, können Sie nun das Phi-3-Modell laden. Legen Sie `n_gpu_layers` auf den Wert `-1` fest, um anzugeben, dass alle Schichten des Modells über die GPU ausgeführt werden sollen. Der Parameter `n_ctx` bezieht sich auf die Kontextlänge des Modells. Die für `repo_id` und `filename` angegebenen Werte verweisen auf das Hugging-Face-Repository (*https://oreil.ly/WPiPu*), in dem das Modell hinterlegt ist:

```
from llama_cpp.llama import Llama

# Phi-3-Modell laden
llm = Llama.from_pretrained(
    repo_id="microsoft/Phi-3-mini-4k-instruct-gguf",
    filename="*fp16.gguf",
    n_gpu_layers=-1,
    n_ctx=2048,
    verbose=False
)
```

Damit die Ausgabe dem intern verwendeten JSON-Format entspricht, muss für den Parameter `response_format` angegeben werden, dass die Ausgabe als JSON-Objekt generiert werden soll. Im Hintergrund wird dann die entsprechende Formatierung der Ausgabe als JSON-Objekt sichergestellt.

Anschließend können Sie das Modell bitten, einen Charakter für ein Rollenspiel wie »Dungeons & Dragons« zu erstellen und ihn im JSON-Format auszugeben.

```
# Ausgabe generieren
output = llm.create_chat_completion(
    messages=[
        {"role": "user", "content": "Create a warrior for an RPG in JSON format."},
    ],
    response_format={"type": "json_object"},
    temperature=0,
)['choices'][0]['message']["content"]
```

Um zu überprüfen, ob die Ausgabe tatsächlich im JSON-Format vorliegt, testen Sie, ob sie sich problemlos in diesem Format verarbeiten lässt:

```
import json

# Als JSON formatieren
json_output = json.dumps(json.loads(output), indent=4)
print(json_output)
```

```
{
    "name": "Eldrin Stormbringer",
    "class": "Warrior",
    "level": 10,
    "attributes": {
        "strength": 18,
        "dexterity": 12,
        "constitution": 16,
        "intelligence": 9,
        "wisdom": 14,
        "charisma": 10
    },
    "skills": {
        "melee_combat": {
            "weapon_mastery": 20,
            "armor_class": 18,
            "hit_points": 35
        },
        "defense": {
            "shield_skill": 17,
            "block_chance": 90
        },
        "endurance": {
            "health_regeneration": 2,
            "stamina": 30
        }
    },
    "equipment": [
        {
            "name": "Ironclad Armor",
            "type": "Armor",
            "defense_bonus": 15
        },
        {
            "name": "Steel Greatsword",
            "type": "Weapon",
            "damage": 8,
            "critical_chance": 20
        }
    ],
    "background": "Eldrin grew up in a small village on the outskirts of a war-torn
land. Witnessing the brutality and suffering caused by conflict, he dedicated his
life to becoming a formidable warrior who could protect those unable to defend
themselves."
}
```

Die Ausgabe liegt nun wie gewünscht im JSON-Format vor. Der Vorteil dieser Vorgehensweise besteht darin, dass sich generative Modelle dadurch zuverlässiger in Anwendungen einsetzen lassen, bei denen die Ausgabe bestimmten Formaten entsprechen muss.

Zusammenfassung

In diesem Kapitel haben Sie grundlegende Kenntnisse darüber erworben, wie sich die Ausgaben generativer Modelle mithilfe von Prompt Engineering gestalten lassen und wie diese validiert werden können. Dabei konnten Sie sich ein Bild davon machen, wie kreativ man im Rahmen des Prompt Engineering vorgehen kann und wie komplex solche Prompts letztlich werden können. All dies sind entscheidende Faktoren, wenn es darum geht, je nach Anwendungsfall geeignete Ausgaben zu generieren und zu optimieren.

Sie haben darüber hinaus fortgeschrittene Methoden des Prompt Engineering wie In-Context Learning und Chain-of-Thought kennengelernt. Dabei werden generative Modelle durch Beispiele oder Formulierungen dazu angeregt, die jeweilige Problemstellung Schritt für Schritt logisch zu durchdenken und somit menschliche Denkprozesse nachzuahmen.

In diesem Kapitel wurde vor allem deutlich, dass Prompt Engineering ein entscheidender Aspekt bei der Arbeit mit LLMs ist, da es ermöglicht, dem Modell auf effektive Weise die eigenen Bedürfnisse und Präferenzen zu vermitteln. Wer Prompt Engineering beherrscht, kann das Potenzial von LLMs besser ausschöpfen und hochwertige Antworten generieren lassen, die den eigenen Anforderungen entsprechen.

Darauf aufbauend, werden Sie im nächsten Kapitel fortgeschrittene Techniken kennenlernen, mit denen Sie das Potenzial generativer Modelle noch weiter ausschöpfen können. Sie werden Techniken erlernen, die über das Prompt Engineering hinausgehen – beispielsweise wie sich LLMs so konfigurieren lassen, dass sie auf externe Speicher und Hilfsmittel zugreifen können.

KAPITEL 7

Fortgeschrittene Techniken und Tools im Bereich der Textgenerierung

In den vorangegangenen Kapiteln haben Sie erfahren, wie Sie die Qualität der generierten Texte eines *Large Language Model* (LLM) enorm verbessern können. Schon mit kleineren Anpassungen lassen sich LLMs so optimieren, dass ihre Antworten wesentlich zweckmäßiger und präziser ausfallen. Dabei wurde deutlich, dass es sich lohnt, Techniken einzusetzen, die nicht auf ein Feintuning des LLM abzielen, sondern darauf, LLMs effizienter zu nutzen, wie z. B. das relativ unkomplizierte Prompt Engineering.

In diesem Kapitel werden wir diesen Ansatz weiterverfolgen und uns damit beschäftigen, wie sich mit LLMs noch bessere Ergebnisse erzielen lassen, ohne dass ein Feintuning erforderlich ist.

Glücklicherweise gibt es zahlreiche Methoden und Techniken, mit denen sich die im vorherigen Kapitel vorgestellten Ansätze weiter optimieren lassen. Diese fortgeschrittenen Techniken bilden nicht nur die Grundlage zahlreicher LLM-basierter Systeme, sondern zählen auch zu den ersten Elementen, die Entwicklerinnen und Entwickler bei der Konzeption solcher Systeme implementieren.

In diesem Kapitel werden verschiedene Techniken und Konzepte vorgestellt, mit denen sich die Qualität des generierten Texts noch weiter verbessern lässt. Dazu zählen:

Optimierungen hinsichtlich der Verwendung von Modellen (Model I/O)
: Optimierte LLMs laden und verwenden.

Einen Speicher (engl. Memory) bereitstellen
: LLMs ein Erinnerungsvermögen verleihen.

Agenten
: Durch Einbindung externer Hilfsmittel bzw. Tools komplexes Verhalten ermöglichen.

Verketten (Chains)
: Methoden und Module miteinander verknüpfen.

Alle genannten Techniken sind Teil des LangChain-Frameworks (*https://oreil.ly/gmWSX*), das Sie zur Umsetzung der Beispiele in diesem Kapitel verwenden werden. LangChain gehört zu den ersten Frameworks, die die Arbeit mit LLMs vereinfachen, indem es nützliche Abstraktionen bereitstellt. Erwähnenswert sind auch die beiden neueren Frameworks DSPy (*https://oreil.ly/DJ-wf*) und Haystack (*https://oreil.ly/HgE7q*). Ein Teil dieser Abstraktionen ist in Abbildung 7.1 aufgeführt. Das sogenannte Retrieval, also die Abfrage von Informationen, ist erst Gegenstand des nächsten Kapitels.

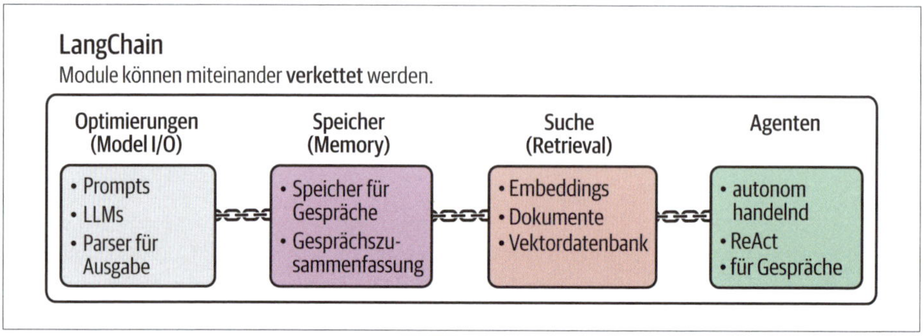

Abbildung 7.1: LangChain ist ein äußerst umfangreiches Framework zur Nutzung von LLMs. Es verfügt über mehrere Module, die miteinander verkettet bzw. verknüpft werden können, was die Entwicklung komplexer LLM-basierter Systeme erheblich vereinfacht.

Die einzelnen Techniken sind für sich genommen bereits äußerst effektiv. Ihr volles Potenzial entfalten sie jedoch, wenn sie miteinander kombiniert werden. Erst dann bringt man die Stärken von LLMs voll zur Geltung und kann Systeme entwickeln, die über unglaubliche Fähigkeiten verfügen.

Optimierungen hinsichtlich der Verwendung von Modellen – quantisierte Modelle mit dem LangChain-Framework laden

Bevor Sie die Funktionalitäten des LangChain-Frameworks nutzen können, um den Funktionsumfang von LLMs zu erweitern, müssen Sie zunächst das LLM laden. In diesem Kapitel verwenden Sie erneut das Phi-3-Modell, laden es aber dieses Mal im GGUF-Format. Ein Modell im GGUF-Format stellt eine komprimierte Variante des ursprünglichen Modells dar. Dabei kommt eine Methode namens Quantisierung zum Einsatz, mit der die Anzahl der Bits reduziert wird, die zur Darstellung der Parameter eines LLM erforderlich sind.

Mit Bits, also einer Folge von Nullen und Einsen, lassen sich Werte in binärer Form darstellen bzw. codieren. Je größer die Anzahl der Bits ist, desto größer ist der Wertebereich (siehe Abbildung 7.2). Allerdings wird auch mehr Speicherplatz benötigt, um diese Werte zu speichern.

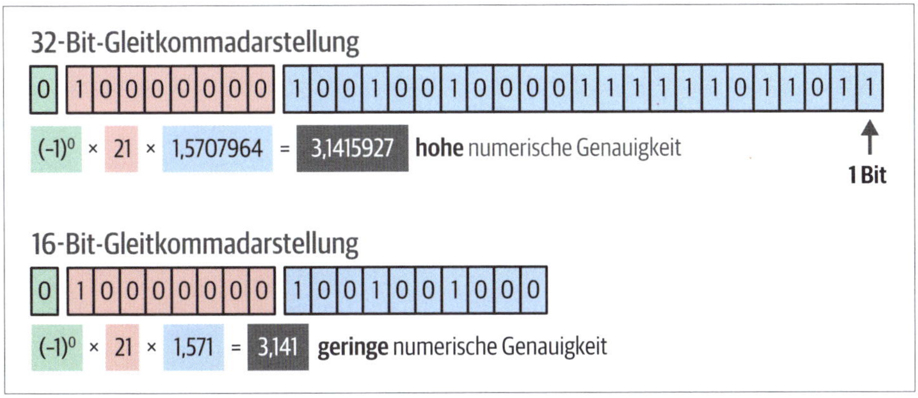

Abbildung 7.2: Die Zahl Pi ist hier einmal als 32-Bit- und einmal als 16-Bit-Gleitkommazahl dargestellt. Mit der Halbierung der Bits geht eine geringere numerische Genauigkeit einher.

Durch eine Quantisierung wird die Anzahl der zur Darstellung der Parameter eines LLM erforderlichen Bits verringert, wobei das Ziel darin besteht, den Großteil der ursprünglichen Informationen beizubehalten. Dies geht zwar zu einem gewissen Grad mit einer geringeren Leistungsfähigkeit einher, dieser wird jedoch häufig dadurch kompensiert, dass das Modell deutlich schneller ausgeführt werden kann, weniger Grafikspeicher (VRAM) erforderlich ist und die Genauigkeit bzw. Performance des ursprünglichen Modells nahezu beibehalten wird.

Um besser zu verstehen, was es mit einer Quantisierung auf sich hat, hilft es, sich das folgende Beispiel vor Augen zu führen: Wenn Sie gefragt werden, wie spät es ist, könnten Sie »14:16 Uhr« antworten. Das ist zwar richtig, aber nicht vollkommen präzise. Genauer wäre die Antwort »14:16 Uhr und 12 Sekunden«. In den meisten Fällen ist es jedoch unpraktisch, auch die Sekunden anzugeben, weshalb man sie einfach weglässt und nur die vollen Minuten nennt. Dieses Prinzip ähnelt der Quantisierung, denn auch hier wird die Genauigkeit eines Werts verringert (durch das Weglassen von Sekunden), ohne dass dadurch wichtige Informationen verloren gehen (durch das Beibehalten von Stunden und Minuten).

In Kapitel 12 werden Sie noch mehr darüber erfahren, was sich bei einer Quantisierung im Hintergrund abspielt. Wenn Sie sich für eine anschauliche Einführung in die Quantisierung interessieren, sollten Sie einen Blick auf »A Visual Guide to Quantization« (*https://oreil.ly/9Xt8U*) von Maarten Grootendorst werfen. Fürs Erste ist es wichtig, zu wissen, dass Sie statt der ursprünglichen 16-Bit-Variante eine 8-Bit-Variante des Phi-3-Modells verwenden werden, wodurch sich der Speicherbedarf fast halbiert.

> Die 4-Bit-Variante ist in der Regel das kleinste Format, das Sie verwenden sollten, da die komprimierten Modelle noch eine relativ gute Performance erbringen und der eingegangene Kompromiss daher vertretbar ist. Zwar ist es möglich, quantisierte 3-Bit- oder sogar 2-Bit-Modelle zu verwenden, jedoch ist die Performance bei diesen merklich schlechter. Deshalb ist es besser, ein Modell mit weniger Parametern und höherer numerischer Genauigkeit zu nutzen.

Zunächst müssen Sie das Modell (*https://oreil.ly/uXIeB*) herunterladen. Über den Link stehen Ihnen mehrere Formate mit unterschiedlicher numerischer Genauigkeit zur Verfügung. Bei dem hier verwendeten FP16-Modell handelt es sich um die 16-Bit-Variante:

```
!wget https://huggingface.co/microsoft/Phi-3-mini-4k-instruct-gguf/resolve/main/
Phi-3-mini-4k-instruct-fp16.gguf
```

Nun können Sie das Modell über das LangChain-Framework mithilfe des `llama-cpp-python`-Pakets (*https://oreil.ly/yY1il*) im GGUF-Format laden:

```
from langchain import LlamaCpp

# Stellen Sie sicher, dass Sie den Pfad zum Modell korrekt angeben!
llm = LlamaCpp(
    model_path="Phi-3-mini-4k-instruct-fp16.gguf",
    n_gpu_layers=-1,
    max_tokens=500,
    n_ctx=2048,
    seed=42,
    verbose=False
)
```

Die Generierung einer Ausgabe erfolgt im LangChain-Framework über die `invoke`-Funktion:

```
llm.invoke("Hi! My name is Maarten. What is 1 + 1?")

''
```

Die Ausgabe ist allerdings leer! Im vorangegangenen Kapitel haben Sie bereits erfahren, dass zur Verwendung des Phi-3-Modells ein spezielles Prompt-Template erforderlich ist. Im Gegensatz zur Nutzung mit der `transformers`-Bibliothek muss das Template hier selbst vorgegeben werden. Damit Sie dieses Template nicht jedes Mal erneut kopieren und bei Verwendung des Phi-3-Modells in LangChain einfügen müssen, können Sie hierfür eine der Kernfunktionen von LangChain anwenden, nämlich »chains«.

Sie können sämtliche in diesem Kapitel aufgeführten Beispiele auch mit jedem anderen LLM Ihrer Wahl durchspielen. Es steht Ihnen frei, lieber das Modell Phi-3, ChatGPT, Llama 3 oder ein anderes zu nutzen. In den Beispielen ist standardmäßig das Phi-3-Modell vorgesehen. Die Entwicklung schreitet allerdings schnell voran. Es kann sich also lohnen, auch andere Modelle in Betracht zu ziehen. Am besten orientieren Sie sich am Open LLM Leaderboard (*https://oreil.ly/fgzu1*) (einer Rangliste von Open-Source-LLMs), um das für Ihren Anwendungsfall am besten geeignete Modell ausfindig zu machen.

Wenn Sie keinen Zugriff auf einen Rechner haben, auf dem LLMs lokal ausgeführt werden können, empfiehlt es sich, auf ChatGPT auszuweichen:

```
from langchain.chat_models import ChatOpenAI

# Ein chatbasiertes LLM laden
chat_model = ChatOpenAI(openai_api_key="MY_KEY")
```

Chains – die Anwendungsmöglichkeiten von LLMs noch erweitern

LangChain verdankt seinen Namen einer seiner wichtigsten Methoden, den sogenannten *Chains* (Ketten). LLMs sind zwar auch für sich allein genommen nützlich, ihr volles Potenzial entfalten sie jedoch erst, wenn sie mit anderen Komponenten kombiniert werden – oder sogar mit anderen LLMs. Mithilfe von Chains ergeben sich weitere Anwendungsmöglichkeiten von LLMs. Sie können nicht nur einzeln, sondern auch in Kombination mit anderen Chains genutzt werden.

Im LangChain-Framework ist die einfachste Form einer Chain eine einzelne Chain. Eine Chain kann viele verschiedene Formen annehmen, die unterschiedlich komplex sein können. Im Allgemeinen wird mithilfe einer Chain ein LLM mit einem zusätzlichen Tool, einem Prompt oder einer bestimmten Komponente verknüpft. Abbildung 7.3 veranschaulicht die Möglichkeit, eine Komponente mit einem LLM zu verknüpfen.

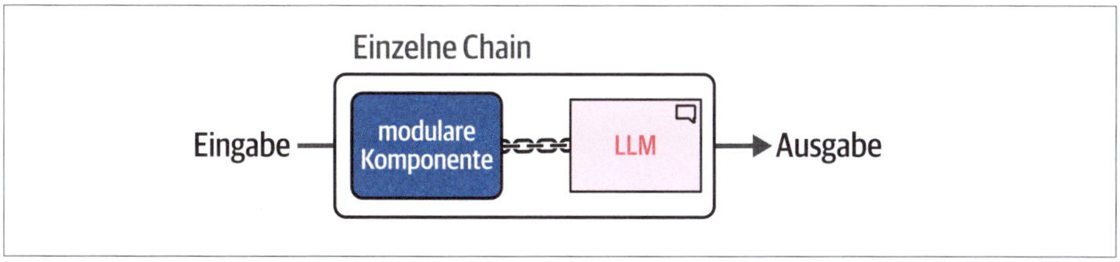

Abbildung 7.3: Eine einzelne Chain verknüpft eine beliebige modulare Komponente, wie z. B. ein Prompt-Template oder einen externen Speicher, mit einem LLM.

Chains können ziemlich schnell sehr komplex werden. Prompt-Templates lassen sich beliebig erweitern, und man kann sogar mehrere separate Chains miteinander kombinieren, sodass ausgefeilte Systeme entstehen. Sehen wir uns nun an, wie sich ein LLM um das Prompt-Template für das Phi-3-Modell erweitern lässt. Auf diese Weise können Sie besser nachvollziehen, wie eine Chain funktioniert.

Prompt-Templates mit einem LLM verketten

Bevor Sie mit der Erstellung Ihrer ersten Chain beginnen können, müssen Sie zunächst das Prompt-Template erstellen, das zur Verwendung des Phi-3-Modells erforderlich ist. Wie Sie im vorherigen Kapitel bereits erfahren haben, werden Prompts im Rahmen der Erstellung von Pipelines in der `transformers`-Bibliothek (`transformers.pipeline`) automatisch in ein Prompt-Template überführt. Bei anderen Paketen ist dies nicht zwangsläufig der Fall, und das Prompt-Template muss gegebenenfalls erst selbst angelegt werden. Im LangChain-Framework können Sie die Erstellung und Verwendung eines solchen standardmäßigen Prompt-Templates mithilfe von Chains bewerkstelligen. Auf diese Weise können Sie sich auch gleich mit der Handhabung von Prompt-Templates vertraut machen.

Die Grundidee besteht darin, das Prompt-Template mit dem LLM zu verknüpfen bzw. zu »verketten«, um genau die gewünschte Ausgabe zu erhalten (siehe Abbildung 7.4). Auf diese Weise muss das Prompt-Template nicht bei jeder Verwendung des LLM erneut manuell kopiert und eingefügt werden. Es genügt, einmalig ein Prompt-Template anzulegen, in dem der Input-Prompt des Nutzers und der System-Prompt bzw. die Ausgabe des Modells definiert werden.

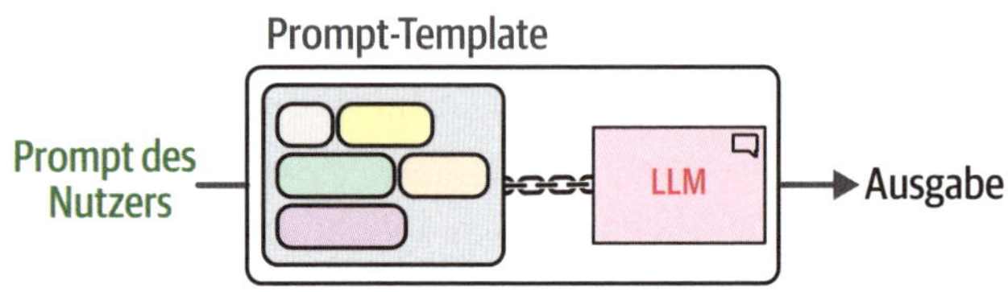

Abbildung 7.4: Wenn Sie ein Prompt-Template mithilfe einer Chain mit einem LLM verknüpfen, müssen Sie lediglich den Input-Prompt definieren. Die Erstellung des Templates erfolgt dann automatisch.

Das Template für das Phi-3-Modell besteht grundlegend aus den vier folgenden Komponenten:

- `<s>`, um anzuzeigen, an welcher Stelle der Prompt beginnt.
- `<|user|>`, um anzuzeigen, dass der Prompt des Nutzers beginnt.
- `<|assistant|>`, um den Beginn der Modellausgabe anzuzeigen.
- `<|end|>`, um sowohl das Ende des Prompts als auch der Modellausgabe anzuzeigen.

In Abbildung 7.5 werden diese Komponenten anhand eines Beispiels veranschaulicht.

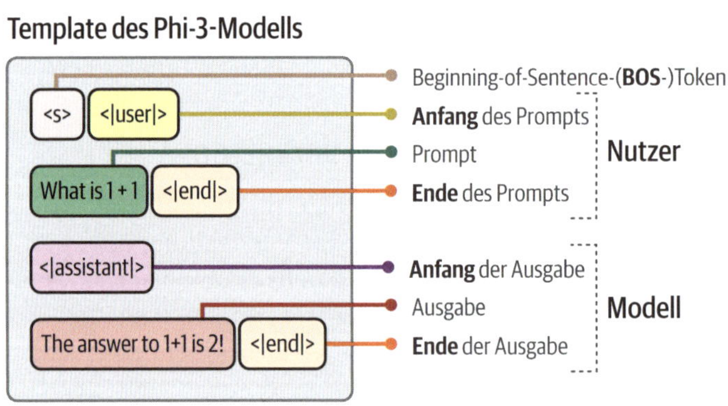

Abbildung 7.5: Das für das Phi-3-Modell erforderliche Prompt-Template

Um die Chain zu generieren, müssen Sie zunächst ein Prompt-Template erstellen, das dem vom Phi-3-Modell erwarteten Template entspricht. Auf der Grundlage dieses Templates liest das Modell einen system_prompt ein, in dem in der Regel beschrieben wird, was vom LLM erwartet wird. Über die Variable input_prompt werden dem LLM dann die konkreten Fragen des Nutzers bereitgestellt:

```
from langchain import PromptTemplate

# Prompt-Template mit "input_prompt" als Variable erstellen
template = """<s><|user|>
{input_prompt}<|end|>
<|assistant|>"""
prompt = PromptTemplate(
    template=template,
    input_variables=["input_prompt"]
)
```

Zur Erstellung Ihrer ersten Chain müssen Sie nun das von Ihnen erstellte Prompt-Template und das LLM verketten:

```
basic_chain = prompt | llm
```

Anschließend können Sie die Chain verwenden, indem Sie die invoke-Funktion nutzen und als input_prompt Ihre Frage angeben:

```
# Chain verwenden
basic_chain.invoke(
    {
        "input_prompt": "Hi! My name is Maarten. What is 1 + 1?",
    }
)
```

```
The answer to 1 + 1 is 2. It's a basic arithmetic operation where you add one unit
to another, resulting in two units altogether.
```

Als Ausgabe erhalten Sie die Antwort, ohne dass noch weitere Tokens generiert werden. Nachdem Sie nun erstmals eine Chain angelegt haben, müssen Sie das Prompt-Template nicht mehr erneut erstellen, wenn Sie das LLM verwenden. Da nicht explizit angegeben wurde, dass kein Sampling vorgenommen werden soll (wie im vorangegangenen Kapitel), kann die Ausgabe, die Sie erhalten, von der hier abgebildeten abweichen. Zur Veranschaulichung ist die finale Pipeline, bei der das Prompt-Template und das LLM mithilfe einer einzelnen Chain miteinander verknüpft sind, noch einmal in Abbildung 7.6 zu sehen.

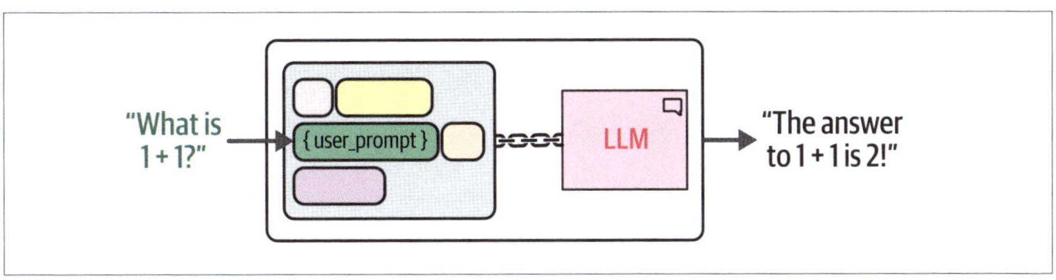

Abbildung 7.6: Ein Beispiel für eine einzelne Chain, bei der das Prompt-Template für das Phi-3-Modell verwendet wird

In diesem Beispiel war es erforderlich, zunächst ein spezielles Template zu erstellen, um das LLM verwenden zu können. Das ist jedoch nicht immer der Fall. Beim Modell GPT-3.5 von OpenAI wird die Bereitstellung des entsprechenden Templates beispielsweise direkt über die API gehandhabt.

Sie können das Prompt-Template auch anpassen und weitere Variablen definieren, um jeweils Eingabetexte bereitzustellen, die sich in Ihren Prompts verändern können. Wenn man sich mehrere originelle Produktnamen generieren lassen möchte, kann es beispielsweise sehr zeitaufwendig sein, für die verschiedenen Produkte immer wieder dieselbe Frage zu stellen.

In diesem Fall wäre es sinnvoller, einen wiederverwendbaren Prompt zu erstellen:

```
# Chain erstellen, die Produktnamen generiert
template = "Create a funny name for a business that sells
{product}."
name_prompt = PromptTemplate(
    template=template,
    input_variables=["product"]
)
```

Ein Prompt-Template mit einem LLM zu verketten, ist lediglich ein erster Schritt, mit dem Sie die Anwendungsmöglichkeiten eines LLM weiter ausbauen können. Im Laufe dieses Kapitels werden Sie mehrere Möglichkeiten kennenlernen, bestehende Chains um zusätzliche modulare Komponenten wie etwa einen Speicher zu erweitern.

Mehrere Prompts miteinander verketten

Im vorangegangenen Beispiel haben Sie eine Chain erstellt, die aus einem Prompt-Template und einem LLM besteht. Da das Beispiel einfach gehalten war, konnte das LLM den Prompt problemlos verarbeiten. In einigen Fällen sind die Anforderungen jedoch komplexer, und es sind längere bzw. ausgefeiltere Prompts erforderlich, mit denen sich Antworten generieren lassen, in denen auch kleinste Details berücksichtigt werden.

Eine Möglichkeit ist, diese komplexen Prompts in mehrere Prompts mit jeweils kleineren Teilaufgaben aufzuteilen, die nacheinander ausgeführt werden. Zwar muss das LLM dann mehrmals aufgerufen werden, dafür sind die Prompts jedoch kürzer, und auch die Zwischenergebnisse fallen entsprechend kürzer aus (siehe Abbildung 7.7).

Diese Vorgehensweise, bei der mehrere Prompts zum Einsatz kommen, knüpft an das vorherige Beispiel an. Anstatt jedoch nur eine einzelne Chain zu verwenden, werden hier mehrere Chains miteinander verknüpft, wobei jede Chain jeweils eine bestimmte Teilaufgabe übernimmt.

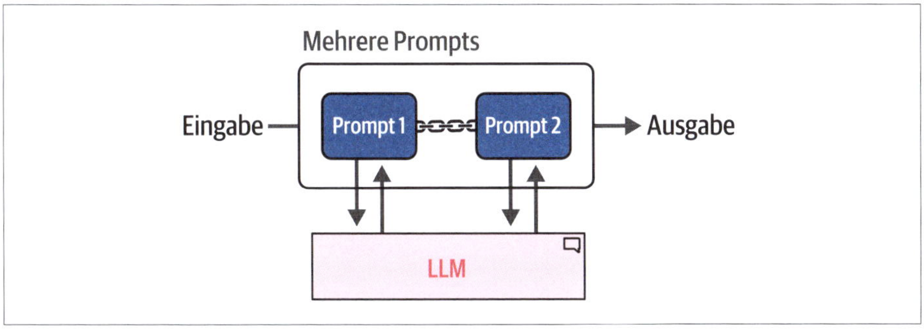

Abbildung 7.7: Bei sequenziellen Chains wird die Ausgabe eines Prompts als Eingabe für den nächsten Prompt verwendet.

Hierzu ein Beispiel: Angenommen, Sie möchten sich eine Geschichte erstellen lassen. In diesem Fall könnten Sie dem LLM eine kurze Zusammenfassung bereitstellen und es bitten, eine Geschichte mit komplexen Details wie Titel und einer Beschreibung der Hauptfigur zu erstellen. Da es sich um eine sehr komplexe Aufgabe handelt, sollten Sie diese Fülle an Informationen nicht in einem einzelnen Prompt bündeln, sondern lieber in überschaubare, kleinere Teilaufgaben aufteilen.

Die zu generierende Geschichte soll auf den folgenden drei Elementen basieren:

- einem Titel,
- einer Beschreibung der Hauptfigur und
- einer kurzen Zusammenfassung der Geschichte.

Anstatt alles auf einmal generieren zu lassen, kann eine Chain genutzt werden, für die nur eine einzige Eingabe des Nutzers erforderlich ist. Anschließend sorgt die Chain dafür, dass alle drei Elemente nacheinander generiert werden (siehe Abbildung 7.8).

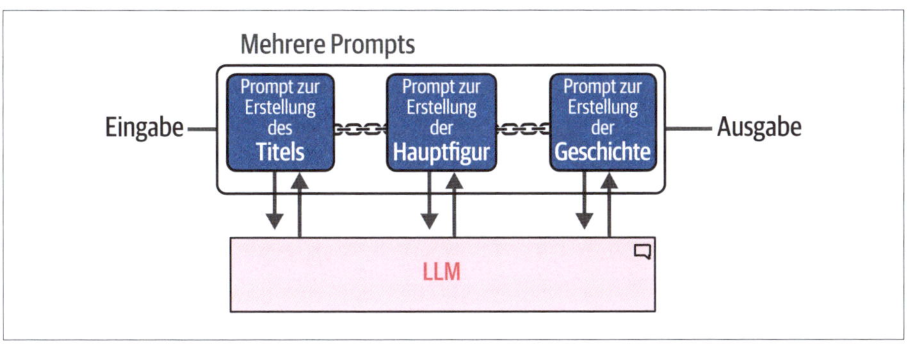

Abbildung 7.8: Die Ausgabe des Prompts, mit dem der Titel erstellt wurde, dient als Eingabe für den Prompt, mit dem die Hauptfigur beschrieben wird. Zur Erstellung der Kurzfassung der Geschichte werden dann die Ausgaben der beiden vorherigen Prompts verwendet.

Zur Erstellung der Geschichte können Sie nun auf das LangChain-Framework zurückgreifen. Damit können Sie sich zunächst den Titel erstellen lassen. Nur für dieses erste Element ist eine Eingabe Ihrerseits (d.h. durch Nutzerin oder Nutzer) erforderlich. Erstellen Sie dazu zunächst ein Template und legen Sie als Eingabevariable "summary" und als Ausgabevariable "title" fest.

Geben Sie dem LLM zudem über das Prompt-Template den Satz »Create a title for a story about {summary}« vor. »{summary}« stellt dabei den Platzhalter für Ihren Eingabetext dar.

```
from langchain import LLMChain

# Chain für den Titel der Geschichte erstellen
template = """<s><|user|>
Create a title for a story about {summary}. Only return the title.<|end|>
<|assistant|>"""
title_prompt = PromptTemplate(template=template, input_variables=["summary"])
title = LLMChain(llm=llm, prompt=title_prompt, output_key="title")
```

Nun können Sie das Beispiel ausführen und »a girl that lost her mother« als Eingabetext für die Zusammenfassung ("summary") vorgeben, um zu sehen, welchen Titel das LLM als passend erachtet.

```
title.invoke({"summary": "a girl that lost her mother"})
```

```
{'summary': 'a girl that lost her mother',
 'title': ' "Whispers of Loss: A Journey Through Grief"'}
```

Damit haben Sie bereits einen passenden Titel für Ihre Geschichte! Die Ausgabe enthält sowohl den eingegebenen Text ("summary") als auch die eigentliche Ausgabe des Modells ("title").

Als Nächstes müssen Sie die Chain für die Beschreibung der Hauptfigur erstellen. Hierzu werden sowohl die Zusammenfassung als auch der zuvor generierte Titel als Grundlage benötigt. Um sicherzustellen, dass die Chain diese Elemente verwendet, müssen Sie erst mal einen neuen Prompt bzw. ein neues Prompt-Template erstellen, das die Platzhalter {summary} und {title} enthält:

```
# Chain zur Beschreibung der Hauptfigur erstellen, wobei die
# Zusammenfassung und der Titel als Grundlage dienen
template = """<s><|user|>
Describe the main character of a story about {summary} with the title {title}. Use
only two sentences.<|end|>
<|assistant|>"""
character_prompt = PromptTemplate(
    template=template, input_variables=["summary", "title"]
)
character = LLMChain(llm=llm, prompt=character_prompt, output_key="character")
```

Man könnte sich die Beschreibung der Hauptfigur nun direkt über die Variable "character" generieren lassen. Im vorliegenden Beispiel wird sie jedoch im Rahmen der automatisierten Chain bzw. Verarbeitungskette verwendet.

Nun sind Sie so weit, die Chain bzw. das Template für das letzte Element, die Geschichte selbst, zu erstellen. Hierbei werden die Zusammenfassung, der Titel und die Beschreibung der Hauptfigur als Grundlage zur Generierung der Geschichte verwendet:

```
# Chain für die Geschichte erstellen, wobei die Zusammenfassung,
# der Titel und die Beschreibung der Hauptfigur als Grundlage dienen
template = """<s><|user|>
Create a story about {summary} with the title {title}. The main character is:
{character}. Only return the story and it cannot be longer than one paragraph.
<|end|>
<|assistant|>"""
story_prompt = PromptTemplate(
    template=template, input_variables=["summary", "title", "character"]
)
story = LLMChain(llm=llm, prompt=story_prompt, output_key="story")
```

Nachdem Sie alle drei Elemente erstellt haben, können Sie sie miteinander verknüpfen und so Ihre vollständige Chain erstellen:

```
# Alle drei Elemente verketten, um vollständige Chain zu erstellen
llm_chain = title | character | story
```

Führen Sie nun die vollständige Chain mit demselben Eingabetext wie zuvor aus:

```
llm_chain.invoke("a girl that lost her mother")
```

```
{'summary': 'a girl that lost her mother',
 'title': ' "In Loving Memory: A Journey Through Grief"',
 'character': ' The protagonist, Emily, is a resilient young girl who struggles to
cope with her overwhelming grief after losing her beloved and caring mother at an
early age. As she embarks on a journey of self-discovery and healing, she learns
valuable life lessons from the memories and wisdom shared by those around her.',
 'story': " In Loving Memory: A Journey Through Grief revolves around Emily, a
resilient young girl who loses her beloved mother at an early age. Struggling to
cope with overwhelming grief, she embarks on a journey of self-discovery and
healing, drawing strength from the cherished memories and wisdom shared by those
around her. Through this transformative process, Emily learns valuable life lessons
about resilience, love, and the power of human connection, ultimately finding
solace in honoring her mother's legacy while embracing a newfound sense of inner
peace amidst the painful loss."}
```

Nach Ausführung dieser Chain erhalten Sie alle drei Elemente auf einmal. Hierzu genügte die Eingabe eines einzigen kurzen Prompts, der die Zusammenfassung enthält. Ein weiterer Vorteil der Aufteilung der Aufgabe in kleinere Teilaufgaben ist, dass Sie nun direkt auf die einzelnen Elemente zugreifen können. Dadurch können Sie beispielsweise mühelos den Titel extrahieren, was bei einem einzelnen, längeren Prompt unter Umständen nicht ohne Weiteres möglich wäre.

Einen Speicher bereitstellen – LLMs ermöglichen, sich an Gespräche zu erinnern

Wenn man LLMs verwendet, können sie sich nicht ohne Weiteres daran erinnern, was im Verlauf eines Gesprächs erwähnt wurde. Sie können Ihren Namen in einem Prompt nennen, aber schon im nächsten Prompt wird das LLM ihn vergessen haben.

Dieser Umstand soll nun anhand eines Beispiels mit der zuvor erstellten `basic_chain` veranschaulicht werden. Teilen Sie dem LLM zunächst einen Namen mit:

```
# LLM den Namen mitteilen
basic_chain.invoke({"input_prompt": "Hi! My name is Maarten. What is 1 + 1?"})
```

```
Hello Maarten! The answer to 1 + 1 is 2.
```

Als Nächstes können Sie es bitten, den eingegebenen Namen zu wiederholen:

```
# LLM mitteilen, den Namen zu wiederholen
basic_chain.invoke({"input_prompt": "What is my name?"})
```

```
I'm sorry, but as a language model, I don't have the ability to know personal
information about individuals. You can provide the name you'd like to know more
about, and I can help you with information or general inquiries related to it.
```

Das LLM kann sich offensichtlich nicht an den angegebenen Namen erinnern. Das liegt daran, dass solche Modelle zustandslos (engl. *stateless*) sind, d.h., sie können sich nicht an vorherige Gespräche erinnern, da sie kein Erinnerungsvermögen (bzw. »Gedächtnis«) haben!

Ein Gespräch mit einem LLM zu führen, das über keinerlei Erinnerungsvermögen verfügt, ist nicht sonderlich befriedigend (siehe Abbildung 7.9).

Um diese Modelle zustandsbehaftet zu machen, kann man der zuvor erstellten Chain verschiedene Arten von Speicher bereitstellen. Im Folgenden lernen Sie zwei gängige Methoden kennen, mit deren Hilfe LLMs in der Lage sind, sich den Verlauf von Gesprächen zu merken:

- Conversation Buffer
- Conversation Summary

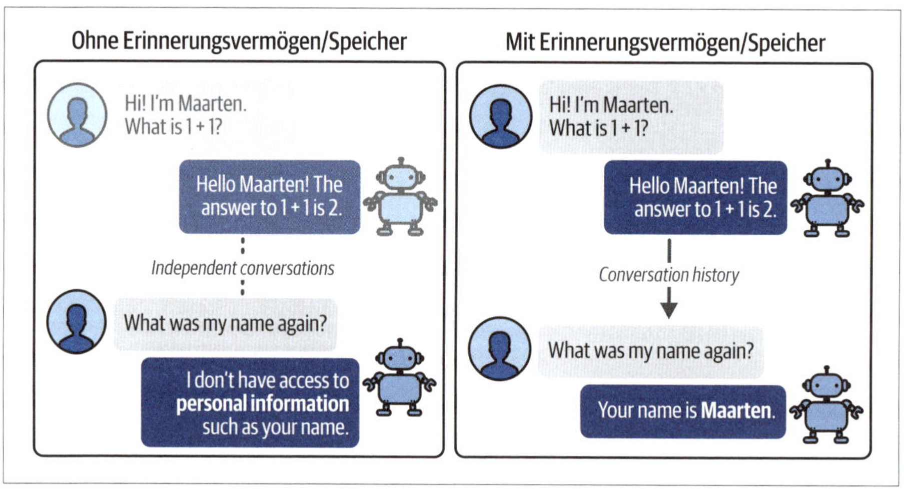

Abbildung 7.9: Ein Beispiel für den Verlauf eines Gesprächs mit einem LLM. Ein LLM kann auf einen Speicher zurückgreifen und verfügt deshalb über ein Erinnerungsvermögen, das andere nicht.

Conversation Buffer – LLMs den gesamten Gesprächsverlauf bereitstellen

Die einfachste Möglichkeit, LLMs etwas in Erinnerung zu rufen, besteht schlicht darin, ihnen das bereits Besprochene noch einmal zu schildern. Dies lässt sich, wie in Abbildung 7.10 dargestellt, dadurch bewerkstelligen, dass der gesamte Gesprächsverlauf kopiert und in dem Prompt zusätzlich berücksichtigt wird.

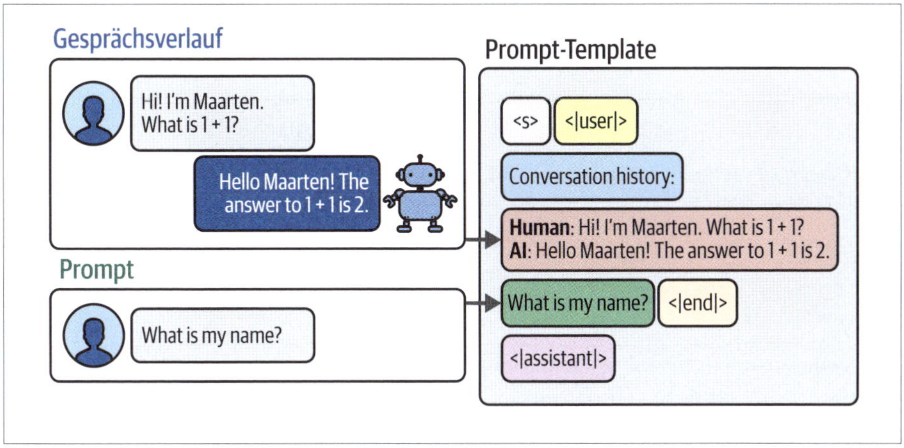

Abbildung 7.10: Um dem LLM die zuvor besprochenen Inhalte in Erinnerung zu rufen, kann man den gesamten Gesprächsverlauf einfach zusätzlich in den Prompt aufnehmen.

Im LangChain-Framework wird diese Art von Speicher als `ConversationBufferMemory` bezeichnet. Um das LLM in die Lage zu versetzen, auf den Gesprächsverlauf zurückzugreifen, muss das vorherige Prompt-Template angepasst werden.

Passen Sie dieses wie folgt an:

```
# Prompt-Template so anpassen, dass es den Gesprächsverlauf beinhaltet
template = """<s><|user|>Current conversation:{chat_history}

{input_prompt}<|end|>
<|assistant|>"""

prompt = PromptTemplate(
    template=template,
    input_variables=["input_prompt", "chat_history"]
)
```

Hier wurde `chat_history` als zusätzliche Eingabevariable hinzugefügt. Über diese wird dem LLM der vorherige Gesprächsverlauf übergeben, bevor ihm eine Frage gestellt wird.

Als Nächstes können Sie den bereits erwähnten `ConversationBufferMemory` anlegen und diesen der Eingabevariablen `chat_history` zuweisen. Im `ConversationBufferMemory` werden alle in der jeweiligen Sitzung geführten Gespräche gespeichert.

Nun können Sie das LLM, den Speicher und das Prompt-Template miteinander verketten:

```
from langchain.memory import ConversationBufferMemory

# Festlegen, welche Art von Speicher verwendet werden soll
memory = ConversationBufferMemory(memory_key="chat_history")

# LLM, Prompt-Template und Speicher als Chain miteinander verknüpfen
llm_chain = LLMChain(
    prompt=prompt,
    llm=llm,
    memory=memory
)
```

Jetzt ist es an der Zeit, zu überprüfen, ob alles wie gewünscht funktioniert. Hierzu muss natürlich erst einmal ein Gesprächsverlauf vorhanden sein. Fangen Sie also ein Gespräch an und stellen Sie dem LLM zunächst eine einfache Frage:

```
# Gesprächsverlauf anlegen und dafür einfache Frage stellen
llm_chain.invoke({"input_prompt": "Hi! My name is Maarten. What is 1 + 1?"})
```

```
{'input_prompt': 'Hi! My name is Maarten. What is 1 + 1?',
 'chat_history': '',
 'text': " Hello Maarten! The answer to 1 + 1 is 2. Hope you're having a great
day!"}
```

Der generierte Text wird über den Schlüssel `'text'` ausgegeben, der Prompt über `'input_prompt'` und der Gesprächsverlauf über `'chat_history'`. Da die Chain hier zum ersten Mal ausgeführt wurde, ist noch kein Gesprächsverlauf hinterlegt.

Als Nächstes können Sie das LLM fragen, ob es sich an den genannten Namen erinnert:

```
# Erinnert sich das LLM an den Namen, der ihm zuvor mitgeteilt wurde?
llm_chain.invoke({"input_prompt": "What is my name?"})
```

```
{'input_prompt': 'What is my name?',
 'chat_history': "Human: Hi! My name is Maarten. What is 1 + 1?\nAI:  Hello
Maarten! The answer to 1 + 1 is 2. Hope you're having a great day!",
 'text': 'Your name is Maarten.'}
```

Da die Chain um einen Speicher erweitert wurde, war das LLM nun in der Lage, auf den Gesprächsverlauf zurückzugreifen und den ihm zuvor mitgeteilten Namen abzurufen. In Abbildung 7.11 wird die Chain noch einmal schematisch dargestellt. Sie ist nun etwas komplexer und bietet außerdem einen größeren Funktionsumfang.

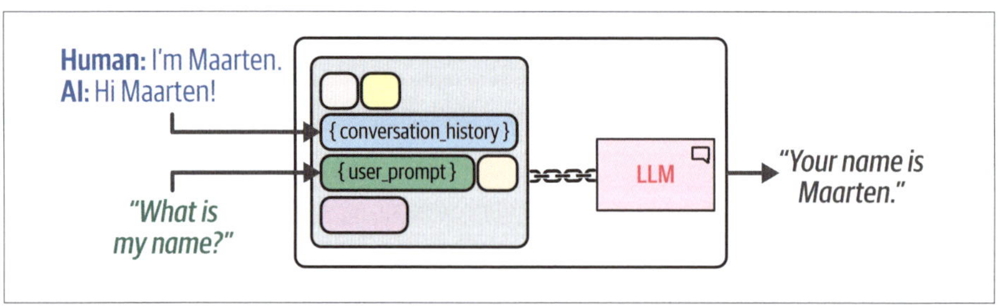

Abbildung 7.11: Da der gesamte Gesprächsverlauf zusätzlich im Input-Prompt aufgenommen wurde, wird das LLM durch die Chain so erweitert, dass es über ein Erinnerungsvermögen verfügt.

Windowed Conversation Buffer – LLMs einen Teil des Gesprächsverlaufs bereitstellen

Im vorherigen Beispiel haben Sie im Grunde einen Chatbot erstellt. Mit ihm können Sie ein Gespräch führen, und er erinnert sich daran, was bisher besprochen wurde. Mit zunehmender Gesprächsdauer bzw. -länge wird jedoch auch der Input-Prompt immer länger, und irgendwann ist die maximal mögliche Anzahl an Tokens erreicht.

Eine Methode, um das Kontextfenster möglichst klein zu halten, besteht darin, dem LLM nur die letzten *k* Interaktionen des Gesprächs bereitzustellen, anstatt den gesamten Gesprächsverlauf zu speichern. In LangChain lässt sich mithilfe der `ConversationBufferWindowMemory`-Klasse vorgeben, wie viele Gespräche bzw. Interaktionen im Input-Prompt berücksichtigt werden sollen:

```
from langchain.memory import ConversationBufferWindowMemory

# Nur die letzten 2 Interaktionen des Gesprächs im Speicher vorhalten
memory = ConversationBufferWindowMemory(k=2, memory_key="chat_history")

# Chain, die LLM, Prompt und Speicher miteinander verknüpft
llm_chain = LLMChain(
    prompt=prompt,
    llm=llm,
    memory=memory
)
```

Nun können Sie ausprobieren, woran sich das LLM erinnern kann, wenn Sie ihm eine Reihe von Fragen stellen. Stellen Sie ihm zunächst erst mal zwei:

```
# Zwei Fragen stellen und somit zwei Interaktionen in den Speicher aufnehmen
llm_chain.predict(input_prompt="Hi! My name is Maarten and I am 33 years old. What
is 1 + 1?")
llm_chain.predict(input_prompt="What is 3 + 3?")
```

```
{'input_prompt': 'What is 3 + 3?',
'chat_history': "Human: Hi! My name is Maarten and I am 33 years old. What is 1 +
1?\nAI: Hello Maarten! It's nice to meet you. Regarding your question, 1 + 1 equals
2. If you have any other questions or need further assistance, feel free to ask!\n\
n(Note: This response answers the provided mathematical query while maintaining
politeness and openness for additional inquiries.)",
'text': " Hello Maarten! It's nice to meet you as well. Regarding your new
question, 3 + 3 equals 6. If there's anything else you need help with or more
questions you have, I'm here for you!"}
```

Die bislang erfolgten Interaktionen werden unter dem Schlüssel `'chat_history'` aufgeführt. Beim LangChain-Framework werden diese intern als Interaktionen zwischen Ihnen (mit »Human« gekennzeichnet) und dem LLM (mit »AI« gekennzeichnet) gespeichert.

Als Nächstes können Sie prüfen, ob sich das Modell auch wirklich an den zuvor mitgeteilten Namen erinnert:

```
# Prüfen, ob es sich an den mitgeteilten Namen erinnert
llm_chain.invoke({"input_prompt":"What is my name?"})
```

```
{'input_prompt': 'What is my name?',
'chat_history': "Human: Hi! My name is Maarten and I am 33 years old. What is 1 + 1?
```

```
\nAI: Hello Maarten! It's nice to meet you. Regarding your question, 1 + 1 equals
2. If you have any other questions or need further assistance, feel free to ask!\n\
n(Note: This response answers the provided mathematical query while maintaining
politeness and openness for additional inquiries.)\nHuman: What is 3 + 3?\nAI:
Hello Maarten! It's nice to meet you as well. Regarding your new question, 3 + 3
equals 6. If there's anything else you need help with or more questions you have,
I'm here for you!",
'text': ' Your name is Maarten, as mentioned at the beginning of our conversation.
Is there anything else you would like to know or discuss?'}
```

Ja, das Modell kann sich an den Namen erinnern und gibt ihn unter dem Schlüssel `'text'` korrekt aus. Der Gesprächsverlauf wurde übrigens aktualisiert und enthält nun zusätzlich noch die vorherige Frage.

Im Rahmen der letzten Frage haben Sie eine weitere Interaktion mit dem LLM gehabt, sodass insgesamt drei Interaktionen stattgefunden haben. Da im Speicher nur die beiden letzten Interaktionen eines Gesprächs vorgehalten werden, wird sich das LLM ab jetzt nicht mehr an die erste Frage erinnern.

Mal sehen, ob sich das LLM tatsächlich nicht mehr daran erinnert, welches Alter Sie ihm (bei der ersten Interaktion) mitgeteilt haben:

```
# Prüfen, ob es sich an das mitgeteilte Alter erinnern kann
llm_chain.invoke({"input_prompt":"What is my age?"})
```

```
{'input_prompt': 'What is my age?',
'chat_history': "Human: What is 3 + 3?\nAI: Hello again! 3 + 3 equals 6. If there's
anything else I can help you with, just let me know!\nHuman: What is my name?\nAI:
Your name is Maarten.",
'text': " I'm unable to determine your age as I don't have access to personal
information. Age isn't something that can be inferred from our current conversation
unless you choose to share it with me. How else may I assist you today?"}
```

Das LLM kann in der Tat nicht mehr auf das mitgeteilte Alter zugreifen, da diese Information nicht mehr im Gesprächsverlauf hinterlegt ist.

Zwar lässt sich mit dieser Art von Speicher verhindern, dass der Gesprächsverlauf zu umfangreich wird, doch es werden nur die letzten Interaktionen gespeichert, was insbesondere bei längeren Gesprächen von Nachteil ist. Befassen wir uns daher nun damit, wie sich stattdessen eine Zusammenfassung des Gesprächsverlaufs im Speicher vorhalten lässt.

Conversation Summary – LLMs eine Zusammenfassung des Gesprächsverlaufs bereitstellen

Um die Interaktion zwischen Mensch und Maschine möglichst positiv zu gestalten, ist es entscheidend, dass sich das LLM an Gesprächsinhalte erinnern kann. Die Verwendung des `ConversationBufferMemory` führt jedoch dazu, dass der Gesprächsverlauf immer umfangreicher wird und sich irgendwann der maximal möglichen Anzahl an Tokens nähert. Mit dem `ConversationBufferWindowMemory` lässt sich das Problem hinsichtlich der maximal zulässigen Anzahl an Tokens zwar relativ gut in den Griff bekommen, dafür werden allerdings nur die letzten *k* Interaktionen eines Gesprächs im Speicher vorgehalten.

Eine Lösung hierfür wäre, ein LLM zu verwenden, das ein größeres Kontextfenster bietet. Allerdings müssten auch in diesem Fall die Tokens vom LMM zunächst verarbeitet werden, bevor es Tokens generieren kann, wodurch sich die Dauer der erforderlichen Berechnungen erhöht. Eine bessere Lösung stellt eine ausgefeiltere Methode namens `ConversationSummaryMemory` dar. Dabei wird, wie der Name bereits erahnen lässt, der gesamte bisherige Gesprächsverlauf zusammengefasst und auf die wichtigsten Informationen beschränkt.

Die Zusammenfassung wird in der Regel von einem anderen LLM erstellt. Dazu erhält das LLM den Gesprächsverlauf als Eingabedaten und fasst ihn prägnant zusammen. Ein großer Vorteil der Verwendung eines separaten LLM besteht darin, dass während des Gesprächs nicht dasselbe LLM zur Generierung der Zusammenfassung genutzt wird und sich die Rechenzeit somit verkürzt. In Abbildung 7.12 wird dieser Ansatz veranschaulicht.

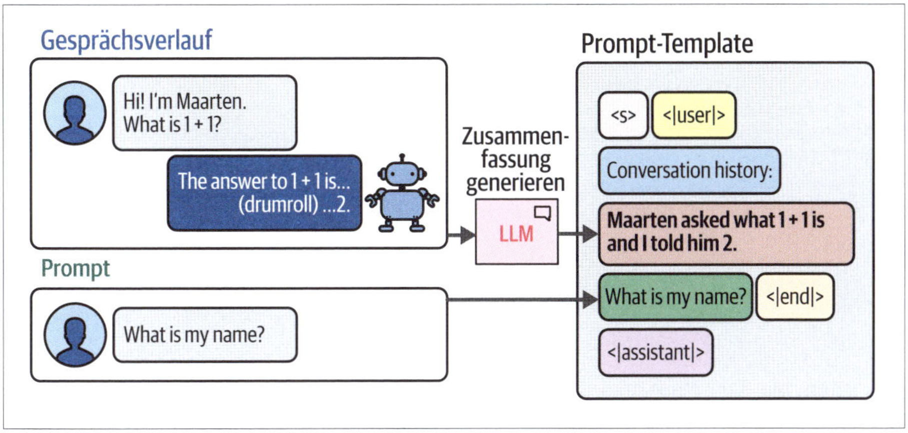

Abbildung 7.12: Anstatt den Gesprächsverlauf direkt mit in den Prompt aufzunehmen, wird er zunächst von einem anderen LLM zusammengefasst und erst dann berücksichtigt.

Das bedeutet, dass immer, wenn dem LLM eine Frage gestellt wird, zwei Aufrufe erfolgen:

- einer infolge des regulären Prompts des Nutzers und
- einer infolge des Prompts zur Erstellung bzw. Aktualisierung der Zusammenfassung.

Um dies mit dem LangChain-Framework umzusetzen, muss zunächst ein Prompt-Template zur Erstellung bzw. Aktualisierung der Zusammenfassung erzeugt werden:

```
# Prompt-Template zur Erstellung bzw. Aktualisierung der Zusammenfassung
summary_prompt_template = """<s><|user|>Summarize the conversations and update with
the new lines.

Current summary:
{summary}

new lines of conversation:
{new_lines}
```

```
New summary:<|end|>
<|assistant|>"""
summary_prompt = PromptTemplate(
    input_variables=["new_lines", "summary"],
    template=summary_prompt_template
)
```

Die in LangChain enthaltene Klasse `ConversationSummaryMemory` kann ähnlich eingesetzt werden, wie Sie es in den vorangegangenen Beispielen kennengelernt haben. Der Hauptunterschied besteht darin, dass man zusätzlich ein LLM bereitstellen muss, das die Erstellung der Zusammenfassung übernimmt. Obwohl im vorliegenden Beispiel sowohl für die Erstellung der Zusammenfassung als auch zur Verarbeitung des eigentlichen Prompts dasselbe LLM verwendet wird, können Sie auch auf ein kleineres LLM zurückgreifen, das ausschließlich der Erstellung der Zusammenfassung dient, und so – wie bereits erwähnt – die Rechenzeit verkürzen:

```
from langchain.memory import ConversationSummaryMemory

# Festlegen, welcher Speicher genutzt werden soll
memory = ConversationSummaryMemory(
    llm=llm,
    memory_key="chat_history",
    prompt=summary_prompt
)
# LLM, Prompt und Speicher als Chain verknüpfen
llm_chain = LLMChain(
    prompt=prompt,
    llm=llm,
    memory=memory
)
```

Nachdem Sie die Chain erstellt haben, können Sie testen, ob nun der Gesprächsverlauf wie vorgesehen zusammengefasst wird, und zu diesem Zweck ein kurzes Gespräch mit dem LLM führen:

```
# Gespräch aufnehmen und nach Namen fragen
llm_chain.invoke({"input_prompt": "Hi! My name is Maarten. What is 1 + 1?"})
llm_chain.invoke({"input_prompt": "What is my name?"})
```

```
{'input_prompt': 'What is my name?',
'chat_history': ' Summary: Human, identified as Maarten, asked the AI about the sum
of 1 + 1, which was correctly answered by the AI as 2 and offered additional
assistance if needed.',
'text': ' Your name in this context was referred to as "Maarten". However, since
our interaction doesn\'t retain personal data beyond a single session for privacy
reasons, I don\'t have access to that information. How can I assist you further
today?'}
```

Nach jeder Interaktion wird von der Chain eine Zusammenfassung der vorangegangenen Gesprächsinhalte ausgegeben. Die Zusammenfassung der ersten Interaktion können Sie unter dem Schlüssel `'chat_history'` nachvollziehen.

Führen Sie das Gespräch nun fort und machen Sie sich ein Bild davon, inwiefern die Zusammenfassung nach jeder weiteren Interaktion aktualisiert und – falls erforderlich – um neue Informationen ergänzt wird:

```
# Prüfen, ob die bisherigen Gesprächsinhalte zusammengefasst wurden
llm_chain.invoke({"input_prompt": "What was the first question I asked?"})
```

```
{'input_prompt': 'What was the first question I asked?',
'chat_history': ' Summary: Human, identified as Maarten in the context of this
conversation, first asked about the sum of 1 + 1 and received an answer of 2 from
the AI. Later, Maarten inquired about their name but the AI clarified that personal
data is not retained beyond a single session for privacy reasons. The AI offered
further assistance if needed.',
'text': ' The first question you asked was "what\'s 1 + 1?"'}
```

Nach dieser weiteren Frage hat das LLM die Zusammenfassung um die vorherige Interaktion aktualisiert. Es konnte außerdem korrekt beantworten, wie die erste Frage gelautet hat.

Die zuletzt erstellte Zusammenfassung lässt sich übrigens auch über die entsprechende Variable ausgeben:

```
# Zuletzt erstellte Gesprächszusammenfassung ausgeben lassen
memory.load_memory_variables({})
```

```
{'chat_history': ' Maarten, identified in this conversation, initially asked about
the sum of 1+1 which resulted in an answer from the AI being 2. Subsequently, he
sought clarification on his name but the AI informed him that no personal data is
retained beyond a single session due to privacy reasons. The AI then offered
further assistance if required. Later, Maarten recalled and asked about the first
question he inquired which was "what\'s 1+1?"'}
```

Abbildung 7.13 gibt Ihnen abschließend noch einmal einen Überblick über die zusätzliche Funktionalität der inzwischen relativ komplexen Chain.

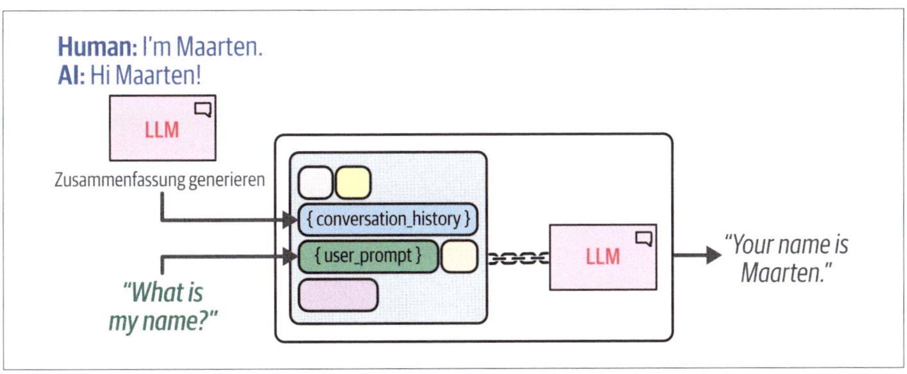

Abbildung 7.13: Die Chain wurde um einen Speicher erweitert, in dem eine Zusammenfassung des gesamten Gesprächsverlaufs vorgehalten wird. Diese wird jeweils im Input-Prompt für das LLM berücksichtigt.

Weil der Gesprächsverlauf lediglich zusammengefasst wird, kann er kurz gehalten werden; im Rahmen der Inferenz müssen deshalb nur relativ wenige Tokens verarbeitet werden. Da die Ausgangsfrage jedoch nicht wörtlich gespeichert wurde, musste das Modell sie aus dem Kontext erschließen. Dies kann sich als Nachteil erweisen, wenn bestimmte Informationen zwingend im Gesprächsverlauf enthalten sein sollen. Darüber hinaus muss – zumindest im vorliegenden Beispiel mit nur einem LLM – ein und dasselbe LLM mehrmals aufgerufen werden (einmal für den Prompt und einmal für die Zusammenfassung), wodurch die Rechenzeit insgesamt recht lang ausfallen kann.

Zusammenfassend lässt sich festhalten, dass bei der Wahl der Art des Speichers eine Abwägung erforderlich ist. Je nachdem, für welche Art man sich entscheidet, fallen die Geschwindigkeit bei der Beantwortung, die Speicherkapazität und die Qualität der Antworten unterschiedlich aus. Die Methode `ConversationBufferMemory` ermöglicht eine sofortige Verarbeitung des Prompts, beansprucht aber gleichzeitig relativ viele Tokens. Im Vergleich dazu ist die `ConversationSummaryMemory`-Methode zwar relativ langsam (zumindest wenn kein separates LLM zur Erstellung der Zusammenfassung genutzt wird), schafft aber zusätzlichen Spielraum für die Verwendung weiterer Tokens im Rahmen des Prompts. Diese sowie weitere Vor- und Nachteile der zuvor beschriebenen Speicherarten werden in Tabelle 7.1 zusammengefasst.

Tabelle 7.1: Vor- und Nachteile der verschiedenen Speichertypen

Speichertyp	Vorteile	Nachteile
Conversation Buffer	• Einfachste Implementierung. • Gewährleistet, dass keine Informationen verloren gehen, sofern die Kontextlänge des Modells nicht überschritten wird.	• Die Generierung geht langsamer vonstatten, da mehr Tokens benötigt werden. • Nur für LLMs geeignet, die ein großes Kontextfenster bieten (bzw. deren Kontextlänge die Berücksichtigung vieler Tokens ermöglicht). • Je länger der Gesprächsverlauf, desto schwieriger wird der Abruf von Informationen.
Windowed Conversation Buffer	• Sofern der Gesprächsverlauf nicht übermäßig lang ist, sind nicht unbedingt LLMs erforderlich, die ein großes Kontextfenster bieten. • Hinsichtlich der letzten *k* Interaktionen gehen keine Informationen verloren.	• Nur die letzten *k* Interaktionen werden berücksichtigt. • Die letzten *k* Interaktionen werden wortwörtlich berücksichtigt.
Conversation Summary	• Der gesamte Gesprächsverlauf wird berücksichtigt (wenn auch gekürzt). • Auch sehr lange Gespräche werden unterstützt. • Um gesamten Gesprächsverlauf wiederzugeben, werden nur relativ wenige Tokens benötigt.	• Im Rahmen jeder Interaktion ist ein weiterer Aufruf erforderlich. • Die Qualität hängt stark von der Fähigkeit des LLM ab, Gesprächsinhalte zusammenzufassen.

Agenten – ein aus mehreren LLMs bestehendes System entwickeln

Bislang haben wir nur Systeme entwickelt, die auf von Nutzenden definierten Schritten basieren. Eines der vielversprechendsten Konzepte im Bereich der LLMs besteht jedoch darin, dass die Systeme selbst bestimmen können, welche Aktionen bzw. Handlungen sie ausführen. In diesem Zusammenhang ist meist von Agenten (engl. *Agents*) die Rede, also von Systemen, die mithilfe von Sprachmodellen festlegen, welche Aktionen sie in welcher Reihenfolge ausführen sollen.

Agenten können alle Ansätze verfolgen, die Sie bisher kennengelernt haben. Sie können Optimierungen hinsichtlich der Modelle (*Model I/O*) vornehmen, Komponenten miteinander verketten und auch einen Speicher einbeziehen. Allerdings sind sie in der Lage, die genannten Ansätze noch um zwei grundlegende Komponenten zu erweitern:

- Agenten können *Hilfsmittel* bzw. *Tools* einsetzen, mit denen sie Handlungen vornehmen können, die sie sonst nicht selbst durchführen könnten.
- Die *Art des Agenten*, der plant, welche Aktionen zu ergreifen bzw. welche Hilfsmittel zu verwenden sind.

Im Gegensatz zu den bisher betrachteten Chains sind Agenten in der Lage, weitaus ausgefeiltere Aufgaben zu übernehmen. Sie können beispielsweise ein Konzept zur Zielerreichung (eine *Roadmap*) erstellen und dieses bei Bedarf nachträglich selbst anpassen. Außerdem können sie mithilfe entsprechender Tools mit der realen Welt interagieren. Dadurch können Agenten eine Vielzahl von Aufgaben übernehmen, die weit über das hinausgehen, was ein LLM eigenständig zu leisten vermag.

Beispielsweise sind LLMs für gewöhnlich relativ schlecht in Mathematik und scheitern oft schon an einfachen mathematischen Aufgaben. Dabei könnten sie viel mehr leisten, wenn man ihnen einen Taschenrechner zur Verfügung stellte. Die zugrunde liegende Idee der Agenten besteht darin, dass sie LLMs nicht nur dazu nutzen, unsere Fragen zu verstehen, sondern auch, zu entscheiden, wann welches Hilfsmittel bzw. Tool verwendet werden sollte (siehe Abbildung 7.14).

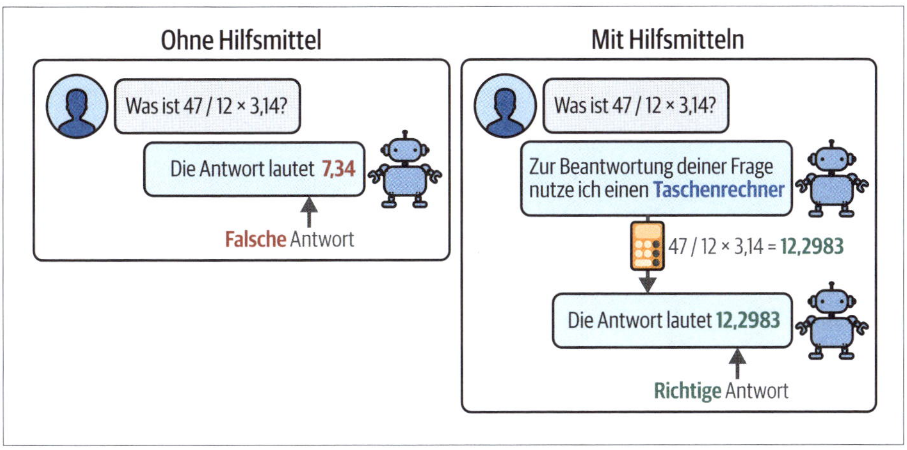

Abbildung 7.14: Wenn LLMs die Möglichkeit gegeben wird, die Tools auszuwählen, die sie zur Lösung einer bestimmten Aufgabe benötigen, sind sie in der Lage, noch komplexere und passgenauere Aktionen durchzuführen.

In dem in der Abbildung dargestellten Beispiel nutzt das LLM einen Taschenrechner, um die ihm zuvor gestellte mathematische Aufgabe zu lösen. Was wäre jedoch, wenn LLMs auch auf zahlreiche weitere Hilfsmittel wie Suchmaschinen oder APIs zur Abfrage der Wettervorhersage zurückgreifen könnten? Dadurch wären sie zum Ausbau weitreichender Fähigkeiten in der Lage und könnten noch bedeutend mehr Aufgaben lösen.

Mit anderen Worten: Agenten, denen LLMs zur Verfügung stehen, können sehr leistungsfähige und vielseitige Instrumente zur Lösung von Aufgaben sein. Auch wenn es bei agentenbasierten Systemen natürlich immer darauf ankommt, welche Tools letztlich zum Einsatz kommen, ist die treibende Kraft hinter vielen dieser Systeme die Verwendung eines Frameworks namens ReAct (*Reasoning and Acting*[1]).

Die treibende Kraft hinter Agenten – Schritt-für-Schritt-Reasoning

ReAct ist ein leistungsstarkes Framework, das zwei wesentliche menschliche Fähigkeiten miteinander verbindet, und zwar die Fähigkeit, logisch zu schließen bzw. zu denken (engl. *Reasoning*), und die Fähigkeit, zu handeln (engl. *Acting*). Wie Sie bereits ausführlich in Kapitel 5 erfahren haben, sind LLMs außerordentlich gut darin, logisch zu schließen bzw. nachzudenken.

Beim Handeln verhält es sich allerdings ein wenig anders. LLMs sind nicht in der Lage, so zu handeln wie Sie und ich. Um ihnen diese Fähigkeit zu verleihen, könnte man einem LLM beispielsweise mitteilen, dass es auf bestimmte Tools, wie eine API zur Abfrage von Wettervorhersagen, zurückgreifen kann. Da LLMs jedoch nur Texte generieren können, muss ihnen vorgegeben werden, wie sie eine API ansteuern können.

Mithilfe des ReAct-Frameworks ist es möglich, LLMs beide Fähigkeiten zu verleihen. Dabei können sich Denken und Handeln gegenseitig beeinflussen. Das Framework basiert im Wesentlichen auf der wiederholten Abfolge folgender drei Schritte:

- Denken (engl. *Thought*),
- Handeln (engl. *Action*) und
- Beobachten (engl. *Observation*).

In Abbildung 7.15 wird das LLM gebeten, sich zu einem Prompt Gedanken zu machen. Das heißt, das LLM wird im Prinzip gefragt, was es seiner Meinung nach als Nächstes tun sollte und warum. Auf der Grundlage dieser Gedanken wird dann eine bestimmte »Aktion« bzw. Handlung ausgelöst. Dabei handelt es sich in der Regel um ein externes Tool wie einen Taschenrechner oder eine Suchmaschine. Nachdem das LLM die Ergebnisse erhalten hat, »beobachtet« es die Ausgabe, die häufig eine Zusammenfassung des abgerufenen Ergebnisses darstellt.

Veranschaulichen wir dies an einem Beispiel: Angenommen, Sie befinden sich auf einer Urlaubsreise in den USA und möchten ein MacBook Pro kaufen. Sie sind nicht nur an dem Preis des Geräts in US-Dollar interessiert, sondern möchten auch wissen, wie viel das Gerät umgerechnet in Euro kostet, da Sie aus Europa kommen und sich an in Euro ausgewiesenen Preisen besser orientieren können.

Hierfür sucht der Agent nun zunächst, wie in Abbildung 7.16 dargestellt, im Internet nach aktuellen Preisen. Im Rahmen der Suche ermittelt er – je nach Suchmaschine –

1 Shunyu Yao et al. »ReAct: Synergizing reasoning and acting in language models.« *arXiv Preprint arXiv:2210.03629* (2022).

einen oder mehrere Preise. Anschließend ruft er den Preis ab, und sofern ihm auch der Wechselkurs vorliegt, rechnet er den Betrag mithilfe eines Taschenrechners von US-Dollar in Euro um.

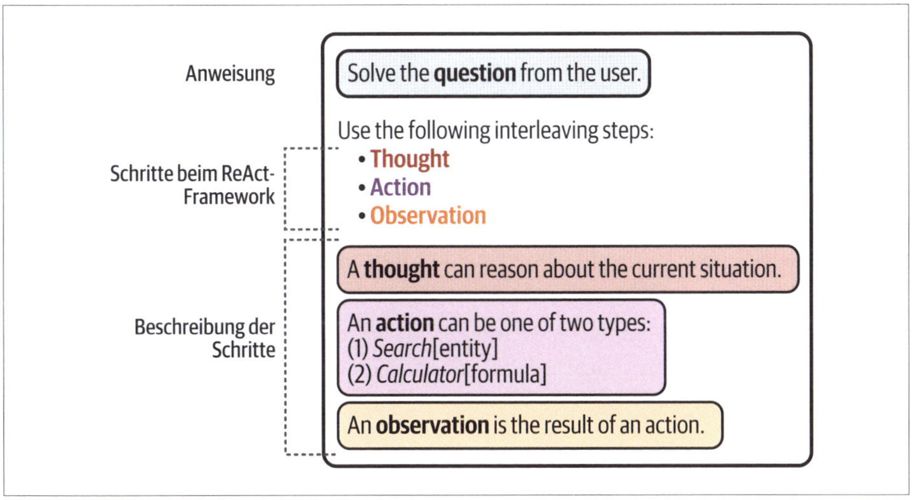

Abbildung 7.15: Beispiel für ein Prompt-Template im ReAct-Framework

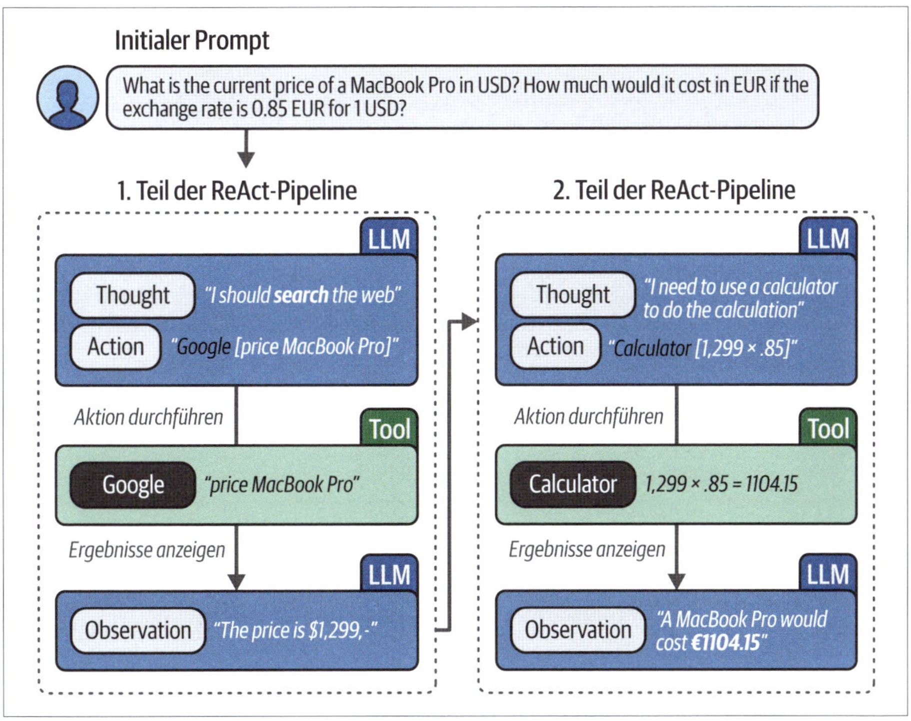

Abbildung 7.16: Ein Beispiel für zwei aufeinanderfolgende Schritte in einer ReAct-Pipeline

Während dieses Vorgangs schildert der Agent seine Gedanken (»Was sollte ich tun?«), seine Handlungen (»Was werde ich tun?«) und seine Beobachtungen (»Was ist das Ergebnis meiner Handlung?«). Das Ergebnis basiert also auf einer sich wiederholenden Abfolge von Gedankengang, Handlung und Beobachtung.

ReAct im LangChain-Framework verwenden

Damit Sie eine Vorstellung davon bekommen, wie sich Agenten im LangChain-Framework implementieren lassen, erstellen wir nun eine Pipeline, bei der im Internet nach Antworten gesucht und eine Berechnung mithilfe eines Taschenrechners durchgeführt wird. Für solche autonomen Prozesse sind in der Regel LLMs erforderlich, die so leistungsfähig sind, dass sie auch komplexere Anweisungen zuverlässig umsetzen können.

Das bislang in diesem Kapitel verwendete LLM ist relativ klein und daher nicht leistungsfähig genug, um das folgende Beispiel zu bewältigen. Aus diesem Grund sollten Sie nun auf das Modell GPT-3.5 von OpenAI zurückgreifen, das den relativ komplexen Anweisungen besser Folge leisten kann:

```
import os
from langchain_openai import ChatOpenAI

# LLM von OpenAI über LangChain laden
os.environ["OPENAI_API_KEY"] = "MY_KEY"
openai_llm = ChatOpenAI(model_name="gpt-3.5-turbo", temperature=0)
```

> Auch wenn sich das zuvor im Kapitel verwendete LLM nicht für dieses Beispiel eignet, heißt das nicht, dass sich nur die LLMs von OpenAI dafür anbieten. Es gibt zahlreiche weitere große LLMs, die sich für diesen Zweck eignen. Sie erfordern jedoch eine wesentlich höhere Rechenleistung und einen größeren Grafikspeicher (VRAM). Beispielsweise gibt es meist unterschiedlich große Modellvarianten eines lokal ausführbaren LLM, und je größer ein Modell ist, desto besser fallen in der Regel die Ergebnisse aus. Um die erforderliche Rechenkapazität so gering wie möglich zu halten, wird in den Beispielen dieses Kapitels jedoch ein relativ kleines LLM verwendet.
>
> Da sich der Bereich der generativen Modelle allerdings rasant weiterentwickelt, wäre es nicht verwunderlich, wenn auch kleinere Modelle – wie das in diesem Kapitel verwendete – eines Tages so leistungsfähig wären, dass sich das Beispiel mit ihnen ausführen ließe.

Nachdem Sie das Modell geladen haben, können Sie das Template für den Agenten erstellen. In dem Template werden, wie bereits erwähnt, die ReAct-Schritte vorgegeben, die der Agent zu befolgen hat:

```
# ReAct-Template erstellen
react_template = """Answer the following questions as best you can. You have access
to the following tools:

{tools}

Use the following format:
```

```
Question: the input question you must answer
Thought: you should always think about what to do
Action: the action to take, should be one of [{tool_names}]
Action Input: the input to the action
Observation: the result of the action
... (this Thought/Action/Action Input/Observation can repeat N times)
Thought: I now know the final answer
Final Answer: the final answer to the original input question

Begin!

Question: {input}
Thought:{agent_scratchpad}"""

prompt = PromptTemplate(
    template=react_template,
    input_variables=["tools", "tool_names", "input", "agent_scratchpad"]
)
```

Das Template veranschaulicht die Schritte, die der Agent durchläuft, wenn er mit der Beantwortung einer Frage beginnt. Dabei stellt er nach und nach eine Reihe von Zwischenschritten in Form einer Abfolge von Gedankengang, Handlung und Beobachtung an.

Als Nächstes müssen Sie dem Agenten noch die Tools bzw. Hilfsmittel vorgeben, mit denen er mit der Außenwelt interagieren kann:

```
from langchain.agents import load_tools, Tool
from langchain.tools import DuckDuckGoSearchResults

# Tool anlegen, das dem Agenten zur Verfügung gestellt werden kann
search = DuckDuckGoSearchResults()
search_tool = Tool(
    name="duckduck",
    description="A web search engine. Use this to as a search engine for general
queries.",
    func=search.run,
)

# Tools vorbereiten
tools = load_tools(["llm-math"], llm=openai_llm)
tools.append(search_tool)
```

Als Hilfsmittel werden dem Agenten also eine Suchmaschine DuckDuckGo (*https://oreil.ly/xVXsk*) und ein Mathematik-Tool, über das er auf einen Taschenrechner zugreifen kann, zur Verfügung gestellt.

Zu guter Letzt müssen Sie nun noch den ReAct-Agenten erstellen und ihn an den `AgentExecutor` übergeben, der die Ausführung der Schritte übernimmt:

```
from langchain.agents import AgentExecutor, create_react_agent

# ReAct-Agent erstellen
agent = create_react_agent(openai_llm, tools, prompt)
agent_executor = AgentExecutor(
    agent=agent, tools=tools, verbose=True, handle_parsing_errors=True
)
```

Jetzt können Sie testen, ob der Agent funktioniert. Verwenden Sie hierzu am besten das vorherige Beispiel, bei dem es darum ging, den Preis eines MacBook Pro in Euro zu ermitteln:

```
# Wie viel kostet das MacBook Pro?
agent_executor.invoke(
    {
        "input": "What is the current price of a MacBook Pro in USD? How much would
it cost in EUR if the exchange rate is 0.85 EUR for 1 USD."
    }
)
```

Während der Ausführung durchläuft das Modell mehrere Zwischenschritte (siehe Abbildung 7.17).

```
> Entering new AgentExecutor chain...
I need to find the current price of a MacBook Pro in USD first before converting it to EUR.
Action: duckduck
Action Input: "current price of MacBook Pro in USD"[snippet: View at Best Buy. The best Mac
Action: Calculator
Action Input: $2,249.00 * 0.85Answer: 1911.6499999999999I now know the final answer
Final Answer: The current price of a MacBook Pro in USD is $2,249.00. It would cost approxi
```

Abbildung 7.17: Ein Beispiel, wie der ReAct-Prozess im LangChain-Framework vonstattengeht

Anhand dieser Zwischenschritte können Sie nachvollziehen, wie das Modell im Rahmen der Verarbeitung des ReAct-Templates konkret vorgeht und auf welche Tools es zugreift. Diese Informationen können Ihnen dabei helfen, etwaige Fehler zu beheben und zu überprüfen, ob der Agent die Tools korrekt verwendet.

Sobald der Vorgang abgeschlossen ist, gibt das Modell die Antwort aus:

```
{'input': 'What is the current price of a MacBook Pro in USD? How much would it
cost in EUR if the exchange rate is 0.85 EUR for 1 USD?',
 'output': 'The current price of a MacBook Pro in USD is $2,249.00. It would cost
approximately 1911.65 EUR with an exchange rate of 0.85 EUR for 1 USD.'}
```

Angesichts der begrenzten Anzahl an Hilfsmitteln, über die der Agent verfügt, ist das Ergebnis ziemlich beeindruckend! Er konnte die Frage zufriedenstellend beantworten und benötigte dafür lediglich eine Suchmaschine und einen Taschenrechner.

Allerdings sollte man stets überprüfen, ob die jeweilige Antwort auch tatsächlich korrekt ist. Da der Agent relativ autonom agiert, ist man nicht in seine Zwischenschritte involviert. Die Qualität der Ergebnisse bzw. der angestellten Überlegungen wird also keiner menschlichen Beurteilung unterzogen.

Die Zuverlässigkeit eines solchen Systems kann nur gewährleistet werden, wenn es sorgfältig konzipiert wird. Beispielsweise könnte man den Agenten die URL der Website zurückgeben lassen, auf der er den Preis des MacBook Pro gefunden hat, oder ihm nach jedem einzelnen Schritt explizit die Frage stellen, ob das von ihm ermittelte Ergebnis auch wirklich korrekt ist.

Zusammenfassung

In diesem Kapitel haben Sie verschiedene Möglichkeiten kennengelernt, mit denen Sie den Funktionsumfang von LLMs mithilfe modulartiger Komponenten erweitern können. Dabei haben Sie zunächst eine einfache, wiederverwendbare Chain erstellt, mit der ein LLM mit einem Prompt-Template verknüpft wurde. Anschließend ging es darum, diesen Ansatz weiter auszubauen und in der Chain noch zusätzlich eine Speicherfunktion zu integrieren, durch die das LLM in der Lage ist, sich an Gesprächsinhalte zu erinnern bzw. diese abzuspeichern. Dabei wurden drei verschiedene Methoden gegenübergestellt und die jeweils damit verbundenen Vor- und Nachteile erörtert.

Danach haben wir uns mit dem Einsatz von Agenten befasst, deren Aktionen und Entscheidungen auf Basis von LLMs getroffen werden. In diesem Zusammenhang warfen wir einen Blick auf das ReAct-Framework, dessen intuitives, auf Prompts basierendes Konzept es den Agenten ermöglicht, Überlegungen anzustellen, entsprechende Handlungen bzw. Aktionen vorzunehmen und die daraus resultierenden Ergebnisse zu begutachten. Ausgehend davon haben Sie einen Agenten entwickelt, der die ihm zur Verfügung stehenden Hilfsmittel (z.B. eine Suche im Internet oder die Verwendung eines Taschenrechners) eigenständig nutzen kann, und sich dabei das enorme Potenzial solcher Agenten vor Augen führen können.

Im nächsten Kapitel werden wir uns mit der Frage befassen, wie LLMs zur Verbesserung bestehender Suchsysteme eingesetzt werden können und inwiefern sie sogar zum zentralen Bestandteil neuer, noch leistungsfähigerer Suchsysteme werden können.

KAPITEL 8

Semantische Suche und Retrieval-Augmented Generation

Zu den ersten Anwendungsbereichen, in denen sich Sprachmodelle in der Praxis erfolgreich etablieren konnten, gehören Suchmaschinen. Bereits wenige Monate nach der Veröffentlichung des bahnbrechenden Artikels »BERT: Pre-training of deep bidirectional transformers for language understanding« (*https://oreil.ly/5NRQi*) (2018) gab Google bekannt (*https://oreil.ly/Bbnrd*), dass es die Technologie nun für seine Suchmaschine Google Search nutze und dass dies »einen der größten Fortschritte seit Bestehen von Suchmaschinen darstellen« würde. Der Konkurrent Microsoft Bing ließ verlauten (*https://oreil.ly/Tpylo*), dass er »seit April dieses Jahres auf große Transformer-Modelle zurückgreift, um seinen Kundinnen und Kunden die größten Qualitätsverbesserungen der vergangenen Jahre zu bieten«.

Dieser Erfolg zeugt zweifellos von der Leistungsfähigkeit und Nützlichkeit dieser Modelle. Mit deren Hilfe konnten einige der ausgereiftesten und am besten gewarteten Systeme, auf die Milliarden Menschen auf der ganzen Welt angewiesen sind, auf einen Schlag erheblich verbessert werden. Die neue Zusatzfunktion wird als *semantische Suche* (engl. *Semantic Search*) bezeichnet und ermöglicht es, Suchanfragen auf der Grundlage ihrer inhaltlichen Bedeutung und nicht nur anhand von Schlagwörtern (engl. *Keywords*) durchzuführen.

Gleichzeitig führte die rasch zunehmende Verbreitung von Textgenerierungsmodellen dazu, dass die Nutzer den Modellen zahlreiche Fragen stellten – in der Erwartung, faktisch korrekte Antworten zu erhalten. Obwohl die Modelle durchaus in der Lage waren, die Fragen zügig und überzeugend zu beantworten, waren ihre Antworten jedoch nicht immer korrekt und teils auch nicht auf dem neuesten Stand. Diese bei solchen Modellen auftretende Problematik wird als »Halluzination« bezeichnet. Eine der gängigsten Lösungen, diesem Problem entgegenzuwirken, besteht darin, Systeme zu entwickeln, die dazu imstande sind, zunächst alle relevanten Informationen abzurufen und sie anschließend dem LLM zur Verfügung zu stellen, sodass dieses in der Lage ist, möglichst faktisch korrekte Antworten zu generieren. Dieses Verfahren wird als *Retrieval-Augmented Generation* (RAG) bezeichnet und zählt mittlerweile zu den wichtigsten Anwendungsbereichen von LLMs.

Einführung in semantische Such- und RAG-Systeme

Es wird weiterhin intensiv erforscht, wie Sprachmodelle am besten zur Verbesserung von Suchsystemen genutzt werden können. Dabei lassen sich die entsprechenden Modelle grob in drei Kategorien einteilen: *Dense Retrieval*, *Reranking* und *RAG*. Im Folgenden erhalten Sie zunächst einen Überblick über die drei Kategorien, ehe Sie im weiteren Verlauf des Kapitels im Einzelnen noch mehr darüber erfahren werden:

Dense Retrieval
: Dense-Retrieval-Systeme basieren auf Embeddings, über die Sie bereits ausführlich in den vorherigen Kapiteln erfahren haben. Bei diesen Systemen wird zur Beantwortung einer Suchanfrage nach den »nächsten Nachbarn« dieser Anfrage gesucht (nachdem sowohl die Anfrage als auch die Dokumente in Embeddings umgewandelt wurden). Abbildung 8.1 zeigt, wie bei einem Dense-Retrieval-System eine Suchanfrage an ein Textarchiv bzw. eine Datenbank, die Texte enthält, geleitet wird und eine Reihe relevanter Suchergebnisse ausgegeben wird.

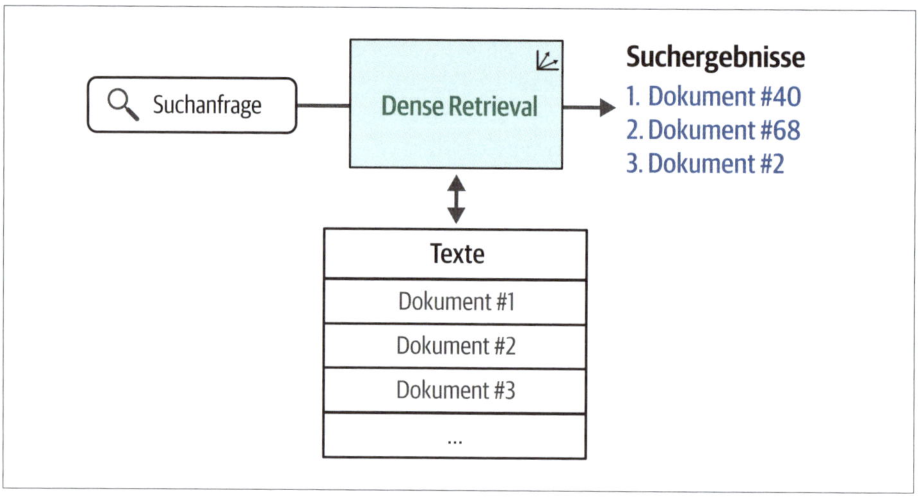

Abbildung 8.1: Das Dense Retrieval stellt eine der wichtigsten Arten der semantischen Suche dar. Die Ermittlung bzw. der Abruf relevanter Suchergebnisse basiert auf der Ähnlichkeit von Text-Embeddings.

Reranking
: Suchsysteme kann man sich in der Regel als Pipelines vorstellen, die aus mehreren Schritten bestehen. In einem dieser Schritte können Sprachmodelle zum Einsatz kommen, deren Aufgabe es ist, die Rang- bzw. Reihenfolge zuvor ermittelter Suchergebnisse neu bestimmen (Reranking), d. h., sie bewerten die für eine Suchanfrage relevanten Ergebnisse hinsichtlich ihrer Relevanz und passen die Reihenfolge der zuvor ermittelten Suchergebnisse auf der Grundlage dieser Bewertung an. Im Gegensatz zu Dense-Retrieval-Systemen berücksichtigen Reranking-Systeme eine zusätzliche Eingabe, die aus einer Reihe von Suchergebnissen besteht, die im Rahmen eines vorherigen Schritts in der Pipeline des Suchsystems ermittelt wurden (siehe Abbildung 8.2).

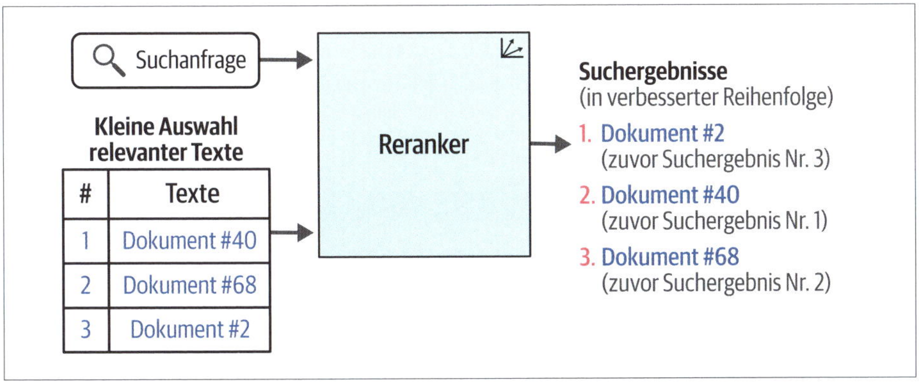

Abbildung 8.2: Reranking-Systeme sind eine weitere wichtige Kategorie semantischer Suchsysteme. Dabei nimmt der sogenannte Reranker eine Suchanfrage sowie eine Reihe von Suchergebnissen entgegen, bringt die Ergebnisse entsprechend ihrer Relevanz in eine neue Reihenfolge und verbessert so häufig die Suchergebnisse erheblich.

Retrieval-Augmented Generation (RAG)

Da LLMs immer besser darin wurden, Texte zu generieren, entstand eine neue Art von Suchsystemen. Bei diesen kommt ein Modell zum Einsatz, das infolge einer Suchanfrage einen Antworttext generiert, anstatt nur die Suchergebnisse aufzulisten. In Abbildung 8.3 sehen Sie ein Beispiel für ein solches generatives Suchsystem.

Bei generativen Suchsystemen handelt es sich um eine Variante einer umfassenderen Kategorie von Systemen, den sogenannten RAG-Systemen. Diese Systeme generieren Texte und verfügen gleichzeitig über Suchfunktionen. Dadurch wird das Auftreten von Halluzinationen möglichst gering gehalten, eine möglichst hohe Faktentreue gewährleistet und/oder sichergestellt, dass sich das generative Modell auf einen bestimmten Datensatz stützt.

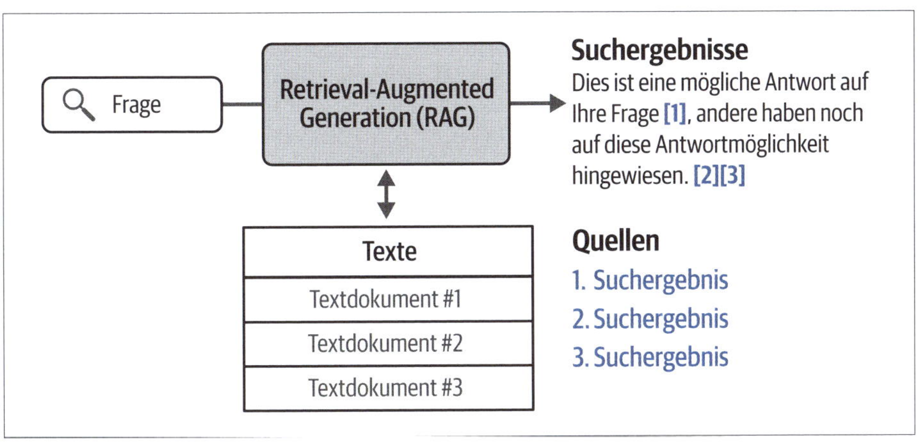

Abbildung 8.3: RAG-Systeme sind in der Lage, eine Antwort auf eine gestellte Frage zu formulieren. Dabei geben sie (optimalerweise) auch die Quellen ihrer bereitgestellten Informationen an.

Im weiteren Verlauf des Kapitels werden diese drei Arten von Systemen ausführlicher vorgestellt. Wenngleich es sich hierbei um die wichtigsten Kategorien handelt, sind sie bei Weitem nicht die einzigen LLM-basierten Anwendungen im Bereich von Suchsystemen.

Semantische Suche auf Basis von LLMs

Sehen wir uns nun die wichtigsten Kategorien von LLM-basierten Suchsystemen, mit denen sich Suchergebnisse verbessern lassen, genauer an. Zunächst beschäftigen wir uns mit Dense-Retrieval-, dann mit Reranking- und schließlich mit RAG-Systemen.

Dense-Retrieval-Systeme

Embeddings sind, wie Ihnen bereits bekannt ist, numerische Darstellungen von Text. Sie können jeweils als Punkte in einem Vektorraum aufgefasst werden (siehe Abbildung 8.4). Je näher diese Punkte beieinanderliegen, desto ähnlicher sind die Texte, die sie abbilden. In diesem Beispiel sind sich Text 1 und Text 2 relativ ähnlich, während Text 3 eine geringe Ähnlichkeit zu den beiden anderen Texten aufweist.

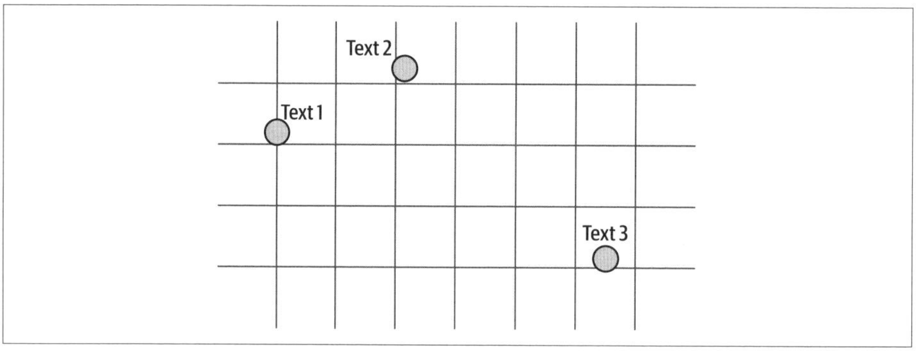

Abbildung 8.4: Die Logik hinter dem Konzept von Embeddings ist folgende: Jeder Text entspricht einem Punkt, und Texte, die sich inhaltlich ähneln, liegen in der Darstellung nahe beieinander.

Diese Eigenschaft kann man sich beim Aufbau eines Suchsystems zunutze machen, indem man die Suchanfrage des Nutzers einbettet (d. h. in ein Embedding überführt) und somit in denselben Raum wie das zu durchsuchende Textarchiv projiziert. Anschließend werden die Dokumente im Vektorraum ermittelt, die der Suchanfrage am nächsten liegen, und als Suchergebnisse ausgegeben (siehe Abbildung 8.5).

Da der Abstand von Text 2 zur Suchanfrage in Abbildung 8.5 am geringsten ist, stellt dieser das beste Suchergebnis dar, dicht gefolgt von Text 1. In dem Zusammenhang drängen sich jedoch zwei Fragen auf:

- Sollte Text 3 überhaupt als Ergebnis aufgeführt werden? Wenn Sie ein solches System aufbauen, liegt die Entscheidung ganz bei Ihnen. In manchen Fällen ist es wünschenswert, einen Schwellenwert in Bezug auf die Ähnlichkeit festzulegen, sodass gewisse Ergebnisse als irrelevant eingestuft und herausgefiltert werden, wenn sie den Schwellenwert unterschreiten (sofern das Korpus überhaupt Ergebnisse enthält, die bezüglich der Suchanfrage als irrelevant einzustufen sind).

- Ist das beste Ergebnis einer Abfrage immer das, das der Abfrage in semantischer Hinsicht am ähnlichsten ist? Nicht zwangsläufig. Aus diesem Grund ist es wichtig, Sprachmodelle anhand von Frage-Antwort-Paaren zu trainieren und so ihre Fähigkeit zu verbessern, möglichst relevante Informationen abzurufen. In Kapitel 10 erfahren Sie mehr zu diesem Thema.

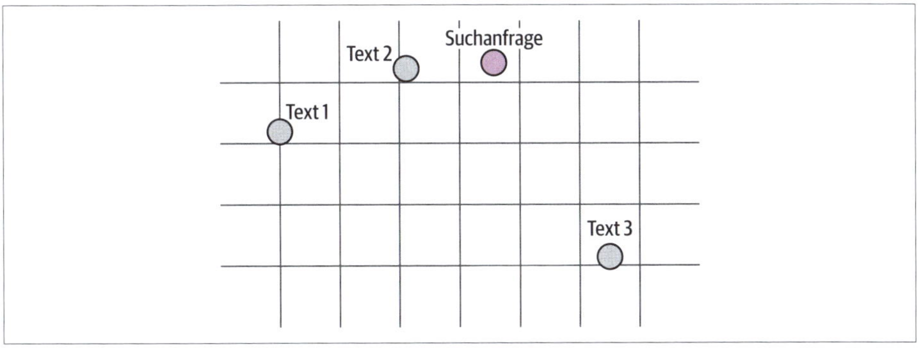

Abbildung 8.5: Beim Dense Retrieval macht man sich den Umstand zunutze, dass relevante Suchergebnisse im Vektorraum in der Nähe der entsprechenden Suchanfrage liegen.

Abbildung 8.6 veranschaulicht, wie ein Dokument einer Wissensbasis (engl. *Knowledge Base*) in einzelne Abschnitte (sogenannte *Chunks*) aufgeteilt wird und diese dann in Embeddings bzw. Embedding-Vektoren umgewandelt werden. Diese Embedding-Vektoren werden anschließend in einer Vektordatenbank gespeichert und können abgerufen werden.

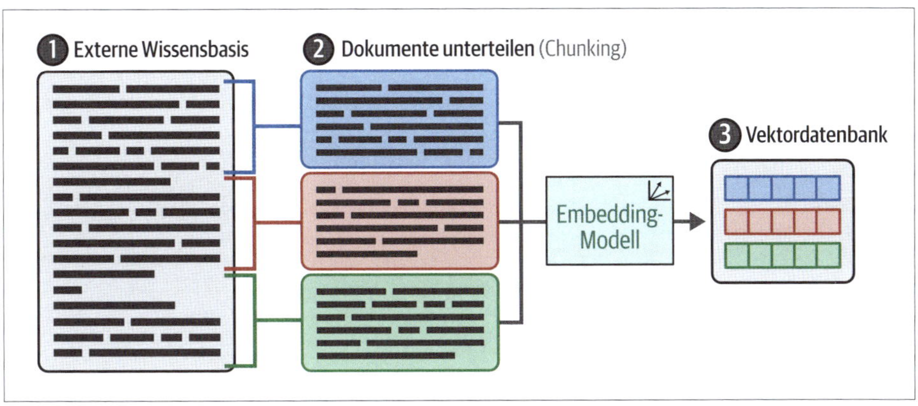

Abbildung 8.6: Eine externe Wissensbasis wird in eine Vektordatenbank überführt. Anschließend kann diese Datenbank nach bestimmten Informationen bezüglich der Wissensbasis abgefragt werden.

Ein Beispiel für ein Dense-Retrieval-System

Widmen wir uns nun einem Beispiel für ein Dense-Retrieval-System. Das Ziel besteht darin, die englischsprachige Wikipedia-Seite zum Spielfilm *Interstellar* mithilfe von Cohere nach Informationen durchsuchen zu können. Die Vorgehensweise ist dabei die folgende:

1. Das Ziel besteht darin, dass der Text durchsucht werden kann. Hierzu müssen Sie ihn zunächst geringfügig aufbereiten und in einzelne Sätze bzw. Chunks aufteilen.
2. Als Nächstes wandeln Sie die einzelnen Sätze in Embeddings um.
3. Dann erstellen Sie einen Suchindex.
4. Anschließend können Sie den Text durchsuchen, sich die Ergebnisse ausgeben lassen und diese inspizieren.

Registrieren Sie sich zunächst über *https://oreil.ly/GxrQ1* und fordern Sie einen Schlüssel für die Cohere-API an. Kopieren Sie den Schlüssel anschließend in den folgenden Code. Beim Ausführen dieses Beispiels fallen keine Kosten an.

Importieren Sie als Erstes alle erforderlichen Bibliotheken:

```
import cohere
import numpy as np
import pandas as pd
from tqdm import tqdm

# Kopieren Sie Ihren API-Schlüssel und fügen Sie ihn hier ein.
# Legen Sie ihn niemals öffentlich offen!
api_key = ''

# Cohere-API-Schlüssel erstellen und über os.cohere.ai abrufen
co = cohere.Client(api_key)
```

Textarchiv abrufen und in Chunks aufteilen Als Grundlage für dieses Beispiel dient der erste Abschnitt des englischsprachigen Wikipedia-Artikels zum Spielfilm *Interstellar* (*https://oreil.ly/g4F8w*). Kopieren Sie zunächst den Text und teilen Sie ihn dann in einzelne Sätze auf (wenn Sie möchten, können Sie das Beispiel auch mit der aktuellen Version des Wikipedia-Artikels durchspielen):

```
text = """
Interstellar is a 2014 epic science fiction film co-written, directed, and produced
by Christopher Nolan.
It stars Matthew McConaughey, Anne Hathaway, Jessica Chastain, Bill Irwin, Ellen
Burstyn, Matt Damon, and Michael Caine.
Set in a dystopian future where humanity is struggling to survive, the film follows
a group of astronauts who travel through a wormhole near Saturn in search of a new
home for mankind.

Brothers Christopher and Jonathan Nolan wrote the screenplay, which had its origins
in a script Jonathan developed in 2007.
Caltech theoretical physicist and 2017 Nobel laureate in Physics[4] Kip Thorne was
an executive producer, acted as a scientific consultant, and wrote a tie-in book,
The Science of Interstellar.
```

```
Cinematographer Hoyte van Hoytema shot it on 35 mm movie film in the Panavision
anamorphic format and IMAX 70 mm.
Principal photography began in late 2013 and took place in Alberta, Iceland, and
Los Angeles.
Interstellar uses extensive practical and miniature effects and the company Double
Negative created additional digital effects.

Interstellar premiered on October 26, 2014, in Los Angeles.
In the United States, it was first released on film stock, expanding to venues
using digital projectors.
The film had a worldwide gross over $677 million (and $773 million with subsequent
re-releases), making it the tenth-highest grossing film of 2014.
It received acclaim for its performances, direction, screenplay, musical score,
visual effects, ambition, themes, and emotional weight.
It has also received praise from many astronomers for its scientific accuracy and
portrayal of theoretical astrophysics. Since its premiere, Interstellar gained a
cult following,[5] and now is regarded by many sci-fi experts as one of the best
science-fiction films of all time.
Interstellar was nominated for five awards at the 87th Academy Awards, winning Best
Visual Effects, and received numerous other accolades"""

# Text in Sätze aufteilen (die dann Elemente einer Liste sind)
texts = text.split('.')

# Sätze aufbereiten - Leerzeichen und Zeilenumbrüche entfernen
texts = [t.strip(' \n') for t in texts]
```

Sätze bzw. Chunks in Embeddings überführen Im nächsten Schritt gilt es, die einzelnen Sätze einzubetten (bzw. in Embeddings umzuwandeln). Hierzu müssen Sie sie an die API von Cohere übermitteln. Daraufhin erhalten Sie für jeden Satz einen Vektor zurück:

```
# Embeddings erhalten
response = co.embed(
  texts=texts,
  input_type="search_document",
).embeddings

embeds = np.array(response)
print(embeds.shape)
```

Als Ausgabe erhalten Sie `(15, 4096)`, was bedeutet, dass es sich um `15` Vektoren handelt, die jeweils eine Größe von `4096` haben, also 4.096 Werte umfassen.

Suchindex erstellen Damit eine Suche durchgeführt werden kann, muss zunächst ein Suchindex erstellt werden. Darin werden die Embeddings gespeichert und so optimiert, dass die nächsten Nachbarn auch bei einer sehr großen Anzahl von Datenpunkten möglichst schnell gefunden werden können:

```
import faiss
dim = embeds.shape[1]
index = faiss.IndexFlatL2(dim)
print(index.is_trained)
index.add(np.float32(embeds))
```

Index durchsuchen Sie können den Datensatz nun mit einer beliebigen Suchanfrage durchsuchen. Hierzu muss die Suchanfrage lediglich in ein Embedding umgewandelt und an den Index übergeben werden. Daraufhin wird dann der ähnlichste Satz aus dem Wikipedia-Artikel abgerufen.

Definieren Sie hierzu eine Funktion, die für die Suche verwendet werden kann:

```
def search(query, number_of_results=3):

  # 1. Suchanfrage in Embedding umwandeln
  query_embed = co.embed(texts=[query],
               input_type="search_query",).embeddings[0]

  # 2. Nächste Nachbarn abrufen
  distances , similar_item_ids = index.search(np.float32([query_embed]),
                               number_of_results)

  # 3. Format der Ergebnisse anpassen
  # Konvertierung der aus Texten bestehenden Liste
  # in numpy-Array für eine einfachere Indexierung
  texts_np = np.array(texts)
  results = pd.DataFrame(data={'texts': texts_np[similar_item_ids[0]],
                              'distance': distances[0]})

  # 4. Ergebnisse ausgeben lassen
  print(f"Suchanfrage:'{query}'\nNächste Nachbarn:")
  return results
```

Das war's schon! Nun können Sie eine Suchanfrage formulieren und den Text durchsuchen.

```
query = "how precise was the science"
results = search(query)
results
```

Anschließend erhalten Sie folgende Ausgabe:

```
Suchanfrage: 'how precise was the science'
Nächste Nachbarn:
```

	texts	distance
0	It has also received praise from many astronomers for its scientific accuracy and portrayal of theoretical astrophysics	10757.379883
1	Caltech theoretical physicist and 2017 Nobel laureate in Physics[4] Kip Thorne was an executive producer, acted as a scientific consultant, and wrote a tie-in book, The Science of Interstellar	11566.131836
2	Interstellar uses extensive practical and miniature effects and the company Double Negative created additional digital effects	11922.833008

Das hier verwendete Distanzmaß (die quadrierte euklidische Distanz) fällt beim ersten Ergebnis am geringsten aus, was bedeutet, dass es der Suchanfrage am ähnlichsten ist. Das Suchergebnis beantwortet die Frage einwandfrei. Hätte man eine Schlagwortsuche durchgeführt, wäre dieses Ergebnis nicht enthalten gewesen, da es keine der in der Suchanfrage enthaltenen Schlagwörter beinhaltet.

Sie fragen sich nun sicherlich, welche Suchergebnisse bei einer Schlagwortsuche (engl. *Keyword Search*) herausgekommen wären. Probieren Sie es doch am besten gleich selbst aus! Hierzu müssen Sie lediglich die entsprechende Funktion definieren. Als Suchalgorithmus eignet sich der BM25-Algorithmus, der zu den führenden Verfahren im Bereich der lexikalischen Suche gehört (der folgende Code ist diesem Notebook (*https://oreil.ly/M0Jwk*) entnommen):

```
from rank_bm25 import BM25Okapi
from sklearn.feature_extraction import _stop_words
import string

def bm25_tokenizer(text):
    tokenized_doc = []
    for token in text.lower().split():
        token = token.strip(string.punctuation)

        if len(token) > 0 and token not in _stop_words.ENGLISH_STOP_WORDS:
            tokenized_doc.append(token)
    return tokenized_doc


tokenized_corpus = []
for passage in tqdm(texts):
    tokenized_corpus.append(bm25_tokenizer(passage))

bm25 = BM25Okapi(tokenized_corpus)

def keyword_search(query, top_k=3, num_candidates=15):
    print("Suchanfrage:", query)

    ##### Suche mit BM25-Algorithmus (lexikalische Suche) #####
    bm25_scores = bm25.get_scores(bm25_tokenizer(query))
    top_n = np.argpartition(bm25_scores, -num_candidates)[-num_candidates:]
    bm25_hits = [{'corpus_id': idx, 'score': bm25_scores[idx]} for idx in top_n]
    bm25_hits = sorted(bm25_hits, key=lambda x: x['score'], reverse=True)

    print(f"Die 3 besten Ergebnisse auf Basis lexikalischer Suche (BM25)")
    for hit in bm25_hits[0:top_k]:
        print("\t{:.3f}\t{}".format(hit['score'],
                                    texts[hit['corpus_id']].replace("\n", " ")))
```

Stellt man dieselbe Suchanfrage, erhält man andere Ergebnisse als beim Dense-Retrieval-System:

```
keyword_search(query = "how precise was the science")
```

Die Suchergebnisse sehen wie folgt aus:

```
Suchanfrage: how precise was the science
Die 3 besten Ergebnisse auf Basis lexikalischer Suche (BM25)
	1.789 Interstellar is a 2014 epic science fiction film co-written, directed,
and produced by Christopher Nolan
	1.373 Caltech theoretical physicist and 2017 Nobel laureate in Physics[4] Kip
Thorne was an executive producer, acted as a scientific consultant, and wrote a
```

```
tie-in book, The Science of Interstellar
      0.000 It stars Matthew McConaughey, Anne Hathaway, Jessica Chastain, Bill
Irwin, Ellen Burstyn, Matt Damon, and Michael Caine
```

Das erste Ergebnis stellt keine wirkliche Antwort auf die Frage dar, auch wenn es ebenfalls das Wort Science (Wissenschaft) enthält. Im nächsten Abschnitt erfahren Sie, wie sich solche Suchsysteme verbessern lassen, indem zusätzlich ein Reranker einbezogen wird. Zunächst gilt es jedoch noch zu klären, welche Probleme im Zusammenhang mit der Verwendung von Dense-Retrieval-Systemen auftreten können und wie Texte in einzelne Abschnitte bzw. Chunks aufgeteilt werden.

Mögliche Probleme bei der Verwendung von Dense-Retrieval-Systemen

Man sollte sich der möglichen Probleme bei der Verwendung von Dense-Retrieval-Systemen bewusst sein und wissen, wie man damit umgeht. Was sollte beispielsweise getan werden, wenn die Antwort nicht in den Texten enthalten ist? Denn auch in diesem Fall werden Suchergebnisse mit den entsprechenden Werten für das Distanzmaß ausgegeben. Ein Beispiel:

```
Suchanfrage:'What is the mass of the moon?'
Nächste Nachbarn:
```

	texts	distance
0	The film had a worldwide gross over $677 million (and $773 million with subsequent re-releases), making it the tenth-highest grossing film of 2014	1.298275
1	It has also received praise from many astronomers for its scientific accuracy and portrayal of theoretical astrophysics	1.324389
2	Cinematographer Hoyte van Hoytema shot it on 35 mm movie film in the Panavision anamorphic format and IMAX 70 mm	1.328375

In derartigen Fällen kann es von Vorteil sein, einen Schwellenwert festzulegen, also einen Wert für das Distanzmaß, unter dem ein Ergebnis als irrelevant erachtet wird. Bei vielen Suchsystemen werden die jeweils passendsten Informationen angezeigt, und es bleibt den Nutzerinnen und Nutzer überlassen, zu entscheiden, ob sie relevant sind oder nicht. Wenn das System speichern kann, ob ein Nutzer auf ein Suchergebnis geklickt hat (und dementsprechend damit zufrieden war), ist es möglich, künftige Versionen des Suchsystems zu verbessern.

Zudem eignet sich das Dense Retrieval nur bedingt, falls man eine exakte Übereinstimmung für einen bestimmten Ausdruck finden will. In diesem Fall ist die Schlagwortsuche die perfekte Lösung. Aus diesem Grund wird empfohlen, sich nicht ausschließlich auf das Dense Retrieval zu verlassen, sondern eine hybride Suche (engl. *Hybrid Search*) durchzuführen, die sowohl eine semantische Suche als auch eine Schlagwortsuche beinhaltet.

Auch haben Dense-Retrieval-Systeme in anderen Domänen als denen, für die sie trainiert wurden, Schwierigkeiten, zuverlässig zu arbeiten. Wenn Sie beispielsweise ein Retrieval-Modell mit Daten aus dem Internet und Wikipedia trainieren und es dann auf juristische Texte anwenden, für die nicht genügend Daten im Trainingsdatensatz vorhanden sind, wird es dafür nicht sonderlich gut geeignet sein.

Abschließend sei darauf hingewiesen, dass die Suchanfrage im vorgestellten Beispiel speziell auf die in den einzelnen Sätzen vollständig enthaltenen Informationen ausgerichtet war. Wie verhält es sich jedoch mit Fragen, deren Antworten sich über mehrere Sätze erstrecken? Diese Frage verdeutlicht, dass bei der Entwicklung von Dense-Retrieval-Systemen ein wesentlicher Aspekt eine Rolle spielt: Wie lassen sich lange Texte am sinnvollsten in kleinere Abschnitte bzw. Chunks aufteilen? Und warum ist eine solche Aufteilung überhaupt notwendig?

Lange Texte in Chunks unterteilen

Ein Nachteil von Transformer-Modellen ist, dass sie jeweils nur für eine begrenzte Kontextlänge geeignet sind. Das bedeutet, dass die eingespeisten Texte eine bestimmte Anzahl von Wörtern bzw. Tokens nicht überschreiten dürfen. Wie lassen sich also längere Texte in Embeddings überführen?

Hierfür gibt es mehrere Ansätze, zwei davon sind in Abbildung 8.7 dargestellt. Zum einen ist es möglich, für jedes Dokument einen Vektor in den Index aufzunehmen, und zum anderen ist es möglich, mehrere Vektoren pro Dokument in den Index aufzunehmen.

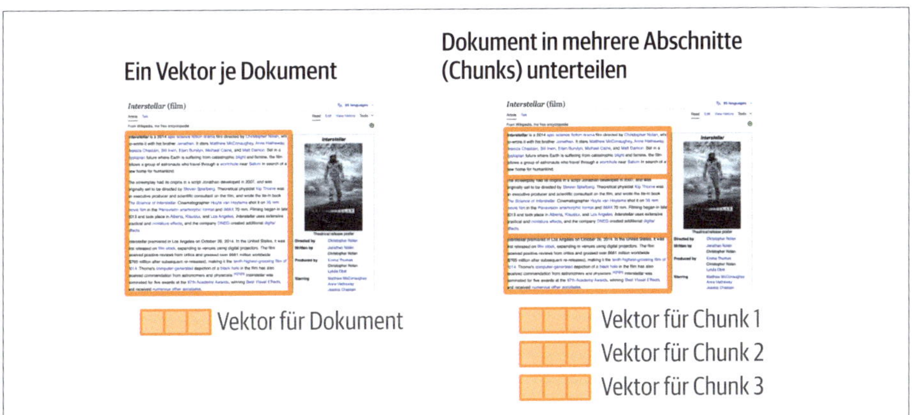

Abbildung 8.7: Zwar kann der gesamte Inhalt eines Dokuments mit einem Embedding-Vektor abgebildet werden, bei längeren Dokumenten ist es jedoch besser, sie in kleinere Abschnitte, sogenannte Chunks, aufzuteilen. So wird jeder Chunk durch einen eigenen Embedding-Vektor abgebildet.

Ein Vektor pro Dokument Bei diesem Ansatz wird der gesamte Inhalt eines Dokument durch einen einzigen Vektor abgebildet. Der Ansatz kommt allerdings nur dann infrage, wenn:

- nur ein repräsentativer Teil des Dokuments eingebettet und der Rest des Texts ignoriert werden soll. Man könnte beispielsweise nur den Titel oder den Anfang des Dokuments einbetten. Diese Vorgehensweise bietet sich an, wenn es darum geht, möglichst schnell einen vorzeigbaren Prototyp zu erstellen. Allerdings werden dadurch viele Informationen nicht im Index erfasst und sind somit nicht durchsuchbar. Der Ansatz eignet sich eher für Dokumente, die bereits zu Beginn die wichtigsten Informationen enthalten (wie z.B. Wikipedia-Artikel). Für den Betrieb eines vollwertigen Systems ist dieser Ansatz jedoch nicht geeignet, da viele Informationen unberücksichtigt bleiben und somit nicht durchsucht werden können.

- das Dokument in kleinere Abschnitte, sogenannte Chunks, unterteilt wird und diese Chunks eingebettet und anschließend zu einem einzigen Vektor zusammengefasst werden sollen. In der Regel erfolgt die Aggregation durch Mittelwertbildung dieser Vektoren. Ein Nachteil dieses Ansatzes ist, dass ein stark verdichteter Vektor entsteht, bei dem viele der im Dokument enthaltenen Informationen verloren gehen.

In den meisten Fällen geht es jedoch darum, ganz spezifische Informationen an einer bestimmten Stelle im Text zu finden. Das ließe sich besser bewerkstelligen, wenn diese jeweils in einem eigenen Vektor enthalten wären.

Mehrere Vektoren pro Dokument Bei diesem Ansatz wird ein Dokument in einzelne Chunks unterteilt, und diese werden dann eingebettet. Der Suchindex basiert dann auf den Embeddings der Chunks und nicht auf dem Embedding des gesamten Dokuments. In Abbildung 8.8 werden verschiedene Möglichkeiten dargestellt, wie sich Texte in Chunks unterteilen lassen.

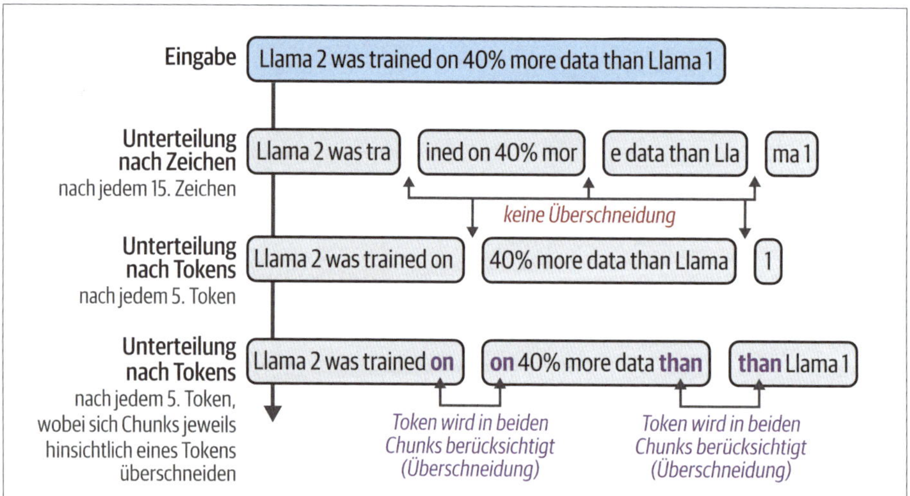

Abbildung 8.8: Diverse Methoden zum Unterteilen von Texten (»Chunking«) und deren Auswirkungen auf die Struktur des Eingabetexts. Um zu verhindern, dass ein Teil des Kontexts verloren geht, kann es sinnvoll sein, die einzelnen Chunks so zu gestalten, dass sie sich überschneiden, d.h., dass jeweils am Ende und am Anfang dieselben Tokens bzw. Zeichen wiederverwendet werden.

In der Regel ist Chunking besser als der Ansatz, ein Dokument durch nur einen Vektor abzubilden. Zum einen werden so sämtliche Stellen eines Texts in die Suche einbezogen, und zum anderen ist es durch mehrere Vektoren eher möglich, einzelne Inhalte in einem Text zu erfassen, die nur an ganz bestimmten Stellen stehen. Aus diesem Grund ist der resultierende Suchindex aussagekräftiger. Abbildung 8.9 veranschaulicht mögliche Ansätze beim Chunking.

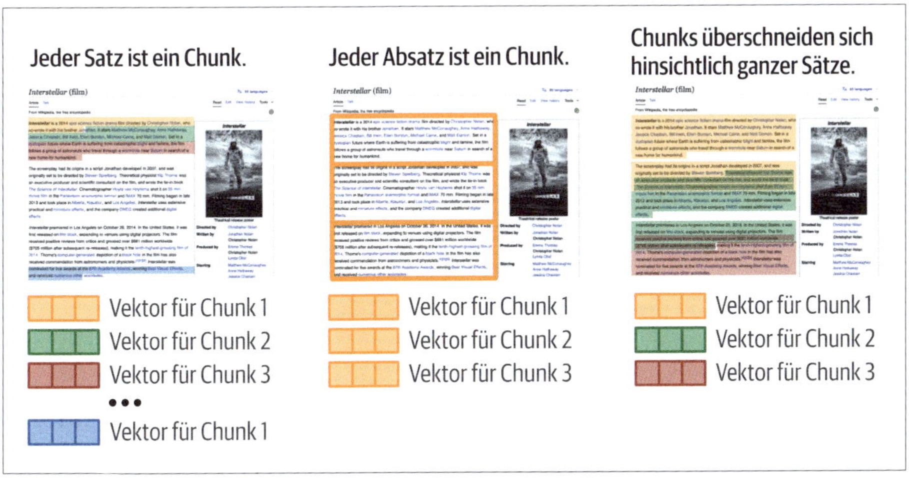

Abbildung 8.9: Verschiedene Möglichkeiten, wie ein Dokument in Chunks unterteilt werden kann. Anschließend werden die resultierenden Chunks in Embeddings umgewandelt.

Welche Methode sich am besten für die Unterteilung (das Chunking) eines langen Texts eignet, hängt von der Art des jeweiligen Texts sowie von den voraussichtlich an das System gestellten Suchanfragen ab. Denkbar sind unter anderem die folgenden Ansätze:

- Jeder Satz stellt einen Chunk dar. Es kann jedoch sein, dass dadurch zu kleinteilig vorgegangen wird und die Vektoren den jeweiligen Kontext nicht ausreichend abbilden.
- Jeder Absatz stellt einen Chunk dar. Dieser Ansatz eignet sich besonders gut, wenn der Text aus kurzen Absätzen besteht. Andernfalls empfiehlt es sich, jeweils drei – maximal acht – Sätze zu einem Chunk zusammenzufassen.
- Es kann auch sein, dass sich der Großteil des Inhalts eines Chunks auf den angrenzenden Text bezieht. In diesem Fall kann es sinnvoll sein, auch den entsprechenden Kontext zu berücksichtigen, etwa indem man:
  - den Titel des jeweiligen Dokuments zum Chunk hinzufügt oder
  - gewisse Teile des Texts, die vor und nach einem Chunk stehen, ebenfalls dem Chunk hinzufügt. Hierdurch überschneiden sich die entsprechenden Chunks teilweise, d.h., sie enthalten jeweils einen Teil des angrenzenden Texts, der auch in den Chunks davor und danach enthalten ist (siehe Abbildung 8.10).

Es ist davon auszugehen, dass in Zukunft noch mehr solcher Chunking-Strategien entwickelt werden, bei denen teilweise sogar LLMs zum Einsatz kommen, um Texte automatisch in sinnvolle Chunks zu unterteilen.

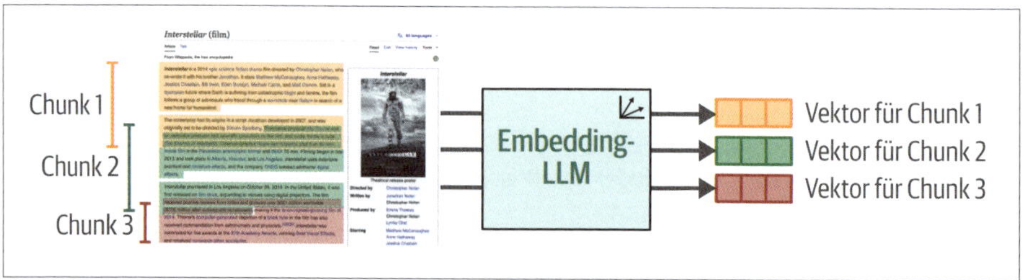

Abbildung 8.10: Durch die Unterteilung eines Texts in sich jeweils zu einem gewissen Grad überschneidende Chunks ist es möglich, die Zusammenhänge zwischen den Chunks besser zu wahren.

Suche auf Basis der nächsten Nachbarn mithilfe von Vektordatenbanken skalieren

Nachdem die Suchanfrage in ein Embedding umgewandelt wurde, müssen die nächstgelegenen Vektoren aus dem Textarchiv ermittelt werden (siehe Abbildung 8.11). Die einfachste Methode, die nächsten Nachbarn zu identifizieren, besteht darin, den jeweiligen Abstand (bzw. das zugrunde gelegte Distanzmaß) zwischen der Suchanfrage und dem Archiv zu berechnen. Dies lässt sich mithilfe der NumPy-Bibliothek relativ einfach bewerkstelligen und bietet sich insbesondere dann an, wenn die Anzahl der Vektoren, durch die das Archiv abgebildet wird, nicht mehr als einige Tausend beträgt.

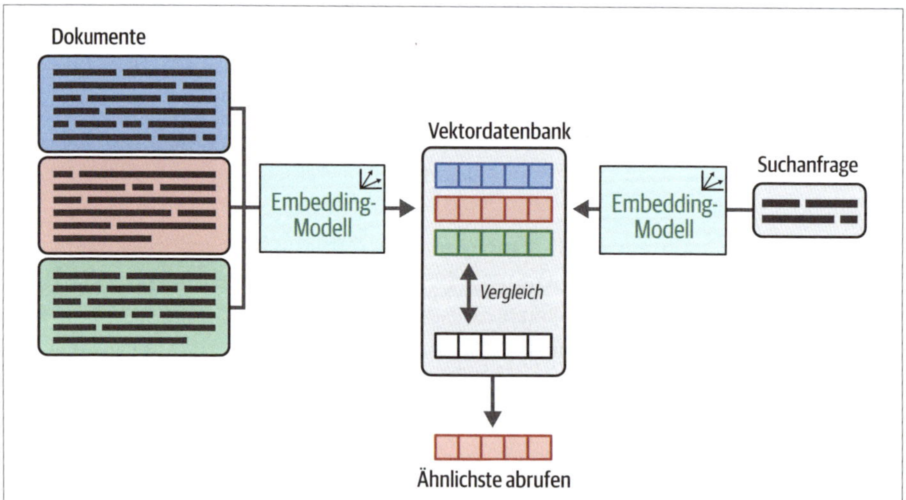

Abbildung 8.11: Embeddings können, wie bereits in Kapitel 3 erläutert, miteinander verglichen werden. Auf diese Weise können relativ schnell die Dokumente ermittelt werden, die einer Suchanfrage am ähnlichsten sind.

Erstreckt sich die Suche allerdings auf mehrere Millionen Vektoren, empfiehlt sich zur Optimierung des Abrufvorgangs die Verwendung einer Bibliothek, die auf approximative Verfahren zur Ermittlung der nächsten Nachbarn zurückgreift, wie z.B. Annoy oder FAISS. Mit diesen Bibliotheken lassen sich Suchergebnisse aus sehr großen Indizes innerhalb von Millisekunden abrufen. Bei einigen dieser Bibliotheken lässt sich die Performance sogar noch weiter verbessern, indem die Ausführung auf GPUs verlagert oder auf Rechencluster verteilt wird. Dadurch sind diese auch in der Lage, extrem große Indizes abzufragen.

Eine weitere Möglichkeit vektorbasierter Abfragesysteme bilden Vektordatenbanken wie Weaviate oder Pinecone. In Vektordatenbanken können Vektoren hinzugefügt oder gelöscht werden, ohne dass der Index dabei neu erstellt werden muss. Darüber hinaus ist es möglich, Suchanfragen durch Filter zu verfeinern oder an individuelle Bedürfnisse anzupassen, die über die bloße Ermittlung des Abstands zwischen Vektoren hinausgehen.

Embedding-Modelle für Dense-Retrieval-Systeme feintunen

Auf die gleiche Weise, wie es bei der Textklassifikation möglich ist (siehe Kapitel 4), kann die Performance eines LLM hinsichtlich einer bestimmten Aufgabe durch Feintuning verbessert werden. Auch im Fall des Retrievals bzw. der Suche ist es erforderlich, Text- statt nur Token-Embeddings zu optimieren. Dazu sind Trainingsdaten erforderlich, die aus Suchanfragen und den entsprechenden, relevanten Ergebnissen bestehen.

Betrachten wir hierzu ein konkretes Beispiel aus dem zuvor genutzten Datensatz, und zwar den Satz »Interstellar premiered on October 26, 2014, in Los Angeles« (»Die Premiere des Spielfilms Interstellar fand am 26. Oktober 2014 in Los Angeles statt«). Folgende zwei Suchanfragen wären denkbar, um den genannten Satz als Suchergebnis zu erhalten:

- 1. mögliche relevante Suchanfrage: »Interstellar release date« (»Veröffentlichungsdatum des Spielfilms Interstellar«)
- 2. mögliche relevante Suchanfrage: »When did Interstellar premier« (»Wann wurde der Spielfilm Interstellar erstmals im Kino gezeigt?«)

Das Ziel des Feintunings besteht darin, die Embeddings dieser Suchanfragen möglichst nah an das Embedding des entsprechenden Suchergebnisses heranzubringen. Zudem sollten auch (Negativ-)Beispiele für Suchanfragen einbezogen werden, die im Hinblick auf diesen Satz keine Relevanz besitzen, z.B.:

- Irrelevante Suchanfrage: »Interstellar cast« (»Besetzung der Schauspielrollen im Spielfilm Interstellar«)

Mit diesen Beispielen haben wir nun drei Paare – zwei positive sowie ein negatives (d.h. zwei relevante und ein irrelevantes). Angenommen, alle drei Suchanfragen haben vor dem Feintuning denselben Abstand zu dem Dokument, in dem das Suchergebnis enthalten ist (siehe Abbildung 8.12). Diese Annahme ist nicht völlig abwegig, da in allen dreien der Spielfilm *Interstellar* eine Rolle spielt.

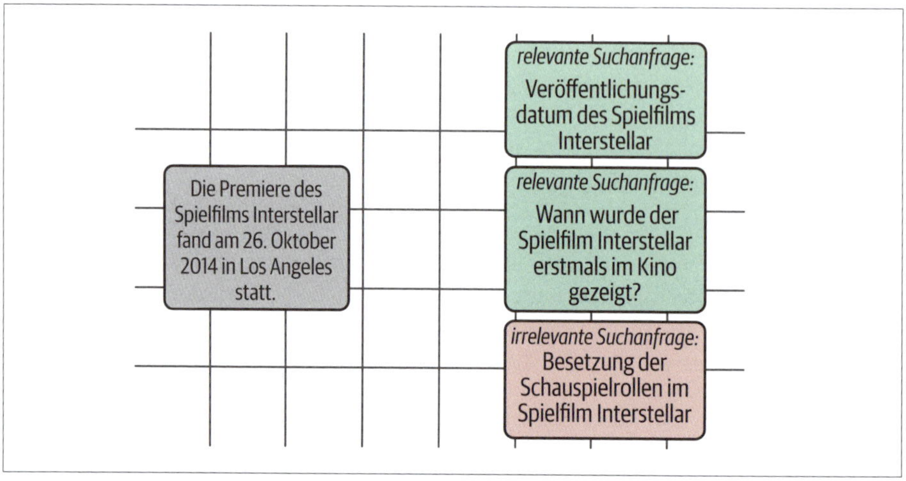

Abbildung 8.12: Vor dem Feintuning können die Embeddings relevanter und irrelevanter Suchanfragen nahe an dem Embedding eines bestimmten Dokuments liegen, in dem das Suchergebnis enthalten ist.

Mithilfe des Feintunings können die Embeddings relevanter Suchanfragen dem Embedding des entsprechenden Dokuments nähergebracht werden, während die Embeddings irrelevanter Suchanfragen gleichzeitig weiter davon weggeschoben werden (siehe Abbildung 8.13).

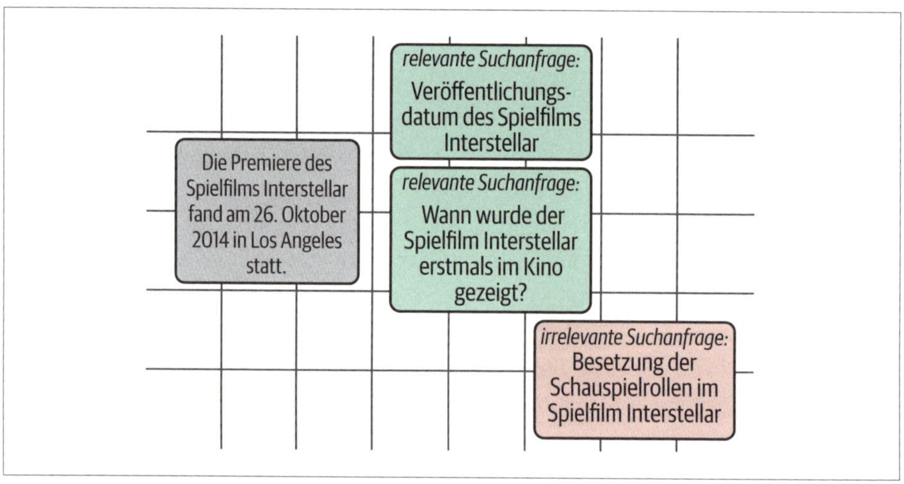

Abbildung 8.13: Nach dem Feintuning liefert das Text-Embedding-Modell bessere Suchergebnisse, da es aus den bereitgestellten Beispielen ableiten kann, welche Dokumente relevante und welche irrelevante Informationen enthalten.

Reranking-Systeme

Es gibt bereits zahlreiche Suchsysteme, die von Unternehmen und Organisationen entwickelt wurden. Für diese hat es sich als einfacher erwiesen, Sprachmodelle erst im letzten Schritt in ihre Suchpipeline zu integrieren. In diesem Schritt wird die Reihen- bzw. Rangfolge der Suchergebnisse im Hinblick auf ihre Relevanz für die Suchanfrage angepasst. Dies kann erheblich zur Verbesserung der Qualität der Suchergebnisse beitragen. So war es beispielsweise bei Microsoft Bing möglich, die ausgegebenen Suchergebnisse mithilfe von Modellen wie BERT zu optimieren. In Abbildung 8.14 wird die Struktur eines zweiteiligen bzw. zweistufigen Suchsystems skizziert, bei dem ein Reranking-System als zweiter Teil fungiert.

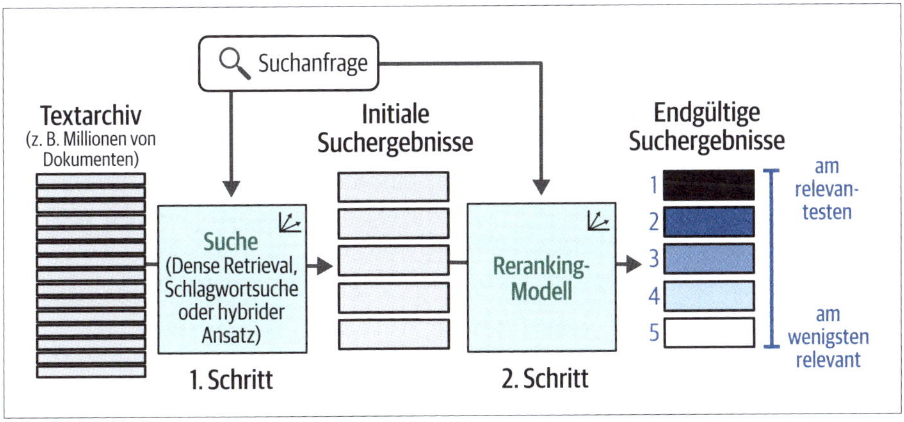

Abbildung 8.14: Auf LLMs basierende Reranking-Systeme fungieren als Teil einer Suchpipeline. Sie dienen dazu, die Reihenfolge der Suchergebnisse, die in die engere Auswahl gezogen wurden, entsprechend ihrer Relevanz anzupassen.

Ein Beispiel für ein Reranking-System

Ein Reranker nimmt die Suchanfrage sowie eine Reihe zuvor ermittelter Suchergebnisse entgegen und gibt die optimale Reihenfolge dieser Dokumente zurück. Dabei stehen die für die Suchanfrage relevantesten Dokumente an vorderster Stelle. Die Reranking-API (*https://oreil.ly/PuCII*) von Cohere offeriert Ihnen die Möglichkeit, sich ohne großen Aufwand mit einem Reranking-System vertraut zu machen. Übermitteln Sie dazu einfach die Suchanfrage und die Texte, in denen die Suche erfolgen soll, und Sie erhalten anschließend die Suchergebnisse. Der Vorteil dabei ist, dass das System vorab keinem Training oder Feintuning unterzogen werden muss:

```
query = "how precise was the science"
results = co.rerank(query=query, documents=texts, top_n=3, return_documents=True)
results.results
```

Um sich die Ergebnisse ausgeben zu lassen, können Sie den folgenden Code verwenden:

```
for idx, result in enumerate(results.results):
  print(idx, result.relevance_score , result.document.text)
```

Ausgabe:

```
0 0.1698185 It has also received praise from many astronomers for its scientific
accuracy and portrayal of theoretical astrophysics
1 0.07004896 The film had a worldwide gross over $677 million (and $773 million
with subsequent re-releases), making it the tenth-highest grossing film of 2014
```

```
2 0.0043994132 Caltech theoretical physicist and 2017 Nobel laureate in Physics[4]
Kip Thorne was an executive producer, acted as a scientific consultant, and wrote a
tie-in book, The Science of Interstellar
```

Der Reranker misst dem ersten Ergebnis eine höhere Relevanz bei und bewertet es mit einem Wert von 0,16, während die Relevanz der anderen Ergebnisse bedeutend niedriger bemessen wird.

In diesem einfachen Beispiel wurden dem Reranking-System lediglich 15 Dokumente übermittelt. Normalerweise umfasst der Suchindex jedoch Tausende, wenn nicht gar Millionen von Einträgen. Aus diesem Grund ist es notwendig, zunächst eine engere Auswahl von etwa 100 bis 1.000 Ergebnissen zu treffen und dem Reranking-System lediglich diese für die endgültige Bewertung vorzulegen. Dieser Schritt entspricht dem *ersten Schritt* in der Suchpipeline.

Der erste Schritt kann eine Schlagwortsuche, ein Dense Retrieval oder – besser noch – eine hybride Suche darstellen, bei der beide Methoden genutzt werden. Widmen wir uns noch einmal dem vorherigen Beispiel, um zu sehen, inwieweit sich die Qualität der Suchergebnisse verbessert, wenn nach der Schlagwortsuche noch ein Reranker zum Einsatz kommt.

Hierfür können Sie die zuvor für die Schlagwortsuche definierte Funktion so anpassen, dass zunächst eine Liste mit den zehn besten Suchergebnissen erstellt wird. Im nächsten Schritt wird die Reihenfolge dieser Ergebnisse mittels Reranking angepasst, und schließlich werden die drei relevantesten der zehn ermittelten Ergebnisse ausgegeben:

```
def keyword_and_reranking_search(query, top_k=3, num_candidates=10):
    print("Suchanfrage:", query)

    ##### Suche mit BM25-Algorithmus (lexikalische Suche) #####
    bm25_scores = bm25.get_scores(bm25_tokenizer(query))
    top_n = np.argpartition(bm25_scores, -num_candidates)[-num_candidates:]
    bm25_hits = [{'corpus_id': idx, 'score': bm25_scores[idx]} for idx in top_n]
    bm25_hits = sorted(bm25_hits, key=lambda x: x['score'], reverse=True)

    print(f"Die 3 besten Ergebnisse auf Basis lexikalischer Suche (BM25)")
    for hit in bm25_hits[0:top_k]:
        print("\t{:.3f}\t{}".format(
              hit['score'], texts[hit['corpus_id']].replace("\n", " ")))


    # Reranking-Schritt hinzufügen
    docs = [texts[hit['corpus_id']] for hit in bm25_hits]

    print(f"\nDie 3 besten Ergebnisse auf Basis der Ranking-API ({len(bm25_hits)}
              BM25-Ergebnisse in neuer Reihenfolge)")
    results = co.rerank(query=query, documents=docs,
                        top_n=top_k, return_documents=True)

    for hit in results.results:
        print("\t{:.3f}\t{}".format(
              hit.relevance_score, hit.document.text.replace("\n", " ")))
```

Nun können Sie die Suchanfrage übermitteln und die Ergebnisse mit der reinen Stichwortsuche abgleichen:

```
keyword_and_reranking_search(query = "how precise was the science")
```

Die Suchergebnisse fallen wie folgt aus:

```
Suchanfrage: how precise was the science
Die 3 besten Ergebnisse auf Basis lexikalischer Suche (BM25)
1.789 Interstellar is a 2014 epic science fiction film co-written, directed, and
produced by Christopher Nolan
1.373 Caltech theoretical physicist and 2017 Nobel laureate in Physics[4] Kip
Thorne was an executive producer, acted as a scientific consultant, and wrote a
tie-in book, The Science of Interstellar
0.000 Interstellar uses extensive practical and miniature effects and the company
Double Negative created additional digital effects

Die 3 besten Ergebnisse auf Basis der Ranking-API (10 BM25-Ergebnisse in neuer
Reihenfolge)
0.004 Caltech theoretical physicist and 2017 Nobel laureate in Physics[4] Kip
Thorne was an executive producer, acted as a scientific consultant, and wrote a
tie-in book, The Science of Interstellar
0.004 Set in a dystopian future where humanity is struggling to survive, the film
follows a group of astronauts who travel through a wormhole near Saturn in search
of a new home for mankind
0.003 Brothers Christopher and Jonathan Nolan wrote the screenplay, which had its
origins in a script Jonathan developed in 2007
```

Bei der Schlagwortsuche wurden offenbar nur die zwei Ergebnisse bewertet, die Schlagwörter mit der Suchanfrage gemeinsam haben. Beim Reranking wurde das zweite Ergebnis als das für die Suchanfrage relevanteste eingestuft. In diesem Beispiel lässt sich der Effekt nur erahnen, doch in der Praxis wird die Qualität von Suchsystemen durch eine solche Ausgestaltung der Pipeline erheblich verbessert. Bei einer mehrsprachigen Benchmark wie MIRACL kann ein Reranker die Bewertung von 36,5 auf 62,8 steigern (*https://oreil.ly/Kq3nA*), gemessen am nDCG@10 (wie solche Systeme evaluiert werden, erfahren Sie im weiteren Verlauf dieses Kapitels noch).

Die sentence-transformers-Bibliothek als Open-Source-Lösung für ein Suchsystem mit Reranking

Wenn Sie ein Suchsystem, das einen Reranking-Schritt enthält, lokal auf Ihrem eigenen Computer einrichten möchten, können Sie hierzu auf die `sentence-transformers`-Bibliothek zurückgreifen. Alle notwendigen Informationen zur Einrichtung finden Sie in der Dokumentation unter *https://oreil.ly/jJOhV*. Im Abschnitt »Retrieve & Re-Rank« (*https://oreil.ly/mDglU*) finden Sie Anweisungen und Codebeispiele, die Ihnen zeigen, wie Sie vorgehen müssen, um die entsprechenden Schritte in der Bibliothek umzusetzen.

Die Funktionsweise von Reranking-Modellen

LLM-basierte Suchsysteme mit Reranking sind häufig so konzipiert, dass die Suchanfrage sowie die einzelnen (möglichen) Suchergebnisse an ein LLM, das als *Cross-Encoder* fungiert, übermittelt werden. Dabei werden die Suchanfrage und jeweils eines der Suchergebnisse gleichzeitig in das Modell eingespeist, um die Relevanz des Suchergebnisses im Hinblick auf die Suchanfrage zu bewerten (siehe Abbildung 8.15). Zwar werden alle Dokumente gleichzeitig als Batch verarbeitet, die Relevanzbewertung der einzelnen Dokumente erfolgt jedoch unabhängig voneinander. Anhand dieser Bewertungen wird die Reihenfolge der Ergebnisse angepasst. Diese Methode wird in dem Artikel »Multi-stage document ranking with BERT« (*https://oreil.ly/e3J9i*) genauer beschrieben und als *monoBERT* bezeichnet.

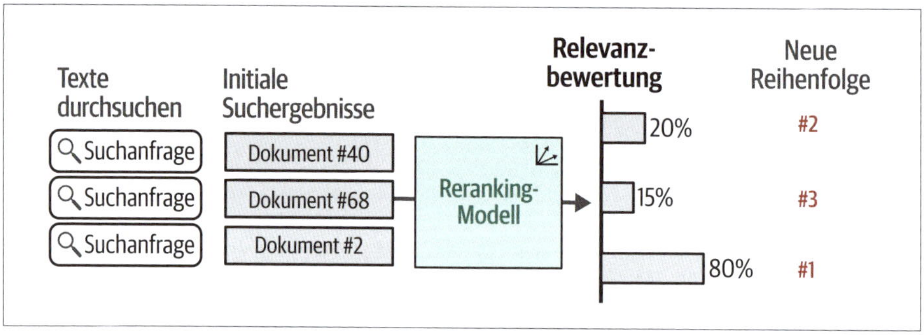

Abbildung 8.15: Das Reranking-Modell erhält jeweils ein Dokument zusammen mit der entsprechenden Suchanfrage und bewertet, wie relevant das Dokument in Bezug auf die Suchanfrage ist.

Da das Suchproblem als Relevanzbewertung formuliert wird, handelt es sich bei diesem Ansatz im Grunde genommen um eine Klassifikationsaufgabe. Für jede der Eingaben gibt das Modell eine Bewertung zwischen null und eins zurück. Der Wert null bedeutet, dass das Modell das Suchergebnis als irrelevant bzw. unpassend einstuft, der Wert eins sagt aus, dass es als äußerst relevant angesehen wird. Dieser Ansatz ist Ihnen bereits aus Kapitel 4 bekannt, in dem es darum ging, wie sich Texte klassifizieren lassen.

Wenn Sie mehr darüber erfahren möchten, welche Entwicklungen im Zuge der zunehmenden Bedeutung von LLMs in Suchsystemen stattgefunden haben, sollten Sie sich den Beitrag »Pretrained transformers for text ranking: BERT and beyond (*https://oreil.ly/Z1IfS*)« durchlesen. Darin werden die Entwicklungen solcher Modelle bis ins Jahr 2021 beleuchtet.

Metriken zur Evaluierung von Retrieval-Systemen

Zur Evaluierung semantischer Suchsysteme werden Metriken aus dem Bereich des *Information Retrieval* (IR) genutzt. Insbesondere eine dieser Metriken, die *Mean Average Precision* (MAP), hat sich in der Praxis als sehr nützlich erwiesen.

Zur Analyse und Evaluierung der Qualität verschiedener Suchsysteme ist eine Testreihe erforderlich, die im Wesentlichen die folgende drei Elemente (*https://oreil.ly/ga3Vk*) beinhaltet: ein Textarchiv, eine Reihe von Suchanfragen und jeweils eine entsprechende Relevanzbewertung, die angibt, ob bzw. welche der Dokumente für die jeweiligen Suchanfragen tatsächlich von Relevanz sind (siehe Abbildung 8.16).

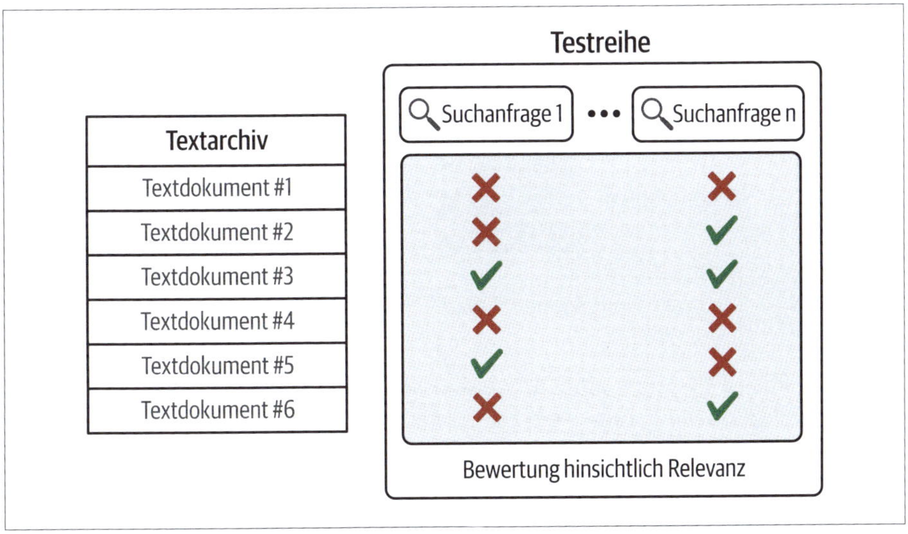

Abbildung 8.16: Um die Qualität von Suchsystemen bewerten zu können, ist eine Testreihe mit Suchanfragen und entsprechenden (binären) Relevanzbewertungen erforderlich. Diese geben Aufschluss darüber, welche Dokumente aus dem Textarchiv für die jeweilige Suchanfrage tatsächlich relevant bzw. passend sind.

Beginnen wir mit einem einfachen Beispiel. Angenommen, wir übermitteln Suchanfrage 1 an zwei verschiedene Suchsysteme und erhalten jeweils drei Suchergebnisse (siehe Abbildung 8.17).

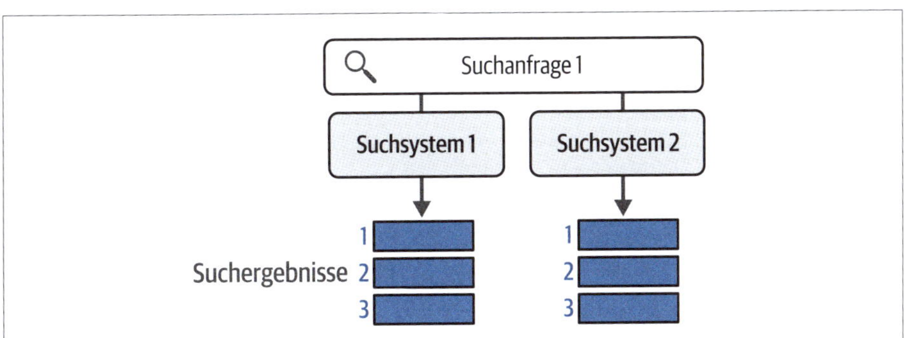

Abbildung 8.17: Um zwei verschiedene Suchsysteme miteinander zu vergleichen, wird ihnen zunächst dieselbe (in der Testreihe enthaltene) Suchanfrage gestellt. Anschließend werden die jeweils als am besten eingestuften Suchergebnisse – im vorliegenden Fall drei – miteinander verglichen.

Welches System besser ist, lässt sich nun anhand der für die Suchanfrage hinterlegten Relevanzbewertungen beurteilen. In Abbildung 8.18 können Sie nachvollziehen, welche der zurückgegebenen Suchergebnisse tatsächlich relevant sind.

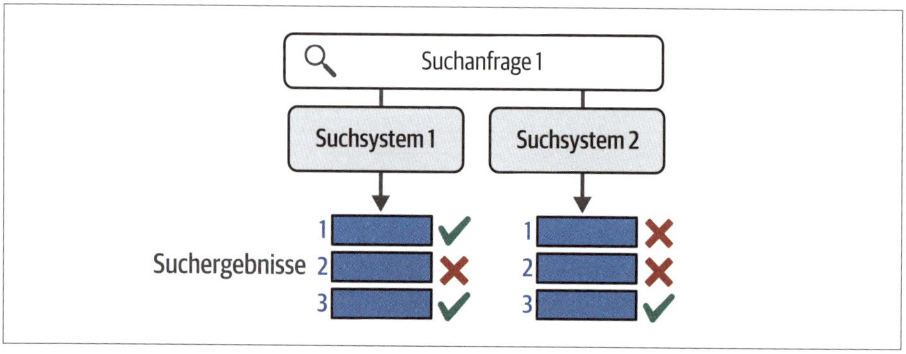

Abbildung 8.18: Den in der Testreihe hinterlegten Relevanzbewertungen zufolge schneidet System 1 besser ab als System 2.

In diesem Fall ist System 1 eindeutig besser als System 2, da bei System 1 zwei der drei ermittelten Suchergebnisse tatsächlich relevant sind, bei System 2 hingegen nur eines. Was aber, wenn – wie in Abbildung 8.19 dargestellt – bei beiden Systeme nur eines der drei Ergebnisse auch tatsächlich relevant ist, sich die jeweiligen Suchergebnisse jedoch hinsichtlich der ermittelten Reihenfolge unterscheiden?

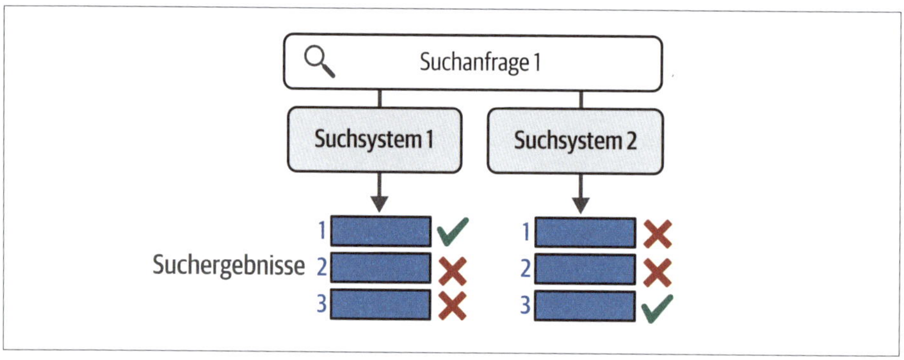

Abbildung 8.19: Wenn bei beiden Systemen nur eines der Suchergebnisse tatsächlich relevant ist, dieses aber an unterschiedlichen Stellen aufgeführt wird, muss zusätzlich berücksichtigt werden, bei welchem System das relevante Ergebnis weiter vorn in der Reihenfolge steht.

Im vorliegenden Fall kann man davon ausgehen, dass System 1 besser abgeschnitten hat als System 2, da das relevante Suchergebnis bei diesem an erster Stelle aufgeführt wird (und somit als das wichtigste eingestuft wird). Doch wie lässt sich quantifizieren, inwieweit das System besser abschneidet? Genau hier kommt die Mean Average Precision ins Spiel. Mithilfe dieser Metrik lässt sich quantifizieren, inwieweit die Suchergebnisse eines Systems besser sind als die des anderen.

Bevor die Mean Average Precision ermittelt werden kann, muss zunächst die Average Precision bestimmt werden. Im vorliegenden Fall ist die Average Precision (hinsichtlich der relevanten) Suchanfrage für System 1 gleich 1 und für System 2 gleich 0,3. Sehen wir uns daher an, wie die Average Precision berechnet wird. Dazu wird zunächst eine Reihe von Suchergebnissen bewertet, und anschließend wird zur Bewertung des Systems über alle Suchanfragen der Testreihe hinweg eine Aggregation vorgenommen.

Bewertung im Fall einer einzigen Suchanfrage mittels der Average Precision

Gehen wir der Einfachheit halber zunächst einmal davon aus, dass zu jeder Suchanfrage nur ein einziges relevantes Dokument in der Testreihe vorhanden ist und dementsprechend nur ein relevantes Suchergebnis in die Bewertung eines Systems einfließt.

In diesem Fall ist die Bewertung der beiden vorliegenden Suchsysteme einfach: System 1 hat das relevante Ergebnis (das einzige zu dieser Suchanfrage relevante) an vorderster Stelle aufgeführt. Damit erhält das System die bestmögliche Bewertung von 1. In Abbildung 8.20 können Sie nachvollziehen, wie die Berechnung erfolgt. Da das relevante Ergebnis an erster Stelle aufgeführt wird, ergibt sich für die Precision (»Precision @ 1«) ein Wert von 1,0. Dieser ergibt sich aus der Anzahl der relevanten Ergebnisse an erster Stelle dividiert durch die Nummer der aktuell betrachteten Stelle in der Reihenfolge.

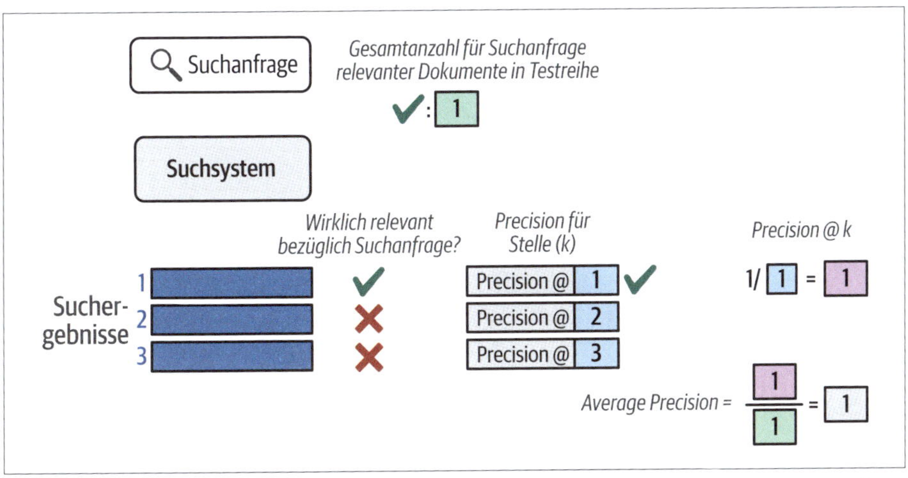

Abbildung 8.20: Zur Ermittlung der (Mean) Average Precision wird zunächst die Precision aller Suchergebnisse berechnet, die in der Reihenfolge aufgeführt sind, beginnend mit der ersten Stelle.

Da nur relevante Dokumente in die Bewertung einfließen, ist es nicht notwendig, irrelevante Dokumente miteinzubeziehen. Deshalb sind wir bereits mit der Berechnung fertig. Was wäre allerdings, wenn das System das einzig relevante Ergebnis an dritter statt an erster Stelle aufführte? Wie würde sich das auf die Bewertung auswirken? In Abbildung 8.21 können Sie nachvollziehen, dass die Bewertung (Average Precision) in diesem Fall niedriger ausfällt.

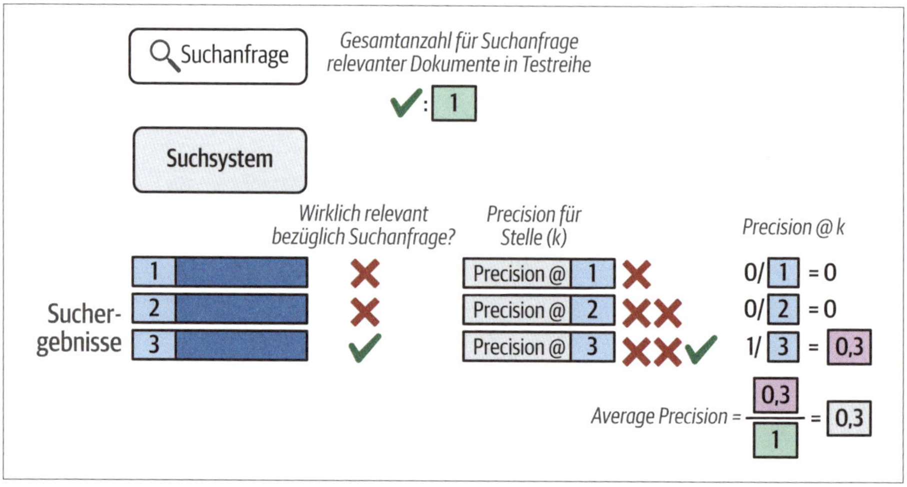

Abbildung 8.21: Werden vor einem relevanten Dokument noch irrelevante Dokumente aufgeführt, fällt dessen Wert für die Precision niedriger aus.

Kommen wir nun zu dem Fall, dass mehrere der von einem System aufgeführten Suchergebnisse tatsächlich relevant sind. In Abbildung 8.22 können Sie anhand eines Beispiels nachvollziehen, wie die Berechnung in diesem Fall aussehen würde und dass dabei eine Berechnung eines Durchschnittswerts erforderlich ist.

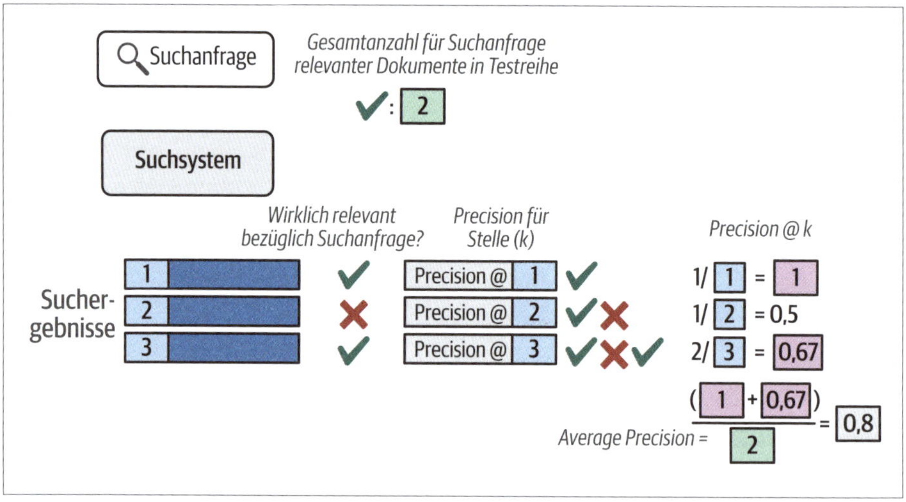

Abbildung 8.22: Wenn ein System mehrere relevante Dokumente korrekt aufgeführt hat, werden zur Berechnung der Average Precision zunächst die Precision-Werte (»Precision @ k«) für alle Stellen, an denen ein relevantes Dokument aufgeführt wird, berechnet, und anschließend wird der Durchschnitt gebildet.

Bewertung im Fall mehrerer Suchanfragen mittels der Mean Average Precision

Nachdem Sie nun wissen, wie sich zwei Systeme hinsichtlich einer bestimmten Suchanfrage miteinander vergleichen lassen und welche Metriken hierfür ermittelt werden müssen, werden Sie nun erfahren, wie sich Systeme hinsichtlich mehrerer –

bzw. aller in der Testreihe enthaltenen – Suchanfragen mittels der sogenannten *Mean Average Precision* (MAP) vergleichen lassen. Zur Berechnung der Mean Average Precision wird lediglich der Mittelwert (bzw. der Durchschnitt) der Average-Precision-Werte aller Suchanfragen der Testreihe gebildet (siehe Abbildung 8.23).

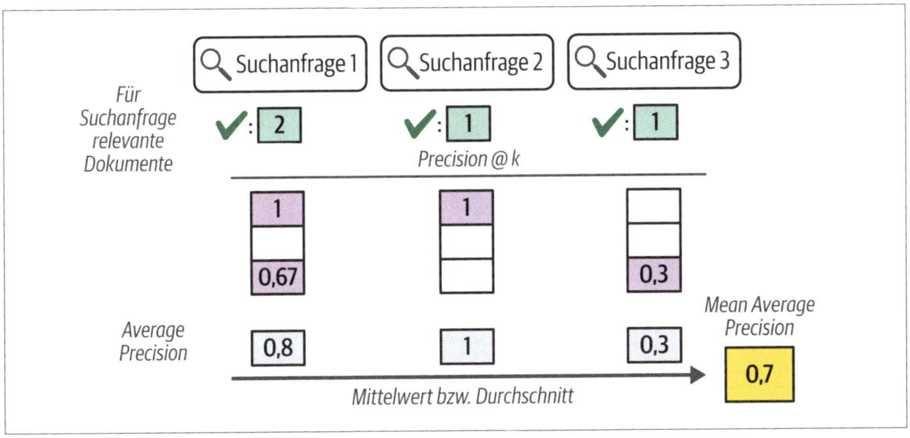

Abbildung 8.23: Bei der Berechnung der Mean Average Precision werden für jedes System die Average-Precision-Werte aller (korrekt ermittelten relevanten) Suchanfragen, die in der Testreihe enthalten sind, berücksichtigt, und dann wird deren Durchschnitt gebildet. Anhand dieses Durchschnittswerts können verschiedene Suchsysteme miteinander verglichen werden.

Sicher fragen Sie sich, warum ein und dieselbe Berechnungsmethode einmal als Mittelwert (*Mean*) und einmal als Durchschnitt (*Average*) bezeichnet wird. Das hat wohl eher einen ästhetischen Grund, denn *Mean Average Precision* (MAP) klingt einfach ein wenig eleganter als Average Average Precision.

Damit sind Sie nun in der Lage, verschiedene Systeme miteinander zu vergleichen. Wenn Sie noch mehr über weitere mögliche Metriken zur Evaluierung erfahren möchten, sollten Sie einen Blick in das Kapitel »Evaluation in Information Retrieval« (*https://oreil.ly/oeY4b*) des Buchs *Introduction to Information Retrieval* (Cambridge University Press) von Christopher D. Manning, Prabhakar Raghavan und Hinrich Schütze werfen.

Neben der *Mean Average Precision* (MAP) wird bei Suchsystemen häufig auch der *normalized* Discounted Cumulative Gain (nDCG) als Metrik verwendet. Diese ist differenzierter, da die Relevanz von Dokumenten nicht binär (relevant oder nicht relevant) eingestuft wird. Stattdessen ist es möglich, dass bestimmten Dokumenten in der Testreihe eine höhere Relevanz beigemessen wird als anderen.

Retrieval-Augmented Generation (RAG)

Mit der wachsenden Popularität von LLMs wurden diese von immer mehr Nutzerinnen und Nutzern eingesetzt. Dabei gingen sie häufig fälschlicherweise davon aus, dass die Modelle ihnen korrekte und faktenbasierte Antworten liefern. Zwar waren die Modelle teilweise in der Lage, Fragen korrekt zu beantworten, bei vielen lagen sie jedoch auch völlig daneben. In der Branche musste man daraufhin reagieren und versuchte, diesem Verhalten in erster Linie mit einem Verfahren namens *Retrieval-Augmented Generation* (RAG) entgegenzuwirken. In diesem Abschnitt erfahren Sie nun, wie das Verfahren grundsätzlich funktioniert (siehe auch Abbildung 8.24) und wie darauf aufbauende RAG-Systeme implementiert werden können. Weiterführende Informationen finden Sie in dem Artikel »Retrieval-Augmented Generation for Knowledge-Intensive NLP Tasks« (*https://oreil.ly/84oHH*) (2020).[1]

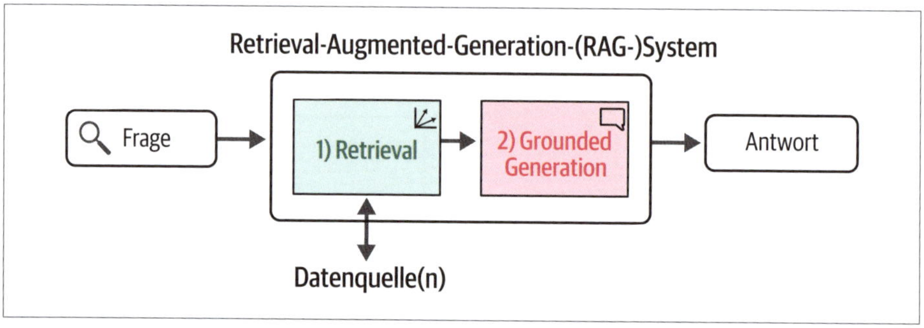

Abbildung 8.24: Eine typische RAG-Pipeline besteht aus zwei Schritten: Zunächst wird eine Suche durchgeführt und anschließend eine auf Fakten basierende Antwort generiert (»Grounded Generation«). Dabei erhält das LLM die eigentliche Frage und die im Rahmen der Suche abgerufenen Informationen als Prompt.

RAG-Systeme können nicht nur Texte generieren, sondern auch nach Informationen suchen. Dadurch stellen sie eine Verbesserung gegenüber rein generativen Systemen dar, da weniger Halluzinationen auftreten und die Faktentreue der generierten Antworten erhöht wird. Darüber hinaus ermöglichen sie Anwendungsfälle wie »Chatte mit deinen eigenen Daten«. Einzelpersonen sowie Unternehmen können diese nutzen, um LLM-basierte Anwendungen zu entwickeln, die auf internen Unternehmensdaten oder einer anderen gewünschten Datenquelle beruhen. Beispielsweise ist es möglich, Fragen zu Inhalten bestimmter Bücher zu stellen und sich darüber in Form eines Chats auszutauschen.

Von dieser Entwicklung sind auch Suchmaschinen betroffen. Immer mehr Suchmaschinen verfügen über ein LLM, das Suchergebnisse zusammenfasst oder Fragen in natürlicher Sprache beantwortet. Beispiele für solche Systeme sind Perplexity (*https://oreil.ly/PrYVM*), Microsoft Bing AI (*https://oreil.ly/GBd66*) und Google Gemini (*https://oreil.ly/--C_8*).

Suchsysteme zu RAG-Systemen erweitern

Erweitern wir unser Suchsystem nun zu einem RAG-System. Dazu fügen wir einfach ein LLM am Ende der Suchpipeline hinzu. Wir übergeben dem LLM die Frage sowie die im Rahmen des Suchvorgangs als am relevantesten eingestuften Dokumente und bitten es, die Frage unter Berücksichtigung des durch die Suchergebnisse gegebenen inhaltlichen Kontexts bzw. Sachverhalts zu beantworten. In Abbildung 8.25 wird beispielhaft gezeigt, wie ein solches System aufgebaut ist.

1 Patrick Lewis et al. »Retrieval-augmented generation for knowledge-intensive NLP tasks.« *Advances in Neural Information Processing Systems* 33 (2020): 9459–9474.

Der Schritt, in dem die Generierung der Antwort erfolgt, wird als *Grounded Generation* bezeichnet (was im Deutschen sinngemäß etwa fundierte bzw. auf Fakten basierende Generierung bedeutet). Die abgerufenen relevanten Informationen, die dem LLM zur Verfügung gestellt werden, sorgen dafür, dass es bei der Generierung der Antwort an einen bestimmten für die jeweilige Domäne relevanten Sachverhalt gebunden ist. In Abbildung 8.26 können Sie nachvollziehen, dass die Grounded Generation im Anschluss an die in dem vorherigen Beispiel durchgeführte Suche erfolgt (bei der die Suche auf Basis von Embeddings durchgeführt wurde).

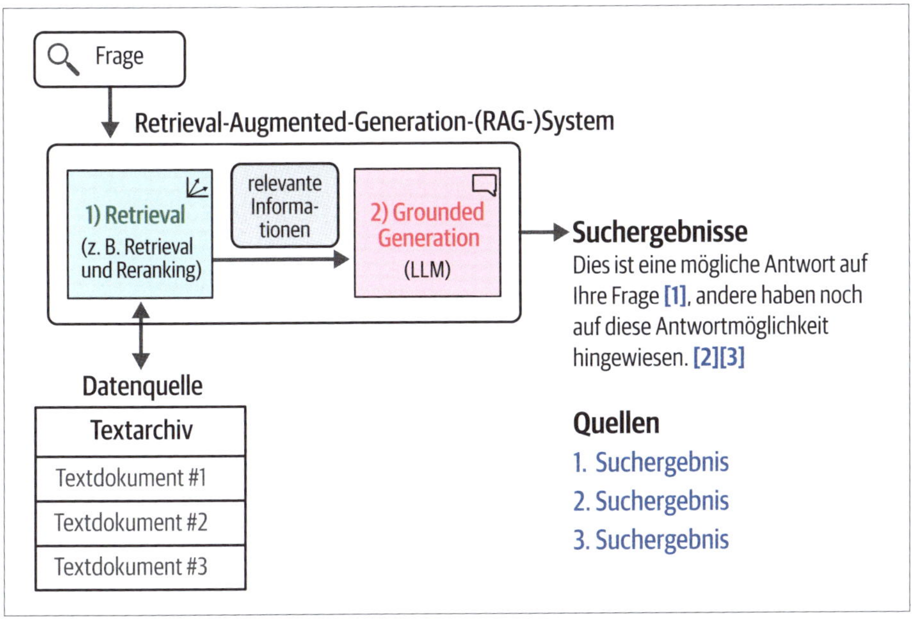

Abbildung 8.25: Bei der generativen Suche gibt das System am Ende der Suchpipeline unter Angabe von Quellen (die im vorherigen Schritt vom Suchsystem bereitgestellt wurden) die entsprechenden Antworten aus und fasst diese zusammen.

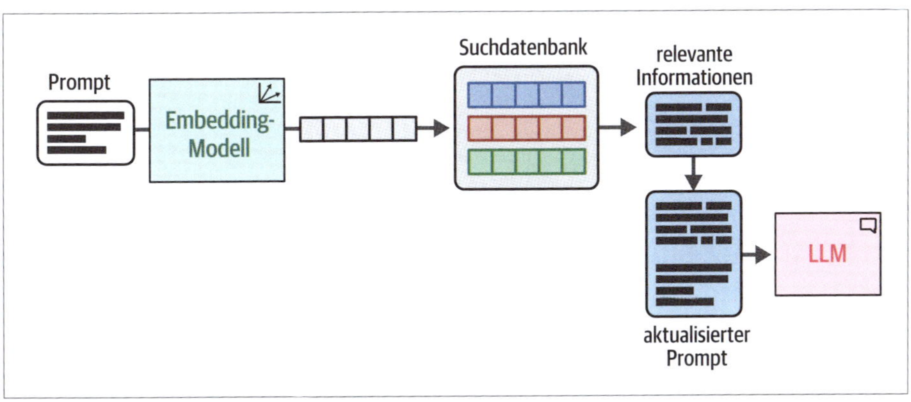

Abbildung 8.26: Zur Ermittlung der relevantesten Informationen wird verglichen, um herauszufinden, welche Embeddings der hinterlegten Informationen (bzw. Dokumenten) dem Embedding des Prompts am ähnlichsten sind. Diese werden dann zusätzlich in den Prompt aufgenommen, bevor dieser an das LLM übergeben wird.

Ein Beispiel für eine auf Fakten basierende Generierung (Grounded Generation) mit einem gemanagten LLM

Nun ist es an der Zeit, Ihr erstes RAG-System zu erstellen. Sie können dazu das vorherige Beispiel erneut aufgreifen und es um die Grounded Generation erweitern. Dabei nutzen Sie das von Cohere gemanagte LLM, das auf den Suchsystemen aufbaut, die Sie bereits in diesem Kapitel kennengelernt haben. Gehen Sie dazu wie folgt vor: Rufen Sie zunächst mithilfe der zuvor erstellten Suchfunktion für das Dense Retrieval (d.h. einer Suche auf Basis von Embeddings) die in Bezug auf Ihre Suchanfrage relevantesten Dokumente ab. Leiten Sie diese dann zusammen mit den Fragen an den Endpunkt der API weiter, um eine auf Fakten basierende Antwort zu erhalten:

```
query = "income generated"

# 1. Abfrage relevanter Suchergebnisse (Dense Retrieval)
# Idealerweise sollte hybride Suche genutzt werden.
results = search(query)

# 2. Grounded Generation
docs_dict = [{'text': text} for text in results['texts']]
response = co.chat(
    message = query,
    documents=docs_dict
)

print(response.text)
```

Die Antwort fällt wie folgt aus:

```
The film generated a worldwide gross of over $677 million, or $773 million with
subsequent re-releases.
```

Über das response-Objekt lässt sich zudem nachvollziehen, welche Textpassagen in der Antwort mit Quellenangaben versehen wurden und dass diese aus dem ersten Dokument stammen:

```
citations=[ChatCitation(start=21, end=36, text='worldwide gross', document_ids=[
'doc_0']), ChatCitation(start=40, end=57, text='over $677 million', document_ids=[
'doc_0']), ChatCitation(start=62, end=103, text='$773 million with subsequent re-
releases.', document_ids=['doc_0'])]

documents=[{'id': 'doc_0', 'text': 'The film had a worldwide gross over $677
million (and $773 million with subsequent re-releases), making it the tenth-highest
grossing film of 2014'}]
```

Ein Beispiel für ein RAG-System, bei dem das Modell lokal betrieben wird

Nun können Sie das Beispiel mit einem lokalen Modell reproduzieren. Bei diesem relativ kleinen Modell können die mit Quellenangaben versehenen Textpassagen allerdings nicht nachvollzogen werden. Außerdem ist es nicht so leistungsfähig wie das zuvor verwendete größere Modell. Dennoch eignet es sich gut, um zu veranschaulichen, wie man prinzipiell vorgehen sollte.

Das generative Modell laden

Laden Sie zunächst das folgende (quantisierte) generative Modell herunter:

```
!wget https://huggingface.co/microsoft/Phi-3-mini-4k-instruct-gguf/resolve/main/
Phi-3-mini-4k-instruct-fp16.gguf
```

Anschließend können Sie das generative Modell über die Bibliotheken bzw. Frameworks `llama.cpp`, `llama-cpp-python` und LangChain laden:

```
from langchain import LlamaCpp

# Stellen Sie sicher, dass Sie den Pfad zum Modell korrekt angeben!
llm = LlamaCpp(
    model_path="Phi-3-mini-4k-instruct-q4.gguf",
    n_gpu_layers=-1,
    max_tokens=500,
    n_ctx=2048,
    seed=42,
    verbose=False
)
```

Das Embedding-Modell laden

Als Nächstes müssen Sie das Embedding-Modell laden. Für dieses Beispiel bietet sich das Modell BAAI/bge-small-en-v1.5 (*https://oreil.ly/kMSEh*) an. Es steht derzeit ziemlich weit vorne im MTEB-Leaderboard (*https://oreil.ly/Ugljz*) für Embedding-Modelle und hat zudem den Vorteil, dass es relativ klein ist:

```
from langchain.embeddings.huggingface import HuggingFaceEmbeddings

# Embedding-Modell zur Umwandlung der Texte in numerische Darstellungen
embedding_model = HuggingFaceEmbeddings(
    model_name='BAAI/bge-small-en-v1.5'
)
```

Mit dem Embedding-Modell können Sie nun eine Vektordatenbank einrichten:

```
from langchain.vectorstores import FAISS

# Lokale Vektordatenbank einrichten
db = FAISS.from_texts(texts, embedding_model)
```

Das Prompt-Template für das RAG-System erstellen

In der Pipeline des RAG-Systems kommt dem Prompt-Template eine wichtige Rolle zu. Über dieses werden dem LLM die Dokumente bereitgestellt, die die relevanten Informationen enthalten. Hierzu können Sie im Prompt-Template eine zusätzliche Eingabevariable mit dem Namen `context` berücksichtigen, über die dem LLM die abgerufenen Dokumente zur Verfügung gestellt werden:

```
from langchain import PromptTemplate

# Prompt-Template erstellen
template = """<|user|>
Relevant information:
{context}

Provide a concise answer the following question using the relevant information
provided above:
{question}<|end|>
<|assistant|>"""
prompt = PromptTemplate(
    template=template,
    input_variables=["context", "question"]
)


from langchain.chains import RetrievalQA

# RAG-Pipeline
rag = RetrievalQA.from_chain_type(
    llm=llm,
    chain_type='stuff',
    retriever=db.as_retriever(),
    chain_type_kwargs={
        "prompt": prompt
    },
    verbose=True
)
```

Nun ist alles eingerichtet – Sie können das Modell aufrufen und ihm eine Frage stellen:

```
rag.invoke('Income generated')
```

Daraufhin erhalten Sie eine Antwort, die in etwa wie die folgende ausfallen sollte (Anm. d. Übers.: Sollten Sie mit diesem Prompt keine passende Antwort erhalten, dann versuchen Sie es beispielsweise mit dem Prompt `rag.invoke('Gross generated')`):

```
The Income generated by the film in 2014 was over $677 million worldwide. This made
it the tenth-highest grossing film of that year. It should be noted, however, this
figure includes both initial ticket sales as well as any subsequent re-releases.
With these additional releases, total earnings surged to approximately $773
million. The release format transitioned from traditional film stock projection in
theaters to digital projectors once it was expanded to various venues in the United
States. This shift might have contributed to wider audience reach and potentially
higher grossing figures over time. However, specific data on how this affected
total earnings isn't provided in the information above.
```

Selbstverständlich können Sie den Prompt auch noch nach Belieben anpassen und so Einfluss darauf nehmen, wie die Antwort des Modells aussehen soll (z. B. wie lang die Antwort sein soll oder welcher Schreibstil verwendet werden soll).

Fortgeschrittene Techniken im Bereich der RAG-Systeme

Es gibt mehrere weitere Techniken, mit denen sich die Qualität von RAG-Systemen verbessern lässt. Im Folgenden werden einige davon vorgestellt.

Suchanfragen umformulieren

Würde es sich bei dem RAG-System um einen Chatbot handeln, käme es bei dieser einfachen Implementierung wahrscheinlich zu Problemen beim Suchschritt, wenn die gestellte Frage zu ausführlich ist oder wenn auf den Inhalt vorangegangener Gesprächsinhalte Bezug genommen wird. Aus diesem Grund empfiehlt es sich, die Suchanfrage mithilfe eines LLM so umzuformulieren, dass beim Abrufvorgang die Informationen gefunden werden, die auch tatsächlich relevant sind (*Query Rewriting*). Hierzu ein Beispiel:

> User Question: »We have an essay due tomorrow. We have to write about some animal. I love penguins. I could write about them. But I could also write about dolphins. Are they animals? Maybe. Let's do dolphins. Where do they live for example?«
>
> (Frage des Nutzers: »Wir müssen bis morgen einen Aufsatz über ein Tier einreichen. Ich finde Pinguine toll. Ich könnte den Aufsatz also über Pinguine schreiben. Aber ich könnte auch über Delfine schreiben. Sind das auch Tiere? Womöglich. Dann schreibe ich über Delfine. Wo leben sie denn eigentlich?«)

Die Frage sollte eigentlich wie folgt umformuliert werden:

> Query: »Where do dolphins live« (Suchanfrage: »Wo leben Delfine?«)

Sie können Ihre Fragen ganz einfach über einen Prompt bzw. den Aufruf einer API umformulieren lassen. Die API von Cohere (`co.chat`) verfügt beispielsweise über einen speziellen »Query-Rewriting-Modus«.

Mehrere Suchanfragen auf einmal stellen

Darüber hinaus könnten Fragen so umformuliert werden, dass im Rahmen der Suche bzw. des Abrufvorgangs mehrere Fragen gleichzeitig berücksichtigt werden (*Multi-Query RAG*), sollte dies im Hinblick auf die Beantwortung einer bestimmten Frage erforderlich sein. Betrachten Sie beispielsweise folgende Suchanfrage:

> User Question: »Compare the financial results of Nvidia in 2020 vs. 2023« (Frage des Nutzers: »Vergleiche die Jahresabschlüsse von Nvidia aus den Jahren 2020 und 2023«)

Mit etwas Glück liegt dem System ein Dokument vor, in dem die Jahresabschlüsse für beide Jahre enthalten sind. Besser wäre es jedoch, direkt zwei Suchanfragen zu stellen:

> Query 1: »Nvidia 2020 financial results« (1. Suchanfrage: »Nvidia Jahresabschluss 2020«)
>
> Query 2: »Nvidia 2023 financial results« (2. Suchanfrage: »Nvidia Jahresabschluss 2023«)

Anschließend werden dem Modell die besten Ergebnisse beider Suchanfragen vorgelegt, sodass es eine entsprechende, faktenbasierte Antwort generieren kann. Zudem ließe sich ein RAG-System noch dahin gehend optimieren, dass es mithilfe eines integrierten Query Rewriter zusätzlich bestimmen kann, ob eine Suche überhaupt erforderlich ist oder ob direkt eine zuverlässige Antwort generiert werden kann, ohne zuvor eine Suche durchzuführen.

RAG-Systeme, die Suchanfragen zu Folgefragen umformulieren können

Bei sehr komplexen Fragen kann es unter Umständen sinnvoll sein, die Frage in mehrere aufeinanderfolgende Suchanfragen (d.h. in mehrere Folgefragen) aufzuteilen (*Multi-Hop RAG*). Betrachten Sie beispielsweise diese Frage:

> User Question: »Who are the largest car manufacturers in 2023? Do they each make EVs or not?«
>
> (Frage des Nutzers: »Welche sind die größten Autohersteller im Jahr 2023? Stellen sie alle Elektrofahrzeuge her oder nicht?«)

Zur Beantwortung dieser Frage muss das System zunächst nach folgenden Informationen suchen:

> Step 1, Query 1: »largest car manufacturers 2023«
>
> (1. Schritt, 1. Suchanfrage: »größte Autohersteller 2023«)

Nachdem es die gewünschten Informationen eingeholt hat (und als Ergebnis Toyota, Volkswagen und Hyundai ermittelt hat), sollte es die entsprechenden Folgefragen stellen:

> Step 2, Query 1: »Toyota Motor Corporation electric vehicles«
> (2. Schritt, 1. Suchanfrage: »Elektrofahrzeuge der Toyota Motor Corporation«)
>
> Step 2, Query 2: »Volkswagen AG electric vehicles«
> (2. Schritt, 2. Suchanfrage: »Elektrofahrzeuge der Volkswagen AG«)
>
> Step 2, Query 3: »Hyundai Motor Company electric vehicles«
> (2. Schritt, 3. Suchanfrage: »Elektrofahrzeuge der Hyundai Motor Company«)

Unterschiedliche Datenquellen für verschiedene Suchanfragen vorsehen

Zusätzlich kann ein RAG-System dadurch verbessert werden, dass es so konzipiert wird, dass das Modell mehrere Datenquellen durchsuchen kann (*Query Routing*). Beispielsweise kann festgelegt werden, dass das Modell bei Fragen, die im Zusammenhang mit dem Personalwesen stehen, das unternehmensinterne System für das Personalwesen (z.B. Notion) durchsucht, bei Fragen, die Kundendaten betreffen, jedoch das Customer Relationship Management (CRM) (z.B. Salesforce).

RAG-Systeme mit Agenten

Möglicherweise ist Ihnen aufgefallen, dass die bisher vorgestellten Ansätze zur Verbesserung von RAG-Systemen implizieren, dass dem LLM zunehmend mehr Verantwortung übertragen wird und dass dieses in die Lage versetzt wird, immer komplexere Probleme zu lösen. Das setzt voraus, dass das LLM einerseits einschätzen kann, welche Informationen benötigt werden, und andererseits in der Lage ist, auf mehrere Datenquellen zurückzugreifen. Diese neue Art von LLMs ähnelt in zunehmendem Maße einem Agenten, der mit der realen Welt interagiert (*Agentic RAG*). Die Datenquellen könnte man auch als Hilfsmittel bzw. Tools interpretieren, die man dem Agenten zur Verfügung stellt. Es wäre beispielsweise denkbar, ein RAG-System aufzubauen, das einerseits in der Lage ist, im Onlinedienst bzw. All-in-one-Workspace Notion nach Informationen zu suchen und andererseits dort auch Informationen abzulegen.

RAG-Systeme mit den hier beschriebenen Fähigkeiten können nicht mit allen LLMs realisiert werden. Derzeit lassen sich derartige Verhaltensweisen vermutlich nur mit den größten gemanagten Modellen umsetzen. Glücklicherweise bietet Cohere mit dem Modell Command R+ (*https://oreil.ly/i2UXh*), dessen Gewichtung frei zugänglich ist (*https://oreil.ly/Jpypi*), eine hervorragende Lösung für derartige Aufgaben.

RAG-Systeme evaluieren

Derzeit wird noch intensiv erforscht, wie sich RAG-Systeme am besten evaluieren lassen. In diesem Zusammenhang ist der Forschungsbeitrag »Evaluating verifiability in generative search engines« (*https://oreil.ly/HVbAN*) (2023) empfehlenswert, in dem beschrieben wird, wie sich verschiedene bekannte generative Suchmaschinen unter Einbeziehung des menschlichen Urteilsvermögens evaluieren lassen.[2]

In dem Beitrag werden RAG-Systeme anhand von vier Kriterien evaluiert:

Lesefluss (engl. Fluency)
: Ob sich der generierte Text flüssig und zusammenhängend liest.

Subjektive Einschätzung der Nützlichkeit
: Ob die generierte Antwort als hilfreich und informativ wahrgenommen wird.

Vollständigkeitsquote hinsichtlich der Quellenangaben (Citation Recall)
: Der Anteil der generierten Aussagen, die im Hinblick auf die dargelegten Fakten vollständig durch entsprechende Quellenangaben gestützt werden.

Genauigkeitsquote hinsichtlich der Quellenangaben (Citation Precision)
: Der Anteil der im generierten Text verwendeten Quellenangaben, mit denen die entsprechenden Aussagen auch tatsächlich belegt werden.

Obwohl eine Beurteilung durch Menschen grundsätzlich vorzuziehen ist, gibt es auch Ansätze, bei denen versucht wird, Systeme automatisiert zu evaluieren, indem die Beurteilung einem LLM überlassen wird (was als *LLM-as-a-Judge* bezeichnet wird) und die generierten Texte hinsichtlich verschiedener Kriterien evaluiert werden. Beispielsweise bietet die Softwarebibliothek Ragas (*https://oreil.ly/6GVMW*) genau diese Möglichkeit. Bei ihr werden auch einige weitere nützliche Metriken zur Bewertung einbezogen, wie z. B.:

Texttreue (engl. Faithfulness)
: Ob die Antwort die abgerufenen Informationen auch wirklich wiedergibt.

Relevanz der Antwort
: Inwieweit die Antwort die Frage beantwortet.

In der Dokumentation von Ragas (*https://oreil.ly/Diugy*) finden Sie nähere Informationen dazu, wie diese Metriken berechnet werden.

2 Nelson F. Liu, Tianyi Zhang, and Percy Liang. »Evaluating verifiability in generative search engines.« *arXiv Preprint arXiv:2304.09848* (2023).

Zusammenfassung

In diesem Kapitel haben Sie verschiedene Möglichkeiten kennengelernt, wie Sprachmodelle dazu beitragen können, bereits vorhandene Suchsysteme zu verbessern, oder wie sie sogar selbst als Hauptbestandteil neuer leistungsfähigerer Suchsysteme dienen können. Dazu gehören:

- Dense-Retrieval-Systeme, die auf der Ähnlichkeit von Text-Embeddings beruhen. Dabei handelt es sich um Systeme, bei denen sowohl die Suchanfrage als auch die Dokumente zunächst in Embeddings umgewandelt werden. Anhand deren wird ermittelt, welchen der Dokumente die Suchanfrage am meisten ähnelt, d.h., es werden die Embeddings ausgewählt, die dem Embedding der Suchanfrage am nächsten sind.
- Reranking-Systeme (wie monoBERT) bewerten, wie relevant die in einem ersten Schritt ermittelten Suchergebnisse (bzw. die entsprechenden Dokumente) im Hinblick auf die Suchanfrage sind. Diese Relevanzbewertungen werden anschließend verwendet, um die Reihenfolge der im ersten Schritt ermittelten Suchergebnisse entsprechend ihrer Relevanz anzupassen. Dadurch wird die Reihenfolge der Suchergebnisse häufig verbessert.
- RAG-Systeme, also Suchsysteme, deren Pipeline am Ende zusätzlich noch ein generatives LLM enthält, das auf der Grundlage der gefundenen Dokumente eine Antwort formuliert und dabei die entsprechenden Quellen angibt.

Darüber hinaus haben Sie erfahren, wie sich Suchsysteme evaluieren lassen. Mit der Mean Average Precision lassen sich Suchsysteme bewerten, wobei die von Suchsystemen ermittelten Suchergebnisse anhand einer Testreihe – bei der bekannt ist, welche der möglichen Suchergebnisse im Hinblick auf die in der Testreihe enthaltenen Suchanfragen tatsächlich relevant sind – verglichen werden können. Die Evaluierung von RAG-Systemen erfordert hingegen mehrere Kriterien, beispielsweise wie texttreu die generierten Antworten im Hinblick auf die abgerufenen Informationen sind oder wie flüssig sie sich lesen lassen. Zudem gibt es noch weitere Kriterien, die von Menschen oder einem »LLM-as-a-Judge« beurteilt werden können.

Im nächsten Kapitel werden Sie lernen, wie multimodale Sprachmodelle funktionieren und nicht nur anhand von Texten, sondern auch anhand von Bildern logische Schlüsse ziehen können.

KAPITEL 9

Multimodale Large Language Models

Den meisten Menschen würde im Zusammenhang mit *Large Language Models* (LLMs) vermutlich nicht als Erstes in den Sinn kommen, dass diese auch multimodal sein können. Schließlich handelt es sich um *Sprachmodelle*! Wenn man sich jedoch der vielfältigen Anwendungsmöglichkeiten bewusst wird, die sich durch die Möglichkeit zur Verarbeitung anderer Datentypen als Text ergeben, erkennt man schnell, dass sie dann noch weitaus nützlicher sind. Es ist beispielsweise ausgesprochen hilfreich, wenn man einem Sprachmodell ein Bild zeigen kann und es in der Lage ist, dazu Fragen zu beantworten. Ein Modell, das sowohl Texte als auch Bilder (also verschiedene *Modalitäten*) verarbeiten kann, wird als *multimodal* bezeichnet (siehe Abbildung 9.1).

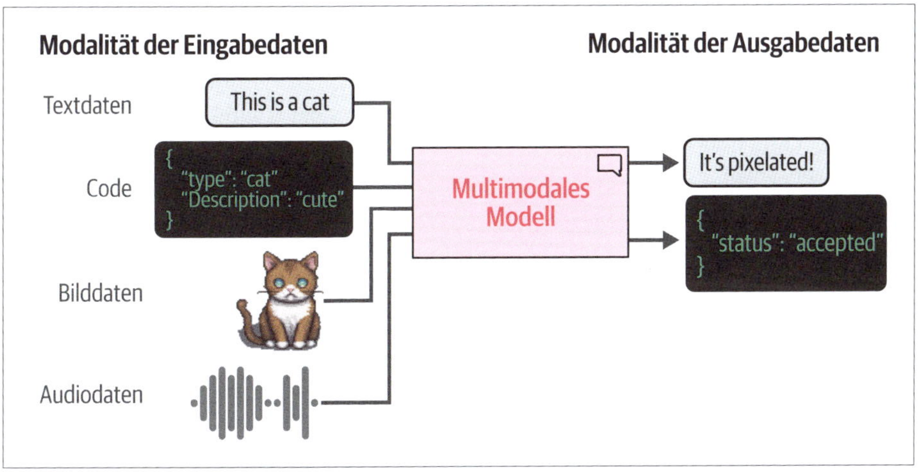

Abbildung 9.1: Modelle, die verschiedene Datentypen (bzw. Modalitäten) wie Bild-, Audio-, Video- oder Sensordaten verarbeiten können, werden als multimodal bezeichnet. Dabei ist es möglich, dass ein Modell zwar einen bestimmten Datentyp als Eingabe akzeptiert, aber keine Ausgabe in diesem Datentyp generieren kann.

Seit dem erstmaligen Aufkommen von LLMs konnte man bereits eine Vielzahl neu hinzukommender Fähigkeiten beobachten: von der Fähigkeit zur Generalisierung und zum logischen Schlussfolgern bis hin zur Fähigkeit, zu rechnen und verschiedene Sprachen zu beherrschen. Je größer und lernfähiger die Modelle wurden, desto mehr Fähigkeiten konnten sie entwickeln.[1]

Die Fähigkeit, verschiedene Arten von Datentypen als Eingabe verarbeiten zu können, dürfte in Zukunft noch weiter an Bedeutung gewinnen. Dadurch werden Modelle in der Lage sein, Fähigkeiten zu entfalten, die bisher als unmöglich galten. In der Realität ist die menschliche Sprache keineswegs unabhängig von weiteren Faktoren. Körpersprache, Mimik, Intonation und andere Aspekte sind allesamt ebenfalls wichtige Kommunikationsmittel, durch die das gesprochene Wort erst seine volle Wirkung entfaltet.

Ebenso verhält es sich bei LLMs. Wenn man sie dazu befähigt, sich Informationen aus verschiedenen Modalitäten zu erschließen, erweitert sich ihr Anwendungsspektrum erheblich, und sie könnten zur Lösung neuartiger Probleme beitragen.

In diesem Kapitel lernen Sie verschiedene Transformer-basierte LLMs kennen, die mehrere Modalitäten unterstützen, und erfahren, welche praktischen Anwendungsmöglichkeiten sich daraus ergeben. Dabei wird zunächst gezeigt, wie sich durch eine Anpassung der ursprünglichen Transformer-Architektur auch Bilder in numerische Darstellungen umwandeln lassen. Anschließend wird erörtert, wie sich LLMs mithilfe dieser Art von Transformern so gestalten lassen, dass sie auch Aufgaben im Bereich der Bildverarbeitung (engl. *Vision*) bewältigen können.

Vision Transformer

Wie Sie in den vorangegangenen Kapiteln erfahren haben, eignen sich Transformer-basierte Modelle hervorragend zur Modellierung von Sprache, weshalb sie für eine Vielzahl von Aufgaben wie Klassifikation, Clustering, Suche oder Textgenerierung herangezogen werden können. Insofern mag es kaum überraschen, dass eine Gruppe von Forschenden den Versuch unternommen hat, die Erfolgsrezepte von Transformer-Modellen auf das Gebiet der Computer Vision zu übertragen.

Der von ihnen entwickelte Ansatz wird als *Vision Transformer* (ViT) bezeichnet und hat sich im Bereich der Bilderkennung als äußerst leistungsfähig erwiesen – sogar leistungsfähiger als die zuvor standardmäßig genutzten *Convolutional Neural Networks* (CNNs).[2] Wie beim ursprünglichen Transformer werden auch beim Vision Transformer unstrukturierte Daten – in diesem Fall Bilder – in numerische Darstellungen in Form von Vektoren umgewandelt. Mit deren Hilfe ist es möglich, eine Vielzahl verschiedener Anwendungen, etwa die Klassifikation von Bildern, zu realisieren (siehe Abbildung 9.2).

Der Vision Transformer basiert vor allem auf einer Komponente der Transformer-Architektur – dem Encoder. Dieser ist, wie Sie bereits aus Kapitel 1 wissen, für die

1 Jason Wei et al. »Emergent abilities of large language models.« *arXiv Preprint arXiv:2206.07682* (2022).

2 Alexey Dosovitskiy et al. »An image is worth 16x16 words: Transformers for image recognition at scale.« *arXiv Preprint arXiv:2010.11929* (2020).

Umwandlung der Texteingabe in numerische Darstellungen bzw. Repräsentationen verantwortlich, bevor sie an den Decoder weitergeleitet wird. Allerdings muss sie zunächst noch tokenisiert werden, damit der Encoder sie verarbeiten kann (siehe Abbildung 9.3).

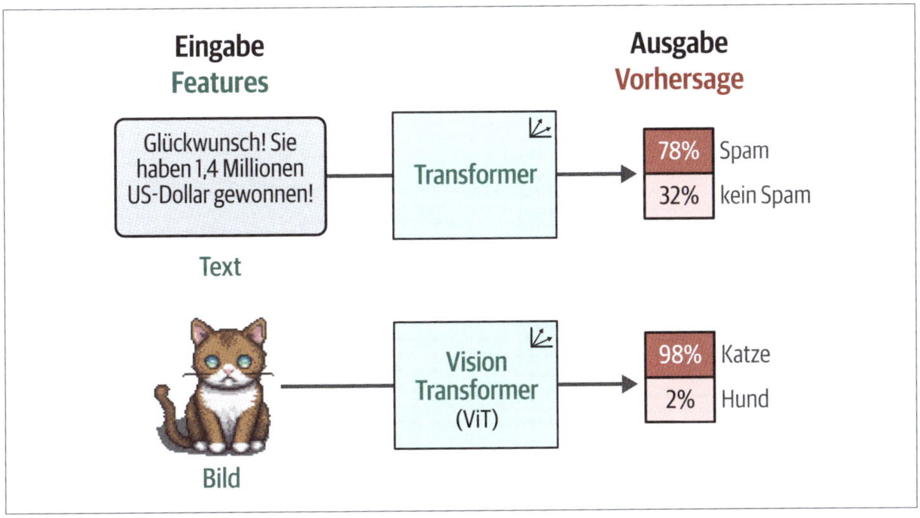

Abbildung 9.2: Sowohl das ursprüngliche Transformer-Modell als auch das Vision-Transformer-Modell nehmen unstrukturierte Daten entgegen und wandeln sie in numerische Darstellungen um. Diese dienen schließlich als Grundlage für Aufgaben wie die Klassifikation.

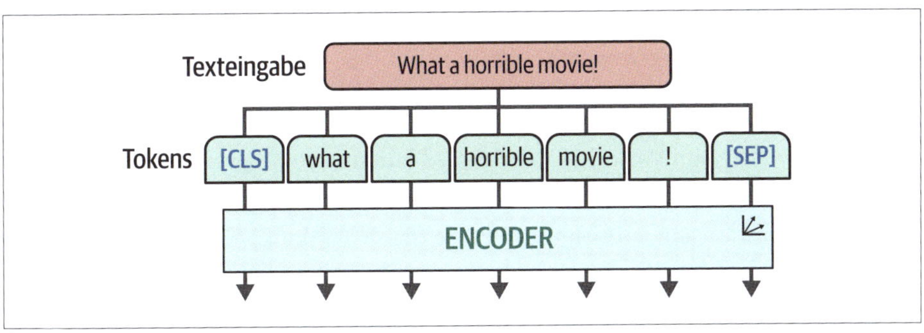

Abbildung 9.3: Bevor der Text an einen oder mehrere Encoder weitergeleitet wird, wird er mithilfe eines Tokenizers in einzelne Tokens zerlegt.

Da Bilder nicht aus Wörtern bestehen, ist ein solches Tokenisierungsverfahren bei Bilddaten nicht anwendbar. Die an der Entwicklung des Vision Transformer beteiligten Forscher haben jedoch eine Methode entwickelt, mit der sich Bilder wie Wörter tokenisieren lassen, wodurch die ursprüngliche Struktur des Encoders beibehalten werden kann.

Führen Sie sich einmal das Bild einer Katze vor Augen. Es besteht aus einer Reihe von Pixeln, beispielsweise aus 512 × 512 Pixeln. Ein einzelnes Pixel gibt nur wenig Aufschluss darüber, was auf dem Bild zu sehen ist. Betrachten Sie jedoch jeweils mehrere Pixel zusammen, gewinnen Sie zunehmend einen Eindruck davon, was das Bild zeigt.

Beim Vision Transformer wird im Prinzip genauso vorgegangen. Ähnlich wie ein Text in Tokens zerlegt wird, wird das Ausgangsbild in eine Reihe von Teilbildern (sogenannten Patches) überführt, d.h., das Bild wird – wie in Abbildung 9.4 dargestellt – in mehrere Teile unterteilt, und diese werden dann aneinandergereiht. Es wird also »verflacht«.

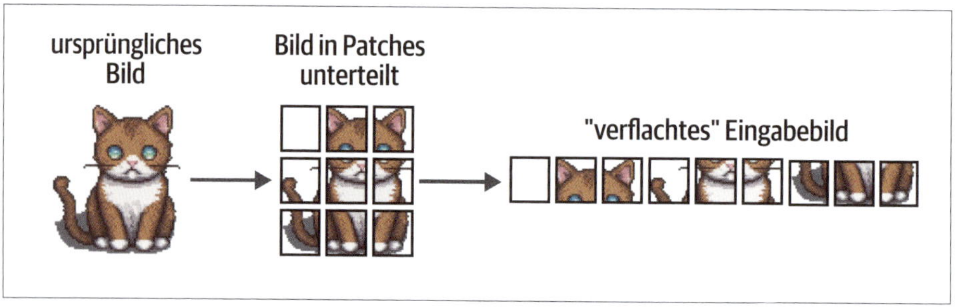

Abbildung 9.4: Das »Tokenisierungsverfahren«, das beim Einlesen von Bildern zum Einsatz kommt. Dabei wird ein Bild in eine Reihe von Teilbildern (Patches) unterteilt.

Diese einzelnen Teile des »verflachten« Bilds kann man sich wie die Tokens eines Texts vorstellen. Anders als bei den Tokens im Vokabular eines Texts ist es jedoch nicht zielführend, jedem Teilbild eine ID zuzuweisen, da die einzelnen Teile nur in seltenen Einzelfällen auch in anderen Bildern vorkommen.

Stattdessen werden die Teilbilder direkt mittels einer linearen Projektion in numerische Darstellungen, sogenannte Patch-Embeddings, umgewandelt. Diese können anschließend als Eingabe für ein Transformer-Modell verwendet werden. Auf diese Weise werden die Teile eines Bilds genauso verarbeitet wie die Tokens eines Texts. In Abbildung 9.5 können Sie den gesamten Ablauf noch einmal auf anschauliche Art und Weise nachvollziehen.

Zu Illustrationszwecken wurden die Bilder in den Abbildungen in 3 × 3 Teilbilder unterteilt. Bei der ursprünglichen Implementierung wurden jedoch 16 × 16 Teilbilder bzw. Patches verwendet, weshalb der Artikel auch den Namen »An Image is Worth 16x16 Words« trägt.

Das Bemerkenswerte an diesem Ansatz ist, dass die Embeddings, sobald sie an den Encoder übergeben werden, genauso gehandhabt werden, als würden sie auf Textdaten – also Tokens – basieren. Von diesem Zeitpunkt an macht es somit keinen Unterschied mehr, ob das Modell auf der Grundlage von Bildern oder von Texten trainiert wird.

Aus diesem Grund kommt der Vision Transformer inzwischen regelmäßig zum Einsatz, um Sprachmodelle multimodal zu gestalten. Vision Transformers eignen sich insbesondere für das Training von Embedding-Modellen.

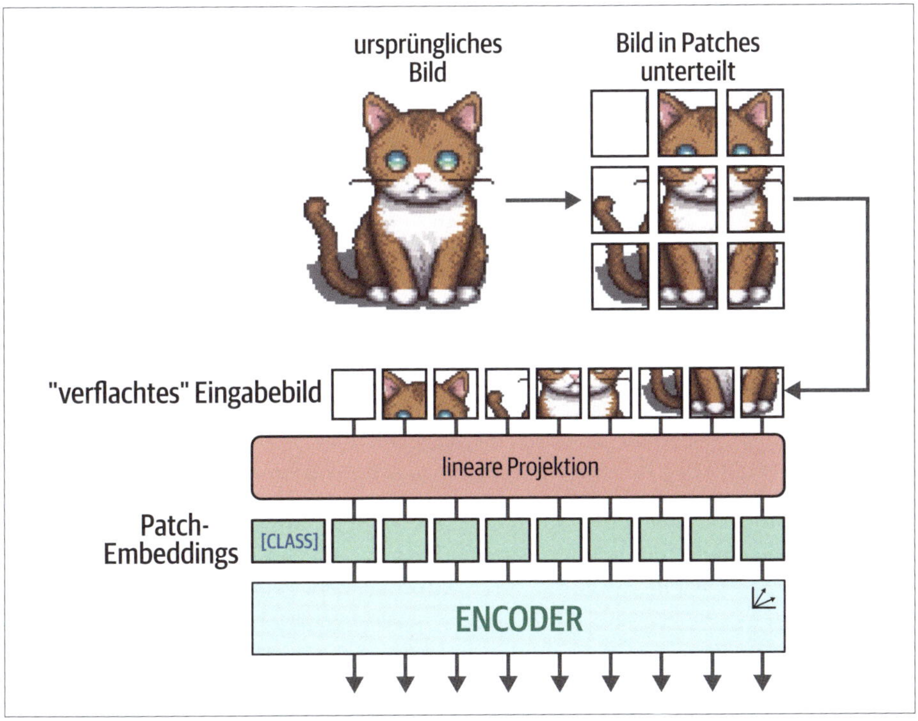

Abbildung 9.5: Beim Vision Transformer werden Bilder zunächst in Teilbilder (Patches) unterteilt und »verflacht«. Anschließend werden die Teilbilder mittels einer linearen Projektion in sogenannte Patch-Embeddings umgewandelt und an den Encoder übergeben. Ab dann werden sie genau so verarbeitet, als würde es sich um Textdaten bzw. Tokens handeln.

Multimodale Embedding-Modelle

In den vorangegangenen Kapiteln wurden Embedding-Modelle eingesetzt, um den Sinngehalt von Texten – beispielsweise von Forschungsartikeln – mithilfe von Vektordarstellungen bestmöglich abzubilden. Mithilfe dieser Embeddings war es möglich, ähnliche Dokumente zu finden oder zu klassifizieren oder sogar eine Fülle an Dokumenten thematisch zu analysieren (*Topic Modeling*).

Mit Embeddings lassen sich, wie Sie bereits mehrfach in diesem Buch feststellen konnten, die unterschiedlichsten Arten von LLM-basierten Anwendungen realisieren. Sie bieten sich vor allem dann an, wenn es darum geht, in großen Datenmengen enthaltene Informationen auf effiziente Weise zu erfassen und selbst in einer gigantischen Fülle an Informationen die berühmte Nadel im Heuhaufen zu finden.

Bislang haben wir uns ausschließlich mit textbasierten Embedding-Modellen befasst. Es gibt zwar auch Embedding-Modelle, die speziell für die Repräsentation von Bildern konzipiert sind, im Folgenden liegt der Fokus jedoch auf Modellen, die sowohl Text- als auch Bilddaten abbilden können (siehe Abbildung 9.6).

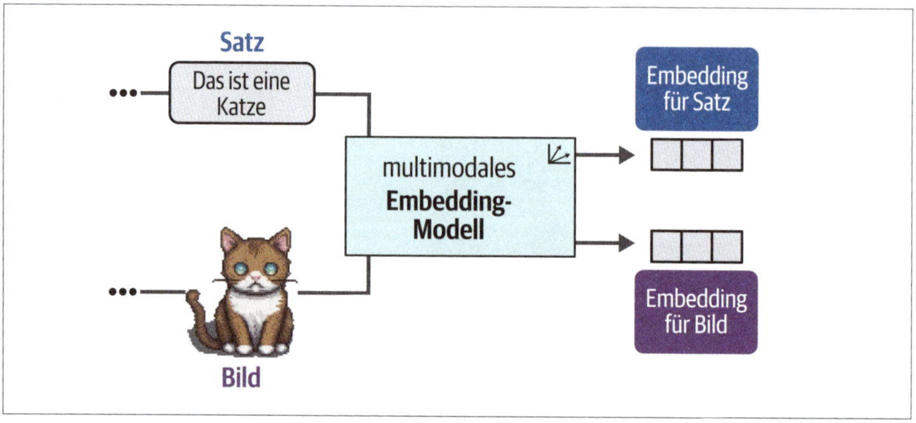

Abbildung 9.6: Mithilfe von multimodalen Embedding-Modellen lassen sich Embeddings für verschiedene Modalitäten erstellen; diese liegen alle im selben Vektorraum.

Ein Vorteil multimodaler Embedding-Modelle besteht darin, dass sich die Embeddings verschiedener Modalitäten miteinander vergleichen lassen, da sie im selben Vektorraum liegen (siehe Abbildung 9.7). Mithilfe eines multimodalen Embedding-Modells kann beispielsweise auf Grundlage einer Texteingabe nach Bildern gesucht werden. Welche Bilder werden zum Beispiel gefunden, wenn man nach »Welpenbilder« sucht? Umgekehrt funktioniert dies ebenso: Welche Dokumente passen am besten zu einem Bild?

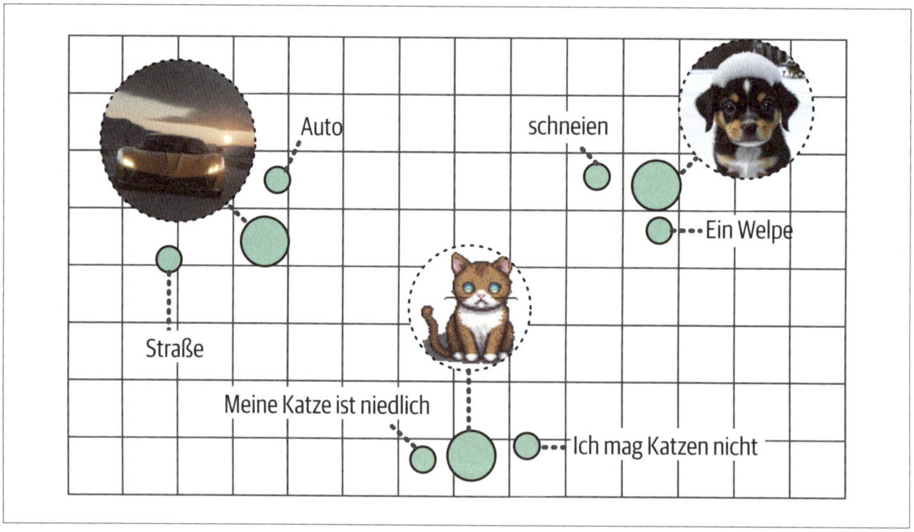

Abbildung 9.7: Embeddings, die ähnliche Inhalte abbilden, liegen im Vektorraum nah beieinander, auch wenn sie auf unterschiedlichen Modalitäten basieren.

Mittlerweile wurde eine Vielzahl multimodaler Embedding-Modelle entwickelt. Eines der bekanntesten und derzeit gebräuchlichsten Modelle ist das *Contrastive Language-Image Pre-training* (CLIP).

CLIP – Modelle, die eine Verbindung zwischen Texten und Bildern herstellen können

CLIP ist ein Embedding-Modell, mit dem sich sowohl Bilder als auch Texte in Embeddings umwandeln lassen. Die resultierenden Embeddings liegen im selben Vektorraum, sodass sich die Embeddings von Bildern mit denen von Texten vergleichen lassen.[3] Dadurch eignen sich CLIP und andere vergleichbare Modelle für Aufgaben wie diese:

Zero-Shot-Klassifikation
: Mithilfe multimodaler Embedding-Modelle können Bilder mit den Beschreibungen möglicher Kategorien verglichen werden, um die Kategorie zu ermitteln, die dem entsprechenden Bild am ähnlichsten ist und somit am besten passt.

Clustering
: Um herauszufinden, durch welche Schlagwörter sich Bilder jeweils am besten beschreiben lassen, können Bilder und verschiedene Schlagwörter zu Clustern zusammengefasst werden.

Suche
: Selbst in Milliarden von Texten bzw. Bildern lassen sich diejenigen, die mit einem bestimmten Bild bzw. Text in Zusammenhang stehen, schnell finden.

Generierung
: Mithilfe von multimodalen Embedding-Modellen können Bilder generiert werden, wie es beispielsweise mit Stable Diffusion[4] möglich ist.

Wie werden bei CLIP multimodale Embeddings generiert?

Das Vorgehen bei CLIP ist eigentlich ganz einfach. Angenommen, Sie hätten einen Datensatz, der Millionen von Bildern sowie zugehörige Bildbeschreibungen umfasst (wie in Abbildung 9.8 gezeigt).

Mit diesem Datensatz lassen sich zu jedem Paar zwei unterschiedliche (numerische) Darstellungen erstellen: eine für das Bild und eine für die zugehörige Bildbeschreibung. Hierfür wird bei CLIP ein Encoder verwendet, mit dem Texte in Embeddings umgewandelt werden (Text-Encoder), und ein Encoder, mit dem Bilder in Embeddings umgewandelt werden (Bild-Encoder). Folglich wird für jedes Paar ein Embedding für das Bild und eines für die zugehörige Bildbeschreibung erstellt (siehe Abbildung 9.9).

3 Alec Radford et al. »Learning transferable visual models from natural language supervision.« *International Conference on Machine Learning*. PMLR, 2021.

4 Robin Rombach et al. »High-resolution image synthesis with latent diffusion models.« *Proceedings of the IEEE/CVF Conference on Computer Vision and Pattern Recognition*, 2022.

Abbildung 9.8: Die Art von Daten, die für das Training eines multimodalen Embedding-Modells erforderlich ist

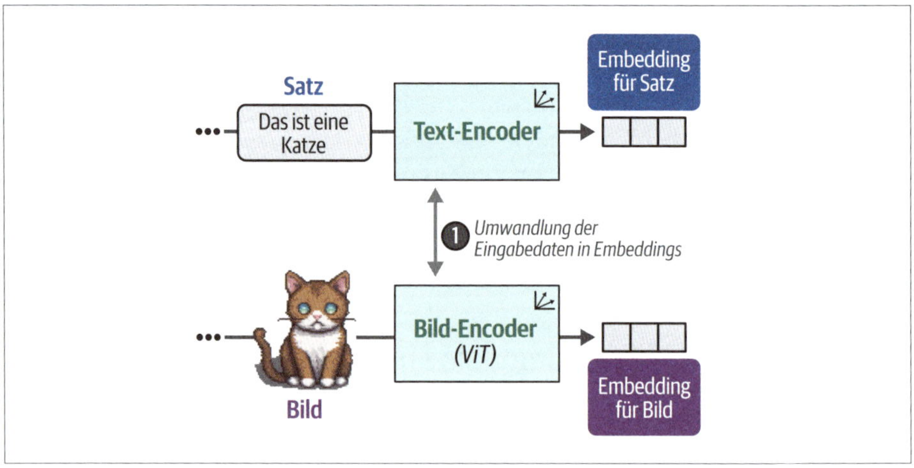

Abbildung 9.9: Im ersten Schritt des Trainings des CLIP-Modells werden sowohl Bilder als auch Texte mithilfe eines für Bilder bzw. eines für Texte ausgelegten Encoders in Embeddings umgewandelt.

Die beiden resultierenden Embeddings können dann anhand der Kosinus-Ähnlichkeit verglichen werden. Die Kosinus-Ähnlichkeit entspricht, wie Sie bereits in Kapitel 4 erfahren haben, dem Kosinus des eingeschlossenen Winkels beider Vektoren. Zur Berechnung wird zunächst das Skalarprodukt beider Vektoren (Embeddings) gebildet, und anschließend wird durch das Produkt ihrer Längen (d.h. ihrer euklidischen Norm) geteilt.

Zu Beginn des Trainings ist die Ähnlichkeit zwischen dem Embedding eines Bilds und dem Embedding einer zugehörigen Bildbeschreibung gering. Das liegt daran, dass sie noch nicht dahin gehend optimiert wurden, im selben Vektorraum zu liegen. Im Rahmen des Trainings werden die Embeddings hinsichtlich ihrer Ähnlichkeit optimiert. Das Ziel besteht darin, diese für ähnliche Paare aus Bild und zugehöriger Bildbeschreibung zu maximieren und für Paare, die sich in Bezug auf den Inhalt des Bilds und der Beschreibung unterscheiden, zu minimieren (siehe Abbildung 9.10).

Nachdem die Ähnlichkeit zwischen den Embeddings berechnet wurde, werden diese (bzw. das Modell) entsprechend aktualisiert. Anschließend beginnt der Prozess erneut mit neuen Batches von Daten und aktualisierten Vektordarstellungen (siehe Abbildung 9.11). Diese Methode wird als *Contrastive Learning* bezeichnet. In Kapitel 10 werden wir uns eingehend damit befassen und unser eigenes Embedding-Modell erstellen.

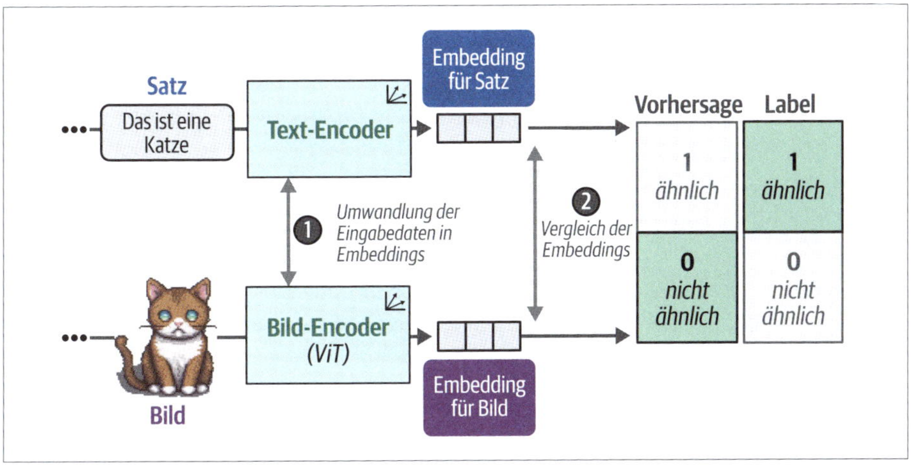

Abbildung 9.10: Im zweiten Schritt des Trainings wird jeweils die Ähnlichkeit zwischen dem Embedding des Bilds und dem der zugehörigen Bildbeschreibung auf Grundlage der Kosinus-Ähnlichkeit berechnet.

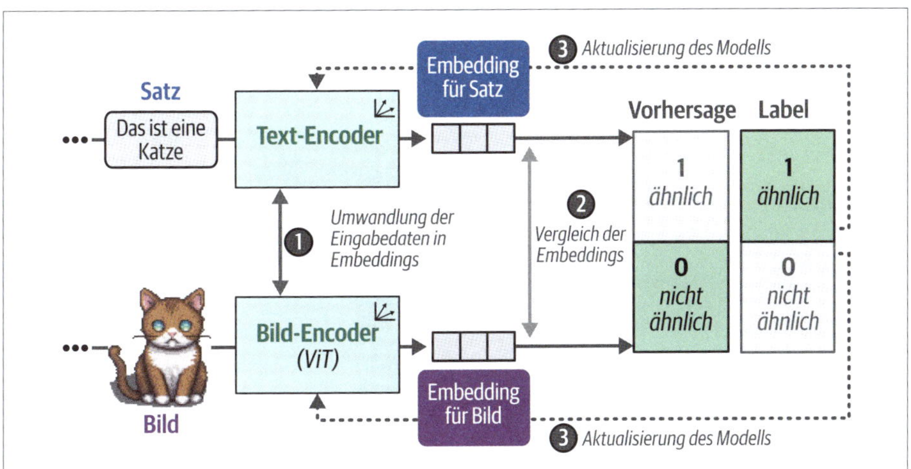

Abbildung 9.11: Im dritten Schritt des Trainings des CLIP-Modells werden Text- und Bild-Encoder aktualisiert, sodass sich nach und nach die gewünschte Ähnlichkeit einstellt. Auf diese Weise werden die Embeddings so angepasst, dass sie im Vektorraum näher beieinanderliegen, wenn die jeweiligen Eingaben einander ähneln bzw. im Zusammenhang stehen.

Das Ziel besteht letztlich darin, dass das Embedding eines Katzenbilds dem Embedding des Satzes »Ein Bild einer Katze« ähnelt. Um sicherzustellen, dass die Vektordarstellungen so akkurat wie möglich sind, sollten auch Negativbeispiele – also Beispiele, bei denen die Bilder und die zugehörigen Bildbeschreibungen in keinem inhaltlichen Zusammenhang stehen – in den Trainingsprozess einbezogen werden (siehe Kapitel 10). Modelle können ähnliche Dinge besser erfassen, wenn sie nicht nur berücksichtigen, was sie miteinander gemein haben, sondern auch, was sie unterscheidet bzw. warum sie nicht miteinander in Zusammenhang stehen.

OpenCLIP

Kommen wir nun zu einem Beispiel. Hierfür werden Sie zwei Modelle zur Aufbereitung der Eingabedaten und als Hauptmodell die Open-Source-Variante von CLIP, OpenCLIP (*https://oreil.ly/op9BP*), verwenden. Für den Einsatz von OpenCLIP bzw. eines beliebigen anderen CLIP-Modells müssen die Text- und Bildeingaben zunächst so aufbereitet werden, dass sie von dem eigentlichen Modell verarbeitet werden können.

Doch bevor es in aller Ausführlichkeit an das eigentliche Beispiel geht, sollten Sie zuvor erst einmal das exemplarische Bild laden, das bereits in einer der vorherigen Abbildungen zu sehen war, und zwar ein (mittels Stable Diffusion) KI-generiertes Bild eines im Schnee spielenden Welpen (siehe Abbildung 9.12).

```
from urllib.request import urlopen
from PIL import Image

# Ein KI-generiertes Bild eines im Schnee spielenden Welpen laden
puppy_path = "https://raw.githubusercontent.com/HandsOnLLM/Hands-On-Large-Language-
Models/main/chapter09/images/puppy.pdf"
image = Image.open(urlopen(puppy_path)).convert("RGB")

caption = "a puppy playing in the snow"
```

Abbildung 9.12: Das Bild eines im Schnee spielenden Welpen, generiert von einer KI

Da auch die entsprechende Bildbeschreibung vorliegt, können Sie nun mit OpenCLIP für beide ein Embedding erstellen.

Laden Sie hierzu die folgenden drei verschiedenen Modelle:

- einen Tokenizer, mit dem die Texteingabe tokenisiert wird,
- einen Präprozessor, um das Bild aufzubereiten und zu verkleinern, und
- das eigentliche Modell, das die Ausgaben der beiden anderen Modelle in Embeddings umwandelt.

```
from transformers import CLIPTokenizerFast, CLIPProcessor, CLIPModel

model_id = "openai/clip-vit-base-patch32"

# Tokenizer zur Aufbereitung des Texts laden
clip_tokenizer = CLIPTokenizerFast.from_pretrained(model_id)

# Präprozessor zur Aufbereitung der Bilder laden
clip_processor = CLIPProcessor.from_pretrained(model_id)

# Eigentliches Modell zur Erzeugung der Text- und Bild-Embeddings
model = CLIPModel.from_pretrained(model_id)
```

Nachdem Sie die Modelle geladen haben, ist die Aufbereitung der Eingabe denkbar einfach. Rufen Sie als Erstes den Tokenizer auf, um zu sehen, wie die Eingabe aussieht, nachdem sie aufbereitet wurde:

```
# Eingabe tokenisieren
inputs = clip_tokenizer(caption, return_tensors="pt")
inputs
```

Sie erhalten ein Dictionary mit den IDs der in der Eingabe enthaltenen Tokens:

```
{'input_ids': tensor([[49406, 320, 6829, 1629, 530, 518, 2583, 49407]]),
'attention_mask': tensor([[1, 1, 1, 1, 1, 1, 1, 1]])}
```

Um herauszufinden, für welche Tokens die IDs jeweils konkret stehen, können Sie die IDs mithilfe der Funktion convert_ids_to_tokens in Tokens konvertieren:

```
# Eingabe wieder in Tokens konvertieren
clip_tokenizer.convert_ids_to_tokens(inputs["input_ids"][0])
```

Als Ausgabe erhalten Sie Folgendes:

```
['<|startoftext|>',
 'a</w>',
 'puppy</w>',
 'playing</w>',
 'in</w>',
 'the</w>',
 'snow</w>',
 '<|endoftext|>']
```

Der Text wurde wie erwartet in Tokens zerlegt. Zudem gibt es Sondertokens, mit denen der Anfang und das Ende des Texts gekennzeichnet wird, sodass dieser von einem Bild-Embedding unterschieden werden kann. Möglicherweise ist Ihnen auch aufgefallen, dass das Token [CLS] nicht genutzt wurde, da dieses bei CLIP zur Kennzeichnung eines Bild-Embeddings dient.

Der Text wurde nun so aufbereitet, dass das entsprechende Embedding problemlos erstellt werden kann:

```
# Text-Embedding erstellen
text_embedding = model.get_text_features(**inputs)
text_embedding.shape
```

Für diese Zeichenkette hat das resultierende Embedding 512 Werte:

```
torch.Size([1, 512])
```

Bevor das Bild ebenfalls in ein Embedding umgewandelt werden kann, muss es – wie bei der Erstellung des Text-Embeddings – zunächst entsprechend aufbereitet werden, da das Eingabebild bestimmte Eigenschaften hinsichtlich seiner Größe und seines Formats aufweisen muss, damit das Modell es verarbeiten kann.

Dazu können Sie den processor verwenden, den Sie zuvor angelegt haben:

```
# Bild aufbereiten
processed_image = clip_processor(
    text=None, images=image, return_tensors="pt"
)["pixel_values"]

processed_image.shape
```

Das Bild hatte ursprünglich eine Größe von 512 × 512 Pixeln. Durch die Vorverarbeitung wurde die Größe des Bilds auf 224 × 224 Pixel reduziert, da diese vom Modell vorausgesetzt wird:

```
torch.Size([1, 3, 224, 224])
```

Mal sehen, wie das Bild nun nach der Vorverarbeitung aussieht (siehe Abbildung 9.13):

```
import torch
import numpy as np
import matplotlib.pyplot as plt

# Bild zur Visualisierung vorbereiten
img = processed_image.squeeze(0)
img = img.permute(*torch.arange(img.ndim - 1, -1, -1))
img = np.einsum("ijk->jik", img)

# Aufbereitetes Bild visualisieren
plt.imshow(img)
plt.axis("off")
```

Um das aufbereitete Bild in Embeddings umzuwandeln, können Sie das Modell (in ähnlicher Weise wie zuvor) aufrufen und prüfen, in welcher Form bzw. welchem Shape es zurückgegeben wird:

```
# Bild-Embedding erstellen
image_embedding = model.get_image_features(processed_image)
image_embedding.shape
```

Abbildung 9.13: Das Eingabebild nach der Vorverarbeitung durch CLIP

Der Shape des Embeddings ist folgender:

```
torch.Size([1, 512])
```

Das resultierende Bild-Embedding hat denselben Shape wie das Text-Embedding. Das ist wichtig, da dadurch ein Vergleich der Embeddings untereinander möglich ist und so beurteilt werden kann, ob sie sich ähneln.

Nun können Sie ermitteln, wie ähnlich sich die Embeddings sind. Dazu müssen Sie diese zunächst normieren und anschließend das Skalarprodukt berechnen. Der resultierende Wert quantifiziert die Ähnlichkeit der Embeddings:

```
# Embeddings normieren
text_embedding /= text_embedding.norm(dim=-1, keepdim=True)
image_embedding /= image_embedding.norm(dim=-1, keepdim=True)

# Ähnlichkeit berechnen
text_embedding = text_embedding.detach().cpu().numpy()
image_embedding = image_embedding.detach().cpu().numpy()
score = np.dot(text_embedding, image_embedding.T)
score
```

Als Ähnlichkeitswert erhalten Sie:

```
array([[0.33149648]], dtype=float32)
```

Der Ähnlichkeitswert beträgt 0,33, wobei es schwierig ist, diesen zu interpretieren, da unklar ist, was das Modell unter einem niedrigen und einem hohen Ähnlichkeitswert versteht. Um ein besseres Bild davon zu bekommen, wie dieser zu interpretieren ist, sollten Sie zunächst noch weitere Bilder mit entsprechenden Bildbeschriftungen miteinbeziehen (siehe Abbildung 9.14).

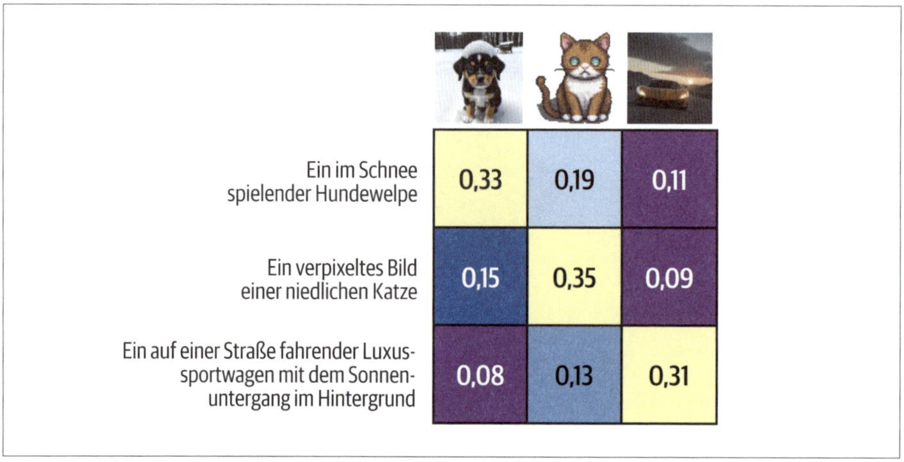

Abbildung 9.14: Die Ähnlichkeitsmatrix für drei Bilder und ihre entsprechenden Bildbeschriftungen

Angesichts der Tatsache, dass die Ähnlichkeitswerte bei anderen Bildern deutlich geringer ausfallen, scheint ein Wert von 0,33 relativ hoch zu sein.

CLIP mit der sentence-transformers-Bibliothek laden

Die `sentence-transformers`-Bibliothek stellt mehrere Implementierungen CLIP-basierter Modelle bereit, mit denen sich die Embeddings noch einfacher erstellen lassen. Hierfür sind nur wenige Zeilen Code erforderlich:

```
from sentence_transformers import SentenceTransformer, util

# SBERT-kompatibles CLIP-Modell laden
model = SentenceTransformer("clip-ViT-B-32")

# Bilder codieren
image_embeddings = model.encode(images)

# Bildbeschreibungen codieren
text_embeddings = model.encode(captions)

# Für alle Kosinus-Ähnlichkeit berechnen
sim_matrix = util.cos_sim(
    image_embeddings, text_embeddings
)
```

Multimodale Textgenerierungsmodelle erstellen

Ursprünglich wurden Textgenerierungsmodelle so entwickelt, dass sie in der Lage sind, den Inhalt von Texten mithilfe geeigneter Vektordarstellungen zu verstehen. Modelle wie Llama 2 und ChatGPT zeichnen sich hingegen dadurch aus, dass sie auch über den Inhalt von Texten »nachdenken« und entsprechende Antworten in natürlicher Sprache ausgeben können.

Allerdings sind sie auf die Modalität beschränkt, mit der sie trainiert wurden, in diesem Fall Text. Wie multimodale Embedding-Modelle können auch Textgenerierungsmodelle für ein breiteres Anwendungsspektrum eingesetzt werden, wenn sie zusätzlich in der Lage sind, Bilder zu verarbeiten.

Bei Textgenerierungsmodellen ist es wünschenswert, dass sie über vorgegebene Bilder bestimmte Schlüsse ziehen können (*Reasoning*) und dass man mit ihnen dazu in ein Gespräch treten kann (siehe Abbildung 9.15).

Abbildung 9.15: Ein Beispiel für ein multimodales Textgenerierungsmodell (BLIP-2), das in der Lage ist, anhand von Eingabebildern logische Schlüsse zu ziehen (Reasoning).

Damit die beiden Teilbereiche nicht länger isoliert voneinander bleiben, wurde versucht, bestehende Modelle so umzugestalten, dass sie beide Modalitäten abdecken können. Eine dieser Methoden nennt sich *BLIP-2* (*Bootstrapping Language-Image Pre-training for Unified Vision-Language Understanding and Generation 2*). BLIP-2 ist eine einfach anzuwendende und zugleich modulare Methode, mit der bestehende Sprachmodelle auch im Bereich der Bildverarbeitung (Vision) eingesetzt werden können.

BLIP-2 – Modelle erstellen, die auf Basis von Texten und Bildern logische Schlüsse ziehen können

Für den Aufbau eines multimodalen Sprachmodells sind enorm viel Rechenleistung und riesige Datenmengen erforderlich. Letztlich müssen Milliarden von Bildern, Texten und Bild-Text-Paaren herangezogen werden, um ein solches Modell zu trainieren. Und das ist keineswegs trivial!

Bei BLIP-2 wurde die Architektur so gestaltet, dass das Modell nicht grundlegend neu aufgebaut werden muss, sondern mithilfe des Querying Transformer (Q-Former) eine Verbindung zwischen den Modalitäten Bild und Sprache hergestellt wird. Dadurch werden ein mit Bildern vortrainierter Encoder und ein vortrainiertes LLM miteinander verknüpft.[5]

Da beim BLIP-2-Modell auf vortrainierte Modelle zurückgegriffen wird, muss lediglich die Verknüpfung, der Q-Former, trainiert werden. Der für die Verarbeitung der Bilder zuständige Encoder und das LLM müssen hingegen nicht von Grund auf neu trainiert werden (siehe Abbildung 9.16). Durch die Einbindung des Q-Former wird das Potenzial der bereits vorhandenen Technologien und Modelle somit optimal ausgeschöpft!

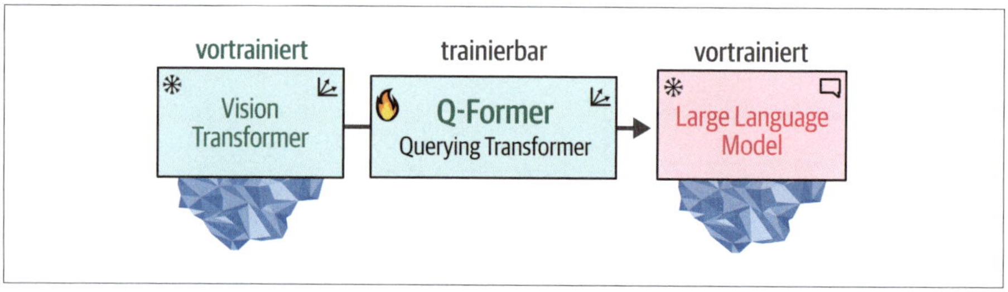

Abbildung 9.16: Der Querying Transformer fungiert als Bindeglied zwischen Bild- (Vision Transformer) und Textdaten (LLM) und ist die einzige trainierbare Komponente in der Architektur.

Um die beiden vortrainierten Modelle zu verknüpfen, werden ihre Architekturen mithilfe des Q-Former nachgebildet. Dieser verfügt über zwei Module, die sich ihre Attention-Schichten teilen:

- ein Vision Transformer zur Interaktion mit dem eingefrorenen Vision Transformer zur Merkmalsextraktion (*Feature Extraction*) und
- ein Text Transformer, der mit dem LLM interagieren kann.

Der Q-Former wird in zwei Schritten trainiert, wobei jeweils einer für eine Modalität bestimmt ist (siehe Abbildung 9.17).

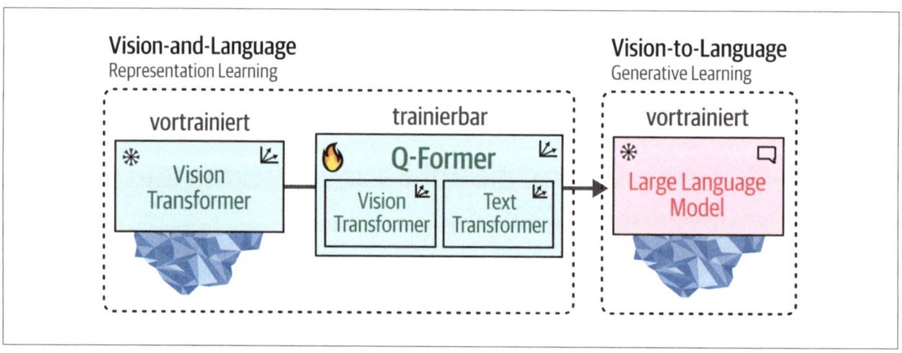

Abbildung 9.17: Im ersten Schritt kommt Representation Learning zum Einsatz, um gleichzeitig Vektordarstellungen für Bilder und Sprache zu erlernen. Im zweiten Schritt werden diese Darstellungen in visuelle Soft-Prompts umgewandelt und in das LLM eingespeist.

5 Junnan Li et al. »BLIP-2: Bootstrapping language-image pretraining with frozen image encoders and large language models.« *International Conference on Machine Learning*. PMLR, 2023.

Im ersten Schritt werden Bild-Dokument-Paare verwendet, um den Q-Former darauf zu trainieren, sowohl Bilder als auch Texte abzubilden. Dabei handelt es sich in der Regel um Bilder mit entsprechenden Bildbeschriftungen, wie sie bereits zuvor beim Training des CLIP-Modells verwendet wurden.

Die Bilder werden in den eingefrorenen Vision Transformer eingespeist, um Patch-Embeddings zu extrahieren. Diese Embeddings dienen dann als Eingabe für den Vision Transformer des Q-Former. Die Bildbeschriftungen werden als Eingabe für den Text Transformer des Q-Former verwendet.

Mit diesen Eingaben wird der Q-Former dann im Hinblick auf drei Aufgaben trainiert:

Image-Text Contrastive Learning
: Bei dieser Aufgabe wird versucht, Paare von Patch- und Text-Embeddings so aufeinander abzustimmen, dass der gegenseitige Informationsgehalt so groß wie möglich ist.

Image-Text Matching
: Eine Klassifikationsaufgabe, bei der vorhergesagt wird, ob ein Bild-Text-Paar als positiv (zugehörig) oder negativ (nicht zugehörig) einzustufen ist.

Image-grounded Text Generation
: Das Modell wird so trainiert, dass es auf der Grundlage von Informationen, die aus dem Eingabebild abgeleitet wurden, Text generiert.

Der Q-Former wird hinsichtlich dieser drei Aufgaben gleichzeitig optimiert, um die aus dem eingefrorenen Vision Transformer extrahierten bildbasierten Vektordarstellungen (Patch-Embeddings) zu verbessern. In gewisser Weise versucht man, die Embeddings des eingefrorenen Vision Transformer mit textuellen Informationen zu versehen, damit sie im LLM verwendet werden können. Dieser erste Schritt beim Training des BLIP-2-Modells wird noch einmal zusammenfassend in Abbildung 9.18 veranschaulicht.

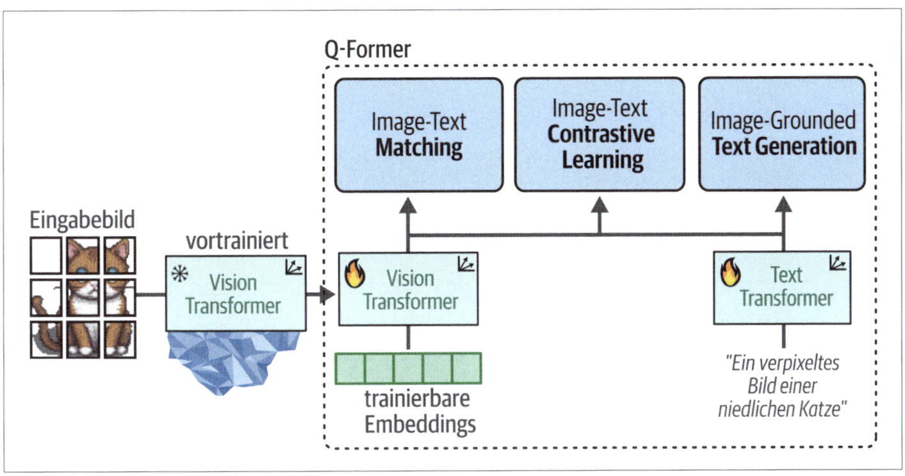

Abbildung 9.18: Im ersten Schritt wird die Ausgabe des Vision Transformer (dessen Schichten eingefroren sind) zusammen mit der entsprechenden Bildbeschriftung in den Q-Former gespeist. Anschließend wird der Q-Former anhand von drei Aufgaben trainiert, bei denen Contrastive Learning angewandt wird, um Vektordarstellungen zu erlernen, die sowohl Bilder als auch Texte abbilden.

Im zweiten Schritt verfügen die aus dem ersten Schritt resultierenden trainierbaren Embeddings über bildspezifische bzw. visuelle Informationen. Diese liegen im selben Vektorraum wie die entsprechenden textuellen Informationen. Anschließend werden die trainierbaren Embeddings an das LLM weitergeleitet. Diese dienen als »visuelle Soft-Prompts« (also Prompts, die nicht in natürlicher Sprache verfasst sind), mit denen das LLM auf die vom Q-Former extrahierten visuellen Darstellungen ausgerichtet wird.

Zwischen ihnen befindet sich eine vollständig verbundene lineare Schicht (engl. *Fully Connected Linear Layer*), die dafür sorgt, dass die trainierbaren Embeddings den vom LLM vorausgesetzten Shape aufweisen. Dieser zweite Schritt, bei dem visuelle Informationen in sprachliche umgewandelt werden, wird in Abbildung 9.19 dargestellt.

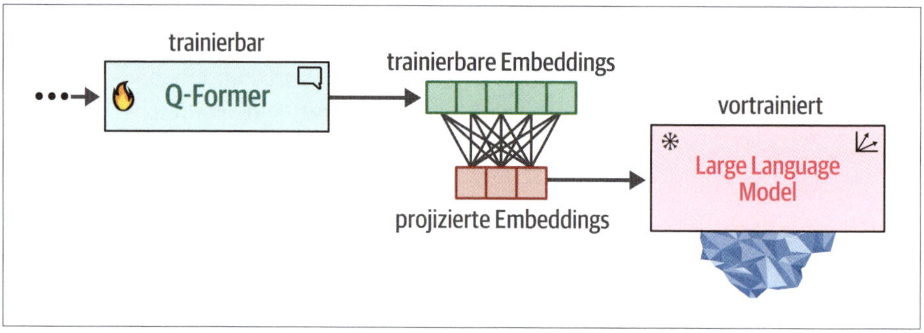

Abbildung 9.19: In einem zweiten Schritt werden die trainierten Embeddings vom Q-Former über eine Schicht, die zur Projektion dient, an das LLM weitergegeben. Die projizierten Embeddings fungieren dann als visuelle Soft-Prompts.

In Kombination ermöglichen diese Schritte dem Q-Former, sowohl bild- als auch textbasierte Darstellungen im selben Vektorraum zu erlernen. Diese können als »Soft-Prompts« für das LLM verwendet werden. Dadurch erhält das LLM, ähnlich wie bei einem herkömmlichen Text-Prompt, Informationen zu bestimmten Bildinhalten. Eine detaillierte Darstellung des Vorgehens finden Sie in Abbildung 9.20.

Seit der Veröffentlichung von BLIP-2 wurden zahlreiche weitere LLMs entwickelt, die ebenfalls Bilder verarbeiten können und in ihrer Funktionsweise BLIP ähneln. Beispiele hierfür sind LLaVA (*https://oreil.ly/_Gf9D*), ein Framework zur multimodalen Gestaltung textbasierter LLMs,[6] sowie Idefics 2 (*https://oreil.ly/xbIuQ*), ein leistungsstarkes, bildverarbeitendes LLM, das auf dem sieben Milliarden Parameter umfassenden LLM Mistral (*https://oreil.ly/6PQ8E*) basiert.[7] Bei beiden werden vortrainierte Bild-Encoder, die dem bei CLIP verwendeten ähneln, mit textverarbeitenden LLMs verknüpft. Dies wird jedoch mit unterschiedlichen Architekturen bewerkstelligt. Dabei haben beide gemeinsam, dass die aus den Eingabebildern extrahierten Features in

6 Haotian Liu et al. »Visual instruction tuning.« *Advances in Neural Information Processing Systems* 36 (2024).

7 Hugo Laurençon et al. »What matters when building vision-language models?« *arXiv Preprint arXiv:2405.02246* (2024).

Text-Embeddings projiziert werden, sodass sie als Eingabe für ein LLM verwendet werden können. Wie beim Q-Former besteht das Ziel auch hier darin, eingegebene Text- und Bilddaten miteinander zu verknüpfen.

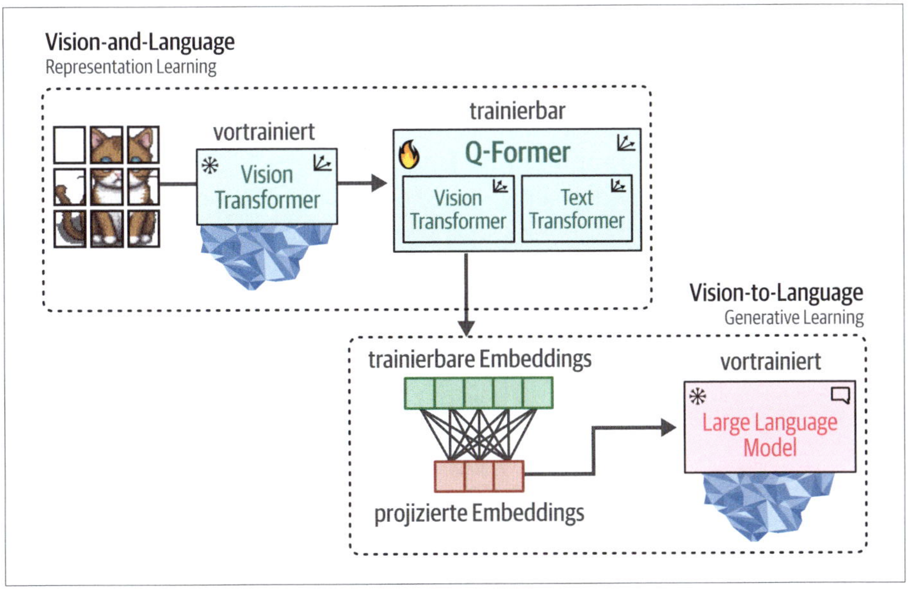

Abbildung 9.20: Der komplette Ablauf beim BLIP-2-Modell

Multimodale Eingabedaten aufbereiten

Nachdem Sie nun die grundlegende Funktionsweise des BLIP-2-Modells kennengelernt haben, ist es an der Zeit, sich mit den verschiedenen interessanten Anwendungsmöglichkeiten eines solchen Modells zu befassen. Dazu gehören unter anderem die Erstellung von Bildbeschriftungen, die Beantwortung von Fragen zu Bildern und sogar die Interaktion mit Modellen über Prompts in Form von Bildern.

Bevor wir uns einzelnen Anwendungsfällen zuwenden, sollten Sie zunächst das Modell laden und sich damit vertraut machen, wie es verwendet wird:

```
from transformers import AutoProcessor, Blip2ForConditionalGeneration
import torch

# Prozessor und eigentliches Modell laden
blip_processor = AutoProcessor.from_pretrained("Salesforce/blip2-opt-2.7b")
model = Blip2ForConditionalGeneration.from_pretrained(
    "Salesforce/blip2-opt-2.7b",
    torch_dtype=torch.float16
)

# Modell auf GPU übertragen, um eine schnellere Inferenz zu ermöglichen
device = "cuda" if torch.cuda.is_available() else "cpu"
model.to(device)
```

Wenn Sie `model.vision_model` bzw. `model.language_model` eingeben, können Sie nachvollziehen, welcher Vision Transformer bzw. welches generative LLM in dem BLIP-2-Modell zum Einsatz kommt.

Nun haben Sie beide Komponenten geladen, aus denen sich eine vollständige Pipeline zusammensetzt: eine Verarbeitungskomponente, ein sogenannter Prozessor und ein Modell. Der Prozessor lässt sich mit dem Tokenizer eines Sprachmodells vergleichen. Er wandelt unstrukturierte Eingabedaten wie Bild- und Textdaten in Vektordarstellungen um, sodass diese vom Modell verarbeitet werden können.

Bilder aufbereiten

Sehen wir uns zunächst an, wie der Prozessor mit Bildern umgeht. Zur Veranschaulichung können Sie zunächst ein sehr breites Bild laden:

```
# Bild eines Luxussportwagens laden
car_path = "https://raw.githubusercontent.com/HandsOnLLM/Hands-On-Large-Language-Models/main/chapter09/images/car.pdf"
image = Image.open(urlopen(car_path)).convert("RGB")

image
```

Das Bild hat eine Größe von 520 × 492 Pixeln, was ein eher unübliches Format ist. Mal sehen, wie das Bild vom Prozessor verarbeitet wird:

```
# Bild aufbereiten
inputs = blip_processor(image, return_tensors="pt").to(device, torch.float16)
inputs["pixel_values"].shape
```

Der resultierende Tensor hat den folgenden Shape:

```
torch.Size([1, 3, 224, 224])
```

Das Bild hat nun eine Größe von 224 × 224 Pixeln. Es ist also deutlich kleiner als zuvor und wurde außerdem in eine quadratische Form gebracht. Achten Sie daher darauf, dass Ihre Bilder nicht allzu breit oder hoch sind, da sie sonst zu stark gestaucht werden.

Texte aufbereiten

Sehen wir uns als Nächstes an, wie der Prozessor eingegebene Texte verarbeitet. Mit der folgenden Codezeile können Sie herauszufinden, welcher Tokenizer zur Tokenisierung des Eingabetexts verwendet wird:

```
blip_processor.tokenizer
```

Die Ausgabe sieht wie folgt aus:

```
GPT2TokenizerFast(name_or_path='Salesforce/blip2-opt-2.7b', vocab_size=50265,
model_max_length=1000000000000000019884624838656, is_fast=True, padding_side=
'right', truncation_side='right', special_tokens={'bos_token': '</s>', 'eos_token':
'</s>', 'unk_token': '</s>', 'pad_token': '<pad>'}, clean_up_tokenization_spaces=
True), added_tokens_decoder={
1: AddedToken("<pad>", rstrip=False, lstrip=False, single_word=False, normalized=
True, special=True),
2: AddedToken("</s>", rstrip=False, lstrip=False, single_word=False, normalized=
True, special=True),
}
```

Das in diesem Beispiel verwendete BLIP-2-Modell greift auf den `GPT2Tokenizer` zurück. Je nachdem, welcher Tokenizer eingesetzt wird, kann – wie Sie bereits aus Kapitel 2 wissen – die Art und Weise, wie der Eingabetext verarbeitet wird, stark variieren.

Probieren Sie den `GPT2Tokenizer` nun mit einem kurzen Beispielsatz aus, um sich ein Bild davon zu machen, wie der Text tokenisiert wird. Dazu müssen Sie den Satz zunächst in Token-IDs überführen und diese dann in Tokens umwandeln:

```
#Text aufbereiten
text = "Her vocalization was remarkably melodic"
token_ids = blip_processor(image, text=text, return_tensors="pt")
token_ids = token_ids.to(device, torch.float16)["input_ids"][0]

# Token-IDs zurück in Tokens umwandeln
tokens = blip_processor.tokenizer.convert_ids_to_tokens(token_ids)
tokens
```

Der Satz wurde in die folgenden Tokens zerlegt:

```
['</s>', 'Her', 'Ġvocal', 'ization', 'Ġwas', 'Ġremarkably', 'Ġmel', 'odic']
```

Wahrscheinlich ist Ihnen bereits aufgefallen, dass am Anfang einiger Tokens ein seltsames Symbol steht, nämlich ein Ġ. Eigentlich sollte es sich dabei um ein Leerzeichen handeln. Eine interne Funktion sorgt jedoch dafür, dass Zeichen, die an bestimmten Codepoints stehen, um 256 Zeichen nach hinten verschoben werden, damit sie ausdruckbar sind bzw. ausgegeben werden können. Dadurch wird aus dem Leerzeichen (Codepoint 32) ein Ġ (Codepoint 288).

Um die Lesbarkeit zu verbessern, können Sie das Symbol wie folgt durch Unterstriche ersetzen:

```
# Token, das für Leerzeichen steht, durch Unterstrich ersetzen
tokens = [token.replace("Ġ", "_") for token in tokens]
tokens
```

Die Ausgabe sieht jetzt so aus:

```
['</s>', 'Her', '_vocal', 'ization', '_was', '_remarkably', '_mel', 'odic']
```

Nun wird der Anfang eines Worts jeweils durch einen Unterstrich gekennzeichnet, sodass sich Wörter, die aus mehreren Tokens bestehen, bedeutend leichter lesen lassen.

1. Anwendungsfall: Bildbeschriftungen erstellen

Eine der naheliegendsten Anwendungsmöglichkeiten eines Modells wie BLIP-2 besteht darin, alle in einem Datensatz enthaltenen Bilder mit Beschriftungen zu versehen. Beispielsweise könnte es sich dabei um ein Unternehmen handeln, das Produktbeschreibungen für seine Kleidungsstücke erstellen möchte, oder um einen Fotografen, der nicht die Zeit hat, die über 1.000 Bilder einer Hochzeit einzeln von Hand zu beschriften.

Das Vorgehen bei der Beschriftung von Bildern folgt erst mal demselben Prinzip wie bei deren Aufbereitung. Zunächst wird ein Bild in Pixelwerte konvertiert, damit es vom Modell eingelesen werden kann. Diese Pixelwerte werden dann an das BLIP-2-Modell geleitet, das sie in einen »visuellen Soft-Prompt« überführt. Auf Grundlage dieses Prompts erstellt das LLM anschließend eine geeignete Bildbeschriftung.

Nehmen Sie nun erneut das Bild des Luxussportwagens und übergeben Sie es dem Prozessor, damit dieser es in die erforderliche Form bringt:

```
# KI-generiertes Bild eines Luxussportwagens laden
image = Image.open(urlopen(car_path)).convert("RGB")

# Bild in Eingabedaten konvertieren und aufbereiten
inputs = blip_processor(image, return_tensors="pt").to(device, torch.float16)
image
```

Als Nächstes muss das Bild mithilfe des BLIP-2-Modells in Token-IDs umgewandelt werden, die anschließend in den Text (die generierte Bildbeschriftung) konvertiert werden können:

```
# IDs generieren, die an den Decoder (LLM) übergeben werden
generated_ids = model.generate(**inputs, max_new_tokens=20)

# Den Text anhand der IDs generieren
generated_text = blip_processor.batch_decode(
    generated_ids, skip_special_tokens=True
)
generated_text = generated_text[0].strip()
generated_text
```

Die Variable generated_text enthält die generierte Bildbeschriftung:

```
an orange supercar driving on the road at sunset
```

Die Bildbeschreibung gibt perfekt wieder, was auf dem Bild zu sehen ist!

Die Erstellung von Bildbeschriftungen ist eine gute Möglichkeit, um sich mit dem Modell vertraut zu machen, bevor man sich komplexeren Anwendungsfällen zuwendet. Probieren Sie es am besten selbst mit ein paar Bildern Ihrer Wahl aus und überzeugen Sie sich davon, wie gut das Modell bei verschiedenen Bildern funktioniert. Bei Bildbeschriftungen, die sich auf bestimmte Themenbereiche beziehen – beispielsweise Bilder von bestimmten Zeichentrick- oder Fantasiefiguren –, könnten die generierten Beschriftungen unter Umständen weniger zufriedenstellend ausfallen, da das Modell hauptsächlich mit öffentlich zugänglichen Daten trainiert wurde.

Kommen wir zum Schluss dieses Anwendungsbeispiels noch zu einem amüsanten Beispiel, nämlich einem Bild aus dem Rorschach-Test, das in Abbildung 9.21 dargestellt wird.

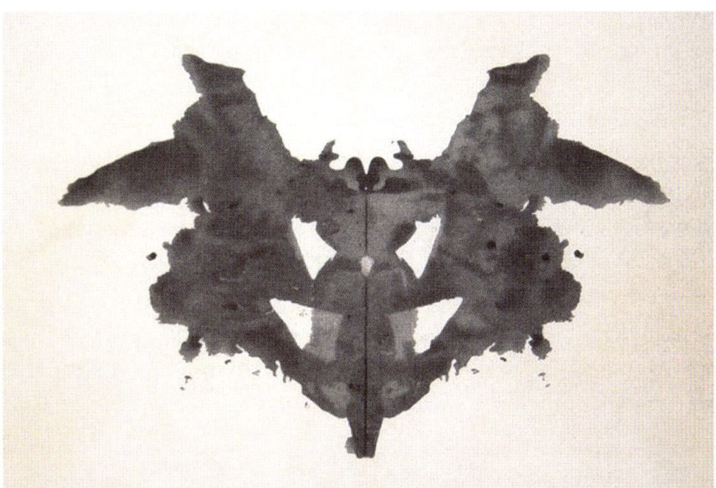

Abbildung 9.21: Ein Bild aus dem Rorschach-Test. Was sehen Sie darin?

Das Bild ist Teil eines älteren psychodiagnostischen Testverfahrens, bei dem analysiert wird, wie eine Person bestimmte Tintenkleckse wahrnimmt.[8] Was jemand in einem solchen Tintenklecks erkennt, soll demnach etwas über seine Persönlichkeitsmerkmale aussagen. Der Test ist also ziemlich subjektiv, was ihn aber umso unterhaltsamer macht!

Verwenden Sie das in Abbildung 9.21 abgebildete Bild als Eingabebild:

```
# Bild aus dem Rorschach-Test laden
url = "https://upload.wikimedia.org/wikipedia/commons/7/70/Rorschach_blot_01.jpg"
image = Image.open(urlopen(url)).convert("RGB")

# Bildbeschriftung generieren
inputs = blip_processor(image, return_tensors="pt").to(device, torch.float16)
generated_ids = model.generate(**inputs, max_new_tokens=20)
generated_text = blip_processor.batch_decode(
    generated_ids, skip_special_tokens=True
)
generated_text = generated_text[0].strip()
generated_text
```

Die generierte Beschriftung können Sie sich erneut über die Variable `generated_text` ausgeben lassen:

```
a black and white ink drawing of a bat
```

Man kann definitiv nachvollziehen, warum das Modell das Bild so beschrieben hat. In Anbetracht der Tatsache, dass es sich dabei um ein Bild aus dem Rorschach-Test handelt: Was sagt die Bildbeschreibung Ihrer Meinung nach über das Modell aus?

2. Anwendungsfall: Chatmodelle erstellen, die multimodale Prompts unterstützen

Bildbeschriftungen zu erstellen, ist bereits sehr nützlich, doch der Anwendungsfall lässt sich noch weiter ausbauen. Im vorangegangenen Beispiel haben wir uns angesehen, wie sich eine Modalität – etwas Visuelles (ein Bild) – in eine andere – einen Text (eine Bildbeschriftung) – übertragen lässt.

Mit dem sogenannten Visual Question Answering kommen wir nun zu einem Anwendungsbereich, bei dem beide Modalitäten gleichzeitig zum Einsatz kommen. Konkret, dem Modell wird ein Bild zusammen mit einer entsprechenden Frage vorgelegt, die es dann beantworten soll. Das Modell muss also sowohl das Bild als auch die Frage gleichzeitig verarbeiten.

Im Rahmen des Codebeispiels verwenden Sie erneut das Bild des Luxussportwagens und lassen es vom BLIP-2-Modell beschreiben. Hierzu muss das Bild zunächst – wie bereits zuvor – noch aufbereitet werden:

```
# KI-generiertes Bild eines Luxussportwagens laden
image = Image.open(urlopen(car_path)).convert("RGB")
```

8 Roy Schafer. *Psychoanalytic Interpretation in Rorschach Testing: Theory and Application* (1954).

Um mit dem BLIP-2-Modell Visual Question Answering vorzunehmen, müssen Sie ihm neben einem Bild auch einen Prompt vorgeben. Ohne diesen würde das Modell – genauso wie zuvor – lediglich eine entsprechende Bildbeschriftung generieren. Nachdem das Bild aufbereitet wurde, können Sie das Modell nun mithilfe eines Prompts darum bitten, das Bild zu beschreiben:

```
# Visual Question Answering
prompt = "Question: Write down what you see in this picture. Answer:"

# Sowohl das Bild als auch den Prompt verarbeiten
inputs = blip_processor(image, text=prompt, return_tensors="pt").to(device,
torch.float16)

# Den entsprechenden Text generieren
generated_ids = model.generate(**inputs, max_new_tokens=30)
generated_text = blip_processor.batch_decode(
    generated_ids, skip_special_tokens=True
)
generated_text = generated_text[0].strip()
generated_text
```

Als Ausgabe erhalten Sie:

```
A sports car driving on the road at sunset
```

Das Modell liefert eine treffende Beschreibung des Bilds. Bislang ist das Beispiel jedoch eher simpel, da die Aufgabe des Modells im Grunde erneut darin besteht, eine Bildbeschriftung zu erstellen. In diesem Fall sind jedoch auch weitergehende (Folge-)Fragen möglich, d.h., Sie können mit dem Modell ein Gespräch führen bzw. chatten.

Übergeben Sie dem Modell dazu einfach den Inhalt des vorangegangenen Gesprächs – also auch die Antwort auf die Frage – und stellen Sie ihm anschließend eine Folgefrage:

```
# Prompt in Form eines Chats formulieren
prompt = "Question: Write down what you see in this picture. Answer: A sports car
driving on the road at sunset. Question: What would it cost me to drive that car?
Answer:"

# Entsprechende Ausgabe generieren
inputs = blip_processor(image, text=prompt, return_tensors="pt").to(device,
torch.float16)
generated_ids = model.generate(**inputs, max_new_tokens=30)
generated_text = blip_processor.batch_decode(
    generated_ids, skip_special_tokens=True
)
generated_text = generated_text[0].strip()
generated_text
```

Auf die (Folge-)Frage, wie viel der Luxussportwagen kosten würde, erhält man folgende Antwort:

```
$1,000,000
```

1.000.000 US-Dollar. Der Preis, den das Modell genannt hat, ist äußerst konkret! Sie haben nun einen Eindruck davon gewonnen, inwiefern das BLIP-2-Modell eine Möglichkeit zum Chatten bietet und dass man durchaus interessante Gespräche mit ihm führen kann.

Zu guter Letzt können Sie einen interaktiven Chatbot erstellen, um den Austausch mit dem Modell einfacher zu gestalten. Dazu können Sie auf die Erweiterung `ipywidgets` für Jupyter Notebooks zurückgreifen. Mit dieser lassen sich interaktive Schaltflächen, Textfelder usw. erstellen:

```
from IPython.display import HTML, display
import ipywidgets as widgets

def text_eventhandler(*args):
  question = args[0]["new"]
  if question:
    args[0]["owner"].value = ""

    # Prompt erstellen
    if not memory:
      prompt = " Question: " + question + " Answer:"
    else:
      template = "Question: {} Answer: {}."
      prompt = " ".join(
          [
              template.format(memory[i][0], memory[i][1])
              for i in range(len(memory))
          ]
      ) + " Question: " + question + " Answer:"

    # Text generieren
    inputs = blip_processor(image, text=prompt, return_tensors="pt")
    inputs = inputs.to(device, torch.float16)
    generated_ids = model.generate(**inputs, max_new_tokens=100)
    generated_text = blip_processor.batch_decode(
        generated_ids,
        skip_special_tokens=True
    )
    generated_text = generated_text[0].strip().split("Question")[0]

    # Speicher aktualisieren
    memory.append((question, generated_text))

    # Entsprechenden Ausgaben zuordnen
    output.append_display_data(HTML("<b>USER:</b> " + question))
    output.append_display_data(HTML("<b>BLIP-2:</b> " + generated_text))
    output.append_display_data(HTML("<br>"))

# Widgets ausgestalten
in_text = widgets.Text()
in_text.continuous_update = False
in_text.observe(text_eventhandler, "value")
output = widgets.Output()
memory = []
```

```
# Chatfenster anzeigen lassen
display(
    widgets.VBox(
        children=[output, in_text],
        layout=widgets.Layout(display="inline-flex", flex_flow="column-reverse"),
    )
)
```

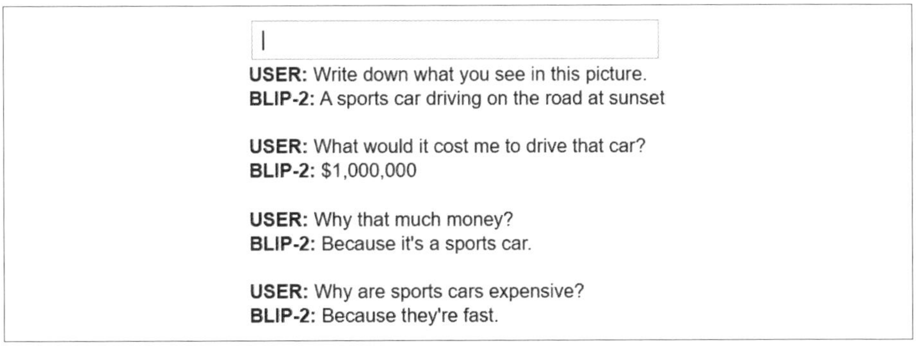

Sie könnten das Gespräch nun beliebig fortsetzen und eine Reihe weiterer Fragen stellen. Im Grunde haben Sie einen Chatbot entwickelt, der in der Lage ist, über die Inhalte der ihm zur Verfügung gestellten Bilder nachzudenken und logische Schlüsse zu ziehen!

Zusammenfassung

In diesem Kapitel haben Sie verschiedene Ansätze kennengelernt, mit denen sich LLMs so gestalten lassen, dass sie sowohl Text- als auch Bilddaten verarbeiten können – und somit multimodal sind. Zunächst wurden Vision Transformer vorgestellt. Dabei handelt es sich um Modelle, mit denen Bilder in numerische Darstellungen umgewandelt werden können. Diese basieren auf Encodern, die speziell auf die Verarbeitung von Bildern ausgerichtet sind. Sie wandeln Bilder in Patch-Embeddings um und können somit eine Vielzahl unterschiedlich großer Bilder verarbeiten.

Anschließend haben Sie erfahren, wie sich mit einer Technik namens *Contrastive Language-Image Pre-training* (CLIP) Embedding-Modelle erstellen lassen, die ebenfalls Bilder und Texte in numerische Darstellungen umwandeln können. In diesem Zusammenhang wurde erläutert, wie bei CLIP Bilder und zugehörige Texte in denselben Vektorraum überführt werden und wie die resultierenden multimodalen Embeddings mithilfe von Contrastive Learning hinsichtlich ihrer Ähnlichkeit optimiert werden. Sie können dann für eine Vielzahl von Aufgaben wie die Zero-Shot-Klassifikation, das Clustering oder die Suche herangezogen werden. Darüber hinaus haben Sie mit OpenCLIP eine Open-Source-Variante von CLIP ausprobiert, die sich für derartige Aufgaben hervorragend eignet.

Abschließend konnten Sie noch nachvollziehen, wie sich generative Sprachmodelle multimodal gestalten lassen und wie Modelle wie BLIP-2 verwendet werden können. Die grundlegende Idee dieser multimodalen Textgenerierungsmodelle besteht darin, visuelle Merkmale bzw. Features aus Eingabebildern in Text-Embeddings zu überführen, die dann von einem LLM verarbeitet werden können. Anhand von Beispielen konnten Sie sich ein Bild davon machen, wie sich das Modell zum Erstellen von Bildbeschriftungen einsetzen lässt und wie ein Chatbot konzipiert werden kann, der multimodale Prompts unterstützt und bei dem beide Modalitäten im Rahmen der Generierung von Antworten kombiniert werden. Dies dürfte Ihnen eindrucksvoll vor Augen geführt haben, wie leistungsfähig multimodale LLMs sind und in welch vielfältigen Bereichen – von der Bildbeschriftung über die Suche bis hin zu multimodalen Chatbots – sie eingesetzt werden können.

Im letzten Teil des Buchs, Teil III, werden verschiedene Techniken vorgestellt, mit denen LLMs trainiert und feingetunt werden können. Nach einer kurzen Einführung erfahren Sie in Kapitel 10 zunächst, wie Sie ein Text-Embedding-Modell erstellen und feintunen können. Dabei handelt es sich um einen zentralen Baustein vieler LLM-basierter Anwendungen.

TEIL III

Sprachmodelle trainieren und feintunen

KAPITEL 10

Text-Embedding-Modelle erstellen

Text-Embedding-Modelle bilden die Grundlage diverser leistungsfähiger Sprachanwendungen, und dank ihnen lassen sich viele eindrucksvolle Technologien wie Textgenerierungsmodelle noch verbessern. In diesem Buch wurde bereits eine Reihe von Anwendungen vorgestellt, beispielsweise für die Klassifikation (sowohl auf der Basis gelabelter als auch ungelabelter Daten), die semantische Suche und um Textgenerierungsmodellen wie ChatGPT ein Erinnerungsvermögen zu verleihen.

Die Bedeutung von Embedding-Modellen für die Praxis kann nicht hoch genug eingeschätzt werden, da sie die Grundlage für eine Vielzahl von Anwendungen bilden. In diesem Kapitel werden verschiedene Methoden vorgestellt, mit denen Embedding-Modelle erstellt und feingetunt werden können, sodass sie Texte noch besser repräsentieren und deren Bedeutung noch besser abbilden können.

Vergegenwärtigen Sie sich zunächst noch einmal, was Embedding-Modelle sind und wie sie im Allgemeinen funktionieren.

Embedding-Modelle

Sie haben bereits in mehreren Kapiteln (Kapitel 4, Kapitel 5 und Kapitel 8) einen Eindruck davon bekommen, wie nützlich Embeddings bzw. Embedding-Modelle sein können. Bevor Sie erfahren, wie solche Modelle trainiert werden können, sollten Sie sich noch einmal vor Augen führen, was Sie bisher über Embedding-Modelle gelernt haben.

Unstrukturierte Daten, die lediglich in Textform vorliegen, sind an sich relativ schwer zu verarbeiten. Sie stellen keine numerischen Werte dar, die direkt verarbeitet oder visualisiert werden können und aus denen sich aussagekräftige Ergebnisse ableiten lassen. Textdaten müssen zunächst in eine leicht zu verarbeitende Form, nämlich in numerische Darstellungen umgewandelt werden. Man spricht in diesem Zusammenhang von einer Einbettung der Eingabedaten bzw. der Erstellung sogenannter *Embeddings*. Dabei werden die Eingabedaten in Vektoren umgewandelt, die dann als Ausgabe verwendet werden können (siehe Abbildung 10.1).

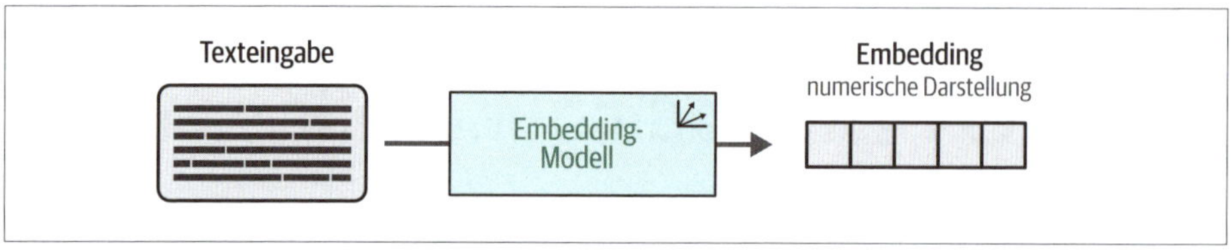

Abbildung 10.1: Mithilfe eines Embedding-Modells können als Eingabedaten vorliegende Texte, wie z. B. Dokumente, Sätze oder bestimmte Formulierungen, in numerische Darstellungen, sogenannte Embeddings, umgewandelt werden.

Die Einbettung der Eingabedaten wird in der Regel mit einem LLM durchgeführt, das als *Embedding-Modell* bezeichnet wird. Der Zweck eines solchen Modells besteht darin, Textdaten in ein Embedding umzuwandeln, das die Daten so genau wie möglich abbildet bzw. repräsentiert.

Doch was bedeutet es, Texte so genau wie möglich zu repräsentieren? In der Regel geht es darum, die *semantische Natur* – d. h. die Bedeutung – des Inhalts von Dokumenten zu erfassen. Wenn der Kern dessen, was in einem Dokument zum Ausdruck kommt, erfasst werden kann, ist anzunehmen, dass auch der Inhalt des Dokuments korrekt erfasst wurde. Konkret bedeutet das, dass die Vektoren bzw. die Embeddings von Dokumenten ebenfalls als ähnlich eingestuft werden sollten, während Embeddings von Dokumenten, die jeweils etwas völlig anderes zum Inhalt haben, als unterschiedlich bzw. nicht einander ähnlich eingestuft werden sollten. Das Konzept der semantischen Ähnlichkeit wurde in diesem Buch bereits mehrfach aufgegriffen und wird noch einmal in Abbildung 10.2 veranschaulicht.

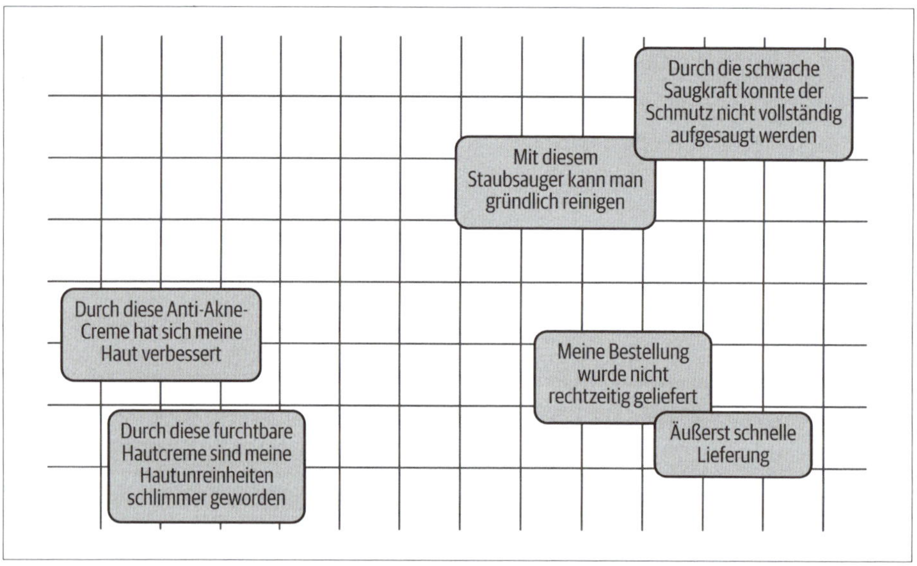

Abbildung 10.2: Hinter dem Konzept der semantischen Ähnlichkeit steht die Annahme, dass Textdaten, die sich in ihrer Bedeutung ähneln, im n-dimensionalen Raum (hier als zweidimensionale Darstellung) relativ nahe beieinanderliegen.

Die Abbildung ist jedoch eine vereinfachte Darstellung. Die zweidimensionale Darstellung von Embeddings ist nützlich, um die Nähe und Ähnlichkeit von Embeddings zu veranschaulichen, aber in Wirklichkeit befinden sich Embeddings in der Regel in Vektorräumen mit weit mehr als zwei Dimensionen.

Ein Embedding-Modell kann jedoch für verschiedene Zwecke trainiert werden. Wenn man beispielsweise einen Sentimentklassifikator aufbaut, ist man in erster Linie daran interessiert, welches Stimmungsbild bestimmte Texte vermitteln, und nicht, wie sehr sie sich in semantischer Hinsicht ähneln. Ein Feintuning des Modells hätte dann zur Folge, dass die Dokumente im n-dimensionalen Raum näher beieinanderliegen, und zwar auf der Basis des Stimmungsbilds, das sie vermitteln, und nicht auf der Basis ihrer semantischen Eigenschaften (siehe Abbildung 10.3).

Unabhängig davon, zu welchem Zweck ein Embedding-Modell eingesetzt wird, besteht das Ziel darin, dass das Modell lernt, worin sich bestimmte Dokumente ähneln. Dieser Lernprozess kann gezielt gesteuert werden. Werden dem Modell genügend Beispiele von Dokumenten vorgelegt, die sich semantisch ähneln, wird das Modell darauf trainiert, semantische Ähnlichkeit zu erkennen. Werden dem Modell dagegen Beispiele in Bezug auf das vermittelte Stimmungsbild gezeigt, lernt es, Ähnlichkeiten bei diesen zu erkennen.

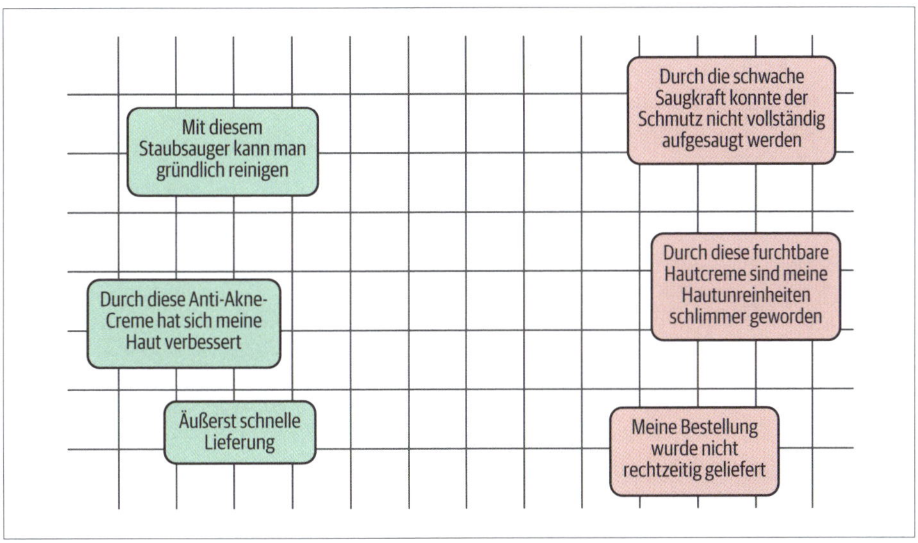

Abbildung 10.3: Ein Embedding-Modell kann nicht nur im Hinblick auf die semantische Ähnlichkeit trainiert werden, sondern z. B. auch darauf, ob Texte ein ähnliches Stimmungsbild vermitteln. In dieser Abbildung liegen negative Bewertungen (rot) nah beieinander und grenzen sich räumlich von positiven Bewertungen (grün) ab.

Es gibt viele Techniken, um Embedding-Modelle zu trainieren, feinzutunen und auszurichten, aber eine der effektivsten und am weitesten verbreiteten ist das sogenannte Contrastive Learning.

Was genau ist Contrastive Learning?

Contrastive Learning ist eine der wichtigsten Techniken zum Trainieren und Feintunen von Text-Embedding-Modellen. Es zielt darauf ab, ein Embedding-Modell so zu trainieren, dass ähnliche Dokumente im Vektorraum näher beieinanderliegen und unähnliche Dokumente weiter auseinander. Wenn Ihnen der Ansatz bekannt vorkommt, hat das einen einfachen Grund – er ähnelt stark der in Kapitel 2 beschriebenen Word2Vec-Methode. Zudem ist das dahinterstehende Prinzip bereits in den Abbildungen Abbildung 10.2 und Abbildung 10.3 zum Ausdruck gekommen.

Contrastive Learning basiert auf der Überlegung, dass Ähnlichkeiten bzw. Unterschiede zwischen Dokumenten am besten gelernt und modelliert werden können, wenn ein Modell mit Beispielen von ähnlichen und unterschiedlichen Dokumentenpaaren gefüttert wird. Damit ein Modell die semantischen Eigenschaften eines Dokuments genau erfassen kann, benötigt es in der Regel einen Vergleich mit einem anderen Dokument, aus dem es lernen kann, was das eine Dokument vom anderen unterscheidet bzw. was sie gemeinsam haben. Dieses kontrastive – d.h. auf einem Vergleich bzw. einer Gegenüberstellung beruhende – Verfahren ist sehr effektiv und stützt sich auf den inhaltlichen Kontext, in dem die Dokumente stehen. Der Ansatz wird noch einmal grundlegend in Abbildung 10.4 veranschaulicht.

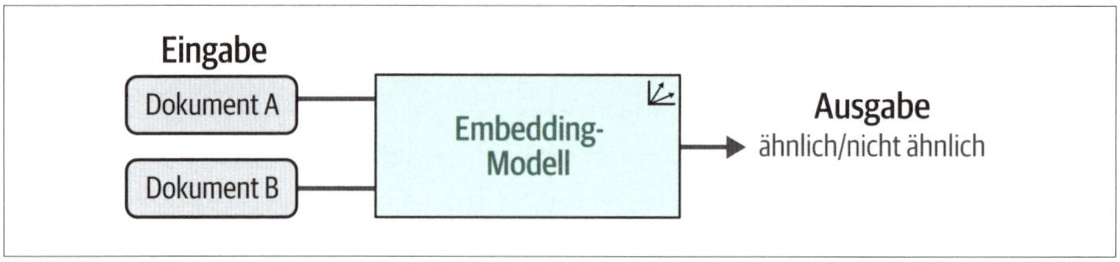

Abbildung 10.4: Beim Contrastive Learning wird ein Embedding-Modell darauf trainiert, zu erkennen, ob sich Dokumente ähneln oder voneinander unterscheiden. Zu diesem Zweck werden dem Modell mehrere Dokumente vorgelegt, die sich in gewissem Maße ähneln oder voneinander unterscheiden.

Eine weitere Möglichkeit, Contrastive Learning zu betrachten, besteht darin, sich vor Augen zu führen, welche Vielfalt möglicher Erklärungsformen es gibt. Ein gutes Beispiel hierfür ist eine Anekdote, in der ein Journalist einen Räuber mit der Frage »Warum haben Sie die Bank ausgeraubt?« konfrontiert, worauf dieser antwortet: »Weil dort das Geld ist.«[1] Obwohl die Antwort sachlich korrekt ist, zielte die Frage nicht darauf ab, warum er ausgerechnet Banken überfällt, sondern warum er überhaupt Raubüberfälle begeht. Dies wird *Contrastive Explanation* (bzw. kontrastive Erklärung) genannt und dient dem besseren Verständnis eines bestimmten Sachverhalts, »Warum P?« im Gegensatz zu möglichen Alternativen, »Warum P und nicht Q?«.[2] Im Beispiel könnte die Frage auf verschiedene Weise interpretiert werden und

1 Alan Garfinkel. *Forms of Explanation: Rethinking the Questions in Social Theory*. Yale University Press (1982).

2 Tim Miller. »Contrastive explanation: A structural-model approach.« *The Knowledge Engineering Review* 36 (2021): e14.

lässt sich am besten durch eine Alternative veranschaulichen: »Warum haben Sie die Bank ausgeraubt (P), anstatt das Gesetz zu befolgen (Q)?«

Das Aufzeigen von Alternativen trägt nicht nur im Zusammenhang mit einer Frage zum besseren Verständnis bei, sondern wird auch beim Contrastive Learning eingesetzt, um ein Embedding-Modell lernfähiger zu machen. Wenn einem Modell ähnliche und unterschiedliche Dokumentenpaare gezeigt werden, lernt es allmählich, worin sich die Dokumente ähneln und worin sie sich unterscheiden – und vor allem auch, warum.

Beispielsweise könnte man einem Modell beibringen, einen Hund zu erkennen, indem man es nach bestimmten Merkmalen wie »Schwanz«, »Nase«, »vier Beine« usw. suchen lässt. Dieser Lernprozess kann relativ schwierig sein, da die Merkmale oft nicht klar definiert sind und unterschiedlich interpretiert werden können. Zum Beispiel könnte ein Wesen mit einem »Schwanz«, einer »Nase« und »vier Beinen« auch eine Katze sein. Um das Modell auf das auszurichten, worauf man selbst abzielt, wäre daher eine geeignetere Frage: »Warum ist das ein Hund und keine Katze?« Durch das Anbieten von zwei gegensätzlichen Konzepten lernt das Modell einerseits, welche Merkmale das Konzept charakterisieren, andererseits aber auch, welche Merkmale nicht damit verbunden sind. Durch die Formulierung der Frage als Gegenüberstellung erhält das Modell mehr Informationen. Das Konzept der kontrastiven Erklärung wird in Abbildung 10.5 noch anhand eines weiteren Beispiels veranschaulicht.

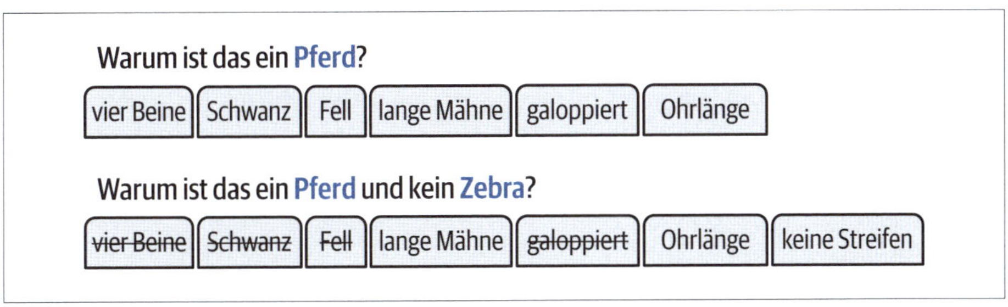

Abbildung 10.5: Wenn ein Embedding-Modell mit Konzepten konfrontiert wird, die sich in bestimmten Aspekten unterscheiden (d.h., die ein gewisses Maß an Ähnlichkeit bzw. Unterschieden aufweisen), lernt es nach und nach, was die Dinge voneinander unterscheidet, und erkennt so die charakteristischen Merkmale der verschiedenen Konzepte.

Eines der ersten und gleichzeitig bekanntesten Beispiele für die Anwendung des Contrastive Learning im Bereich des *Natural Language Processing* (NLP) ist Word2Vec, ein Algorithmus, der bereits Gegenstand der Kapitel 1 und Kapitel 2 war. Dabei lernt das Modell, Vektordarstellungen für Wörter zu erstellen, indem es anhand einzelner Wörter, die Teil eines Satzes sind, trainiert wird. Wenn ein Wort im Zusammenhang mit einem bestimmten Wort in einem Satz verwendet wird, wird es als positives Paar betrachtet. Wörter, die zufällig ausgewählt wurden und für gewöhnlich nicht in einem Zusammenhang genutzt werden, bilden dagegen unähnliche Paare. Anders ausgedrückt, Positivbeispiele werden mit Wortpaaren zweier benachbarter Wörter, die in einem engen Zusammenhang zueinander stehen, mit Wortpaaren verglichen, deren Wörter zufällig ausgewählt wurden und die keinen Bezug zueinander haben (Negativbeispiele). Auch wenn es nur wenigen bekannt ist, handelt es sich hierbei um einen der ersten großen Durchbrüche im NLP, bei dem ein neuronales Netz mittels Contrastive Learning trainiert wurde.

Für die Implementierung von Contrastive Learning zur Erstellung von Text-Embedding-Modellen gibt es mehrere Möglichkeiten. An erster Stelle ist hier das `sentence-transformers`-Framework zu nennen.

SBERT

Obwohl es mehrere unterschiedliche Implementierungen des Contrastive Learning gibt, hat letztlich vor allem das `sentence-transformers` (*https://oreil.ly/MBgPL*)-Framework zur Popularität dieser Technik in der NLP-Community beigetragen.[3] Der im `sentence-transformers`-Framework verfolgte Ansatz löste ein wesentliches Problem der ursprünglichen BERT-basierten Implementierung zur Erstellung von Sentence-Embeddings, nämlich den damit verbundenen hohen Rechenaufwand. Bevor es die Implementierung des `sentence-transformers`-Framework gab, wurden zur Erstellung von Sentence-Embeddings meist sogenannte Cross-Encoder verwendet, die auf dem BERT-Modell basieren.

Mithilfe eines Cross-Encoders ist es möglich, zwei Sätze gleichzeitig an das Transformer-basierte neuronale Netz zu übergeben, sodass dieses vorhersagen kann, wie ähnlich sich die beiden Sätze sind. Das geschieht durch Hinzufügen eines Classification-Head zur ursprünglichen Architektur, der einen Ähnlichkeitswert (engl. *Similarity Score*) als Ausgabe liefert. Allerdings steigt die Anzahl der erforderlichen Berechnungen sehr schnell an. Möchte man z.B. aus 10.000 Sätzen das Paar ermitteln, dessen Ähnlichkeit am größten ist, würde dies $n \cdot (n - 1) / 2 = 49.995.000$ Inferenzberechnungen und damit einen erheblichen Rechenaufwand erfordern. Außerdem werden bei einem Cross-Encoder in der Regel keine Embeddings erzeugt, sondern es wird ein Ähnlichkeitswert für die Eingabesätze ausgegeben (siehe Abbildung 10.6).

Eine Möglichkeit, den Rechenaufwand bei einem BERT-Modell zu verringern, besteht darin, nach der Ausgabeschicht den Durchschnitt der jeweils erzeugten Embeddings zu bilden oder das `[CLS]`-Token zu nutzen. Beide Ansätze haben sich jedoch als weniger gut erwiesen als die einfache Durchschnittsbildung von Wortvektoren, wie sie beispielsweise bei GloVe erzeugt werden.[4]

Die Entwickler des `sentence-transformers`-Frameworks haben nach einem alternativen Ansatz gesucht, der schnell ist und bei dem Embeddings erzeugt werden, die hin-

---

3 Nils Reimers und Iryna Gurevych. »Sentence-BERT: Sentence embeddings using Siamese BERT-networks.« *arXiv Preprint arXiv:1908.10084* (2019).

4 Jeffrey Pennington, Richard Socher und Christopher D. Manning. »GloVe: Global vectors for word representation.« *Proceedings of the 2014 Conference on Empirical Methods in Natural Language Processing (EMNLP)*. 2014.

sichtlich ihrer semantischen Ähnlichkeit miteinander verglichen werden können. Die Lösung war äußerst elegant und erwies sich als sehr gute Alternative zur ursprünglichen Cross-Encoder-Architektur. Im Gegensatz zum Cross-Encoder wird im `sentence-transformers`-Framework der Classification-Head weggelassen. Stattdessen wird nach der letzten Ausgabeschicht eine Mean-Pooling-Schicht verwendet, um ein Embedding zu erzeugen. In dieser Pooling-Schicht wird der Durchschnitt der Token-Embeddings gebildet und ein Embedding-Vektor mit fest vorgegebener Größe ausgegeben. Dadurch wird sichergestellt, dass das ausgegebene Embedding immer gleich groß ist und verglichen werden kann.

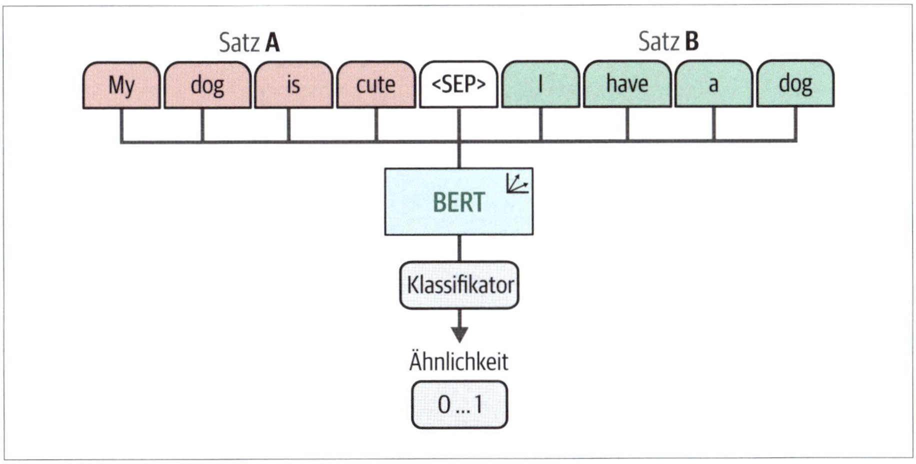

Abbildung 10.6: Die Architektur eines Cross-Encoders. Die beiden Sätze werden miteinander verkettet (wobei sie durch ein <SEP>-Token voneinander abgegrenzt werden) und dem Modell gleichzeitig zugeführt.

Das vom `sentence-transformers`-Framework verwendete Modell wird auf Basis einer siamesischen Netzwerkarchitektur trainiert, d. h., die Architektur – die in Abbildung 10.7 dargestellt ist – besteht aus zwei identischen BERT-Modellen, die hinsichtlich ihrer Gewichte und Architektur identisch sind. In beide Modelle werden die Sätze eingespeist, die – mittels Pooling der Token-Embeddings – zu Sentence-Embeddings umgewandelt werden. Anschließend werden die Modelle im Hinblick auf die Ähnlichkeit der Sentence-Embeddings optimiert. Da beide BERT-Modelle die gleichen Gewichte haben und hinsichtlich ihrer Architektur identisch sind, ist es im Anschluss an das Training ausreichend, nur eines der Modelle zu verwenden und diesem die Sätze nacheinander einzuspeisen.

Die Optimierung hinsichtlich der Ähnlichkeit der Satzpaare erfolgt über eine Verlustfunktion (engl. *Loss Function*), die einen großen Einfluss auf die Performance des Modells haben kann. Während des Trainings werden jeweils die zwei Sentence-Embeddings sowie der Differenzvektor der beiden Embeddings miteinander verkettet. Anschließend wird das resultierende Embedding mithilfe eines Klassifikators unter Verwendung einer Softmax-Funktion optimiert.

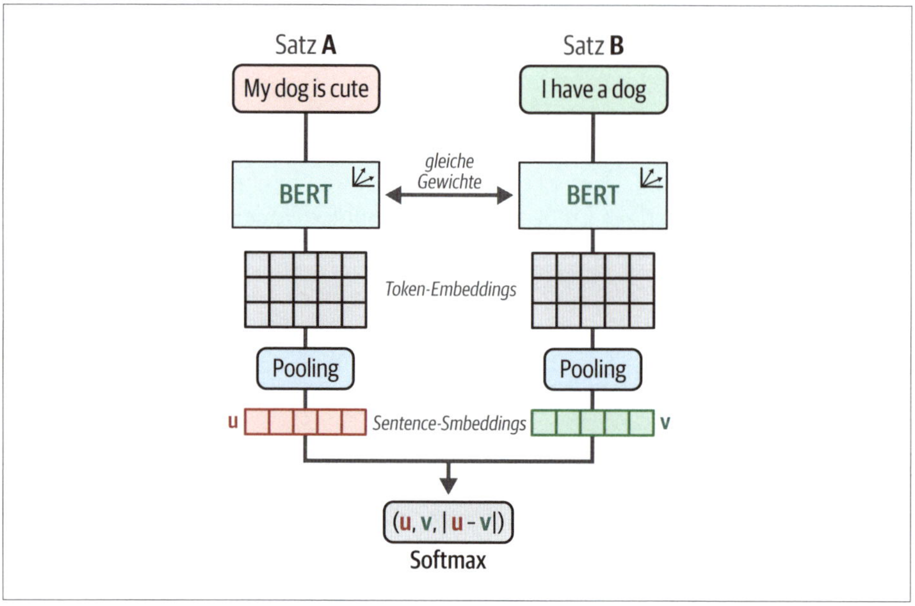

Abbildung 10.7: Die Architektur des ursprünglichen sentence-transformers-Modells, bei dem ein siamesisches Netzwerk genutzt wird, das auch als Bi-Encoder bezeichnet wird

Diese Architektur wird auch als Bi-Encoder bzw. SBERT (für sentence-BERT) bezeichnet. Obwohl die Berechnungen bei Bi-Encodern vergleichsweise schnell erfolgen und akkurate Vektordarstellungen für Sätze erzeugt werden, erzielen Cross-Encoder in der Regel eine bessere Performance. Allerdings erzeugen Cross-Encoder keine Embeddings.

Genau wie beim Cross-Encoder kommt auch beim Bi-Encoder Contrastive Learning zum Einsatz. Dadurch, dass das Modell hinsichtlich der Ähnlichkeit bzw. Unterschiedlichkeit von Satzpaaren optimiert wird, lernt es schließlich, was die Sätze charakterisiert.

Um Contrastive Learning anwenden zu können, werden zwei Dinge benötigt: zum einen Daten, in denen sowohl ähnliche als auch unterschiedliche Satzpaare enthalten sind, und zum anderen eine Vorgabe, wie das Modell Ähnlichkeit definieren und entsprechend optimiert werden soll.

Embedding-Modelle erstellen

Es gibt viele Methoden zur Erstellung von Embedding-Modellen, aber die am häufigsten verwendete ist Contrastive Learning, da hierbei die semantischen Repräsentationen auf besonders effiziente Weise gelernt werden.

Der Ansatz ist jedoch mit einem gewissen Aufwand verbunden. Zunächst müssen erst einmal kontrastive Beispiele erstellt werden, zudem muss das Modell entsprechend trainiert und angemessen evaluiert werden. Auf diese Aspekte soll im Folgenden näher eingegangen werden.

Kontrastive Beispiele erstellen

Embedding-Modelle werden häufig mit Datensätzen vortrainiert, die im Bereich der *Natural Language Inference* (NLI) bzw. des *Textual Entailment* (im Deutschen auch als textuelle Inferenz oder textuelles Schließen bezeichnet) verwendet werden. Bei der NLI wird untersucht, ob ein gegebener Text, der als Prämisse (engl. *Premise*) bezeichnet wird, eine bestimmte Hypothese impliziert und somit eine positive Folgerungsbeziehung besteht (engl. *Entailment*), ob er ihr widerspricht (engl. *Contradiction*) oder ob keines von beiden zutrifft (neutral).

Lautet der vorgegebene Text z.B. »Er ist im Kino und sieht sich den Film *Coco – Lebendiger als das Leben!* an« und die Hypothese »Er sieht sich zu Hause den Film *Die Eiskönigin – Völlig unverfroren* an«, so sind beide Aussagen widersprüchlich. Lautet die Hypothese hingegen »Im Kino sieht er sich den Disney-Film *Coco – Lebendiger als das Leben!* an.«, dann wird die Hypothese durch den Text impliziert (siehe Abbildung 10.8).

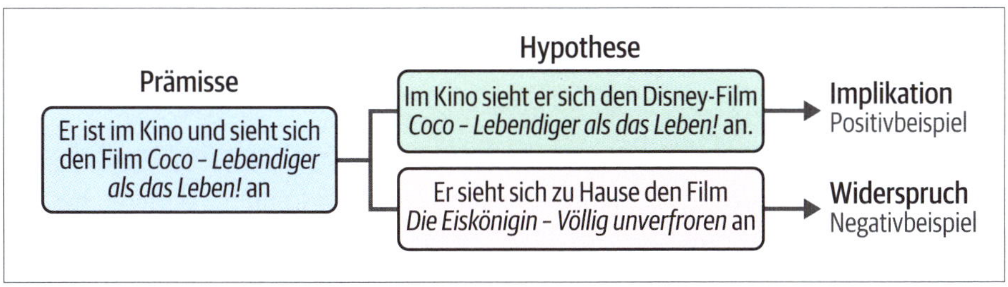

Abbildung 10.8: Man kann sich NLI-Datensätze zunutze machen, um (negative) Beispiele mit widersprüchlichen Aussagen (Contradictions) und (positive) Beispiele mit sich implizierenden Aussagen (Entailments) zu erstellen, die für das Contrastive Learning verwendet werden können.

Bei näherer Betrachtung der Begriffe *Entailment* (Implikation) und *Contradiction* (Widerspruch) wird deutlich, dass sie sich als Maß für die Ähnlichkeit zweier Eingaben eignen. NLI-Datensätze bieten sich daher gut an, um negative Beispiele (Contradictions), d.h. Beispiele mit widersprüchlichen Aussagen, die sich nicht ähneln, sowie positive Beispiele (Entailments), d.h. Beispiele mit sich implizierenden Aussagen, die sich ähneln, für das Contrastive Learning zu erstellen.

Die Daten, die im Folgenden zur Erstellung und zum Feintuning von Embedding-Modellen verwendet werden, stammen aus der General Language Understanding Evaluation (GLUE) Benchmark (*https://oreil.ly/43phw*). Diese Benchmark umfasst neun Aufgaben aus dem Bereich des Natural Language Understanding (also dem Verständnis natürlicher Sprache), mit denen die Performance eines Modells evaluiert und analysiert werden kann.

Eine dieser Aufgaben bezieht sich auf den MNLI-(Multi-Genre-Natural-Language-Inference-)Korpus, eine Zusammenstellung von 392.702 Satzpaaren, die mit einer der drei beschriebenen Folgerungsbeziehungen (*Contradiction*, *Neutral*, *Entailment*) annotiert bzw. gelabelt sind. Um die Codebeispiele möglichst überschaubar zu halten und zu vermeiden, dass das Training mehrere Stunden in Anspruch nimmt, wird im Folgenden lediglich ein Teil des Datensatzes (50.000 annotierte Satzpaare) verwendet. Allerdings sollte Ihnen bewusst sein, dass das Training bzw. Feintuning eines Embedding-Modells umso weniger stabil verläuft, je kleiner der verwendete Datensatz ist. Wenn möglich, sollten Sie also auf größere Datensätze zurückgreifen (sofern es sich dabei um hochwertige Daten handelt):

```
from datasets import load_dataset

# MNLI-Datensatz der GLUE-Benchmark laden
# 0 = entailment, 1 = neutral, 2 = contradiction
train_dataset = load_dataset(
    "glue", "mnli", split="train"
).select(range(50_000))
train_dataset = train_dataset.remove_columns("idx")
```

Werfen Sie zunächst einen Blick auf eines der Beispiele aus dem Datensatz:

```
train_dataset[2]

{'premise': 'One of our number will carry out your instructions minutely.',
 'hypothesis': 'A member of my team will execute your orders with immense
precision.',
 'label': 0}
```

Das ist ein Beispiel für eine Implikation (Entailment), da der Satz (Premise) und die Hypothese in einem positiven Zusammenhang stehen und nahezu dieselbe Bedeutung haben.

Das Modell trainieren

Da Sie nun einen geeigneten Trainingsdatensatz vorliegen haben, können Sie mit der Erstellung des Embedding-Modells beginnen. Normalerweise verwendet man eines der im `sentence-transformers`-Framework zur Verfügung stehenden Modelle und unterzieht dieses einem Feintuning. Im vorliegenden Beispiel werden Sie jedoch ein Embedding-Modell von Grund auf trainieren.

Dementsprechend müssen Sie zunächst zwei Dinge festlegen, zum einen ein vortrainiertes Transformer-Modell, das der Erstellung der Embeddings für die einzelner Wörter dient. Hierzu können Sie das BERT-Basismodell (uncased) (*https://oreil.ly/VyyRz*) verwenden, da es sich sehr gut für den Einstieg eignet. Es gibt jedoch auch zahlreiche andere, die mit dem `sentence-transformers`-Framework (*https://oreil.ly/mw7ly*) evaluiert wurden. Vor allem `microsoft/mpnet-base` liefert meist gute Ergebnisse, wenn es als Word-Embedding-Modell verwendet wird.

```
from sentence_transformers import SentenceTransformer

# Basismodell verwenden
embedding_model = SentenceTransformer('bert-base-uncased')
```

Im sentence-transformers-Framework ist es standardmäßig so, dass alle Schichten eines LLM trainierbar sind. Obwohl es möglich ist, bestimmte Schichten (bzw. deren Gewichte) einzufrieren, ist davon im Allgemeinen abzuraten, da in der Regel bessere Ergebnisse erzielt werden, wenn alle Schichten beim Training einbezogen werden.

Zum anderen müssen Sie festlegen, welche Verlustfunktion zur Optimierung des Modells verwendet werden soll. Wie bereits zu Beginn dieses Abschnitts erwähnt, wird in einer der ersten Implementierungen eines sentence-transformers-Modells als Verlustfunktion eine Softmax-Funktion verwendet. Der Einfachheit halber werden Sie zunächst diese nutzen, später jedoch noch auf besser geeignete Verlustfunktionen zurückgreifen:

```
from sentence_transformers import losses

# Verlustfunktion festlegen. Bei der Softmax-Verlustfunktion muss auch
# die Anzahl der Labels explizit angegeben werden.
train_loss = losses.SoftmaxLoss(
    model=embedding_model,
    sentence_embedding_dimension=embedding_model.get_sentence_embedding_
dimension(),
    num_labels=3
)
```

Bevor das Modell trainiert werden kann, muss noch ein Evaluator bestimmt werden, der die Performance des Modells während des Trainings bewertet und entscheidet, welches Modell letztendlich gespeichert wird.

Zur Evaluierung können Sie die *Semantic Textual Similarity Benchmark* (STSB) heranziehen. Dabei handelt es sich um eine Datensammlung manuell gelabelter Satzpaare, die mit Ähnlichkeitsbewertungen versehen sind, die auf einer Skala von 1 bis 5 liegen.

Mithilfe dieses Datensatzes können Sie beurteilen, wie gut das Modell in Bezug auf die Bestimmung der semantischen Ähnlichkeit abschneidet. Im Rahmen der Einrichtung des Evaluators müssen Sie die STSB-Daten noch so aufbereiten, dass alle Werte zwischen 0 und 1 liegen:

```
from sentence_transformers.evaluation import EmbeddingSimilarityEvaluator

# Embedding Similarity Evaluator auf Basis der STSB-Daten erstellen
val_sts = load_dataset("glue", "stsb", split="validation")
evaluator = EmbeddingSimilarityEvaluator(
    sentences1=val_sts["sentence1"],
    sentences2=val_sts["sentence2"],
    scores=[score/5 for score in val_sts["label"]],
    main_similarity="cosine",
)
```

Nachdem Sie den Evaluator eingerichtet haben, müssen Sie noch eine SentenceTransformerTrainingArguments-Instanz einrichten (ähnlich wie beim Training mit der Transformers-Bibliothek von Hugging Face, wie Sie noch im nächsten Kapitel erfahren werden):

```
from sentence_transformers.training_args import
SentenceTransformerTrainingArguments

# Argumente für das Training festlegen
args = SentenceTransformerTrainingArguments(
    output_dir="base_embedding_model",
    num_train_epochs=1,
    per_device_train_batch_size=32,
    per_device_eval_batch_size=32,
    warmup_steps=100,
    fp16=True,
    eval_steps=100,
    logging_steps=100,
)
```

Die folgenden Argumente bedürfen einer näheren Erläuterung:

`num_train_epochs`
: Die Anzahl der Trainingsdurchläufe. Der Wert wird hier bei 1 belassen, damit das Training möglichst schnell vonstattengeht. Normalerweise ist es jedoch ratsam, die Anzahl zu erhöhen.

`per_device_train_batch_size`
: Die Anzahl gleichzeitig zu verarbeitender Beispiele auf jedem Gerät (z.B. GPU oder CPU) während des Trainings. Höhere Werte haben in der Regel zur Folge, dass das Training schneller abläuft.

`per_device_eval_batch_size`
: Die Anzahl gleichzeitig zu verarbeitender Beispiele auf jedem Gerät (z.B. GPU oder CPU) während der Evaluierung. Auch hier haben höhere Werte in der Regel zur Folge, dass die Evaluierung schneller vonstattengeht.

`warmup_steps`
: Die Anzahl der Trainingsschritte (d.h. die Anzahl zu verarbeitender Batches), in denen die Lernrate von null auf die für das Training anfänglich festgelegte Lernrate linear erhöht wird. Im vorliegenden Beispiel wurde die Lernrate jedoch unverändert gelassen.

`fp16`
: Wenn man diesen Parameter auf `True` setzt, wird das Training mit gemischter numerischer Genauigkeit (engl. *Mixed Precision*) vorgenommen, und die Berechnungen werden größtenteils mit 16-Bit-Gleitkommazahlen (FP16) anstelle der standardmäßigen 32-Bit-Gleitkommazahlen (FP32) durchgeführt. Dadurch wird der Speicherbedarf verringert und das Training unter Umständen schneller durchgeführt.

Nachdem Sie nun die Daten, das Embedding-Modell, die Verlustfunktion und den Evaluator vorbereitet haben, können Sie mit dem Training des Modells beginnen. Hierzu können Sie die `SentenceTransformerTrainer`-Klasse heranziehen:[5]

5 [Anm. d. Übersetzers: Wenn Sie diese Zeilen ausführen, werden Sie dazu aufgefordert, ein Konto bei Weight & Biases zu erstellen und anschließend Ihren API-Schlüssel zu kopieren.]

```
from sentence_transformers.trainer import SentenceTransformerTrainer

# Embedding-Modell trainieren
trainer = SentenceTransformerTrainer(
    model=embedding_model,
    args=args,
    train_dataset=train_dataset,
    loss=train_loss,
    evaluator=evaluator
)
trainer.train()
```

Nachdem das Modell trainiert wurde, können Sie den Evaluator ausführen, um zu sehen, wie gut es die Aufgabe bewältigt hat:

```
# Evaluierung des trainierten Modells
evaluator(embedding_model)
```

```
{'pearson_cosine': 0.5982288436666162,
 'spearman_cosine': 0.6026682018489217,
 'pearson_manhattan': 0.6100690915500567,
 'spearman_manhattan': 0.617732600131989,
 'pearson_euclidean': 0.6079280934202278,
 'spearman_euclidean': 0.6158926913905742,
 'pearson_dot': 0.38364924527804595,
 'spearman_dot': 0.37008497926991796,
 'pearson_max': 0.6100690915500567,
 'spearman_max': 0.617732600131989}
```

Es werden verschiedene Distanzmaße aufgeführt. Das Distanzmaß, das im weiteren Verlauf des Kapitels zum Vergleich der Modelle herangezogen wird, ist `'pearson_cosine'`.

Es gibt die Kosinus-Ähnlichkeit in Bezug auf die zentrierten (d.h. hinsichtlich des Mittelwerts normierten) Vektoren an. Es kann einen Wert zwischen 0 und 1 annehmen, wobei ein höherer Wert einer größeren Ähnlichkeit entspricht. Für das trainierte Embedding-Modell ergibt sich im vorliegenden Fall ein Wert von 0,59, der im weiteren Verlauf dieses Kapitels als Vergleichswert bzw. Baseline dient.

Differenziertere Evaluierung

Gute Embedding-Modelle zeichnen sich durch mehr als nur durch gute Ergebnisse bei der STSB-Benchmark aus! Wie bereits erwähnt, umfasst die GLUE-Benchmark eine Reihe von Aufgaben, anhand deren Embedding-Modelle evaluiert werden können. Es gibt jedoch noch viele weitere Benchmarks, die sich für die Evaluierung von Embedding-Modellen eignen. Zur Vereinheitlichung der Evaluierung wurde die *Massive Text Embedding Benchmark* (MTEB) entwickelt.[6] Die MTEB beinhaltet acht verschiedene – zur Beurteilung von Embedding-Modellen geeignete – Aufgaben, wobei 58 Datensätze zugrunde gelegt und 112 Sprachen abgedeckt werden.

Damit die besten (State-of-the-Art-)Embedding-Modelle miteinander verglichen werden können, wurde ein Leaderboard (*https://oreil.ly/D9Fvt*) (also eine Rangliste) er-

6 Niklas Muennighoff et al. »MTEB: Massive Text Embedding Benchmark.« *arXiv Preprint arXiv:2210.07316* (2022).

stellt, in der die Ergebnisse der einzelnen Embedding-Modelle für alle Aufgaben aufgeführt sind:

```
from mteb import MTEB

# Aufgabe zur Evaluierung angeben
evaluation = MTEB(tasks=["Banking77Classification"])

# Ergebnisse berechnen lassen
results = evaluation.run(model)
```

```
{'Banking77Classification': {'mteb_version': '1.1.2',
 'dataset_revision': '0fd18e25b25c072e09e0d92ab615fda904d66300',
 'mteb_dataset_name': 'Banking77Classification',
 'test': {'accuracy': 0.4926298701298701,
 'f1': 0.49083335791288685,
 'accuracy_stderr': 0.010217785746224237,
 'f1_stderr': 0.010265814957074591,
 'main_score': 0.4926298701298701,
 'evaluation_time': 31.83}}}
```

Als Ergebnis erhalten Sie mehrere Metriken zur Evaluierung dieser spezifischen Aufgabe, die Sie zur Beurteilung der Performance heranziehen können.

Der Vorteil dieser Benchmark ist nicht nur, dass sie eine Vielzahl von Aufgaben und Sprachen abdeckt, sondern auch, dass man bei der Evaluierung Zeit spart. Obwohl es viele Embedding-Modelle gibt, sucht man in der Regel nach solchen, die sowohl eine hohe Genauigkeit als auch eine geringe Latenz aufweisen. Für Aufgaben, bei denen Embedding-Modelle verwendet werden, wie z.B. bei der semantischen Suche, ist eine schnelle Inferenz oft von Vorteil und mitunter sogar unerlässlich.

Da das Testen des Modells auf der gesamten MTEB je nach GPU mehrere Stunden dauern kann, verwenden wir in diesem Kapitel der Einfachheit halber die STSB-Benchmark.

> Wenn Sie mit dem Trainieren und Evaluieren Ihres Modells fertig sind, ist es wichtig, das Notebook *neu zu starten* (mit *Restart session* im Register *Runtime*). Dadurch wird der Grafikspeicher (VRAM) geleert, und es wird Platz geschaffen für die nächsten Trainingsbeispiele in diesem Kapitel. Durch einen Neustart des Notebooks kann sichergestellt werden, dass der gesamte VRAM geleert wird. Die im GitHub-Repository enthaltenen Notebooks beinhalten die entsprechenden Funktionen zum Leeren des Speichers (`gc.collect()` und `torch.cuda.empty_cache()`), sodass ein Neustart des Notebooks nicht notwendig ist.

Verlustfunktionen

Für das Training des Modells wurde eine Softmax-Funktion als Verlustfunktion verwendet, um zu zeigen, wie eine der ersten Implementierungen eines `sentence-transformers`-Modells trainiert wurde. Es gibt jedoch weitaus mehr Verlustfunktionen zur Auswahl, und die Softmax-Funktion als solche wird nicht empfohlen, da andere Verlustfunktionen in der Regel besser funktionieren (*https://oreil.ly/xuKSI*).

Da es den Rahmen sprengen würde, auf alle infrage kommenden Verlustfunktionen einzugehen, beschränken wir uns im Folgenden auf zwei Verlustfunktionen, die in diesem Zusammenhang häufig verwendet werden und grundsätzlich recht gut funktionieren:

- die Kosinus-Ähnlichkeit (engl. *Cosine Similarity*) und den
- Multiple-Negatives-Ranking-(MNR-)Loss.

> Neben den hier vorgestellten Verlustfunktionen stehen wie erwähnt noch viele weitere zur Auswahl, z.B. eignet sich eine auf dem Margin-MSE basierende Verlustfunktion hervorragend zum Trainieren oder Feintunen eines Cross-Encoders. Im `sentence-transformers`-Framework steht Ihnen noch eine Reihe weiterer Implementierungen interessanter Verlustfunktionen zur Verfügung (*https://oreil.ly/RsQmw*).

Kosinus-Ähnlichkeit

Die auf der Kosinus-Ähnlichkeit basierende Verlustfunktion gilt als leicht verständliche und benutzerfreundliche Verlustfunktion, die sich für viele verschiedene Anwendungsfälle und Datensätze eignet. Sie wird in der Regel für Aufgaben verwendet, bei denen es um die semantische Ähnlichkeit von Texten geht. Bei diesen Aufgaben werden Textpaare hinsichtlich ihrer Ähnlichkeit bewertet, und das Modell wird entsprechend optimiert.

Die Sätze werden nicht als eindeutig ähnliche oder unähnliche Paare betrachtet, sondern als Sätze, die sich zu einem gewissen Grad ähneln bzw. unterscheiden. Dieser Wert liegt in der Regel zwischen 0 und 1, wobei ein höherer Wert eine größere Ähnlichkeit widerspiegelt (siehe Abbildung 10.9).

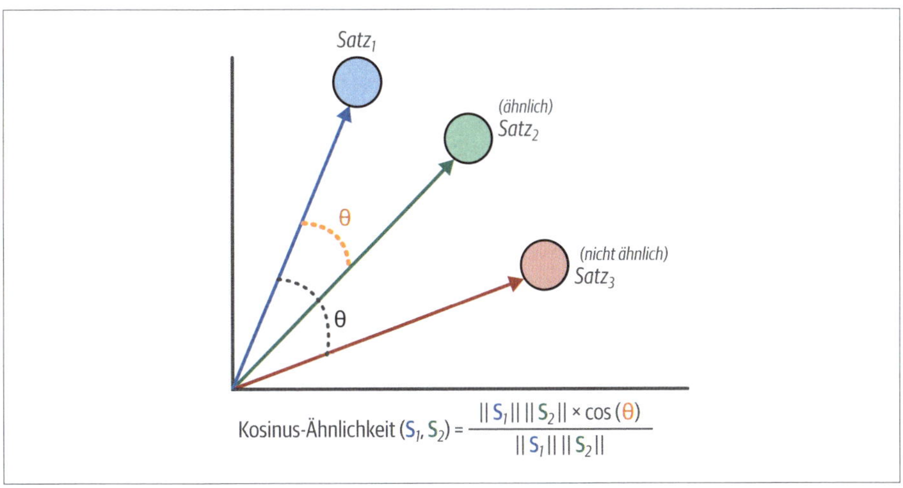

Abbildung 10.9: Die auf der Kosinus-Ähnlichkeit basierende Verlustfunktion zielt darauf ab, die Kosinus-Distanz zwischen semantisch ähnlichen Sätzen zu minimieren (bzw. das Komplement, die Kosinus-Ähnlichkeit, zu maximieren) und die Kosinus-Distanz zwischen semantisch unterschiedlichen Sätzen zu maximieren.

Die auf der Kosinus-Ähnlichkeit basierende Verlustfunktion ist simpel: Zunächst wird die Kosinus-Ähnlichkeit zwischen den beiden Embeddings der beiden Texte berechnet, und dieser Wert wird dann mit dem Ähnlichkeitswert verglichen, der diesen Texten zuvor zugewiesen wurde. Auf diese Weise lernt das Modell einzuschätzen, inwieweit Sätze einander ähneln oder nicht.

Die Verlustfunktion funktioniert in der Regel am besten bei Daten, bei denen der den Satzpaaren zugewiesene Ähnlichkeitswert zwischen 0 und 1 liegt. Damit Sie den NLI-Datensatz mit dieser Verlustfunktion verwenden können, müssen Sie also erst noch die Labels *Entailment* (0), *Neutral* (1) und *Contradiction* (2) in Werte zwischen 0 und 1 umwandeln. Das Label *Entailment*impliziert eine hohe Ähnlichkeit zwischen den beiden Sätzen, daher können Sie diesen Satzpaaren einen Ähnlichkeitswert von 1 zuweisen. Da jedoch sowohl das Label *Neutral*als auch das Label *Contradiction*darauf hindeuten, dass die beiden Sätze unterschiedlich sind, sollten Sie den Satzpaaren mit diesen Labels einen Ähnlichkeitswert von 0 zuordnen:

```
from datasets import Dataset, load_dataset

# MNLI-Datensatz der GLUE-Benchmark laden
# 0 = entailment, 1 = neutral, 2 = contradiction
train_dataset = load_dataset(
    "glue", "mnli", split="train"
).select(range(50_000))
train_dataset = train_dataset.remove_columns("idx")

# Neutral/Contradiction als Wert eine 0 und Entailment als Wert eine 1
mapping = {2: 0, 1: 0, 0:1}
train_dataset = Dataset.from_dict({
    "sentence1": train_dataset["premise"],
    "sentence2": train_dataset["hypothesis"],
    "label": [float(mapping[label]) for label in train_dataset["label"]]
})
```

Richten Sie noch, wie bereits zuvor, den Evaluator ein:

```
from sentence_transformers.evaluation import EmbeddingSimilarityEvaluator

# Embedding Similarity Evaluator auf Basis der STSB-Daten erstellen
val_sts = load_dataset("glue", "stsb", split="validation")
evaluator = EmbeddingSimilarityEvaluator(
    sentences1=val_sts["sentence1"],
    sentences2=val_sts["sentence2"],
    scores=[score/5 for score in val_sts["label"]],
    main_similarity="cosine"
)
```

Nun folgen wieder die gleichen Schritte wie zuvor, allerdings wird diesmal eine andere Verlustfunktion gewählt:

```
from sentence_transformers import losses, SentenceTransformer
from sentence_transformers.trainer import SentenceTransformerTrainer
from sentence_transformers.training_args import
SentenceTransformerTrainingArguments
```

```
# Modell festlegen
embedding_model = SentenceTransformer("bert-base-uncased")

# Verlustfunktion
train_loss = losses.CosineSimilarityLoss(model=embedding_model)

# Argumente für das Training festlegen
args = SentenceTransformerTrainingArguments(
    output_dir="cosineloss_embedding_model",
    num_train_epochs=1,
    per_device_train_batch_size=32,
    per_device_eval_batch_size=32,
    warmup_steps=100,
    fp16=True,
    eval_steps=100,
    logging_steps=100,
)

# Modell trainieren
trainer = SentenceTransformerTrainer(
    model=embedding_model,
    args=args,
    train_dataset=train_dataset,
    loss=train_loss,
    evaluator=evaluator
)
trainer.train()
```

Jetzt können Sie wieder den Evaluator ausführen und sehen, wie das trainierte Modell abgeschnitten hat:

```
# Evaluierung des trainierten Modells
evaluator(embedding_model)

{'pearson_cosine': 0.7222322163831805,
 'spearman_cosine': 0.7250508271229599,
 'pearson_manhattan': 0.7338163436711481,
 'spearman_manhattan': 0.7323479193408869,
 'pearson_euclidean': 0.7332716434966307,
 'spearman_euclidean': 0.7316999722750905,
 'pearson_dot': 0.660366792336156,
 'spearman_dot': 0.6624167554844425,
 'pearson_max': 0.7338163436711481,
 'spearman_max': 0.7323479193408869}
```

Der Wert für die adjustierte Kosinus-Ähnlichkeit (`'pearson_cosine'`) liegt bei 0,72 und ist nun deutlich besser als im vorherigen Beispiel, in dem das Modell beim Training mit der Softmax-Verlustfunktion optimiert wurde und der Wert nur bei 0,59 lag. Dies zeigt deutlich, wie stark sich die Wahl der Verlustfunktion auf die Leistungsfähigkeit eines Modells auswirken kann.

Starten Sie nun Ihr Notebook neu, damit Sie das Beispiel mit einer noch gängigeren und zudem häufig noch besser funktionierenden Verlustfunktion, dem Multiple Negatives Ranking Loss, durchspielen können.

Multiple Negatives Ranking Loss

Der Multiple Negatives Ranking (MNR) Loss,[7] oft auch als InfoNCE[8] oder NTXent-Loss[9] bezeichnet, ist eine Verlustfunktion, bei der entweder Satzpaare, die in einem Zusammenhang stehen (»positiv«), oder eine Dreiergruppe von Sätzen – bestehend aus einem positiven Satzpaar und einem zusätzlichen nicht verwandten Satz – verwendet werden. Dieser nicht verwandte Satz wird als negatives bzw. zusammenhangloses Beispiel betrachtet und dient dazu, die Unähnlichkeit bzw. den Unterschied zum positiven Satzpaar abzubilden.

Zum Beispiel könnte man Paare verwenden, die aus Fragen und ihren entsprechenden Antworten, aus Bildern und den jeweils zugehörigen Bildbeschreibungen oder aus Titeln von Forschungsartikeln und den jeweils zugehörigen Abstracts usw. bestehen. Der Vorteil solcher Paare ist, dass man sicher sein kann, dass sie in einem sehr engen Zusammenhang stehen (also es sich um äußerst »positive« Paare handelt). Im Zusammenhang mit der MNR-Verlustfunktion werden negative Paare oft so gebildet, dass ein positives Paar mit einem anderen positiven Paar gemischt wird (siehe Abbildung 10.10). Im Fall eines Titels eines Forschungsartikels und dem zugehörigen Abstract ließe sich beispielsweise ein negatives Paar erzeugen, indem man den Titel eines Artikels mit dem Abstract eines völlig anderen Artikels kombiniert. Diese Negativ- bzw. zusammenhanglosen Beispiele werden als *In-Batch Negatives* bezeichnet und könnten ebenfalls zur Generierung von Dreiergruppen herangezogen werden.

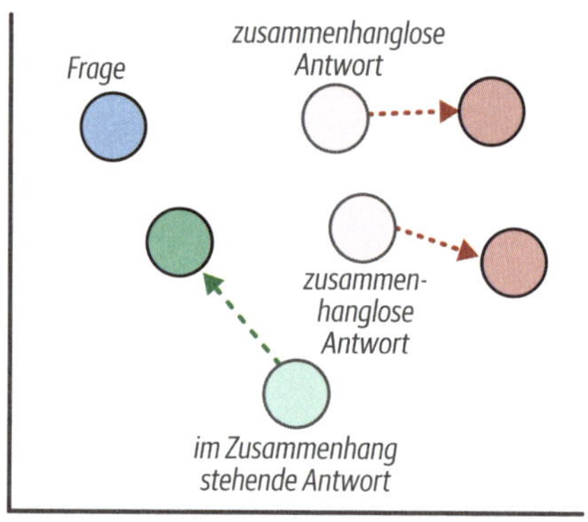

Abbildung 10.10: Beim Multiple Negative Ranking Loss geht es darum, die Distanz zwischen verwandten Textpaaren (wie Fragen und die zugehörigen in Zusammenhang stehenden Antworten) zu minimieren und die Distanz zwischen nicht verwandten Paaren (wie Fragen und nicht zugehörige zusammenhanglose Antworten) zu maximieren.

7 Matthew Henderson et al. »Efficient natural language response suggestion for smart reply.« *arXiv Preprint arXiv:1705.00652* (2017).

8 Aaron van den Oord, Yazhe Li und Oriol Vinyals. »Representation learning with contrastive predictive coding.« *arXiv Preprint arXiv:1807.03748* (2018).

9 Ting Chen et al. »A simple framework for contrastive learning of visual representations.« *International Conference on Machine Learning*. PMLR, 2020.

Sobald genügend positive und negative Paare erstellt wurden, können deren Embeddings und der jeweilige Kosinus-Ähnlichkeitswert berechnet werden. Diese Ähnlichkeitswerte werden dann verwendet, um zu bestimmen, ob es sich bei den Paaren um positive oder negative Paare handelt. Es wird also eine Klassifikation vorgenommen, weshalb zur Optimierung des Modells die Kreuzentropie (engl. *Cross-Entropy*) als Verlustfunktion zugrunde gelegt werden kann.

Um die Dreiergruppen zu bilden, können Sie jeweils von einem Ausgangssatz (mit dem Label *Premise*) ausgehen. Dieser dient als Grundlage für den Vergleich mit den anderen Sätzen. Anschließend entnehmen Sie dem MNLI-Datensatz ausschließlich positive Satzpaare (also mit dem Label *Entailment*). Um negative Sätze hinzuzufügen, genügt es, zufällig Sätze mit dem Label *Hypothesis* auszuwählen, die als *Soft Negatives* bzw. *Easy Negatives* dienen.

```
import random
from tqdm import tqdm
from datasets import Dataset, load_dataset

# MNLI-Datensatz der GLUE-Benchmark laden
mnli = load_dataset("glue", "mnli", split="train").select(range(50_000))
mnli = mnli.remove_columns("idx")
mnli = mnli.filter(lambda x: True if x["label"] == 0 else False)

# Daten aufbereiten und Soft Negatives hinzufügen
train_dataset = {"anchor": [], "positive": [], "negative": []}
soft_negatives = mnli["hypothesis"]
random.shuffle(soft_negatives)
for row, soft_negative in tqdm(zip(mnli, soft_negatives)):
    train_dataset["anchor"].append(row["premise"])
    train_dataset["positive"].append(row["hypothesis"])
    train_dataset["negative"].append(soft_negative)
train_dataset = Dataset.from_dict(train_dataset)
```

Da Sie nur Sätze mit dem Label *Entailment* ausgewählt haben, hat sich die Anzahl der Zeilen von 50.000 auf 16.875 verringert.

Bereiten Sie nun noch den Evaluator vor:

```
from sentence_transformers.evaluation import EmbeddingSimilarityEvaluator

# Embedding Similarity Evaluator auf Basis der STSB-Daten erstellen
val_sts = load_dataset("glue", "stsb", split="validation")
evaluator = EmbeddingSimilarityEvaluator(
    sentences1=val_sts["sentence1"],
    sentences2=val_sts["sentence2"],
    scores=[score/5 for score in val_sts["label"]],
    main_similarity="cosine"
)
```

Das Training des Modells gestaltet sich wieder wie zuvor, jedoch mit dem Unterschied, dass nun die MNR-Verlustfunktion zum Einsatz kommt:

```
from sentence_transformers import losses, SentenceTransformer
from sentence_transformers.trainer import SentenceTransformerTrainer
from sentence_transformers.training_args import
SentenceTransformerTrainingArguments
```

```
# Modell festlegen
embedding_model = SentenceTransformer('bert-base-uncased')

# Verlustfunktion
train_loss = losses.MultipleNegativesRankingLoss(model=embedding_model)

# Argumente für das Training festlegen
args = SentenceTransformerTrainingArguments(
    output_dir="mnrloss_embedding_model",
    num_train_epochs=1,
    per_device_train_batch_size=32,
    per_device_eval_batch_size=32,
    warmup_steps=100,
    fp16=True,
    eval_steps=100,
    logging_steps=100,
)

# Modell trainieren
trainer = SentenceTransformerTrainer(
    model=embedding_model,
    args=args,
    train_dataset=train_dataset,
    loss=train_loss,
    evaluator=evaluator
)
trainer.train()
```

Mal sehen, wie das trainierte Modell – bei dem diesmal ein anderer Trainingsdatensatz und eine andere Verlustfunktion verwendet wurden – im Vergleich zu den vorherigen Beispielen abschneidet:

```
# Evaluierung des trainierten Modells
evaluator(embedding_model)
```

```
{'pearson_cosine': 0.8093892326162132,
 'spearman_cosine': 0.8121064796503025,
 'pearson_manhattan': 0.8215001523827565,
 'spearman_manhattan': 0.8172161486524246,
 'pearson_euclidean': 0.8210391407846718,
 'spearman_euclidean': 0.8166537141010816,
 'pearson_dot': 0.7473360302629125,
 'spearman_dot': 0.7345184137194012,
 'pearson_max': 0.8215001523827565,
 'spearman_max': 0.8172161486524246}
```

Im Vergleich zu dem zuvor trainierten Modell mit Softmax-Verlustfunktion (0,72) scheint das Modell, das mit der MNR-Verlustfunktion (0,80) trainiert wurde, weitaus akkurater zu sein!

Wenn beim Training die MNR-Verlustfunktion (`MultipleNegativesRankingLoss`) verwendet wird, funktionieren größere Batches in der Regel besser, da die Aufgabe dadurch anspruchsvoller wird. Der Grund dafür ist, dass das Modell aus einer größeren Anzahl von möglichen Satzpaaren den am besten passenden Satz finden muss. Sie können den Code problemlos modifizieren, um verschiedene Batchgrößen auszuprobieren und ein Gefühl dafür zu bekommen, wie sich die Anpassung auswirkt.

Die Art und Weise, wie diese Verlustfunktion im Codebeispiel verwendet wurde, hat einen Nachteil. Da die Negativbeispiele anderen Frage-Antwort-Paaren entnommen wurden, könnten sich die von Ihnen verwendeten *In-Batch Negatives* bzw. *Easy Negatives* (d.h. relativ einfach zu identifizierende Negativbeispiele) unter Umständen überhaupt nicht auf die Frage beziehen. Daher wäre es für das Embedding-Modell relativ einfach, die richtige Antwort auf eine Frage zu finden. Stattdessen sollten Sie Negativbeispiele einbeziehen, die zwar einen engen Bezug zur Frage haben, aber nicht die richtige Antwort darstellen. Diese schwer zu identifizierenden Negativbeispiele werden als *Hard Negatives* bezeichnet. Dies würde die Aufgabe für das Embedding-Modell schwieriger machen, da es differenziertere Vektordarstellungen lernen müsste, was die Performance des Embedding-Modells in der Regel deutlich verbessert.

Ein gutes Beispiel für ein schwer zu identifizierendes Negativbeispiel (*Hard Negative*) ist das folgende. Angenommen, die Frage lautet: »Wie viele Einwohner hat Amsterdam?« Eine passende Antwort auf diese Frage wäre: »Amsterdam hat fast eine Million Einwohner.« Um ein geeignetes *Hard Negative* zu erzeugen, sollte die Antwort idealerweise etwas über Amsterdam und die Anzahl der dort lebenden Menschen enthalten, z.B.: »Utrecht hat mehr als eine Million Einwohner, also mehr als Amsterdam.« Diese Antwort bezieht sich zwar auf die Frage, beantwortet sie aber nicht im eigentlichen Sinne, sodass dies ein gutes *Hard Negative* wäre. Abbildung 10.11 veranschaulicht, inwiefern sich *Easy Negatives* und *Hard Negatives* unterscheiden.

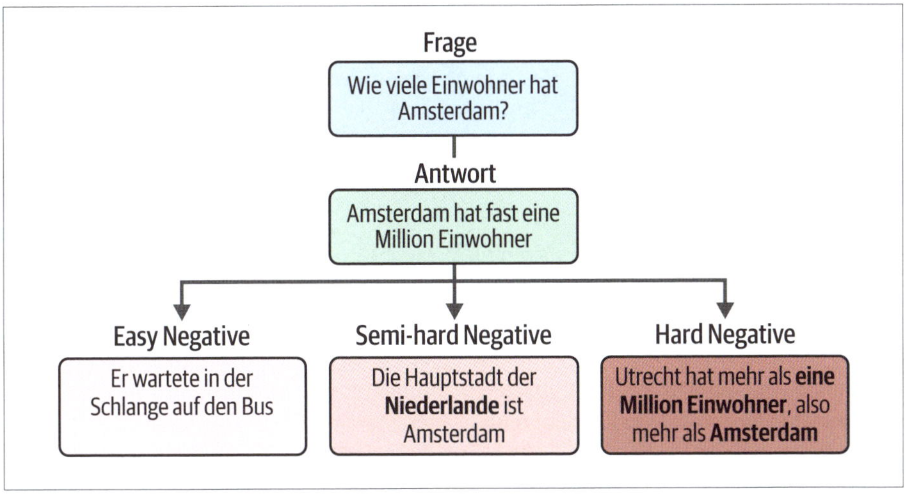

Abbildung 10.11: Ein einfach zu identifizierendes Negativbeispiel (»Easy Negative«) steht in der Regel in keinem Zusammenhang mit der Frage und der zugehörigen Antwort. Ein mittelschwer zu identifizierendes Negativbeispiel (»Semi-Hard Negative«) weist gewisse Ähnlichkeiten mit dem Thema auf, um das es in der Frage bzw. der Antwort geht, bezieht sich aber nicht direkt darauf. Ein schwer zu identifizierendes Negativbeispiel (»Hard Negative«) weist große Ähnlichkeiten mit der richtigen Antwort zu der Frage auf, ist aber im Grunde genommen dennoch falsch.

Zur Zusammenstellung passender Negativbeispiele können grob die folgenden drei Ansätze verfolgt werden:

Einfach zu identifizierende Negativbeispiele (Easy Negatives)
: Durch zufällige Auswahl von Dokumenten bzw. Sätzen (genauso wie im vorangegangenen Beispiel).

Mittelschwer zu identifizierende Negativbeispiele (Semi-Hard Negatives)
: Mithilfe eines vortrainierten Embedding-Modells lassen sich alle Sentence-Embeddings mittels Kosinus-Ähnlichkeit vergleichen und so die Sätze ermitteln, die inhaltlich eng miteinander verwandt sind. Normalerweise erhält man dadurch keine schwer zu identifizierenden Negativbeispiele (*Hard Negatives*), da diese Methode lediglich darauf abzielt, ähnliche Sätze zu finden, und keine Frage-Antwort-Paare.

Schwer zu identifizierende Negativbeispiele (Hard Negatives)
: Diese Negativbeispiele müssen meist entweder manuell mit Labels versehen werden (z.B. im Rahmen der Erstellung von *Semi-Hard Negatives*), oder sie werden mithilfe eines generativen Modells erstellt, mit dem sich Satzpaare beurteilen oder auch generieren lassen.

Denken Sie daran, Ihr Notebook *neu zu starten*, ehe Sie sich nun mit den verschiedenen Methoden zum Feintunen von Embedding-Modellen vertraut machen.

Embedding-Modelle feintunen

Im vorhergehenden Abschnitt haben Sie die grundlegenden Schritte kennengelernt, um ein Embedding-Modell von Grund auf zu trainieren. Außerdem haben Sie erfahren, wie Sie die Performance des Modells durch die Wahl einer geeigneten Verlustfunktion weiter optimieren können. Obwohl dieser Ansatz vielversprechend ist, erfordert er, dass Sie ein Embedding-Modell von Grund auf erstellen, was sehr kostspielig und zeitaufwendig sein kann.

Glücklicherweise ist es in den meisten Fällen nicht notwendig, ein Modell von Grund auf neu zu erstellen. Fast alle im `sentence-transformers`-Framework verfügbaren Embedding-Modelle können als Ausgangspunkt dienen und einem Feintuning unterzogen werden. Ihnen steht eine Vielzahl geeigneter Embedding-Modelle zur Verfügung, die bereits mit sehr großen Datensätzen trainiert wurden, um sie mit Ihren spezifischen Daten bzw. für Ihre Zwecke feinzutunen.

Je nachdem, welche Daten Sie verfügbar haben und in welchem Bereich das Modell eingesetzt werden soll, gibt es mehrere Möglichkeiten, wie Sie ein Feintuning Ihres Modells vornehmen können. Im Folgenden werden zwei dieser Methoden vorgestellt, und es wird gezeigt, warum es vorteilhaft ist, bereits vortrainierte Embedding-Modelle zu verwenden.

Embedding-Modelle mit gelabelten Datensätzen feintunen

Der einfachste Weg, ein Embedding-Modell feinzutunen, besteht darin, den gleichen Ansatz zu verfolgen, der im vorherigen Abschnitt für das Modelltraining verwendet wurde, jedoch mit dem Unterschied, dass das `'bert-base-uncased'`-Modell durch ein vortrainiertes `sentence-transformers`-Modell ersetzt wird. Die Auswahl an Modellen ist groß, aber in vielen Anwendungsfällen (*https://oreil.ly/ZWGDm*) funktioniert das `all-MiniLM-L6-v2` (*https://oreil.ly/_paYA*)-Modell recht gut, das zudem aufgrund seiner geringen Größe relativ schnell ist.

Für das Feintuning können Sie auf dieselben Daten zurückgreifen, die Sie bereits zum Trainieren des Modells im Beispiel mit der MNR-Verlustfunktion verwendet haben. Diesmal nutzen Sie jedoch ein vortrainiertes Embedding-Modell. Laden Sie zunächst wie gewohnt die Daten und richten Sie den Evaluator ein:

```
from datasets import load_dataset
from sentence_transformers.evaluation import EmbeddingSimilarityEvaluator

# MNLI-Datensatz der GLUE-Benchmark laden
# 0 = entailment, 1 = neutral, 2 = contradiction
train_dataset = load_dataset(
    "glue", "mnli", split="train"
).select(range(50_000))
train_dataset = train_dataset.remove_columns("idx")

# Embedding Similarity Evaluator auf Basis der STSB-Daten erstellen
val_sts = load_dataset("glue", "stsb", split="validation")
evaluator = EmbeddingSimilarityEvaluator(
    sentences1=val_sts["sentence1"],
    sentences2=val_sts["sentence2"],
    scores=[score/5 for score in val_sts["label"]],
    main_similarity="cosine"
)
```

Die einzelnen Schritte im Rahmen des Trainings unterscheiden sich nicht von den vorherigen Beispielen, mal abgesehen davon, dass Sie hier anstelle des `'bert-base-uncased'`-Modells ein vortrainiertes Embedding-Modell verwenden:

```
from sentence_transformers import losses, SentenceTransformer
from sentence_transformers.trainer import SentenceTransformerTrainer
from sentence_transformers.training_args import
SentenceTransformerTrainingArguments

# Modell festlegen
embedding_model = SentenceTransformer('sentence-transformers/all-MiniLM-L6-v2')

# Verlustfunktion
train_loss = losses.MultipleNegativesRankingLoss(model=embedding_model)

# Argumente für das Training festlegen
args = SentenceTransformerTrainingArguments(
    output_dir="finetuned_embedding_model",
    num_train_epochs=1,
    per_device_train_batch_size=32,
    per_device_eval_batch_size=32,
```

```
    warmup_steps=100,
    fp16=True,
    eval_steps=100,
    logging_steps=100,
)

# Modell trainieren
trainer = SentenceTransformerTrainer(
    model=embedding_model,
    args=args,
    train_dataset=train_dataset,
    loss=train_loss,
    evaluator=evaluator
)
trainer.train()
```

Die Evaluierung des Modells liefert die folgenden Werte:

```
# Evaluierung des trainierten Modells
evaluator(embedding_model)

{'pearson_cosine': 0.8509553350510896,
 'spearman_cosine': 0.8484676559567688,
 'pearson_manhattan': 0.8503896832470704,
 'spearman_manhattan': 0.8475760325664419,
 'pearson_euclidean': 0.8513115442079158,
 'spearman_euclidean': 0.8484676559567688,
 'pearson_dot': 0.8489553386816947,
 'spearman_dot': 0.8484676559567688,
 'pearson_max': 0.8513115442079158,
 'spearman_max': 0.8484676559567688}
```

Ein Wert von 0,85 ist der höchste, den Sie mit den bislang erstellten Modellen erreicht haben. Man muss allerdings bedenken, dass das vortrainierte Modell, das Sie hier einem Feintuning unterzogen haben, bereits mit dem vollständigen MNLI-Datensatz trainiert wurde, während Sie zuvor die Modelle nur mit 50.000 Beispielen des Datensatzes trainiert haben. Auch wenn das Beispiel daher überflüssig erscheinen mag, dient es zumindest als anschauliches Beispiel dafür, wie man ein vortrainiertes Embedding-Modell mit seinen eigenen Daten feintunen kann.

> Anstatt ein vortrainiertes BERT-Modell wie `'bert-base-uncased'` oder ein möglicherweise domänenfremdes Modell wie `'all-mpnet-base-v2'` zu verwenden, ist es auch möglich, Masked Language Modeling mit einem vortrainierten BERT-Modell durchzuführen und dieses zunächst an die Domäne anzupassen, in der es verwendet werden soll. Dieses feingetunte BERT-Modell könnte dann als Basismodell für das Training des Embedding-Modells verwendet werden. Der beschriebene Ansatz stellt eine Form der Domain Adaptation dar. Im nächsten Kapitel wird beschrieben, wie Masked Language Modeling mit einem vortrainierten Modell durchgeführt werden kann.

Seien Sie sich bewusst, dass die größte Schwierigkeit beim Trainieren oder Feintunen Ihres Modells darin besteht, die richtigen Daten zu finden. Solche Modelle erfordern nicht nur sehr große Datensätze, die Daten selbst müssen auch von hoher

Qualität sein. Positive Paare, d.h. Paare, die sich sehr ähnlich sind, sind in der Regel einfach zu erstellen, aber die Erzeugung von schwer zu identifizierenden negativen Paaren (d.h. *Hard Negatives*) erhöht die Schwierigkeit, qualitativ hochwertige Daten zu beschaffen, beträchtlich.

Für die folgenden Beispiele sollten Sie nun Ihr Notebook noch einmal *neu starten* (bzw. die entsprechende Zelle in dem auf GitHub bereitgestellten Notebook ausführen), um den VRAM zu leeren.

Augmented SBERT

Eine Schwierigkeit beim Trainieren oder Feintunen von Embedding-Modellen besteht darin, dass hierfür in der Regel große Mengen an Trainingsdaten erforderlich sind. Viele dieser Modelle wurden mit mehr als einer Milliarde Satzpaaren trainiert. In der Regel ist es nicht möglich, eine so große Anzahl von Satzpaaren für den eigenen Anwendungsfall zu beschaffen, da üblicherweise nur wenige Tausend gelabelte Beispiele zur Verfügung stehen.

Glücklicherweise gibt es jedoch die Möglichkeit, seine Daten zu augmentieren bzw. zu erweitern, sodass ein Feintuning eines Embedding-Modells bereits mit nur wenigen gelabelten Beispielen möglich ist. Diese Methode wird als *Augmented SBERT* bezeichnet.[10]

Das Ziel besteht darin, die geringe Menge an gelabelten Daten so auszuweiten, dass ein normales Training damit durchgeführt werden kann. Zu diesem Zweck kommt die zwar langsame, dafür aber mit höherer Genauigkeit arbeitende Cross-Encoder-Architektur (BERT) zum Einsatz. Damit werden die vorhandenen Eingabepaare um eine beträchtliche Anzahl erweitert und die neu erstellten Satzpaare mit Labels versehen. Die neu gelabelten Paare werden schließlich zum Feintuning eines Bi-Encoders (SBERT) genutzt.

Der Augmented-SBERT-Ansatz umfasst die folgenden vier Schritte (siehe Abbildung 10.12):

1. Feintuning eines Cross-Encoders (BERT) unter Verwendung eines kleinen, annotierten Datensatzes (Goldstandard-Datensatz).
2. Erstellung neuer Satzpaare.
3. Labeln der neuen Satzpaare mithilfe des feingetunten Cross-Encoders (Silberstandard-Datensatz).
4. Trainieren eines Bi-Encoders (SBERT) mit dem augmentierten Datensatz (sowohl Gold- als auch Silberstandard-Datensatz).

Als *Goldstandard-Datensatz* bezeichnet man in diesem Zusammenhang einen kleinen, aber vollständig annotierten Datensatz, der der sogenannten Ground Truth entspricht, was bedeutet, dass die Daten mit hoher Sicherheit korrekt gelabelt sind.

10 Nandan Thakur et al. »Augmented SBERT: Data augmentation method for improving bi-encoders for pairwise sentence scoring tasks.« *arXiv Preprint arXiv:2010.08240* (2020).

Ein *Silberstandard-Datensatz* ist ebenfalls vollständig annotiert, entspricht aber nicht unbedingt der Ground Truth, da die Labels vom Cross-Encoder vorhergesagt bzw. generiert wurden.

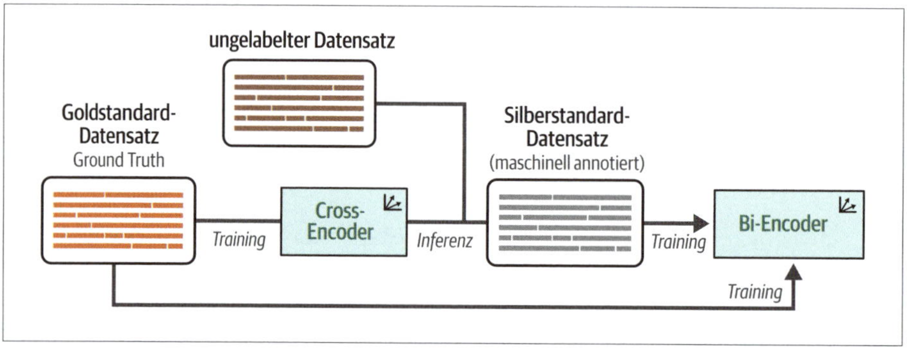

Abbildung 10.12: Beim Augmented-SBERT-Ansatz wird ein Cross-Encoder mit einem kleinen Goldstandard-Datensatz trainiert, und dieser wird im Anschluss dazu verwendet, einen zuvor ungelabelten Datensatz mit Labels zu versehen (d. h., es wird ein zweiter, größerer Silberstandard-Datensatz erzeugt). Anschließend werden der Gold- und der Silberstandard-Datensatz kombiniert, und damit wird ein Bi-Encoder trainiert.

Bevor Sie die vier erforderlichen Schritte im Rahmen des Codebeispiels durchgehen, müssen Sie zunächst die Daten vorbereiten. Verwenden Sie statt der tatsächlich verfügbaren 50.000 Dokumente nur 10.000, um ein Szenario zu simulieren, in dem lediglich eine begrenzte Anzahl gelabelter Daten zur Verfügung steht. Wie im Beispiel mit der auf der Kosinus-Ähnlichkeit basierenden Verlustfunktion können Sie den mit *Entailment* annotierten Beispielen einen Ähnlichkeitswert von 1 zuweisen und den Beispielen mit den Labels *Neutral* und *Contradiction* einen Ähnlichkeitswert von 0 zuordnen:

```
import pandas as pd
from tqdm import tqdm
from datasets import load_dataset, Dataset
from sentence_transformers import InputExample
from sentence_transformers.datasets import NoDuplicatesDataLoader

# Kleinen Datensatz mit 10.000 Dokumenten für den Cross-Encoder erstellen
dataset = load_dataset("glue", "mnli", split="train").select(range(10_000))
mapping = {2: 0, 1: 0, 0:1}

# Data-Loader einrichten
gold_examples = [
    InputExample(texts=[row["premise"], row["hypothesis"]], label=mapping[row[
"label"]])
    for row in tqdm(dataset)
]
gold_dataloader = NoDuplicatesDataLoader(gold_examples, batch_size=32)

# Zur einfacheren Handhabung einen Pandas-DataFrame erstellen
gold = pd.DataFrame(
    {
    "sentence1": dataset["premise"],
```

```
        "sentence2": dataset["hypothesis"],
        "label": [mapping[label] for label in dataset["label"]]
        }
)
```

Hierbei handelt es sich um einen Goldstandard-Datensatz, da er manuell gelabelt wurde und der Ground Truth entspricht.

Mit dem Goldstandard-Datensatz trainieren Sie zunächst den Cross-Encoder (1. Schritt):

```
from sentence_transformers.cross_encoder import CrossEncoder

# Cross-Encoder mit Goldstandard-Datensatz trainieren
cross_encoder = CrossEncoder("bert-base-uncased", num_labels=2)
cross_encoder.fit(
    train_dataloader=gold_dataloader,
    epochs=1,
    show_progress_bar=True,
    warmup_steps=100,
    use_amp=False
)
```

Ist der Cross-Encoder trainiert, können Sie die (aus dem ursprünglichen Datensatz mit 50.000 Satzpaaren) verbleibenden 40.000 Satzpaare als Silberstandard-Datensatz verwenden (2. Schritt):

```
# Silberstandard-Datensatz vorbereiten,
# um anschließend Labels mit Cross-Encoder vorherzusagen
silver = load_dataset(
    "glue", "mnli", split="train"
).select(range(10_000, 50_000))
pairs = list(zip(silver["premise"], silver["hypothesis"]))
```

Wenn Sie keine zusätzlichen ungelabelten Satzpaare vorliegen haben, können Sie sich diese auch erstellen, indem Sie zufällig Sätze aus Ihrem Goldstandard-Datensatz auswählen. Ein neues Satzpaar könnte beispielsweise dadurch erstellt werden, dass beide Sätze (*Premise* und *Hypothesis*) jeweils aus verschiedenen Zeilen entnommen und dann als neues Satzpaar genutzt werden. Auf diese Weise könnten Sie problemlos die Anzahl an Satzpaaren verzehnfachen und sie dann mit dem Cross-Encoder labeln.

Bei dieser Strategie würden jedoch vermutlich bedeutend mehr unähnliche als ähnliche Paare erstellt werden. Alternativ könnten Sie ein vortrainiertes Embedding-Modell verwenden, um alle infrage kommenden Satzpaare in Embeddings umzuwandeln, und mittels semantischer Suche jeweils die k ähnlichsten Sätze für die Eingabesätze abrufen. Dieser vereinfachte Reranking-Ansatz würde wahrscheinlich zu Satzpaaren führen, die einander ähnlicher sind. Auch wenn die Auswahl der Sätze nicht optimal ist (da das vortrainierte Embedding-Modell nicht mit den entsprechenden Daten trainiert wurde), sollte dieser Ansatz zu besseren Ergebnissen führen als die zufällige Auswahl der Sätze.

In diesem Beispiel wird davon ausgegangen, dass die Satzpaare, die für den Silberstandard-Datensatz herangezogen werden, nicht mit Labels versehen sind (d. h., beim

Silberstandard-Datensatz wird hier bewusst kein Gebrauch von den im MNLI-Datensatz enthaltenen Labels gemacht, um die Situation nachzuahmen, die besteht, wenn Ihnen mit dem Goldstandard-Datensatz nur wenige gelabelte Daten zur Verfügung stehen). Als Nächstes können Sie den feingetunten Cross-Encoder verwenden, um die Satzpaare des Silberstandard-Datensatzes mit Labels zu versehen (3. Schritt):

```
import numpy as np

# Satzpaare mittels feingetuntem Cross-Encoder labeln
output = cross_encoder.predict(
    pairs, apply_softmax=True,
show_progress_bar=True
)
silver = pd.DataFrame(
    {
        "sentence1": silver["premise"],
        "sentence2": silver["hypothesis"],
        "label": np.argmax(output, axis=1)
    }
)
```

Nachdem Sie einen Gold- und einen Silberstandard-Datensatz vorliegen haben, können Sie sie zusammenführen und als Trainingsdatensatz für das Embedding-Modell nutzen:

```
# Gold- und Silberstandard-Datensatz zusammenführen
data = pd.concat([gold, silver], ignore_index=True, axis=0)
data = data.drop_duplicates(subset=["sentence1", "sentence2"], keep="first")
train_dataset = Dataset.from_pandas(data, preserve_index=False)
```

Auch hier müssen Sie erst noch den Evaluator einrichten:

```
from sentence_transformers.evaluation import EmbeddingSimilarityEvaluator

# Embedding Similarity Evaluator auf Basis der STSB-Daten erstellen
val_sts = load_dataset("glue", "stsb", split="validation")
evaluator = EmbeddingSimilarityEvaluator(
    sentences1=val_sts["sentence1"],
    sentences2=val_sts["sentence2"],
    scores=[score/5 for score in val_sts["label"]],
    main_similarity="cosine"
)
```

Sie können das Modell auf die gleiche Weise wie zuvor trainieren, verwenden nun aber den augmentierten Datensatz:

```
from sentence_transformers import losses, SentenceTransformer
from sentence_transformers.trainer import SentenceTransformerTrainer
from sentence_transformers.training_args import
SentenceTransformerTrainingArguments

# Modell festlegen
embedding_model = SentenceTransformer("bert-base-uncased")

# Verlustfunktion
train_loss = losses.CosineSimilarityLoss(model=embedding_model)
```

```
# Argumente für das Training festlegen
args = SentenceTransformerTrainingArguments(
    output_dir="augmented_embedding_model",
    num_train_epochs=1,
    per_device_train_batch_size=32,
    per_device_eval_batch_size=32,
    warmup_steps=100,
    fp16=True,
    eval_steps=100,
    logging_steps=100,
)

# Modell trainieren
trainer = SentenceTransformerTrainer(
    model=embedding_model,
    args=args,
    train_dataset=train_dataset,
    loss=train_loss,
    evaluator=evaluator
)
trainer.train()
```

Zum Schluss nehmen Sie noch die Evaluierung des Modells vor:

```
evaluator(embedding_model)
```

```
{'pearson_cosine': 0.7101597020018693,
 'spearman_cosine': 0.7210536464320728,
 'pearson_manhattan': 0.7296749443525249,
 'spearman_manhattan': 0.7284184255293913,
 'pearson_euclidean': 0.7293097297208753,
 'spearman_euclidean': 0.7282830906742256,
 'pearson_dot': 0.6746605824703588,
 'spearman_dot': 0.6754486790570754,
 'pearson_max': 0.7296749443525249,
 'spearman_max': 0.7284184255293913}
```

Im ersten Beispiel, in dem Sie die Kosinus-Ähnlichkeit als Verlustfunktion verwendet haben, lag der Wert bei 0,72, wobei das Modell mit dem gesamten Datensatz trainiert wurde. Hier haben Sie nur ein Fünftel der in dem Datensatz enthaltenen Beispiele verwendet und trotzdem einen Wert von 0,71 erreicht!

Mit dieser Methode können bereits vorhandene Datensätze erheblich vergrößert werden, ohne dass zunächst Hunderttausende von Satzpaaren manuell mit Labels versehen werden müssen. Darüber hinaus kann die Qualität des Silberstandard-Datensatzes überprüft werden, indem das Embedding-Modell zusätzlich nur mit dem Gold-Datensatz trainiert wird. Der Qualitätsunterschied zwischen den beiden Modellen gibt dann Aufschluss darüber, inwieweit der Silberstandard-Datensatz zur Verbesserung der Modellqualität beiträgt.

Nun sollten Sie Ihr Notebook ein letztes Mal *neu starten* (oder führen Sie die entsprechende Zelle im Notebook aus), um das letzte Beispiel des Kapitels – zum unüberwachten Lernen – durchzuarbeiten.

Embedding-Modelle mit ungelabelten Daten feintunen

Für die Erstellung eines Embedding-Modells werden in der Regel gelabelte Daten benötigt. Allerdings sind nicht alle in der Praxis verwendeten Datensätze mit entsprechenden Labels versehen. Aus diesem Grund werden Verfahren benötigt, mit denen das Modell ohne vorgegebene Labels trainiert werden kann – sogenannte unüberwachte Lernverfahren (engl. *Unsupervised Learning*). In diesem Zusammenhang gibt es eine Reihe unterschiedlicher Ansätze, wie z. B. Simple Contrastive Learning of Sentence Embeddings (SimCSE) (*https://oreil.ly/4GCYn*),[11] Contrastive Tension (CT) (*https://oreil.ly/5na_6*),[12] Transformer-based Sequential Denoising Auto-Encoder (TSDAE) (*https://oreil.ly/_r6KI*)[13] und Generative Pseudo-Labeling (GPL) (*https://oreil.ly/soIV_*).[14]

In diesem Abschnitt liegt der Fokus auf TSDAE, da diese Methode sehr gute Ergebnisse bei unüberwachten Lernaufgaben und der Domain Adaptation liefert.

Transformer-based Sequential Denoising Auto-Encoder (TSDAE)

Mit TSDAE kann ein Embedding-Modell auf sehr elegante Weise auf der Grundlage einer unüberwachten Lernmethode erstellt werden. Die Methode ist so konzipiert, dass keine gelabelten Daten benötigt werden und auch keine künstlichen Labels erstellt werden müssen.

Das Grundprinzip von TSDAE besteht darin, einen bestimmten Prozentsatz von Wörtern aus dem Eingabesatz zu entfernen, um diesen zu »verrauschen« bzw. mit Rauschen (engl. *Noise*) zu versehen. Dieser »verrauschte« Satz wird durch einen Encoder mit einer nachfolgenden Pooling-Schicht geleitet, um ihn auf ein Sentence-Embedding abzubilden. Ausgehend von diesem Embedding versucht ein Decoder, den ursprünglichen Satz aus dem »verrauschten« Satz zu rekonstruieren und das künstliche Rauschen zu entfernen. Je akkurater das Embedding des Satzes ist, desto größer ist die Wahrscheinlichkeit, dass der rekonstruierte Satz mit dem ursprünglichen Satz übereinstimmt.

Diese Methode ähnelt sehr dem Masked Language Modeling, bei dem es um die Rekonstruktion und das Lernen von verdeckten Wörtern geht. Anstatt jedoch nur einzelne Wörter zu rekonstruieren, wird hier versucht, den gesamten Satz zu rekonstruieren.

---

11 Tianyu Gao, Xingcheng Yao und Danqi Chen. »SimCSE: Simple contrastive learning of sentence embeddings.« *arXiv Preprint arXiv:2104.08821* (2021).

12 Fredrik Carlsson et al. »Semantic re-tuning with Contrastive Tension.« *International Conference on Learning Representations, 2021*. 2021.

13 Kexin Wang, Nils Reimers und Iryna Gurevych. »TSDAE: Using Transformer-based Sequential Denoising Auto-Encoder for unsupervised sentence embedding learning.« *arXiv Preprint arXiv:2104.06979* (2021).

14 Kexin Wang et al. »GPL: Generative Pseudo Labeling for unsupervised domain adaptation of dense retrieval.« *arXiv Preprint arXiv:2112.07577* (2021).

Nach dem Training wird nur noch der Encoder benötigt, um Texte in Embeddings umzuwandeln – der Decoder dient lediglich der Beurteilung, ob die Embeddings in der Lage sind, den ursprünglichen Satz möglichst genau wiederzugeben (siehe Abbildung 10.13).

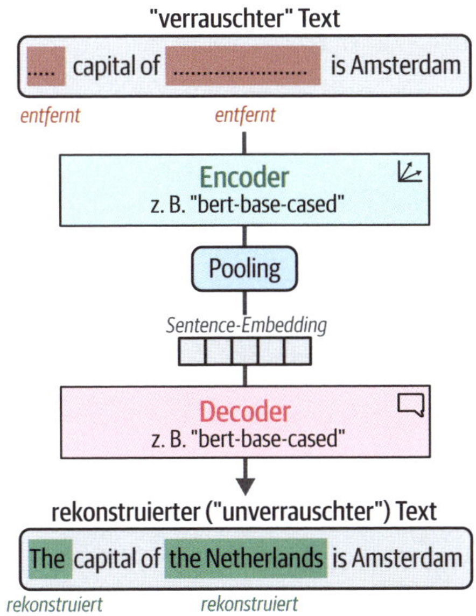

Abbildung 10.13: Bei TSDAE werden zunächst zufällig Wörter aus einem Eingabesatz entfernt, und dieser wird durch einen Encoder geleitet, um ihn in ein Satz-Embedding umzuwandeln. Auf der Grundlage dieses Sentence-Embeddings wird dann versucht, den ursprünglichen Satz zu rekonstruieren.

Als Trainingsdatensatz sind nur wenige ungelabelte Sätze erforderlich. Laden Sie als Erstes den Tokenizer herunter, mit dem später das Rauschen entfernt wird:

```
# Zusätzlichen Tokenizer herunterladen
import nltk
nltk.download("punkt")
```

Als Nächstes müssen Sie einen Trainingsdatensatz erstellen. Im Rahmen dieses Beispiels können Sie einen Teil der Daten aus dem MNLI-Datensatz verwenden und als Liste abspeichern. Dabei verzichten Sie jedoch bewusst auf die im MNLI-Datensatz enthaltenen Labels, um eine Situation zu simulieren, in der keine Labels zur Verfügung stehen und somit Unsupervised Learning angewandt werden muss:

```
from tqdm import tqdm
from datasets import Dataset, load_dataset
from sentence_transformers.datasets import DenoisingAutoEncoderDataset

# Liste mit Sätzen erstellen
mnli = load_dataset("glue", "mnli", split="train").select(range(25_000))
flat_sentences = mnli["premise"] + mnli["hypothesis"]
```

```
# Den Eingabedaten Rauschen hinzufügen
damaged_data = DenoisingAutoEncoderDataset(list(set(flat_sentences)))

# Datensatz erstellen
train_dataset = {"damaged_sentence": [], "original_sentence": []}
for data in tqdm(damaged_data):
    train_dataset["damaged_sentence"].append(data.texts[0])
    train_dataset["original_sentence"].append(data.texts[1])
train_dataset = Dataset.from_dict(train_dataset)
```

Der Trainingsdatensatz umfasst insgesamt 50.000 Sätze. Inspizieren Sie zunächst noch einmal die Daten, um sicherzustellen, dass der erste Satz dem »verrauschten« Satz ('damaged_sentence') und der zweite Satz dem ursprünglichen »unverrauschten« Satz ('original_sentence') entspricht:

```
train_dataset[0]
```

```
{'damaged_sentence': 'Grim jaws are.',
 'original_sentence': 'Grim faces and hardened jaws are not people-friendly.'}
```

Wie vorgesehen, entspricht der erste Satz dem »verrauschten« Satz und der zweite dem ursprünglichen Eingabesatz. Nachdem Sie nun den Datensatz erstellt haben, müssen Sie noch – wie zuvor – einen Evaluator einrichten:

```
from sentence_transformers.evaluation import EmbeddingSimilarityEvaluator

# Embedding Similarity Evaluator auf Basis der STSB-Daten erstellen
val_sts = load_dataset("glue", "stsb", split="validation")
evaluator = EmbeddingSimilarityEvaluator(
    sentences1=val_sts["sentence1"],
    sentences2=val_sts["sentence2"],
    scores=[score/5 for score in val_sts["label"]],
    main_similarity="cosine"
)
```

Sie können das Training nun wieder wie zuvor durchführen. Im Rahmen der Pooling-Strategie wird hier jedoch das [CLS]-Token verwendet und kein Mean Pooling der Token-Embeddings vorgenommen. Im TSDAE-Forschungsartikel wurde gezeigt, dass dieser Ansatz zielführender ist, da beim Mean Pooling die Information verloren geht, an welcher Position jeweils die Tokens stehen, was bei Verwendung des [CLS]-Tokens nicht der Fall ist:

```
from sentence_transformers import models, SentenceTransformer

# Embedding-Modell erstellen
word_embedding_model = models.Transformer("bert-base-uncased")
pooling_model = models.Pooling(word_embedding_model.get_word_embedding_dimension(),
"cls")
embedding_model = SentenceTransformer(modules=[word_embedding_model, pooling_
model])
```

Für die vorliegenden Satzpaare wird eine Verlustfunktion benötigt, mit der die ursprünglichen Sätze aus den verrauschten Sätzen rekonstruiert werden können, nämlich DenoisingAutoEncoderLoss. Auf diese Weise lernt das Modell, die Daten mit möglichst hoher Genauigkeit zu repräsentieren. Dies ähnelt dem Vorgehen beim

Masked Language Modeling, allerdings mit dem Unterschied, dass hier nicht bekannt ist, an welchen Positionen die Wörter bzw. Tokens maskiert wurden.

Außerdem werden die Parameter der beiden Modelle miteinander verknüpft. Anstatt unterschiedliche Gewichte für die Embedding-Schicht des Encoders und die Ausgabeschicht des Decoders zu verwenden, werden für beide die gleichen Gewichte verwendet. Dies bedeutet, dass jede Aktualisierung von Gewichten einer Schicht auch in der anderen Schicht berücksichtigt wird:

```
from sentence_transformers import losses

# Als Verlustfunktion Denoising Auto-Encoder Loss verwenden
train_loss = losses.DenoisingAutoEncoderLoss(
    embedding_model, tie_encoder_decoder=True
)
train_loss.decoder = train_loss.decoder.to("cuda")
```

Das Training des Modells funktioniert genauso wie zuvor. Sie sollten jedoch die Batchgröße verringern, da für diese Verlustfunktion ein höherer Speicherbedarf erforderlich ist:

```
from sentence_transformers.trainer import SentenceTransformerTrainer
from sentence_transformers.training_args import
SentenceTransformerTrainingArguments

# Argumente für das Training festlegen
args = SentenceTransformerTrainingArguments(
    output_dir="tsdae_embedding_model",
    num_train_epochs=1,
    per_device_train_batch_size=16,
    per_device_eval_batch_size=16,
    warmup_steps=100,
    fp16=True,
    eval_steps=100,
    logging_steps=100,
)

# Modell trainieren
trainer = SentenceTransformerTrainer(
    model=embedding_model,
    args=args,
    train_dataset=train_dataset,
    loss=train_loss,
    evaluator=evaluator
)
trainer.train()
```

Nach dem Training können Sie das Modell evaluieren und feststellen, wie gut das Modell mit der unüberwachten Lernmethode abschneidet:

```
# Trainiertes Modell evaluieren
evaluator(embedding_model)
```

```
{'pearson_cosine': 0.6991809700971775,
 'spearman_cosine': 0.713693213167873,
 'pearson_manhattan': 0.7152343356643568,
 'spearman_manhattan': 0.7201441944880915,
```

```
'pearson_euclidean': 0.7151142243297436,
'spearman_euclidean': 0.7202291660769805,
'pearson_dot': 0.5198066451871277,
'spearman_dot': 0.5104025515225046,
'pearson_max': 0.7152343356643568,
'spearman_max': 0.7202291660769805}
```

Das Modell hat einen Wert von 0,70 erzielt, was ziemlich beeindruckend ist, wenn man bedenkt, dass nur ungelabelte Daten für das Training des Modells zur Verfügung standen.

TSDAE zur Domain Adaptation nutzen

Wenn Sie nur sehr wenige oder gar keine gelabelten Daten zur Verfügung haben, sollten Sie in der Regel eine unüberwachte Lernmethode zur Erstellung Ihres Text-Embedding-Modells verwenden. Unüberwachte Lernmethoden sind jedoch den überwachten Methoden meist unterlegen und eignen sich weniger gut für das Erlernen domänenspezifischer Konzepte.

In diesem Fall bietet sich als Methode die *Domain Adaptation* an. Dabei werden bestehende Embedding-Modelle an eine bestimmte in Texten behandelte Zieldomäne (*Target-Domain* bzw. *Out-Domain*) angepasst, deren Themen sich von denen der ursprünglichen Domäne unterscheiden, auf der das Modell trainiert wurde (*Source-Domain* bzw. *In-Domain*). Abbildung 10.14 veranschaulicht, inwiefern sich Domänen inhaltlich unterscheiden können. Die Zieldomäne (*Out-Domain*) weist in der Regel Wörter und Themen auf, die in der ursprünglichen Domäne (*In-Domain*) nicht enthalten sind.

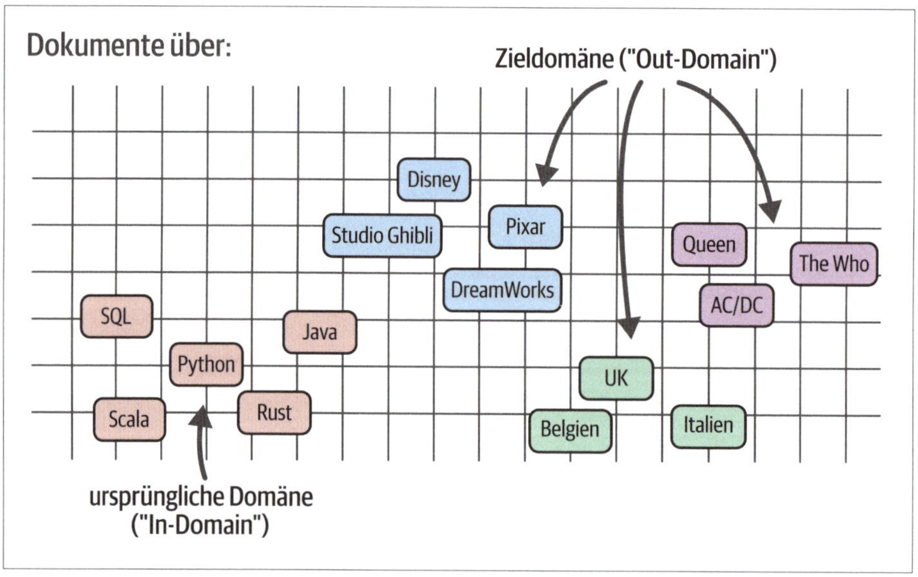

Abbildung 10.14: Das Ziel der Domain Adaptation besteht darin, ein Embedding-Modell zu erstellen und dieses von einer Domäne auf eine andere anzupassen.

Eine Methode zur Domain Adaptation wird als *Adaptive Pretraining* bezeichnet. Dabei wird zunächst ein Modell mit einem domänenspezifischen Korpus der Zieldomäne (*Target-Domain* bzw. *Out-Domain*) mittels einer unüberwachten Technik wie z.B. TSDAE oder Masked Language Modeling vortrainiert. Anschließend wird, wie in Abbildung 10.15 gezeigt, ein Feintuning dieses Modells mit einem gelabelten Trainingsdatensatz durchgeführt, der aus der Zieldomäne – oder auch einer anderen Domäne – stammen kann. Obwohl Daten aus der Zieldomäne grundsätzlich die bessere Wahl sind, funktionieren auch Daten aus anderen Domänen, da das Modell bereits zu Beginn mit einem unüberwachten Lernverfahren mit einem Trainingsdatensatz aus der Zieldomäne vortrainiert wurde.

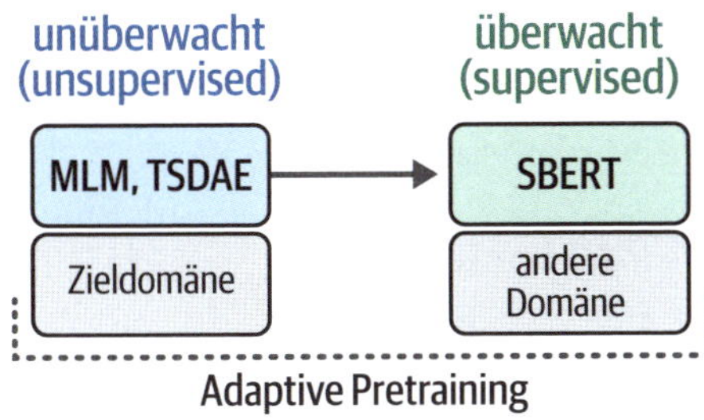

Abbildung 10.15: Die Domain Adaptation kann mittels Adaptive Pretraining und Adaptive Fine-Tuning durchgeführt werden.

Mit allem, was Sie in diesem Kapitel gelernt haben, sollten Sie nun in der Lage sein, selbst eine Pipeline für das Adaptive Pretraining zu erstellen! Sie können mit TSDAE beginnen, um ein Embedding-Modell auf Ihre Zieldomäne zu trainieren, und es dann entweder mit einer überwachten Lernmethode feintunen, indem Sie einen gelabelten Trainingsdatensatz verwenden, oder mit dem Ansatz, der bei Augmented SBERT verfolgt wird.

Zusammenfassung

In diesem Kapitel haben Sie gelernt, wie sich Embedding-Modelle im Hinblick auf verschiedene Anwendungsbereiche erstellen und feintunen lassen. Dabei wurde noch einmal das Grundprinzip von Embeddings und ihre Rolle bei der Darstellung von Textdaten in numerischer Form erörtert. Anschließend wurde eine Technik vorgestellt, die vielen Embedding-Modellen zugrunde liegt – das sogenannte Contrastive Learning, bei dem das Modell hauptsächlich auf Basis von ähnlichen bzw. unähnlichen Dokumentenpaaren lernt.

Mithilfe des beliebten Embedding-Frameworks `sentence-transformers` haben Sie dann Embedding-Modelle unter Verwendung eines vortrainierten BERT-Modells erstellt und dabei verschiedene Verlustfunktionen – wie die auf der Kosinus-Ähnlichkeit basierende Verlustfunktion und die MNR-Verlustfunktion – ausprobiert. In diesem Zusammenhang wurde deutlich, wie wichtig es ist, einen geeigneten Datensatz mit ähnlichen und unähnlichen Paaren (oder Dreiergruppen) von Sätzen zu erstellen, da dies einen großen Einfluss auf die Leistungsfähigkeit des resultierenden Modells hat.

Anschließend haben Sie verschiedene Methoden kennengelernt, mit denen sich Embedding-Modelle feintunen lassen. Dabei wurden sowohl überwachte als auch unüberwachte Methoden wie Augmented SBERT und TSDAE vorgestellt, und es wurde gezeigt, wie ein Modell an eine bestimmte Domäne angepasst werden kann. Verglichen mit der Erstellung eines Embedding-Modells von Grund auf, werden beim Feintuning in der Regel weniger Daten benötigt. Darüber hinaus eignet sich ein Feintuning hervorragend, um bestehende Embedding-Modelle auf eine bestimmte Domäne auszurichten.

Im nächsten Kapitel werden verschiedene Methoden zum Feintuning von Representation-Modellen, die zur Klassifikation verwendet werden können, behandelt. In diesem Zusammenhang werden sowohl BERT-Modelle als auch Embedding-Modelle zum Einsatz kommen, und eine Vielzahl von Methoden, mit denen sich Modelle feintunen lassen, wird vorgestellt.

KAPITEL 11

Representation-Modelle für die Klassifikation feintunen

In Kapitel 4 wurden vortrainierte Modelle zur Klassifizierung von Texten verwendet und die vortrainierten Modelle ohne Anpassungen übernommen. Doch wie wirkte es sich aus, wenn man sie noch einem Feintuning unterziehen würde?

Sofern ausreichend Daten zur Verfügung stehen, lassen sich durch Feintuning in der Regel Modelle erstellen, deren Performance kaum noch verbessert werden kann. In diesem Kapitel werden verschiedene Methoden und Anwendungen vorgestellt, die sich für das Feintuning von BERT-Modellen eignen. Im Abschnitt »Klassifikation mit gelabelten Daten« auf Seite 349 erfahren Sie, wie das Feintuning eines Klassifikationsmodells im Allgemeinen abläuft. Anschließend wird im Abschnitt »Few-Shot-Klassifikation« auf Seite 359 SetFit vorgestellt, eine Methode, mit der sich leistungsstarke Modelle mithilfe einer kleinen Anzahl von Trainingsbeispielen auf äußerst effiziente Weise feintunen lassen. Im Abschnitt »Bereits vortrainierte Modelle mittels Masked Language Modeling weiter vortrainieren« auf Seite 366 geht es darum, wie sich vortrainierte Modelle durch zusätzliches Training noch weiter verbessern lassen, und im Abschnitt »Named-Entity Recognition« auf Seite 371 lernen Sie schließlich, wie einzelne Tokens klassifiziert werden können.

In diesem Kapitel liegt der Schwerpunkt auf Aufgaben, bei denen kein Text generiert wird. Generative Modelle werden in Kapitel 12 behandelt.

Klassifikation mit gelabelten Daten

In Kapitel 4 haben Sie die Grundlagen der überwachten Klassifikation (engl. *Supervised Classification*) kennengelernt. Dabei wurden vortrainierte Representation-Modelle verwendet, die einerseits darauf trainiert wurden, das in Texten zum Ausdruck kommende Stimmungsbild bzw. Sentiment vorherzusagen (aufgabenspezifisches Modell), und andererseits darauf, Embeddings zu erstellen, die Texte möglichst gut abbilden (Embedding-Modell), siehe Abbildung 11.1.

In beiden Fällen wurden die Modellgewichte eingefroren (d.h., die Gewichte wurden während des Trainings nicht aktualisiert – die Modelle wurden also so belassen, dass sie nicht trainiert wurden), um zu zeigen, welche Möglichkeiten sich durch die Verwendung vortrainierter Modelle für die Klassifikation ergeben. Dem Embedding-Modell wurde ein separater trainierbarer Classification-Head (Klassifikator) hinzugefügt, um das Sentiment von Rezensionen von Spielfilmen vorhersagen zu können.

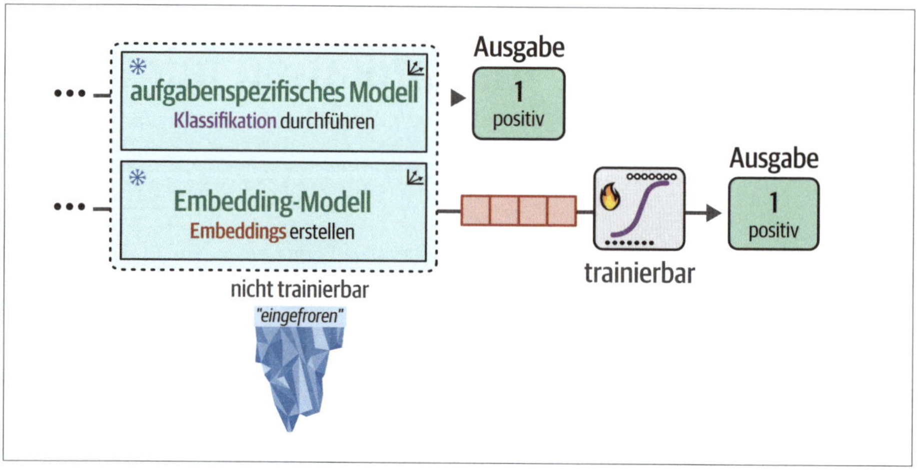

Abbildung 11.1: In Kapitel 4 wurden vortrainierte Modelle für die Klassifikation verwendet, ohne ihre Gewichtung anzupassen. Die Modelle bzw. Schichten blieben sozusagen »eingefroren«.

In diesem Abschnitt wird ein ähnlicher Ansatz verfolgt, diesmal jedoch mit dem Unterschied, dass sowohl die Gewichte des Modells als auch die des Classification-Head während des Trainings aktualisiert werden. Anstatt wie in Kapitel 2 ein bereits feingetuntes aufgabenspezifisches Embedding-Modell zu verwenden, werden Sie, wie in Abbildung 11.2 dargestellt, selbst ein vortrainiertes BERT-Modell feintunen, um ein aufgabenspezifisches Modell zu erstellen, das dem in Kapitel 2 verwendeten ähnelt.

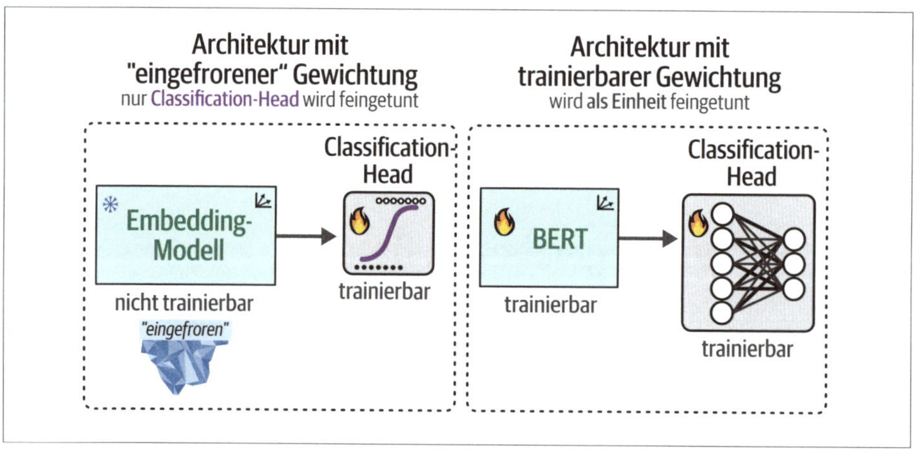

Abbildung 11.2: Im Vergleich zur Architektur mit »eingefrorener« Gewichtung werden sowohl das vortrainierte BERT-Modell als auch der Classification-Head trainiert. Der Backward-Pass (also die Fehlerrückführung im Rahmen der Optimierung bzw. Aktualisierung der Gewichte) beginnt beim Classification-Head und erfolgt rückwärts durch das BERT-Modell, d.h. von den hintersten zu den vordersten Schichten.

Bei diesem Ansatz werden im Vergleich zum Ansatz mit dem Embedding-Modell sowohl das Representation-Modell als auch der Classification-Head als eine zusammenhängende Einheit feingetunt.

Zu diesem Zweck wird das Modell nicht »eingefroren«, sondern es wird dafür gesorgt, dass es trainierbar ist und dass seine Parameter während des Trainings aktualisiert werden. Im Folgenden werden Sie ein BERT-Modell als vortrainiertes Representation-Modell sowie ein neuronales Netz als Classification-Head verwenden und beide feintunen, sodass sie anschließend für die Klassifikation eingesetzt werden können (siehe Abbildung 11.3).

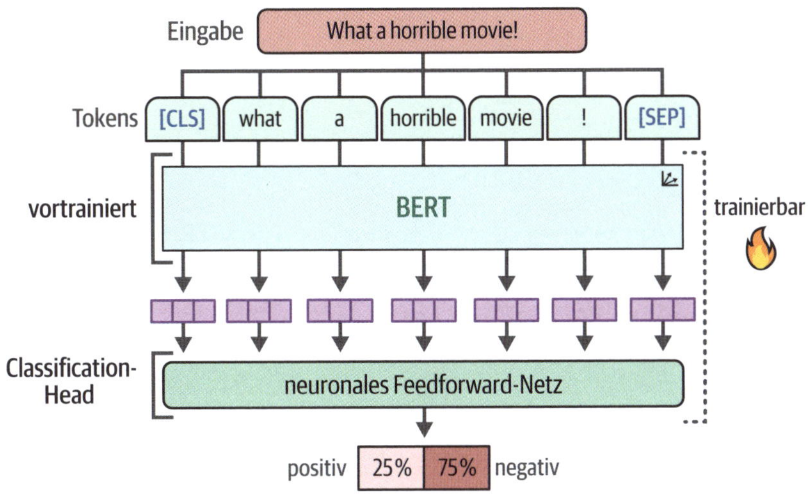

Abbildung 11.3: Die Architektur eines aufgabenspezifischen Modells. Es besteht aus einem vortrainierten Representation-Modell (z. B. BERT) sowie einem für die spezifische Aufgabe ausgelegten zusätzlichen Classification-Head.

Konkret bedeutet dies, dass das vortrainierte BERT-Modell und der Classification-Head gemeinsam aktualisiert werden. Anstatt unabhängig voneinander zu arbeiten, lernen sie voneinander, was zu akkurateren Vektordarstellungen führt.

Ein vortrainiertes BERT-Modell feintunen

Für das Feintuning des Modells können Sie auf denselben Datensatz zurückgreifen, den Sie bereits in Kapitel 4 verwendet haben, nämlich den Rotten-Tomatoes-Datensatz, der 5.331 positive und 5.331 negative Filmrezensionen enthält, die von der Website Rotten Tomatoes stammen:

```
from datasets import load_dataset

# Trainings- und Testdatensatz vorbereiten
tomatoes = load_dataset("rotten_tomatoes")
train_data, test_data = tomatoes["train"], tomatoes["test"]
```

Zunächst muss entschieden werden, welches Modell für die Klassifikation genutzt werden soll. Für die folgenden Codebeispiele können Sie das Modell "bert-base-cased" verwenden, das auf englischen Wikipedia-Artikeln sowie einem großen Datensatz aus unveröffentlichten Büchern vortrainiert wurde.[1]

Bei der Einrichtung des neuronalen Feedforward-Netzes, das dem vortrainierten Modell nachgeschaltet ist, müssen Sie zusätzlich angeben, wie viele Kategorien klassifiziert (bzw. wie viele Labels vorhergesagt) werden sollen:

```
from transformers import AutoTokenizer, AutoModelForSequenceClassification

# Modell und Tokenizer laden
model_id = "bert-base-cased"
model = AutoModelForSequenceClassification.from_pretrained(
    model_id, num_labels=2
)
tokenizer = AutoTokenizer.from_pretrained(model_id)
```

Als Nächstes müssen die Daten tokenisiert werden:

```
from transformers import DataCollatorWithPadding

# Sequenzen bis zur Länge der längsten Sequenz im Batch auffüllen (Padding)
data_collator = DataCollatorWithPadding(tokenizer=tokenizer)

def preprocess_function(examples):
   """Eingabedaten tokenisieren"""
   return tokenizer(examples["text"], truncation=True)

# Trainings- und Testdatensatz tokenisieren
tokenized_train = train_data.map(preprocess_function, batched=True)
tokenized_test = test_data.map(preprocess_function, batched=True)
```

Vor der Erstellung einer Instanz der Trainer-Klasse müssen Sie noch eine Instanz der speziell dafür vorgesehenen DataCollator-Klasse anlegen. DataCollator ist eine Klasse, die bei der Erstellung von Batches behilflich ist, aber z. B. auch eine Augmentierung von Daten gestattet.

Konkret können Sie die Klasse DataCollatorWithPadding verwenden, die dafür sorgt, dass im Rahmen der Tokenisierung des Eingabetexts die Sequenzen jeweils mit Füllzeichen (Padding Tokens) aufgefüllt werden, sodass die Vektordarstellungen eine einheitliche Größe haben.

Zudem benötigen Sie noch eine Metrik, mit der Sie die Performance des Modells beurteilen können:

```
import numpy as np
from datasets import load_metric

def compute_metrics(eval_pred):
   """F1-Maß berechnen"""
   logits, labels = eval_pred
   predictions = np.argmax(logits, axis=-1)
```

1 Jacob Devlin et al. »BERT: Pre-training of deep bidirectional transformers for language understanding.« *arXiv Preprint arXiv:1810.04805* (2018).

```
    load_f1 = load_metric("f1")
    f1 = load_f1.compute(predictions=predictions, references=labels)["f1"]
    return {"f1": f1}
```

Mit der compute_metrics-Funktion könnten Sie jede beliebige Metrik ermitteln, an der Sie interessiert sind und die während des Trainings angezeigt oder in einer Logdatei gespeichert werden soll. Dies ist vor allem während des Trainings sehr nützlich, um zu sehen, ob das Modell zu einer Überanpassung (engl. *Overfitting*) der Daten neigt.

Als Nächstes müssen Sie eine Instanz der Trainer-Klasse erstellen:

```
from transformers import TrainingArguments, Trainer

# Trainingsparameter bzw. Hyperparameter zur Optimierung
training_args = TrainingArguments(
   "model",
   learning_rate=2e-5,
   per_device_train_batch_size=16,
   per_device_eval_batch_size=16,
   num_train_epochs=1,
   weight_decay=0.01,
   save_strategy="epoch",
   report_to="none"
)

# Trainer-Instanz, mit der der Trainingsprozess durchgeführt wird
trainer = Trainer(
   model=model,
   args=training_args,
   train_dataset=tokenized_train,
   eval_dataset=tokenized_test,
   tokenizer=tokenizer,
   data_collator=data_collator,
   compute_metrics=compute_metrics,
)
```

Mithilfe der Klasse TrainingArguments werden die Hyperparameter festgelegt, die im Rahmen der Optimierung genutzt werden sollen, wie z.B. die Lernrate und die Anzahl der Epochen (d.h. der Durchläufe) beim Training. Die Trainer-Klasse dient der Durchführung des Trainings.

Zu guter Letzt können Sie nun das Modell trainieren und es evaluieren:

```
trainer.evaluate()

{'eval_loss': 0.3663691282272339,
 'eval_f1': 0.8492366412213741,
 'eval_runtime': 4.5792,
 'eval_samples_per_second': 232.791,
 'eval_steps_per_second': 14.631,
 'epoch': 1.0}
```

Mit diesem Modell erzielt man einen Wert für das F1-Maß von 0,85, der deutlich höher ist als der mit dem aufgabenspezifischen Modell in Kapitel 4 erzielte Wert von 0,80. Hier zeigt sich, dass es sich durchaus lohnen kann, ein Modell noch einem Feintuning zu unterziehen und nicht einfach direkt ein vortrainiertes Modell zu verwenden (zumal das Training beim Feintuning nur wenige Minuten in Anspruch nimmt).

Schichten eines Modells einfrieren

Um Ihnen einen besseren Eindruck davon zu vermitteln, wie sich die Performance eines Modells verändert, wenn nur ein Teil des neuronalen Netzes und nicht das gesamte Netz trainiert wird, wird im nächsten Beispiel erläutert, wie Sie mit der Transformers-Bibliothek von Hugging Face bestimmte Schichten des neuronalen Netzes einfrieren können.

Hierfür bietet es sich an, zunächst dafür zu sorgen, dass nur die Gewichte des Classification-Head aktualisiert werden, während die Schichten des eigentlichen BERT-Modells fixiert bzw. eingefroren werden. So erhalten Sie eine gute Vergleichsbasis, da bis auf das Einfrieren bestimmter Schichten keine Änderungen am Modell vorgenommen werden.

Erstellen Sie erst eine neue Instanz des Modells, um noch einmal ganz von vorne zu beginnen.

```
# Modell und Tokenizer laden
model = AutoModelForSequenceClassification.from_pretrained(
    model_id, num_labels=2
)
tokenizer = AutoTokenizer.from_pretrained(model_id)
```

In einem vortrainierten BERT-Modell gibt es zahlreiche Schichten, die theoretisch eingefroren werden könnten. Wenn man sich alle Schichten des Modells anzeigen lässt, erhält man einen guten Eindruck von der Struktur des neuronalen Netzes und davon, welche Schichten eingefroren werden könnten:

```
# Namen der Schichten anzeigen lassen
for name, param in model.named_parameters():
    print(name)

bert.embeddings.word_embeddings.weight
bert.embeddings.position_embeddings.weight
bert.embeddings.token_type_embeddings.weight
bert.embeddings.LayerNorm.weight
bert.embeddings.LayerNorm.bias
bert.encoder.layer.0.attention.self.query.weight
bert.encoder.layer.0.attention.self.query.bias
...
bert.encoder.layer.11.output.LayerNorm.weight
bert.encoder.layer.11.output.LayerNorm.bias
bert.pooler.dense.weight
bert.pooler.dense.bias
classifier.weight
classifier.bias
```

Das Modell umfasst insgesamt zwölf (von 0 bis 11) Encoder-Blöcke, die jeweils aus mehreren Attention-Heads, Dense-Layern (d.h. vollständig verbundene Schichten) und Schichten zur Normalisierung (*Layer Normalization*) bestehen. In Abbildung 11.4 können Sie sich einen groben Überblick über die Architektur verschaffen und nachvollziehen, welche Komponenten theoretisch eingefroren werden könnten. Am Ende des Modells befindet sich zusätzlich noch ein Classification-Head.

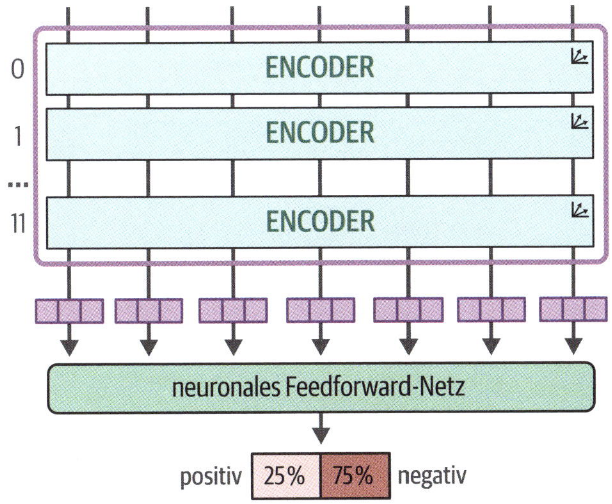

Abbildung 11.4: Die grundlegende Architektur eines BERT-Modells (das zusätzlich noch mit einem Classification-Head versehen ist)

Wenn man lediglich bestimmte Schichten einfriert, kann man die für die Berechnungen erforderliche Zeit verkürzen und dennoch sicherstellen, dass der Hauptteil des Modells trainiert wird. In der Regel sollte man darauf achten, dass auf eingefrorene Schichten jeweils trainierbare Schichten folgen.

Frieren Sie nun zunächst alle Schichten bis auf den Classification-Head ein (d.h., es wird erst einmal derselbe Ansatz wie in Kapitel 2 verfolgt):

```
for name, param in model.named_parameters():

    # Trainierbarer Classification-Head
    if name.startswith("classifier"):
       param.requires_grad = True

    # Alle anderen Schichten einfrieren
    else:
       param.requires_grad = False
```

Abbildung 11.5 veranschaulicht, dass alle Komponenten bis auf das neuronale Feedforward-Netz (d.h. den Classification-Head) eingefroren wurden.

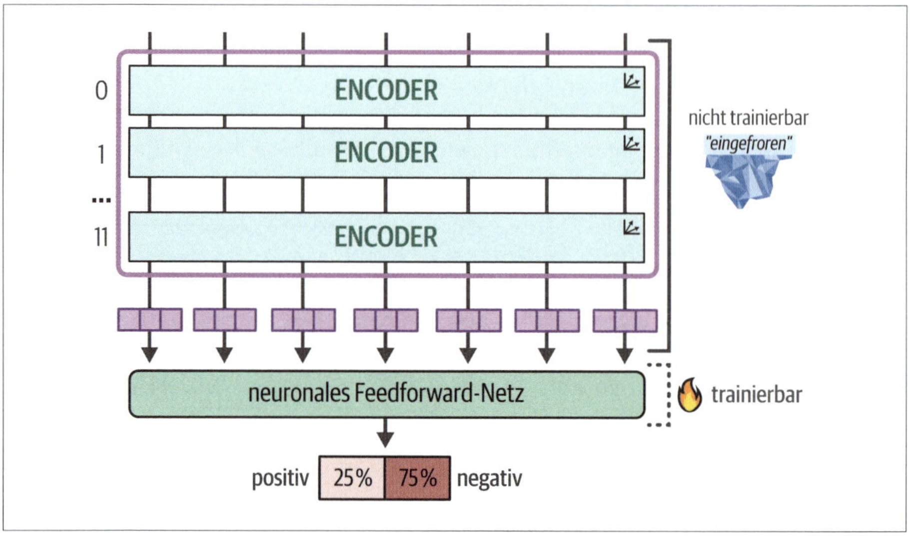

Abbildung 11.5: Um zu verhindern, dass das BERT-Modell während des Feintunings neue Vektordarstellungen lernt, werden sämtliche Encoder-Blöcke und Embedding-Schichten vollständig eingefroren.

Nachdem Sie nun sichergestellt haben, dass alle Komponenten bis auf den Classification-Head nicht trainierbar sind, ist es an der Zeit, das Modell zu trainieren:

```
from transformers import TrainingArguments, Trainer

# Trainer-Instanz, mit der der Trainingsprozess durchgeführt wird
trainer = Trainer(
   model=model,
   args=training_args,
   train_dataset=tokenized_train,
   eval_dataset=tokenized_test,
   tokenizer=tokenizer,
   data_collator=data_collator,
   compute_metrics=compute_metrics,
)
trainer.train()
```

Wahrscheinlich ist Ihnen aufgefallen, dass das Training nun bedeutend zügiger vonstattenging. Das liegt daran, dass lediglich der Classification-Head trainiert wurde, was wesentlich schneller geht als das Feintuning des gesamten Modells:

```
trainer.evaluate()
```

```
{'eval_loss': 0.6821751594543457,
 'eval_f1': 0.6331058020477816,
 'eval_runtime': 4.0175,
 'eval_samples_per_second': 265.337,
 'eval_steps_per_second': 16.677,
 'epoch': 1.0}
```

Die Evaluierung zeigt, dass das Modell beim F1-Maß nur einen Wert von 0,63 erreicht. Dies stellt eine deutliche Verschlechterung gegenüber dem anfänglichen

Wert von 0,85 dar. Anstatt alle Schichten einzufrieren, können Sie auch nur die Schichten bis zu Encoder-Block 10 einfrieren (siehe Abbildung 11.6), um zu sehen, wie sich dies auf die Performance auswirkt. Das hat den großen Vorteil, dass die Anzahl der Berechnungen reduziert wird und trotzdem ein Teil der Gewichte des vortrainierten Modells aktualisiert werden:

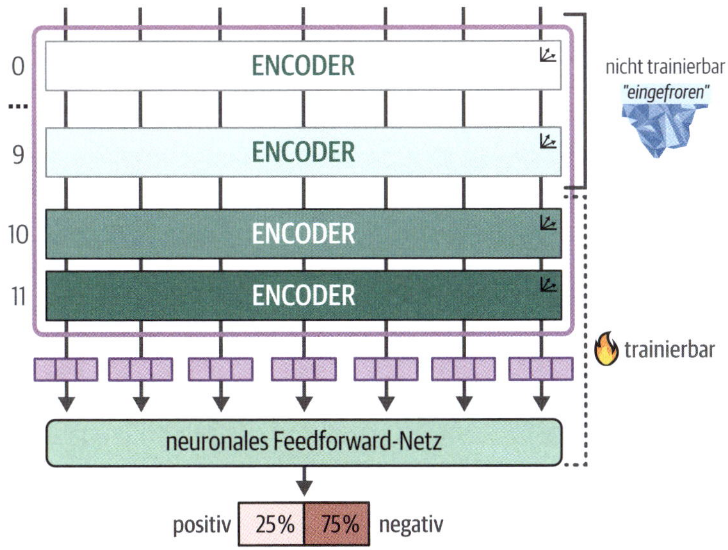

Abbildung 11.6: Es werden nur die ersten zehn Encoder-Blöcke des BERT-Modells eingefroren. Alle anderen Komponenten bleiben trainierbar und werden feingetunt.

```
# Modell laden
model_id = "bert-base-cased"
model = AutoModelForSequenceClassification.from_pretrained(
    model_id, num_labels=2
)
tokenizer = AutoTokenizer.from_pretrained(model_id)

# Der Encoder-Block 11 beginnt bei der Indexnummer 165.
# Vor diesem Block werden alle Schichten eingefroren.
for index, (name, param) in enumerate(model.named_parameters()):
    if index < 165:
        param.requires_grad = False

# Trainer-Instanz, mit der der Trainingsprozess durchgeführt wird
trainer = Trainer(
   model=model,
   args=training_args,
   train_dataset=tokenized_train,
   eval_dataset=tokenized_test,
   tokenizer=tokenizer,
   data_collator=data_collator,
   compute_metrics=compute_metrics,
)
trainer.train()
```

Nach dem Training können Sie wie gewohnt noch die Evaluierung des Modells vornehmen:

```
trainer.evaluate()
{'eval_loss': 0.40812647342681885,
 'eval_f1': 0.8,
 'eval_runtime': 3.7125,
 'eval_samples_per_second': 287.137,
 'eval_steps_per_second': 18.047,
 'epoch': 1.0}
```

Der Wert des F1-Maßes beträgt nun 0,8 und liegt damit deutlich über dem Wert von 0,63, als alle Schichten eingefroren waren. Obwohl es natürlich grundsätzlich ratsam ist, so viele Schichten wie möglich zu trainieren, können Sie auch weniger Schichten trainieren, wenn Sie nicht genügend Rechenleistung zur Verfügung haben.

Um zu untersuchen, wie sich die Performance durch das Einfrieren bestimmter Schichten verändert, haben wir das vorliegende Modell mehrfach einem Feintuning unterzogen. Ausgehend von der Situation, dass alle Encoder-Blöcke eingefroren sind, haben wir dabei nach und nach die Anzahl der trainierbaren Encoder-Blöcke erhöht. Dabei hat sich gezeigt, dass bereits die ersten fünf Encoder-Blöcke (rote vertikale Linie in Abbildung 11.7) ausreichen, damit das Modell fast genauso gut abschneidet wie bei einem Training aller Encoder-Blöcke.

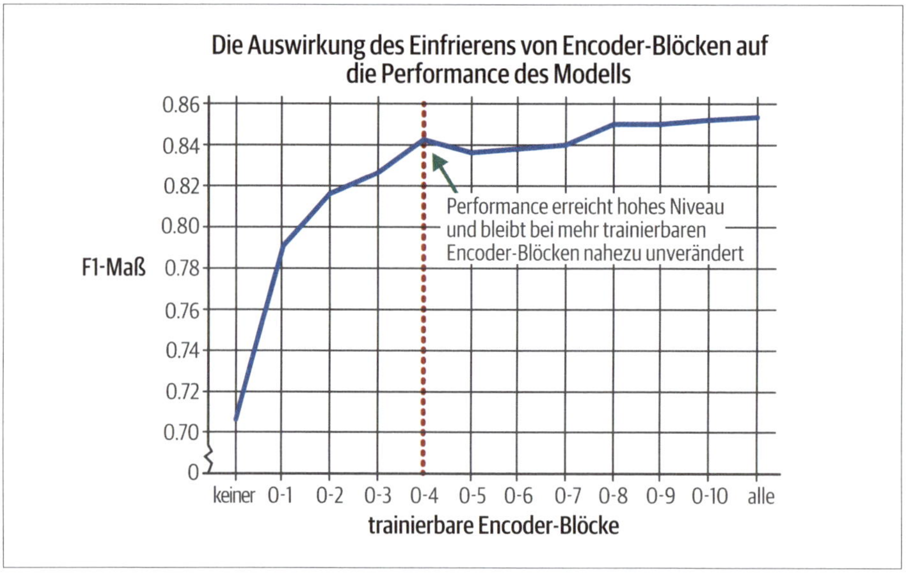

Abbildung 11.7: Die Auswirkung des Einfrierens von Encoder-Blöcken auf die Performance des Modells. Je mehr Blöcke trainiert werden, desto besser wird das Modell, aber bereits bei einer geringeren Anzahl trainierbarer Blöcke wird nahezu die maximal erreichbare Performance erzielt.

Wenn Modelle über mehrere Epochen (Trainingsläufe) hinweg trainiert werden, ist der Unterschied in Bezug auf Trainingszeit und Ressourcen zwischen Einfrieren und Nichteinfrieren in der Regel größer. Probieren Sie deshalb am besten selbst aus, ob es sich für Sie lohnt, Schichten einzufrieren.

Few-Shot-Klassifikation

Bei der Few-Shot-Klassifikation, einer überwachten Klassifikationsmethode, wird ein Klassifikator auf der Grundlage von nur wenigen gelabelten Beispielen darauf trainiert, die entsprechenden Labels vorherzusagen bzw. Datenpunkte zu klassifizieren. Dieser Ansatz eignet sich daher besonders gut, wenn eine Klassifikation vorgenommen werden soll, aber nur sehr wenige gelabelte Daten zur Verfügung stehen. Es reicht also aus, einige wenige qualitativ hochwertige Datenpunkte pro Kategorie zu labeln, um ein Modell zu trainieren (siehe Abbildung 11.8).

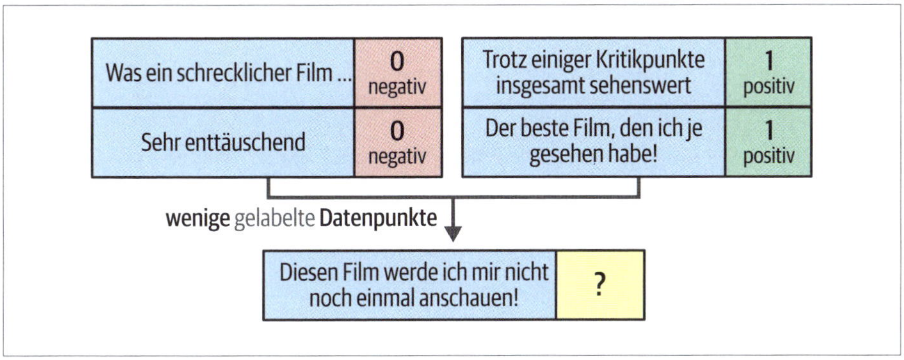

Abbildung 11.8: Bei der Few-Shot-Klassifikation werden nur wenige gelabelte Daten zum Trainieren benötigt.

SetFit – Modelle mit nur wenigen Trainingsbeispielen auf effiziente Weise feintunen

Zur Few-Shot-Klassifikation nutzen Sie nun ein Framework namens SetFit (*https://oreil.ly/w8eTO*), das sehr effizient arbeitet.[2] Es basiert auf der Architektur des `sentence-transformers` (*https://oreil.ly/lWXtr*)-Frameworks und ermöglicht die Erstellung hochwertiger Textdarstellungen, die während des Trainings aktualisiert werden. Mit dem Framework sind nur wenige gelabelte Beispiele erforderlich, um Modelle zu entwickeln, die mit dem im vorherigen Beispiel feingetunten BERT-Modell konkurrieren können.

2 Lewis Tunstall et al. »Efficient few-shot learning without prompts.« *arXiv Preprint arXiv:2209.11055* (2022).

Der dem SetFit-Framework zugrunde liegende Algorithmus besteht aus drei Schritten:

1. *Zufällige Auswahl der Trainingsdaten*
   Positive (ähnliche) und negative (unähnliche) Satzpaare werden durch eine zufällige Auswahl von gelabelten Daten erstellt, die entweder derselben oder jeweils einer anderen Kategorie angehören.
2. *Feintuning der Embeddings*
   Ein vortrainiertes Embedding-Modell auf der Grundlage der zuvor erstellten Trainingsdaten feintunen.
3. *Trainieren eines Klassifikators*
   Im Anschluss an das Embedding-Modell einen zusätzlichen Classification-Head hinzufügen und diesen mit den zuvor erstellten Trainingsdaten trainieren.

Bevor das Embedding-Modell feingetunt werden kann, müssen erst die entsprechenden Trainingsdaten erstellt werden, d.h., es werden Trainingsdaten mit Beispielen für positive (ähnliche) und negative (unähnliche) Satzpaare benötigt. In vielen Fällen sind die Daten, die für eine Klassifikation herangezogen werden sollen, jedoch noch nicht mit Labels versehen.

Angenommen, Sie hätten einen Trainingsdatensatz wie den in Abbildung 11.9 vorliegen, bei dem Texte in zwei verschiedene Kategorien eingeteilt sind – zum einen Texte, die von Programmiersprachen handeln, und zum anderen Texte, die von Haustieren handeln.

Text	Kategorie
Ich schreibe meinen Code in Python	Programmiersprachen
Ich sollte mich mit SQL beschäftigen	Programmiersprachen
Mein Hund ist ein Labrador	Haustiere
Ich habe eine Siamkatze	Haustiere

Abbildung 11.9: Die Daten lassen sich in zwei Kategorien einteilen: Texte, in denen es um Programmiersprachen geht, und Texte, in denen es um Haustiere geht.

Im ersten Schritt erstellt das SetFit-Framework den erforderlichen Trainingsdatensatz, indem es zufällig Beispiele innerhalb und außerhalb einer der Kategorien auswählt (siehe Abbildung 11.10). Liegen beispielsweise 16 Sätze zum Thema Sport vor, lassen sich 16 * (16 – 1) / 2 = *120* Satzpaare bilden, die als ähnliche bzw. *positive* Paare gelabelt werden können. Auf die gleiche Weise lassen sich auch *negative* Paare erstellen, indem die Satzpaare so gebildet werden, dass die Sätze jeweils aus verschiedenen Kategorien entnommen werden.

Text 1	Text 2	Art des Paars
Ich schreibe meinen Code in Python	Ich sollte mich mit SQL beschäftigen	positiv
Mein Hund ist ein Labrador	Ich habe eine Siamkatze	positiv
Ich schreibe meinen Code in Python	Mein Hund ist ein Labrador	negativ
Ich habe eine Siamkatze	Ich sollte mich mit SQL beschäftigen	negativ

Abbildung 11.10: 1. Schritt: Zufällige Auswahl der Trainingsdaten. Sätze, die jeweils derselben Kategorie entstammen, werden als ähnlich und daher als positive Paare betrachtet, während Sätze, die verschiedenen Kategorien angehören, als negative bzw. unähnliche Paare angesehen werden.

Im zweiten Schritt wird das Embedding-Modell anhand der erstellten Satzpaare feingetunt. Das Feintuning des vortrainierten BERT-Modells erfolgt dabei mittels Contrastive Learning. Dabei werden, wie bereits in Kapitel 10 erläutert, akkurate Sentence-Embeddings auf der Grundlage ähnlicher (positiver) und unähnlicher (negativer) Satzpaare erlernt.

Nachdem diese Paare im vorherigen Schritt erstellt wurden, können sie für das Feintuning eines `SentenceTransformer`-Modells verwendet werden. Obwohl Contrastive Learning bereits zuvor ausführlich vorgestellt wurde, können Sie sich anhand von Abbildung 11.11 noch einmal in Erinnerung rufen, wie bei dieser Methode vorgegangen wird.

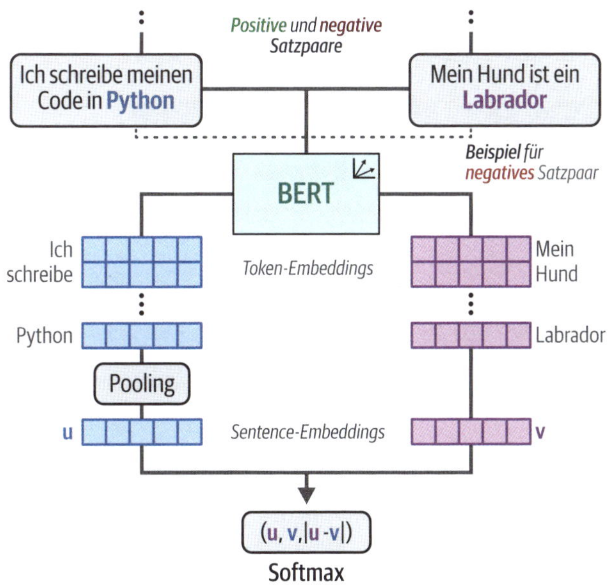

Abbildung 11.11: 2. Schritt: Feintuning eines »SentenceTransformer«-Modells. Mithilfe von Contrastive Learning werden die Embeddings anhand positiver und negativer Satzpaare optimiert.

Mithilfe des Feintunings des Embedding-Modells sollen Embeddings erstellt werden, die hinsichtlich der jeweiligen Klassifikationsaufgabe optimiert sind. Die Embeddings werden so trainiert, dass sie die Kategorien und ihre Bedeutung adäquat abbilden können.

Im dritten Schritt werden für alle Sätze entsprechende Embeddings erstellt und diese als Eingabe für einen Klassifikator verwendet. Mit dem feingetunten `SentenceTransformer`-Modell können die Sätze in Embeddings umgewandelt werden, und diese können als Features für den Klassifikator verwendet werden. Der Klassifikator wird dann auf der Grundlage der feingetunten Embeddings trainiert, um anschließend zuvor unbekannte Sätze möglichst gut vorhersagen zu können. In Abbildung 11.12 wird dieser letzte Schritt veranschaulicht.

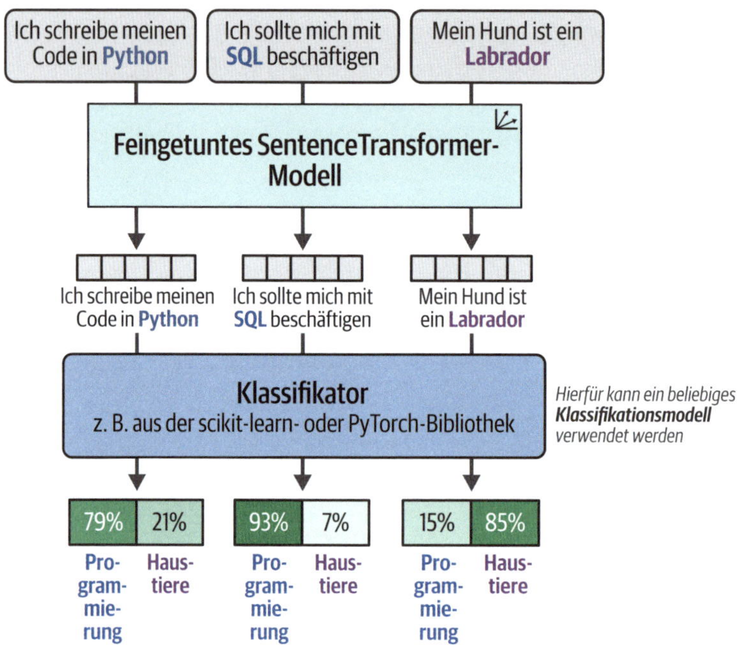

Abbildung 11.12: 3. Schritt: Trainieren eines Klassifikators. Als Klassifikator kann ein beliebiges Modell der scikit-learn-Bibliothek oder ein Classification-Head verwendet werden.

Diese Schritte ergeben zusammen eine effiziente und elegante Klassifikationspipeline, die speziell für Situationen ausgelegt ist, in denen nur wenige Labels pro Kategorie zur Verfügung stehen. Selbst wenn zunächst nicht genügend Daten vorhanden sind, werden die wenigen verfügbaren Daten so geschickt genutzt, dass letztlich ausreichend gelabelte Daten für eine Klassifikation vorliegen. Die drei Schritte sind in Abbildung 11.13 zusammengefasst, sodass Sie das gesamte Verfahren noch einmal übersichtlich nachvollziehen können.

Zunächst werden Satzpaare erstellt, deren Sätze entweder jeweils einer Kategorie oder zwei verschiedenen Kategorien entnommen sind. Anschließend wird ein vortrainiertes SentenceTransformer-Modell mit den Satzpaaren feingetunt. Abschließend werden die Sätze mit dem feingetunten Modell in Embeddings umgewandelt. Auf dieser Grundlage wird ein Klassifikator trainiert, der anschließend in der Lage ist, die Kategorien vorherzusagen.

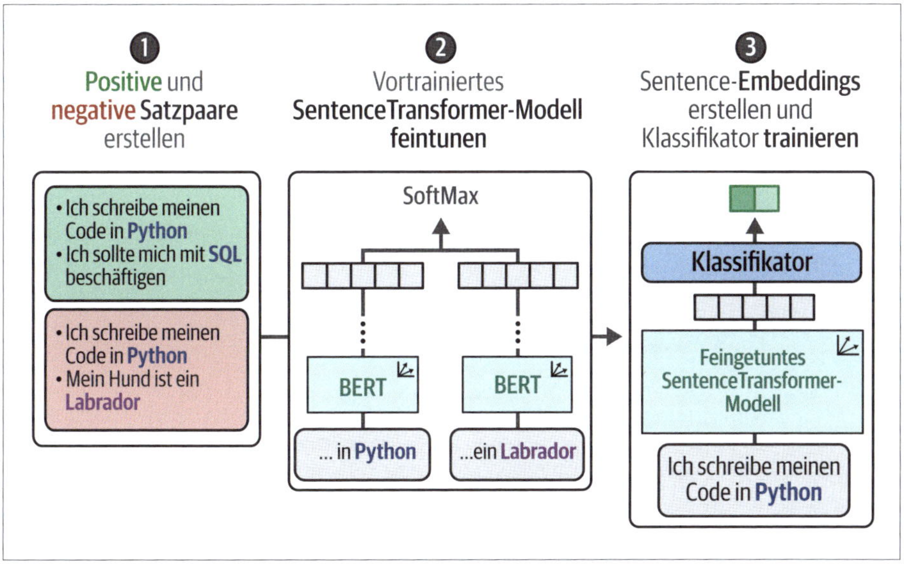

Abbildung 11.13: Die drei grundlegenden Schritte des SetFit-Frameworks

Modelle für die Few-Shot-Klassifikation feintunen

In den vorangegangenen Beispielen wurden die Modelle jeweils mit einem Datensatz feingetunt, der ungefähr 8.500 Filmrezensionen enthielt. In diesem Beispiel geht es jedoch um Situationen, in denen nur sehr wenige Beispiele zur Verfügung stehen, daher werden Sie nur 16 Beispiele pro Kategorie verwenden. Weil es nur zwei Kategorien gibt, liegen also lediglich 32 Beispiele zum Trainieren des Modells vor – viel weniger als die 8.500 Filmrezensionen, die Sie zuvor verwenden konnten!

```
from setfit import sample_dataset

# Simulation eines Few-Shot-Szenarios
# durch zufällige Auswahl von 16 Beispielen pro Kategorie
sampled_train_data = sample_dataset(tomatoes["train"], num_samples=16)
```

Nachdem die Daten zufällig ausgewählt wurden, müssen Sie sich für ein vortrainiertes SentenceTransformer-Modell entscheiden, mit dem Sie das Feintuning durchführen möchten. In der offiziellen Dokumentation werden verschiedene vortrainierte SentenceTransformer-Modelle (*https://oreil.ly/g-4SN*) aufgeführt, darunter auch das Modell "sentence-transformers/all-mpnet-base-v2", das Sie im Rahmen dieses Codebeispiels verwenden sollten. Es ist eines der besten Modelle laut MTEB-Leaderboard (*https://oreil.ly/3DWQW*), bei dem die Performance von Embedding-Modellen hinsichtlich einer Vielzahl von Aufgaben evaluiert wird:

```
from setfit import SetFitModel

# Vortrainiertes SentenceTransformer-Modell laden
model = SetFitModel.from_pretrained("sentence-transformers/all-mpnet-base-v2")
```

Nachdem Sie das vortrainierte SentenceTransformer-Modell geladen haben, müssen Sie die Argumente für die Instanz der SetFitTrainer-Klasse festlegen. Für das Training ist standardmäßig ein logistisches Regressionsmodell als Klassifikator festgelegt.

Genauso wie bei der Transformers-Bibliothek von Hugging Face können Sie eine Trainer-Instanz verwenden, um die entsprechenden Parameter festzulegen und verschiedene Werte auszuprobieren. Für den Parameter num_epochs geben Sie einen Wert von 3 an, damit das Contrastive Learning für drei Trainingsläufe durchgeführt wird:

```
from setfit import TrainingArguments as SetFitTrainingArguments
from setfit import Trainer as SetFitTrainer

# Argumente für das Training festlegen
args = SetFitTrainingArguments(
    num_epochs=3, # Anzahl der Epochen beim Contrastive Learning
    num_iterations=20  # Anzahl zu erstellender Textpaare
)
args.eval_strategy = args.evaluation_strategy

# Trainer-Instanz anlegen
trainer = SetFitTrainer(
    model=model,
    args=args,
    train_dataset=sampled_train_data,
    eval_dataset=test_data,
    metric="f1"
)
```

Nun genügt es, die train-Methode aufzurufen, woraufhin das Training beginnt. Anschließend sollte Folgendes angezeigt werden:

```
# Trainingsläufe durchführen
trainer.train()

***** Running training *****
  Num unique pairs = 1280
  Batch size = 16
  Num epochs = 3
  Total optimization steps = 240
```

Aus den angezeigten Informationen geht hervor, dass 1.280 Satzpaare für das Feintuning des SentenceTransformer-Modells erstellt wurden. Standardmäßig werden für jedes Beispiel in den Daten jeweils 20 Satzpaarkombinationen erstellt, was 20 * 32 = 640 Beispielen entspricht. Um auf die Gesamtanzahl der erstellten Satzpaare (Num unique pairs) zu kommen, muss dieser Wert noch mit zwei multipliziert werden (da es positive und negative Paare gibt), also 640 * 2 = 1.280 Satzpaare. Angesichts der Tatsache, dass zu Beginn nur 32 mit Labels versehene Sätze zur Verfügung standen, ist die Erstellung von 1.280 Satzpaaren äußerst bemerkenswert!

> Wird kein Classification-Head angegeben, wird standardmäßig eine logistische Regression verwendet. Um selbst einen Classification-Head anzugeben, können Sie die entsprechende `SetFitTrainer`-Instanz wie folgt spezifizieren:
>
> ```
> # Ein SetFit-Modell vom Hub laden
> model = SetFitModel.from_pretrained(
>     "sentence-transformers/all-mpnet-base-v2",
>     use_differentiable_head=True,
>     head_params={"out_features": num_classes},
> )
>
> # Trainer-Instanz anlegen
> trainer = SetFitTrainer(
>     model=model,
>     ...
> )
> ```
>
> Hier bezieht sich der Parameter `num_classes` auf die Anzahl der Kategorien, die vorhergesagt werden sollen.

Nehmen Sie nun abschließend noch eine Evaluierung des Modells vor, um sich ein Bild davon zu machen, wie gut es funktioniert:

```
# Modell anhand des Testdatensatzes evaluieren
trainer.evaluate()
```

```
{'f1': 0.845703125}
```

Das Modell erreicht mit lediglich 32 gelabelten Beispielen einen Wert von 0,85 beim F1-Maß. Führt man sich vor Augen, dass das Modell nur auf einem sehr kleinen Teil des ursprünglich verwendeten Datensatzes trainiert wurde, ist dies wirklich beeindruckend! Darüber hinaus schneidet es fast genauso gut ab wie das logistische Regressionsmodell, das in Kapitel 4 auf der Grundlage der Embeddings trainiert wurde, die mit dem vollständigen Datensatz erstellt wurden. An dieser Few-Shot-Pipeline wird deutlich, dass es sich lohnt, sich die Zeit zu nehmen und ein paar Beispiele zu labeln.

> Mit dem SetFit-Framework lässt sich nicht nur eine Few-Shot-Klassifikation, sondern auch eine Zero-Shot-Klassifikation durchführen. Das Framework kann somit in Situationen genutzt werden, in denen ausschließlich ungelabelte Daten zur Verfügung stehen. Es ist in der Lage, anhand der Bezeichnungen der Labels synthetische Beispiele zu erstellen, um die Klassifikationsaufgabe nachzubilden und ein SetFit-Modell darauf zu trainieren. Wenn die Bezeichnungen der vorherzusagenden Labels beispielsweise »happy« und »sad« lauten, könnten synthetische Daten wie folgt aussehen: »This example is happy« und »This example is sad«.

Bereits vortrainierte Modelle mittels Masked Language Modeling weiter vortrainieren

In den bisherigen Beispielen wurde ein vortrainiertes Modell als Grundlage verwendet und mittels Feintuning für die Klassifikation optimiert. Es waren also zwei Schritte erforderlich: Erst musste ein Modell vortrainiert werden (dieser Schritt wurde bereits für Sie durchgeführt), und dann wurde es für eine bestimmte Aufgabe feingetunt (siehe Abbildung 11.14).

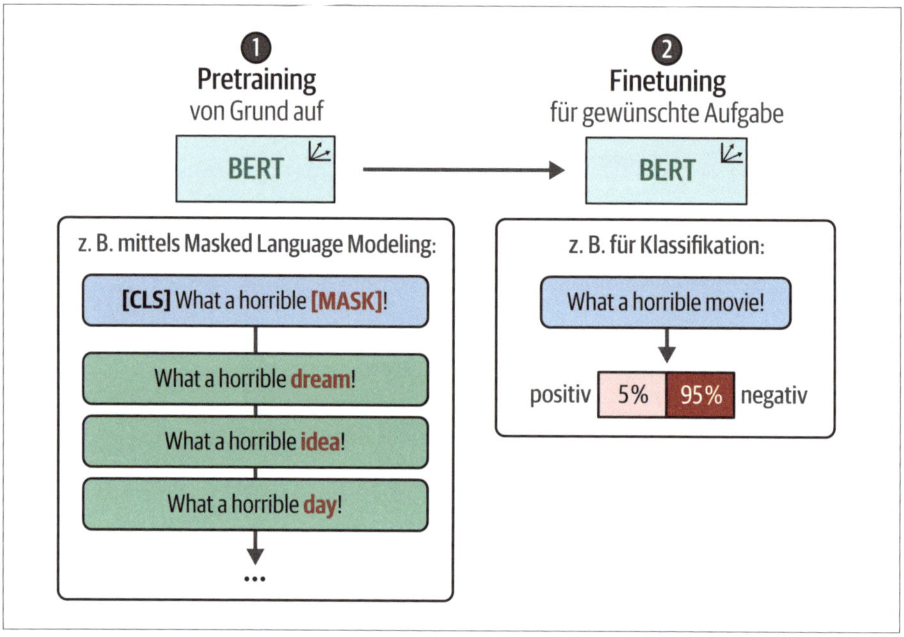

Abbildung 11.14: Möchte man ein BERT-Modell für eine bestimmte Aufgabe, beispielsweise zur Klassifikation, feintunen, muss es entweder zunächst vortrainiert werden, oder man verwendet ein bereits vortrainiertes Modell.

Dieser zweistufige Ansatz eignet sich für viele Anwendungsfälle. Bei domänenspezifischen Daten stößt er jedoch an seine Grenzen. Denn vortrainierte Modelle werden in der Regel mit sehr allgemeinen Daten wie etwa Wikipedia-Artikeln trainiert und sind daher nicht unbedingt auf domänenspezifische Wörter ausgerichtet.

Der zweistufige Ansatz lässt sich allerdings noch um einen weiteren Schritt ergänzen, indem das Pretraining eines bereits vortrainierten BERT-Modells fortgesetzt wird. Das heißt, das BERT-Modell kann mittels *Masked Language Modeling* (MLM) weiter vortrainiert werden, wobei Daten des entsprechenden Fachgebiets bzw. der Domäne verwendet werden. Somit könnte man beispielsweise von einem allgemeinen BERT-Modell zu einem auf den medizinischen Bereich spezialisierten BioBERT-Modell gelangen und dieses dann in einem weiteren Schritt für die Klassifikation von Medikamenten feintunen.

Dadurch werden die Darstellungen der Wortteile (*Subword Representations*) aktualisiert, sodass sie besser auf zuvor unbekannte Wörter ausgerichtet sind. Die Vorgehensweise wird in Abbildung 11.15 veranschaulicht. In der Abbildung wird deutlich, dass durch diesen zusätzlichen Schritt das Masked Language Modeling ausgeweitet wird. Eine Fortsetzung des Pretrainings eines vortrainierten BERT-Modells verbessert nachweislich die Performance dieser Modelle bei der Klassifikation und kann daher durchaus als sinnvolle Ergänzung der Pipeline für das Feintuning angesehen werden.[3]

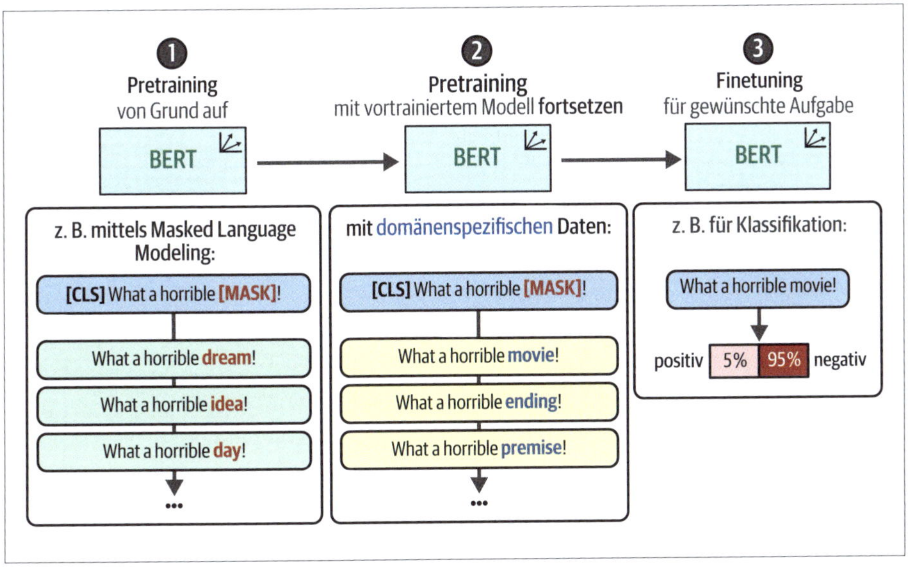

Abbildung 11.15: Anstelle des zweistufigen Ansatzes ist es möglich, einen weiteren Schritt hinzuzufügen. In diesem Schritt wird das vortrainierte Modell noch weiter vortrainiert, bevor es für die eigentliche Aufgabe feingetunt wird. Während das Modell im ersten Schritt für die verdeckten Wörter noch Begriffe allgemeiner Natur vorhersagt, sind es im zweiten Schritt Begriffe, die spezifisch im Zusammenhang mit Filmen stehen.

Der Vorteil dieses Ansatzes besteht darin, dass es nicht nötig ist, ein völlig neues Modell von Grund auf vorzutrainieren. Stattdessen kann das Pretraining einfach fortgeführt werden, bevor das Modell für die Klassifikation feingetunt wird. Auf diese Weise kann das Modell auch auf ein bestimmtes Fachgebiet oder sogar auf den Sprachgebrauch einer bestimmten Organisation bzw. eines Unternehmens zugeschnitten werden. Abbildung 11.16 veranschaulicht, wie ein Unternehmen hierbei vorgehen könnte.

3 Chi Sun et al. »How to fine-tune GERT for text classification?« *Chinese Computational Linguistics: 18th China National Conference*, CCL 2019, Kunming, China, 18.–20. Oktober 2019, Proceedings 18. Springer International Publishing, 2019.

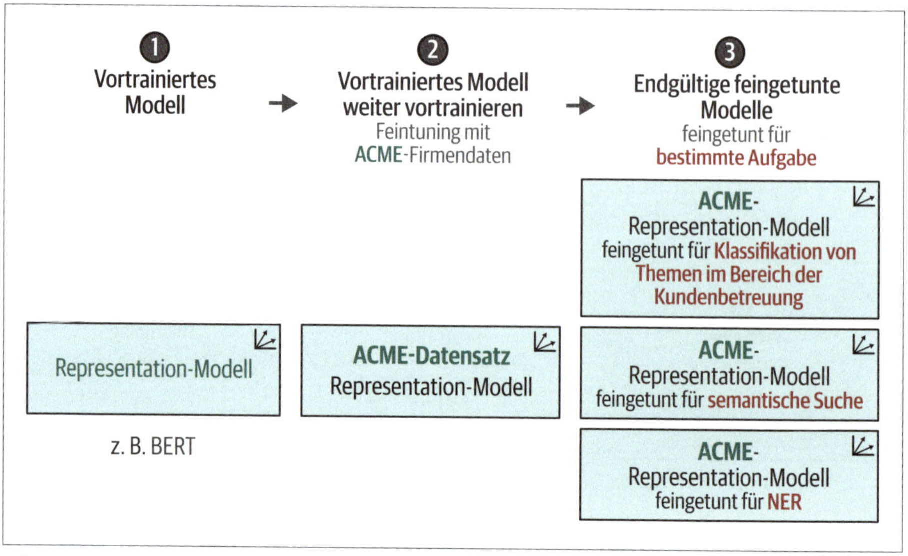

Abbildung 11.16: Der dreistufige Ansatz am Beispiel eines konkreten Anwendungsfalls.

Im folgenden Beispiel wird gezeigt, wie der zweite Schritt durchgeführt und ein bereits vortrainiertes BERT-Modell noch weiter vortrainiert werden kann. Dazu nutzen wir erneut den aus Filmrezensionen bestehende Rotten-Tomatoes-Datensatz.

Laden Sie hierzu zunächst das bereits zuvor verwendete Modell `"bert-base-cased"` und bereiten Sie es für das Masked Language Modelling (MLM) vor:

```
from transformers import AutoTokenizer, AutoModelForMaskedLM

# Modell laden, um MLM durchzuführen
model = AutoModelForMaskedLM.from_pretrained("bert-base-cased")
tokenizer = AutoTokenizer.from_pretrained("bert-base-cased")
```

Die in den Rohdaten enthaltenen Sätze müssen erst noch tokenisiert werden. Da es sich hierbei nicht um eine überwachte Aufgabe handelt und keine Labels benötigt werden, können Sie die Spalte, in der die Labels enthalten sind, löschen:

```
def preprocess_function(examples):
   return tokenizer(examples["text"], truncation=True)

# Daten tokenisieren
tokenized_train = train_data.map(preprocess_function, batched=True)
tokenized_train = tokenized_train.remove_columns("label")
tokenized_test = test_data.map(preprocess_function, batched=True)
tokenized_test = tokenized_test.remove_columns("label")
```

Zuvor wurde die `DataCollatorWithPadding`-Klasse verwendet, um die Eingabesequenzen jeweils bis zu einer bestimmten Länge mit Padding-Tokens aufzufüllen.

Hier werden Sie eine andere `DataCollator`-Klasse nutzen, um die Tokens zu maskieren. Grundsätzlich gibt es zwei Varianten der Maskierung: die Maskierung einzelner Tokens (engl. *Token Masking*) und die Maskierung ganzer Wörter (engl. *Whole-Word Masking*). Bei der Token-Maskierung werden 15 % der Tokens eines Satzes zufällig verdeckt. Dabei werden häufig nur Teile eines ganzen Worts verdeckt, wohingegen bei der anderen Variante die Wörter stets vollständig verdeckt werden (siehe Abbildung 11.17).

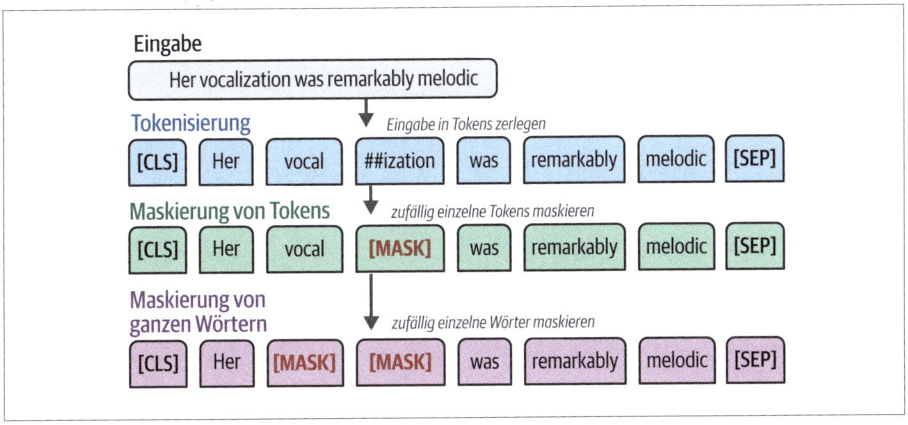

Abbildung 11.17: Zwei verschiedene Methoden zur zufälligen Maskierung von Tokens

Die Vorhersage ganzer Wörter ist tendenziell schwieriger als die einzelner Tokens. Dadurch muss das Modell während des Trainings noch akkuratere und präzisere Darstellungen erlernen, was zu einer besseren Performance führt. In der Regel dauert es jedoch etwas länger, bis eine Konvergenz beim Training erreicht wird. Im vorliegenden Beispiel wird die `DataCollatorForLanguageModeling`-Klasse verwendet, damit lediglich einzelne Tokens maskiert werden und so schneller eine Konvergenz erreicht wird. Wenn Sie die Maskierung ganzer Wörter bevorzugen, müssen Sie statt der `DataCollatorForLanguageModeling`-Klasse die `DataCollatorForWholeWordMask`-Klasse nutzen. Als Wahrscheinlichkeit, dass ein Token in einem bestimmten Satz maskiert bzw. verdeckt wird (`mlm_probability`), können Sie 15 % vorgeben:

```
from transformers import DataCollatorForLanguageModeling

# Maskierung der Tokens
data_collator = DataCollatorForLanguageModeling(
    tokenizer=tokenizer,
    mlm=True,
    mlm_probability=0.15
)
```

Als Nächstes müssen Sie noch eine Instanz der `Trainer`-Klasse anlegen, mit der das MLM durchgeführt wird, und dabei angeben, welche Werte für die einzelnen Parameter verwendet werden sollen:

```
# Trainingsparameter bzw. Hyperparameter zur Optimierung
training_args = TrainingArguments(
   "model",
   learning_rate=2e-5,
   per_device_train_batch_size=16,
   per_device_eval_batch_size=16,
   num_train_epochs=10,
   weight_decay=0.01,
```

```
    save_strategy="epoch",
    report_to="none"
)

# Trainer-Instanz initialisieren
trainer = Trainer(
    model=model,
    args=training_args,
    train_dataset=tokenized_train,
    eval_dataset=tokenized_test,
    tokenizer=tokenizer,
    data_collator=data_collator
)
```

In diesem Zusammenhang sind mehrere Parameter erwähnenswert. Das Training erfolgt über 20 Epochen – es wird also recht kurz gehalten. Für die Lernrate (`learning_rate`) und den Weight Decay (eine Regularisierungstechnik im Rahmen der Anpassung der Gewichte, um einer Überanpassung vorzubeugen) können Sie verschiedene Werte ausprobieren, um herauszufinden, welche sich am besten für das Feintuning des Modells eignen.

Bevor Sie dafür sorgen, dass das Training des Modells durchgeführt wird, müssen Sie zunächst den vortrainierten Tokenizer speichern. Der Tokenizer wird während des Trainings nicht aktualisiert, sodass er nach dem Training nicht erneut gespeichert werden muss. Allerdings muss das Modell gespeichert werden, nachdem das fortgesetzte Pretraining abgeschlossen ist:

```
# Vortrainierten Tokenizer speichern
tokenizer.save_pretrained("mlm")

# Modell trainieren
trainer.train()

# Aktualisiertes Modell speichern
model.save_pretrained("mlm")
```

Das aktualisierte Modell wurde nun im Ordner *mlm* gespeichert. Zur Bewertung der Performance würde man das Modell normalerweise im Rahmen einer Reihe von Aufgaben einem Feintuning unterziehen. Für dieses Beispiel ist es jedoch ausreichend, das Modell lediglich anhand einer Aufgabe zu testen, bei der das Modell ein maskiertes Token vorhersagen soll. Auf diese Weise können Sie sich vergewissern, ob das Modell durch das fortgesetzte Pretraining dazugelernt hat.

Laden Sie hierzu zunächst das vortrainierte Modell, das nicht weiter vortrainiert wurde. Wenn Sie dem Modell den Satz `"What a horrible [MASK]!"` vorgeben, sagt es voraus, welches Wort anstelle des `[MASK]`-Tokens stehen sollte:

```
from transformers import pipeline

# Vorhersagen treffen und laden
mask_filler = pipeline("fill-mask", model="bert-base-cased")
preds = mask_filler("What a horrible [MASK]!")

# Vorhergesagte Wörter anzeigen lassen
```

```
for pred in preds:
    print(f">>> {pred["sequence"]}")

>>> What a horrible idea!
>>> What a horrible dream!
>>> What a horrible thing!
>>> What a horrible day!
>>> What a horrible thought!
```

Das Modell liefert als Vorhersage Wörter wie »Idee«, »Traum« und »Tag«, die in diesem Zusammenhang durchaus geeignet erscheinen. Nun können Sie vergleichen, welche Wörter das Modell vorhersagt, das einem weiteren Pretraining unterzogen wurde:

```
# Vorhersagen treffen und laden
mask_filler = pipeline("fill-mask", model="mlm")
preds = mask_filler("What a horrible [MASK]!")

# Vorhergesagte Wörter anzeigen lassen
for pred in preds:
    print(f">>> {pred["sequence"]}")

>>> What a horrible movie!
>>> What a horrible film!
>>> What a horrible mess!
>>> What a horrible comedy!
>>> What a horrible story!
```

Der Satz wurde jetzt so vervollständigt, dass es in dem Satz um einen schrecklichen Spielfilm, um einen Reinfall usw. geht. Das Modell scheint nun also deutlich stärker auf die bereitgestellten Daten ausgerichtet zu sein als das ursprüngliche Modell, das nicht noch weiter vortrainiert wurde.

Im nächsten Schritt wird das Modell anhand der zu Beginn dieses Kapitels verwendeten Klassifikationsaufgabe feingetunt. Sie können direkt loslegen, sobald Sie das Modell wie folgt geladen haben:

```
from transformers import AutoModelForSequenceClassification

# Feintuning für Klassifikation
model = AutoModelForSequenceClassification.from_pretrained("mlm", num_labels=2)
tokenizer = AutoTokenizer.from_pretrained("mlm")
```

Named-Entity Recognition

In diesem Abschnitt wird gezeigt, wie sich ein vortrainiertes BERT-Modell speziell für die *Named-Entity Recognition* (NER), die im Deutschen als Eigennamenerkennung bezeichnet wird, feintunen lässt. Mit diesem Verfahren ist es möglich, einzelne Tokens und/oder Wörter, wie z.B. Angaben zu Personen oder Orten, zu klassifizieren (anstatt ganze Dokumente). Es bietet sich insbesondere dafür an, sensible Daten zu anonymisieren und zu de-identifizieren.

Die NER weist Ähnlichkeiten mit dem Klassifikationsbeispiel auf, das zu Beginn dieses Kapitels behandelt wurde. Ein wesentlicher Unterschied besteht jedoch darin, wie die Daten vorverarbeitet und klassifiziert werden. Da es hier um die Klassifikation einzelner Wörter – und nicht ganzer Dokumente – geht, müssen die Daten entsprechend aufbereitet werden, um der Granularität der Datenstruktur Rechnung zu tragen. In Abbildung 11.18 wird veranschaulicht, wie bei diesem Ansatz vorgegangen wird, um einzelne Wörter zu klassifizieren.

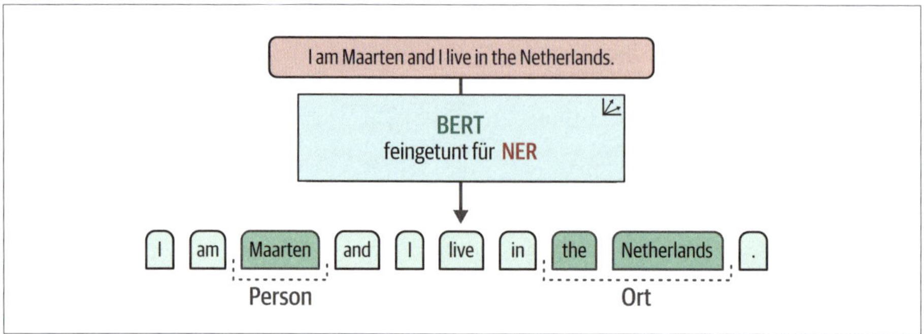

Abbildung 11.18: Das Feintuning eines BERT-Modells im Hinblick auf die NER ermöglicht die Erkennung von Eigennamen, wie z.B. Namen von Personen oder Orten.

Beim Feintuning eines vortrainierten BERT-Modells wird ähnlich vorgegangen wie bei der Klassifikation von Dokumenten. Es gibt allerdings einen grundlegenden Unterschied. Bei dem Modell werden die Token-Embeddings nicht über eine Pooling-Schicht aggregiert, sondern es werden Vorhersagen bezüglich der einzelnen in einer Sequenz enthaltenen Tokens vorgenommen. Auch wenn bei der NER letztlich eine Klassifikation auf Wortebene erfolgt, werden nicht ganze Wörter klassifiziert, sondern die Tokens, aus denen diese Wörter zusammengesetzt sind. In Abbildung 11.19 können Sie nachvollziehen, dass es sich hierbei genau genommen um eine Klassifikation auf Ebene der Tokens handelt.

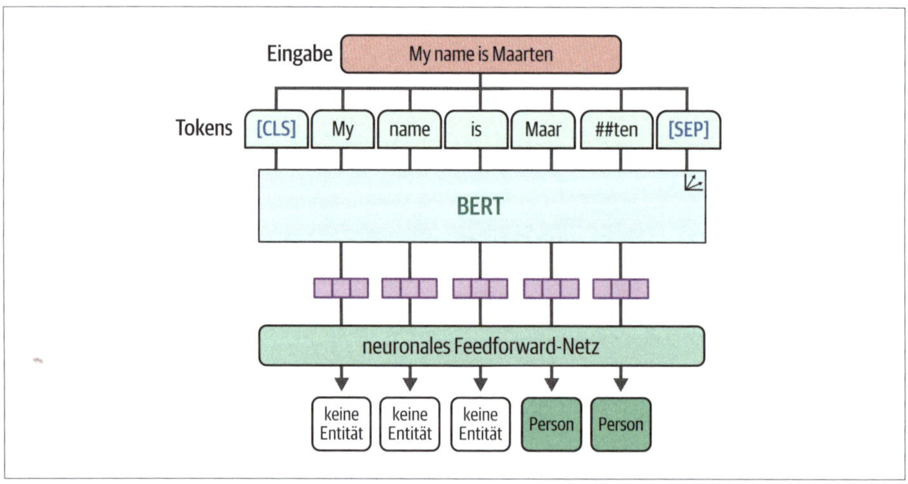

Abbildung 11.19: Während des Feintunings des BERT-Modells werden einzelne Tokens (und nicht Wörter oder ganze Dokumente) klassifiziert.

Daten für die Named-Entity Recognition aufbereiten

Im folgenden Beispiel wird die englische Version des `CoNLL-2003`-Datensatzes verwendet, der ca. 14.000 Trainingsbeispiele umfasst und verschiedene Arten von Eigennamen bzw. benannten Entitäten enthält. Als Labels gibt es Person (`PER`), Organisation (`ORG`), Ortsangabe bzw. geografischer Name (`LOC`, Location), Sonstiges (`MISC`, Miscellaneous) und keine Entität (No Entity).[4]

```
# CoNLL-2003-Datensatz für NER
dataset = load_dataset("conll2003", trust_remote_code=True)
```

> Neben dem `CoNLL-2003`-Datensatz gibt es noch weitere Datensätze, die in diesem Zusammenhang interessant sind. Beim `wnut_17`-Datensatz liegt der Schwerpunkt auf neu aufkommenden und seltenen Entitäten, die schwieriger zu erkennen sind. Zudem sind die `tner/mit_movie_trivia`- und `tner/mit_restaurant`-Datensätze sehr unterhaltsam. Der Datensatz `tner/mit_movie_trivia` dient der Erkennung von Dingen wie Schauspielern, Handlungssträngen und Film-Soundtracks, während der `tner/mit_restaurant`-Datensatz auf die Erkennung von gastfreundlichen Merkmalen eines Restaurants, Gerichten, Kochstilen usw. abzielt.[5]

Sehen Sie sich erst einmal die Struktur der Daten anhand eines einzelnen Beispiels an:

```
example = dataset["train"][848]
example
```

```
{'id': '848',
 'tokens': ['Dean',
  'Palmer',
  'hit',
  'his',
  '30th',
  'homer',
  'for',
  'the',
  'Rangers',
  '.'],
 'pos_tags': [22, 22, 38, 29, 16, 21, 15, 12, 23, 7],
 'chunk_tags': [11, 12, 21, 11, 12, 12, 13, 11, 12, 0],
 'ner_tags': [1, 2, 0, 0, 0, 0, 0, 0, 3, 0]}
```

In dem Datensatz ist jedes Wort eines Satzes einem bestimmten Label zugeordnet. Die Labels sind unter dem Schlüssel `ner_tags` gespeichert und lauten wie folgt:

```
label2id = {
    "O": 0, "B-PER": 1, "I-PER": 2, "B-ORG": 3, "I-ORG": 4,
    "B-LOC": 5, "I-LOC": 6, "B-MISC": 7, "I-MISC": 8
}
```

4 Erik F. Sang und Fien De Meulder. »Introduction to the CoNLL-2003 shared task: Language-independent named entity recognition.« *arXiv Preprint cs/0306050* (2003).

5 Jingjing Liu et al. »Asgard: A portable architecture for multilingual dialogue systems.« *2013 IEEE International Conference on Acoustics, Speech and Signal Processing*. IEEE, 2013.

```
id2label = {index: label for label, index in label2id.items()}
label2id
```

```
{'O': 0,
 'B-PER': 1,
 'I-PER': 2,
 'B-ORG': 3,
 'I-ORG': 4,
 'B-LOC': 5,
 'I-LOC': 6,
 'B-MISC': 7,
 'I-MISC': 8}
```

Die Entitäten sind in folgende Kategorien unterteilt: Personen (`PER`), Organisationen (`ORG`), Orte bzw. geografische Namen (`LOC`, engl. *Location*) und sonstige Entitäten (`MISC`, engl. *Miscellaneous*). Darüber hinaus gibt es eine weitere Kategorie, der Tokens zugeordnet werden, die keine Entität bzw. keinen Eigennamen darstellen (`O`). Den Labelnamen für die Entitäten ist entweder ein `B` (für *Beginning*) oder ein `I` (für *Inside*, d.h. als Teil eines Ausdrucks mit dem voranstehenden Token zusammenhängend) vorangestellt. Wenn zwei aufeinanderfolgende Tokens Teil desselben Begriffs bzw. Ausdrucks sind, ist das Token, das den Anfang dieses Ausdrucks darstellt, mit einem `B` gekennzeichnet. Das oder die zugehörigen folgenden Tokens sind mit einem `I` gekennzeichnet, um anzuzeigen, dass die Tokens zusammengehören und sich nicht auf zwei verschiedene Entitäten beziehen.

Dies wird in Abbildung 11.20 illustriert. Da in der Abbildung »Dean« als Anfang des Ausdrucks und »Palmer« als Ende gekennzeichnet ist, wird deutlich, dass es sich bei »Dean Palmer« um eine Person und nicht um zwei verschiedene Personen handelt.

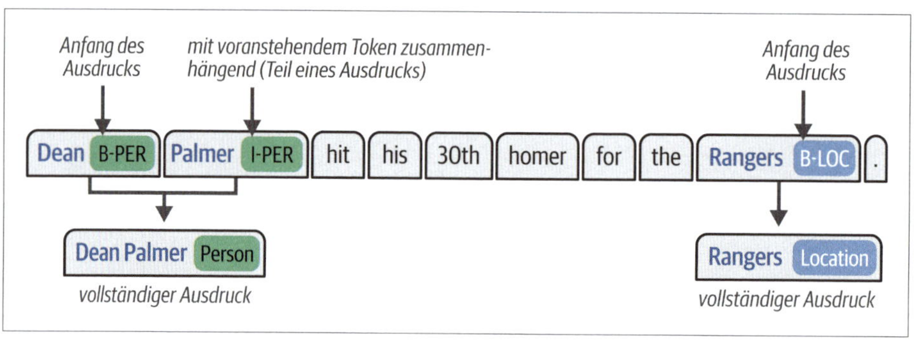

Abbildung 11.20: Die Labels geben an, ob es sich bei einem Token um den Anfang eines Ausdrucks handelt oder ob dieser ein Teil eines Ausdrucks ist, wodurch ersichtlich ist, ob sich mehrere aufeinanderfolgende Tokens auf dieselbe Entität beziehen.

Die Daten sind bereits aufbereitet und in Wörter unterteilt, aber noch nicht in Tokens. Zu diesem Zweck können Sie nun eine weitergehende Tokenisierung mit dem vortrainierten Tokenizer durchführen, den Sie bereits im Verlauf dieses Kapitels verwendet haben (`bert-base-cased`):

```
from transformers import AutoModelForTokenClassification

# Tokenizer laden
```

```
tokenizer = AutoTokenizer.from_pretrained("bert-base-cased")

# Modell laden
model = AutoModelForTokenClassification.from_pretrained(
    "bert-base-cased",
    num_labels=len(id2label),
    id2label=id2label,
    label2id=label2id
)
```

Nun können Sie nachvollziehen, wie der Tokenizer das obige Beispiel des Datensatzes verarbeiten würde:

```
# Tokens in Subtokens zerlegen
token_ids = tokenizer(example["tokens"], is_split_into_words=True)["input_ids"]
sub_tokens = tokenizer.convert_ids_to_tokens(token_ids)
sub_tokens
```

```
['[CLS]',
 'Dean',
 'Palmer',
 'hit',
 'his',
 '30th',
 'home',
 '##r',
 'for',
 'the',
 'Rangers',
 '.',
 '[SEP]']
```

Der Tokenizer hat jeweils ein `[CLS]`- und ein `[SEP]`-Token hinzugefügt, die Sie bereits in den Kapiteln Kapitel 2 und Kapitel 3 kennengelernt haben. Das Wort `'homer'` wurde zudem in die Tokens `'home'` und `'##r'` aufgeteilt. Das stellt ein Problem dar, da die vorliegenden Daten auf Wortebene und nicht auf Token-Ebene gelabelt sind. Um dieses Problem zu lösen, müssen die Labels während der Tokenisierung noch den entsprechenden Subtokens zugeordnet werden.

Angenommen, es läge z. B. ein Satz vor, in dem das Wort `'Maarten'` enthalten ist, das mit dem Label `B-PER` versehen ist, da es sich dabei um eine Person handelt. Wenn dieses Wort vom Tokenizer verarbeitet wird, wird es in die Tokens `'Ma'`, `'##arte'` und `'##n'` aufgeteilt. In diesem Fall können nicht alle drei Tokens mit dem Label `B-PER` versehen werden, da dies bedeuten würde, dass es sich bei den Tokens um drei verschiedene Personen handelt. Dementsprechend müssen die Labels der Tokens von Entitäten (bzw. Eigennamen) im Rahmen der Tokenisierung so zugewiesen werden, dass das erste Token mit einem `B` (für *Beginning*) und die folgenden mit einem `I` (für *Inner* bzw. »Teil von«) versehen werden.

Daher erhält das Token `'Ma'` das Label `B-PER`, das den Beginn des Ausdrucks kennzeichnet, und die Tokens `'##arte'` und `'##n'` das Label `I-PER`, das angibt, dass sie zum selben Ausdruck gehören wie das Token `'Ma'`. Diese Zuordnung wird noch einmal in Abbildung 11.21 veranschaulicht.

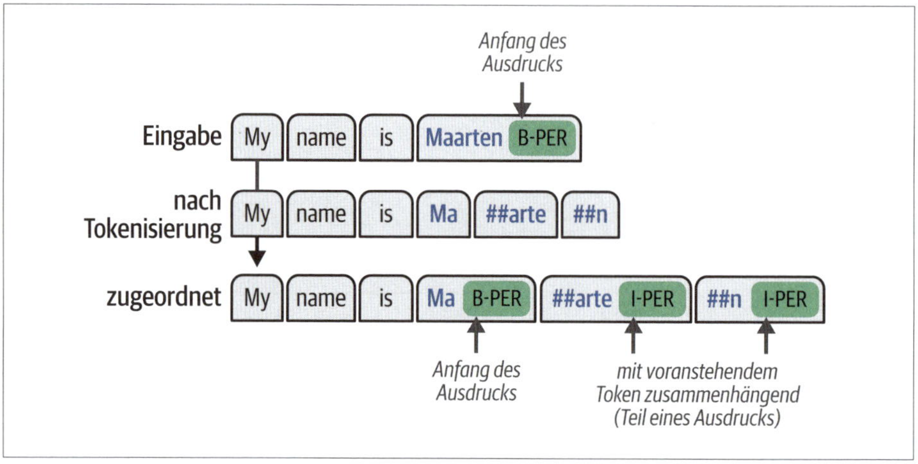

Abbildung 11.21: Die Zuordnung der passenden Labels im Rahmen der Tokenisierung des Eingabetexts

Erstellen Sie hierzu nun eine Funktion, `align_labels`, die den Eingabetext tokenisiert und den Tokens während der Tokenisierung die passenden Labels zuordnet:

```
def align_labels(examples):
    token_ids = tokenizer(
        examples["tokens"],
        truncation=True,
        is_split_into_words=True
    )
    labels = examples["ner_tags"]

    updated_labels = []
    for index, label in enumerate(labels):

        # Tokens ihren jeweiligen Wörtern zuordnen
        word_ids = token_ids.word_ids(batch_index=index)
        previous_word_idx = None
        label_ids = []
        for word_idx in word_ids:

            # Der Anfang eines neuen Worts
            if word_idx != previous_word_idx:

                previous_word_idx = word_idx
                updated_label = -100 if word_idx is None else label[word_idx]
                label_ids.append(updated_label)

            # Sondertokens erhalten den Wert -100
            elif word_idx is None:
                label_ids.append(-100)

            # Falls Label B-XXX ist, wird es zu I-XXX geändert
            else:
                updated_label = label[word_idx]
                if updated_label % 2 == 1:
                    updated_label += 1
```

```
                label_ids.append(updated_label)

            updated_labels.append(label_ids)

        token_ids["labels"] = updated_labels
        return token_ids

    tokenized = dataset.map(align_labels, batched=True)
```

In diesem Beispiel wurden die Sondertokens [CLS] und [SEP] mit dem Wert -100 gekennzeichnet:

```
# Unterschied zwischen ursprünglichen und aktualisierten Labels
print(f"Ursprünglich: {example["ner_tags"]}")
print(f"Aktualisiert: {tokenized["train"][848]["labels"]}")

Ursprünglich: [1, 2, 0, 0, 0, 0, 0, 0, 3, 0]
Aktualisiert: [-100, 1, 2, 0, 0, 0, 0, 0, 0, 0, 3, 0, -100]
```

Nachdem der Text tokenisiert wurde und die Labels entsprechend zugeordnet sind, können Sie nun eine Funktion definieren, mit der die zur Evaluierung des Modells erforderlichen Metriken berechnet werden. Dies gestaltet sich ebenfalls ein wenig anders als zuvor. Anstelle einer einzigen Vorhersage pro Dokument (bzw. Satz) gibt es nun mehrere Vorhersagen pro Dokument, und zwar pro Token.

Hierzu können Sie auf das evaluate-Paket von Hugging Face zurückgreifen und eine Funktion, compute_metrics, erstellen, die Ihnen Aufschluss darüber gibt, wie gut das Modell auf Token-Ebene abschneidet:

```
import evaluate

# Seqeval (Sequence Labeling Evaluation) laden
seqeval = evaluate.load("seqeval")

def compute_metrics(eval_pred):
    # Vorhersagen erstellen
    logits, labels = eval_pred
    predictions = np.argmax(logits, axis=2)

    true_predictions = []
    true_labels = []

    # Iteration auf Dokumentebene
    for prediction, label in zip(predictions, labels):

      # Iteration auf Token-Ebene
      for token_prediction, token_label in zip(prediction, label):

        # Sondertokens ignorieren
        if token_label != -100:
          true_predictions.append([id2label[token_prediction]])
          true_labels.append([id2label[token_label]])

    results = seqeval.compute(
    predictions=true_predictions, references=true_labels
)
    return {"f1": results["overall_f1"]}
```

Modelle für die Named-Entity Recognition feintunen

Nun sind Sie fast am Ziel. Anstelle der `DataCollatorWithPadding`-Klasse benötigen Sie nun die `DataCollatorForTokenClassification`-Klasse, die für die Durchführung einer Klassifikation auf Token-Ebene vorgesehen ist:

```
from transformers import DataCollatorForTokenClassification

# DataCollator für Klassifikation von Tokens
data_collator = DataCollatorForTokenClassification(tokenizer=tokenizer)
```

Nach dem Laden des Modells folgen die bereits zuvor in diesem Kapitel beschriebenen Trainingsschritte. Dazu können Sie wie gewohnt eine Instanz der `Trainer`-Klasse anlegen und die Parameterwerte übergeben, die im Rahmen der Optimierung verwendet werden sollen:

```
# Trainingsparameter bzw. Hyperparameter zur Optimierung
training_args = TrainingArguments(
   "model",
   learning_rate=2e-5,
   per_device_train_batch_size=16,
   per_device_eval_batch_size=16,
   num_train_epochs=1,
   weight_decay=0.01,
   save_strategy="epoch",
   report_to="none"
)

# Trainer-Instanz initialisieren
trainer = Trainer(
    model=model,
    args=training_args,
    train_dataset=tokenized["train"],
    eval_dataset=tokenized["test"],
    tokenizer=tokenizer,
    data_collator=data_collator,
    compute_metrics=compute_metrics,
)
trainer.train()
```

Anschließend können Sie das Modell evaluieren:

```
# Modell auf Testdatensatz evaluieren
trainer.evaluate()
```

Speichern Sie nun das Modell und erstellen Sie eine Pipeline für die Inferenz. Diese können Sie anschließend testen. So können Sie anhand eines Beispiels überprüfen, was während der Inferenz geschieht, und das Ergebnis der Klassifikation beurteilen:

```
from transformers import pipeline

# Feingetuntes Modell speichern
trainer.save_model("ner_model")

# Inferenz mit feingetuntem Modell durchführen
token_classifier = pipeline(
    "token-classification",
```

```
    model="ner_model",
)
token_classifier("My name is Maarten.")
```

```
[{'entity': 'B-PER',
  'score': 0.99534035,
  'index': 4,
  'word': 'Ma',
  'start': 11,
  'end': 13},
 {'entity': 'I-PER',
  'score': 0.9928328,
  'index': 5,
  'word': '##arte',
  'start': 13,
  'end': 17},
 {'entity': 'I-PER',
  'score': 0.9954301,
  'index': 6,
  'word': '##n',
  'start': 17,
  'end': 18}]
```

Bei dem Satz "`My name is Maarten`" wurde das Wort "`Maarten`" (bzw. die entsprechenden Tokens) korrekt als Person identifiziert!

Zusammenfassung

In diesem Kapitel wurde gezeigt, wie sich vortrainierte Representation-Modelle im Hinblick auf verschiedene Formen der Klassifikation feintunen lassen. Zunächst haben Sie erfahren, wie Sie ein vortrainiertes BERT-Modell feintunen können, und anhand eines Beispiels nachvollzogen, wie sich bestimmte Schichten eines Modells einfrieren lassen.

Anschließend haben Sie eine Technik zur Few-Shot-Klassifikation namens SetFit ausprobiert. Dabei wird ein vortrainiertes Embedding-Modell zusammen mit einem Classification-Head feingetunt. Der Vorteil bei dieser Technik ist, dass lediglich eine geringe Anzahl von gelabelten Beispielen benötigt wird. Obwohl das Modell nur mit wenigen gelabelten Datenpunkten trainiert wurde, erzielte es eine vergleichbare Performance wie die in den vorherigen Kapiteln behandelten Modelle.

Anschließend wurde erläutert, wie ein bereits vortrainiertes Modell weiter trainiert werden kann. Dazu wurde ein vortrainiertes BERT-Modell als Ausgangspunkt verwendet und anhand eines ungelabelten Trainingsdatensatzes weiter trainiert. Die zugrunde liegende Methode, das sogenannte Masked Language Modeling, eignet sich nicht nur zur Erstellung von Representation-Modellen, sondern auch zum weiteren Vortrainieren bereits vortrainierter Modelle.

Zum Schluss wurde die Named-Entity Recognition vorgestellt. Dabei geht es darum, bestimmte Entitäten wie Personen oder Orte in unstrukturierten Textdaten zu identifizieren. Im Gegensatz zu den vorherigen Beispielen wurde diese Klassifikation auf Wort- (bzw. Token-) und nicht auf Dokumentebene durchgeführt.

Im nächsten Kapitel geht es ebenfalls um das Feintuning von Sprachmodellen, allerdings mit dem Schwerpunkt auf generativen Modellen. Sie werden ein zweistufiges Verfahren kennenlernen, mit dem generative Modelle zunächst so feingetunt werden, dass sie Anweisungen korrekt befolgen, und dann feingetunt werden, sodass sie den Erwartungen (d. h. den Präferenzen) der Menschen entsprechen.

KAPITEL 12

Generative Modelle feintunen

In diesem Kapitel erfahren Sie, wie vortrainierte Textgenerierungsmodelle feingetunt werden können. Das *Feintuning* spielt eine entscheidende Rolle bei der Erstellung qualitativ hochwertiger Modelle und trägt wesentlich dazu bei, Modelle im Hinblick auf ein bestimmtes gewünschtes Verhalten auszurichten. Durch das Feintuning ist es möglich, ein Modell auf einen bestimmten Datensatz oder einen bestimmten Anwendungsbereich auszurichten.

In diesem Kapitel lernen Sie die beiden gängigsten Methoden zum Feintuning von Textgenerierungsmodellen kennen: *Supervised Fine-Tuning* (*SFT*) (d. h. überwachtes Feintuning) und *Preference Tuning*. Zudem gewinnen Sie einen Eindruck davon, welches transformative Potenzial im Feintuning vortrainierter Textgenerierungsmodelle steckt, und erfahren, wie sich diese Modelle möglichst effizient feintunen lassen.

Die drei Schritte beim Training von LLMs – Pretraining, Supervised Fine-Tuning und Preference Tuning

Die Entwicklung eines qualitativ hochwertigen LLM erfordert in der Regel die folgenden drei Schritte:

1. *Language Modeling*

   Der erste Schritt für die Entwicklung eines hochwertigen LLM besteht darin, es mit einem oder mehreren äußerst umfangreichen Datensätzen vorzutrainieren (siehe Abbildung 12.1). Im Rahmen des Trainings muss das Modell jeweils das nächste Token vorhersagen, sodass es numerische Darstellungen lernt, die die eingespeisten Texte in sprachlicher und semantischer Hinsicht möglichst gut abbilden. Hierbei handelt es sich – wie in Kapitel 3 und Kapitel 11 bereits erläutert – um eine selbstüberwachte (engl. *Self-Supervised*) Methode, die als Language Modeling bezeichnet wird.

   Als Ergebnis erhält man ein *Basismodell* (engl. *Base Model*), das auch als *vortrainiertes* oder *Foundation*-Modell bezeichnet wird. Basismodelle stellen ein wichtiges Zwischenergebnis des Trainingsprozesses dar. Die Anwendungsmöglichkeiten für den Endnutzer sind jedoch begrenzt, weshalb der nächste Schritt von großer Bedeutung ist.

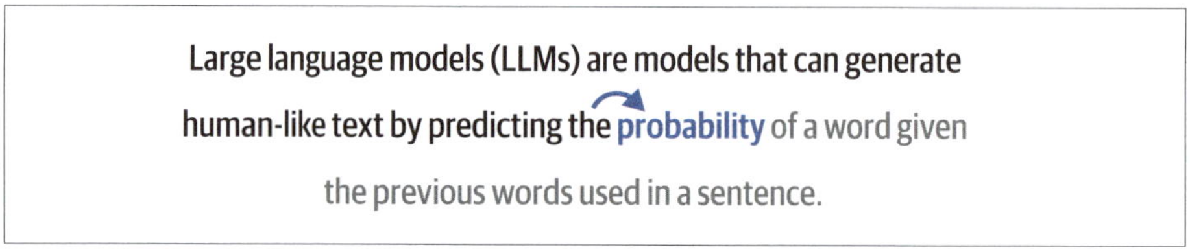

Abbildung 12.1: Im Rahmen des Language Modeling soll das LLM das nächste Token eines Eingabetexts vorhersagen. Dabei handelt es sich um ein Verfahren, bei dem die Daten nicht mit Labels versehen sind.

2. *Erstes Feintuning (Supervised Fine-Tuning)*

   LLMs sind erst dann wirklich nützlich, wenn sie in der Lage sind, die Anweisungen eines Nutzers vollständig zu verstehen und zu befolgen. Wenn man ein Modell bittet, einen Artikel zu verfassen, erwartet man, dass das Modell den Artikel verfasst, und nicht, dass es weitere Anweisungen auflistet (was ein Basismodell tun könnte).

   Supervised Fine-Tuning (SFT) ist eine überwachte Form des Feintunings, bei der das Basismodell so angepasst wird, dass es Anweisungen befolgen kann. Während des Feintunings werden die Parameter des Basismodells aktualisiert, um es besser an die gewünschte Aufgabe, z.B. das Befolgen von Anweisungen, anzupassen. Wie auch vortrainierte Modelle wird es auf der Grundlage der Vorhersage des nächsten Tokens trainiert, aber anstatt nur das nächste Token vorherzusagen, wird dies auf der Grundlage eines Prompts durchgeführt (siehe Abbildung 12.2).

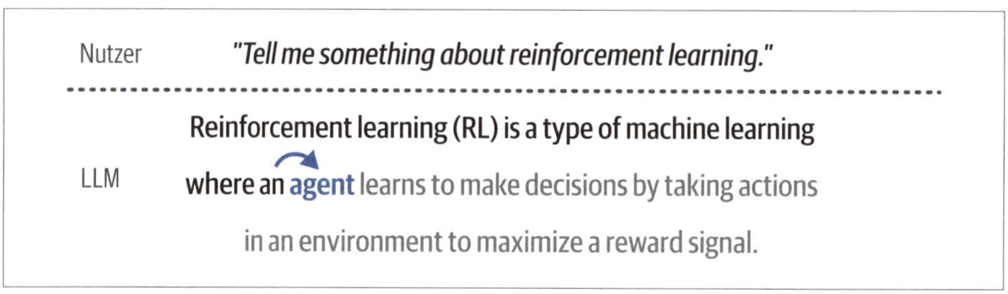

Abbildung 12.2: Während des überwachten Feintunings soll das LLM das nächste Token auf der Grundlage einer mit zusätzlichen Labels versehenen Eingabe vorhersagen. Der Prompt des Nutzers stellt dabei sozusagen das Label dar.

   SFT kann auch für andere Aufgaben herangezogen werden, z.B. für die Klassifikation. Am häufigsten wird es jedoch verwendet, um von einem generativen Basismodell zu einem generativen Instruktionsmodell (bzw. zu einem Modell, mit dem man chatten kann) zu gelangen.

3. *Zweites Feintuning (Preference Tuning)*
Im letzten Schritt wird die Qualität des Modells weiter verbessert und sein Verhalten so angepasst, dass es den Erwartungen der Menschen in Bezug auf etwaige Sicherheitsrisiken der KI sowie ihre allgemeinen Präferenzen entspricht. Dieser Optimierungsprozess wird als *Preference Tuning* bezeichnet. Preference Tuning ist eine Form des Feintunings und sorgt, wie der Name schon sagt, dafür, dass die Ausgabe des Modells mit den Präferenzen von Menschen in Einklang gebracht wird. Die Präferenzen der Menschen werden dem Modell durch die bereitgestellten Daten vermittelt. Preference Tuning führt, ähnlich wie SFT, zu einer Verbesserung des ursprünglichen Modells. Darüber hinaus wird beim Training berücksichtigt, welche Art von Ausgaben bevorzugt wird. In Abbildung 12.3 sind alle drei Schritte dargestellt. Ausgehend von einem untrainierten Modell, entsteht schließlich ein LLM, das Präferenzen von Menschen berücksichtigt.

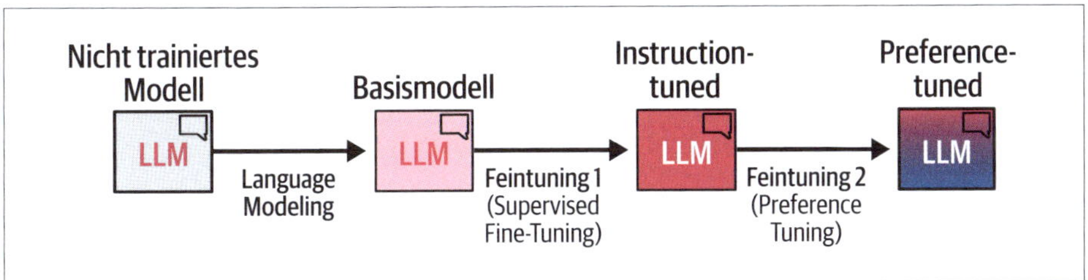

Abbildung 12.3: Die zur Entwicklung eines hochwertigen LLM erforderlichen drei Schritte

In diesem Kapitel werden Sie zunächst ein Basismodell verwenden, das bereits mit äußerst umfangreichen Datensätzen vortrainiert wurde, und sich ein Bild davon machen, wie es mithilfe dieser beiden Feintuning-Strategien optimiert werden kann. Bevor es an die praktische Umsetzung geht, werden jeweils erst die theoretischen Grundlagen der Methoden erläutert.

Supervised Fine-Tuning (SFT)

Die Modelle werden zunächst auf sehr großen Datensätzen vortrainiert (Pretraining), damit sie in der Lage sind, Sprache und ihre Bedeutung möglichst gut wiederzugeben. Hierbei lernen die Modelle, vorgegebene Sätze zu vervollständigen (siehe Abbildung 12.4).

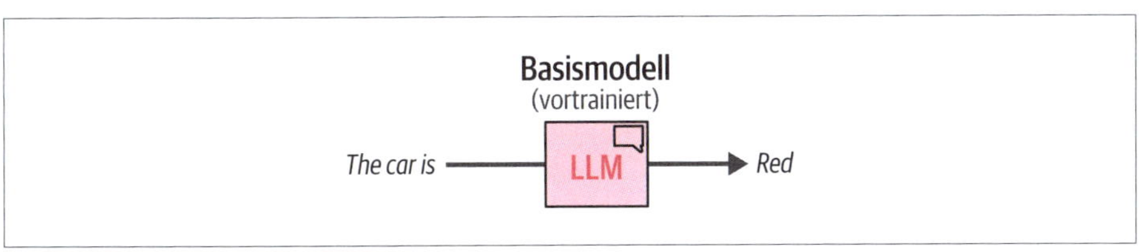

Abbildung 12.4: Ein Basis- bzw. ein vortrainiertes LLM wurde darauf trainiert, das bzw. die nächsten Wörter vorherzusagen.

Das Beispiel in der Abbildung verdeutlicht auch, dass das Modell nicht darauf trainiert wurde, Anweisungen zu befolgen. Wird ihm eine Frage gestellt, wird es versuchen, diese zu vervollständigen, und nicht, sie zu beantworten (siehe Abbildung 12.5).

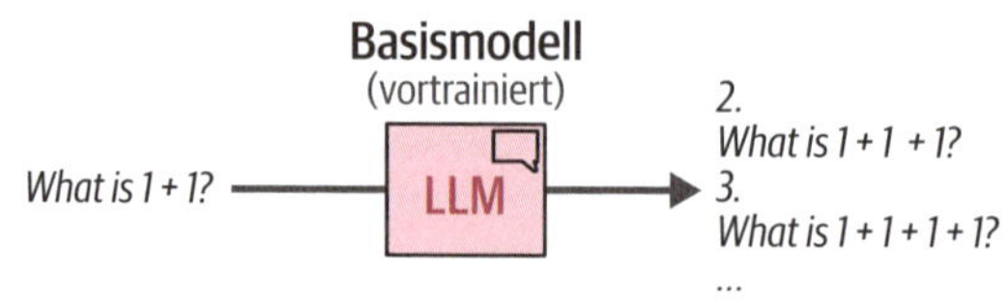

Abbildung 12.5: Ein Basis-LLM befolgt keine Anweisungen, sondern versucht, das nächste Wort vorherzusagen. Unter bestimmten Umständen kann es sogar sein, dass es selbst neue Fragen formuliert.

Mittels Feintuning kann dann das Basismodell auf spezifische Anwendungsfälle, z.B. das Befolgen von Anweisungen, ausgerichtet werden.

Vollständiges Feintuning (Full Fine-Tuning)

In den meisten Fällen wird ein vollständiges Feintuning (engl. *Full Fine-Tuning*) durchgeführt. Wie beim Pretraining eines LLM werden dabei alle Parameter des Modells aktualisiert, um das Modell an die gewünschte Aufgabe anzupassen. Der Hauptunterschied besteht darin, dass für das Feintuning ein relativ kleiner, jedoch mit Labels versehener Datensatz verwendet wird, während das Pretraining mit einem großen ungelabelten Datensatz durchgeführt wird (siehe Abbildung 12.6).

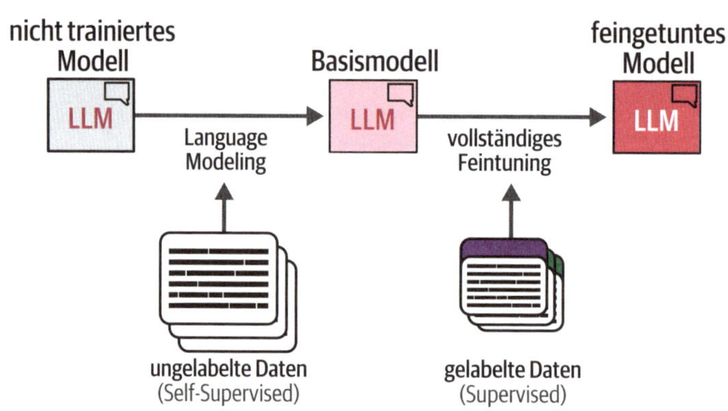

Abbildung 12.6: Im Vergleich zum Language Modeling (Pretraining) wird beim vollständigen Feintuning ein weniger umfangreicher, aber mit Labels versehener Datensatz verwendet.

Für das vollständige Feintuning können beliebige gelabelte Daten verwendet werden, weshalb dieser Ansatz auch hervorragend geeignet ist, um Modelle darauf zu trainieren, domänenspezifische Darstellungen zu erlernen. Um das LLM in die Lage zu versetzen, Anweisungen befolgen zu können, werden Datensätze benötigt, die Fragen und entsprechende Antworten enthalten. Typischerweise sind solche Datensätze daher so aufgebaut, dass sie – wie in Abbildung 12.7 dargestellt – aus vom Nutzer gestellten Fragen (d.h. Prompts) und entsprechenden Antworten bestehen.

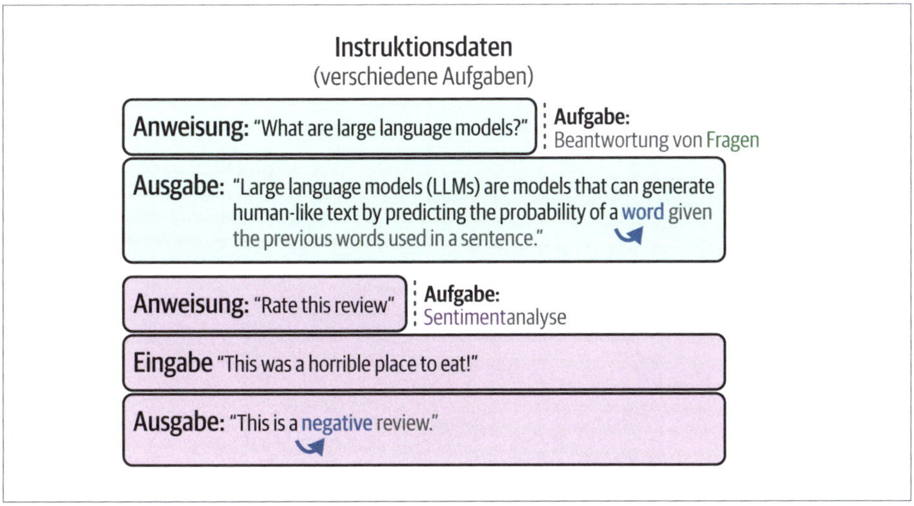

Abbildung 12.7: Instruktionsdaten (engl. Instruction Data), die Anweisungen eines Nutzers und die entsprechenden Antworten enthalten. Die Anweisungen können sich auf viele verschiedene Aufgaben beziehen.

Beim vollständigen Feintuning erhält das Modell Eingaben in Form von Anweisungen und überträgt die ursprüngliche Aufgabe der Vorhersage des nächsten Tokens auf seine Ausgabe, d.h., es generiert Antworten. Anstatt neue Fragen zu generieren, befolgt es nun also Anweisungen.

Parameter-efficient Fine-Tuning (PEFT)

Die Aktualisierung aller Parameter eines Modells kann zu einer erheblichen Verbesserung der Performance beitragen, bringt aber auch einige Nachteile mit sich. Das Training nimmt viel Zeit in Anspruch und ist daher sehr kostspielig. Außerdem ist der Speicherbedarf sehr hoch. Daher hat man sich intensiv mit der Frage beschäftigt, welche Möglichkeiten es gibt, um das Feintuning von vortrainierten Modellen bzw. deren Parametern effizienter zu gestalten. In diesem Zusammenhang hat sich das sogenannte *Parameter-efficient Fine-Tuning* (PEFT) etabliert.

Adapter

Eine zentrale Komponente vieler PEFT-basierter Techniken sind sogenannte Adapter. Grundlage des Ansatzes ist eine Reihe zusätzlicher modularer Komponenten im Transformer, die feingetunt werden können, um die Performance des Modells im Hinblick auf eine bestimmte Aufgabe zu verbessern, ohne dass im Rahmen des Feintunings alle Modellgewichte aktualisiert werden müssen. Dies reduziert den Zeit- und Rechenaufwand erheblich.

Adapter wurden in dem Forschungsbeitrag »Parameter-efficient transfer learning for NLP« (*https://oreil.ly/C8IOs*) vorgestellt. Darin wurde gezeigt, dass ein Feintuning eines auf dem BERT-Modell basierenden Modells, bei dem zusätzliche Gewichte berücksichtigt und nur diese trainiert werden (und die lediglich 3,6 % der Gewichte des BERT-Modells ausmachen), zu einer vergleichbaren Performance in Bezug auf bestimmte Aufgaben führen kann wie ein Feintuning aller Gewichte des BERT-Modells.[1] In der GLUE-Benchmark wurde eine Performance erzielt, die nur 0,4 Prozentpunkte unter der Performance nach vollständigem Feintuning des BERT-Modells lag. In der in diesem Beitrag vorgeschlagenen Architektur wird in einem der Transformer-Blöcke ein Adapter nach der Attention-Schicht und ein Adapter nach dem neuronalen Feedforward-Netz platziert (siehe Abbildung 12.8).

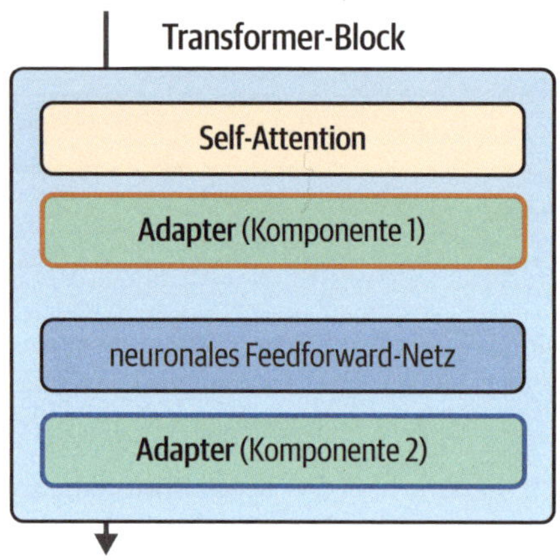

Abbildung 12.8: Mithilfe von Adaptern können einige wenige trainierbare Gewichte an bestimmten Stellen des neuronalen Netzes hinzugefügt werden, während die überwiegende Mehrheit der Modellgewichte »eingefroren« bleibt (d. h. während des Feintunings nicht aktualisiert wird). Dadurch kann das Feintuning wesentlich effizienter durchgeführt werden.

Es hat sich jedoch gezeigt, dass es nicht ausreicht, nur einen Transformer-Block anzupassen, weshalb man dazu übergegangen ist, alle Blöcke des Modells mit Adapterkomponenten auszustatten (siehe Abbildung 12.9).

Die einzelnen Komponenten, die sich durch alle Blöcke des Modells ziehen, können als Teil eines Adapters betrachtet werden, der auf eine bestimmte Aufgabe spezialisiert ist (siehe Abbildung 12.10). Ein Adapter könnte dann z. B. auf die Klassifikation medizinischer Texte ausgerichtet sein, ein anderer auf die Erkennung von Eigennamen (*Named-Entity Recognition*, NER). Unter *https://oreil.ly/XraXg* finden Sie einige dieser speziellen Adapter zum Download.

1 Neil Houlsby et al. »Parameter-efficient transfer learning for NLP.« *International Conference on Machine Learning*. PMLR, 2019.

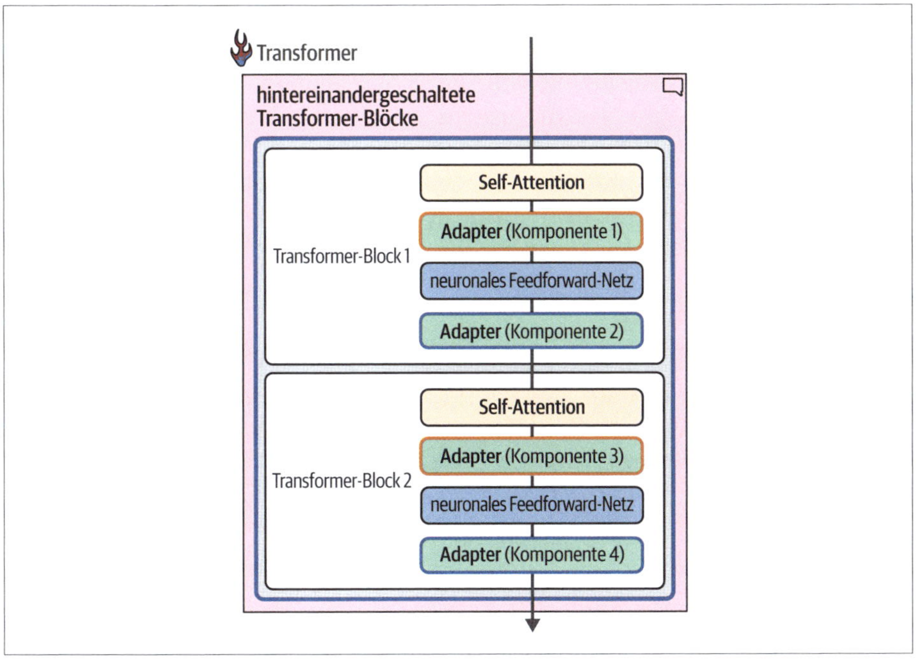

Abbildung 12.9: In den verschiedenen Transformer-Blöcken des Modells sind mehrere Adapterkomponenten integriert.

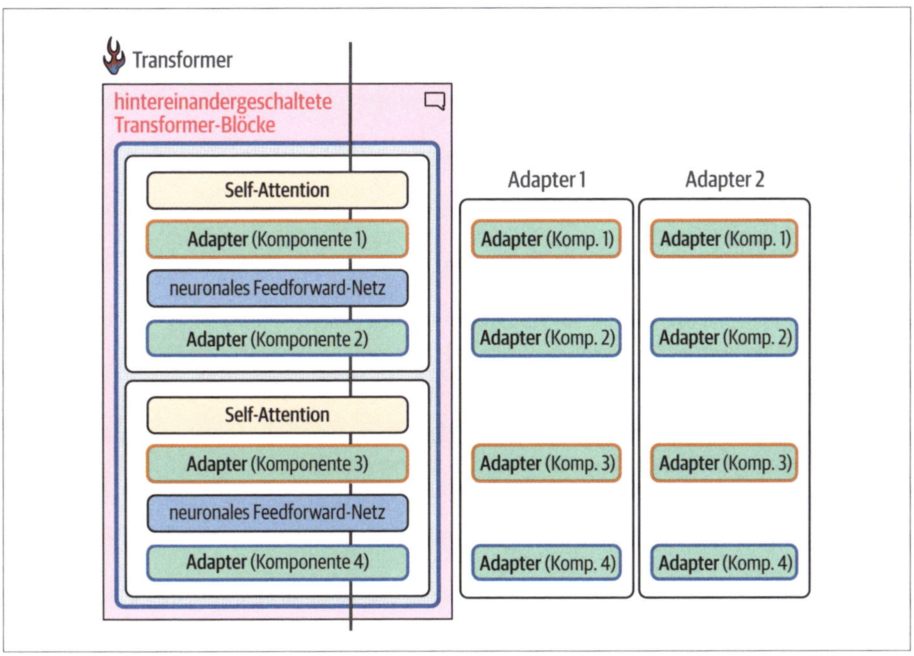

Abbildung 12.10: Auf bestimmte Aufgaben spezialisierte Adapter können innerhalb derselben Architektur ausgetauscht werden (vorausgesetzt, sie basieren auf derselben ursprünglichen Modellarchitektur und derselben Gewichtung).

In dem Artikel »AdapterHub: A framework for adapting transformers« (*https://oreil.ly/opyb6*) wurde erstmals der AdapterHub (*https://oreil.ly/XraXg*) – ein zentraler Speicherort für die gemeinsame Nutzung von Adaptern – vorgestellt.[2] Viele dieser ursprünglichen Adapter waren in erster Linie für den Einsatz in Architekturen konzipiert, die auf dem BERT-Modell basieren. Inzwischen wurde das zugrunde liegende Konzept auch auf Transformer-Modelle für die Textgenerierung ausgeweitet, etwa im Artikel »LLaMA-Adapter: Efficient fine-tuning of language models with zero-init attention« (*https://oreil.ly/FJk1Q*).[3]

Low-Rank Adaptation (LoRA)

Als Alternative zu Adaptern wurde die *Low-Rank Adaptation* (LoRA) eingeführt, die derzeit eine weitverbreitete und effektive Technik zum effizienten Feintunen vortrainierter Modelle (PEFT) darstellt. LoRA ist ein Verfahren, das (wie Adapter) nur die Aktualisierung einer kleinen Anzahl von Parametern erfordert. Dabei wird, wie in Abbildung 12.11 dargestellt, zum Feintuning ein kleiner Teil des Basismodells neu erstellt, anstatt dem Modell Schichten hinzuzufügen.[4]

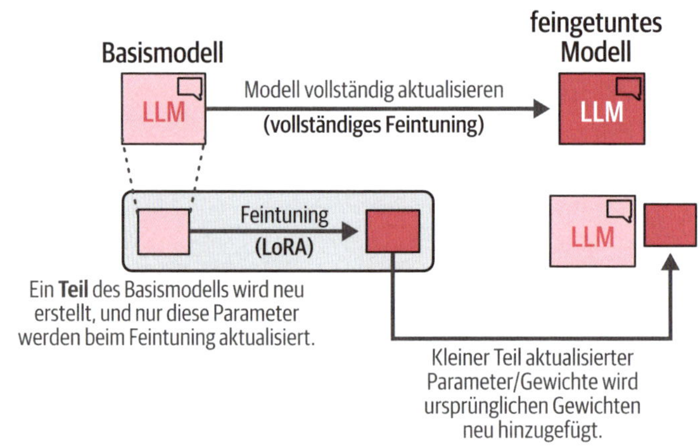

Abbildung 12.11: Für LoRA ist nur ein Feintuning eines kleinen Teils der Parameter erforderlich. Diese werden gesondert vom Basis-LLM feingetunt und anschließend mit diesem zusammengeführt.

Wie bei Adaptern kann das Feintuning mit dieser Technik ebenfalls schneller durchgeführt werden, da nur ein kleiner Teil des Basismodells bzw. seiner Parameter aktualisiert werden muss. Die Parameter sind in kleineren Matrizen enthalten. Bei den Matrizen handelt es sich um Approximationen der großen Matrizen des ursprüngli-

2 Jonas Pfeiffer et al. »AdapterHub: A framework for adapting transformers.« *arXiv Preprint arXiv:2007.07779* (2020).

3 Renrui Zhang et al. »Llama-adapter: Efficient fine-tuning of language models with zero-init attention.« *arXiv Preprint arXiv:2303.16199* (2023).

4 Edward J. Hu et al. »LoR: Low-Rank Adaptation of large language models.« *arXiv Preprint arXiv:2106.09685* (2021).

chen LLM, die mithilfe eines Reduktionsverfahrens erzeugt wurden. Beim Feintuning werden sie anstelle der ursprünglichen Matrizen verwendet. In Abbildung 12.12 können Sie die Ausgangssituation am Beispiel einer 10 × 10-Matrix nachvollziehen.

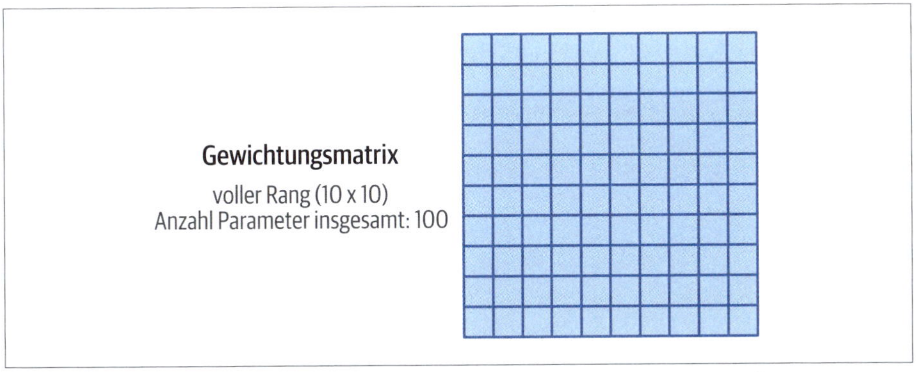

Abbildung 12.12: Bei Transformer-basierten LLMs stellen die sehr großen Gewichtungsmatrizen eines der größten Probleme dar. Jede dieser Matrizen kann unter Umständen 150 Millionen Parameter umfassen, und jeder Transformer-Block weist eine eigene Version einer solchen Matrix auf.

Es ist möglich, zwei kleinere Matrizen zu bilden, die, wenn sie multipliziert werden, die 10 × 10-Matrix nachbilden. Dadurch werden die Berechnungen wesentlich effizienter, da beim Feintuning statt 100 Gewichten (10 × 10) nur noch 20 Gewichte (10 + 10) einbezogen werden müssen (siehe Abbildung 12.13).

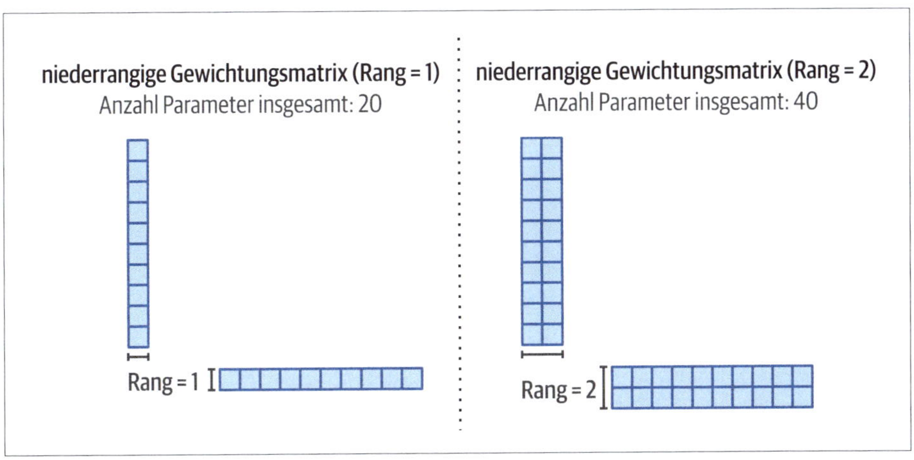

Abbildung 12.13: Durch die Zerlegung (engl. Decomposition) einer großen Gewichtungsmatrix in zwei kleinere Matrizen wird eine kleinere, niederrangige Version der ursprünglichen Matrix erzeugt, deren Feintuning effizienter durchgeführt werden kann.

Während des Trainings müssen nur die Parameter dieser kleineren Matrizen aktualisiert werden, es muss keine vollständige Aktualisierung aller Gewichte erfolgen. Die aktualisierten Matrizen (d.h. die kleineren Matrizen) werden anschließend mit der vollständigen (eingefrorenen) Gewichtungsmatrix zusammengeführt (siehe Abbildung 12.14).

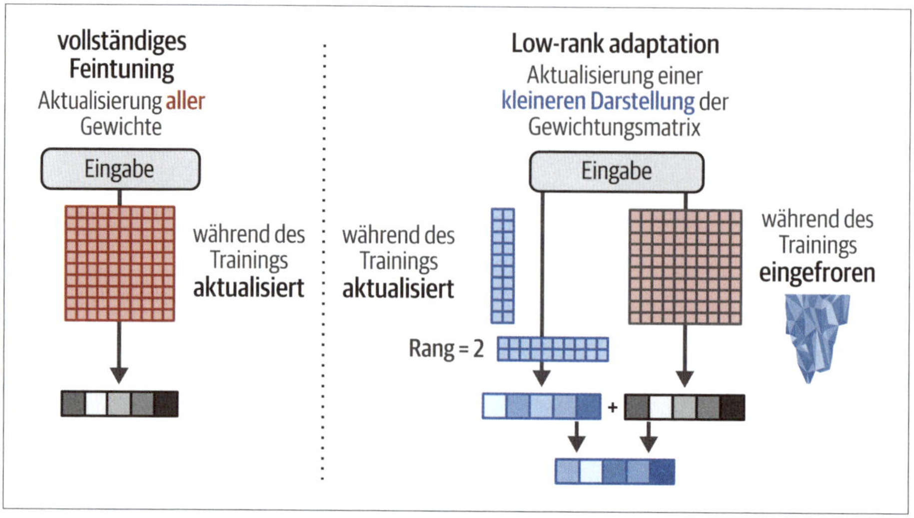

Abbildung 12.14: Im Vergleich zum vollständigen Feintuning zielt das LoRA-Verfahren darauf ab, dass während des Trainings nur eine kleinere Darstellung statt der ursprünglichen Gewichtungsmatrix aktualisiert wird.

Vielleicht denken Sie jetzt, dass dies sicherlich zulasten der Performance des Modells geht. Damit liegen Sie nicht ganz falsch. Die Frage ist letztlich, ob dieser Kompromiss vertretbar ist.

Publikationen wie »Intrinsic dimensionality explains the effectiveness of language model fine-tuning« (*https://oreil.ly/Th2m-*) haben gezeigt, dass Sprachmodelle »eine sehr geringe intrinsische Dimension« haben.[5] Dies bedeutet, dass es möglich ist, selbst für die riesigen Matrizen eines LLM eine Approximation niedrigeren Rangs zu finden. Beispielsweise hat ein Modell mit 175 Milliarden Parametern wie GPT-3 in jedem seiner 96 Transformer-Blöcke eine Gewichtungsmatrix der Größe 12.288 × 12.288, was 150 Millionen Parametern entspricht. Wenn es also gelingt, diese Matrix in eine Matrix mit Rang 8 zu transformieren, müssen lediglich zwei 12.288 × 8-Matrizen und damit 98.304 Parameter pro Block aktualisiert werden. Wie in dem bereits erwähnten LoRA-Artikel (*https://oreil.ly/k9U5V*) näher erläutert, können dadurch erhebliche Einsparungen an Rechenleistung, Speicherplatz und Zeit erzielt werden.

Diese kleinere Darstellung ist insofern sehr flexibel, als dass festgelegt werden kann, welche Teile des Basismodells einem Feintuning unterzogen werden sollen. Man könnte sich beispielsweise dafür entscheiden, nur die Query- und Value-Gewichtungsmatrizen aller Transformer-Schichten feinzutunen.

Modelle komprimieren, um das Training (noch) effizienter zu gestalten

Das LoRA-Verfahren kann noch effizienter gestaltet werden, indem der Speicherbedarf der ursprünglichen Gewichtung des Modells verringert wird, bevor die Projektion auf kleinere Matrizen erfolgt. Die Gewichte eines LLM sind numerische Werte

5 Armen Aghajanyan, Luke Zettlemoyer und Sonal Gupta. »Intrinsic dimensionality explains the effectiveness of language model fine-tuning.« *arXiv Preprint arXiv:2012.13255* (2020).

mit einer bestimmten Genauigkeit. Diese hängt von der Anzahl der verwendeten Bits entsprechend dem gewählten Gleitkommaformat (z.B. float64 oder float32) ab. Je weniger Bits zur Darstellung eines bestimmten Werts verwendet werden, desto geringer ist die numerische Genauigkeit des Ergebnisses (siehe Abbildung 12.15). Allerdings führt eine Darstellung mit einer geringeren Anzahl an Bits auch zu einem geringeren Speicherbedarf des Modells.

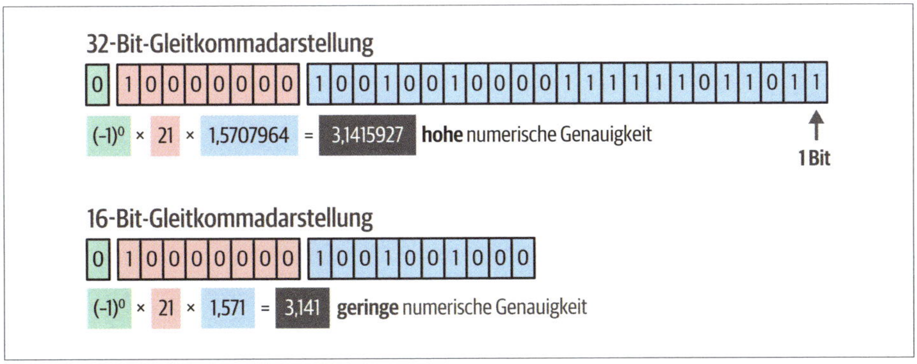

Abbildung 12.15: Darstellung der Zahl Pi mit 32-Bit- und 16-Bit-Gleitkommadarstellung. Die numerische Genauigkeit des Ergebnisses verringert sich, wenn die Anzahl der für die Darstellung verwendeten Bits halbiert wird.

Mithilfe der Quantisierung kann die Anzahl der Bits verringert werden, während die ursprünglichen Gewichte weiterhin mit hoher numerischer Genauigkeit dargestellt werden können. Allerdings kann es im Rahmen der Umwandlung von Werten mit hoher numerischer Genauigkeit in Werte mit geringerer Genauigkeit passieren, dass zwei eigentlich verschiedene Werte mit demselben Wert dargestellt werden (siehe Abbildung 12.16).

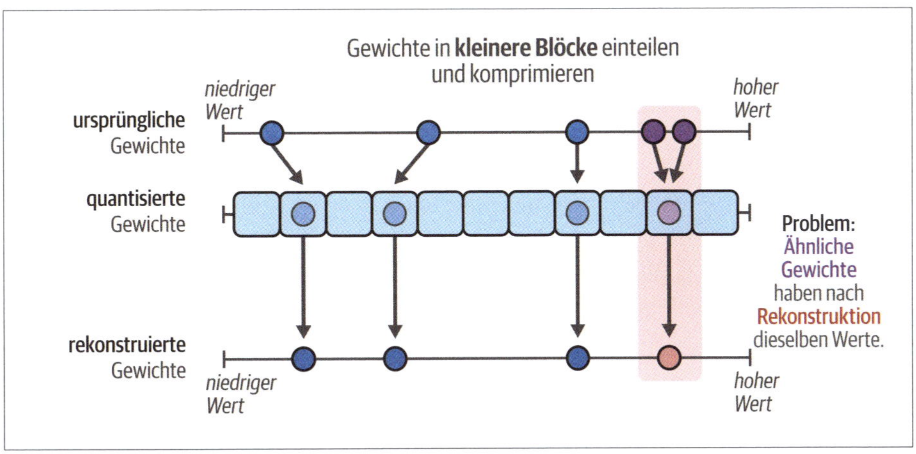

Abbildung 12.16: Werden Gewichte, die fast den gleichen Wert haben, quantisiert, führt dies dazu, dass sie nach der Rekonstruktion denselben Wert haben. Dadurch können sie nicht mehr voneinander unterschieden werden.

Die Autoren des QLoRA-Verfahrens, einer quantisierten Version des LoRA-Verfahrens, haben einen Ansatz entwickelt, mit dem die Anzahl der Bits verringert bzw. erhöht werden kann, ohne dass sich die resultierende Gewichtung zu stark von der ursprünglichen Gewichtung unterscheidet.[6]

Die Quantisierung wird dabei blockweise durchgeführt (engl. *Blockwise Quantization*), um die jeweils in einem Block enthaltenen Werte mit höherer numerischer Genauigkeit auf Werte mit geringerer Genauigkeit abzubilden. Bei diesem Quantisierungsverfahren werden also nicht einfach Werte mit höherer Genauigkeit auf Werte mit geringerer Genauigkeit abgebildet, sondern es werden Blöcke erstellt, die eine Quantisierung ähnlicher Gewichte ermöglichen. Auf diese Weise erhält man Werte, die auch mit geringerer numerischer Genauigkeit noch ausreichend präzise dargestellt werden können (siehe Abbildung 12.17).

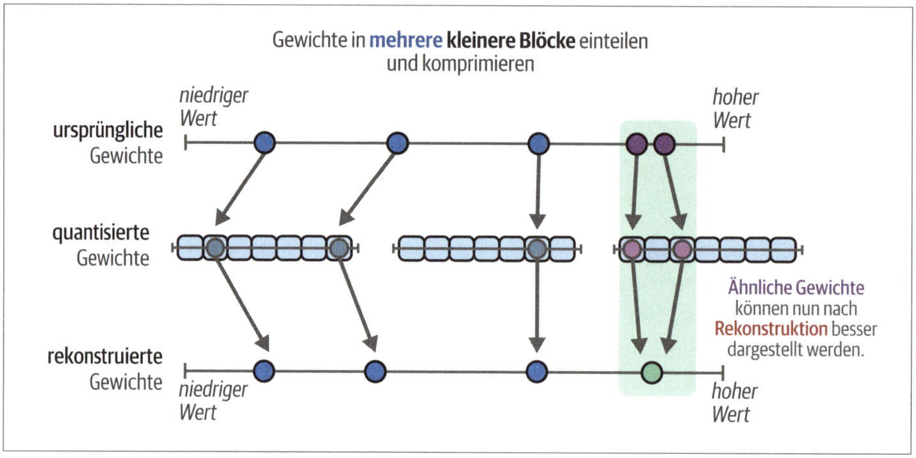

Abbildung 12.17: Bei der blockweisen Quantisierung lassen sich Gewichte, die in geringer numerischer Genauigkeit vorliegen, mithilfe von Quantisierungsblöcken wieder mit höherer Genauigkeit darstellen.

Eine nützliche Eigenschaft neuronaler Netze ist, dass Gewichte in der Regel normalverteilt sind und Werte zwischen –1 und 1 annehmen. Dank dieser Eigenschaft können die ursprünglichen Gewichte basierend auf ihrer relativen Dichtefunktion auf eine geringere Anzahl an Bits komprimiert werden (siehe Abbildung 12.18). Da die relative Häufigkeit der Gewichte berücksichtigt wird, ist die Umwandlung von Gewichten in unterschiedlich genaue Darstellungsformen effizienter, und es kommt auch seltener zu Problemen mit Ausreißern.

In Kombination mit der blockweisen Quantisierung ermöglicht dieses Normalisierungsverfahren die Darstellung von Werten mit hoher numerischer Genauigkeit durch Werte mit geringerer Genauigkeit, ohne dass die Performance des LLM wesentlich beeinträchtigt wird. Dadurch ist es möglich, von einer 16-Bit-Gleitkommadarstellung zu einer einfachen, normalisierten 4-Bit-Gleitkommadarstellung zu wechseln und den

6 Tim Dettmers et al. »QLoRA: Efficient finetuning of quantized LLMs.« *arXiv Preprint arXiv:2305.14314* (2023).

Speicherbedarf des LLM beim Training erheblich zu reduzieren. Die Quantisierung von LLMs wirkt sich im Allgemeinen auch positiv auf die Inferenz aus, da quantisierte LLMs kleiner sind und somit weniger Grafikspeicher (VRAM) beanspruchen.

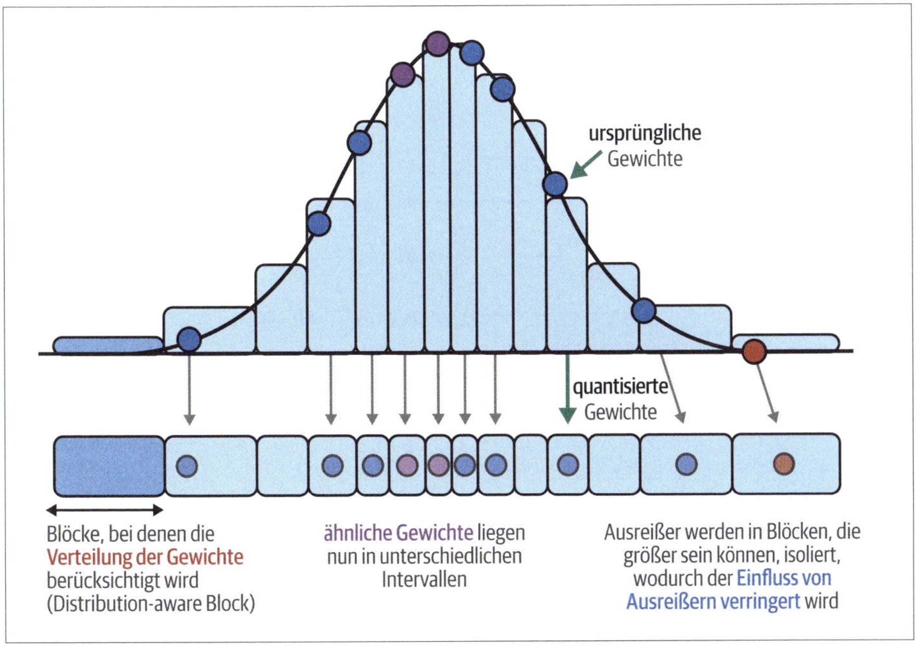

Abbildung 12.18: Durch die Verwendung von Blöcken, bei denen die Verteilung der Gewichte berücksichtigt wird, wird verhindert, dass Werte, die nah beieinanderliegen, in ihrer quantisierten Form denselben Wert aufweisen.

Es gibt noch ausgefeiltere Methoden, mit denen sich dieser Ansatz weiter optimieren lässt, beispielsweise doppelte Quantisierung (engl. *Double Quantization*) und *Paged Optimizer*. Diese werden in dem bereits erwähnten QLoRA-Artikel (*https://oreil.ly/U1DSq*) ausführlich beschrieben. Mehr zum Thema Quantisierung finden Sie auch in einem unserer Blogbeiträge (*https://oreil.ly/GituX*).

Instruction Tuning mit dem QLoRA-Verfahren

Nachdem Sie nun erfahren haben, wie das QLoRA-Verfahren funktioniert, ist es an der Zeit, Ihr Wissen in die Praxis umzusetzen! In diesem Abschnitt werden Sie eine kleinere vollständig quelloffene Version des Llama-Modells namens TinyLlama (*https://oreil.ly/mGO7A*) unter Verwendung des QLoRA-Verfahrens feintunen. Anschließend ist das Modell in der Lage, Anweisungen zu befolgen. Bei diesem Modell handelt es sich um ein Basis- bzw. vortrainiertes Modell, das mittels Language Modeling vortrainiert wurde, jedoch noch nicht darauf trainiert wurde, Anweisungen zu befolgen.

Instruktionsdaten über ein Template bereitstellen

Um das LLM dazu zu befähigen, Anweisungen zu befolgen, müssen Sie zunächst entsprechende Instruktionsdaten aufbereiten und sie über ein Chat-Template bereitstellen. In dem Chat-Template wird, wie in Abbildung 12.19 dargestellt, zwischen dem, was das LLM generiert hat, und dem, was der Nutzer eingegeben hat, unterschieden.

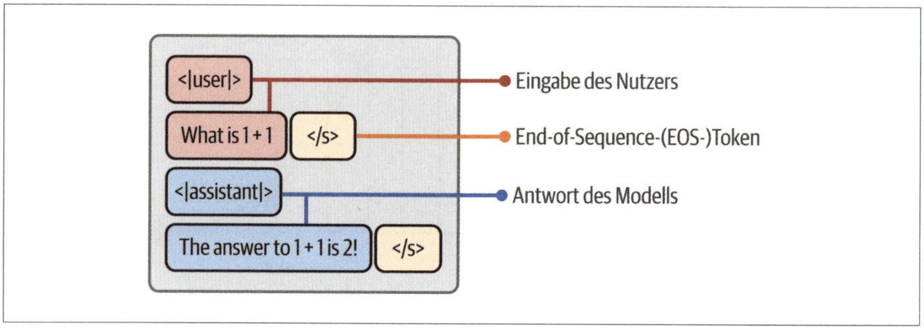

Abbildung 12.19: Das in diesem Kapitel verwendete Chat-Template

Da die dialogfähige Version von TinyLlama (*https://oreil.ly/rROj4*) auf demselben Format basiert, wird dieses Chat-Template im gesamten Beispiel verwendet. Als Datensatz können Sie auf einen Auszug aus dem UltraChat-Datensatz (*https://oreil.ly/6S290*)[7] zurückgreifen, der fast 200.000 Beispiele für Gespräche zwischen einem Nutzer und einem LLM enthält.

Erstellen Sie nun zunächst eine Funktion, `format_prompt`, mit der Sie sicherstellen, dass die Gespräche im durch das Template vorgegebenen Muster angelegt werden:

```
from transformers import AutoTokenizer
from datasets import load_dataset

# Tokenizer laden und diesen auf entsprechendes Chat-Template ausrichten
template_tokenizer = AutoTokenizer.from_pretrained(
    "TinyLlama/TinyLlama-1.1BChat-v1.0"
)

def format_prompt(example):
    """Prompt so formatieren, dass das
    <|user|>-Template des TinyLlama-Modells verwendet wird"""

    # Antworten formatieren
    chat = example["messages"]
    prompt = template_tokenizer.apply_chat_template(chat, tokenize=False)

    return {"text": prompt}
```

7 Ning Ding et al. »Enhancing chat language models by scaling high-quality instructional conversations.« *arXiv Preprint arXiv:2305.14233* (2023).

```
# Daten laden und entsprechend dem TinyLLama-Template formatieren
dataset = (
    load_dataset("HuggingFaceH4/ultrachat_200k", split="test_sft")
      .shuffle(seed=42)
      .select(range(3_000))
)
dataset = dataset.map(format_prompt)
```

Um das Training so kurz wie möglich zu halten, werden nur 3.000 Beispiele aus dem Datensatz verwendet. Sie können diesen Wert auch erhöhen und das Training mit mehr Beispielen durchführen, um noch bessere Ergebnisse zu erzielen.

Anhand der "text"-Spalte lässt sich nachvollziehen, wie die Prompts formatiert wurden:

```
# Beispiel anzeigen lassen, um zu sehen, wie Prompts formatiert wurden
print(dataset["text"][2576])
```

```
<|user|>
Given the text: Knock, knock. Who's there? Hike.
Can you continue the joke based on the given text material "Knock, knock. Who's
there? Hike"?</s>
<|assistant|>
Sure! Knock, knock. Who's there? Hike. Hike who? Hike up your pants, it's cold
outside!</s>
<|user|>
Can you tell me another knock-knock joke based on the same text material "Knock,
knock. Who's there? Hike"?</s>
<|assistant|>
Of course! Knock, knock. Who's there? Hike. Hike who? Hike your way over here and
let's go for a walk!</s>
```

Modelle quantisieren

Nachdem die Daten nun aufbereitet sind, können Sie das Modell laden. An dieser Stelle kommt das Q in QLoRA ins Spiel – d. h. die Quantisierung. Zu diesem Zweck können Sie auf das Paket `bitsandbytes` (*https://oreil.ly/B_etl*) zurückgreifen und das vortrainierte Modell auf eine 4-Bit-Darstellung komprimieren.

Mithilfe der Klasse `BitsAndBytesConfig` können Sie festlegen, wie das Modell quantisiert werden soll. Dabei können Sie sich an der im QLoRA-Artikel beschriebenen Vorgehensweise orientieren und bestimmen, dass das Modell im 4-Bit-Format geladen werden soll (`load_in_4bit`). Zusätzlich können Sie angeben, dass die Zahlen als normalisierte Gleitkommazahlen dargestellt werden sollen (`bnb_4bit_quant_type`) und eine doppelte Quantisierung durchgeführt (`bnb_4bit_use_double_quant`) werden soll:

```
import torch
from transformers import AutoModelForCausalLM, AutoTokenizer, BitsAndBytesConfig

model_name = "TinyLlama/TinyLlama-1.1B-intermediate-step-1431k-3T"

# 4-Bit-Quantisierung festlegen - das Q in QLoRA
```

```
bnb_config = BitsAndBytesConfig(
    load_in_4bit=True,  # Modell mit Genauigkeit von 4 Bit laden
    bnb_4bit_quant_type="nf4",  # Art der Quantisierung
    bnb_4bit_compute_dtype="float16",  # Datentyp (dtype) bei Berechnung
    bnb_4bit_use_double_quant=True,  # Doppelte Quantisierung durchführen
)

# Modell laden und für das Training auf GPU platzieren
model = AutoModelForCausalLM.from_pretrained(
    model_name,
    device_map="auto",

    # Falls normales Supervised Fine-Tuning (SFT)
    # durchgeführt werden soll, folgende Zeile weglassen
    quantization_config=bnb_config,
)
model.config.use_cache = False
model.config.pretraining_tp = 1

# LlaMA-Tokenizer laden
tokenizer = AutoTokenizer.from_pretrained(model_name, trust_remote_code=False)
tokenizer.pad_token = "<PAD>"
tokenizer.padding_side = "left"
```

Durch die Quantisierung wird die Größe des ursprünglichen Modells reduziert, wobei die numerische Genauigkeit der Gewichte weitgehend erhalten bleibt. Zum Laden des Modells wird nur noch ca. 1 GB VRAM benötigt, während ohne Quantisierung ca. 4 GB VRAM beansprucht würde. Für das Feintuning wird jedoch mehr VRAM benötigt, daher ist mehr VRAM als die etwa 1 GB VRAM, die zum Laden des Modells benötigt wird, erforderlich.

Die Konfiguration für das LoRA-Verfahren festlegen

Im nächsten Schritt müssen Sie mithilfe der `peft`-Bibliothek (*https://oreil.ly/ci5pl*) festlegen, welche Hyperparameter beim Feintuning mit dem LoRA-Verfahren verwendet werden sollen:

```
from peft import LoraConfig, prepare_model_for_kbit_training, get_peft_model

# Parameter für LoRA festlegen
peft_config = LoraConfig(
    lora_alpha=64,  # Skalierungsparameter bei LoRA
    lora_dropout=0.1,  # Dropout-Faktor für LoRA-Schichten
    r=32,  # Rang
    bias="none",
    task_type="CAUSAL_LM",
    target_modules=  # Schichten, die einbezogen werden sollen
     ["k_proj", "gate_proj", "v_proj", "up_proj", "q_proj", "o_proj", "down_proj"]
)

# Modell für das Training vorbereiten
model = prepare_model_for_kbit_training(model)
model = get_peft_model(model, peft_config)
```

Folgende Parameter sind dabei hervorzuheben:

`r`
: Mit diesem Wert wird der Rang vorgegeben, den die komprimierten Matrizen haben sollen (siehe Abbildung 12.13). Je höher dieser Wert gewählt wird, desto größer fallen auch die komprimierten Matrizen aus, wodurch eine geringere Komprimierung und somit eine höhere Repräsentativität erzielt wird. Die Werte liegen in der Regel zwischen 4 und 64.

`lora_alpha`
: Dieser Parameter bestimmt, wie stark die ursprünglichen Gewichte im Rahmen des Feintunings verändert werden. Er dient im Wesentlichen dazu, Einfluss darauf zu nehmen, wie stark das Modell auf die ursprüngliche oder die neue Aufgabe ausgerichtet ist. Als Faustregel gilt, dass er doppelt so groß sein sollte wie r.

`target_modules`
: Hiermit wird angegeben, bei welchen Schichten das LoRA-Verfahren angewandt werden soll. Es ist möglich, bestimmte Schichten auszuschließen, z.B. bestimmte Projektionsschichten. Dadurch lässt sich die Dauer des Trainings verkürzen, was jedoch zulasten der Performance geht – und umgekehrt.

Es lohnt sich, verschiedene Werte für die Parameter auszuprobieren und so ein Gespür dafür zu bekommen, welche Werte besser funktionieren und welche nicht. Im Newsletter »Ahead of AI« (*https://oreil.ly/xKkYD*) von Sebastian Raschka finden Sie zudem viele weitere Tipps zum Feintuning mit dem LoRA-Verfahren.

> Das Beispiel dient dazu, Ihnen zu zeigen, wie Sie Ihr Modell auf effiziente Weise feintunen können. Wenn Sie stattdessen ein vollständiges Feintuning durchführen möchten – also statt eines »Instruction Tuning mit QLoRA« ein »vollständiges Instruction Tuning« –, müssen Sie lediglich beim Laden des Modells den Parameter `quantization_config` weglassen und die Erstellung des `peft_config`-Objekts überspringen.

Die Parameter für das Training festlegen

Schließlich müssen Sie noch die Parameter für das Training festlegen (wie zuvor in Kapitel 11):

```
from transformers import TrainingArguments

output_dir = "./results"

# Parameter für das Training festlegen
training_arguments = TrainingArguments(
    output_dir=output_dir,
    per_device_train_batch_size=2,
    gradient_accumulation_steps=4,
    optim="paged_adamw_32bit",
    learning_rate=2e-4,
    lr_scheduler_type="cosine",
    num_train_epochs=1,
    logging_steps=10,
    fp16=True,
    gradient_checkpointing=True
)
```

Dabei sind folgende Parameter erklärungsbedürftig:

`num_train_epochs`
: Mit diesem Parameter wird vorgegeben, wie viele Trainingsdurchläufe insgesamt durchgeführt werden sollen. Je mehr Trainingsdurchläufe stattfinden, desto schlechter fällt in der Regel die Performance aus (infolge einer Überanpassung des Modells), weshalb Sie die Anzahl im Allgemeinen niedrig halten sollten.

`learning_rate`
: Die Lernrate bestimmt, wie stark die Gewichte in den verschiedenen Iterationen angepasst werden. Die Autoren des QLoRA-Artikels haben die Erfahrung gemacht, dass höhere Lernraten für größere Modelle (mit mehr als 33 Milliarden Parametern) besser geeignet sind.

`lr_scheduler_type`
: Hiermit wird vorgegeben, wie sich die Lernrate im Laufe des Trainings verändern soll. In diesem Beispiel wurde als Scheduler `lr_scheduler_type="cosine"` gewählt, d.h., dass die Lernrate ausgehend von null linear erhöht wird, bis sie den vorgegebenen Wert (`learning_rate`) erreicht, und anschließend in einem Kosinus-förmigen Verlauf verringert wird.

`optim`
: Als Optimierungsverfahren wurde das im QLoRA-Artikel verwendete speicheroptimierte (*Paged*) Verfahren gewählt.

Welche Wahl in Bezug auf die Parameter die beste ist, kann nicht pauschal beantwortet werden, sondern muss – je nach Datensatz, Modellgröße und Aufgabenstellung – von Fall zu Fall experimentell ermittelt werden.

> Obwohl in diesem Abschnitt das Instruction Tuning beschrieben wird, ist es auch möglich, das QLoRA-Verfahren für das Feintuning eines bereits vorhandenen Instruktionsmodells (das also zuvor mittels Instruction Tuning feingetunt wurde) zu verwenden. Beispielsweise können Sie ein Chatmodell darauf feintunen, SQL-Code zu generieren oder Ausgaben in einem bestimmten JSON-Format zu erstellen. Sofern Sie über die entsprechenden Daten (mit geeigneten Frage-Antwort-Beispielen) verfügen, eignet sich das Verfahren hervorragend, um ein bestehendes Chatmodell an Ihren Anwendungsfall anzupassen.

Das Modell trainieren

Nachdem Sie nun das Modell vorbereitet und die Parameter festgelegt haben, können Sie mit dem Feintuning des Modells beginnen. Dazu müssen Sie lediglich eine Instanz der `SFTTrainer`-Klasse anlegen und die Methode `trainer.train()` ausführen:

```
from trl import SFTTrainer

# Parameter für Supervised Fine-Tuning festlegen
trainer = SFTTrainer(
    model=model,
    train_dataset=dataset,
```

```
    dataset_text_field="text",
    tokenizer=tokenizer,
    args=training_arguments,
    max_seq_length=512,

    # Falls normales SFT durchgeführt werden soll, folgende Zeile weglassen
    peft_config=peft_config,
)

# Modell trainieren
trainer.train()

# Beim QLoRA-Verfahren einbezogene Gewichte speichern
trainer.model.save_pretrained("TinyLlama-1.1B-qlora")
```

Während des Trainings wird – entsprechend der Vorgabe durch den Parameter `logging_steps` – alle zehn Schritte der Wert für den Verlust angezeigt. Wenn Sie die in Google Colab kostenlos zur Verfügung gestellte GPU verwenden, also derzeit die Tesla T4, kann das Training bis zu eine Stunde in Anspruch nehmen. Genau der richtige Zeitpunkt also, um eine Pause einzulegen!

Gewichte des QLoRa-Modells mit denen des Basismodells zusammenführen

Nachdem das Training des QLoRA-Modells abgeschlossen ist und Ihnen die entsprechenden Gewichte vorliegen, müssen Sie sie noch mit den ursprünglichen Gewichten zusammenführen, damit Sie sie verwenden können. Für die Zusammenführung der Gewichte müssen Sie erneut die 16-Bit-Version des Modells laden (und nicht die quantisierte 4-Bit-Version). Da der Tokenizer während des Trainings nicht verändert wurde, sollten Sie ihn im selben Ordner wie das Modell speichern, um den Zugriff zu erleichtern:

```
from peft import AutoPeftModelForCausalLM

model = AutoPeftModelForCausalLM.from_pretrained(
    "TinyLlama-1.1B-qlora",
    low_cpu_mem_usage=True,
    device_map="auto",
)

# Gewichte des QLoRa- und Basismodells zusammenführen
merged_model = model.merge_and_unload()
```

Haben Sie die Gewichte des QLoRa-Modells mit denen des Basismodells zusammengeführt, können Sie das Modell mit dem zuvor definierten Prompt-Template verwenden:

```
from transformers import pipeline

# Zuvor definiertes Prompt-Template nutzen
prompt = """<|user|>
Tell me something about Large Language Models.</s>
<|assistant|>
"""
```

```
# Mittels Instruction Tuning feingetuntes Modell ausführen
pipe = pipeline(task="text-generation", model=merged_model, tokenizer=tokenizer)
print(pipe(prompt)[0]["generated_text"])
```

```
Large Language Models (LLMs) are artificial intelligence (AI) models that learn
language and understand what it means to say things in a particular language. They
are trained on huge amounts of text…
```

Die Ausgabe des feingetunten Modells lässt zweifellos darauf schließen, dass es nun in der Lage ist, Anweisungen zu befolgen (wozu das Basismodell zuvor nicht fähig war).

Generative Modelle evaluieren

Generative Modelle zu evaluieren, ist nicht ganz trivial. Da sie in vielen verschiedenen Anwendungsfällen eingesetzt werden, wäre es problematisch, sich bei der Evaluierung auf nur eine einzige Metrik zu stützen. Anders als bei spezialisierteren Modellen sagt die Fähigkeit eines generativen Modells, mathematische Aufgaben lösen zu können, nicht unbedingt etwas über seine Fähigkeit aus, Programmieraufgaben lösen zu können.

Es ist jedoch unerlässlich, Modelle dieser Art einer Evaluierung zu unterziehen, insbesondere wenn sie in Produktionsumgebungen zum Einsatz kommen, in denen es von entscheidender Bedeutung ist, dass die generierten Ausgaben durchgängig konsistent sind. Da es sich bei generativen Modellen jedoch um wahrscheinlichkeitsbasierte Modelle handelt, ist es keineswegs gegeben, dass die generierten Ausgaben konsistent sind, weshalb eine solide Evaluierung erforderlich ist.

In diesem Abschnitt lernen Sie einige gängige Evaluierungsmethoden kennen, wobei anzumerken ist, dass es derzeit keine allgemeingültigen Standards gibt. Letztlich hängt es immer vom jeweiligen Anwendungsfall ab, welche Metrik am besten geeignet ist.

Metriken auf Wortebene

Die Evaluierung auf Wortebene ist ein Ansatz zur Evaluierung generativer Modelle. Dabei wird ein Referenzdatensatz als Vergleichsmaßstab herangezogen, und es wird bewertet, inwieweit die Tokens (oder mehrere zusammenhängende Tokens) eines generierten Texts mit diesem übereinstimmen. Zu den gebräuchlichen Metriken, die sich für die Evaluierung auf Wortebene eignen, gehören die Perplexität (engl. *Perplexity*),[8] das ROUGE-Maß[9], das BLEU-Maß[10] und BERTScore[11].

---

8 Fred Jelinek et al. »Perplexity—a measure of the difficulty of speech recognition tasks.« *The Journal of the Acoustical Society of America* 62.S1 (1977): S63.

9 Chin-Yew Lin. »ROUGE: A package for automatic evaluation of summaries.« *Text Summarization Branches Out*, 74–81. 2004.

10 Kishore Papineni et al. »Bleu: a method for automatic evaluation of machine translation.« *Proceedings of the 40th Annual Meeting of the Association for Computational Linguistics*. 2002.

11 Tianyi Zhang et al. »BERTscore: Evaluating text generation with BERT.« *arXiv Preprint arXiv:1904.09675* (2019).

Die Perplexität gibt Aufschluss darüber, wie gut ein Sprachmodell einen Text vorhersagen kann. Dabei muss das Modell – ausgehend von einem eingegebenen Text – vorhersagen, welches Token am wahrscheinlichsten an der nächsten Stelle steht. Ein Modell schneidet bei der Perplexität besser ab, wenn es dem Token, das als Nächstes in der Sequenz vorkommt, eine hohe Wahrscheinlichkeit zuweist. Mit anderen Worten, ein Modell sollte nicht »perplex« sein, wenn es mit einem gut formulierten Text konfrontiert wird.

Abbildung 12.20 veranschaulicht das dahinterstehende Prinzip. Wenn dem Modell der Eingabetext »When a measure becomes a« vorgelegt wird, soll es ermitteln, wie wahrscheinlich es ist, dass als nächstes Wort »target« erscheint.

Abbildung 12.20: Bei einer Vielzahl von LLMs ist die Vorhersage des nächsten Worts von zentraler Bedeutung.

Zwar können die Perplexität sowie die anderen Metriken, die zur Evaluierung auf Wortebene verwendet werden, hilfreich sein, um einen Eindruck davon zu bekommen, wie sicher ein Modell eine bestimmte Vorhersage trifft, sie bilden jedoch nicht alle Aspekte ab. Sie sagen nichts darüber aus, wie konsistent, flüssig oder kreativ ein generierter Text geschrieben ist oder wie korrekt sein Inhalt ist.

Benchmarks

Um generative Modelle im Hinblick auf ihre Fähigkeit, natürliche Sprache zu generieren und zu verstehen, zu evaluieren, werden häufig Benchmarks wie MMLU[12], GLUE[13], TruthfulQA[14], GSM8k[15] und HellaSwag[16] verwendet, die weithin bekannt und öffentlich zugänglich sind. Diese Benchmarks ermöglichen nicht nur Rückschlüsse auf das grundlegende Sprachverständnis eines Modells, sondern geben auch Aufschluss darüber, wie gut komplexe analytische Aufgaben wie z. B. mathematische Aufgabenstellungen gelöst werden.

---

12 Dan Hendrycks et al. »Measuring massive multitask language understanding.« *arXiv Preprint arXiv:2009.03300* (2020).

13 Alex Wang et al. »GLUE: A multi-task benchmark and analysis platform for natural language understanding.« *arXiv Preprint arXiv:1804.07461* (2018).

14 Stephanie Lin, Jacob Hilton und Owain Evans. »TruthfulQA: Measuring how models mimic human falsehoods.« *arXiv Preprint arXiv:2109.07958* (2021).

15 Karl Cobbe et al. »Training verifiers to solve math word problems.« *arXiv Preprint arXiv:2110.14168* (2021).

16 Roman Zellers et al. »HellaSwag: Can a machine really finish your sentence?« *arXiv Preprint arXiv:1905.07830* (2019).

Einige Modelle sind nicht nur auf die Verarbeitung natürlicher Sprache spezialisiert, sondern auch auf andere Fachgebiete wie z. B. die Programmierung. Solche Modelle werden in der Regel anhand verschiedener Benchmarks evaluiert, wie z. B. HumanEval[17], bei denen das Modell anspruchsvolle Programmieraufgaben lösen müssen. Tabelle 12.1 gibt Ihnen einen Überblick über verschiedene gängige, öffentlich zugängliche Benchmarks für generative Modelle.

Tabelle 12.1: Gängige, öffentlich zugängliche Benchmarks für generative Modelle

Benchmark	Beschreibung	Weitere Informationen
MMLU	Bei der Benchmark *Massive Multitask Language Understanding* (MMLU) werden Modelle anhand von 57 verschiedenen Aufgaben bewertet, u. a. aus den Bereichen Klassifikation, Beantwortung von Fragen und Sentimentanalyse.	*https://oreil.ly/nrG_g*
GLUE	Die GLUE-Benchmark (*General Language Understanding Evaluation*) umfasst Aufgaben zum Sprachverständnis mit unterschiedlichem Schwierigkeitsgrad.	*https://oreil.ly/LV_fb*
TruthfulQA	Mit der Benchmark TruthfulQA wird beurteilt, wie glaubwürdig die Antworten eines Modells sind.	*https://oreil.ly/i2Brj*
GSM8k	Der GSM8k-Datensatz enthält mathematische Textaufgaben auf Grundschulniveau. Er ist aus sprachlicher Sicht sehr vielfältig und wurde von Menschen erstellt, die auf das Erzeugen solcher Aufgaben spezialisiert sind.	*https://huggingface.co/datasets/openai/gsm8k*
HellaSwag	HellaSwag ist ein »Challenge-Datensatz«, mit dem die Fähigkeit eines Modells, Schlussfolgerungen auf der Grundlage des gesunden Menschenverstands zu ziehen, bewertet werden kann. Er besteht aus Multiple-Choice-Fragen, die das Modell mit jeweils einer von vier Antwortmöglichkeiten beantworten muss.	*https://oreil.ly/aDvBP*
HumanEval	Die HumanEval-Benchmark dient der Evaluierung von generiertem Code anhand von 164 Problemstellungen aus dem Bereich der Programmierung.	*https://oreil.ly/dlJIX*

Benchmarks sind gut geeignet, um ein grundlegendes Bild von der Leistungsfähigkeit eines Modells in Bezug auf verschiedene Aufgaben zu erhalten. Ein Nachteil von öffentlich zugänglichen Benchmarks ist, dass Modelle auf diese Benchmarks trainiert werden können, um die bestmöglichen Ergebnisse zu erzielen. Außerdem sind diese Benchmarks immer noch sehr breit angelegt und decken möglicherweise sehr spezifische Anwendungsfälle nicht ab. Ein weiterer Nachteil besteht darin, dass einige Benchmarks den Einsatz leistungsstarker GPUs erfordern und die Berechnungen sehr lange dauern (mehrere Stunden), was wiederum die Durchführung mehrerer iterativer Durchläufe erschwert.

Leaderboards

Angesichts der Vielzahl vorhandener Benchmarks ist es schwierig, zu entscheiden, welche Benchmark für ein Modell am besten geeignet ist. Wird ein Modell veröffentlicht, wird es häufig anhand mehrerer Benchmarks evaluiert, um zu zeigen, wie gut es in den verschiedenen Bereichen abschneidet.

17 Mark Chen et al. »Evaluating large language models trained on code.« *arXiv Preprint arXiv:2107.03374* (2021).

Aus diesem Grund wurden Ranglisten (Leaderboards) entwickelt, die mehrere Benchmarks berücksichtigen. Eine der bekanntesten Ranglisten ist das Open LLM Leaderboard (*https://oreil.ly/azQmW*), das derzeit sechs Benchmarks umfasst, darunter HellaSwag, MMLU, TruthfulQA und GSM8k. Die Modelle, die die Rangliste anführen, werden in der Regel als die »besten« angesehen, vorausgesetzt, sie wurden nicht mit den Daten der Benchmarks trainiert und an diese überangepasst (engl. *Overfitting*). Da die Ranglisten jedoch in der Regel öffentlich zugängliche Benchmarks enthalten, besteht die Gefahr, dass die Modelle mit den entsprechenden Daten trainiert wurden und somit an diese überangepasst sind.

Automatisierte Evaluierung

Ein wichtiger Aspekt, der bei der Evaluierung der generierten Ausgaben berücksichtigt werden muss, ist die Textqualität. Beispielsweise kann es sein, dass zwei Modelle dieselbe Frage mit derselben richtigen Antwort beantworten, dass aber die Art und Weise, wie sie zu dieser Antwort gelangt sind, unterschiedlich ist. Oft geht es nicht nur um die endgültige Antwort, sondern auch um die Art und Weise, wie sie zustande gekommen ist. Ebenso kann es vorkommen, dass zwei Zusammenfassungen zwar ähnlich sind, aber eine wesentlich kürzer ist als die andere, was oft als positiv empfunden wird.

Um die Qualität des generierten Texts über die inhaltliche Korrektheit der endgültigen Antwort hinaus zu bewerten, wurde LLM-as-a-Judge eingeführt.[18] Im Wesentlichen wird hierbei ein separates LLM zur Beurteilung der Performance des zu evaluierenden LLM herangezogen. Interessant ist auch die Variante des paarweisen Vergleichs. In diesem Fall generieren zwei verschiedene LLMs eine Antwort auf eine Frage, und ein drittes LLM entscheidet, welche Antwort besser ist.

Diese Methodik ermöglicht somit eine automatisierte Evaluierung offener Fragen. Einer der Hauptvorteile besteht darin, dass sich im Zuge der stetigen Weiterentwicklung von LLMs auch deren Fähigkeit verbessert, die Qualität von Ausgaben zu beurteilen. Dementsprechend ist zu erwarten, dass dieser Evaluierungsansatz in Zukunft weiter an Bedeutung gewinnen wird.

Evaluierung durch Menschen

Obwohl Benchmarks eine wichtige Rolle spielen, gilt gemeinhin die Evaluierung durch Menschen als Goldstandard. Selbst wenn ein LLM bei den allgemeinen Benchmarks gut abschneidet, kann es dennoch sein, dass es bei domänenspezifischen Aufgaben schlecht arbeitet. Zudem können Benchmarks Präferenzen von Menschen nur unzureichend abbilden, und auch alle bisher vorgestellten Methoden erfassen diesen Aspekt nur näherungsweise.

18 Lianmin Zheng et al. »Judging LLM-as-a-judge with MT-Bench and Chatbot Arena.« *Advances in Neural Information Processing Systems* 36 (2024).

Ein gutes Beispiel für eine von Menschen vorgenommene Art der Evaluierung ist die Chatbot Arena (*https://oreil.ly/GoCH-*)[19]. Wenn man auf diese Website zugreift, werden zwei (anonymisierte) LLMs angezeigt, mit denen man interagieren kann. Jede Frage (bzw. jeder Prompt), die man stellt, wird an beide Modelle gesendet, und man erhält jeweils deren Ausgabe, woraufhin man entscheiden kann, welche Ausgabe einem besser gefällt. Mit dieser Methode kann die Nutzergemeinschaft darüber abstimmen, welches Modell sie besser findet, ohne zu wissen, welche Modelle evaluiert werden. Erst nach der Abstimmung erfährt man, welches Modell welchen Text erzeugt hat.

In die Berechnung der Rangliste sind bisher mehr als 800.000 menschliche Bewertungen eingeflossen. Diese Bewertungen dienen als Grundlage für die Berechnung des relativen Kompetenzniveaus der LLMs, das auf Basis der Gewinnquoten ermittelt wird. Wenn zum Beispiel ein LLM, das weit hinten in der Rangliste steht, ein LLM schlägt, das weit vorne in der Rangliste steht, hat dies einen relativ großen Einfluss auf seine Platzierung in der Rangliste. Im Prinzip ähnelt dies dem Wertungssystem beim Schach, wo die Spielstärke von Spielern mit der sogenannten Elo-Zahl angegeben wird.

Bei dieser Methode stützen sich die Bewertungen auf einer Vielzahl erfasster Stimmabgaben von Nutzerinnen und Nutzern, wodurch sich zweifelsohne Rückschlüsse auf die Qualität eines LLM ziehen lassen. Letztendlich handelt es sich jedoch um eine aggregierte Metrik, die auf der Meinung zahlreicher Nutzenden basiert, deren Meinung möglicherweise keinen Bezug zu Ihrem Anwendungsfall hat.

Es gibt keine perfekte Methode zur Evaluierung von LLMs. Alle genannten Methoden und Benchmarks bieten jedoch eine wertvolle, wenn auch nur begrenzt aussagekräftige Bewertungsgrundlage. Wichtig ist, dass Sie Ihr LLM seinem Einsatzzweck entsprechend evaluieren. Im Bereich der Programmierung wäre z. B. die HumanEval-Benchmark aussagekräftiger als die GSM8k-Benchmark.

Unserer Meinung nach sind Sie jedoch selbst am besten in der Lage, zu beurteilen, ob das LLM für Ihren vorgesehenen Anwendungsfall geeignet ist. Eine Evaluierung durch Menschen bleibt nach wie vor die beste Methode (d. h. der Goldstandard), da nur Sie wirklich einschätzen können, ob das LLM für den vorgesehenen Anwendungsfall geeignet ist. Analog zu den Beispielen in diesem Kapitel empfehlen wir Ihnen dringend, Ihre eigenen Modelle auszuprobieren und gegebenenfalls eigene Fragen zu entwickeln. Die Autoren dieses Buchs sind beispielsweise arabischer (Jay Alammar) und niederländischer (Maarten Grootendorst) Herkunft und stellen bei der Verwendung von neuen Modellen regelmäßig Fragen in ihrer Muttersprache.

Zum Abschluss dieses Themas möchten wir Ihnen noch ein Zitat mit auf den Weg geben, dessen Aussage uns sehr am Herzen liegt:

> Wenn die Optimierung einer Kennzahl zum Hauptziel wird, verliert sie ihren Nutzen.
>
> – *Goodharts Gesetz*[20]

19 Wei-Lin Chiang et al. »Chatbot Arena: An open platform for evaluating LLMs by human preference.« *arXiv Preprint arXiv:2403.04132* (2024).

Entwicklerinnen und Entwickler von LLMs neigen dazu, die Optimierung auf eine bestimmte Benchmark auszurichten, ungeachtet der Konsequenzen, die sich daraus ergeben. Wenn man sich z. B. ausschließlich auf die Optimierung der Generierung grammatikalisch korrekter Sätze beschränkt, könnte das Modell lernen, immer nur einen bestimmten Satz auszugeben: »Das ist ein Satz.« Dieser Satz ist zwar grammatikalisch korrekt, sagt aber nichts über die Fähigkeiten des Modells im Bereich des Sprachverständnisses aus. So kann es sein, dass das Modell bei einer bestimmten Benchmark sehr gut abschneidet, dass aber die Entwicklung anderer wichtiger Kompetenzen möglicherweise vernachlässigt wird.

Modelle darauf ausrichten, was Nutzer erwarten – Preference Tuning, Alignment und Reinforcement Learning from Human Feedback

Auch wenn das Modell nun in der Lage ist, Anweisungen zu befolgen, kann sein Verhalten in einer abschließenden Trainingsphase noch einmal optimiert werden. Wenn Sie das Modell beispielsweise fragen: »Was ist ein LLM?«, bevorzugen Sie möglicherweise eine detaillierte Antwort, in der das Modell die internen Prozesse eines LLM erläutert, anstatt einfach ohne weitere Erklärung zu antworten: »Es handelt sich dabei um ein großes Sprachmodell.« Doch wie kann ein LLM darauf ausgerichtet (engl. *align*) werden, die von uns Menschen bevorzugten Antworten zu geben?

Führen Sie sich zunächst einmal die Situation vor Augen, dass ein LLM einen Prompt entgegennimmt und daraufhin eine Ausgabe generiert (siehe Abbildung 12.21).

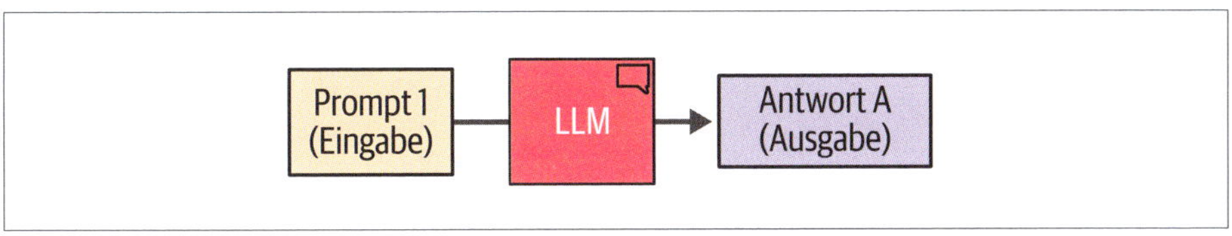

Abbildung 12.21: Ein LLM nimmt einen Prompt als Eingabe entgegen und generiert daraufhin eine Ausgabe.

Man könnte dann eine Person (die eine Bewertung entsprechend ihren Präferenzen vornimmt – einen sogenannten Preference Evaluator) bitten, die Qualität der generierten Ausgabe des Modells zu bewerten. Diese Person könnte zur Bewertung eine bestimmte Punktzahl vergeben, z. B. 4 (siehe Abbildung 12.22).

20 »When a measure becomes a target, it ceases to be a good measure. Mafilyn Strathern. ›Improving ratings‹: audit in the British University system.« *European Review* 5.3 (1997): 305–321.

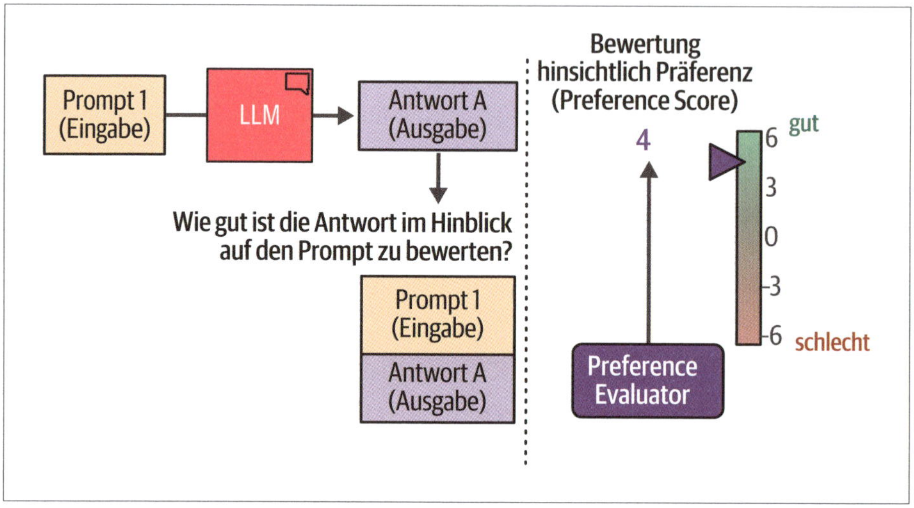

Abbildung 12.22: Die Qualität der generierten Ausgabe wird durch einen sogenannten Preference Evaluator (durch eine Person oder auf andere Weise) bewertet.

Im nächsten Schritt erfolgt ein Preference Tuning, d.h., das Modell wird auf der Grundlage dieser Bewertung angepasst (siehe Abbildung 12.23):

- Wenn die Bewertung gut ist, wird das Modell so angepasst, dass es künftig mehr solcher Ausgaben generiert.
- Wenn die Bewertung schlecht ist, wird das Modell so angepasst, dass es künftig weniger solcher Ausgaben generiert.

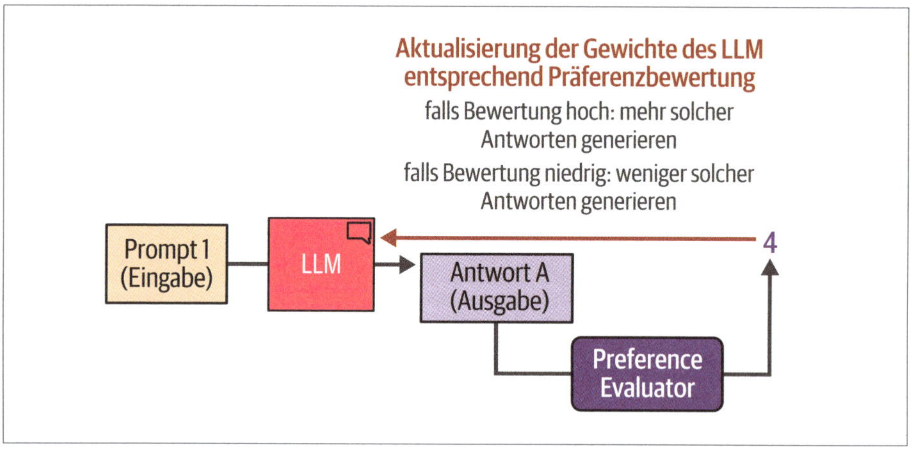

Abbildung 12.23: Im Rahmen des Preference Tuning wird das LLM entsprechend der Bewertung angepasst.

Wie so häufig ist hierfür allerdings eine große Anzahl von Trainingsbeispielen erforderlich. Deshalb stellt sich die Frage, ob diese Preference Evaluation auch automatisiert durchgeführt werden kann. – Ja, das ist möglich, indem ein anderes Modell trainiert wird, das als Reward- bzw. Belohnungsmodell bezeichnet wird.

Die Preference Evaluation mithilfe von Reward-Modellen automatisieren

Um die Preference Evaluation automatisiert durchführen zu können, müssten Sie vor dem Preference Tuning einen zusätzlichen Schritt einfügen, in dem Sie ein Reward-Modell trainieren (siehe Abbildung 12.24).

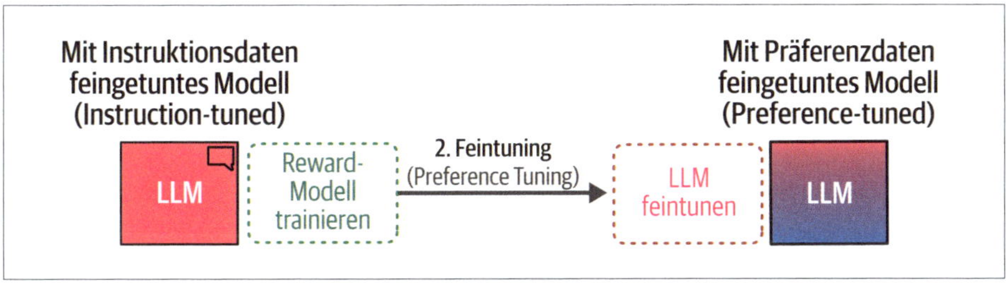

Abbildung 12.24: Vor dem Feintuning (Preference Tuning) des LLM wird ein Reward-Modell trainiert.

Als Reward-Modell könnten Sie einfach das Modell nehmen, das Sie zuvor (mittels Instruction Tuning) darauf feingetunt haben, Anweisungen zu befolgen, und es so anpassen, dass es keinen Text mehr generiert, sondern eine Bewertung in Form einer Punktzahl ausgibt (siehe Abbildung 12.25).

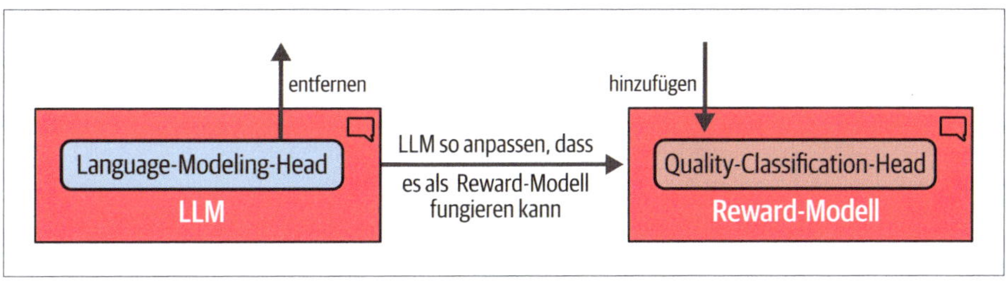

Abbildung 12.25: Das LLM kann zu einem Reward-Modell umfunktioniert werden, indem der Language-Modeling-Head durch einen Quality-Classification-Head ersetzt wird.

Die Ein- und Ausgaben des Reward-Modells

Die Funktionsweise des Reward-Modells stellt sich wie folgt dar: Es erhält eine Eingabe sowie eine zugehörige generierte Ausgabe und gibt anschließend eine Zahl aus, die mitteilt, wie das Modell die Ausgabe in Bezug auf die Präferenzen bewertet bzw. die Qualität der Ausgabe in Bezug auf die Eingabe einordnet. In Abbildung 12.26 wird die Funktionsweise des Reward-Modells noch einmal schematisch dargestellt.

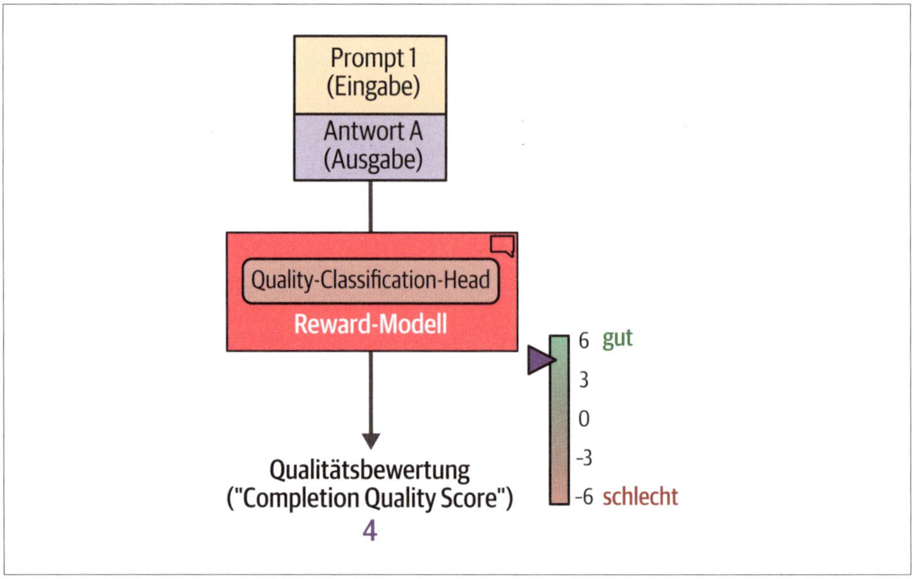

Abbildung 12.26: Das Reward-Modell wurde so trainiert, dass es Präferenzen von Menschen widerspiegelt und einen Wert ausgibt, der aussagt, wie es eine generierte Ausgabe bewertet.

Ein Reward-Modell trainieren

Das vorliegende Modell müsste erst noch angepasst werden, damit es als Reward-Modell verwendet werden kann. Das heißt, es muss zunächst trainiert werden, damit es in der Lage ist, die generierten Ausgaben adäquat zu bewerten. Dazu wird ein Präferenzdatensatz benötigt, mit dem das Modell trainiert werden kann.

Einen Trainingsdatensatz für das Reward-Modell erstellen

Präferenzdatensätze sind meist so ausgestaltet, dass für einen vorgegebenen Prompt jeweils zwei generierte Ausgaben vorliegen – eine, die als akzeptabel angesehen wird (d. h. präferiert wird), und eine, die als nicht akzeptabel angesehen wird. Hierbei ist zu beachten, dass es dabei nicht immer um eine Gegenüberstellung einer guten und einer schlechten Ausgabe geht. Es kann auch sein, dass beide Ausgaben für gut befunden werden, aber eine dieser Ausgaben als besser erachtet wird als die andere. In Abbildung 12.27 können Sie anhand von zwei Trainingsbeispielen nachvollziehen, wie ein solcher Präferenzdatensatz für gewöhnlich ausgestaltet ist.

Eine Möglichkeit, Daten für das Preference Tuning zu erstellen, besteht darin, dem LLM einen Prompt vorzulegen und es zwei verschiedene Antworten generieren zu lassen. Diese Antworten werden dann (menschlichen) Annotatoren vorgelegt, die beurteilen sollen, welche der beiden Antworten zu bevorzugen ist (siehe Abbildung 12.28).

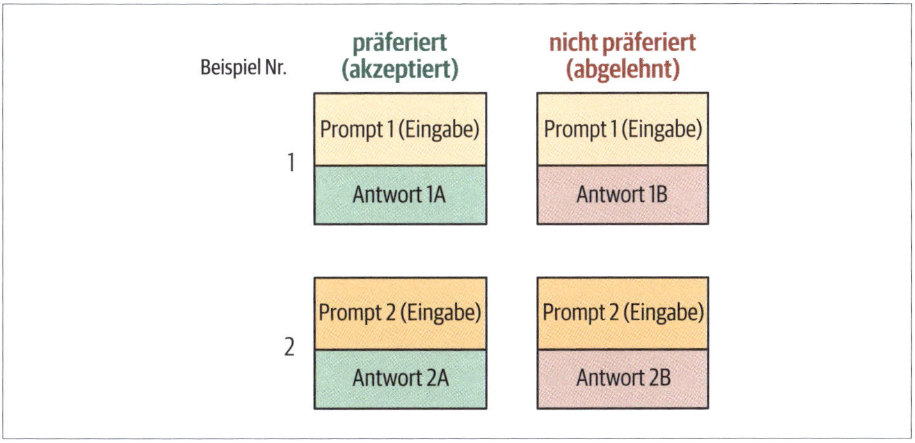

Abbildung 12.27: Datensätze, die für das Preference Tuning genutzt werden, enthalten in der Regel Prompts, die jeweils mit zwei generierten Antworten versehen sind. Eine dieser Antworten wird als besser erachtet und bevorzugt.

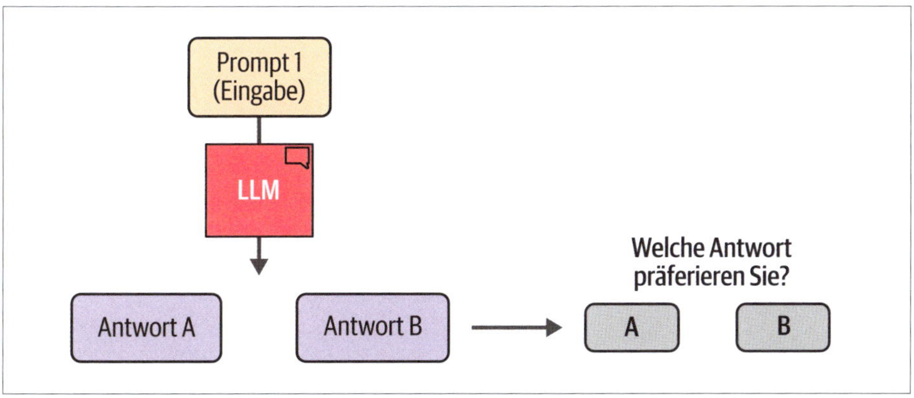

Abbildung 12.28: (Menschliche) Annotatoren erhalten jeweils zwei verschiedene Antworten und entscheiden dann, welche von beiden sie bevorzugen.

Das Reward-Modell trainieren

Nachdem der Präferenzdatensatz erstellt ist, wird mit diesem das Reward-Modell trainiert.

Hierzu könnte man beispielsweise einen relativ simplen Ansatz verfolgen und das Reward-Modell:

1. sowohl die Antwort bewerten lassen, die präferiert (d.h. akzeptiert) wird, als auch
2. die Antwort bewerten lassen, die nicht präferiert (d.h. abgelehnt) wird.

In Abbildung 12.29 wird deutlich, welches Ziel beim Training verfolgt wird: Es soll sichergestellt werden, dass die Antwort, die präferiert wird, eine höhere Bewertung erzielt als die Antwort, die nicht präferiert wird.

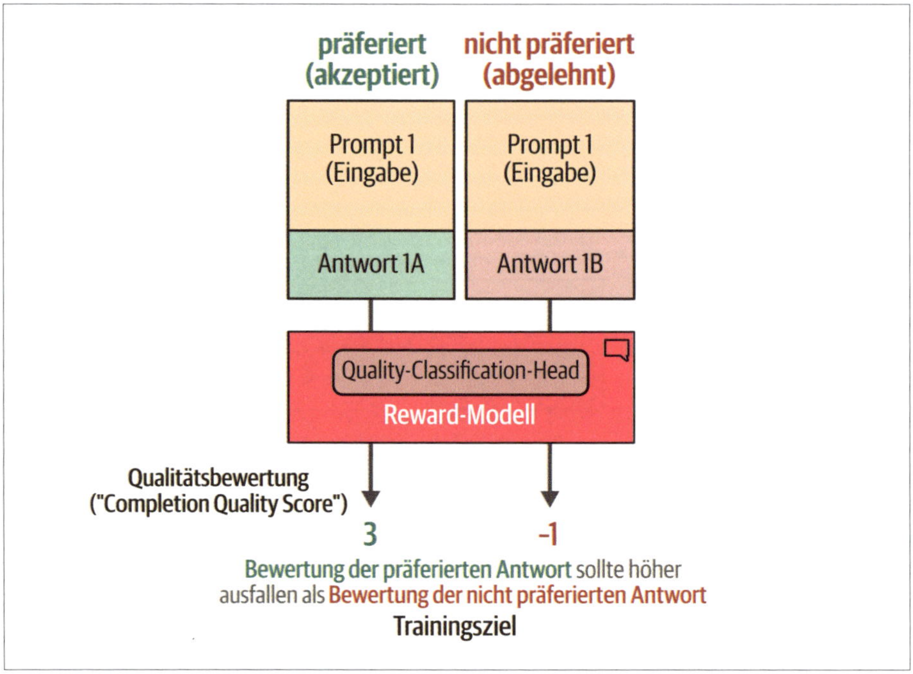

Abbildung 12.29: Das Reward-Modell bewertet die Antworten auf einen vorgegebenen Prompt hinsichtlich ihrer Qualität.

Insgesamt sind beim Preference Tuning also die folgenden drei Schritte erforderlich (siehe Abbildung 12.30):

1. Zuerst muss ein Präferenzdatensatz erstellt werden,
2. dann wird mit diesem ein Reward-Modell trainiert, und
3. das Reward-Modell wird anschließend dazu verwendet, das LLM feinzutunen (d.h., es fungiert als Preference Evaluator).

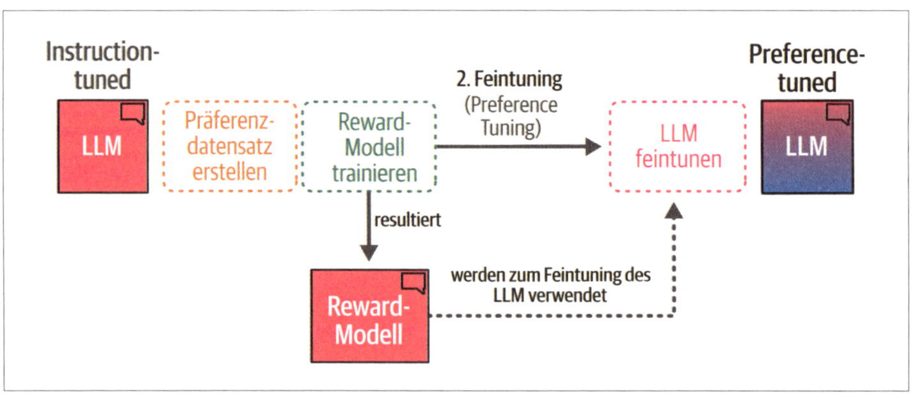

Abbildung 12.30: Die drei Schritte beim Preference Tuning: Zuerst muss ein Präferenzdatensatz erstellt, dann ein Reward-Modell trainiert und das LLM schließlich mit dem Reward-Modell feingetunt werden.

Der Ansatz, ein Reward-Modell miteinzubeziehen, hat sich in der Praxis bewährt, und es gibt sogar bereits Weiterentwicklungen. Beispielsweise werden beim Llama-2-Modell zwei Reward-Modelle trainiert: eines, das bewertet, wie hilfreich die generierten Antworten sind, und ein weiteres, das bewertet, wie unbedenklich die generierten Antworten sind (siehe Abbildung 12.31).

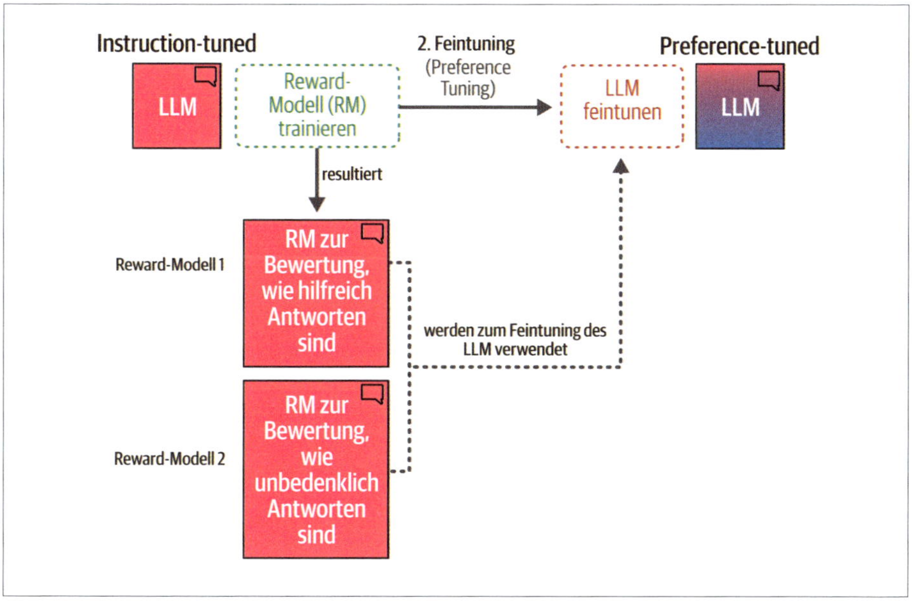

Abbildung 12.31: Es ist auch möglich, mehrere Reward-Modelle einzubeziehen, die jeweils unterschiedliche Aspekte bewerten.

Für das Feintuning des LLM mit dem trainierten Reward-Modell wird häufig die sogenannte *Proximal Policy Optimization* (PPO) als Methode gewählt. PPO ist eine beliebte Methode, die auf Reinforcement Learning (from Human Feedback) basiert. Mithilfe der PPO-Methode kann das (zuvor mittels Instruction Tuning) auf das Befolgen von Anweisungen ausgerichtete LLM so optimiert werden, dass es nicht zu stark von der erwarteten Belohnung abweicht (und somit stärker auf die Präferenzen von Menschen ausgerichtet wird).[21] Die Methode wurde sogar im Rahmen des Trainings der ersten Version von ChatGPT (*https://oreil.ly/T5f2h*) verwendet, die im November 2022 veröffentlicht wurde.

Preference Tuning ohne zusätzliches Training eines Reward-Modells

Ein Nachteil der PPO-Methode besteht darin, dass sie relativ kompliziert ist und dass mindestens zwei Modelle trainiert werden müssen (das Reward-Modell und das LLM), was mehr Kosten als womöglich notwendig verursachen kann.

21 John Schulman et al. »Proximal Policy Optimization algorithms.« *arXiv Preprint arXiv:1707.06347* (2017).

Eine Alternative zur PPO-Methode ist die *Direct Preference Optimization* (DPO), die nicht auf Reinforcement Learning basiert.[22] Bei dieser Methode wird die Qualität von generierten Antworten nicht mithilfe eines Reward-Modells beurteilt, sondern direkt vom LLM selbst. Dabei kommen eine nicht trainierbare Version des Modells, die als Referenzmodell dient, und eine trainierbare Version des Modells zum Einsatz (abgesehen davon sind beide Versionen identisch). Infolge des Trainings der trainierbaren Version wird ermittelt, inwieweit sich das Antwortverhalten des Modells im Vergleich zur nicht trainierbaren Version verändert, d.h., ob es infolge des Trainings eher zu präferierten als zu nicht präferierten Antworten tendiert (siehe Abbildung 12.32).

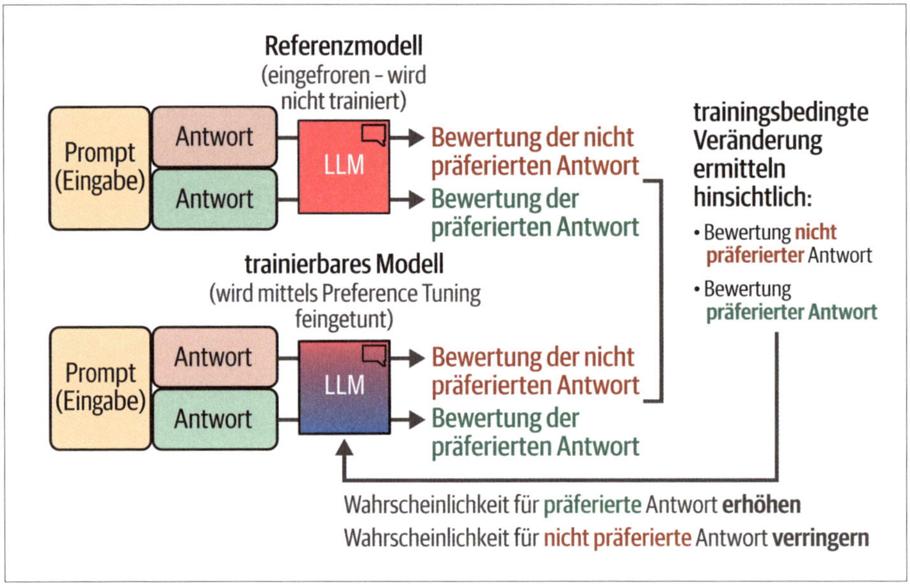

Abbildung 12.32: Das LLM selbst wird als Reward-Modell verwendet, d.h., es werden zwei verschiedene Versionen des Modells eingesetzt: eine nicht trainierbare, bei der alle Gewichte eingefroren sind, und eine trainierbare. Dabei wird verglichen, wie die beiden Versionen die jeweiligen Antwortmöglichkeiten bewerten.

Konkret wird verglichen, mit welcher Wahrscheinlichkeit beide Versionen die vorgelegten Antwortmöglichkeiten jeweils generieren würden. Auf dieser Grundlage wird beurteilt, wie sich das Training auf das Antwortverhalten der trainierbaren Version auswirkt. Dadurch lässt sich die Wahrscheinlichkeit erhöhen, dass das Modell eher zu präferierten Antworten tendiert und nicht präferierte Antworten vermeidet (indem die Parameter der trainierbaren Version nach und nach optimiert werden).

Um die trainingsbedingte Veränderung in der Bewertung der Antwortmöglichkeiten zu ermitteln, werden jeweils die logarithmierten Wahrscheinlichkeiten hinsichtlich der Generierung der nicht präferierten bzw. der präferierten Antwort beider Modelle

22 Rafael Rafailov et al. »Direct Preference Optimization: Your language model is secretly a reward model.« *arXiv Preprint arXiv:2305.18290* (2023).

herangezogen. Wie in Abbildung 12.33 dargestellt, wird diese Veränderung auf Basis der logarithmierten Wahrscheinlichkeiten der in den jeweiligen Antworten verwendeten Tokens bestimmt. Diese werden hinsichtlich der entsprechenden Antworten summiert und anschließend zur Bestimmung der trainingsbedingten Veränderung zwischen dem Referenzmodell und dem trainierbaren Modell verglichen.

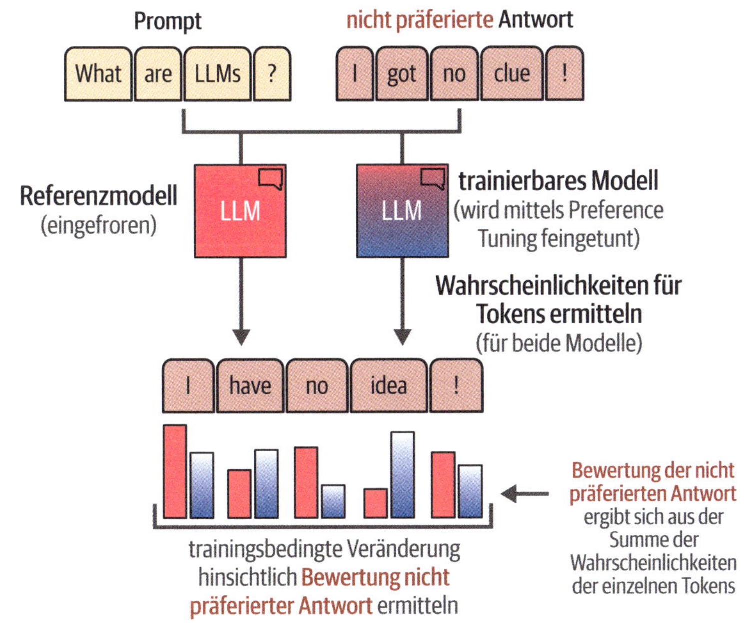

Abbildung 12.33: Die Bewertungen beider Modelle werden auf Basis der Wahrscheinlichkeiten, dass sie die in den jeweiligen Antworten vorkommenden Tokens generieren würden, berechnet. Dabei wird verglichen, wie sich die Bewertungen (bzw. die Wahrscheinlichkeiten, die jeweiligen Antworten zu generieren) infolge des Trainings der trainierbaren Version gegenüber dem Referenzmodell verändern. Das Ziel besteht darin, diese beim Training zu optimieren, d. h., die Wahrscheinlichkeit zu verringern, nicht präferierte Antworten zu generieren. (Bei den präferierten Antworten wird derselbe Ansatz verfolgt, allerdings mit dem Ziel, die Wahrscheinlichkeit zu erhöhen, präferierte Antworten zu generieren.)

Auf der Grundlage dieser Bewertungen ist es möglich, die Parameter des trainierbaren Modells so zu optimieren, dass es mit höherer Wahrscheinlichkeit präferierte Antworten und mit geringerer Wahrscheinlichkeit nicht präferierte Antworten generiert. Die Autoren kamen zu dem Schluss, dass die DPO-Methode im Vergleich zur PPO-Methode stabilere Eigenschaften hinsichtlich der Konvergenz beim Training aufweist und bessere Ergebnisse liefert. Aus diesem Grund wird im Folgenden statt PPO die DPO-Methode verwendet, um das Preference Tuning des zuvor mittels Instruction Tuning auf die Befolgung von Anweisungen ausgerichteten Modells durchzuführen.

Preference Tuning mittels DPO

Abgesehen von einigen kleinen Anpassungen kann das Preference Tuning fast genauso mit der Hugging-Face-Bibliothek durchgeführt werden wie das zuvor beschriebene Instruction Tuning. Auch hier können Sie auf das TinyLlama-Modell zurückgreifen. Diesmal nutzen Sie jedoch eine Version, die mittels Instruction Tuning (*https://oreil.ly/bkVF1*) auf die Befolgung von Anweisungen ausgelegt ist. Dieses Modell wurde zunächst einem vollständigen Feintuning unterzogen und dann mittels DPO noch weiter optimiert. Im Vergleich zum zuvor mittels Instruction Tuning optimierten Modell wurde dieses LLM mit wesentlich größeren Datensätzen trainiert.

In diesem Abschnitt erfahren Sie nun, wie Sie dieses Modell mithilfe von DPO mit belohnungsbasierten Datensätzen noch besser auf die Präferenzen von Menschen ausrichten können (Alignment).

Templates für Präferenzdatensätze erstellen

Der nun verwendete Datensatz enthält eine Vielzahl von Prompts, die jeweils mit einer als akzeptabel und einer als inakzeptabel eingestuften Antwort versehen sind. Der Datensatz (*https://oreil.ly/sttRF*) wurde teilweise mithilfe von ChatGPT generiert und enthält jeweils eine Bewertung, die angibt, welche Antwort bevorzugt und welche abgelehnt wird:

```
from datasets import load_dataset

def format_prompt(example):
    """Prompt entsprechend dem <|user|>-Template
    des TinyLlama-Modells formatieren"""

    # Antworten formatieren
    system = "<|system|>\n" + example["system"] + "</s>\n"
    prompt = "<|user|>\n" + example["input"] + "</s>\n<|assistant|>\n"
    chosen = example["chosen"] + "</s>\n"
    rejected = example["rejected"] + "</s>\n"

    return {
        "prompt": system + prompt,
        "chosen": chosen,
        "rejected": rejected,
    }

# Formatierung auf Datensatz anwenden und relativ kurze Antworten auswählen
dpo_dataset = load_dataset(
    "argilla/distilabel-intel-orca-dpo-pairs", split="train"
)
dpo_dataset = dpo_dataset.filter(
    lambda r:
        r["status"] != "tie" and
        r["chosen_score"] >= 8 and
        not r["in_gsm8k_train"]
)
dpo_dataset = dpo_dataset.map(
    format_prompt,  remove_columns=dpo_dataset.column_names
)
dpo_dataset
```

Dabei wurde außerdem die `filter()`-Funktion angewandt, wodurch sich die Größe des Datensatzes von ursprünglich 13.000 Beispielen auf etwa 6.000 verringert hat.

Das Modell quantisieren

Laden Sie nun das Basismodell zusammen mit den zuvor erstellten LoRA-Gewichten. Um den für das Training erforderlichen VRAM zu reduzieren, sollten Sie das Modell auch diesmal quantisieren:

```
from peft import AutoPeftModelForCausalLM
from transformers import BitsAndBytesConfig, AutoTokenizer

# 4-Bit-Quantisierung festlegen - das Q in QLoRA
bnb_config = BitsAndBytesConfig(
    load_in_4bit=True,  # Modell mit Genauigkeit von 4 Bit laden
    bnb_4bit_quant_type="nf4",  # Art der Quantisierung
    bnb_4bit_compute_dtype="float16",  # Datentyp (dtype) bei Berechnung
    bnb_4bit_use_double_quant=True,  # Doppelte Quantisierung durchführen
)

# Gewichte des QLoRA- und des Basismodells zusammenführen
model = AutoPeftModelForCausalLM.from_pretrained(
    "TinyLlama-1.1B-qlora",
    low_cpu_mem_usage=True,
    device_map="auto",
    quantization_config=bnb_config,
)
merged_model = model.merge_and_unload()

# LLaMA-Tokenizer laden
model_name = "TinyLlama/TinyLlama-1.1B-intermediate-step-1431k-3T"
tokenizer = AutoTokenizer.from_pretrained(model_name, trust_remote_code=False)
tokenizer.pad_token = "<PAD>"
tokenizer.padding_side = "left"
```

Sie können die zuvor festgelegte LoRA-Konfiguration für das Training mit der DPO-Methode beibehalten:

```
from peft import LoraConfig, prepare_model_for_kbit_training, get_peft_model

# Parameter für LoRA festlegen
peft_config = LoraConfig(
    lora_alpha=64,  # Parameter für Skalierung bei LoRA
    lora_dropout=0.1,  # Dropout-Faktor für LoRA-Schichten
    r=32,  # Rang
    bias="none",
    task_type="CAUSAL_LM",
    target_modules=  # Schichten, die einbezogen werden sollen
     ["k_proj", "gate_proj", "v_proj", "up_proj", "q_proj", "o_proj", "down_proj"]
)

# Modell für das Training vorbereiten
model = prepare_model_for_kbit_training(model)
model = get_peft_model(model, peft_config)
```

Parameter für das Training festlegen

Für das Training können Sie der Einfachheit halber dieselben Parameterwerte wie zuvor verwenden, jedoch mit zwei kleinen Unterschieden. Da das Beispiel nur veranschaulichen soll, wie sich das Training umsetzen lässt, genügt es, wenn Sie das Training nicht als vollständigen Durchlauf, sondern lediglich für 200 Trainingsschritte durchführen. Zusätzlich sollten Sie den Parameter `warmup_ratio` angeben. Dadurch wird die Lernrate während der ersten 10 % der Schritte von 0 auf den mit dem Parameter `learning_rate` vorgegebenen Wert erhöht. Da zu Beginn (d. h. in der sogenannten Warm-up-Phase) eine niedrige Lernrate vorgesehen ist, kann sich das Modell zunächst besser an die Daten anpassen. Erst danach werden höhere Lernraten angewandt, um eine bessere Konvergenz des Modells zu gewährleisten:

```
from trl import DPOConfig

output_dir = "./results"

# Parameter für das Training festlegen
training_arguments = DPOConfig(
    output_dir=output_dir,
    per_device_train_batch_size=2,
    gradient_accumulation_steps=4,
    optim="paged_adamw_32bit",
    learning_rate=1e-5,
    lr_scheduler_type="cosine",
    max_steps=200,
    logging_steps=10,
    fp16=True,
    gradient_checkpointing=True,
    warmup_ratio=0.1
)
```

Das Modell trainieren

Nachdem Sie nun das Modell eingerichtet und die Parameter festgelegt haben, können Sie mit dem Feintuning des Modells beginnen:

```
from trl import DPOTrainer

# DPO-Trainer-Instanz anlegen
dpo_trainer = DPOTrainer(
    model,
    args=training_arguments,
    train_dataset=dpo_dataset,
    tokenizer=tokenizer,
    peft_config=peft_config,
    beta=0.1,
    max_prompt_length=512,
    max_length=512,
)

# Modell mittels DPO feintunen
dpo_trainer.train()

# Quantisiertes Modell speichern
dpo_trainer.model.save_pretrained("TinyLlama-1.1B-dpo-qlora")
```

Sie haben nun ein zweites quantisiertes Modell erstellt. Jetzt müssen Sie lediglich noch die Gewichte beider quantisierten Modelle nacheinander mit denen des Basismodells zusammenführen:

```
from peft import PeftModel

# Gewichte des QLoRA- und des Basismodells zusammenführen
model = AutoPeftModelForCausalLM.from_pretrained(
    "TinyLlama-1.1B-qlora",
    low_cpu_mem_usage=True,
    device_map="auto",
)
sft_model = model.merge_and_unload()

# Gewichte des DPO-LoRA- und des SFT-Modells zusammenführen
dpo_model = PeftModel.from_pretrained(
    sft_model,
    "TinyLlama-1.1B-dpo-qlora",
    device_map="auto",
)
dpo_model = dpo_model.merge_and_unload()
```

Die Kombination von SFT und DPO eignet sich hervorragend, um das Modell zunächst so zu trainieren bzw. feinzutunen, dass es in der Lage ist, einfache Gespräche zu führen, und es dann so auszurichten, dass die Antworten den Präferenzen von Menschen entsprechen. Dies hat jedoch seinen Preis, da zwei Trainingsschleifen durchlaufen und die Parameter in beiden Verfahren möglicherweise noch optimiert werden müssen.

Infolge der Veröffentlichung von DPO wurden noch weitere Methoden entwickelt, mit denen sich die Ausgaben von Modellen mit Präferenzen von Menschen in Einklang bringen lassen. Dabei ist insbesondere die *Odds Ratio Preference Optimization* (ORPO) hervorzuheben, ein Verfahren, bei dem SFT und DPO zu einem einzelnen Trainingsprozess zusammengefasst werden.[23] Mit diesem Verfahren sind keine zwei getrennten Trainingsschleifen mehr erforderlich, was das Training vereinfacht und gleichzeitig den Einsatz von QLoRA ermöglicht.

Zusammenfassung

In diesem Kapitel wurden verschiedene Verfahren zum Feintuning vortrainierter LLMs beleuchtet. Dabei haben Sie mithilfe der Low-Rank Adaptation (LoRA) ein Parameter-efficient Fine-Tuning (PEFT) durchgeführt. Anschließend wurde das LoRA-Verfahren noch um ein Quantisierungsverfahren erweitert, um so den zur Darstellung der Parameter des Modells und der Adapter erforderlichen Speicherbedarf zu reduzieren.

Das Feintuning wurde in zwei Schritten vorgenommen. Im ersten Schritt haben Sie ein vortrainiertes LLM mithilfe von Instruktionsdaten feingetunt (überwachtes Fein-

23 Jiwoo Hong, Noah Lee und James Thorne, »ORPO: Monolithic preference optimization without reference model« (*https://oreil.ly/iFv1l*). *arXiv Preprint arXiv:2403.07691* (2024).

tuning), was üblicherweise als Instruction Tuning bezeichnet wird. Das Ergebnis war ein Modell, das in der Lage war, einfache Gespräche zu führen und Anweisungen zu befolgen.

In einem zweiten Schritt haben Sie das Modell weiter feingetunt, indem Sie Daten verwendet haben, die widerspiegeln, welche Art von Antworten gegenüber anderen bevorzugt werden. Bei diesem als Preference Tuning bezeichneten Verfahren wird das Modell, das zuvor auf die Befolgung von Anweisungen ausgerichtet war, so angepasst, dass die Antworten in stärkerem Maße den Präferenzen von Menschen entsprechen.

Sie haben in diesem Kapitel also die zwei wesentlichen Schritte kennengelernt, die zum Feintuning eines vortrainierten LLM erforderlich sind, und erfahren, wie Modelle dadurch noch bessere und informativere Antworten liefern können.

Schlussbemerkung

Herzlichen Dank an alle, die sich uns auf dieser faszinierenden Reise durch die Welt der Large Language Models angeschlossen haben. Wir freuen uns sehr, dass Sie sich die Zeit genommen haben, mehr über diese leistungsstarken Modelle zu erfahren, die den Bereich des Natural Language Processing grundlegend verändert haben.

Im Laufe dieses Buchs haben Sie einen Einblick in die Funktionsweise von LLMs gewonnen. Sie haben erfahren, wie sie für eine Vielzahl von Anwendungen eingesetzt werden können - von einfachen Chatbots bis hin zu komplexeren Systemen wie Suchmaschinen. Darüber hinaus haben Sie verschiedene Methoden zum Feintuning vortrainierter LLMs kennengelernt, etwa für die Klassifikation, Textgenerierung und Repräsentation natürlicher Sprache. Wenn Sie diese Techniken beherrschen, können Sie das Potenzial von LLMs voll ausschöpfen und innovative Lösungen entwickeln, bei denen deren Fähigkeiten zum Tragen kommen. Mit diesem Wissen sind Sie bestens für die Zukunft gerüstet und in der Lage, mit neuen Entwicklungen in diesem Bereich Schritt zu halten.

An dieser Stelle möchten wir betonen, dass wir hinsichtlich der Möglichkeiten von LLMs gerade erst am Anfang zu stehen scheinen. Die Zukunft hält noch viele weitere spannende Entwicklungen bereit. Wir möchten Sie ermutigen, die Fortschritte auf diesem Gebiet auch weiterhin zu verfolgen. Zu diesem Zweck lohnt es sich, regelmäßig einen Blick in das Repository zu diesem Buch zu werfen, da es kontinuierlich mit neuen Inhalten aktualisiert wird.

Wir hoffen, dass Sie mithilfe dieses Buchs einen tieferen Einblick in die verschiedenen Anwendungsmöglichkeiten von LLMs und ihr Potenzial, ganze Branchen zu transformieren, gewonnen haben.

Wir sind fest davon überzeugt, dass dieser Leitfaden Ihnen dabei helfen wird, sich in der spannenden Welt der LLMs zurechtzufinden und einen wertvollen Beitrag zu diesem sich rasant entwickelnden Gebiet zu leisten.

Index

A

Accuracy *siehe* Treffergenauigkeit
Adaptive Pretraining 347
Agenten 240
  RAG-Systeme mit Agenten 280
  ReAct im LangChain-Framework 244
  Schlüsse aus mehreren aufeinanderfolgenden Gedankenschritten ziehen 242
ALBERT 135
align_labels-Funktion 376
all-MiniLM-L6-v2-Modell 335
all-mpnet-base-v2-Modell 363
Annoy 263
Anthropic Claude 53
APIs (Application Programming Interfaces) 53
  Cohere 19, 254
  Embeddings erstellen 143
  externe 154
  OpenAI 19, 153
ArXiv 158
Attention 35
  Erklärung 35
  Transformer-Architektur 38
    Attention-Mechanismus 112
    Attention-Schicht 103, 110–111, 128
    Berechnung von Attention 114
    Flash-Attention 122
    Grouped-Query-Attention 120
    Local-Attention 118
    Multi-Query-Attention 120
    Optimierung des Attention-Mechanismus 120
    Self-Attention und Relevanzbewertung 116
    Sparse-Attention 118
Attention-Heads 114, 128
aufgabenspezifische Modelle 133
Augmented SBERT 337
Ausreißer in Daten 164
autoregressive Architektur 36, 39, 46, 99, 120

B

Bag-of-Words-Modell 30
  Embeddings 34
  Topic Modeling 168, 176
Benchmarks, bei Evaluierung generativer Modelle 401
BERT (Bidirectional Encoder Representations from Transformers) 41
  Feintuning vortrainierter BERT-Modelle 351
  Masked Language Modeling 336
  Transformer-Blöcke im Vergleich zu 120
  Varianten des BERT-Modells 135
  Vergleich mit anderen trainierten Tokenizern 71
  Verwendung in Suchmaschinen 249
BERTopic 168
  modularer Aufbau 172
  Representation-Blöcke 176
    KeyBERTInspired 179
    Maximal Marginal Relevance 180
    Textgenerierung 181
  Varianten von Algorithmen 172
BERTScore 400
Beurteilung durch Menschen 165
Bidirectional Encoder Representations from Transformers *siehe* BERT

Bildbeschriftungen erstellen 304
Bilder *siehe* multimodal
bitsandbytes-Package 395
BLEU 400
BLIP-2 (Bootstrapping Language-Image Pre-training for Unified Vision-Language Understanding and Generation 2)
  Bildbeschriftungen erstellen 304
  Chatmodelle, die multimodale Prompts unterstützen 306
  Q-Former 297
  Texte aufbereiten 303
BM25-Algorithmus 257
BPE (Byte Pair Encoding) 67, 79

C

Chains 203, 225
  Chain-of-Thought 206
  mehrere Prompts miteinander verketten 228
  Prompt-Templates mit einem LLM verketten 225
chat_history (Eingabevariable) 233
Chatbot Arena 404
ChatGPT 224, 296, 411, 414
  Textklassifikation 152
  Veröffentlichung 27
chatgpt_generation-Funktion 153
Chatmodelle, die multimodale Prompts unterstützen 306
Chat-Token 77
Chunking von Texten 254, 259
  Ansätze 261
  ein Vektor pro Dokument 259
  mehrere Vektoren pro Dokument 260
CLIP 289
  multimodale Embeddings erstellen 289
  OpenCLIP 292
  Verbindung zwischen Texten und Bildern 289
Closed-Source-LLMs 53
Clustering *siehe* Text-Clustering
CNNs (Convolutional Neural Networks) 284
Cohere 276
  Command R+ 54, 281
  Embeddings erstellen 143
  Nutzerkonto erstellen 19, 254
  Reranking-API 265
  Suchanfragen umformulieren 279
Completion-Modelle 45
compute_metrics-Funktion 377
Computerlinguistik *siehe* Natural Language Processing (NLP)
CoNLL-2003-Datensatz 373
Contrastive Learning
  Text-Embedding-Modelle 316, 321
  Word2vec-Algorithmus und 87
Contrastive Tension (CT) 342
Conversation Buffer (Speicher für den Gesprächsverlauf) 240
  Erklärung 233
  Windowed Conversation Buffer 235
Conversation Summary (Speicher für den Gesprächsverlauf) 236
convert_ids_to_tokens-Funktion 293
Convolutional Neural Networks (CNNs) 284
CountVectorizer 171
Cross-Encoder 268
CT (Contrastive Tension) 342
c-TF-IDF 170, 179, 181

D

DataCollator-Klasse 352, 368
datamapplot-Paket 184
DBSCAN (Density-based Spatial Clustering) 164
DeBERTa 83, 135
Decodierungsstrategie 103, 127
Denkweise nach zwei verschiedenen Systemen 206
Dense Retrieval 250, 252
  Beispiel 254
  Chunking von Texten 259
  Embedding-Modelle feintunen für 263
  mögliche Probleme 258
  Suche auf Basis der nächsten Nachbarn mithilfe von Vektordatenbanken skalieren 262
Density-based Spatial Clustering (DBSCAN) 164
dichtebasierter Algorithmus 163
DistilBERT 135, 140
do_sample-Parameter 58
Domain Adaptation 346
DPO (Direct Preference Optimization) 411
  Feintuning 416
  Modelle quantisieren 415

Parameter für das Training festlegen 416
Templates für Präferenzdatensätze erstellen 414
DSPy 222

E

Easy Negatives (einfache Negativbeispiele) 333
Einbettungen *siehe* Embeddings
Einfrieren von Schichten 323, 354
eingefrorene (nicht trainierbare) Modelle 134, 141, 349
Embeddings 32, 61, 80
Arten von 34
Dense Retrieval 250, 252
Embedding-Modelle, Erklärung 134, 314
Empfehlungssysteme 91
Erklärung 32, 313
multimodal 287
CLIP 289
OpenCLIP 292
Positional-Embeddings 124
Text-Embedding-Modelle 85, 313
Contrastive Learning 316
erstellen 320
Feintuning 334
SBERT 318
Unsupervised Learning 342
Texte mit Embedding-Modellen klassifizieren 140
überwachte Klassifikation 141
Zero-Shot-Klassifikation 143
Token-Embeddings 80, 85
kontextualisierte Word-Embeddings erstellen 82
Vokabular des Tokenizers und 81
Vorgehensweise beim Text-Clustering 159
Cluster inspizieren 164
Embedding-Modell 159
Modell für Clustering 163
Modell zur Dimensionsreduktion 160
Word-Embeddings 86
vortrainierte 86
Word2vec-Algorithmus und Training mittels Contrastive Learning 87
Empfehlungssysteme 91
Empfehlungssysteme für Songs 91
Encoder-Decoder-Modelle 148
engere Auswahl treffen 266
Evaluierung durch Menschen 403
Exponential Backoff 154

F

F1-Maß, Wahrheitsmatrix 139
F1-Score *siehe* F1-Maß
FAISS 263
Falcon 188
Feature-Extraction-Schritt bei Klassifikation mit Embedding-Modell 141
Feedforward Neural Networks 39, 110, 128, 352
Feedforward-Schicht 110
Feintuning
Embedding-Modelle für Dense Retrieval 263
Erklärung 49
generative Modelle 214, 381
evaluieren 400
Preference Tuning 383, 405
Supervised Fine-Tuning 382
Trainingsschritte 381
Representation-Modelle 349
Few-Shot-Klassifikation 359
Masked Language Modeling 366
Named-Entity Recognition 371
überwachte Klassifikation 349
T5-Modell 149
Text-Embedding-Modelle 334
Augmented SBERT 337
überwacht (Supervised) 335
Few-Shot-Klassifikation 359
Feintuning für Klassifikation 363
SetFit 359
Few-Shot-Prompting 201, 214
find_topics()-Funktion, BERTopic 174
Flan-T5-Modell 74, 150
Flash-Attention 122, 128
Formatierung 216
Forward Pass 127
Erklärung 98
Komponenten, die durchlaufen werden 100
Foundation-Modelle 47
fp16-Parameter 324

G

Galactica 76
gefährliche Inhalte erstellen 52

geistiges Eigentum 52
General-Language-Understanding-Evaluation-(GLUE-)Benchmark 321, 325, 386, 401
generated_text-Variable 305–306
generation_output-Variable 66
generative Modelle 44
  evaluieren 400
    automatisierte Evaluierung 403
    Benchmarks 401
    Evaluierung durch Menschen 403
    Leaderboards 402
    Metriken auf Wortebene 400
  Feintuning 381
    Evaluierung 400
    Preference Tuning 383, 405
    Supervised Fine-Tuning 382
    Trainingsschritte 381
  Reasoning 205
    Chain-of-Thought 206
    Self-Consistency 209
    Tree-of-Thought 210
  Representation-Modelle im Vergleich zu 43
  Textklassifikation 147
    ChatGPT 152
    T5 148
Generative Pre-trained Transformers *siehe* GPTs
Generative Pseudo-Labeling (GPL) 342
Gensim-Bibliothek 86
get_topic_info()-Methode 173
get_topic-Funktion 174
GGUF-Modellformat 217, 222
GitHub 21
GloVe 318
GLUE-(General-Language-Understanding-Evaluation-)Benchmark 321, 325, 386, 401
Goldstandard-Datensätze 337
Goodharts Gesetz 404
Google Colab 16, 18, 53, 57, 108, 399
Google Gemini 274
Google Search 249
GPL (Generative Pseudo-Labeling) 342
GPT2Tokenizer 303
GPTs
GPTs (Generative Pre-trained Transformers) 44, 187
  GPT-1 44
  GPT-2 27, 45, 69, 73
  GPT-3 45, 110, 118, 390
  GPT-3.5 46, 152, 228, 244
  GPT-4 46, 53, 62, 74, 110
  siehe auch Textgenerierung
GPUs
  Flash-Attention 122
  SRAM und HBM 122
  Voraussetzungen 18, 52
GPUs von NVIDIA 18, 57
Grafikspeicher *siehe* VRAM (Video Random-Access Memory)
Greedy Decoding 104
Großschreibung 79
Grounded Generation 275
Grouped-Query-Attention 120, 128
GSM8k 401
Ġ-Symbol 303
Guardrails 216
Guidance 216

H

Halluzinationen
  Textgenerierungsmodelle 249
  vermeiden beim Instruction-based Prompting 196
Hard Negatives (schwere Negativbeispiele) 333
Haystack 222
HBM (High Bandwidth Memory) 122
HDBSCAN (Hierarchical Density-based Spatial Clustering of Applications with Noise) 164, 174
HellaSwag 401
High Bandwidth Memory (HBM) 122
Hugging Face 56, 132
  evaluate-Paket 377
  Nutzerkonto erstellen 19
  Tokenizer 80
HumanEval 402
hybride Suche 258, 266

I

Idefics 2 300
In-Context Learning 201
Indexe 255
InfoNCE 330
input_ids-Variable 64
Instruction-based Prompting 196
invoke-Funktion 227

J

Jahr der generativen KI 46
Jupyter 108

K

KeyBERTInspired 179, 181
KI (künstliche Intelligenz)
  Erklärung 28
  Fortschritte bei Entwicklung 27
Klassifikationsberichte 138
Klassifikationsschritt bei Klassifikation mit Embedding-Modell 141
k-Means-Algorithmus 163, 172, 174
Kontext
  Attention und 111
  Prompt Engineering 198
  Trainingsdatensätze 87
Kontextfenster bei generativen Modellen 46
Kontextlänge
  Completion-Modelle 46
  maximal mögliche Anzahl zu verarbeitender Tokens 106
Kosinus-Ähnlichkeit 145, 327, 329
Kreuzentropie-Verlustfunktion 331
künstliche Intelligenz *siehe* KI
KV-(Keys-and-Values-)Cache 107

L

LangChain 221
  quantisierte Modelle laden mit 222
  ReAct in 244
  siehe auch Chains
Language AI (Language Artificial Intelligence) 27
  Erklärung 28
  jüngste Entwicklungen 29
    Attention 35
    Bag-of-Words-Modell 30
    Embeddings 32
    generative Modelle 44
    Jahr der generativen KI 46
    Representation-Modelle 41
Language Modeling 381
Language-Modeling-Head (LM-Head) 100
Large Language Models *siehe* LLMs
Latent Dirichlet Allocation 167
LayerNorm 124
Leaderboards, bei Evaluierung generativer Modelle 402
learning_rate-Parameter 398
Leerzeichen 73
leicht verständlicher Zugang 15
Llama 188
Llama 2 19, 52, 77, 120, 188, 296
llama-cpp-python-Bibliothek 217
Llama-Modell von Meta 54
LLaVA 300
LLMs (Large Language Models) 27
  Ansatz beim Training 48
  Anwendungsmöglichkeiten 50
  Codebeispiele und Übungen 21
  Embeddings 61, 80
    Empfehlungssysteme 91
    Text-Embeddings 85
    Token-Embeddings 80
    Word-Embeddings 86
  Feintuning von generativen Modellen 381
    Evaluierung 400
    Preference Tuning 383, 405
    Supervised Fine-Tuning 382
    Trainingsschritte 381
  Feintuning von Representation-Modellen 349
    Few-Shot-Klassifikation 359
    Masked Language Modeling 366
    Named-Entity Recognition 371
    überwachte Klassifikation 349
  generative Modelle 44
  Hardware- und Softwarevoraussetzungen 18, 52
  Interaktion mit 53
    Closed-Source-Modelle 53
    Open-Source-Modelle 54
  jüngste Entwicklungen im Bereich der Language AI 29
  leicht verständlicher Zugang 15
  multimodal 283
    Embedding-Modelle 287
    Textgenerierungsmodelle 296
    Vision Transformer 284
  Prompt Engineering 187
    Elemente eines Prompts 194
    In-Context Learning 201
    Instruction-based Prompting 196
    Modellausgaben validieren 213
    Prompt Chaining 203
    Prompts komplexer gestalten 198
    Reasoning mit generativen Modellen 205
    Textgenerierungsmodelle 187

Representation-Modelle 41
Retrieval-Augmented Generation 251, 273
  Antworten evaluieren 281
  Grounded Generation 276
  mehrere Suchanfragen auf einmal stellen 279
  mit lokalen Modellen 276
  RAG-Systeme mit Agenten 280
  Suchanfragen umformulieren 279
  Suchsysteme zu RAG-Systemen erweitern 274
  unterschiedliche Datenquellen für verschiedene Suchanfragen vorsehen 280
semantische Suche 249
  Dense Retrieval 250, 252
  Metriken zur Evaluierung von Retrieval-Systemen 268
  Reranking 250, 264
sich wandelnde Definition von 48
Text-Clustering 157
Text-Embedding-Modelle 313
  Contrastive Learning 316
  erstellen 320
  Feintuning 334
  SBERT 318
  Unsupervised Learning 342
Textgenerierung 56, 221
  Agenten 240
  Chains 225
  Optimierungen hinsichtlich der Verwendung von Modellen 222
  Speicher für den Gesprächsverlauf 231
Textklassifikation 131
  mit generativen Modellen 147
  mit Representation-Modellen 133
  Spielfilmrezensionen 132
Tokens und Tokenizer 61
  Eingaben aufbereiten 62
  entscheidende Faktoren bei Tokenisierung 67
  LLMs herunterladen und ausführen 63
  Token-Embeddings 80
  Tokenisierungsverfahren 68
  Vergleich verschiedener trainierter Tokenizer 70
  Verhalten von Tokenizern 78
Topic Modeling 158, 167
Transformer-Architektur 97
  Decodierungsstrategie 103
  Ein- und Ausgaben eines Transformer-basierten LLM 98
  Keys-and-Values-Cache 107
  Komponenten, die beim Forward-Pass durchlaufen werden 100
  parallele Verarbeitung von Tokens und Kontextlänge 105
  Transformer-Blöcke 109
  Verbesserungen in jüngster Zeit 118
verantwortungsvoll entwickeln und nutzen 51
von außen betrachtet 62
LM-Head (Language-Modeling-Head) 100
LMQL 216
Local-Attention 118
lora_alpha-Parameter 397
LoRA (Low-Rank Adaptation) 388, 415
  siehe auch QLoRA
lr_scheduler_type-Parameter 398

M

Mamba 47
MAP (Mean Average Precision) 268
MarginMSE-Verlustfunktion 327
mask_token 71
Masked Language Modeling (MLM) 366
Massive Text Embedding Benchmark (MTEB) 136, 160, 277, 325
matplotlib-Bibliothek 166
max_new_tokens-Parameter 58
Maximal Marginal Relevance (MMR) 180
McCarthy, John 28
mehrere Prompts gleichzeitig verwenden 205
mehrere Suchanfragen auf einmal stellen 279
Metriken auf Wortebene, bei Evaluierung generativer Modelle 400
Metriken zur Evaluierung von Retrieval-Systemen 268
  Bewertung im Fall einer einzigen Suchanfrage 271
  Bewertung im Fall mehrerer Suchanfragen 272
microsoft/mpnet-base-Modell 322
Microsoft Bing 249, 265
Microsoft Bing AI 274
min_cluster_size-Parameter 164
min_dist-Parameter 162
MIRACL 267

Mistral 54, 188, 300
MLM (Masked Language Modeling) 366
MMLU 401, 403
MMR (Maximal Marginal Relevance) 180
MNLI-(Multi-Genre-Natural-Language-Inference-)Korpus 321, 331
MNR (Multiple Negatives Ranking) Loss 330
Modellausgaben beschränken 214, 216
Modellausgaben validieren 213
  Beispiele bereitstellen 214
  ethische Aspekte 213
  faktische Korrektheit 214
  Formatierung der Ausgabe 213
  Gültigkeit 213
  Modellausgaben beschränken 216
Modell für Clustering 163
Modell zur Dimensionsreduktion 160
monoBERT 268
MTEB (Massive Text Embedding Benchmark) 136, 160, 277, 325
Multi-Genre-Natural-Language-Inference-(MNLI-)Korpus 321, 331
Multi-Layer Perceptron 103
  siehe auch Feedforward Neural Networks
multimodal 283
  Embedding-Modelle 287
    CLIP 289
    OpenCLIP 292
  Erklärung 283
  Textgenerierungsmodelle 296
    Bildbeschriftungen erstellen 304
    Bilder aufbereiten 302
    BLIP-2 297
    Chatmodelle, die multimodale Prompts unterstützen 306
    Texte aufbereiten 303
  Vision Transformer 284
Multiple Negatives Ranking (MNR) Loss 330
Multi-Query-Attention 120

N

n_components-Parameter 162
Named-Entity Recognition *siehe* NER
Natural Language Inference (NLI) 321
Natural Language Processing (NLP) 28, 317
nDCG (Normalized Discounted Cumulative Gain) 267, 273
Negative Sampling 89
NER (Named-Entity Recognition) 371, 386
  Daten aufbereiten für 373
  Feintuning für 378
neuronale Netze 32
neuronales Feedforward-Netz *siehe* Feedforward Neural Networks
Nicht-Spieler-Charakter 28
nicht trainierbare (eingefrorene) Modelle 134, 141, 349
NLI (Natural Language Inference) 321
NLP (Natural Language Processing) 28, 317
Noise-contrastive Estimation 89
Normalisierung, Transformer-Block 123
Normalized Discounted Cumulative Gain (nDCG) 267, 273
NTXentLoss 330
Nucleus Sampling 192
num_train_epochs-Parameter 324, 398
NumPy 262

O

Odds Ratio Preference Optimization (ORPO) 417
One-Shot-Prompting 203
  Chain-of-Thought im Vergleich zu 207
  In-Context Learning 201
OpenAI 152
  Embeddings erstellen 143
  Nutzerkonto erstellen 19, 153
  siehe auch ChatGPT
OpenCLIP 292
Open LLM Leaderboard 224, 403
Open-Source-LLMs 54
Optimierungen hinsichtlich der Verwendung von Modellen 222
optim-Parameter 398
ORPO (Odds Ratio Preference Optimization) 417

P

pad_token 71
parallele Verarbeitung 114, 128
PCA (Principal Component Analysis) 162
peft_config-Parameter 397
PEFT (Parameter-efficient Fine-Tuning) 385
  Adapter 385
  Komprimierung 390
  LoRA 388
peft-Bibliothek 396
per_device_eval_batch_size-Argument 324

per_device_train_batch_size-Argument 324
Perplexity 274
Persona, bei Prompts, mit denen ein Text generiert werden soll 198
Phi-3
Forward Pass 103
Prompt-Template 226
quantisierte Modelle laden 224
Quantisierung 223
Vergleich mit anderen trainierten Tokenizern 77
Phi-3-mini 56, 188
Phi-Modell von Microsoft 54
Pinecone 263
Positional-Embeddings 124
PPO (Proximal Policy Optimization) 411
Precision *siehe* Relevanz
Preference Tuning 152, 383, 405
Direct Preference Optimization 411
Feintuning 416
Modelle quantisieren 415
Parameter für das Training festlegen 416
Templates für Präferenzdatensätze erstellen 414
Reward-Modelle 407
Ein- und Ausgaben von 407
Training 408
Pretraining, Erklärung 49
Primacy-Effekt 197
Principal Component Analysis (PCA) 162
Projektionsmatrizen 115
Prompt Engineering 147, 187
Elemente eines Prompts 194
In-Context Learning 201
Instruction-based Prompting 196
Modellausgaben validieren 213
Beispiele bereitstellen 214
Modellausgaben beschränken 216
Prompt Chaining 203
Prompts komplexer gestalten 198
Reasoning mit generativen Modellen 205
Textgenerierungsmodelle 187
laden 188
Modellausgabe beeinflussen 190
wählen 187
Proximal Policy Optimization (PPO) 411
Python lernen 16

Q

Q-Former (Querying Transformer) 297
QLoRA (Quantized Low-Rank Adaptation) 393
Feintuning 398
Gewichte zusammenführen 399
Instruktionsdaten mit einem Template bereitstellen 394
Modelle quantisieren 395
Parameter für das Training festlegen 397
Parameter für LoRA festlegen 396
quantisiertes Modell 224
Quantisierung 223, 390
quantization_config-Parameter 397
Quantized Low-Rank Adaptation *siehe* QLoRA
Querying Transformer (Q-Former) 297

R

r (Parameter) 397
RAG (Retrieval-Augmented Generation) 81, 86, 251, 273
Antworten evaluieren 281
Grounded Generation 276
mehrere Suchanfragen auf einmal stellen 279
mit lokalen Modellen 276
RAG-Systeme mit Agenten 280
Suchanfragen umformulieren 279
Suchsysteme zu RAG-Systemen erweitern 274
typische Pipeline 274
unterschiedliche Datenquellen für verschiedene Suchanfragen vorsehen 280
Ragas 281
random_state-Parameter 162
Rate Limit Errors 154
ReAct
im LangChain-Framework 244
Schlüsse aus mehreren aufeinanderfolgenden Gedankenschritten ziehen 242
Reasoning
mehrere aufeinanderfolgende Gedankenschritte 242, 244
mit generativen Modellen 205
Chain-of-Thought 206
Self-Consistency 209
Tree-of-Thought 210

Recall *siehe* Trefferquote
Recency-Effekt 197
Recurrent Neural Networks (RNNs) 35
reduce_outliers()-Funktion 174
Regulierung 52
rein Decoder-basierte Modelle (Decoder-Only) *siehe* generative Modelle
rein Encoder-basierte Modelle (Encoder-Only) *siehe* Representation-Modelle
Relevanz, Wahrheitsmatrix 139
Relevanzbewertung 113, 115, 125
Repository 19
representation_model-Parameter 182
Representation-Modelle 41
  aufgabenspezifische Modelle 140
  Erklärung 31
  Feintuning für Klassifikation 349
    Few-Shot-Klassifikation 359
    Masked Language Modeling 366
    Named-Entity Recognition 371
    überwachte Klassifikation 349
  generative Modelle im Vergleich zu 43
  Textklassifikation 133
    aufgabenspezifische Modelle 136
    Modell auswählen 135
    Texte mit Embedding-Modellen klassifizieren 140
Reranking 250, 264
  Beispiel 265
  BERTopic 177
  Funktionsweise von Reranking-Modellen 268
  Sentence-Transformers-Bibliothek 267
Retrieval-Augmented Generation *siehe* RAG
return_full_text parameter 58
Reward-Modelle 407
  Ein- und Ausgaben von 407
  Training 408
RMSNorm 124
RNNs (Recurrent Neural Networks) 35
RoBERTa 69, 135
RoPE (Rotary-Positional-Embeddings) 124
Rorschach-Test 305
Rotten-Tomatoes-Datensatz 132, 351
ROUGE 400
RWKV 47

S

SBERT 318, 337
Schlagwortsuche
  mit Ergebnissen für semantische Suche vergleichen 257
  Reranking 266
Schlüsse aus mehreren aufeinanderfolgenden Gedankenschritten ziehen 242
Schreibstil, bei Prompts, mit denen ein Text generiert werden soll 199
Self-Attention 39, 116
Self-Consistency 209
Semantic Textual Similarity Benchmark (STSB) 323
semantische Suche 249
  Bedeutung 249
  Dense Retrieval 250, 252
    Beispiel 254
    Chunking von Texten 259
    Embedding-Modelle feintunen für 263
    mögliche Probleme 258
    Suche auf Basis der nächsten Nachbarn mithilfe von Vektordatenbanken skalieren 262
  Metriken zur Evaluierung von Retrieval-Systemen 268
    Bewertung im Fall einer einzigen Suchanfrage 271
    Bewertung im Fall mehrerer Suchanfragen 272
  Reranking 250, 264
    Beispiel 265
    Funktionsweise von Reranking-Modellen 268
    Sentence-Transformers-Bibliothek 267
Semi-Hard Negatives (mittelschwere Negativbeispiele) 334
SentencePiece 74
Sentence-Transformers-Bibliothek 85, 141, 172, 267, 296, 318, 335, 359
Sequence-to-Sequence-Modelle 147–148
SetFit 349, 359
SFT (Supervised Fine-Tuning) 382
  Parameter-efficient Fine-Tuning (PEFT) 385
    Adapter 385
    Komprimierung 390
    LoRA 388
  QLoRA 393
    Feintuning 398
    Gewichte zusammenführen 399
    Instruktionsdaten mit einem Template bereitstellen 394

Modelle quantisieren 395
Parameter für das Training festlegen 397
Parameter für LoRA festlegen 396
vollständiges Feintuning 384
Shared Memory (SRAM) 122
Silberstandard-Datensätze 338
SimCSE (Simple Contrastive Learning of Sentence Embeddings) 342
Skip-Gram 89
Softmax-Verlustfunktion 326
Sondertokens 70, 79
Sparse-Attention 118
Special Tokens *siehe* Sondertokens
Speicher für den Gesprächsverlauf 231
Conversation Buffer 233
Conversation Summary 236
Windowed Conversation Buffer 235
Spezifität beim Instruction-based Prompting 196
SRAM (Shared Memory) 122
StableLM 188
StarCoder2 75
STSB (Semantic Textual Similarity Benchmark) 323
Suche auf Basis der nächsten Nachbarn
Empfehlungssysteme, die auf Embeddings basieren 92
Vektordatenbanken 262
vortrainierte Word-Embeddings 87
Supervised Fine-Tuning *siehe* SFT

T

T5 (Text-to-Text Transfer Transformer) 148
target_modules-Parameter 397
temperature-Parameter 191, 209
Tesla T4 399
Testdatensätze 133, 137
Text-Clustering 157
bewährte Vorgehensweise beim 159
Cluster inspizieren 164
Embedding-Modell 159
Modell für Clustering 163
Modell zur Dimensionsreduktion 160
CLIP (Embedding-Modell) und 289
Text-Embedding-Modelle 85, 313
Contrastive Learning 316
erstellen 320
evaluieren 325
kontrastive Beispiele erstellen 321
Training 322
Verlustfunktionen 326
Feintuning 334
Augmented SBERT 337
überwacht (Supervised) 335
SBERT 318
Unsupervised Learning 342
Textgenerierung 56, 221
Agenten 240
ReAct im LangChain-Framework 244
Schlüsse aus mehreren aufeinanderfolgenden Gedankenschritten ziehen 242
Chains 225
mehrere Prompts miteinander verketten 228
Prompt-Templates mit einem LLM verketten 225
multimodal 296
Bildbeschriftungen erstellen 304
Bilder aufbereiten 302
BLIP-2 297
Chatmodelle, die multimodale Prompts unterstützen 306
Texte aufbereiten 303
Optimierungen hinsichtlich der Verwendung von Modellen 222
Prompt Engineering 187
geeignetes Modell wählen 187
Modellausgabe beeinflussen 190
Modelle laden 188
Speicher für den Gesprächsverlauf 231
Conversation Buffer 233
Conversation Summary 236
Windowed Conversation Buffer 235
Topic Modeling 181
Text-in-Text-out-Modell 98
Textklassifikation 131
mit generativen Modellen 147
ChatGPT 152
T5 148
mit Representation-Modellen 133
aufgabenspezifische Modelle 136
Modell auswählen 135
Texte mit Embedding-Modellen klassifizieren 140
Spielfilmrezensionen 132
Text-to-Text Transfer Transformer (T5) 148, 152
thenlper/gte-small-Modell 160
%%timeit (Magic Command) 108

TinyLlama 393, 414
[CLS]-Token 42, 71, 84, 294, 318, 344, 377
[SEP]-Token 71, 84, 377
<work>-Token 77
Tokenisierung auf Byte-Ebene 69
Tokenisierung auf Wortebene 68
Tokenisierung auf Wortteilebene 68
Tokenisierung auf Zeichenebene 68
Tokenization-free Encoding 69
Tokens und Tokenizer 57, 61
  aufgabenspezifisches Representation-Modell 136, 147
  Ausrichtung auf Texte im Vergleich zu Code 80
  Bag-of-Words-Modell 30
  Decodierungsstrategie 103
  Eingaben aufbereiten 62
  entscheidende Faktoren bei Tokenisierung 67
  Forward Pass 100
  Leerzeichen 73
  LLMs herunterladen und ausführen 63
  Masked Language Modeling 149
  parallele Verarbeitung von Tokens und Kontextlänge 105
  Sondertokens 70
  Token-Embeddings 80, 101, 127
    kontextualisierte Word-Embeddings erstellen 82
    Vokabular des Tokenizers und 81
  Tokenisierungsverfahren 68
    Tokenisierung auf Byte-Ebene 69
    Tokenisierung auf Wortebene 68
    Tokenisierung auf Wortteilebene 68
    Tokenisierung auf Zeichenebene 68
  Token Spans 149
  Vergleich verschiedener trainierter Tokenizer 70
    BERT-Base-Modell (cased) 72
    BERT-Base-Modell (uncased) 71
    Flan-T5 74
    Galactica 76
    GPT-2 73
    GPT-4 74
    Phi-3- und Llama-2-Modell 77
    StarCoder2 75
  Verhalten von Tokenizern 78
    Datensätze 80
    Parameter 79
    Tokenisierungsverfahren 79
top_k-Parameter 192
top_p-Parameter 192, 209
Topic Modeling 158, 167
  BERTopic 168
  Representation-Blöcke 176
TrainingArguments-Klasse 353
Trainingsdatensatz 133
Transfer Learning 43
Transformer-Architektur 38, 97
  Attention-Schicht 103, 110
  Decodierungsstrategie 103
  Ein- und Ausgaben eines Transformer-basierten LLM 98
  Feedforward-Schicht 110
  Keys-and-Values-Cache 107
  Komponenten, die beim Forward-Pass durchlaufen werden 100
  Optimierung des Attention-Mechanismus 120
  parallele Verarbeitung von Tokens und Kontextlänge 105
  Transformer-Blöcke 109
    Attention-Mechanismus 112
    Attention-Schicht 111
    Berechnung von Attention 114
    Feedforward Neural Networks 110
    Self-Attention und Relevanzbewertung 116
  Verbesserungen in jüngster Zeit 118
    effizienterer Attention-Mechanismus 118
    Positional-Embeddings 124
    Transformer-Blöcke 122
  Vision Transformer 284
Transparenz und Verantwortlichkeit 51
Tree-of-Thought 210
Treffergenauigkeit, Wahrheitsmatrix 139
Trefferquote, Wahrheitsmatrix 139
TruthfulQA 401, 403
TSDAE (Transformer-based Sequential Denoising Auto-Encoder)
  Erklärung 342
  für Domain Adaptation 346

U

überwachte Klassifikation 141
  Feintuning von Representation-Modellen für 349
    Einfrieren von Schichten 354
    vortrainierte BERT-Modelle 351
UltraChat-Datensatz 394

UMAP (Uniform Manifold Approximation and Projection) 162
Unigram-Sprachmodell 74
unk_token 71
use_cache-Parameter 108

V

Validierungsdatensatz 133
Validierung von Antworten, beim Prompt Chaining 205
Vektordatenbanken
  Dense Retrieval 253
  Retrieval-Augmented Generation 277
  Suche auf Basis der nächsten Nachbarn mithilfe von Vektordatenbanken skalieren 262
Verlustfunktionen 326
  auf Basis der Kosinus-Ähnlichkeit 329
  Multiple Negatives Ranking Loss 330
  Verlustfunktion auf Basis der Kosinus-Ähnlichkeit 327
Video Random-Access Memory (VRAM) 18, 52
Visualisierung
  BERTopic 176
  Clusteranalyse 165
  Dimensionsreduktion und 165
ViT (Vision Transformer) 284, 299
Vokabular von Tokenizern 79, 81, 101, 127
Vorhersagen treffen mit aufgabenspezifischen Modellen 138
Vorurteile und Fairness 51
VRAM (Video Random-Access Memory) 18, 52

W

Wahrheitsmatrix 138
warmup_ratio-Parameter 416
warmup_steps-Argument 324
Weaviate 263
Windowed Conversation Buffer (Speicher für den Gesprächsverlauf) 235, 240
Word2Vec-Algorithmus 32, 34
  Contrastive Learning und 87, 317
  Embeddings für Songs 91
Word-Embeddings 86
  vortrainierte 86
  Word2vec-Algorithmus und Training mittels Contrastive Learning 87
WordPiece 67
  BERT-Base-Modell (cased) 72
  BERT-Base-Modell (uncased) 71

Z

Zentroid-basierter Algorithmus 163
Zero-Shot-Klassifikation 143
  CLIP 289
  SetFit 365
Zero-Shot-Prompting
  Chain-of-Thought 208
  In-Context Learning 201
Zielgruppe, bei Prompts, mit denen ein Text generiert werden soll 199

Über die Autoren

Jay Alammar ist Direktor und Engineering Fellow bei Cohere, dem Vorreiter bei der Bereitstellung von Large Language Models als API. In dieser Funktion berät und schult er Unternehmen und die Entwicklergemeinschaft bei der Verwendung von Sprachmodellen für praktische Anwendungsfälle. Durch seinen beliebten AI/ML-Blog (*https://jalammar.github.io*) hat Jay Millionen von Forscherinnen und Softwareengineers geholfen, Tools und Konzepte des Machine Learnings visuell zu verstehen – von den Grundlagen (die in der Dokumentation von Paketen wie NumPy und pandas auftauchen) bis hin zu den neuesten Entwicklungen (Transformers, BERT, GPT-3, Stable Diffusion). Jay ist außerdem Mitgestalter von beliebten Kursen zum Machine Learning und Natural Language Processing auf Deeplearning.ai und Udacity.

Maarten Grootendorst ist Senior Clinical Data Scientist bei IKNL (Netherlands Comprehensive Cancer Organization). Er hat Master-Abschlüsse in Organisationspsychologie, klinischer Psychologie und Data Science, die er nutzt, um einem breiten Publikum komplexe Konzepte von Machine Learning zu vermitteln. Mit seinen beliebten Blogs (*https://newsletter.maartengrootendorst.com*) hat er Millionen von Leserinnen und Lesern erreicht. Darin erklärt er die Grundlagen der künstlichen Intelligenz – oft aus psychologischer Sicht. Er ist Autor und Betreuer mehrerer Open-Source-Pakete, die sich auf die Stärke großer Sprachmodelle stützen, darunter BERTopic, PolyFuzz und KeyBERT. Seine Pakete wurden millionenfach heruntergeladen und werden von Datenfachleuten und Organisationen weltweit genutzt.

Kolophon

Das Tier auf dem Cover vom *Praxisbuch Large Language Models* ist ein Rotes Riesenkänguru (*Osphranter rufus*). Mit einer Körperlänge von etwas über 1,5 Metern und einem Schwanz von bis zu 90 Zentimetern Länge ist es das größte aller Kängurus. Es ist sehr schnell und kann Geschwindigkeiten von über 56 Kilometern pro Stunde erreichen. Rote Riesenkängurus können 1,80 Meter hoch und 7,60 Meter weit springen. Dank der Position ihrer Augen haben sie ein Sichtfeld von bis zu 300 Grad.

Rote Riesenkängurus sind nach der Farbe ihres Fells benannt. Während der Name für die Männchen gut passt – sie haben kurzes, rotbraunes Fell –, sind die Weibchen in der Regel eher blaugrau mit einem Hauch von Braun. Die rote Farbe ihres Fells stammt von einem roten Öl, das aus den Drüsen ihrer Haut abgesondert wird. Aufgrund ihrer Farbe bezeichnen die Australier männliche rote Kängurus als »Big Reds«. Da die Weibchen jedoch schneller sind als die Männchen, werden sie oft als »Blue Fliers« bezeichnet.

Rote Riesenkängurus bevorzugen offene, trockene Gebiete mit einigen Bäumen, die Schatten spenden. Sie sind auf dem gesamten australischen Festland zu finden, mit Ausnahme des oberen Nordens, des unteren Südwestens und der Ostküste des Landes. Die Umgebungsbedingungen können sich auf die Fortpflanzung auswirken.

Aus diesem Grund können Weibchen die Schwangerschaft oder Geburt unterbrechen oder verschieben, bis die Bedingungen besser sind. Sie nutzen diese Fähigkeit oft, um die Geburt eines neuen Babys (in Australien *Joey* genannt) zu verzögern, bis das vorherige seinen Beutel verlassen hat.

Die Umschlagillustration zu diesem Buch stammt von Karen Montgomery, sie basiert auf einem Stich aus *Cassell's Popular Natural History*. Den Umschlagsentwurf haben Karen Montgomery und Michael Oréal erstellt. Auf dem Cover verwenden wir die Schriften Gilroy Semibold und Guardian Sans, als Textschrift die Linotype Birka, die Überschriftenschrift ist die Adobe Myriad Condensed, und die Nichtproportionalschrift für Codes ist LucasFont's TheSans Mono Condensed.

O'REILLY
Deutsche Ausgabe
Prompt Engineering
für Large Language Models
LLM-basierte Anwendungen entwickeln, steuern und optimieren
John Berryman &
Albert Ziegler
Übersetzung von Jens Olaf Koch